Die Geschichte der Hoffnung

Gute Nachricht für alle

Buchreihe:
Die Geschichte der Hoffnung
Band 4:
Gute Nachricht für alle

Titel der englischen Originalausgabe »The Acts of the Apostles«
© 1911 by Mrs. Ellen G. White
Vollständig revidierte Ausgabe nach der letzten deutschen Fassung (1976)

Projektleitung: Christian Alt, Franz Mössner
Chefredaktor und technische Leitung: Gunther Klenk
Textbearbeitung: Hans Peter Pavlik, Josef Foschum, Bruno Ulrich, Ulrike Pelczar, Heinz Schaidinger, Gunther Klenk, Christian Alt
Satz und Layout: Vidasana; Elías Peiró Arantegui, Raquel Rodríguez Mercado, José Rodríguez Bernal
Titelfoto: Justinen Creativ Group, Nampa ID, USA, www.jcg.com
Bilder zu den Sektionstiteln (1, 3-8): Henry Stober, www.dieschoepfung.eu
weitere Fotos: siehe Bildnachweis Seite 397
Druck und Bindung: Mohn Media • Mohndruck GmbH, Gütersloh

1. Auflage 2009
© 2009 by Advent-Verlag Zürich, www.advent-verlag.ch
Postanschrift: Leissigenstr. 17, CH-3704 Krattigen
Verlagsarchivnummer 330709
© 2009 by Top Life – Wegweiser Verlag GmbH, Wien
www.toplife-center.com
Postanschrift: Industriestr. 10, A-2104 Spillern
Verlagsarchivnummer 050609

Das Werk einschließlich aller seiner Teile ist urheberrechtlich geschützt. Jede Verwertung außerhalb der engen Grenzen des Urheberrechtsgesetzes ist ohne Zustimmung des Verlags unzulässig und strafbar. Das gilt insbesondere für Vervielfältigungen, Übersetzungen, Mikroverfilmungen und die Verarbeitung in elektronischen Systemen.
Alle Rechte vorbehalten
ISBN 978-3-905008-85-2 (Advent-Verlag Zürich)
ISBN 978-3-900160-59-3 (Top Life Center Wien)
Printed in Germany

Mit dem FSC-Warenzeichen werden Holzprodukte ausgezeichnet, die aus verantwortungsvoll bewirtschafteten Wäldern stammen, unabhängig zertifiziert nach den strengen Richtlinien des Forest Stewardship Council.

Die Geschichte der Hoffnung

Gute Nachricht für alle

Das Evangelium durchdringt das Römische Reich

Ellen G. White

Vorwort

Je weiter sich das Christentum im Laufe seiner Geschichte von seinen Ursprüngen entfernt hat, desto stärker wurde und wird bei vielen Christen der Wunsch nach Frneuerung nach dem Vorbild der Anfangszeit. Die christliche Gemeinde empfing damals aus dem Pfingststurm des Geistes ihre missionarische Kraft. Dennoch blieb sie nicht von äußeren und inneren Krisen verschont. Was sie jedoch stets zusammen hielt, war der Glaube an die Person und das Wort von Jesus Christus. Die Heilsbotschaft von Golgatha galt und gilt nicht nur Israel, nicht nur Hellas und Rom, sondern allen Menschen auf der ganzen Welt! Niemals war die Gemeinde aktiver, lebendiger und glaubenstreuer als damals, als sie aus dem Schatten des Kreuzes in die Weite des Erdkreises hinaustrat und den Auferstandenen verkündete.

Ohne eine von Menschen aufgebaute Organisation, vorangetrieben von geisterfüllten Frauen und Männern, war eine unzählbare Schar von Zeugen Jesu Christi am Werk. Jeder Christ war ein Missionar. Lag der erste Brennpunkt der Aktivität noch im jüdischen Jerusalem, so erreichte die Bewegung bald die hellenistische Welt mit dem Zentrum Antiochia in Syrien. Schließlich kam die Gute Nachricht auch ins kaiserliche Rom, der Hauptstadt der damaligen Welt. Dieser Siegeszug der Hoffnung ist mit den Namen der Apostel Paulus, Petrus und Johannes untrennbar verbunden, aber auch mit vielen anderen, »die im Dienst für Jesus Christus, ihr Leben aufs Spiel gesetzt haben« (Apostelgeschichte 15,26 GNB).

Am Anfang noch als jüdische Sekte betrachtet (Apostelgeschichte 16,19-21), trafen die ersten Christen bald auf den Widerstand des römischen Staates. So brach im Jahr 64 n. Chr. die Verfolgung des Kaisers Nero über die christliche Gemeinde der Hauptstadt herein und zum Ende des Jahrhunderts waren besonders die kleinasiatischen Gemeinden Ziel der Repression. Im Zusammenhang mit der Verfolgung in Rom starben die Apostel Petrus und Paulus den Märtyrertod. Gegen Ende des Jahrhunderts wurde Johannes auf die Insel Patmos zur Isolationshaft verurteilt. Trotz Unterdrückung aber wurden die Christen immer zahlreicher. Ein späterer Zeuge fasste dieses Geheimnis in die Worte: »Das Blut der Christen ist ein Same.«

Die Verfasserin dieses Buches zeichnet anhand der biblischen Berichte die geistige Atmosphäre der ersten Christen in lebendiger und anschaulicher Erzählform nach. Obwohl das vorliegende Werk aus der Anfangszeit des 20. Jahrhunderts stammt, hat es nichts von seiner sprachlichen und inhaltlichen Kraft verloren. Es fand im Englischen weite Verbreitung und wurde in unzählige Sprachen übersetzt. Diese deutschsprachige Ausgabe wurde gründlich revidiert und aktualisiert, ohne auf eine genaue Wiedergabe des englischen Originaltextes zu verzichten.

Nach den vielen Irrungen und Wirrungen des späteren Christentums fragen wir uns heute, wo wir eine solide Grundlage für die Gegenwart und eine tragfähige Hoffnung für die Zukunft finden. Kirchgemeinden und einzelne Gläubige tun gut daran, im Geist immer wieder zu den Anfängen zurückzugehen, als geisterfüllte Männer und Frauen auf friedfertige Weise mit der frohen Botschaft vom gekommenen und wiederkommenden Befreier die Welt nachhaltig und im Sinne von Jesus Christus verändert haben.

Hans Heinz, Th.D.

Inhalt

Teil 1 *Ihr werdet meine Zeugen sein*

1	Gottes Absicht mit seiner Gemeinde	10
2	Die Ausbildung der Zwölf	14
3	Der große Auftrag	18

Teil 2 *In Jerusalem und Judäa*

4	Pfingsten	26
5	Die Gabe des Geistes	32
6	An der Pforte des Tempels	38
7	Von Herzen teilen	46
8	Vor dem Hohen Rat	50
9	Die sieben Diakone	56
10	Der erste christliche Märtyrer	62

Teil 3 *Über Judäa hinaus*

11	Das Evangelium in Samaria	68
12	Vom Verfolger zum Jünger	74
13	Tage der Vorbereitung	80
14	Ein Hauptmann sucht Gott	84
15	Aus dem Gefängnis befreit	90
16	Das Evangelium in Antiochia	96

Teil 4 *Bis an das Ende der Erde*

17	Boten des Evangeliums	104
18	Die Heiden hören die gute Nachricht	110
19	Juden und Heiden	116
20	Das Kreuz wird erhöht	124
21	Das Evangelium erreicht Europa	130
22	Thessalonich	136
23	Beröa und Athen	142
24	Korinth	148
25	Die Briefe an die Thessalonicher	154
26	Apollos in Korinth	162
27	Ephesus	168
28	Anstrengende und belastende Tage	174

Aus Liebe zu den Gemeinden   Teil 5

29	Eine Warnungsbotschaft	180
30	Zum Wachsen berufen	186
31	Die Ermahnung wird angenommen	194
32	Eine freigebige Gemeinde	200
33	Wirken unter Schwierigkeiten	206
34	Volle Hingabe	214
35	Einsatz für die Juden	220
36	Abfall in Galatien	226

Auf dem Weg nach Rom   Teil 6

37	Die letzte Reise nach Jerusalem	232
38	Paulus in Gefangenschaft	238
39	Das Verhör in Cäsarea	248
40	Die Berufung auf den Kaiser	254
41	Fast überzeugt	258
42	Seereise und Schiffbruch	262
43	In Rom	268

Treu bis zum Tod   Teil 7

44	Im Haus des Kaisers	278
45	Briefe aus Rom	282
46	In Freiheit	290
47	Wieder im Gefängnis	292
48	Paulus vor Nero	294
49	Der letzte Brief	298
50	Das Todesurteil	304

Der Glaube siegt   Teil 8

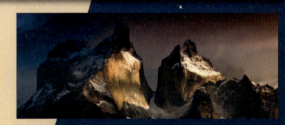

51	Ein treuer Hirte	310
52	Standhaft bis ans Ende	318
53	Johannes, der geliebte Jünger	324
54	Ein zuverlässiger Zeuge	328
55	Durch Gnade verwandelt	334
56	Verbannt auf Patmos	340
57	Die Offenbarung	346
58	Die triumphierende Gemeinde	354

Anhang – Übersicht	361
Neutestamentliche Zeittafel	363
Vertiefungsfragen zu den einzelnen Kapiteln	364
Liebevoll und leidenschaftlich Jesus bezeugen	372
Bibelregister	376
Verwendete Bibelübersetzungen	379
Sachregister	380
Seitenvergleich mit dem englischen Original	394
Bildquellenverzeichnis	397

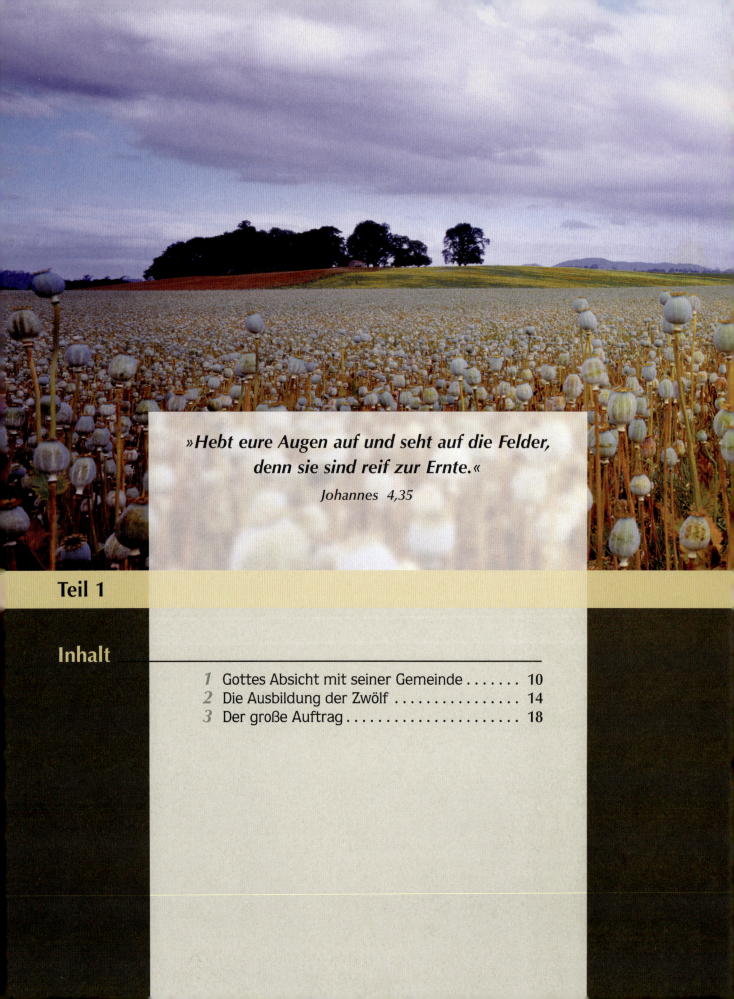

> »Hebt eure Augen auf und seht auf die Felder, denn sie sind reif zur Ernte.«
>
> Johannes 4,35

Teil 1

Inhalt

1. Gottes Absicht mit seiner Gemeinde 10
2. Die Ausbildung der Zwölf 14
3. Der große Auftrag 18

Ihr werdet meine Zeugen sein

Kapitel 1: Gottes Absicht mit seiner Gemeinde

Waldenserkirche in Torre Pellice, Italien.

Jesus beauftragte seine Gemeinde damit, die Kunde vom wahren Gott in die ganze Welt hinauszutragen. Sie sollte bezeugen, dass Jesus unsere Schuld auf sich genommen hat. Er starb am Kreuz, um uns das ewige Leben zu schenken.

Die Gemeinde ist das von Gott erwählte Werkzeug, um Menschen zum Heil zu führen. Sie wurde gegründet, um zu dienen, und ihre Aufgabe ist es, der Welt das Evangelium zu bringen. Von Anbeginn war es Gottes Plan, dass seine Gemeinde der Welt »die Heilsmacht Gottes in ihrer ganzen Fülle« (Kolosser 2,9 GNB) widerspiegelt. Die Mitglieder der Gemeinde, die Gott aus »der Finsternis zu seinem wunderbaren Licht« (1. Petrus 2,9) berufen hat, sollen seinen Ruhm verkünden. Die Gemeinde soll die unerschöpfliche Fülle der Gnade Christi verkörpern. Durch sie wird schließlich sogar »den Mächten und Gewalten im Himmel« (Epheser 3,10) vor Augen geführt, wie entscheidend und umfassend die Liebe Gottes ist.

In der Welt, aber Gottes Eigentum

Viele wunderbare Verheißungen über die Gemeinde stehen in der Heiligen Schrift. »Mein Haus wird ein Bethaus heißen für alle Völker.« (Jesaja 56,7) »Ich will sie und alles, was um meinen Hügel her ist, segnen und auf sie regnen lassen zu rechter Zeit. Das sollen gnädige Regen sein … Und ich will ihnen eine Pflanzung aufgehen lassen zum Ruhm, dass sie nicht mehr Hunger leiden sollen im Lande und die Schmähungen der Heiden nicht mehr ertragen müssen. Und sie sollen erfahren, dass ich, der Herr, ihr Gott, bei ihnen bin und dass die vom Hause Israel mein Volk sind, spricht Gott der Herr. Ja, ihr sollt meine Herde sein, die Herde meiner Weide, und ich will euer Gott sein, spricht Gott der Herr.« (Hesekiel 34,26.29-31)

»Ihr seid meine Zeugen, spricht der Herr, und mein Knecht, den ich erwählt habe, damit ihr wisst und mir glaubt und erkennt, dass ich's bin. Vor mir ist kein Gott gemacht, so wird auch nach mir keiner sein. Ich, ich bin der Herr, und außer mir ist kein Heiland. Ich hab's verkündigt und habe auch geholfen und hab's euch sagen lassen; und es war kein fremder Gott unter euch. Ihr seid meine Zeugen, spricht der Herr, und ich bin Gott.« (Jesaja 43,10-12)

»Ich, der Herr, habe dich gerufen in Gerechtigkeit und halte dich bei der Hand und behüte dich und mache dich zum Bund für das Volk, zum Licht der Heiden, dass du die Augen der Blinden öffnen sollst und die Gefangenen aus dem Gefängnis führen und, die da sitzen in der Finsternis, aus dem Kerker.« (Jesaja 42,6.7)

»So spricht der Herr: Ich habe dich erhört zur Zeit der Gnade und habe dir am Tage des Heils geholfen und habe dich behütet und zum Bund für das Volk bestellt, dass du das Land aufrichtest und das verwüstete Erbe zuteilst, zu sagen den Gefangenen: Geht heraus! und zu denen in der Finsternis: Kommt hervor! Am Wege werden sie weiden und auf allen kahlen Höhen ihre Weide haben. Sie werden weder hungern noch dürsten, sie wird weder Hitze noch Sonne stechen; denn ihr Erbarmer wird sie führen und sie an die Wasserquellen leiten. Ich will alle meine Berge zum ebenen Wege machen, und meine Pfade sollen gebahnt sein … Jauchzet, ihr Himmel, freue dich, Erde! Lobet, ihr Berge, mit Jauchzen! Denn der Herr hat sein Volk getröstet und erbarmt sich seiner Elenden. Zion aber sprach: Der Herr hat mich verlassen, der Herr hat meiner vergessen. Kann auch ein Weib ihres Kindleins vergessen, dass sie sich nicht erbarme über den Sohn ihres Leibes? Und ob sie seiner vergäße, so will ich doch deiner nicht vergessen. Siehe, in die Hände habe ich dich gezeichnet; deine Mauern sind immerdar vor mir.« (Jesaja 49,8-11; 13-16)

Die Gemeinde ist Gottes feste Burg, sein Ort der Zuflucht, den er inmitten einer aufrührerischen Welt bereithält. Jeder Verrat an der Gemeinde ist ein Treuebruch an dem, der alle Menschen durch das Blut seines eingeborenen Sohnes erkauft hat. Von Anfang an bildeten treue Gläubige die irdische Gemeinde Gottes. Zu allen Zeiten hatte der Herr seine Wächter, die vor ihren Mitmenschen ein zuverlässiges Zeugnis ihres Glaubens ablegten. Diese Wächter verkündigten die Warnungsbotschaft. Mussten sie ihre Waffenrüstung ablegen, dann übernahmen andere den Dienst. Gott schloss mit diesen Zeugen einen Bund und vereinigte so die irdische Gemeinde mit der himmlischen. Er hat seine Engel ausgesandt, damit sie seiner Gemeinde dienen, und die Pforten der Hölle konnten sein Volk nicht überwältigen.

Gott hat seine Gemeinde durch Jahrhunderte der Verfolgung, der Auseinandersetzungen und der Dunkelheit erhalten. Kein Schatten ist auf sie gefallen, gegen den Gott nicht Vorsorge getroffen hätte. Keine feindliche Macht hat sich seinem Wirken entgegengestellt, von der er nicht im Voraus gewusst hätte. Alles ist so eingetroffen, wie er es vorhergesagt hatte. Er hat seine Gemeinde nie im Stich gelassen; vielmehr hat er in prophetischen Aussagen dargelegt, was geschehen würde, und was seine Propheten durch den Heiligen Geist voraussagten, ist eingetroffen. Seine Pläne werden sich alle erfüllen. Seine Herrschaft ist an seinen Willen, sein Gesetz gekoppelt; und keine böse Macht kann dieses Gesetz zunichte machen. Gott ist Quelle und Wächter der Wahrheit, und diese wird über jeden Widerstand siegen.

In langen Zeiten geistlicher Finsternis glich die Gemeinde Gottes einer Stadt, die auf einem Berge liegt. Jahrhundertelang, von Generation zu Generation, haben sich

> *Mag die Gemeinde auch geschwächt und fehlerhaft erscheinen, Gott schenkt dennoch gerade ihr in besonderer Weise seine höchste Wertschätzung.*

Burgruine Waldenburg, Schweiz BL

Gläubige Menschen finden durch ihre Gemeinschaft in der Kirche Sicherheit, Stärke und Glück. Wie Turmwächter einer Burg legen sie Zeugnis von der Wahrheit ab und verkünden die Rettung, die Gott allen kostenlos anbietet.

in ihr die reinen Lehren des Himmels bewahren können. Mag die Gemeinde auch geschwächt und fehlerhaft erscheinen, Gott schenkt dennoch gerade ihr in besonderer Weise seine höchste Wertschätzung. In ihr entfaltet er seine Gnade, und er erfreut sich daran, in ihr seine Macht zu offenbaren, die Herzen verändern kann.

Zum Segen für die Welt

Jesus fragte: »Womit wollen wir das Reich Gottes vergleichen, und durch welches Gleichnis wollen wir es abbilden?« (Markus 4,30) Die Reiche der Welt konnte er nicht als Beispiel nehmen, und auch in der menschlichen Gesellschaft fand er nichts Vergleichbares. Die Herrschaft irdischer Reiche beruht auf der Überlegenheit ihrer physischen Machtmittel, aber aus dem Reich Christi ist jede weltliche Waffe, jedes Mittel des Zwangs verbannt. Dieses Reich soll die Menschheit aufrichten und veredeln. Gottes Gemeinde ist eine Stätte heiligen Lebens, ausgestattet mit vielen verschiedenen Gaben und ausgerüstet mit dem Heiligen Geist. Ihre Mitglieder sollen ihr Glück im Glück derer finden, denen sie helfen und zum Segen sind.

Es ist ein großartiges Werk, was der Herr durch seine Gemeinde zu vollbringen beabsichtigt, damit sein Name verherrlicht wird. Hesekiel stellt dies in seinem Gesicht vom Strom des Heils bildhaft dar: »Dies Wasser fließt hinaus in das östliche Gebiet und weiter hinab zum Jordantal und mündet ins Tote Meer. Und wenn es ins Meer fließt, soll dessen Wasser gesund werden, und alles, was darin lebt und webt, wohin der Strom kommt, das soll leben. … Und an dem Strom werden an seinem Ufer auf beiden Seiten allerlei fruchtbare Bäume wachsen; und ihre Blätter werden nicht verwelken, und mit ihren Früchten hat es kein Ende. Sie werden alle Monate neue Früchte bringen; denn ihr Wasser fließt aus dem Heiligtum. Ihre Früchte werden zur Speise dienen und ihre Blätter zur Arznei.« (Hesekiel 47,8.9a.12)

Von Anfang an hat Gott durch sein Volk gewirkt, um der Welt Segen zu vermitteln. Für das alte Ägypten machte Gott Josef zu einer Lebensquelle. Durch Josefs Rechtschaffenheit wurde das Leben jenes ganzen Volkes bewahrt. Durch Daniel rettete Gott allen Weisen Babylons das Leben. Diese Befreiungstaten dienen auch als Anschauungsunterricht. Sie veranschaulichen die geistlichen Segnungen, die für die Welt durch die Verbindung mit dem Gott bereitstehen, den Josef und Daniel anbeteten. Jeder Mensch, in dessen Herz Christus wohnt, und jeder, der Jesu Liebe der Welt kundtun will, ist ein Mitarbeiter Gottes zum Segen der Menschheit. Indem er von seinem Erlöser Gnade empfängt, um sie anderen weiterzugeben, fließt aus seinem ganzen Wesen ein Strom geistlichen Lebens.

Gott erwählte Israel, um der Welt seinen Charakter zu offenbaren. Er wollte aus diesem Volk Brunnen des Heils in der Welt machen. Ihm waren die Botschaften des Himmels, die Offenbarung des Willens Gottes anvertraut. In den Anfängen Israels hatten die Völker der Welt wegen ihrer sittlichen Verrohung ihr Wissen um Gott verloren. Einst hatten sie ihn gekannt, aber sie haben »ihn nicht als Gott gepriesen noch ihm gedankt, sondern sind dem Nichtigen verfallen in ihren Gedanken, und ihr unverständiges Herz ist verfinstert.« (Römer 1,21) Doch in seiner Barmherzigkeit ließ Gott sie am Leben. Er wollte ihnen Gelegenheit geben, durch sein auserwähltes Volk wieder mit ihm bekannt zu werden. Durch die Lehren aus dem Opferdienst sollte Christus vor allen Völkern erhöht werden, und alle, die zu ihm aufblicken würden, sollten leben. Christus hatte den Grund der jüdischen Ordnung gelegt. Das gesamte System von Symbolen und zeichenhaften Handlungen war ein gestraffter prophetischer Hinweis auf das Evangelium, eine Darstellung, in der die Verheißungen auf Erlösung zusammengefasst waren.

Gesetzlichkeit

Aber die Israeliten verloren ihre hohe Berufung als Gottes Volk aus den Augen. Sie vergaßen Gott und erfüllten ihren heiligen Auftrag nicht. Die Segnungen, die sie empfingen, brachten der Welt keinen Segen. Ihre Vorzugsstellung nutzten sie zu ihrer Selbstverherrlichung. Sie kapselten sich von der Welt ab, um nicht in Versuchung zu geraten. Gott hatte ihnen geboten, sich nicht mit Götzendienern einzulassen. Damit wollte er sie davor bewahren, heidnische Praktiken zu übernehmen, doch sie nahmen seine Anweisung zum Anlass, um zwischen ihnen und allen anderen Völkern eine Trennwand aufzurichten. Sie verweigerten Gott den Dienst, den er von ihnen forderte, und beraubten ihre Mitmenschen der geistlichen Wegweisung und eines heiligen Vorbildes. Priester und Oberste waren in eingefahrenen Gleisen starrer Rituale gefangen. Sie begnügten sich mit einer gesetzlichen Religiosität und waren nicht in der Lage, anderen die lebendigen Wahrheiten des Himmels zu vermitteln. Sie hielten ihre eigene Gerechtigkeit für völlig ausreichend und hatten kein Verlangen, neue Elemente in ihrer Religion zuzulassen. Gottes Wohlwollen an den Menschen fassten sie nicht als ein freiwilliges Geschenk der Güte Gottes auf, sondern verbanden es mit ihren eigenen Verdiensten aufgrund ihrer guten Werke. Der Glaube, der durch die Liebe tätig ist und den Charakter veredelt, fand keinen Platz in der Religion der Pharisäer, die vor allem aus Zeremonien und menschlichen Vorschriften bestand.

Gott sagte über Israel: »Ich ... hatte dich gepflanzt als einen edlen Weinstock, ein ganz echtes Gewächs. Wie bist du mir denn geworden zu einem schlechten, wilden Weinstock?« (Jeremia 2,21) »Israel ist ein üppig rankender Weinstock, der seine Frucht trägt. Aber je mehr Früchte er hatte, desto mehr Altäre machten sie; wo das Land am besten war, da richteten sie die schönsten Steinmale auf.« (Hosea 10,1)

»Nun richtet, ihr Bürger zu Jerusalem und ihr Männer Judas, zwischen mir und meinem Weinberg! Was sollte man noch mehr tun an meinem Weinberg, das ich nicht getan habe an ihm? Warum hat er denn schlechte Trauben gebracht, während ich darauf wartete, dass er gute brächte? Wohlan, ich will euch zeigen, was ich mit meinem Weinberg tun will! Sein Zaun soll weggenommen werden, dass er verwüstet werde, und seine Mauer soll eingerissen werden, dass er zertreten werde. Ich will ihn wüst liegen lassen, dass er nicht beschnitten noch gehackt werde, sondern Disteln und Dornen darauf wachsen, und will den Wolken gebieten, dass sie nicht darauf regnen. Des Herrn Zebaoth Weinberg aber ist das Haus Israel und die Männer Judas seine Pflanzung, an der sein Herz hing. Er wartete auf Rechtsspruch, siehe, da war Rechtsbruch, auf Gerechtigkeit, siehe, da war Geschrei über Schlechtigkeit.« (Jesaja 5,3-7) »Das Schwache stärkt ihr nicht, und das Kranke heilt ihr nicht, das Verwundete verbindet ihr nicht, das Verirrte holt ihr nicht zurück, und das Verlorene sucht ihr nicht; das Starke aber tretet ihr nieder mit Gewalt.« (Hesekiel 34,4)

Die jüdischen Führer hielten sich für zu weise, um Belehrungen zu benötigen, für zu gerecht, um Erlösung zu brauchen, für zu erhaben, um der Ehre zu bedürfen, die von Christus kommt. Deshalb wandte sich der Erlöser von ihnen ab, um die Vorrechte, die sie missbrauchten und das Werk, das sie so gering schätzten, anderen anzuvertrauen. Gottes Ehre sollte offenbart und sein Wort zur Geltung gebracht werden. Christi Reich sollte auf dieser Erde aufgerichtet und die Botschaft von der Erlösung überall in der Welt verkündigt werden. Zu diesem Werk, dem sich die jüdischen Führer versagt hatten, wurden nun die Jünger berufen.

> *Jeder Mensch, in dessen Herz Christus wohnt, und jeder, der Jesu Liebe der Welt kundtun will, ist ein Mitarbeiter Gottes zum Segen der Menschheit.*

Kapitel 2

Die Ausbildung der Zwölf

Markus 3,13.14; Johannes 14,1-4; 17

Vielleicht kommt es uns merkwürdig vor, dass Jesus zwölf einfache Männer als seine Jünger auswählte. Aber der Herr urteilt anders als die Menschen. Diese Männer schafften es, das Evangelium ohne größere finanzielle Mittel und ohne moderne Kommunikationsmittel in die ganze Welt hinauszutragen.

Christus bediente sich weder der Gelehrsamkeit und Beredsamkeit des Hohen Rates der Juden noch der Macht Roms, um sein Werk weiterzuführen. Er überging die selbstgerechten jüdischen Lehrer und erwählte bescheidene, ungelehrte Männer für die Verkündigung der Wahrheiten, die die Welt bewegen sollten. Diese Männer sollten nach seinem Plan zu Leitern seiner Gemeinde ausgebildet werden und ihrerseits andere heranziehen und mit der Evangeliumsbotschaft in die Welt hinaussenden. Um erfolgreich zu sein, sollten sie mit der Kraft des Heiligen Geistes ausgerüstet werden. Nicht durch menschliche Macht oder Weisheit sollte das Evangelium verkündigt werden, sondern durch die Kraft Gottes.

Täglich mit ihm zusammen

Dreieinhalb Jahre lang wurden die Jünger von dem größten Lehrer unterwiesen, den die Welt je gesehen hat. Durch persönlichen Kontakt und freundschaftlichen Umgang mit ihnen bildete Christus sie für seinen Dienst aus. Tag für Tag gingen und sprachen sie mit ihm, hörten seine tröstenden Worte an die Mühseligen und Beladenen und sahen, wie sich seine göttliche Kraft zugunsten der Kranken und Niedergeschlagenen kundtat. Manchmal lehrte er sie, wenn er mit ihnen am Bergeshang saß; manchmal sprach er mit ihnen über die Geheimnisse des Reiches Gottes, wenn sie am Ufer des Sees entlang oder sonst über Land gingen. Wo immer Herzen für die göttliche Botschaft bereit waren, offenbarte er ihnen die Wahrheiten über den Weg zum Heil. Er befahl seinen Jüngern nicht, dies oder jenes zu tun, sondern sagte: »Folget mir nach!« Er nahm sie mit auf seine Reisen durch das Land und die Städte, damit sie erlebten, wie er das Volk lehrte. Von Ort zu Ort reisten sie mit ihm, teilten sein einfaches Mahl und waren wie er zuweilen hungrig und oft müde. Sie waren bei ihm im Gedränge auf den Straßen, am Ufer des Sees und in der Einsamkeit der Wüste. Sie erlebten ihn in jeder Lebenslage.

Die Berufung der Zwölf war der erste Schritt zur Gründung der Gemeinde, die nach Christi Weggang sein Werk auf Erden weiterführen sollte. Von dieser Berufung wird berichtet: »Er ging auf einen Berg und rief zu sich, welche er wollte, und die gingen hin zu ihm. Und er setzte zwölf ein, die er auch Apostel nannte, dass sie bei ihm sein sollten und dass er sie aussendete zu predigen.« (Markus 3,13.14) Welch ergreifendes Bild! Christus als die himmlische Majestät, umgeben von den Zwölf, die er sich erwählt hat! Nun sondert er sie für ihre Aufgaben aus. Ausgerüstet mit seinem Wort und seinem Geist sollen diese schwachen Mitarbeiter allen Menschen das Angebot der Erlösung nahe bringen.

Voller Freude betrachteten Gott und die Engel dieses Bild. Der Vater wusste: Diese Männer würden die Rettungsbotschaft des Himmels in die Welt hinaustragen, ihre Worte würden seinen Sohn bezeugen und bis zum Ende der Zeiten durch alle Generationen Widerhall finden.

Die Jünger sollten als Zeugen Christi in die Welt hinausgehen, um das zu verkündigen, was sie von ihm gesehen und gehört hatten. Ihr Dienst war der wichtigste, zu dem Menschen je berufen wurden und den nur der Auftrag Christi selbst übertraf. Sie sollten am Errettungswerk Gottes für die Menschheit mitwirken. Wie die zwölf Patriarchen das alttestamentliche Israel verkörperten, so stehen die zwölf Apostel für die neutestamentliche Gemeinde.

Während seines irdischen Wirkens begann Christus die Trennwand zwischen Juden und Heiden niederzureißen und das Heil für alle Menschen zu verkündigen. Obwohl er Jude war, mischte er sich vorbehaltlos unter die Samariter und schlug die pharisäischen Verhaltensregeln diesem verachteten Volk gegenüber in den Wind. Er schlief unter ihrem Dach, aß an ihren Tischen und lehrte auf ihren Straßen.

Es war dem Erlöser ein Anliegen, den Jüngern klar zu machen, dass »die trennende Scheidewand« (Epheser 2,14 Men.) zwischen Israel und anderen Völkern niedergerissen wird, sodass auch »die Heiden Miterben sind ... und Mitgenossen der Verheißung in Christus Jesus ... durch das Evangelium.« (Epheser 3,6) Diese Wahrheit wurde teilweise offenbart, als Christus den Glauben des Hauptmanns von Kapernaum belohnte, und auch als er den Leuten von Sichar das Evangelium predigte. Noch deutlicher zeigte sie sich bei seinem Besuch in Phönizien, als er die Tochter der kanaanäischen Frau heilte. Solche Erfahrungen halfen den Jüngern zu erkennen, dass es unter jenen Menschen, denen viele die Erlösungswürdigkeit absprachen, manche gab, die sich nach der Wahrheit sehnten.

Auf diese Weise versuchte Christus die Jünger damit vertraut zu machen, dass es im Reich Gottes keine Staatsgrenzen, keine Gesellschaftsklassen und keine Oberschicht gibt. Sie sollten zu allen Völkern gehen und ihnen die Botschaft von der Liebe des Erlösers verkündigen. Doch erst viel später verstanden sie in vollem Umfang, was es heißt, dass Gott »aus einem Menschen das ganze Menschengeschlecht gemacht« hat, »damit sie auf dem ganzen Erdboden wohnen«, und dass er festgesetzt hat, »wie lange sie bestehen und in welchen Grenzen sie wohnen sollen, damit sie Gott suchen sollen, ob sie ihn wohl fühlen und finden könnten«, obwohl er »nicht ferne von einem jeden unter uns« ist. (Apostelgeschichte 17,26.27)

Einheit in der Vielfalt

In diesen ersten Jüngern zeigte sich eine bemerkenswerte Vielfalt. Sie sollten Lehrer der Welt werden und verkörperten die unterschiedlichsten Charaktere. Um das Werk erfolgreich voranbringen zu können, zu dem sie berufen worden waren, mussten diese Männer bei aller Verschiedenheit in ihren persönlichen Eigen-

> *Christus bediente sich weder der Gelehrsamkeit und Beredsamkeit des Hohen Rates der Juden noch der Macht Roms, um sein Werk weiterzuführen. Er erwählte bescheidene, ungelehrte Männer für die Verkündigung der Wahrheiten, die die Welt bewegen sollten.*

schaften und Lebensgewohnheiten zu einer Einheit des Fühlens, Denkens und Handelns gelangen. Aus diesem Grunde versuchte Jesus seine Jünger zu einer Einheit mit ihm selbst zu führen. Sein Gebet zu seinem Vater bringt die Last seiner Bemühungen um sie zum Ausdruck: »Ich bete darum, dass sie alle eins seien, so wie du in mir bist, Vater, und ich in dir. So wie wir sollen auch sie in uns eins sein, damit die Welt glaubt, dass du mich gesandt hast … Ich lebe in ihnen, und du lebst in mir; so sollen auch sie vollkommen eins sein, damit die Welt erkennt, dass du mich gesandt hast und dass du sie, die zu mir gehören, ebenso liebst wie mich.« (Johannes 17,21.23 GNB) Beständig betete er darum, dass seine Jünger durch die Wahrheit geheiligt würden, und zwar in voller Zuversicht und in dem Bewusstsein, dass der Allmächtige dies schon vor Grundlegung der Welt verordnet hatte. Er wusste: Das Evangelium vom Reich Gottes wird allen Völkern zum Zeugnis gepredigt werden. Und: Im Kampf mit dem Bösen wird die Wahrheit durch die Allmacht des Heiligen Geistes siegen, und seine Erlösungstat am Kreuz wird eines Tages seinen Nachfolgern zugerechnet werden.

Jesus wusste, als sich sein Dienst auf Erden dem Ende näherte, dass er seine Jünger bald verlassen würde. Darum versuchte er, ihnen Mut zu machen und sie auf die Zukunft vorzubereiten, denn er musste ihnen die Fortführung der Arbeit ohne seine persönliche Leitung anvertrauen. Er täuschte sie nicht mit falschen Hoffnungen. Wie in einem offenen Buch sah er, was auf sie zukam. Er wusste, dass er sie wie Schafe unter Wölfen zurücklassen würde, sobald er sich von ihnen trennte. Man würde sie verfolgen, aus den Synagogen ausschließen und ins Gefängnis werfen. Einige würden den Tod erleiden, weil sie sich zu ihm als dem Messias bekannten. Darüber sagte er ihnen einiges voraus. Er war deutlich und bestimmt, wenn er über ihre Zukunft sprach, damit sie sich in der kommenden Prüfungszeit an seine Worte erinnerten und im Glauben an ihren Erlöser gestärkt würden.

Aber auch Worte der Hoffnung und Ermutigung richtete er an sie. »Euer Herz erschrecke nicht! Glaubt an Gott und glaubt an mich! In meines Vaters Hause sind viele Wohnungen. Wenn's nicht so wäre, hätte ich dann zu euch gesagt: Ich gehe hin, euch die Stätte zu bereiten? Und wenn ich hingehe, euch die Stätte zu bereiten, will ich wiederkommen und euch zu mir nehmen, damit ihr seid, wo ich bin. Und wo ich hingehe, den Weg wisst ihr.« (Johannes 14,1-4) Mit anderen Worten: Um euretwillen bin ich in die Welt gekommen, für euch habe ich gearbeitet. Wenn ich fortgehe, werde ich dennoch mit allem Eifer für euch wirken. Ich kam in die Welt, um mich euch zu offenbaren, auf dass ihr glauben könnt. Ich gehe zu meinem und zu eurem Vater, um gemeinsam mit ihm für euch zu wirken.

Als sein Leben auf der Erde dem Ende zuging, sprach Jesus mit seinen Jüngern über ihre Zukunft. Er sah voraus, dass sie wie Schafe unter Wölfen sein würden, dass sie verfolgt, eingekerkert und viele von ihnen sogar getötet werden würden. Deshalb ermutigte er sie: »In der Welt wird man euch hart zusetzen, aber verliert nicht den Mut: Ich habe die Welt besiegt!« (Johannes 16,33)

»Wahrlich, wahrlich, ich sage euch: Wer an mich glaubt, der wird die Werke auch tun, die ich tue, und er wird noch größere als diese tun; denn ich gehe zum Vater.« (Johannes 14,12) Damit meinte Christus nicht, dass die Jünger großartigere Anstrengungen machen würden als er; aber das Werk würde größere Ausmaße erreichen. Er bezog das nicht nur auf das Wirken von Wundern, sondern auf alles, was unter der Leitung des Heiligen Geistes geschehen sollte. »Wenn aber der Tröster kommen wird, den ich euch senden werde vom Vater, der Geist der Wahrheit, der vom Vater ausgeht, der wird Zeugnis geben von mir. Und auch ihr seid meine Zeugen, denn ihr seid von Anfang an bei mir gewesen.« (Johannes 15,26.27)

In der Kraft des Geistes

Eindrucksvoll gingen diese Worte in Erfüllung. Nachdem der Heilige Geist über sie gekommen war, wurden die Jünger von einer so innigen Liebe zu ihrem Herrn und zu all denen erfüllt, für die er gestorben war, dass ihre Worte und Gebete Herzen veränderten. Sie sprachen in der Kraft des Heiligen Geistes, und unter dem Einfluss dieser Macht wurden Tausende bekehrt.

Als Christi Vertreter sollten die Apostel in der Welt einen nachhaltigen Eindruck hinterlassen. Die Tatsache, dass sie Männer einfacher Herkunft waren, sollte ihren Einfluss nicht verringern, sondern vergrößern; denn die Gedanken ihrer Zuhörer würden von ihnen weg hin auf den Heiland gelenkt werden, der, wiewohl selbst unsichtbar, noch immer mit ihnen zusammenwirkte. Die segensreiche Lehrtätigkeit der Apostel, ihre Worte der Ermutigung und des Vertrauens würden allen ein Beweis dafür sein, dass sie nicht aus eigener Kraft, sondern in der Kraft Christi tätig waren. In aller Bescheidenheit würden sie erläutern, dass Jesus, den die Juden gekreuzigt hatten, der Herr des Lebens war, der Sohn des lebendigen Gottes, und dass es seine Werke waren, die sie in seinem Namen vollbrachten.

In seinem Abschiedsgespräch mit den Jüngern am Abend vor seiner Kreuzigung erwähnte der Erlöser mit keinem Wort weder seine erduldeten noch seine bevorstehenden Leiden. Er erwähnte die Erniedrigungen nicht, die noch vor ihm lagen. Vielmehr lenkte er ihre Gedanken auf das, was ihren Glauben stärken würde, und er richtete ihre freudige Erwartung auf das Glück, das die Überwinder erwartet. Jesus freute sich in dem Bewusstsein, dass er für seine Nachfolger mehr tun konnte und würde, als er versprochen hatte; dass von ihm her Liebe und Mitgefühl zu ihnen strömen würden, die ihr Denken, Fühlen und Handeln neu ausrichten und das Wesen der Menschen ihm gleich machen würden; und dass seine Wahrheit in Verbindung mit der Macht des Heiligen Geistes von Sieg zu Sieg schreiten würde.

»Das habe ich mit euch geredet, damit ihr in mir Frieden habt. In der Welt habt ihr Angst; aber seid getrost, ich habe die Welt überwunden.« (Johannes 16,33) Christus wurde weder schwach noch mutlos. Einen ebenso ausdauernden Glauben sollten auch seine Jünger zeigen. Sie sollten so arbeiten, wie er gearbeitet hat, und sich auf seine Kraft verlassen. Und falls ihnen unüberwindbar scheinende Schwierigkeiten den Weg versperrten, sollten sie durch seine Gnade dennoch vorangehen, nicht verzweifeln und die Hoffnung bewahren.

Christus hatte das Werk vollendet, das ihm aufgetragen worden war. Er hatte diejenigen ausgewählt, die es unter den Menschen fortsetzen sollten. Nun sagte er: »Ich bin in ihnen verherrlicht. Ich bin nicht mehr in der Welt; sie aber sind in der Welt, und ich komme zu dir. Heiliger Vater, erhalte sie in deinem Namen, den du mir gegeben hast, dass sie eins seien wie wir … Ich bitte aber nicht allein für sie, sondern auch für die, die durch ihr Wort an mich glauben werden, damit sie alle eins seien. … Ich in ihnen und du in mir, damit sie vollkommen eins seien und die Welt erkenne, dass du mich gesandt hast und sie liebst, wie du mich liebst.« (Johannes 17,10.11.20-23)

> *»In meines Vaters Hause sind viele Wohnungen. Wenn's nicht so wäre, hätte ich dann zu euch gesagt: Ich gehe hin, euch die Stätte zu bereiten? Und wenn ich hingehe, euch die Stätte zu bereiten, will ich wiederkommen und euch zu mir nehmen, damit ihr seid, wo ich bin.«*
>
> Johannes 14,2–4

Kapitel 3: Der große Auftrag

Matthäus 28; Apostelgeschichte 1

Bevor Jesus in den Himmel auffuhr, gab er seinen Jüngern den folgenden Auftrag: »Darum gehet hin und machet zu Jüngern alle Völker: Taufet sie auf den Namen des Vaters und des Sohnes und des Heiligen Geistes und lehret sie halten alles, was ich euch befohlen habe. Und siehe, ich bin bei euch alle Tage bis an der Welt Ende.« (Matthäus 28,19.20) Seither sind alle Gläubigen Botschafter der Erlösung.

Nach Christi Tod hatte Mutlosigkeit die Jünger beinahe überwältigt. Ihr Lehrmeister war abgelehnt, verurteilt und gekreuzigt worden. Die Priester und Obersten hatten gespottet: »Andern hat er geholfen und kann sich selber nicht helfen. Ist er der König von Israel, so steige er nun vom Kreuz herab. Dann wollen wir an ihn glauben.« (Matthäus 27,42) Für die Jünger war die Sonne der Hoffnung untergegangen. Nacht senkte sich auf ihre Herzen. Oft wiederholten sie die Worte: »Wir aber hofften, er sei es, der Israel erlösen werde.« (Lukas 24,21) Mit dem tiefen Gefühl der Verlassenheit erinnerten sie sich an seine Worte: »Denn wenn man das tut am grünen Holz, was wird am dürren werden?« (Lukas 23,31)

Das Unbegreifliche wird fassbar

Mehrmals hatte Jesus versucht, seinen Jüngern die Zukunft zu eröffnen, aber sie waren zu gleichgültig gewesen, um über seine Worte nachzudenken. Deshalb war sein Tod für sie überraschend gekommen. Als sie später auf das Vergangene zurückblickten und die Folgen ihres Unglaubens erkannten, empfanden sie Kummer darüber. Nach Christi Kreuzigung glaubten sie nicht, dass er auferstehen werde. Wohl hatte er ihnen deutlich erklärt, dass er am dritten Tage auferstehen werde, doch vor lauter Verwirrung begriffen sie nicht, was er gemeint hatte. Als er am Kreuz starb, stürzte sie dieses fehlende Verständnis in äußerste Hoffnungslosigkeit. Sie waren bitter enttäuscht. Ihr Glaube durchdrang den Schatten nicht, mit dem Satan ihren Blick verdunkelt hatte. Alles erschien ihnen unklar und rätselhaft. Wie viel Kummer wäre ihnen erspart geblieben, hätten sie den Worten des Heilands geglaubt!

Niedergedrückt von Verzagtheit, Schmerz und Verzweiflung kamen die Jünger im oberen Raum eines Gebäudes zusammen. Aus Furcht, das Schicksal ihres geliebten Lehrers könnte auch sie treffen, schlossen und verriegelten sie die Türen. Aber genau dort erschien ihnen der Erlöser nach seiner Auferstehung.

Vierzig Tage lang verbrachte Christus noch auf der Erde, um die Jünger auf ihr künftiges Werk vorzubereiten und ihnen das zu erklären, was sie bislang nicht hatten begreifen können. Er sprach über die Prophezeiungen, die sein Kommen, seine Ablehnung durch die Juden und seinen Tod betrafen, und zeigte, dass sich diese Voraussagen bis in alle Einzelheiten erfüllt hatten. Die Erfüllung der Prophetie, so sagte er ihnen, sollten sie als Bestätigung jener Kraft erkennen, die ihr künftiges Wirken begleiten werde. »Und er half ihnen, die Heiligen Schriften richtig zu verstehen. ›Hier steht es geschrieben‹, erklärte er ihnen: ›Der versprochene Retter muss leiden und sterben und am dritten Tag vom Tod auferstehen. Und den Menschen aller Völker muss verkündet werden, daß ihnen um seinetwillen Umkehr zu Gott und Vergebung der Schuld angeboten wird. In Jerusalem muss der Anfang gemacht werden. Ihr seid Zeugen geworden von allem, was geschehen ist, und sollt es überall bezeugen!‹« (Lukas 24,45-48 GNB)

In diesen Tagen, die Christus mit seinen Jüngern verbrachte, machten sie eine neue Erfahrung. Als sie hörten, wie ihr geliebter Meister die Schrift im Licht des Geschehenen erklärte, festigte sich ihr Glaube an ihn. Nun konnten sie sagen: »Ich weiß, an wen ich glaube.« (2. Timotheus 1,12) Ihnen wurde bewusst, welcher Art und wie umfassend ihre Aufgabe war; sie erkannten, dass sie nun die ihnen anvertrauten Wahrheiten der Welt verkündigen sollten. Die besonderen Ereignisse im Leben Jesu, sein Tod und seine Auferstehung, die Prophezeiungen, die auf diese Ereignisse hinwiesen, die Geheimnisse des Erlösungsplans, die Sünden vergebende Macht Jesu: all dies konnten sie bezeugen und sollten es nun der Welt bekannt machen. An ihnen lag es nun, die gute Nachricht vom Frieden, von der Errettung durch Umkehr und von der Macht des Erlösers zu verkünden.

Der große Auftrag

Vor seiner Himmelfahrt hat Christus seinen Jüngern ihren Auftrag erteilt. Er hat der Welt den Schatz des ewigen Lebens vermacht, und seine Jünger sollten seine Testamentsvollstrecker sein. Er sagte ihnen: Ihr seid Zeugen dafür, dass ich mein Leben für die Welt geopfert habe. Ihr habt miterlebt, wie ich mich um Israel bemüht habe. Auch wenn mein Volk nicht zu mir kommen wollte, um das Leben zu empfangen, obwohl Priester und Oberste mit mir nach ihrer Willkür umgesprungen sind, obwohl sie mich zurückgewiesen haben, soll ihnen eine weitere Gelegenheit geboten werden, den Sohn Gottes anzunehmen. Ihr habt gesehen, dass ich alle, die zu mir kommen und ihre Sünden bekennen, gerne annehme. Wer zu mir kommt, den werde ich nicht hinausstoßen. Euch, meinen Jüngern, vertraue ich diese Botschaft der Gnade an. Gebt sie weiter, an Juden und auch an Heiden – zuerst an die Israeliten, dann an alle Nationen, Sprachen und Völker. Alle Gläubigen sollen in einer einzigen Gemeinde vereint werden.

Der Auftrag zur Evangeliumsverkündigung ist die große Missionsurkunde des Reiches Christi. Die Jünger sollten sich ernsthaft um Menschen bemühen und allen die Gnade Jesu anbieten. Sie sollten nicht warten, bis die Leute zu ihnen kamen, sondern die Botschaft zu ihnen bringen.

Die Jünger sollten das Werk im Namen Christi weiterführen. Mit jedem Wort und jeder Tat hatten sie die Aufmerksamkeit auf den Namen des Einen hin zu lenken, der diese lebensspendende Kraft besitzt und die Sünder retten kann. Ihr Glaube sollte den im Mittelpunkt haben, der die Quelle der Gnade und der Kraft ist. In seinem Namen sollten sie ihre Bitten an

> *Die Jünger sollten sich ernsthaft um Menschen bemühen und allen die Gnade Jesu anbieten. Sie sollten nicht warten, bis die Leute zu ihnen kamen, sondern die Botschaft zu ihnen bringen.*

TEIL 1 | GUTE NACHRICHT FÜR ALLE

Der Jordan, südlich vom See Genezareth.

Im Jordan wurden Jesus und viele andere Personen von Johannes getauft. Der Täufer wirkte an einem Ort, an dem es viel Wasser gab. Er taufte Menschen, die Vergebung ihrer Sünden suchten. – Der alte Mensch wird durch die Taufe symbolisch begraben, danach aufersteht ein neuer Mensch zu einem veränderten Leben.

den Vater richten, und sie würden erhört werden. Sie sollten im Namen des Vaters, des Sohnes und des Heiligen Geistes taufen. Der Name Christi sollte ihr Kennwort, ihr Ehrenzeichen sein, das Band ihrer Einigkeit, ja ihre Handlungsvollmacht und die Quelle ihres Erfolgs. Nichts würde in Gottes Reich anerkannt werden, was nicht seinen Namen und seine Aufschrift trägt.

Als Christus seine Jünger aussandte und ihnen gebot, in seinem Namen alle Gläubigen in der Gemeinde zusammenzuführen, erklärte er ihnen auch, wie wichtig es sei, schlicht zu bleiben. Je weniger Wert sie auf Äußerlichkeiten und bloßen Schein legten, desto größer werde ihr Einfluss zum Guten sein. Sie sollten genauso einfach sprechen wie Christus und ihren Hörern einprägen, was er sie gelehrt hatte.

Christus versprach seinen Jüngern nicht, dass ihr Werk leicht sein werde. Er wies sie auf das ungeheure Aufgebot des Bösen hin, das sich ihnen entgegenstellen würde. Sie müssten kämpfen »mit Mächtigen und Gewaltigen, nämlich mit den Herren der Welt, die in dieser Finsternis herrschen, mit den bösen Geistern unter dem Himmel.« (Epheser 6,12) Aber er werde sie nicht allein kämpfen lassen. Er sicherte ihnen seinen Beistand zu. Wenn sie im Glauben vorangingen, würden sie sich unter dem Schutz des Allmächtigen bewegen. Er gebot ihnen, tapfer und standhaft zu sein, denn ein Stärkerer als die Engel – der Führer der himmlischen Heerscharen – werde mit ihnen sein. Er traf genaue Vorsorge zur Durchführung ihres Auftrags und übernahm selbst die Verantwortung für den Erfolg. Solange sie seinem Wort gehorchten und gemeinsam mit ihm wirkten, konnten sie nicht scheitern. Er befahl ihnen: Geht zu allen Völkern, geht in die entlegensten Gebiete der bewohnten Welt! Seid gewiss, dass ich auch dort bei euch sein werde. Wirkt im Glauben und Vertrauen, denn ich werde euch nie und nimmer im Stich lassen. Allezeit werde ich bei euch sein, euch helfen bei der Erfüllung eurer Aufgaben, euch leiten, trösten, heiligen, unterstützen und befähigen, die Worte zu reden, welche die Aufmerksamkeit der Menschen auf das Reich Gottes lenken.

Christi Opfer für die Menschheit war vollkommen und vollständig. Die Voraussetzung für die Versöhnung war erfüllt. Das Werk war vollendet, für das er in diese Welt gekommen war. Er hatte Satan die Herrschaft entrissen und selbst übernommen. So war er zum Erben aller Dinge geworden. Jetzt befand er sich auf dem Weg zum Thron Gottes, um von den himmlischen Scharen geehrt zu werden. Ausgestattet mit unumschränkter Vollmacht erteilte er nun seinen Jüngern den Auftrag: »Darum gehet hin und machet zu Jüngern alle Völker: Taufet sie auf den Namen des Vaters und des Sohnes und des Heiligen Geistes und lehret sie halten alles, was ich euch befohlen habe. Und siehe, ich bin bei euch alle Tage bis an der Welt Ende.« (Matthäus 28,19.20)

Ehe Jesus seine Jünger verließ, verdeutlichte er ihnen noch einmal das Wesen seines Reichs. Er erinnerte sie an all das, was er ihnen schon früher darüber gesagt hatte: Es war nicht seine Absicht, in dieser Welt ein irdisches Königreich aufzurichten und als irdischer König auf Davids Thron zu regieren. Auf die Frage der Jünger: »Herr, wirst du in dieser Zeit wieder aufrichten das Reich für Israel?« antwortete er: »Es gebührt euch nicht, Zeit oder Stunde zu wissen, die der Vater in seiner Macht bestimmt hat.« (Apostelgeschichte 1,6.7) Sie brauchten nicht mehr über die Zukunft zu wissen, als er ihnen offenbart hatte. Ihre Aufgabe bestand darin, das Evangelium zu verkündigen.

Selbstständig, doch nie allein

Bald würde Christus nicht mehr sichtbar unter den Jüngern leben. Sie sollten aber mit einer neuen Kraft ausgestattet werden. Sie würden den Heiligen Geist in Fülle erhalten und zu ihrem Werk bestätigt. Der Erlöser sagte: »Siehe, ich will auf euch herabsenden, was mein Vater verheißen hat. Ihr aber sollt in der Stadt bleiben, bis ihr ausgerüstet werdet mit Kraft aus der Höhe.« (Lukas 24,49)

»Johannes hat mit Wasser getauft, ihr aber sollt mit dem Heiligen Geist getauft werden nicht lange nach diesen Tagen ... Ihr werdet die Kraft des Heiligen Geistes empfangen, der auf euch kommen wird, und werdet meine Zeugen sein in Jerusalem und in ganz Judäa und Samarien und bis an das Ende der Erde.« (Apostelgeschichte 1,5.8)

Der Erlöser wusste, dass kein Argument, so logisch es auch sein mochte, Herzen verändern oder den Panzer weltlicher Gesinnung und Selbstsucht durchbrechen kann. Er wusste, dass seine Jünger ihre Befähigung vom Himmel empfangen mussten. Das Evangelium ist wirkungsvoll, wenn es warmherzig und wortgewandt verkündigt wird. Das jedoch ist nur mit einer lebendigen Beziehung zu demjenigen möglich, der der Weg, die Wahrheit und das Leben ist. Die Aufgabe, die den Jüngern anvertraut wurde, würde ihnen große Leistungen abverlangen, da die Flut des Bösen gewaltig gegen sie anbranden würde. Den Jüngern stand ein wachsamer, entschlossener Führer der Mächte der Finsternis gegenüber. Die Nachfolger Christi könnten nur mit der Hilfe, die Gott ihnen durch den Heiligen Geist

Menschen vor der Klagemauer in Jerusalem.

Während des ganzen Lebens zeigte Jesus seinem Volk Liebe und Barmherzigkeit, obwohl er von vielen verstossen und verurteilt wurde. Selbst nach seinem Tod sollten die Jünger noch eine Zeitlang in Jerusalem bleiben. Viele erkannten erst jetzt, dass sie von den Priestern und Obersten betrogen worden waren und kamen zum Glauben.

geben würde, im Kampf für das Rechte bestehen.

Christus gebot seinen Jüngern, ihre Arbeit in Jerusalem zu beginnen. Diese Stadt war der Schauplatz seines wunderbaren Opfers für die Menschheit. Dort hatte Jesus als Mensch unter Menschen gewirkt, und nur wenige hatten erkannt, wie nahe der Himmel zur Erde gekommen war. Dort war er verurteilt und gekreuzigt worden. In Jerusalem gab es viele, die insgeheim an Jesus von Nazareth als den Messias glaubten, und viele andere, die von den Priestern und Obersten irregeleitet worden waren. Ihnen musste das Evangelium verkündigt werden. Sie sollten zur Umkehr gerufen werden. Die herrliche Wahrheit, dass Sündenvergebung allein durch Christus erlangt werden kann, sollte ihnen deutlich dargelegt werden. Gerade weil Jerusalem noch von den aufregenden Ereignissen der vergangenen letzten Wochen aufgewühlt war, würde die Predigt der Jünger einen tiefen Eindruck hinterlassen.

Während seines Lehramtes hatte Jesus seinen Jüngern immer wieder eingeprägt, dass sie mit ihm in dem Bemühen eins sein müssten, die Welt aus den Fesseln der Sünde zu befreien. Als er die Zwölf und später die Siebzig aussandte, um das Reich Gottes zu verkünden, lehrte er sie, anderen weiterzugeben, was sie selbst von ihm gelernt hatten. Bei all dem, was er tat, bildete er sie für die Arbeit von Mensch zu Mensch aus. Diese würde mit dem Anwachsen der Jüngerschar zunehmen. Schließlich sollte diese Arbeit die entferntesten Gebiete der Erde erreichen. Als letzte Unterweisung vertraute er seinen Nachfolgern die frohe Botschaft des Heils an, die für die Welt bereitliegt.

Er kommt wieder

Als die Zeit gekommen war, dass Christus zu seinem Vater zurückkehren sollte, führte er die Jünger hinaus nach Bethanien. Dort hielt er an, und sie scharten sich um ihn. Während er segnend seine Hände ausbreitete, als wolle er sie seiner bewahrenden Fürsorge versichern, stieg er langsam aus ihrer Mitte auf. »Und es geschah, da er sie segnete, schied er

Die Jünger waren sehr traurig, als ihr Meister vor ihren Augen gen Himmel fuhr. Da erschienen ihnen zwei Engel und erinnerten sie daran, dass Jesus eines Tages zurückkommen und die Gläubigen mit sich in den Himmel nehmen werde: »Dieser Jesus, der von euch weg gen Himmel aufgenommen wurde, wird so wiederkommen, wie ihr ihn habt gen Himmel fahren sehen.« (Apostelgeschichte 1,11)

von ihnen und fuhr auf gen Himmel.« (Lukas 24,51)

Die Jünger blickten empor, um ihren scheidenden Herrn bis zum letzten Augenblick zu sehen, als er in die jubelnde Schar der himmlischen Engel aufgenommen wurde. Als diese ihn zu den himmlischen Höfen geleiteten, sangen sie im Triumph: »Ihr Königreiche auf Erden, singet Gott, lobsinget dem Herrn! Er fährt einher durch die Himmel, die von Anbeginn sind. Siehe, er lässt seine Stimme erschallen, eine gewaltige Stimme. Gebt Gott die Macht! Seine Herrlichkeit ist über Israel und seine Macht in den Wolken.« (Psalm 68,33-35)

Noch immer schauen die Jünger nachdenklich zum Himmel, »da standen auf einmal zwei Männer in weißen Kleidern bei ihnen, die sagten: Ihr Leute aus Galiläa, was steht ihr da und schaut hinauf zum Himmel? Dieser Jesus, der von euch weg in den Himmel aufgenommen wurde, wird auf dieselbe Weise wiederkommen, wie ihr ihn in den Himmel habt auffahren sehen.« (Apostelgeschichte 1,10.11 ZÜ)

Die Verheißung der Wiederkunft Christi sollte den Jüngern stets in frischer Erinnerung bleiben. Dieser Jesus, den sie zum Himmel hatten auffahren sehen, würde wiederkommen, um alle zu sich zu nehmen, die auf Erden zu seinem Dienst bereit waren. Dieselbe Stimme, die gesagt hatte: »Siehe, ich bin bei euch alle Tage bis an das Ende« (Matthäus 28,20), würde sie auch bei sich im Himmelreich willkommen heißen.

So wie der Hohepriester im sinnbildlichen Dienst seine hohepriesterlichen Kleider ablegte und im weißen, leinenen Kleid eines gewöhnlichen Priesters seinen Dienst verrichtete, so legte Christus seine königliche Kleidung ab, nahm Menschengestalt an und brachte sein Opfer dar. Er war Priester und Opfer zugleich. Und wie der Hohepriester nach seinem Dienst im Allerheiligsten im hohepriesterlichen Kleid zur wartenden Gemeinde heraustrat, so wird auch Christus wiederkommen in Kleidern von reinstem Weiß, »wie sie kein Bleicher auf Erden so weiß machen kann.« (Markus 9,3) Er wird in seiner eigenen Herrlichkeit und in der Herrlichkeit seines Vaters erscheinen, und das ganze Engelheer wird ihn auf seinem Weg begleiten.

So wird Christi Verheißung an seine Jünger erfüllt werden: »Wenn ich hingehe, euch die Stätte zu bereiten, will ich wiederkommen und euch zu mir nehmen, damit ihr seid, wo ich bin.« (Johannes 14,3) Alle, die ihn geliebt und auf ihn gewartet haben, wird er mit Herrlichkeit, Ehre und Unsterblichkeit belohnen. Die gerechten Toten werden zuerst aus ihren Gräbern auferstehen. »Danach werden wir, die wir leben und übrig bleiben, zugleich mit ihnen entrückt werden auf den Wolken in die Luft, dem Herrn entgegen; und so werden wir bei dem Herrn sein allezeit.« (1. Thessalonicher 4,17) Sie werden die Stimme Jesu hören, die anmutiger klingt als jede Musik, die sterblichen Menschen je zu Ohren gekommen ist, und diese Stimme wird sagen: Euer Kampf ist beendet. »Kommt her, ihr Gesegneten meines Vaters, ererbt das Reich, das euch bereitet ist von Anbeginn der Welt!« (Matthäus 25,34) Das ist Anlass genug für die Jünger, sich auf die Wiederkunft ihres Herrn zu freuen!

> *Noch immer schauen die Jünger nachdenklich zum Himmel, »da standen auf einmal zwei Männer in weißen Kleidern bei ihnen, die sagten: Ihr Leute aus Galiläa, was steht ihr da und schaut hinauf zum Himmel? Dieser Jesus, der von euch weg in den Himmel aufgenommen wurde, wird auf dieselbe Weise wiederkommen, wie ihr ihn in den Himmel habt auffahren sehen.«*
> Apostelgeschichte 1,10.11 ZÜ

»Ihr werdet die Kraft des Heiligen Geistes empfangen, der auf euch kommen wird, und werdet meine Zeugen sein.«

Apostelgeschichte 1,8

Teil 2

Inhalt

4	Pfingsten	26
5	Die Gabe des Geistes	32
6	An der Pforte des Tempels	38
7	Von Herzen teilen	46
8	Vor dem Hohen Rat	50
9	Die sieben Diakone	56
10	Der erste christliche Märtyrer	62

Kapitel 4 — Pfingsten

Apostelgeschichte 2,1-39

Gemälde von Tiziano in der Chiesa di Page Maria della Salute in Venedig.

Die meisten der Jünger Jesu waren einfache, ungebildete Männer. Um sie auf ihre Aufgabe vorzubereiten, die Gute Nachricht in die Welt hinauszutragen, kam der Heilige Geist zu ihnen. Er stärkte sie in ihrem Glauben und zeigte ihnen den wahren und gerechten Weg.

Als die Jünger vom Ölberg nach Jerusalem zurückkehrten, suchte man in ihren Gesichtern nach Spuren von Kummer, Verwirrung und Kleinmut, aber man fand nur jubelnde Freude. Die Jünger klagten nicht über enttäuschte Hoffnungen. Sie hatten den auferstandenen Erlöser gesehen, und seine Verheißungsworte bei seinem Abschied klangen ihnen immerfort in den Ohren.

Sie gehorchten dem Befehl Christi und warteten in Jerusalem auf das, was der Vater verheißen hatte: die Ausgießung des Heiligen Geistes. Aber die Jünger blieben nicht untätig. Dem biblischen Bericht zufolge waren sie »allezeit im Tempel und priesen Gott.« (Lukas 24,53) Sie versammelten sich aber auch, um dem Vater im Namen Jesu ihre Bitten vorzulegen. Sie wussten, dass sie einen Vertreter im Himmel, einen Fürsprecher am Thron Gottes hatten.

In Ehrfurcht beugten sie sich im Gebet und wiederholten die Zusicherung: »Wahrlich, wahrlich, ich sage euch: Wenn ihr den Vater um etwas bitten werdet in meinem Namen, wird er's euch geben. Bisher habt ihr um nichts gebeten in meinem Namen. Bittet, so werdet ihr nehmen, dass eure Freude vollkommen sei.« (Johannes 16,23.24) Durch ihren Glauben bezeugten sie mit Macht: »Christus Jesus ist hier, der gestorben ist, ja vielmehr, der auch auferweckt ist, der zur Rechten Gottes ist und uns vertritt.« (Römer 8,34)

Einsicht

Während die Jünger auf die Erfüllung der Verheißung warteten, demütigten sie sich in aufrichtiger Reue und bekannten ihren Unglauben. Nun verstanden sie den Sinn der Worte, die Jesus vor seinem Tod zu ihnen gesprochen hatte, viel besser. Wahrheiten, die sie längst vergessen hatten, wurden in ihnen wieder wach, und diese wiederholten sie nun voreinander. Sie fragten sich, wie es wohl möglich gewesen war, dass sie ihren Erlöser so missverstanden hatten. Wie in einem Film lief Bild um Bild seines wunderbaren Lebens an ihnen vorüber. Als sie über sein reines, heiliges Leben nachdachten, schien ihnen keine Mühe zu schwer, kein Opfer zu groß, um durch ihr Leben die Anmut des Charakters Christi zu bezeugen. O könnten sie doch die vergangenen drei Jahre noch einmal durchleben! Wie anders würden sie handeln! Könnten sie doch Jesus noch einmal sehen, wie sehr würden sie sich bemühen, ihm ihre innige Liebe zu zeigen! Wie aufrichtig bereuten sie, ihn je durch ein Wort oder eine Tat des Unglaubens betrübt zu haben. Doch sie trösteten sich mit dem Gedanken, dass ihnen vergeben war. Und sie waren entschlossen, ihren Unglauben, soweit wie möglich, durch ein mutiges Bekenntnis vor der Welt wieder gut zu machen.

Ernsthaft beteten die Jünger um die Befähigung, Menschen aufsuchen und in ihrem täglichen Umgang Worte aussprechen zu können, die Sünder zu Christus führten. Alle Meinungsverschiedenheiten und alles Streben nach Vorrangstellung gaben sie auf und schlossen sich zu einer wahrhaft christlichen Gemeinschaft zusammen. Sie kamen Gott immer näher, und dadurch wurde ihnen deutlich, welch ein Vorrecht sie genossen hatten, mit Christus einen so engen Umgang zu haben. Trauer überkam sie, als sie darüber nachdachten, wie oft sie ihn betrübt hatten, weil sie so schwer von Begriff gewesen waren und weil sie seine Lehren so schlecht verstanden hatten, die er ihnen zu ihrem Besten erteilen wollte.

Diese Tage der Vorbereitung waren Tage gründlicher Selbstprüfung. Die Jünger spürten ihre geistliche Not und baten den Herrn um »die Salbung von dem, der heilig ist« (1. Johannes 2,20), um für das Werk der Seelenrettung tauglich zu werden. Sie erbaten den Segen nicht nur für sich selbst, denn sie verspürten die Dringlichkeit der Aufgabe, Menschen zu retten. Sie erkannten, dass das Evangelium in die Welt getragen werden musste, deshalb sehnten sie sich nach der Kraft, die Christus verheißen hatte.

Die Fülle des Geistes

Zur Zeit der Patriarchen war der Einfluss des Heiligen Geistes oftmals in bezeichnender Weise offenbart worden, doch nie in seiner ganzen Fülle. Dem Wort des Erlösers gehorsam, baten die Jünger nun demütig um dieses Geschenk, und im Himmel fügte Christus seine Fürbitte hinzu. Er bat um die Gabe des Geistes, um ihn auf sein Volk auszugießen. »Und als der Pfingsttag gekommen war, waren sie alle an einem Ort beieinander. Und es geschah plötzlich ein Brausen vom Himmel wie von einem gewaltigen Wind und erfüllte das ganze Haus, in dem sie saßen.« (Apostelgeschichte 2,1.2)

Der Geist kam in einer solchen Fülle auf die wartenden und betenden Jünger, dass er jedes Herz erreichte. Der Ewige offenbarte sich seiner Gemeinde mit Macht. Es war, als ob diese Kraft Jahrhunderte lang zurückgehalten worden wäre und der Himmel nun jauchzte, weil er die Reichtümer des Geistes auf seine Gemeinde ausgießen durfte. Unter dem Einfluss des Heiligen Geistes vermischten sich Worte der Reue und des Sündenbekenntnisses mit Lobeshymnen für die Vergebung der Sünden. Worte der Dankbarkeit und der Weissagung waren zu hören. Alle Bewohner des Himmels neigten sich herab, um die Weisheit der beispiellosen

> *Der Geist kam in einer solchen Fülle auf die wartenden und betenden Jünger, dass er jedes Herz erreichte. Der Ewige offenbarte sich seiner Gemeinde mit Macht.*

Nach der Bibel ließ sich der Geist Gottes in Form von Flammen auf die etwa 120 versammelten Anhänger Jesu nieder. Die Flamme ist ein passendes Symbol für die erleuchtende und erwärmende Kraft Gottes im Menschen. Gottes Geist schenkte den Aposteln auch die Gabe, verschiedene Sprachen zu beherrschen.

und unbegreiflichen Liebe wahrzunehmen und anzubeten. Von Staunen erfüllt, riefen die Apostel: »Darin besteht die Liebe.« (1. Johannes 4,10) Sie ergriffen das Geschenk, das ihnen verliehen wurde. Und was war die Folge? Das Schwert des Geistes war gerade mit Macht neu geschliffen und in das Licht des Himmels getaucht worden. Jetzt brach es sich eine Bahn durch den Unglauben. Tausende wurden an einem Tag bekehrt.

»Es ist gut für euch, dass ich weggehe«, so hatte Christus zu den Jüngern gesagt. »Denn wenn ich nicht weggehe, kommt der Tröster nicht zu euch. Wenn ich aber gehe, will ich ihn zu euch senden … Wenn aber jener, der Geist der Wahrheit, kommen wird, wird er euch in alle Wahrheit leiten. Denn er wird nicht aus sich selber reden; sondern was er hören wird, das wird er reden, und was zukünftig ist, wird er euch verkündigen.« (Johannes 16,7.13)

Christi Himmelfahrt war das Zeichen dafür, dass seine Nachfolger den verheißenen Segen empfangen sollten. Darauf sollten sie warten, ehe sie ihr Werk aufnahmen. Als Christus den Himmel betrat, bestieg er den himmlischen Thron, während Engel ihn anbeteten. Sobald diese feierliche Handlung beendet war, kam der Heilige Geist in Fülle auf die Jünger herab, und Christus erhielt die Herrlichkeit zurück, die er seit ewiger Zeit beim Vater gehabt hatte. Durch die Ausgießung des Heiligen Geistes zu Pfingsten verkündigte der Himmel, dass die Einsetzung des Erlösers vollzogen war. Nach seiner Verheißung hatte er den Heiligen Geist zu seinen Nachfolgern gesandt als Zeichen, dass er als Priester und König alle Macht im Himmel und auf Erden erhalten hatte und nun der Gesalbte über sein Volk war.

Das Sprachenwunder

»Und es erschienen ihnen Zungen, zerteilt, wie von Feuer; und er setzte sich auf einen jeden von ihnen, und sie wurden alle erfüllt von dem heiligen Geist und fingen an, zu predigen in andern Sprachen, wie der Geist ihnen gab auszusprechen.« (Apostelgeschichte 2,3.4) In der Gestalt feuriger Zungen ruhte der Heilige Geist auf den Versammelten. Dies war ein Symbol für die Gabe, die den Jüngern verliehen wurde. Diese Gabe befähigte sie, fließend Sprachen zu sprechen, mit denen sie bisher nicht vertraut waren. Das Feuer symbolisierte den glühenden Eifer, den die Apostel an den Tag legen würden, und die Macht, die ihr Werk begleitete.

»Es wohnten aber in Jerusalem Juden, die waren gottesfürchtige Männer aus allen Völkern unter dem Himmel.« (Apostelgeschichte 2,5) Während der Zerstreuung hatten sich die Juden fast über die ganze damals bekannte Welt ausgebreitet und in ihrer Verbannung verschiedene Sprachen gelernt. Viele dieser Juden hielten sich gerade jetzt in Jerusalem auf, um an den religiösen Festen teilzunehmen. Unter den Anwesenden waren alle bekannten Sprachen vertreten. Diese Sprachenvielfalt wäre für die Verkündigung des Evangeliums ein großes Hindernis gewesen. Auf wunderbare Weise glich Gott daher den Mangel der Apostel aus. Der Heilige Geist vollbrachte für sie, was sie Zeit ihres Lebens nie erreicht hätten. Nun beherrschten sie die Sprachen derer fehlerfrei, für die sie arbeiteten, und die Wahrheiten des Evangeliums konnten überall verkündigt werden. Diese wunderbare Gabe war ein einzigartiger Beleg für die Welt, dass der Auftrag der Jünger das Siegel des Himmels trug. Von dieser Zeit an war die Sprache der Apostel rein, einfach und genau, ob sie sich nun in ihrer Muttersprache oder in einer Fremdsprache ausdrücken.

»Als nun dieses Brausen geschah, kam die Menge zusammen und wurde bestürzt; denn ein jeder hörte sie in seiner eigenen Sprache reden. Sie entsetzten sich aber, verwunderten sich und sprachen: Siehe, sind nicht diese alle, die da reden, aus Galiläa? Wie hören wir denn jeder seine eigene Muttersprache?« (Apostelgeschichte 2,6-8)

Diese wunderbare Bekundung versetzte die Priester und Obersten in Wut, doch aus Furcht, sich der Gewalttätigkeit des Volks auszusetzen, trauten sie sich nicht, ihrer Bosheit freien Lauf zu lassen. Sie hatten den Nazarener hingerichtet, und nun standen seine Diener da, ungelehrte Männer aus Galiläa, und erzählten in allen damals geläufigen Sprachen die Geschichte seines Lebens und Wirkens. Die Priester waren entschlossen, die geheimnisvolle Fähigkeit der Jünger aus einem natürlichen Geschehen heraus zu erklären, und sie behaupteten, die Jünger hätten zu viel von dem neuen Wein, der für das Fest bestimmt war, genossen und seien betrunken. Einige Leichtgläubige im Volk glaubten diese Unterstellung, aber die Intelligenteren wussten, dass sie falsch war. Diejenigen, die diese verschiedenen Sprachen verstanden, bezeugten die Genauigkeit, mit der die Jünger sich in ihnen ausdrückten.

Die Rede des Petrus

Auf die Anschuldigungen der Priester erwiderte Petrus, diese Bekundung sei eine direkte Erfüllung der Prophezeiung Joels, der vorausgesagt habe, dass eine solche Macht über die Menschen kommen werde, um sie zu einer besonderen Aufgabe zu befähigen. »Da trat Petrus auf mit den Elf, erhob seine Stimme und redete zu ihnen: Ihr Juden, liebe Männer, und alle, die ihr in Jerusalem wohnt, das sei euch kundgetan, und lasst meine Worte zu euren Ohren eingehen! Denn diese sind nicht betrunken, wie ihr meint, ist es doch erst die dritte Stunde am Tage; sondern das ist's, was durch den Propheten Joel gesagt worden ist (Joel 3,1-5): Und es soll geschehen in den letzten ... spricht Gott, da will ich ausgießen ... meinem Geist auf alles Fleisch; un... Söhne und eure Töchter sollen weiss... und eure Jünglinge sollen Gesich... hen, und eure Alten sollen Träume ha... und auf meine Knechte und auf m... Mägde will ich in jenen Tagen von ... nem Geist ausgießen, und sie sollen w... sagen.« (Apostelgeschichte 2,14-18)

Klar und kraftvoll legte Petrus v... dem Tod und der Auferstehung Chri... Zeugnis ab: »Ihr Männer von Israel, hö... diese Worte: Jesus von Nazareth, vo... Gott unter euch ausgewiesen durch Tate... und Wunder und Zeichen, die Gott durc... ihn in eurer Mitte getan hat, wie ihr selbst wisst – diesen Mann ... habt ihr durch die Hand der Heiden ans Kreuz geschlagen und umgebracht. Den hat Gott auferweckt und hat aufgelöst die Schmerzen des Todes, wie es denn unmöglich war, dass er vom Tode festgehalten werden konnte.« (Apostelgeschichte 2,22-24)

Um seinen Standpunkt zu bekräftigen, verwies Petrus nicht auf die Lehren Christi, denn er wusste, dass das Vorurteil seiner Zuhörer so groß war, sodass seine Worte zu diesem Thema wirkungslos bleiben würden. Stattdessen sprach er von David, den die Juden als einen der Stammväter ihres Volks schätzten. »Denn David spricht von ihm (Psalm 16,8-11): Ich habe den Herrn allezeit vor Augen, denn er steht mir zur Rechten, damit ich nicht wanke. Darum ist mein Herz fröhlich, und meine Zunge frohlockt; auch mein Leib wird ruhen in Hoffnung. Denn du wirst mich nicht dem Tod überlassen und nicht zugeben, dass dein Heiliger die Verwesung sehe. ... Ihr Männer, liebe Brüder, lasst mich freimütig zu euch reden von dem Erzvater David. Er ist gestorben und begraben, und sein Grab ist bei uns bis auf diesen Tag. Da er nun ein Prophet war ..., hat er's vorausgesehen und von der Auferstehung des Christus gesagt: Er ist nicht dem Tod überlassen, und sein Leib hat die Verwesung nicht gesehen. Diesen Jesus hat Gott auferweckt; dessen sind wir alle Zeugen.« (Apostelgeschichte 2,25-32)

> *Klar und kraftvoll legte Petrus von dem Tod und der Auferstehung Christi Zeugnis ab: »Ihr Männer von Israel, hört diese Worte: Jesus von Nazareth, ist von Gott unter euch ausgewiesen durch Taten und Wunder und Zeichen, die Gott durch ihn in eurer Mitte getan hat.«*
>
> Apostelgeschichte 2,22

Welch ein Schauspiel! Seht, wie aus allen Richtungen die Menschen kommen, um von den Jüngern die Wahrheit über Jesus zu erfahren! Sie dringen herein und füllen den Tempel. Die Bosheit der anwesenden Priester und Obersten ist noch immer auf ihren finsteren Gesichtern zu erkennen. Ihre Herzen sind weiterhin erfüllt vom Hass auf Christus, und ihre Hände sind noch nicht reingewaschen von dem Blut, das sie durch die Kreuzigung des Erlösers der Welt vergossen hatten. Sie hatten geglaubt, kleinmütige Apostel vorzufinden, die durch gewalttätige Unterdrückung und Mord eingeschüchtert waren. Diese zeigten jedoch keine Anzeichen von Furcht, denn sie waren vom Heiligen Geist erfüllt und verkündigten mit Vollmacht die Göttlichkeit Jesu von Nazareth. Unerschrocken erklärten sie, dass der vor kurzem so Erniedrigte, Verspottete, von grausamen Händen Gegeißelte und Gekreuzigte der Fürst des Lebens sei, den Gott nun zu seiner Rechten erhoben habe.

Die erste Ernte

Einige Zuhörer der Apostel hatten aktiv an der Verurteilung und Hinrichtung Christi mitgewirkt. Ihre Stimmen hatten zusammen mit dem lärmenden Pöbel die Kreuzigung Jesu gefordert. Als Jesus und Barabbas im Gerichtssaal vor ihnen standen und Pilatus fragte: »Welchen wollt ihr? Wen soll ich euch losgeben?« (Matthäus 27,17), da schrien sie: »Nicht diesen, sondern Barabbas!« (Johannes 18,40) Daraufhin lieferte Pilatus ihnen Christus aus mit den Worten: »Nehmt ihr ihn hin und kreuzigt ihn, denn ich finde keine Schuld an ihm.« (Johannes 19,6) »Ich bin am Blut dieses Gerechten unschuldig.« Sie aber riefen: »Sein Blut über uns und über unsere Kinder!« (Matthäus 27,24.25 Menge)

Nun erfuhren sie von den Jüngern, dass sie Gottes Sohn gekreuzigt hatten. Priester und Oberste zitterten. Schuldgefühl und Angst ergriffen das Volk. »Als sie aber das hörten, ging's ihnen durchs Herz und sie sprachen zu Petrus und zu den andern Aposteln: Ihr Männer, liebe Brüder, was sollen wir tun?« (Apostelgeschichte 2,37) Unter den Zuhörern waren fromme und aufrichtig gläubige Juden, die sich von den machtvollen Worten des Sprechers überzeugen ließen, dass Jesus wirklich der Messias war.

»Petrus sagte zu ihnen: Kehrt um, und jeder von euch lasse sich taufen auf den Namen Jesu Christi zur Vergebung eurer Sünden, und ihr werdet die Gabe des heiligen Geistes empfangen. Denn euch gilt die Verheißung und euren Kindern und allen in der Ferne, allen, die der Herr, unser Gott, herbeirufen wird.« (Apostelgeschichte 2,38.39 ZÜ)

Petrus machte denen, die ihr Unrecht erkannt hatten, klar, dass sie Christus verworfen hatten, weil sie von den Priestern und Obersten getäuscht worden waren. Sollten sie weiterhin Rat bei diesen Männern suchen und abwarten, bis diese Christus anerkannten, bevor sie sich selbst zu ihm bekannten, würden sie ihn nie annehmen. Obwohl jene einflussreichen Männer fromm in Erscheinung traten, gierten sie doch nach irdischem Reichtum und weltlicher Ehre. Sie waren nicht bereit, zu Christus zu kommen und sich von ihm Erkenntnis schenken zu lassen.

Die Jünger dagegen verstanden als Folge dieser himmlischen Erkenntnis die Schriftstellen, die Christus ihnen erklärt hatte, in ihrer vollkommenen Wahrheit. Der Schleier, der bisher ihren Durchblick behindert hatte, war jetzt entfernt. Nun wurden ihnen der Zweck der Sendung Christi und das Wesen seines Reichs vollkommen klar. Sie konnten den Erlöser jetzt in Vollmacht bekennen, und als sie ihren Zuhörern den Erlösungsplan erklärten, wurden viele überzeugt. Überlieferungen und abergläubische Vorstellungen, die ihnen die Priester eingeimpft hatten, wurden aus ihrem Denken hinweggefegt, und sie nahmen die Lehren des Erlösers an.

»Die nun sein Wort annahmen, ließen sich taufen; und an diesem Tage wurden hinzugefügt etwa dreitausend Menschen.« (Apostelgeschichte 2,41)

Die Obersten der Juden hatten erwartet, dass Christi Dienst mit seinem Tod enden würde. Stattdessen wurden sie Zeugen der wunderbaren Ereignisse zu Pfingsten. Sie hörten die Jünger mit bisher

---

Die Obersten der Juden hatten erwartet, dass Christi Dienst mit seinem Tod enden würde. Stattdessen wurden sie Zeugen der wunderbaren Ereignisse zu Pfingsten. Sie hörten die Jünger mit bisher ungekannter Kraft und Entschlossenheit Christus verkündigen.

ungekannter Kraft und Entschlossenheit Christus verkündigen und sahen, wie deren Worte durch Zeichen und Wunder bestätigt wurden. In Jerusalem, der Hochburg jüdischen Glaubens, bekannten Tausende offen ihren Glauben an Jesus von Nazareth als den Messias.

Die Jünger waren über die große Zahl der neu gewonnenen Nachfolger erstaunt und hocherfreut. Sie betrachteten diese wunderbare Ernte nicht als Ergebnis ihrer eigenen Bemühungen, sondern erkannten, dass sie die Arbeit anderer fortsetzten. Christus hatte den Samen seines Wortes seit Adams Fall stets erwählten Dienern anvertraut, die ihn in Menschenherzen einpflanzen sollten. Auch er selbst hatte die Saat der Wahrheit während seiner Wirkungszeit ausgestreut und am Ende mit seinem Blut begossen. Die Bekehrungen zu Pfingsten waren die Frucht dieser Saat, die Ernte seiner Arbeit. So offenbarte sich die Macht der Lehre Christi.

Gemeinsam voran

So klar und überzeugend die Argumente der Apostel auch waren, sie allein hätten die Vorurteile nicht beseitigen können, die sich hinderlich in den Weg gestellt hatten. Durch die göttliche Kraft des Heiligen Geistes jedoch wurden die Herzen der Menschen von der Richtigkeit dieser Argumente überzeugt. Die Worte der Apostel waren wie Pfeile des Allmächtigen und überzeugten Menschen, dass sie durch die Ablehnung und Kreuzigung des Herrn der Herrlichkeit schwere Schuld auf sich geladen hatten.

Während ihrer Ausbildung durch Christus war in den Jüngern die Erkenntnis gereift, dass sie den Heiligen Geist benötigten. Die Unterweisung durch den Geist brachte ihnen die endgültige Befähigung, und so machten sie sich an ihr Lebenswerk. Sie waren keine unwissenden und ungebildeten Einzelkämpfer mehr, die sich uneins waren und einander widersprachen. Fortan setzten sie ihre Hoffnung nicht mehr auf weltliche Größe, sondern waren »einmütig«, »ein Herz und eine Seele«. (Apostelgeschichte 2,46; 4,32) Ihr ganzes Sinnen und Trachten war auf Christus gerichtet; sein Reich voranzubringen war ihr Ziel. In Gesinnung und Charakter waren sie ihrem Meister ähnlich geworden, und die Menschen »wussten auch von ihnen, dass sie mit Jesus gewesen waren.« (Apostelgeschichte 4,13)

Pfingsten brachte ihnen die himmlische Erleuchtung. Die Wahrheiten, die sie nicht erfassen konnten, solange Christus bei ihnen war, wurden ihnen nun offen gelegt. Die Lehren der Heiligen Schrift nahmen sie jetzt mit einem Glauben und einer Zuversicht an, die sie zuvor nie gekannt hatten. Für sie war es nicht mehr nur eine Sache des Dafürhaltens, dass Christus der Sohn Gottes war. Sie wussten, dass er, obwohl in menschlicher Gestalt, tatsächlich der Messias war, und sie teilten der Welt ihre Erfahrung begeistert mit, die aus der Überzeugung entsprang, dass Gott mit ihnen war.

Mit Zuversicht konnten sie nun den Namen Jesu aussprechen. War er denn nicht ihr Freund und älterer Bruder? Sie standen in engster Verbindung mit Christus, und mit ihm befanden sie sich in einer himmlischen Umgebung. In welch feurige Reden kleideten sie ihre Gedanken, wenn sie ihn bezeugten! Ihre Herzen wurden so reichlich mit einer tiefen, weitreichenden Menschenfreundlichkeit erfüllt, dass sie dem inneren Drang nicht widerstehen konnten, als Zeugen der Macht Jesu bis ans Ende der Welt zu gehen. Von ganzem Herzen sehnten sie sich danach, das von ihm begonnene Werk fortzuführen. Sie erkannten, welch große Verpflichtung sie vor dem Himmel hatten und wie verantwortungsvoll ihre Aufgabe war. Gestärkt durch die Gabe des Heiligen Geistes machten sie sich voller Eifer ans Werk, den Triumph des Kreuzes auszubreiten. Der Geist belebte sie und sprach durch sie. Der Friede Christi strahlte aus ihren Gesichtern. Sie hatten ihr Leben seinem Dienst geweiht, und ihr ganzes Wesen bekundete, welche Entscheidung sie getroffen hatten.

> *In Jerusalem, der Hochburg jüdischen Glaubens, bekannten Tausende offen ihren Glauben an Jesus von Nazareth als den Messias.*

Kapitel 5: Die Gabe des Geistes

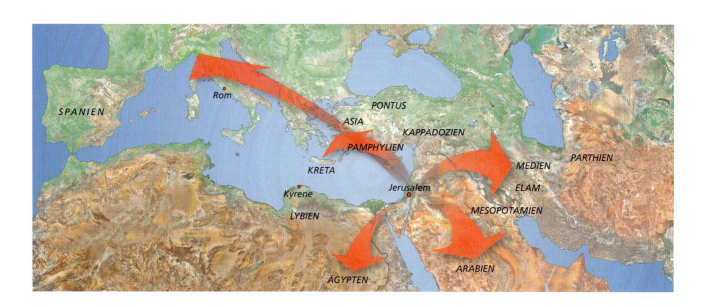

Durch den Geist Gottes wurde die Gute Nachricht von der Rettung bis in die entferntesten Winkel der damaligen Welt getragen. Obschon sie verfolgt wurde und nur über begrenzte Mittel verfügte, wuchs die von Jesus gegründete junge Gemeinde schnell und breitete sich von Asien nach Europa aus.

Als Christus seinen Jüngern den Heiligen Geist verhieß, näherte sich sein Dienst auf Erden dem Ende. Er stand im Schatten des Kreuzes und war sich der großen Schuld voll bewusst, die auf ihm als Sündenträger lasten würde. Bevor er sich als das Sühnopfer hingab, setzte er seine Jünger über eine höchst wichtige und vollkommene Gabe in Kenntnis, die er seinen Nachfolgern verleihen würde – die Gabe, die ihnen die unerschöpflichen Quellen seiner Gnade erschließen würde. Er sagte: »Ich will den Vater bitten, und er wird euch einen andern Tröster geben, dass er bei euch sei in Ewigkeit: den Geist der Wahrheit, den die Welt nicht empfangen kann, denn sie sieht ihn nicht und kennt ihn nicht. Ihr kennt ihn, denn er bleibt bei euch und wird in euch sein.« (Johannes 14,16.17) Der Erlöser wies auf die Zeit hin, wenn der Heilige Geist kommen und als sein Stellvertreter ein großes Werk ausrichten würde. Dem Bösen, das sich seit Jahrhunderten angehäuft hatte, sollte durch die Kraft des Heiligen Geistes widerstanden werden.

Kraft aus der Höhe

Was war die Folge der Ausgießung des Heiligen Geistes zu Pfingsten? Die frohe Botschaft von einem auferstandenen Retter wurde in die entlegensten Winkel der bewohnten Welt getragen. Als die Jünger die Nachricht von der erlösenden Gnade allerorts verbreiteten, ließ sich manches Herz von der Macht dieser Botschaft überwältigen. Die Gemeinde erlebte, wie Bekehrte ihr von überallher in Scharen zuströmten. Abtrünnige bekehrten sich erneut. Bei der Suche nach der einen kostbaren Perle (siehe Matthäus 13,46) vereinigten sich Sünder mit

Gläubigen. Einige der erbittertsten Gegner des Evangeliums wurden dessen Vorkämpfer. So erfüllte sich die Weissagung: »Es wird … geschehen, dass der Schwache unter ihnen sein wird wie David und das Haus David … wie der Engel des Herrn.« (Sacharja 12,8) Jeder Christ sah in seinem Glaubensbruder eine Offenbarung göttlicher Liebe und Güte. Ein einziges Ziel stand im Vordergrund, ein einziges Vorbild verdrängte alle anderen. Es war das Bestreben der Gläubigen, den Charakter Christi zu offenbaren und eifrig für die Ausbreitung seines Reiches zu wirken.

»Mit großer Kraft bezeugten die Apostel die Auferstehung des Herrn Jesus, und große Gnade war bei ihnen allen.« (Apostelgeschichte 4,33) Durch ihre Arbeit wurden der Gemeinde auserwählte Männer hinzugefügt, die das Wort der Wahrheit empfingen und fortan ihr Leben der Aufgabe weihten, anderen jene Hoffnung zu vermitteln, die ihre Herzen mit Frieden und Freude erfüllte. Sie konnten durch Drohungen weder behindert noch eingeschüchtert werden. Der Herr sprach durch sie, und wenn sie von Ort zu Ort zogen, wurde den Armen das Evangelium gepredigt, und es geschahen Wunder der göttlichen Gnade.

So mächtig kann Gott wirken, wenn Menschen sich unter die Herrschaft seines Geistes stellen!

Die Verheißung des Heiligen Geistes ist nicht auf ein bestimmtes Zeitalter oder ein bestimmtes Volk beschränkt. Christus erklärte, dass seine Nachfolger bis zum Ende der Zeit unter dem göttlichen Einfluss seines Geistes bleiben würden. Von jenem Pfingsttage an bis in die Gegenwart ist der Tröster zu all denen gesandt worden, die sich ganz dem Herrn und seinem Dienst hingaben. Zu allen, die Christus als ihren persönlichen Erlöser angenommen haben, ist der Heilige Geist als Ratgeber, als der, der heiligt, als Führer und als Zeuge gekommen. Je enger Gläubige mit Gott wandelten, desto klarer und mächtiger haben sie die Liebe ihres Erlösers und seine rettende Gnade bezeugt. Männer und Frauen, die während langer Jahrhunderte der Verfolgung und Belastung sich in hohem Maße der Gegenwart des Heiligen Geistes in ihrem Leben erfreuen konnten, stehen bis heute wie »Zeichen und Wunder« in der Welt. Sie haben vor Engeln und Menschen die umwandelnde Kraft der erlösenden Liebe offenbart.

Diejenigen, die zu Pfingsten Kraft aus der Höhe empfingen, blieben dadurch nicht von weiteren Anfechtungen und Prüfungen verschont. Solange sie für Wahrheit und Rechtschaffenheit einstanden, wurden sie wiederholt durch den Feind aller Wahrheit angegriffen, der sie ihrer christlichen Erfahrung zu berauben suchte. Das zwang sie, mit all ihren gottgegebenen Kräften danach zu streben, als Männer und Frauen das »Vollmaß des Wuchses der Fülle Christi« (Epheser 4,13 Elb.) zu erreichen. Täglich beteten sie immer wieder um die Fülle der Gnade, damit sie sich immer höher der Vollkommenheit entgegenstrecken könnten. Unter dem Wirken des Heiligen Geistes und durch gelebten Glauben an Gott lernten auch die Schwächsten, die ihnen verliehenen Kräfte zu mehren und heilig, rein und edel zu werden. Da sie sich in Demut dem prägenden Einfluss des Heiligen Geistes hingaben, erhielten sie Segnungen in Fülle und wurden zum Ebenbild Gottes geformt.

Überall und zu allen Zeiten

Die verstrichene Zeit hat an der Abschiedsverheißung Christi nichts geändert, den Heiligen Geist als seinen Stellvertreter zu senden. Es liegt nicht an irgendwelchen Einschränkungen von Seiten Gottes, wenn das volle Maß seiner Gnade nicht erdwärts zu den Menschen fließt. Wenn die Erfüllung der Verheißung nicht so wahrgenommen wird, wie es sein könnte, dann liegt es daran, dass die Verheißung nicht so geschätzt wird, wie es sein sollte. Wären alle willig, würden alle vom Geist erfüllt. Wo man sich zu wenig Gedanken darüber macht, wie dringend wir den Heiligen Geist benötigen, zeigen sich geistliche Dürre, geistliche Finsternis, geistlicher Niedergang

> *Die Verheißung des Heiligen Geistes ist nicht auf ein bestimmtes Zeitalter oder ein bestimmtes Volk beschränkt. Christus erklärte, dass seine Nachfolger bis zum Ende der Zeit unter dem göttlichen Einfluss seines Geistes bleiben würden.*

und Tod. Wann immer unbedeutende Anliegen die Aufmerksamkeit beanspruchen, wird es an göttlicher Kraft fehlen, obwohl diese in unbegrenzter Fülle angeboten wird. Für Wachstum und Wohlergehen einer Gemeinde ist sie aber nicht nur unerlässlich, sie zieht auch alle anderen Segnungen nach sich.

Wenn die Gabe des Geistes das Mittel ist, wodurch wir Kraft empfangen sollen, warum hungern und dürsten wir nicht nach ihr? Warum reden wir nicht von ihr, beten wir nicht um sie oder predigen nicht über sie? Der Herr ist viel bereitwilliger, denen, die ihm dienen, den Heiligen Geist zu schenken, als es Eltern sind, ihren Kindern gute Gaben zu geben (siehe Lukas 11,13). Jeder Diener des Evangeliums sollte um die tägliche Taufe mit dem Geist Gottes bitten. Mitarbeiter Christi sollten gruppenweise zusammenkommen und um besondere Hilfe und himmlische Weisheit flehen, damit sie fähig werden, klug zu planen und richtig zu handeln. Vor allem sollten sie Gott bitten, seine erwählten Boten in den Missionsgebieten mit einem reichen Maße seines Geistes zu taufen. Die Gegenwart des Heiligen Geistes wird der Wahrheitsverkündigung der Mitarbeiter Gottes eine Macht verleihen, wie sie keine Ehre und Herrlichkeit der Welt zu geben vermag.

Wo der geweihte Diener Gottes auch sein mag, der Heilige Geist ist bei ihm. Die an die Jünger gerichteten Worte gelten auch uns. Ihr Tröster ist auch der unsere. Der Geist verleiht die Stärke, die kämpfende und ringende Menschen in jeder Notlage aufrecht erhält, inmitten des Hasses der Welt und trotz des Bewusstseins eigenen Versagens und eigener Fehler. Wenn uns Sorgen und Leid plagen, wenn die Zukunft düster und verworren erscheint und wir uns hilflos und einsam fühlen, gerade dann bringt der Heilige Geist als Antwort auf unser Gebet des Glaubens Trost in unser Herz.

Wenn ein Mensch unter außergewöhnlichen Umständen in religiöse Ekstase fällt, ist das kein zwingender Beweis dafür, dass er Christ ist. Heiligkeit ist nicht Ekstase, sondern völlige Übergabe des Willens an Gott. Heiligkeit bedeutet, von jedem Wort zu leben, das aus dem Mund Gottes kommt, es bedeutet, den Willen unseres himmlischen Vaters zu tun, Gott in der Prüfung, in der Finsternis ebenso zu vertrauen wie im Licht. Heiligkeit wandelt im Glauben, nicht im Schauen, sie verlässt sich mit bedingungslosem Vertrauen auf Gott und ruht in seiner Liebe.

Es ist für uns nicht wichtig, genau erklären zu können, was der Heilige Geist ist. Christus sagt, dass er der »Tröster« ist, »der Geist der Wahrheit, der vom Vater ausgeht.« (Johannes 15,26) Er erklärt ferner deutlich, dass der Heilige Geist bei seinem Werk, Menschen in alle Wahrheit zu leiten, »nicht aus sich selber reden« wird. (Johannes 16,13)

Die Natur des Heiligen Geistes ist ein Geheimnis. Menschen können es nicht erklären, weil Gott es ihnen nicht offenbart hat. Menschen mit blühender Phantasie mögen Bibelstellen zusammentragen und darauf eine menschliche Theorie aufbauen, aber die Gemeinde wird durch die Annahme solcher Ansichten nicht gestärkt. Solch göttliche Geheimnisse überfordern das menschliche Verständnis, deshalb ist Schweigen hier Gold.

Das Werk des Geistes

Die Aufgabe des Heiligen Geistes ist in den Worten Christi deutlich beschrieben: »Wenn er kommt, wird er der Welt die Augen auftun über die Sünde und über die Gerechtigkeit und über das Gericht.« (Johannes 16,8) Der Heilige Geist schafft Sündenerkenntnis. Wenn der Sünder auf den belebenden Einfluss des Heiligen Geistes anspricht, wird er zu einem Sinneswandel bewogen, und er wird sich bewusst, wie wichtig es ist, den Forderungen Gottes zu gehorchen.

Dem reumütigen Sünder, der nach Gerechtigkeit hungert und dürstet, offenbart der Heilige Geist das Lamm Gottes, »das der Welt Sünde trägt.« (Johannes 1,29) »Von dem Meinen wird er's nehmen und euch verkündigen.« (Johannes 16,14) »Aber der Tröster, der Heilige Geist, den mein Vater senden wird in mei-

> *Von Anfang an wirkt Gott durch seinen Heiligen Geist an der Rettung der gefallenen Menschheit. Dazu benutzt er Menschen, die gewillt sind, mit ihm zusammenzuarbeiten.*

Die Gabe des Geistes

nem Namen, der wird euch alles lehren und euch an alles erinnern, was ich euch gesagt habe.« (Johannes 14,26)

Die Gabe des Geistes wirkt erneuernd. Das Heil, das der Erlöser durch seinen Tod für uns erworben hat, wird durch den Heiligen Geist wirksam. Der Geist sucht die Aufmerksamkeit der Menschen ständig auf das große Angebot am Kreuz von Golgatha hin zu lenken. Er führt der Welt die Liebe Gottes vor Augen und erschließt dem reumütigen Gläubigen die kostbaren Schätze der Heiligen Schrift.

Hat der Heilige Geist den Menschen erst einmal von seiner Sünde überzeugt und ihm klar gemacht, was Gerechtigkeit wirklich bedeutet, lenkt er dessen Zuneigung von allem Irdischen weg und füllt ihn mit einem Verlangen nach Heiligkeit. »Wenn aber jener, der Geist der Wahrheit, kommen wird, wird er euch in alle Wahrheit leiten.« (Johannes 16,13), erklärte der Erlöser. Wenn Menschen willig sind, sich formen zu lassen, wird ihr ganzes Wesen geheiligt. Was der Geist von Gott empfängt, prägt er dem Gläubigen ein. Durch seine Macht wird der Weg zum Leben so deutlich, dass niemand in die Irre zu gehen braucht.

Von Anfang an wirkt Gott durch seinen Heiligen Geist an der Rettung der gefallenen Menschheit. Dazu benutzt er Menschen, die gewillt sind, bei der Verwirklichung seines Plans mit ihm zusammen zu arbeiten. Das zeigte sich bereits im Leben der Patriarchen. Auch der Gemeinde in der Wüste zur Zeit Moses gab Gott seinen »guten Geist, um sie zu unterweisen.« (Nehemia 9,20) In den Tagen der Apostel wirkte er durch die Kraft des Heiligen Geistes machtvoll für seine Gemeinde. Dieselbe Kraft, welche die Patriarchen stärkte, welche Kaleb und Josua Glauben und Mut verlieh und welche der Urgemeinde zum Erfolg verhalf, hat Gottes treuen Nachfolgern auch in allen späteren Zeitaltern beigestanden. Durch die Kraft des Heiligen Geistes war es den waldensischen Christen während des dunklen Mittelalters möglich, der Reformation den Weg zu bereiten. Dieselbe Kraft krönte die Bemühungen der edlen Männer und Frauen mit Erfolg, die in der Neuzeit Pionierarbeit für die Evangeliumsverkündigung und die Übersetzung der Bibel in die Sprachen und Dialekte aller Staaten und Völker leisteten.

Als Jesus sich taufen ließ, kam der Geist Gottes in Gestalt einer Taube auf ihn herab und begleitete ihn von da an bei seinem Wirken auf der Erde. Dieselbe Kraft half später auch seiner Gemeinde, das Werk des Herrn fortzuführen. Auch in unserem Leben kann der Heilige Geist Großes vollbringen.

Gott benutzt seine Nachfolger auch heute noch, um seine Absichten der Welt kundzutun. Boten des Kreuzes gehen von Stadt zu Stadt, von Land zu Land und bereiten den Weg für die Wiederkunft Christi. Sie erheben das Gesetz Gottes zur Richtschnur. Der Geist des Allmächtigen wirkt an den Herzen der Menschen, und wer auf seinen Ruf antwortet, wird Zeuge für Gott und für seine Wahrheit. Geheiligte Männer und Frauen bemühen sich vielerorts, die Erkenntnis anderen mitzuteilen, die ihnen den Weg zur Erlösung durch Christus gewiesen hat. Während sie sich in den Dienst für Gott stellen wie jene, die zu Pfingsten mit dem Heiligen Geist getauft wurden, empfangen sie immer mehr von der Kraft des Heiligen Geistes. So soll die Erde durch die Herrlichkeit Gottes erleuchtet werden.

Anderseits gibt es Leute, die untätig auf besondere Zeiten warten, in denen sie geistlich erweckt und ihre Fähigkeiten erweitert würden, anderen den Weg zur Erkenntnis zu weisen. Sie täten gut daran, bestehende Gelegenheiten besser wahrzunehmen. Sie vernachlässigen gegenwärtige Pflichten und Vorrechte und halten sich mit ihrem Einsatz zurück. Sie warten auf eine Zeit, in der sie besonderen Segen erhoffen, der sie ohne irgendeine eigene Anstrengung umwandelt und zum Dienst befähigt.

Vorbereitung auf den Spätregen

Es stimmt zwar: In der Endzeit, wenn Gottes Werk auf Erden seinem Abschluss entgegengeht, werden die ernsten Bemühungen treuer Gläubiger unter der Führung des Heiligen Geistes von besonderen Zeichen göttlicher Gunst begleitet sein. Unter dem Sinnbild des Früh- und Spätregens, der im Orient zur Saat- beziehungsweise Erntezeit fällt, sagten die Propheten des Alten Testaments ein außergewöhnliches Maß geistlicher Gnade als Geschenk für die Nachfolger Gottes voraus. Die Ausgießung des Heiligen Geistes in den Tagen der Apostel markierte den Beginn des Frühregens, und das Ergebnis war herrlich. Bis zum Ende der Zeit soll der Heilige Geist den treuen Gläubigen erhalten bleiben.

Aber vor dem Abschluss der Ernte der Welt ist noch eine besondere Gabe geistlicher Gnade verheißen, um Gottes Nachfolger auf das Kommen des Menschensohns vorzubereiten. Diese Ausgießung des Heiligen Geistes wird mit dem Spätregen verglichen, und um die Verleihung dieser zusätzlichen Kraft sollen die Christen ihre Bitten an »den Herrn der Ernte« (Matthäus 9,38) »zur Zeit des Spätregens« richten. Als Antwort »wird der Herr, der die Wolken macht, euch auch Regen genug geben für jedes Gewächs auf dem Felde.« (Sacharja 10,1) »Und ihr, Kinder Zions, freuet euch und seid fröhlich im Herrn, eurem Gott, der euch gnädigen Regen gibt und euch herabsendet Frühregen und Spätregen wie zuvor.« (Joel 2,23)

Wenn aber die Glieder der Gemeinde Gottes heute keine lebendige Verbindung mit der Quelle allen geistlichen Wachstums haben, werden sie auch zur Zeit der Ernte nicht bereit sein. Halten sie jetzt ihre Lampen nicht in Ordnung und am Bren-

Die Ausgießung des Heiligen Geistes wird in der Bibel mit zwei Bildern illustriert; mit dem Frühregen direkt nach der Saat und dem Spätregen, der die Ernte reifen lässt. Der Frühregen bezieht sich auf die Ausgießung des Heiligen Geistes zu Pfingsten; der Spätregen wird auf die Gemeinde herabfallen bevor Jesus wiederkommt, damit sie ihre Mission vollenden kann.

Die Gabe des Geistes

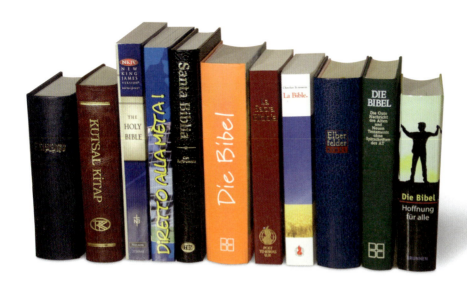

Es ist wunderbar zu sehen, was aus dem mutigen Zeugnis der ersten 120 Anhänger Jesu entstanden ist, die zu Pfingsten den Geist Gottes empfingen. Heute wird die frohe Botschaft von der Rettung durch Millionen Christen und durch das geschriebene Wort Gottes, das in viele Sprachen und Dialekte der Erde übersetzt wurde, weitergegeben.

nen, wird ihnen auch keine zusätzliche Gnade zuteil, wenn sie diese besonders nötig haben.

Nur diejenigen, denen ständig neu Gnade zufließt, werden so viel Kraft besitzen, wie sie täglich benötigen und wie der Einsatz ihrer Fähigkeiten erfordert. Anstatt auf eine zukünftige Zeit zu schauen, in der sie durch eine besondere Gabe geistlicher Kraft eine außerordentliche Ausrüstung für die Verbreitung der rettenden Botschaft von Christus erhalten, übergeben sie sich Gott täglich. Dadurch kann er sie zu Gefäßen machen, die er gebrauchen kann. Täglich nützen sie die Gelegenheiten zum Dienst, die sich in ihrem Umfeld bieten. Täglich zeugen sie für ihren Erlöser, wo sie auch sind, sei es im bescheidenen Wirkungskreis daheim oder bei nützlicher Arbeit in der Öffentlichkeit.

Dem gottgeweihten Mitarbeiter Christi ist es ein wunderbarer Trost zu wissen, dass auch Christus während seines Erdenlebens seinen Vater täglich neu um die notwendige Gnade bat. Durch diese Verbindung mit Gott war es ihm möglich, andere zu stärken und zu segnen. Seht, wie der Heiland sich im Gebet vor seinem Vater beugt! Obwohl er Gottes Sohn ist, stärkt er seinen Glauben im Gebet. Aus der Gemeinschaft mit dem Himmel schöpft er die Kraft, dem Bösen zu widerstehen und den Bedürfnissen seiner Mitmenschen zu dienen. Als unser älterer Bruder kennt er die Bedürfnisse all derer, die ihm dennoch dienen möchten, obwohl sie von Schwachheit umgeben sind und in einer Welt von Sünde und Versuchung leben. Er weiß, dass die Boten, die er als fähig anerkennt und aussenden möchte, eigentlich schwache, irrende Menschen sind. Aber allen, die sich ganz in seinen Dienst stellen, verspricht er göttliche Hilfe. Sein eigenes Beispiel ist die Garantie, dass ernstes und ausdauerndes Bitten zu Gott im Glauben dazu verhilft, dass der Heilige Geist dem Menschen im Kampf gegen die Sünde beisteht. Solcher Glaube führt zu völliger Abhängigkeit von Gott und zu einer vorbehaltlosen Hingabe an sein Werk.

Jeder Mitarbeiter, der dem Beispiel Christi folgt, wird bereit sein, die Kraft zu empfangen und zu nützen, die Gott seiner Gemeinde verheißen hat, um die Ernte der Welt zur Reife zu bringen. Morgen für Morgen, wenn die Boten des Evangeliums vor dem Herrn knien und ihre Bereitschaft zu völliger Hingabe an ihn erneuern, wird er ihnen die Gegenwart seines Geistes mit seiner belebenden und heiligenden Kraft gewähren. Wenn sie sich an ihre täglichen Pflichten begeben, haben sie die Gewissheit, dass die unsichtbare Anwesenheit des Heiligen Geistes sie befähigt, »Mitarbeiter Gottes« zu sein (siehe 1. Korinther 3,9).

Kapitel **6**

An der Pforte des Tempels

Apostelgeschichte 3; 4,1-31

Modell des herodianischen Tempels; Holyland Hotel in Jerusalem.

Im Tempel von Jerusalem lehrte Jesus, dass Gott wie ein Vater ist, der uns liebt und uns unsere Sünden vergibt. Am Eingang dieses Tempels trafen die Apostel Petrus und Johannes auf ihrem Weg zum Gebet einen gelähmten Mann, den sie im Namen von Jesus Christus heilten.

Die Jünger Christi waren sich ihrer Schwachheit wohl bewusst. In Demut und im Gebet verbanden sie ihre Schwäche mit seiner Stärke, ihre Unwissenheit mit seiner Weisheit, ihre Unwürdigkeit mit seiner Gerechtigkeit, ihre Armut mit seinem unerschöpflichen Reichtum. So gestärkt und ausgerüstet, zögerten sie nicht, im Dienst des Meisters voranzugehen.

Geheilt ...

Nicht lange nach der Ausgießung des Heiligen Geistes und unmittelbar nach einer Zeit ernsten Gebets gingen Petrus und Johannes hinauf in den Tempel um anzubeten. Da sahen sie an der Schönen Pforte einen Gelähmten sitzen. Er war vierzig Jahre alt, und seit seiner Geburt war sein Leben von Schmerzen und Gebrechlichkeit gekennzeichnet. Dieser unglückliche Mann hatte schon lange gewünscht, Jesus zu sehen und von ihm geheilt zu werden. Aber er war praktisch hilflos und wohnte weit vom Wirkungsbereich des großen Arztes entfernt. Schließlich hatten ihn einige Freunde auf sein Bitten hin an die Pforte des Tempels getragen. Dort musste er erfahren, dass der, auf den er seine Hoffnungen gesetzt hatte, auf grausame Weise hingerichtet worden war.

Seine Enttäuschung erweckte das Mitgefühl derer, die wussten, wie lange er sehnlich gehofft hatte, von Jesus geheilt zu werden. Täglich trugen sie ihn zum Tempel, damit er von Vorübergehenden aus Mitleid eine Kleinigkeit zur Linderung seiner Not erhielte. Als Petrus und Johannes vorbeikamen, bat er auch sie um ein Almosen. Die Jünger sahen ihn teilnahmsvoll an, und Petrus forderte ihn auf: »Sieh uns an! Der Gelähmte tat es und erwartete, dass sie ihm etwas geben würden. Aber Petrus sagte: Gold und Silber habe ich nicht.« (Apostelgeschichte 3,4-6 GNB)

Als Petrus so seine Armut erwähnte, senkte der Gelähmte seinen Blick. Ein Hoffnungsschimmer aber glitt über sein Gesicht, als der Apostel fortfuhr: »Doch was ich habe, will ich dir geben. Im Namen von Jesus Christus aus Nazareth: Steh auf und geh umher! Und er fasste den Gelähmten bei der rechten Hand und half ihm auf. Im gleichen Augenblick erstarkten seine Füße und Knöchel; mit einem Sprung war er auf den Beinen und ging umher. Er folgte Petrus und Johannes in den Vorhof des Tempels, lief umher, sprang vor Freude und dankte Gott mit lauter Stimme. Das ganze Volk dort sah, wie er umherging und Gott dankte. Sie erkannten in ihm den Bettler, der sonst immer am Schönen Tor gesessen hatte. Und sie staunten und waren ganz außer sich über das, was mit ihm geschehen war.« (Apostelgeschichte 3,6-10 GNB) Die Leute waren erstaunt, dass die Jünger ähnliche Wunder vollbringen konnten wie Jesus. Doch da stand dieser Mann, vierzig Jahre lang ein hilfloser Krüppel, jetzt aber jubelnd über den uneingeschränkten Gebrauch seiner Glieder, ohne Schmerzen und glücklich im Glauben an Jesus.

... durch die Kraft Jesu

Als die Jünger sahen, wie erstaunt die Leute waren, fragte Petrus: »Was wundert ihr euch darüber, oder was seht ihr auf uns, als hätten wir durch eigene Kraft oder Frömmigkeit bewirkt, dass dieser gehen kann?« (Apostelgeschichte 3,12) Er versicherte ihnen, dass die Heilung im Namen und durch die Verdienste Jesu von Nazareth erfolgt sei, den Gott von den Toten auferweckt hatte. Die Apostel erklärten dazu: »Das Vertrauen auf diesen Jesus hat dem Mann, der hier steht und den ihr alle kennt, Kraft gegeben. Der Name von Jesus hat in ihm Glauben geweckt und ihm die volle Gesundheit geschenkt, die ihr an ihm seht.« (Apostelgeschichte 3,16 GNB)

Ganz offen sprachen die Apostel von der schweren Sünde, welche die Juden begangen hatten, indem sie den Herrn über alles Leben verworfen und getötet hatten. Aber sie waren darauf bedacht, ihre Zuhörer nicht zur Verzweiflung zu treiben. Petrus sagte deshalb: »Ihr aber habt den Heiligen und Gerechten verleugnet und darum gebeten, dass man euch den Mörder schenke; aber den Fürsten des Lebens habt ihr getötet. Den hat Gott auferweckt von den Toten; dessen sind wir Zeugen ... Nun, liebe Brüder, ich weiß, dass ihr's aus Unwissenheit getan habt wie auch eure Oberen. Gott aber hat erfüllt, was er durch den Mund aller seiner Propheten zuvor verkündigt hat: dass sein Christus leiden sollte.« (Apostelgeschichte 3,14.15.17.18) Er erklärte ihnen, dass der Heilige Geist sie zur Reue und zur Umkehr rufe und er betonte, dass es nur durch die Gnade dessen, den sie gekreuzigt hatten, Hoffnung auf Erlösung gebe. Nur durch den Glauben an ihn könnten ihre Sünden vergeben werden.

»Kehrt also um und richtet euch aus auf die Vergebung eurer Sünden, damit vom Angesicht des Herrn her Zeiten der Erquickung kommen ... Ihr seid die Söhne der Propheten und des Bundes, den Gott mit euren Vätern geschlossen hat, als er zu Abraham sprach: Und durch deinen Samen werden gesegnet werden alle Geschlechter der Erde. (1. Mose 22,18) Für euch zuerst hat Gott seinen Knecht erweckt und ihn gesandt, euch zu segnen, wenn sich ein jeder von euch abwendet

> *Als Petrus und Johannes vorbeikamen, bat ein Gelähmter sie um ein Almosen. Petrus aber sprach: »Silber und Gold habe ich nicht. Was ich aber habe, das gebe ich dir: Im Namen Jesu Christi von Nazareth steh auf und geh umher!«*
>
> Apostelgeschichte 3,6

von seinen bösen Taten.« (Apostelgeschichte 3,19.20.25.26 ZÜ)

Auf diese Weise predigten die Jünger die Auferstehung Christi. Viele Zuhörer hatten auf dieses Zeugnis gewartet, und als sie es nun hörten, glaubten sie. Es erinnerte sie an die Worte Christi, und sie reihten sich bei denen ein, die das Evangelium annahmen. Der vom Erlöser gesäte Same ging auf und brachte Frucht.

Hartnäckiger Widerstand

Als die Jünger »noch zum Volk sprachen, traten die Priester, der Hauptmann der Tempelwache und die Sadduzäer zu ihnen. Diese waren aufgebracht, weil sie das Volk lehrten und im Namen Jesu die Auferstehung von den Toten verkündigten.« (Apostelgeschichte 4,1.2 ZÜ)

Nach Christi Auferstehung hatten die Priester überall die Lüge verbreitet, Jesu Leichnam sei von den Jüngern gestohlen worden, während die römischen Wachsoldaten schliefen. Es erstaunte deshalb nicht, dass sie verärgert waren, als sie hörten, dass Petrus und Johannes die Auferstehung dessen predigten, den sie getötet hatten. Besonders erregt darüber waren die Sadduzäer. Sie spürten, dass ihre Lieblingslehre in Gefahr geriet und ihr Ansehen auf dem Spiel stand.

Die Zahl derer, die sich zum neuen Glauben bekehrten, nahm schnell zu. Pharisäer und Sadduzäer waren sich einig, dass man den neuen Lehrern Einhalt gebieten müsste; sonst geriete ihr eigener Einfluss noch stärker in Gefahr als zu Lebzeiten Jesu. Deshalb verhaftete der Tempelhauptmann Petrus und Johannes mit Hilfe einer Anzahl Sadduzäer und warf sie direkt ins Gefängnis, da es an diesem Tag für ein Verhör zu spät war.

Die Feinde der Jünger konnten sich nicht mehr der Tatsache verschließen, dass Christus von den Toten auferstanden war. Die Beweise waren zu eindeutig, als dass man daran hätte zweifeln können. Dennoch verharrten sie in ihrer verstockten Haltung und zeigten keine Reue über ihre schreckliche Tat, die sie durch die Hinrichtung Jesu begangen hatten.

Die jüdischen Obersten hatten Beweise in Hülle und Fülle bekommen, dass die Apostel unter göttlicher Inspiration redeten und handelten. Trotzdem widersetzten sie sich der Botschaft der Wahrheit. Christus war nicht so erschienen, wie sie es erwartet hatten. Obwohl sie zeitweise überzeugt waren, dass er der Sohn Gottes war, hatten sie ihre Überzeugung unterdrückt und ihn gekreuzigt. In seiner Güte gab Gott ihnen noch mehr Beweise, und jetzt wurde ihnen eine weitere Gelegenheit geboten, sich ihm zuzuwenden. Durch die Jünger ließ er ihnen mitteilen, dass sie den Herrn über alles Leben getötet hatten, doch mitten in dieser schrecklichen Anklage erging an sie immer noch ein Aufruf zur Umkehr. Aber die jüdischen Lehrer fühlten sich in ihrer Selbstgerechtigkeit sehr sicher und weigerten sich zuzugeben, dass die Männer, die ihnen die Kreuzigung Christi zur Last legten, unter der Leitung des Heiligen Geistes redeten.

Da sich die Priester auf einen Konfrontationskurs gegenüber Christus festgelegt hatten, reizte sie jeder Widerstand umso mehr, die einmal eingeschlagene Richtung beizubehalten. In ihrer Halsstarrigkeit wurden sie immer entschlossener. Sie hätten durchaus Einsicht zeigen können, doch sie wollten es nicht. So wurden sie vom Zugang zum Heil abgeschnitten: nicht deshalb allein, weil sie schuldig waren und den Tod verdient hatten, nicht allein, weil sie den Sohn Gottes getötet hatten, sondern weil sie Gott hartnäckig die Stirn boten. Beharrlich widersetzten sie sich der Erkenntnis und verschlossen sich dem Mahnen des Heiligen Geistes. Die Macht, welche die Kinder des Ungehorsams beherrscht, beeinflusste sie so, dass sie die Männer misshandelten, durch die Gott am Wirken war. Die Boshaftigkeit ihrer Rebellion steigerte sich in dem Maße, in dem sie gegen Gott und die Botschaft, die zu verkündigen er seinen Dienern aufgetragen hatte, opponierten. In ihrer Unbußfertigkeit erneuerten die jüdischen Führer täglich ihren Widerstand und bereiteten so die Ernte dessen vor, was sie gesät hatten.

Hätten sich die jüdischen Obersten der überzeugenden Macht des Heiligen Geistes unterworfen, wäre ihnen vergeben worden; aber sie waren entschlossen, nicht nachzugeben. Genauso manövriert sich der Sünder durch fortwährenden Widerstand dahin, wo ihn der Heilige Geist nicht mehr beeinflussen kann.

An der Pforte des Tempels | 6

Die Priester fragten Petrus und Johannes, in wessen Namen sie den Gelähmten geheilt hätten. Petrus antwortete ihnen, dass das Wunder im Namen von Jesus Christus geschehen sei. »Dieser Jesus ist der Stein, von euch Bauleuten verworfen ...« Die Priester hätten aufgrund ihrer Stellung die Bauleute der Gemeinde Gottes sein sollen, aber den Eckstein, der sie tragen sollte, hatten sie verworfen.

Mut und Überzeugungskraft

Gottes Zorn richtet sich nicht einfach deshalb gegen unbußfertige Sünder, weil sie gesündigt haben, sondern weil sie, zwar zur Umkehr gerufen, dennoch bewusst in ihrem Widerstand beharren und die Sünden der Vergangenheit trotz der ihnen geschenkten Erkenntnis wiederholen. Hätten sich die jüdischen Obersten der überzeugenden Macht des Heiligen Geistes unterworfen, wäre ihnen vergeben worden; aber sie waren entschlossen, nicht nachzugeben. Genauso manövriert sich der Sünder durch fortwährenden Widerstand dahin, wo ihn der Heilige Geist nicht mehr beeinflussen kann.

Am Tag nach der Heilung des Gelähmten kamen Hannas und Kaiphas mit den anderen Würdenträgern des Tempels zum Verhör zusammen, und die Angeklagten wurden vorgeführt. In demselben Raum und vor einigen dieser Männer hatte Petrus seinen Herrn schändlich verleugnet. Daran erinnerte er sich, als er zu seinem eigenen Verhör erschien. Ihm bot sich nun eine Gelegenheit, seine Feigheit wieder gutzumachen.

Diejenigen Anwesenden, die sich daran erinnerten, welche Rolle Petrus bei dem Verhör seines Meisters gespielt hatte, bildeten sich ein, ihn jetzt durch Androhung von Gefangenschaft und Tod einschüchtern zu können. Der Petrus, der Christus in dessen Stunde größter Not verleugnet hatte, war ungestüm und selbstherrlich. Er unterschied sich weit von dem Petrus, der zum Verhör vor den Hohen Rat geführt wurde. Seit seinem Fall hatte er sich bekehrt. Er war nun nicht mehr stolz und prahlerisch, sondern bescheiden und selbstkritisch. Vom Heiligen Geist erfüllt war er mit Hilfe dieser Kraft entschlossen, den Makel seines Treuebruchs zu tilgen und den Namen dessen zu ehren, den er einst verleugnet hatte.

Bisher hatten es die Priester vermieden, die Kreuzigung oder die Auferstehung Jesu zu erwähnen. Um ihr Ziel zu erreichen, mussten sie die Angeklagten

Die Menschen, die die wundersame Heilung des Gelähmten gesehen hatten, staunten. Petrus ergriff die Gelegenheit, um ihnen zu erklären, dass sie das Wunder nicht aus eigener Kraft gewirkt hätten. Menschen können keine Wunder vollbringen, nur die Kraft Gottes im Namen von Jesus Christus ist dazu in der Lage.

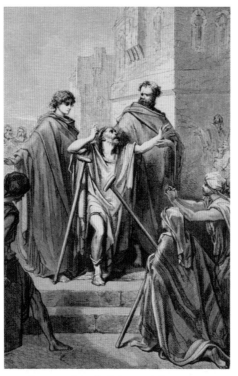

Die Heilung eines Lahmen durch die Apostel. Illustration von Gustave Doré (1832–1883)

nun aber fragen, wie die Heilung des Gelähmten zustande gekommen war: »Aus welcher Kraft oder in welchem Namen habt ihr das getan?« (Apostelgeschichte 4,7)

Mit heiligem Mut und in der Kraft des Heiligen Geistes erklärte Petrus furchtlos: »Nun, ihr und das ganze Volk Israel sollt es wissen: Es geschah im Namen von Jesus Christus aus Nazareth, eben dem, den ihr gekreuzigt habt und den Gott vom Tod auferweckt hat! Durch die Kraft seines Namens steht der Mann hier gesund vor euch. Auf diesen Jesus bezieht sich das Wort in den Heiligen Schriften: Der Stein, den die Bauleute weggeworfen haben, weil sie ihn für unbrauchbar hielten, ist zum Eckstein geworden. Jesus Christus und sonst niemand kann die Rettung bringen. Auf der ganzen Welt hat Gott keinen anderen Namen bekannt gemacht, durch den wir gerettet werden könnten.« (Apostelgeschichte 4,10-12 GNB)

Diese mutige Verteidigungsrede schockierte die jüdischen Führer. Sie hatten angenommen, die Jünger würden von Furcht und Verlegenheit überwältigt, wenn sie vor den Hohen Rat gebracht würden. Stattdessen redeten diese Zeugen, wie Christus geredet hatte, mit einer Überzeugungskraft, die ihre Gegner zum Schweigen brachte. In der Stimme von Petrus lag keine Spur von Furcht, als er über Christus sagte: »Das ist der Stein, von euch Bauleuten verworfen, der zum Eckstein geworden ist.« (Apostelgeschichte 4,11)

Petrus bediente sich hier einer Redewendung, die den Priestern vertraut war. Schon die Propheten hatten von dem Stein gesprochen, der verworfen wurde, und Christus hatte einmal von sich selbst gesagt: »Habt ihr nie gelesen in der Schrift (Psalm 118,22.23): Der Stein, den die Bauleute verworfen haben, der ist zum Eckstein geworden. Vom Herrn ist das geschehen und ist ein Wunder vor unsern Augen? Darum sage ich euch: Das Reich Gottes wird von euch genommen und einem Volk gegeben werden, das seine Früchte bringt. Und wer auf diesen Stein fällt, der wird zerschellen; auf wen aber er fällt, den wird er zermalmen.« (Matthäus 21,42-44)

Als die Priester die furchtlosen Worte der Apostel hörten, »verwunderten sie sich, und sie erkannten, dass sie mit Jesus gewesen waren.« (Apostelgeschichte 4,13 Elb.)

Versuche, die Jünger zum Schweigen zu bringen …

Über die Jünger berichtet die Schrift nach dem wunderbaren Ereignis der Verklärung Jesu: »Als sie aber ihre Augen aufhoben, sahen sie niemand als Jesus allein.« (Matthäus 17,8 Elb.) »Jesus allein« – in diesen Worten liegt das Geheimnis des Lebens und der Kraft begründet, das die Geschichte der Urgemeinde kennzeichnet. Als die Jünger Christi Worte zum ersten Mal hörten, spürten sie, dass sie ihn brauchten. Sie suchten ihn, fanden ihn und folgten ihm nach. Immer waren sie bei ihm: im Tempel, bei Tisch, am Bergeshang und auf dem Feld. Wie Schüler bei ihrem Lehrer waren sie bei ihm und empfingen täglich von ihm Lehren ewiger Wahrheit.

Auch nach Jesu Himmelfahrt nahmen die Jünger noch die große Liebe und das Licht der göttlichen Gegenwart wahr. Es war eine persönliche Gegenwart. Der Erlöser, der ständig um sie gewesen war, der mit ihnen gesprochen und gebetet hatte, der ihnen Hoffnung und Trost zugesprochen hatte, war mit der Botschaft des Friedens auf den Lippen in den Himmel aufgefahren. Als der Engelwagen ihn aufnahm, hatten sie seine Worte berührt: »Siehe, ich bin bei euch alle Tage bis an der Welt Ende.« (Matthäus 28,20) Er war in Menschengestalt zum Himmel aufgefahren. Die Jünger wussten, dass er auch vor Gottes Thron ihr Freund und Erlöser blieb, dass sich seine Zuneigung zu ihnen nicht änderte und er immer mit der leidenden Menschheit verbunden bleiben würde. Sie wussten, er würde die Verdienste – durch seinen Tod am Kreuz erworben – vor Gott bringen, und seine Narben an Händen und Füßen würden an den Preis erinnern, den er für seine Erlösten bezahlt hatte. Dieser Gedanke bestärkte sie, Schande und Tadel um seinetwillen zu erdulden. Ihre Verbindung zu ihm war jetzt stärker als zu der Zeit, da er persönlich bei ihnen gewesen war. Das Licht, die Liebe und die Kraft Christi wohnten in den Jüngern und bewirkten ihre Ausstrahlung, sodass sich die Menschen darüber wunderten.

Den Worten, die Petrus zur Verteidigung Christi sprach, drückte dieser sein Siegel auf. Neben dem Jünger stand als glaubwürdiger Zeuge der Mann, der auf so wunderbare Weise geheilt worden war. Der Anblick dieses Menschen, der wenige Stunden zuvor noch ein hilfloser Krüppel gewesen und dessen Gesundheit nun völlig wiederhergestellt war, verlieh den Worten des Petrus noch größere Glaubwürdigkeit. Priester und Oberste schwiegen. Sie konnten die Aussage von Petrus nicht widerlegen, waren aber dennoch fest entschlossen, der Verkündigung durch die Jünger Einhalt zu gebieten.

Das krönende Wunder Christi – die Auferweckung des Lazarus – hatte die Priester im Entschluss bekräftigt, Jesus und seine herrlichen Werke aus der Welt zu schaffen, da sie ihren eigenen Einfluss auf das Volk rasch zum Schwinden brachten. Zwar hatten sie ihn gekreuzigt, aber hier wurde ihnen nun bewiesen, dass sie weder das Wunderwirken in seinem Namen noch die Verkündigung der von ihm gelehrten Wahrheit aufhalten konnten. Die Heilung des Gelähmten und die Predigt der Apostel hatten bereits ganz Jerusalem in Aufregung versetzt.

Um ihre Ratlosigkeit zu verbergen und sich untereinander zu beraten, ließen Priester und Oberste die Apostel fortschaffen. Alle sahen ein, dass es zwecklos wäre, die Heilung dieses Mannes zu leugnen. Wie gerne hätten sie dieses Wunder als Betrug abgetan! Nur bestand dazu keine Möglichkeit, denn es war am hellichten Tag vor einer großen Menschenmenge geschehen, und inzwischen hatten Tausende Kenntnis davon. Sie meinten, man müsse das Wirken der Apostel unbedingt stoppen, denn sonst werde dieser Jesus viele Nachfolger gewinnen. Sie selbst würden die Gunst des Volks verlieren, denn man würde ihnen die Schuld an der Ermordung des Sohnes Gottes geben.

Am liebsten hätten sie die Jünger vernichtet, aber so weit zu gehen, wagten die Priester nicht. Deshalb drohten sie ihnen die schwerste Bestrafung an, sofern sie weiterhin im Namen Jesu reden oder handeln würden. Sie riefen sie erneut vor den Hohen Rat, und »sie geboten ihnen, keinesfalls zu reden oder zu lehren in dem Namen Jesu.« (Apostelgeschichte 4,18) Petrus und Johannes antworteten jedoch: »Urteilt selbst, ob es vor Gott recht ist, dass wir euch mehr gehorchen als Gott. Wir können's ja nicht lassen, von dem zu reden, was wir gesehen und gehört haben.« (Apostelgeschichte 4,19.20)

Gern hätten die Priester diese Männer wegen ihrer unerschütterlichen Treue zu ihrer heiligen Berufung bestraft, aber sie fürchteten das Volk, »denn alle lobten Gott für das, was geschehen war.« (Apostelgeschichte 4,21) Deshalb wurden die Apostel nach wiederholten Strafandrohungen und Einschüchterungsversuchen auf freien Fuß gesetzt.

»Jesus allein« – in diesen Worten liegt das Geheimnis des Lebens und der Kraft begründet, das die Geschichte der Urgemeinde kennzeichnet.

TEIL 2 | GUTE NACHRICHT FÜR ALLE

... doch sie redeten weiter ...

Während Petrus und Johannes im Gefängnis saßen, hatten die anderen Jünger unaufhörlich für ihre Brüder gebetet, denn sie kannten die Boshaftigkeit der Juden und fürchteten, die Grausamkeiten, die Christus zugefügt worden waren, könnten sich wiederholen. Nach ihrer Freilassung suchten die Apostel die anderen Jünger auf, um ihnen vom Ausgang des Verhörs zu berichten. Die Freude der Gläubigen war groß. »Als sie das hörten, erhoben sie ihre Stimme einmütig zu Gott und sprachen: Herr, du hast Himmel und Erde und das Meer und alles, was darin ist, gemacht, du hast durch den Heiligen Geist, durch den Mund unseres Vaters David, deines Knechtes, gesagt (Psalm 2,1-2): Warum toben die Heiden, und die Völker nehmen sich vor, was umsonst ist? Die Könige der Erde treten zusammen, und die Fürsten versammeln sich wider den Herrn und seinen Christus. Wahrhaftig, sie haben sich versammelt in dieser Stadt gegen deinen heiligen Knecht Jesus, den du gesalbt hast, Herodes und Pontius Pilatus mit den Heiden und den Stämmen Israels, zu tun, was deine Hand und dein Ratschluss zuvor bestimmt hatten, dass es geschehen solle. Und nun, Herr, sieh an ihr Drohen und gib deinen Knechten, mit allem Freimut zu reden dein Wort; strecke deine Hand aus, dass Heilungen und Zeichen und Wunder geschehen durch den Namen deines heiligen Knechtes Jesus.« (Apostelgeschichte 4,24-30)

Zur Ausübung ihres Dienstes baten die Jünger um mehr Kraft, denn sie erwarteten den gleichen entschiedenen Widerstand, auf den auch Christus hier auf Erden gestoßen war. Noch während ihre einmütigen Gebete im Glauben zum Himmel stiegen, erfolgte die Antwort. Der Ort, an dem sie sich versammelt hatten, erbebte. Erneut kam der Heilige Geist über sie, und mutigen Herzens gingen sie wieder daran, das Wort Gottes in Jerusalem zu verkündigen. »Und mit großer Kraft bezeugten die Apostel die Auferstehung des Herrn Jesus.« (Apostelgeschichte 4,33) Und Gott segnete ihren Einsatz in wunderbarer Weise.

... bis in unsere Tage

Als den Jüngern verboten wurde, im Namen Jesu zu lehren, vertraten sie in ihrer furchtlosen Antwort den gleichen Grundsatz, für den die Anhänger des Evangeliums in den Tagen der Reformation kämpften: »Urteilt selbst, ob es vor Gott recht ist, dass wir euch mehr gehorchen als Gott.« (Apostelgeschichte 4,19) Den deutschen Fürsten, die sich 1529 auf dem Reichstag zu Speyer versammelten, wurde ein Erlass des Kaisers vorgelegt, der die religiöse Freiheit einschränkte und jede weitere Verbreitung der Lehren der Reformation untersagte. Es schien so, als ob die Hoffnung der Welt vor der Vernichtung stünde. Würden die Fürsten den Erlass annehmen? Sollten die Menschen, die noch in der Finsternis lebten, vom Licht des Evangeliums ausgeschlossen bleiben? Entscheidendes für die Welt stand auf dem Spiel. Die Bekenner des reformatorischen Glaubens kamen zusammen und beschlossen einmütig: »Lasst uns diesen Erlass verwerfen. In Fragen des Gewissens hat die Mehrheit nichts zu bestimmen.« (Jean-Henri Merle d'Aubigné, History of the Reformation, Band 13, Kapitel 5)

An diesem Grundsatz müssen wir auch heute noch festhalten. Die Wahrheiten des Evangeliums und die Möglichkeit, den eigenen Glauben frei und ohne Zwang wählen zu können, die den Begründern der Urgemeinde und den Zeugen Gottes der späteren Jahrhunderte so kostbar waren, sind in dieser letzten Auseinandersetzung uns anvertraut worden. Die Verantwortung für diese große Gabe ruht auf denen, die Gott mit der Kenntnis seines Wortes gesegnet hat. Dieses Wort müssen wir als höchste Autorität anerkennen. Wir sollen menschliche Regierungsgewalt als von Gott eingesetzte Ordnung achten und ihr gegenüber als heilige Pflicht Gehorsam lehren innerhalb der Grenzen ihrer rechtmäßigen Zuständigkeit. Widersprechen diese Gehorsamsansprüche aber den Ansprüchen Gottes, müssen wir Gott mehr gehorchen als den Menschen. Gottes Wort steht für einen Christen über jeder menschlichen Gesetzgebung. Ein »So spricht der Herr« kann nicht durch ein »So spricht die Kir-

---

> *Als den Jüngern verboten wurde, im Namen Jesu zu lehren, vertraten sie in ihrer furchtlosen Antwort den gleichen Grundsatz, für den die Anhänger des Evangeliums in den Tagen der Reformation kämpften: »Urteilt selbst, ob es vor Gott recht ist, dass wir euch mehr gehorchen als Gott.«*
>
> Apostelgeschichte 4,19

Auf dem Stich von links nach rechts: Philipp Melanchthon, Martin Luther, Johannes Bugenhagen (Dr. Pomeranus) und Caspar Cruciger bei der Arbeit an der Luther-Übersetzung der Bibel.

che« oder ein »So spricht der Staat« ersetzt werden. Der Herrschaftsanspruch Christi ist höher zu werten als die Hoheitszeichen irdischer Machthaber.

Niemand verlangt von uns, die Obrigkeit herauszufordern. Wir sollten unsere gesprochenen und geschriebenen Worte sorgfältig abwägen, um nicht den Anschein zu erwecken, als stünden wir Gesetz und Ordnung feindlich gegenüber. Wir sollten uns weder durch Worte noch durch Taten unnötig Steine in den Weg legen. Wir müssen in Christi Namen voranschreiten und für die Wahrheiten eintreten, die uns anvertraut sind. Sollten Menschen uns dies verbieten, dann dürfen wir mit den Aposteln sagen: »Urteilt selbst, ob es vor Gott recht ist, dass wir euch mehr gehorchen als Gott. Wir können's ja nicht lassen, von dem zu reden, was wir gesehen und gehört haben.« (Apostelgeschichte 4,19.20)

Viele Christen sind im Verlauf der Geschichte von den Obrigkeiten diskriminiert worden. Im dunklen Mittelalter erließ Karl V. ein Dekret, das die Religionsfreiheit verbot. Zum Glück gab es mutige Personen, die sich – in gleicher Weise wie Petrus – dazu bekannten, dass wir Gott mehr gehorchen müssen als den Menschen.

Kapitel 7 — Von Herzen teilen

Apostelgeschichte 4,32 bis 5,11

In der Apostelgeschichte wird beschrieben, wie vermögende Gläubige in der Anfangszeit der Gemeinde ihren Besitz verkauften, um das Geld mit den Armen zu teilen. Es herrschte ein freigebiger Geist unter ihnen, und sie teilten alle Dinge miteinander. Dies war eine weitere Folge der Ausgießung des Heiligen Geistes. Wie sehr braucht unsere Welt diese Freigebigkeit!

Als die Jünger die Wahrheit des Evangeliums in Jerusalem verkündigten, bestätigte Gott ihre Aussagen, und viele wurden gläubig. Der blinde Eifer der Juden hatte zur Folge, dass viele dieser frühen Gläubigen umgehend von ihren Familien und Freunden geächtet wurden. Nun musste man Nahrung und Unterkunft für sie finden. In der Bibel heißt es: »Es war auch keiner unter ihnen, der Mangel hatte« (Apostelgeschichte 4,34), und dann wird erzählt, wie dies ermöglicht wurde. Vermögende Gläubige opferten bereitwillig Geld und Besitz, um der Not abzuhelfen. Sie verkauften ihre Häuser oder Grundstücke und legten den Erlös »den Aposteln zu Füßen; und man gab einem jeden, was er nötig hatte.« (Apostelgeschichte 4,35)

Diese Freigebigkeit der Gläubigen war eine Folge der Ausgießung des Heiligen Geistes. »Die Menge der Gläubigen aber war ein Herz und eine Seele« (Apostelgeschichte 4,32) und kannte nur ein gemeinsames Anliegen: den Erfolg des Auftrags, der ihnen anvertraut worden war. Habsucht hatte in ihrem Leben keinen Raum. Ihre Liebe zu den Glaubensgeschwistern und zu der Sache, für die sie nun eintraten, war größer als ihre Liebe zu Geld und Besitz. Ihre Werke bezeugten, dass sie den Wert ihrer Mitmenschen höher schätzten als irdischen Wohlstand.

So wird es immer sein, wenn Gottes Geist vom Leben Besitz ergreift. Diejenigen, deren Herzen von der Liebe Christi erfüllt sind, werden dem Beispiel dessen folgen, der um unsertwillen arm wurde, damit wir »durch seine Armut reich« (2. Korinther 8,9) werden. Alle Gaben, die sie aus Gottes Hand empfangen haben, Geld, Zeit, Einfluss, werteten sie nur als Mittel zur Förderung des Evangeliums. So war es in der Urgemeinde. Wenn in der Gemeinde von heute sichtbar wird, dass die Macht des Heiligen Geistes die Glieder veranlasst, ihre Zuneigung von den Dingen dieser Welt weg zu lenken und sie willig macht, Opfer zur Verbreitung des Evangeliums zu bringen, wird die Verkündigung der Wahrheit einen mächtigen Einfluss auf die Zuhörer ausüben.

Habsucht

In schroffem Gegensatz zur Wohltätigkeit der Gläubigen stand das Verhalten von Hananias und Saphira, deren Erfahrung durch den inspirierten Verfasser aufgezeichnet wurde. Sie bleibt ein dunkler Fleck in der Geschichte der Urgemeinde. Zusammen mit anderen hatten diese vorgeblichen Jünger das Evangelium aus dem Mund der Apostel vernehmen dürfen. Sie hatten gemeinsam mit anderen Gläubigen erlebt, wie nach dem Gebet der Apostel »die Stätte, wo sie versammelt waren«, erbebte und sie »alle vom Heiligen Geist erfüllt« wurden. (Apostelgeschichte 4,31) Das hatte alle Versammelten zutiefst beeindruckt, und unter dem direkten Einfluss von Gottes Geist hatten Hananias und Saphira gelobt, den Erlös vom Verkauf eines bestimmten Grundstücks dem Herrn zu geben.

Später gaben sie Regungen der Habsucht nach und betrübten dadurch den Heiligen Geist. Sie begannen ihr Versprechen zu bedauern und verloren bald den wohltuenden Einfluss des Segens, der ihre Herzen mit dem Wunsch erfüllt hatte, etwas Großzügiges für die Sache Christi zu tun. Sie meinten, zu voreilig gewesen zu sein und ihren Entschluss noch einmal überlegen zu müssen. Also besprachen sie die Angelegenheit miteinander und entschlossen sich, ihr Gelübde nicht zu erfüllen. Sie sahen aber, wie die Spender, die sich von ihren Besitztümern trennten, um dem Mangel ihrer ärmeren Mitbrüder abzuhelfen, unter den Gläubigen hoch angesehen waren. Sie schämten sich jedoch, ihre Mitbrüder wissen zu lassen, dass sie in ihrer Selbstsucht nicht bereit waren, das herzugeben, was sie feierlich Gott geweiht hatten. So beschlossen sie ganz bewusst, ihren Besitz zu verkaufen und so zu tun, als ob der gesamte Erlös in den gemeinsamen Fonds flösse. In Wirklichkeit aber behielten sie einen großen Teil des Geldes für sich zurück. Auf diese Weise würden sie ihren Lebensunterhalt auf Kosten der Gemeindekasse sichern und gleichzeitig die Hochachtung ihrer Geschwister gewinnen.

Aber Gott hasst Heuchelei und Falschheit. In ihrem Handeln Gott gegenüber erwiesen sich Hananias und Saphira als Betrüger. Sie belogen den Heiligen Geist, und ihre Sünde wurde durch ein schnelles und schreckliches Urteil geahndet. Als Hananias mit seiner Gabe vor Petrus erschien, fragte dieser: »Hananias, warum hat der Satan dein Herz erfüllt, dass du den Heiligen Geist belogen und etwas vom Geld für den Acker zurückbehalten hast? Hättest du den Acker nicht behalten können, als du ihn hattest? Und konntest du nicht auch, als er verkauft war, noch tun, was du wolltest? Warum hast du dir dies in deinem Herzen vorgenommen? Du hast nicht Menschen, sondern Gott belogen. Als Hananias diese Worte hörte, fiel er zu Boden und gab den Geist auf. Und es kam eine große Furcht über alle, die dies hörten.« (Apostelgeschichte 5,3-5)

»Hättest du den Acker nicht behalten können, als du ihn hattest?«, fragte Petrus. Hananias war von niemandem beeinflußt oder stark bedrängt worden, sein Eigentum dem Gemeinwohl zu opfern. Er hatte aus freiem Entschluss gehandelt. Aber durch seinen Versuch, die Jünger zu täuschen, hatte er den Allmächtigen belogen.

»Es begab sich nach einer Weile, etwa nach drei Stunden, da kam seine Frau herein und wusste nicht, was geschehen war. Aber Petrus sprach zu ihr: Sag mir, habt ihr den Acker für diesen Preis verkauft? Sie sprach: Ja, für diesen Preis. Petrus aber sprach zu ihr: Warum seid ihr euch denn einig geworden, den Geist des Herrn zu versuchen? Siehe, die Füße derer, die deinen Mann begraben haben, sind vor der Tür und werden auch dich hinaustragen. Und sogleich fiel sie zu Boden, ihm vor die Füße, und gab den

> »Es war auch keiner unter ihnen, der Mangel hatte ...« – Vermögende Gläubige opferten bereitwillig Geld und Besitz, um der Not abzuhelfen. Sie verkauften ihre Häuser oder Grundstücke und legten den Erlös »den Aposteln zu Füßen; und man gab einem jeden, was er nötig hatte.«
>
> Apostelgeschichte 4,34.35

Geist auf. Da kamen die jungen Männer und fanden sie tot, trugen sie hinaus und begruben sie neben ihrem Mann. Und es kam eine große Furcht über die ganze Gemeinde und über alle, die das hörten.« (Apostelgeschichte 5,7-11)

Ein ernstes Warnsignal

In seiner unendlichen Weisheit sah Gott, dass diese Aufsehen erregende Bekundung seines Zornes notwendig war, um die junge Gemeinde vor sittlichem Verfall zu bewahren. Ihre Gliederzahl nahm schnell zu. Die Gemeinde wäre in Gefahr gekommen, wenn bei dem schnellen Zuwachs an Bekehrten auch Männer und Frauen dazu gekommen wären, die zwar beteuerten, Gott zu dienen, sich in Wirklichkeit aber an irdischen Besitz klammerten. Dieses Urteil hat bestätigt, dass Menschen Gott nicht täuschen können, dass er die verborgenen Sünden des Herzens aufdeckt und sich nicht spotten lässt. Es sollte der Gemeinde zur Warnung dienen und sie dahin führen, Schein und Heuchelei zu meiden. Sie sollte sich hüten, Gott zu berauben.

Nicht nur der Urgemeinde, sondern allen künftigen Generationen wurde dieses Beispiel als Warnsignal gegeben, das zeigt, wie sehr Gott Habsucht, Betrug und Heuchelei hasst. Hananias und Saphira hatten zuerst mit der Habsucht geliebäugelt. Das Verlangen, etwas von dem für sich zu behalten, was sie dem Herrn versprochen hatten, führte sie schließlich zu Betrug und Heuchelei.

Gott hat die Verkündigung des Evangeliums von dem Einsatz und den Gaben seines Volkes abhängig gemacht. Freiwillige Gaben und der Zehnte bilden die Einkünfte im Werk des Herrn. Von Mitteln, die Gott uns anvertraut, beansprucht er einen bestimmten Teil – den Zehnten. Er stellt es allen frei, ob sie mehr geben wollen oder nicht. Wenn aber der Heilige Geist einen Menschen dazu bewegt, einen bestimmten Betrag zu spenden und dieser ein solches Gelübde ablegt, hat er keinen Anspruch mehr auf den geweihten Teil. Solche Zusagen gegenüber Menschen würden als bindend angesehen. Sollte dies nicht erst recht bei Zusagen gegenüber Gott gelten? Sind Gelübde, die vor dem Richter des Gewissens abgegeben werden, weniger bindend als geschriebene Verträge zwischen Menschen?

Wenn göttliches Licht mit ungewöhnlicher Klarheit und Macht in ein Herz scheint, weicht die übliche Selbstsucht zurück, und es entsteht eine Bereitschaft zur Opfergabe für die Sache Gottes. Niemand aber sollte annehmen, dass er sein Versprechen ohne Satans Protest einlösen kann. Ihm gefällt es gar nicht, wenn er sieht, dass das Reich des Erlösers auf Erden gebaut wird. Deshalb redet er uns ein, unser versprochenes Opfer sei zu groß, und wir hätten keine Möglichkeit mehr, Eigentum zu erwerben oder die Bedürfnisse unserer Familien abzudecken.

Gott ist es, der Menschen mit Besitz segnet. So erhalten die Menschen Gelegenheit, zur Förderung der Sache Gottes ihren Beitrag zu leisten. Er sendet Sonnenschein und Regen und bringt die Pflanzen zum Blühen. Er schenkt Gesundheit und die Fähigkeit, Mittel zu erwerben. Alle Segnungen kommen aus seiner gütigen Hand. Als Gegenleistung möchte er, dass Männer und Frauen ihre Dankbarkeit dadurch erweisen, dass sie ihm einen Teil als Zehnten und Gaben zurückerstatten: als Dankopfer, als freiwilliges Opfer, als Sündopfer. Würden die Mittel nach diesem göttlichen Plan in Form von Zehnten und freiwilligen Gaben in die Schatzkammer des Herrn fließen, hätte das Werk Geldquellen in Fülle, um die Sache Gottes voranzutreiben.

Doch Selbstsucht verhärtet die Herzen der Menschen, und wie bei Hananias und Saphira sind sie versucht, Teile von dem zurückzubehalten, was Gott gehört, und gleichzeitig vorzugeben, Gottes Forderungen zu erfüllen. Viele sind ungemein großzügig, wenn es um Geldausgaben für das eigene Vergnügen geht. Männer und Frauen richten sich nach ihrer Genusssucht und stillen alle ihre Wünsche, während sie für Gott nur fast widerwillig ein kärgliches Almosen übrig haben. Sie vergessen, dass Gott eines Tages über die Verwendung seiner Güter ge-

> *Gott hat die Verkündigung des Evangeliums von dem Einsatz und den Gaben seines Volkes abhängig gemacht. Freiwillige Gaben und der Zehnte bilden die Einkünfte im Werk des Herrn.*

naue Rechenschaft verlangt und die knauserige Spende für seine Schatzkammer genauso wenig annimmt wie die Gabe von Hananias und Saphira.

In Wahrhaftigkeit leben

Durch die strenge Bestrafung jener Meineidigen will Gott auch, dass wir lernen, wie tief sein Abscheu und seine Verachtung für jederlei Heuchelei und Betrug sind. Dadurch, dass sie vortäuschten, alles gegeben zu haben, belogen Hananias und Saphira den Heiligen Geist und verloren so nicht nur das jetzige, sondern auch das zukünftige Leben. Derselbe Gott, der sie bestrafte, verurteilt auch heute alle Unwahrheit. »Lügenmäuler sind dem Herrn ein Gräuel.« (Sprüche 12,22) Von der heiligen Stadt sagt er: »Nichts Unreines wird hineinkommen und keiner, der Gräuel tut und Lüge.« (Offenbarung 21,27) Wir dürfen die Wahrheit nicht auf die leichte Schulter nehmen oder nachlässig mit ihr umgehen. Sie muss Teil unseres Lebens sein. Mit der Wahrheit je nach Belieben umzuspringen und hinter einer falschen Fassade den eigenen selbstsüchtigen Plänen nachzugehen, führt letztlich zum Schiffbruch im Glauben. »So steht nun fest, umgürtet an euren Lenden mit Wahrheit.« (Epheser 6,14) Wer Unwahrheiten ausspricht, verkauft seine Seele zu einem Schleuderpreis. Seine Lügen mögen scheinbar in Notfällen dienlich sein. Vielleicht verspricht er sich durch sie gewisse geschäftliche Vorteile, die er auf ehrliche Weise nicht glaubt erreichen zu können. Letztendlich kommt er aber an den Punkt, an dem er niemandem mehr trauen kann. Da er selbst lügt, hat er auch kein Vertrauen in das Wort anderer.

Im Fall von Hananias und Saphira wurde die Sünde des Betrugs an Gott schnell bestraft. Dieselbe Sünde hat sich in der späteren Geschichte der Gemeinde noch oft wiederholt und wird auch in unserer Zeit von vielen begangen. Doch wenn sie auch nicht von sichtbaren Zeichen des Missfallens Gottes begleitet ist, ist sie in seinen Augen heute nicht weniger verabscheuungswürdig als zur Zeit der Apostel. Wir sind gewarnt. Gott hat seinen Abscheu vor dieser Sünde klar bekundet. Wer sich der Heuchelei und der Begehrlichkeit hingibt, muss wissen, dass er sein eigenes Leben ruiniert.

Wir müssen Gottes Geist bitten, uns die Bedürfnisse dieser Welt, in der Millionen von Kindern und Erwachsenen Hunger leiden, erkennen zu lassen. Alles, was wir haben, gehört Gott. Er gibt uns das Leben, er lässt es regnen und die Sonne scheinen, damit die Erde blüht und Frucht bringt. Möge Gott uns helfen, seinen Reichtum in Freude mit anderen zu teilen!

Kapitel 8

Vor dem Hohen Rat

Apostelgeschichte 5,12-42

Holzkreuz, Bibel Land Museum, Jerusalem

Das Kreuz war im alten Rom ein Henkerswerkzeug für die Menschen, die man am meisten verachtete: Sklaven, Kriminelle und Ausländer. Der Tod am Kreuz war grauenvoll, er zog sich manchmal über mehrere Tage hin. Dieses Werkzeug der Schande und Folter ist zum Symbol des Christentums und der Erlösung geworden.

Ausgerechnet das Kreuz, dieses Werkzeug der Schande und Folter, brachte der Welt Hoffnung und Heil. Die Jünger waren nur einfache Leute ohne Reichtum und mit nichts anderem als dem Wort Gottes ausgerüstet. Dennoch gingen sie in der Vollmacht Christi hinaus, verkündeten die wunderbare Geschichte von Krippe und Kreuz und überwanden jeden Widerstand. Ohne irdische Ehre und Anerkennung waren sie doch Helden des Glaubens. Von ihren Lippen kamen Worte göttlicher Beredsamkeit, die die Welt aufrüttelten.

Pharisäer und Sadduzäer in der Enge

Unerschrocken verkündeten die Jünger in Jerusalem weiterhin Worte des Lebens, da, wo die schlimmsten Vorurteile bestanden und die verworrensten Meinungen über den vorherrschten, der als Übeltäter gekreuzigt worden war. Das Werk Christi, seine Sendung, Kreuzigung, Auferstehung und Himmelfahrt: All dies wurde den Juden verdeutlicht. Staunend hörten die Priester und Obersten das klare,

Vor dem Hohen Rat

mutige Zeugnis der Apostel. Die Kraft des auferstandenen Erlösers war tatsächlich über die Jünger gekommen. Ihre Tätigkeit wurde von Zeichen und Wundern begleitet, sodass die Zahl der Gläubigen täglich zunahm. Menschen brachten ihre Kranken »auf Betten und Bahren« auf die Straßen, wo die Jünger erwartet wurden, »damit, wenn Petrus käme, wenigstens sein Schatten auf einige von ihnen fiele.« (Apostelgeschichte 5,15) Man brachte auch »solche, die von unreinen Geistern geplagt waren.« (Apostelgeschichte 5,16) Die Menge scharte sich um sie, und die Geheilten priesen Gott laut und verherrlichten den Namen des Erlösers.

Die Priester und Obersten stellten fest, dass Christus beim Volk in höherem Ansehen stand als sie selbst. Als die Sadduzäer, die nicht an eine Auferstehung glaubten, die Apostel verkündigen hörten, dass Jesus von den Toten auferstanden war, gerieten sie außer sich vor Wut. Sie erkannten: Wenn den Aposteln erlaubt würde, einen auferstandenen Erlöser zu verkünden und in seinem Namen Wunder zu tun, würden alle die Lehre, dass es keine Auferstehung gibt, verwerfen. Folglich würde die Sekte der Sadduzäer bald nicht mehr bestehen können. Auch die Pharisäer waren aufgebracht, als sie bemerkten, dass die Lehren der Jünger dahin führen würden, die jüdischen Zeremonien zu untergraben und den Opferdienst letztlich nutzlos werden zu lassen.

Bisher waren sämtliche Bemühungen fehlgeschlagen, die Verkündigung dieser neuen Lehre zu unterbinden. Nun beschlossen aber sowohl Sadduzäer als auch Pharisäer, die Tätigkeit der Jünger zu unterbinden, da dadurch ihre Schuld am Tod Jesu offenkundig wurde. Empört legten die Priester gewaltsam Hand an Petrus und Johannes und warfen sie ins öffentliche Gefängnis.

Es war deutlich geworden: Die Führer des Volkes hatten es versäumt, Gottes Plan mit seinem auserwählten Volk auszuführen. Diejenigen, die der Herr zu Hütern der Wahrheit gemacht hatte, hatten sich ihrer Verantwortung gegenüber als treulos erwiesen. Deshalb vertraute Gott seinen Auftrag nun anderen Menschen an. In ihrer Blindheit ließen diese Führer ihrem angeblich gerechten Zorn gegen jene freien Lauf, die einige von ihnen besonders gehegte Lehren beiseite schoben. Sie wollten nicht einmal die Möglichkeit in Erwägung ziehen, dass sie selbst vielleicht das Wort nicht richtig verstanden oder die Schrift falsch ausgelegt oder verkehrt angewandt hatten. Sie handelten wie Menschen, die den Verstand verloren haben. Sie fragten: Welches Recht haben diese Lehrer, von denen einige nur einfache Fischer sind, Ideen zu verbreiten, die im Gegensatz zu dem stehen, was wir das Volk gelehrt haben? Entschlossen, die Verbreitung dieser Ideen zu unterbinden, warfen sie deren Verkünder ins Gefängnis.

Durch diese Behandlung ließen sich die Jünger jedoch weder einschüchtern noch entmutigen. Der Heilige Geist rief ihnen Christi Worte ins Gedächtnis: »Der Knecht ist nicht größer als sein Herr. Haben sie mich verfolgt, so werden sie euch auch verfolgen; haben sie mein Wort gehalten, so werden sie eures auch halten. Aber das alles werden sie euch tun um meines Namens willen; denn sie kennen den nicht, der mich gesandt hat.« (Johannes 15,20.21) »Sie werden euch aus der Synagoge ausstoßen. Es kommt aber die Zeit, dass, wer euch tötet, meinen wird, er tue Gott einen Dienst damit ... Aber dies habe ich zu euch geredet, damit, wenn ihre Stunde kommen wird, ihr daran denkt, dass ich's euch gesagt habe.« (Johannes 16,2.4)

Der Gott des Himmels, der mächtige Herrscher des Universums selbst, nahm sich der Jünger in ihrer Gefangenschaft an, denn hier kämpften Menschen gegen seinen Plan. In der Nacht öffnete der Engel des Herrn die Gefängnistüren und sagte zu den Jüngern: »Geht hin und tretet im Tempel auf und redet zum Volk alle Worte des Lebens.« (Apostelgeschichte 5,20) Dieser Befehl stand in völligem Gegensatz zu den Anweisungen der jüdischen Oberen. Aber erwiderten etwa die Apostel: Das können wir nicht tun, erst

> *Staunend hörten die Priester und Obersten das klare, mutige Zeugnis der Apostel. Die Kraft des auferstandenen Erlösers war tatsächlich über die Jünger gekommen. Ihre Tätigkeit wurde von Zeichen und Wundern begleitet, sodass die Zahl der Gläubigen täglich zunahm.*

Die Apostel verkündigten den Auferstandenen mit immer größerer Kraft, und jeden Tag ließen sich weitere Menschen taufen und schlossen sich der Gemeinde an. Der jüdische Rat beschloss deshalb, die Apostel festzunehmen und ins Gefängnis zu sperren. Aber ein Engel Gottes befreite sie und befahl ihnen, weiter zu predigen.

müssen wir bei unseren Behördenvertretern die Erlaubnis einholen? Nein! Gott hatte gesagt: »Geht hin!«, und sie gehorchten. Sie gingen »frühmorgens in den Tempel und lehrten.« (Apostelgeschichte 5,20.21)

Als Petrus und Johannes bei den Gläubigen erschienen und erzählten, wie der Engel sie durch die Gruppe der Wachsoldaten geführt und aufgefordert hatte, die unterbrochene Arbeit wieder aufzunehmen, erfüllte dies die Brüder mit Erstaunen und Freude.

Bedroht, gefangen, befreit

Unterdessen riefen der Hohepriester und die, »die mit ihm waren …, den Hohen Rat und alle Ältesten in Israel« zusammen. (Apostelgeschichte 5,21) Die Priester und Obersten hatten beschlossen, die Jünger des Aufruhrs zu bezichtigen, sie des Mordes an Hananias und Saphira sowie einer Verschwörung zur Untergrabung der Autorität der Priesterschaft zu beschuldigen. Damit hofften sie, den Pöbel so sehr in Erregung zu versetzen, dass er angestachelt würde, die Sache selbst in die Hand zu nehmen und mit den Jüngern so zu verfahren wie mit Jesus. Sie waren sich aber bewusst, dass auch unter denen, die die Lehren Christi nicht annahmen, viele der Willkürherrschaft der jüdischen Obrigkeit überdrüssig waren und eine Veränderung herbeisehnten. Die Priester fürchteten: Falls diese Unzufriedenen die Wahrheiten, die die Apostel verkündeten, annehmen und Jesus als den Messias anerkennen würden, könnte sich der Zorn der gesamten Bevölkerung gegen sie als religiöse Führer wenden und sie für den Mord an Jesus verantwortlich machen. Um dies zu verhindern, beschlossen sie, hart durchzugreifen.

Sie gaben Anweisung, die Gefangenen vorzuführen. Wie groß war jedoch ihre Bestürzung, als sie erfuhren, man habe zwar die Gefängnistüren fest verschlossen und bewacht vorgefunden, von den Gefangenen aber gebe es keine Spur! Bald traf die erstaunliche Kunde ein: »Siehe, die Männer, die ihr ins Gefängnis geworfen habt, stehen im Tempel und lehren das Volk. Da ging der Hauptmann mit den Knechten hin und holte sie, doch nicht mit Gewalt; denn sie fürchteten sich vor dem Volk, dass sie gesteinigt würden.« (Apostelgeschichte 5,25.26)

Obwohl die Apostel durch ein Wunder aus dem Gefängnis befreit wurden, blieben sie nicht vor Verhör und Strafe bewahrt. Als Christus noch bei ihnen war, hatte er ihnen gesagt: »Ihr aber seht euch vor! Denn sie werden euch den Gerichten überantworten.« (Markus 13,9) Gott hatte einen Engel zu ihrer Befreiung gesandt und ihnen dadurch ein Zeichen seiner Liebe und die Zusicherung seiner Gegenwart geschenkt. Nun mussten sie für den, dessen Evangelium sie predigten, auch Leid ertragen.

Furchtlose Zeugen

In der Geschichte der Propheten und Apostel gibt es viele herausragende Beispiele der Treue Gott gegenüber. Die Zeugen Christi waren eher bereit, Gefangenschaft, Folter, ja den Tod zu erleiden, als Gottes Gebote zu übertreten. Was hier über Petrus und Johannes berichtet wird, gehört zum Heldenmütigsten im christlichen Zeitalter. Als sie zum zweiten Mal vor den Männern standen, die es anscheinend auf ihre Vernichtung abgesehen hatten, konnte man in ihren Worten und ihrem Auftreten weder Furcht noch Zaudern erkennen. Und als der Hohepriester sagte: »Haben wir euch nicht streng geboten, in diesem Namen nicht zu lehren? Und seht, ihr habt Jerusalem erfüllt mit eurer Lehre und wollt das Blut dieses Menschen über uns bringen«, da antwortete Petrus: »Man muss Gott mehr gehorchen als den Menschen.« (Apostelgeschichte 5,28.29) Ein Engel des Himmels hatte sie aus dem Gefängnis befreit und ihnen geboten, im Tempel zu lehren. Sie befolgten seine Anordnungen und gehorchten somit dem göttlichen Befehl. Darin mussten sie fortfahren, koste es, was es wolle.

Dann kam der Geist der Erleuchtung auf die Jünger herab, und die Angeklagten wurden zu Anklägern und beschuldigten die Ratsversammlung des Mordes an Christus. Petrus erklärte: »Der Gott unsrer Väter hat Jesus auferweckt, den ihr an das Holz gehängt und getötet habt. Den hat Gott durch seine rechte Hand erhöht zum Fürsten und Heiland, um Israel Buße und Vergebung der Sünden zu geben. Und wir sind Zeugen dieses Geschehens und mit uns der Heilige Geist, den Gott denen gegeben hat, die ihm gehorchen.« (Apostelgeschichte 5,30-32)

Diese Worte machten die Juden so rasend, dass sie beschlossen, das Recht selbst in die Hand zu nehmen und die Gefangenen ohne weiteres Verhör und ohne Ermächtigung von Seiten der römischen Obrigkeit hinzurichten. Obwohl sie bereits am Tod Christi schuldig waren, strebten sie nun eifrig danach, ihre Hände auch mit dem Blut seiner Jünger zu beflecken.

Aber in der Ratsversammlung saß ein Mann, der in den Worten der Jünger die Stimme Gottes erkannte. Es war Gamaliel, ein Pharisäer von gutem Ruf und ein Gelehrter von hohem Rang. Sein wacher Verstand sah voraus, dass ein gewaltsames Vorgehen der Priester schreckliche Folgen nach sich ziehen würde. Bevor er das Wort ergriff, forderte er die Anwesenden auf, die Angeklagten zu entfernen. Er wusste sehr wohl, mit was für Leuten er es zu tun hatte, und dass die Mörder Christi keineswegs zögern würden, ihren Plan umzusetzen.

Wohlüberlegt und ruhig sprach er: »Israeliten, überlegt euch genau, was ihr mit diesen Leuten tun wollt. Vor einiger Zeit nämlich ist Theudas aufgetreten, der von sich behauptete, etwas Besonderes zu sein; ihm hat sich eine Schar von etwa vierhundert Männern angeschlossen. Er wurde getötet, und alle seine Anhänger wurden versprengt, und seine Bewegung löste sich in nichts auf. Nach ihm, zur Zeit der Steuereinschätzung, ist Judas der Galiläer aufgetreten, machte Leute abtrünnig und scharte sie um sich. Auch er ging zugrunde, und alle seine Anhänger zerstreuten sich in alle Winde. Deshalb rate ich euch jetzt: Lasst ab von diesen Leuten und lasst sie gehen! Denn wenn das, was hier geplant und ins Werk gesetzt wird, von Menschen stammen sollte, dann wird es sich zerschlagen. Wenn es aber von Gott kommt, dann werdet ihr sie nicht aufhalten können; ihr aber könntet als solche dastehen, die sogar gegen Gott kämpfen.« (Apostelgeschichte 5,35-39 ZÜ)

Die Priester erkannten, dass diese Ansichten vernünftig waren, und sahen sich genötigt, Gamaliel zuzustimmen. Doch ihr Vorurteil und ihren Hass konnten sie kaum unterdrücken. Nachdem sie die Jünger geschlagen hatten, schärften sie ihnen ein, keinesfalls mehr im Namen Jesu zu

> *Anschuldigungen und Verfolgung haben viele von ihren irdischen Freunden getrennt, aber nie von der Liebe Christi. Nie wird der sturmerprobte Gläubige durch seinen Erlöser inniger geliebt, als wenn er um der Wahrheit willen Schande erleidet. »Ich werde ihn lieben«, sagt Christus, »und mich ihm offenbaren.«*
>
> Johannes 14,21

predigen, andernfalls drohe ihnen der Tod. Daraufhin entließen sie sie nur sehr widerwillig. Die Jünger »gingen aber fröhlich von dem Hohen Rat fort, weil sie würdig gewesen waren, um Seines Namens willen Schmach zu leiden, und sie hörten nicht auf, alle Tage im Tempel und hier und dort in den Häusern zu lehren und zu predigen das Evangelium von Jesus Christus.« (Apostelgeschichte 5,41.42)

Ablehnung und Hass

Kurz vor seiner Kreuzigung hatte Christus seinen Jüngern ein Vermächtnis des Friedens hinterlassen: »Den Frieden lasse ich euch, meinen Frieden gebe ich euch. Nicht gebe ich euch, wie die Welt gibt. Euer Herz erschrecke nicht und fürchte sich nicht.« (Johannes 14,27) Dieser Friede entsteht nicht durch Anpassung an die Welt. Christus hat niemals Frieden durch Kompromisse mit dem Bösen erkauft. Der Friede, den Christus seinen Jüngern hinterlassen hat, ist kein äußerer, sondern ein innerer Friede, und diesen sollten die Zeugen Jesu auf Dauer auch bei allem Streit, bei allen Auseinandersetzungen behalten.

Christus sagte von sich: »Ihr sollt nicht meinen, dass ich gekommen bin, Frieden zu bringen auf die Erde. Ich bin nicht gekommen, Frieden zu bringen, sondern das Schwert.« (Matthäus 10,34) Obwohl er der Fürst des Friedens war, verursachte er dennoch Spaltung. Er, der gekommen ist, die frohe Botschaft zu verkündigen und in den Menschenherzen Hoffnung und Freude zu erwecken, hat eine Kontroverse ausgelöst, deren Feuer tief brennt und heftige Leidenschaften weckt. Er hat seine Nachfolger darauf hingewiesen mit den Worten: »In der Welt habt ihr Angst.« (Johannes 16,33) »Aber vor diesem allen werden sie Hand an euch legen und euch verfolgen und werden euch überantworten den Synagogen und Gefängnissen und euch vor Könige und Statthalter führen um meines Namens willen … Ihr werdet aber verraten werden von Eltern, Brüdern, Verwandten und Freunden; und man wird einige von euch töten.« (Lukas 21,12.16)

Diese Prophezeiung hat sich deutlich erkennbar erfüllt. Man hat die Nachfolger Jesu mit jeder Art von Verleumdung, Anschuldigung und Grausamkeit heimgesucht, die zu ersinnen Satan Menschen anstacheln konnte. Und dies wird sich deutlich erkennbar wiederholen, denn das fleischliche Herz ist dem Ge-

Gott treu zu bleiben war zu keiner Zeit leicht. Die ersten Christen wurden sowohl von den Juden als auch von den Heiden verfolgt und häufig wegen ihres Glaubens benachteiligt. Auch heute kommt es immer wieder vor, dass Christen, die ihren Glauben ernst nehmen, im Alltag, am Arbeitsplatz oder in der Schule ausgegrenzt werden.

setz Gottes stets feindlich gesinnt und nicht gewillt, sich dessen Forderungen zu fügen. Die Welt lebt heute keineswegs mehr im Einklang mit Christi Grundsätzen als in den Tagen der Apostel. Derselbe Hass, der einst das Geschrei »Kreuzige ihn, kreuzige ihn!« hervorbrachte, derselbe Hass, der die Verfolgung der Jünger auslöste, wirkt heute noch in den Menschen, die Gott ablehnen. Derselbe Geist brachte in den dunklen Tagen des Mittelalters Männern und Frauen Gefangenschaft, Verbannung und Tod. Er ersann die ausgeklügelten furchtbaren Folterungen der Inquisition, er plante und vollbrachte das Blutbad der Bartholomäusnacht, und er entfachte die Feuer von Smithfield. Dieser Geist wirkt noch heute mit seiner bösartigen Energie in unbekehrten Herzen. Die Geschichte der Wahrheit ist seit eh und je eine Geschichte der Auseinandersetzung zwischen Recht und Unrecht. Die Evangeliumsverkündigung in dieser Welt ist seit eh und je von Widerstand, Gefahr, Verlust und Leiden begleitet worden.

Woher nahmen jene Menschen die Kraft, die in der Vergangenheit um Christi willen Verfolgung erlitten? Aus der Verbindung zu Gott, der Gemeinschaft im Heiligen Geist und der Beziehung zu Christus. Anschuldigungen und Verfolgung haben viele von ihren irdischen Freunden getrennt, aber nie von der Liebe Christi. Nie wird der sturmerprobte Gläubige durch seinen Erlöser inniger geliebt, als wenn er für die Wahrheit Demütigung erleidet. »Ich werde ihn lieben«, sagt Christus, »und mich ihm offenbaren.« (Johannes 14,21) Steht er um der Wahrheit willen vor weltlichen Strafgerichten, steht ihm Christus zur Seite. Wird er hinter Gefängnismauern gefangen gehalten, offenbart sich ihm Christus und tröstet sein Herz mit göttlicher Liebe. Erleidet er um Christi willen den Tod, so spricht der Erlöser zu ihm: Den Leib töten mögen sie, aber der Seele können sie nicht schaden (vgl. Matthäus 10,28). »Seid getrost, ich habe die Welt überwunden.« (Johannes 16,33) »Fürchte dich nicht, ich bin mit dir; weiche nicht, denn ich bin dein Gott. Ich stärke dich, ich helfe dir auch, ich halte dich durch die rechte Hand meiner Gerechtigkeit.« (Jesaja 41,10) »Die auf den Herrn hoffen, werden nicht fallen, sondern ewig bleiben wie der Berg Zion. Wie um Jerusalem Berge sind, so ist der Herr um sein Volk her von nun an bis in Ewigkeit.« (Psalm 125,1.2) »Er wird sie aus Bedrückung und Frevel erlösen, und ihr Blut ist wert geachtet vor ihm.« (Psalm 72,14) »Der Herr Zebaoth wird sie schützen, ... Und der Herr, ihr Gott, wird ihnen zu der Zeit helfen, der Herde seines Volks; denn wie edle Steine werden sie in seinem Lande glänzen.« (Sacharja 9,15.16)

Wonach sehnen wir uns am stärksten in dieser turbulenten Welt? Nach Frieden. Frieden bedeutet aber nicht nur Abwesenheit von Krieg. Ein besserer und dauerhafterer Frieden ist der, den Jesus uns geschenkt hat. »Ich gebe euch den Frieden, meinen Frieden, nicht den Frieden, den die Welt gibt.« (Johannes 14,27 GNB) Wenn wir den Frieden von Gott und mit Gott gefunden haben, können wir wirklich glücklich sein.

Kapitel 9: Die sieben Diakone

Apostelgeschichte 6,1-7

Da sich die Botschaft Gottes weiter ausbreitete und die Zahl der Gläubigen in Jerusalem von Tag zu Tag stieg, wurde die Verwaltung der Gemeinde für die Apostel unübersichtlich. Sie wählten daher sieben Männer aus, die ihnen bei diesen Aufgaben helfen sollten, damit sie sich intensiver dem Predigen widmen konnten. Der Begriff »Diakon« bedeutet »Diener«, »Gehilfe« oder »Helfer«.

»In diesen Tagen aber, als die Zahl der Jünger zunahm, erhob sich ein Murren unter den griechischen Juden in der Gemeinde gegen die hebräischen, weil ihre Witwen übersehen wurden bei der täglichen Versorgung.« (Apostelgeschichte 6,1)

Die Urgemeinde setzte sich aus Menschen der verschiedensten Gesellschaftsklassen und Nationalitäten zusammen. Bei der Ausgießung des Heiligen Geistes zu Pfingsten waren »in Jerusalem Juden, die waren gottesfürchtige Männer aus allen Völkern unter dem Himmel.« (Apostelgeschichte 2,5) Unter den Anhängern jüdischen Glaubens, die sich in Jerusalem versammelten, gab es auch einige, die man allgemein Griechen nannte. Zwischen ihnen und den palästinensischen Juden bestand schon seit langem Misstrauen, ja sogar Feindschaft.

Die Herzen derer, die sich durch die Predigt der Apostel bekehrt hatten, waren von christlicher Liebe berührt und miteinander verbunden worden. Ungeachtet früherer Vorurteile lebten sie nun alle in Eintracht miteinander. Satan wusste, dass er machtlos sein würde, die Ausbreitung der Evangeliumswahrheit zu verhindern, solange diese Einigkeit Bestand hätte. Deshalb versuchte er, aus früheren Denkweisen Nutzen zu ziehen in der Hoffnung, dadurch Uneinigkeit in die Gemeinde tragen zu können.

Sinnvolle Aufgabenverteilung

Als nun die Gemeinde wuchs, gelang es Satan, unter einigen Mitgliedern Misstrauen zu entfachen. Sie waren schon früher eifersüchtig auf ihre Brüder im Glauben gewesen und hatten bei ihren geistlichen Führern ständig nach Fehlern gesucht. So »erhob sich ein

Murren unter den griechischen Juden in der Gemeinde gegen die hebräischen.« Grund dieser Beschwerde war eine angebliche Vernachlässigung der griechischen Witwen bei der täglichen Verteilung von Hilfsgütern. Eine solch ungleiche Behandlung wäre dem Geist des Evangeliums vollkommen zuwider gewesen, und dennoch war es Satan gelungen, Argwohn zu erregen. Folglich musste unverzüglich alles unternommen werden, um jeden Anlass zur Unzufriedenheit zu beseitigen und zu verhindern, dass der Feind durch seine Bemühungen, die Gemeinde zu spalten, triumphieren könnte.

In ihrer Glaubenserfahrung hatten die Jünger Jesu nun einen kritischen Punkt erreicht. Unter der weisen Führung der Apostel, die in der Macht des Heiligen Geistes einmütig handelten, entwickelte sich das ihnen anvertraute Werk zusehends. Die Gemeinde wurde immer größer, und diese Zunahme an Gliedern legte den Verantwortlichen immer schwerere Lasten auf. Kein Einzelner, auch nicht ein kleines Team, waren in der Lage, diese Verantwortung allein zu tragen, ohne das zukünftige Wohlergehen der Gemeinde zu gefährden. Verantwortungen, die in den frühen Tagen der Gemeinde von einigen Wenigen so gewissenhaft wahrgenommen werden konnten, mussten nun auf mehrere Schultern verteilt werden. Den Aposteln oblag es, mit einem wichtigen Schritt einige der bisher selbst getragenen Verantwortlichkeiten auf andere zu legen und damit eine Gemeindeordnung zu vervollkommnen, die dem Evangelium entsprach.

Als die Apostel eine Versammlung der Gläubigen einberiefen, wurden sie vom Heiligen Geist dazu geführt, einen Plan für den besseren Einsatz aller Arbeitskräfte in der Gemeinde zu entwerfen. Die Apostel erklärten, die Zeit sei gekommen, geistliche Leiter, die die Aufsicht über die Gemeinde hatten, von den eher praktischen Aufgaben wie etwa der Verteilung von Spenden unter die Armen zu entlasten, damit sie sich voll der Evangeliumsverkündigung widmen könnten. »Darum, liebe Brüder, wählt aus eurer Mitte sieben Männer aus, die einen guten Ruf haben und vom Geist Gottes und von Weisheit erfüllt sind. Ihnen wollen wir diese Aufgabe übertragen. Wir selbst werden uns auch weiterhin mit ganzer Kraft dem Gebet und der Verkündigung der Botschaft Gottes widmen.« (Apostelgeschichte 6, 3.4 GNB) Dieser Rat wurde befolgt. Sieben Männer wurden unter Gebet und Handauflegung feierlich ausgewählt und als Diakone eingesetzt.

Die Berufung dieser sieben Männer zur Aufsicht über besondere Arbeitsbereiche des Werkes erwies sich als großer Segen für die Gemeinde. Diese Helfer achteten sorgfältig auf die persönlichen Bedürfnisse der einzelnen Glieder sowie auf die finanziellen Belange der ganzen Gemeinde. Durch ihre umsichtige Fürsorge und ihr Beispiel an praktischer Frömmigkeit waren sie ihren Mitarbeitern eine wichtige Hilfe, um die vielfältigen Bedürfnisse der Gemeinde zu einem gemeinsamen Ganzen zu vereinen.

Dass diese Maßnahmen Gottes Willen entsprachen, zeigte sich an den segensreichen Folgen unmittelbar danach. »Und das Wort Gottes breitete sich aus, und in Jerusalem wuchs die Zahl der Jünger stetig; auch ein großer Teil der Priester wurde dem Glauben gehorsam.« (Apostelgeschichte 6,7 ZÜ) Dieser Zuwachs an Gläubigen hatte zwei Ursachen: Erstens der größere Freiraum, den sich die Apostel verschafft hatten, und zweitens der Eifer und die Kraft im Wirken der sieben Diakone. Obwohl diese Brüder speziell zur Fürsorge für die Armen eingesegnet worden waren, schloss man sie als Glaubenslehrer nicht aus. Im Gegenteil. Sie waren durchaus befähigt, andere in der Wahrheit zu unterrichten und engagierten sich in dieser Arbeit mit großem Ernst und gutem Erfolg.

Der Urgemeinde war eine Aufgabe anvertraut worden, die sich stets erweiterte. Überall, wo aufrichtige Menschen gewillt waren, sich dem Dienst Christi zu weihen, sollten sie Zentren des Lichts und des Segens bilden. Das Evangelium

> *Die Berufung dieser sieben Männer zur Aufsicht über besondere Arbeitsbereiche des Werkes erwies sich als großer Segen für die Gemeinde. Diese Helfer achteten sorgfältig auf die persönlichen Bedürfnisse der einzelnen Glieder sowie auf die finanziellen Belange der ganzen Gemeinde.*

Obwohl die Gemeinde über weite Gebiete der Erde verstreut war, suchte sie die Führung Gottes. Bei Meinungsverschiedenheiten wurden strittige Fragen an eine gemeinsame Ratsversammlung verwiesen und unter der Leitung von Gottes Geist gelöst.

sollte auf der ganzen Welt gepredigt werden. Die Botschafter des Kreuzes konnten nur dann hoffen, diesen wichtigen Auftrag zu erfüllen, wenn sie in christlicher Einmütigkeit miteinander verbunden blieben und so der Welt verkünden konnten, dass sie mit Christus in Gott eins waren. Hatte ihr göttlicher Führer nicht gebetet: »Heiliger Vater, erhalte sie in deinem Namen, den du mir gegeben hast, dass sie eins seien wie wir«? (Johannes 17,11) Und hatte er nicht von seinen Jüngern gesagt: »Die Welt hat sie gehasst; denn sie sind nicht von der Welt« (Johannes 17,14)? Hatte er nicht zum Vater gefleht, dass sie »vollkommen eins seien« (Johannes 17,23), »damit die Welt glaube, dass du mich gesandt hast« (Johannes 17,21)? Ihr geistliches Leben und ihre geistliche Kraft setzte eine innige Verbindung mit dem Einen voraus, der sie mit der Verkündigung des Evangeliums beauftragt hatte.

Einheit in Vielfalt

Nur solange sie mit Christus vereint blieben, konnten die Jünger auf die helfende Kraft des Heiligen Geistes und auf die Mitwirkung himmlischer Engel hoffen. Mit Hilfe dieser göttlichen Mächte würden sie als geschlossene Front vor der Welt auftreten und den Kampf siegreich bestehen, den sie unaufhörlich gegen Satan und seiner Handlanger führen mussten. Sollten sie weiterhin vereint wirken, würden ihnen himmlische Botschafter den Weg bahnen, Herzen würden bewegt werden, die Wahrheit anzunehmen, und viele würden für Christus gewonnen werden. Eine einige Gemeinde würde voranschreiten, »schön wie der Mond, klar wie die Sonne, gewaltig wie ein Heer.« (Hoheslied 6,10) Ihr Erfolg könnte durch nichts aufgehalten werden. Die Gemeinde würde von Sieg zu Sieg eilen und ihren Auftrag erfolgreich erfüllen, das Evangelium auf der ganzen Welt zu verkünden.

Der Gemeindeaufbau in Jerusalem sollte überall dort als Vorbild für die Organisation von Gemeinden dienen, wo Botschafter der Wahrheit Menschen für das Evangelium gewinnen würden. Menschen, die mit der allgemeinen Aufsicht über die Gemeinde betraut worden sind, dürften sich nicht zu Herren über Gottes Nachfolger machen. Sie sollten vielmehr als weise Hirten »die Herde Gottes« weiden und sich als »Vorbilder der Herde« (1. Petrus 5,2.3) bewähren. Die Diakone sollten Männer sein, »die einen guten Ruf haben und voll heiligen Geistes und Weisheit sind.« (Apostelgeschichte 6,3) Diese Männer sollten vereint für das Recht eintreten und es fest und entschlossen bewahren. So würden sie positiv auf die Einheit der ganzen Herde einwirken.

Als sich in der späteren Geschichte der Frühchristenheit in verschiedenen Teilen der Welt einzelne Gruppen von Gläubigen zu Gemeinden zusammengeschlossen hatten, wurde der innere Aufbau der Gemeinde weiter vervollkommnet, um Ordnung und einmütiges Handeln zu gewährleisten. Jedes Glied wurde ermahnt, seine Aufgabe gut zu erfüllen und die ihm anvertrauten Gaben weise zu gebrauchen. Der Heilige Geist verlieh einigen in der Gemeinde spezielle

Gaben: »... erstens Apostel, zweitens Propheten, drittens Lehrer, dann Wundertäter, dann Gaben, gesund zu machen, zu helfen, zu leiten und mancherlei Zungenrede.« (1. Korinther 12,28) Die Empfänger von so verschiedenen Gaben sollten in harmonischer Einheit zusammenwirken.

»Die uns zugeteilten Gaben sind verschieden, der Geist jedoch ist derselbe. Die Dienste sind verschieden, der Herr aber ist derselbe. Das Wirken der Kräfte ist verschieden, Gott jedoch ist derselbe, der alles in allen wirkt. Jedem wird die Offenbarung des Geistes so zuteil, dass es allen zugute kommt. Dem einen nämlich wird durch den Geist die Weisheitsrede gegeben, dem anderen aber die Erkenntnisrede gemäß demselben Geist; einem wird in demselben Geist Glaube gegeben, einem anderen in dem einen Geist die Gabe der Heilung, einem anderen das Wirken von Wunderkräften, wieder einem anderen prophetische Rede und noch einem anderen die Unterscheidung der Geister; dem einen werden verschiedene Arten der Zungenrede gegeben, einem anderen aber die Übersetzung der Zungenrede. Dies alles aber wirkt ein und derselbe Geist, der jedem auf besondere Weise zuteilt, wie er es will. Denn wie der Leib einer ist und doch viele Glieder hat, alle Glieder des Leibes aber, obwohl es viele sind, einen Leib bilden, so auch Christus.« (1. Korinther 12,4-12 ZÜ)

Von Mose und David lernen

Eine große Verantwortung ruht auf denen, die zur Leitung der Gemeinde Gottes auf Erden berufen sind. Als Mose zur Zeit der Theokratie die Lasten für sein Volk allein zu tragen versuchte, wurde er von ihrem Gewicht fast erdrückt. Daraufhin riet ihm sein Schwiegervater Jethro, die Verantwortlichkeiten klug zu verteilen. »Vertritt du das Volk vor Gott und bringe ihre Anliegen vor Gott und tu ihnen die Satzungen und Weisungen kund, dass du sie lehrest den Weg, auf dem sie wandeln, und die Werke, die sie tun sollen.« (2. Mose 18,19.20) Ferner empfahl Jethro, Männer einzusetzen »als Oberste über tausend, über hundert, über fünfzig und über zehn.« Das sollten redliche Leute sein, »die Gott fürchten, wahrhaftig sind und dem ungerechten Gewinn feind.« Sie sollten »das Volk allezeit richten« (2. Mose 18,21.22) und so Mose der ermüdenden Verpflichtung entheben, zahllose Geringfügigkeiten zu verhandeln, die auch von geweihten Helfern vernünftig geregelt werden könnten.

Zeit und Kraft jener, die nach Gottes Vorsehung in verantwortungsvolle Führungspositionen in der Gemeinde eingesetzt worden sind, sollten für wichtigere Dinge verwendet werden, die besondere Weisheit und Herzensgüte abverlangen. Es entspricht nicht Gottes Ordnung, dass solche Männer zur Schlichtung von geringfügigen Angelegenheiten, die auch andere gut regeln können, herangezogen werden. Jethro hatte Mose vorgeschlagen: »Nur wenn es eine größere Sache ist, sollen sie diese vor dich bringen, alle geringeren Sachen aber sollen sie selber richten. So mach dir's leichter und lass sie mit dir tragen. Wirst du das tun, so kannst du ausrichten, was dir Gott gebietet, und dies ganze Volk kann mit Frieden an seinen Ort kommen.« (2. Mose 18,22.23)

Entsprechend diesem Rat erwählte Mose »redliche Leute aus ganz Israel und machte sie zu Häuptern über das Volk, zu Obersten über tausend, über hundert, über fünfzig und über zehn, dass sie das Volk allezeit richteten, die schwereren Sachen vor Mose brächten und die kleineren Sachen selber richteten.« (2. Mose 18,25.26)

Als Mose später siebzig Älteste wählte, die sich mit ihm die Verantwortung der Leitung teilen sollten, suchte er sorgfältig Männer zu Helfern aus, die Würde, gesundes Urteil und Erfahrung besaßen. In seinen Anweisungen an diese Ältesten anlässlich ihrer Berufung stellte er einige Eigenschaften heraus, die einen Menschen befähigen, ein weiser Leiter der Gemeinde zu sein: »Hört eure Brüder an, und richtet gerecht im Streit, den einer

> Menschen, die mit der allgemeinen Aufsicht über die Gemeinde betraut worden sind, dürften sich nicht zu Herren über Gottes Nachfolger machen.

Nachdem David König von Israel geworden war, nahm er die Stadt Jerusalem ein. Am Ende seines Lebens ermahnte er sein Volk feierlich: »Achtet auf alle Gebote des Herrn, eures Gottes, und befolgt sie gewissenhaft!« (1. Chronik 28,8 GNB) Ein guter Rat für das Volk Gottes.

Der Davidsturm an der Zitadelle in Jerusalem, erbaut von Herodes dem Großen

mit einem Bruder oder mit einem Fremden hat. Ihr sollt richten ohne Ansehen der Person, den Kleinen sollt ihr anhören wie den Großen, und ihr sollt euch vor niemandem fürchten, denn es ist Gottes Gericht.« (5. Mose 1,16.17 ZÜ)

Denjenigen, die die Bürde des Werkes Gottes zur Zeit Davids trugen, erteilte der König gegen Ende seiner Regierung einen wichtigen Auftrag. Damals versammelte er »nach Jerusalem alle Oberen Israels, nämlich die Fürsten der Stämme, die Obersten über die Ordnungen, die dem König dienten, die Obersten über tausend und über hundert, die Vorsteher über die Güter und Herden des Königs und seiner Söhne, sowie die Kämmerer, die Helden und alle angesehenen Männer.« (1. Chronik 28,1) Der greise König forderte sie auf: »Nun denn – vor den Augen ganz Israels, der Gemeinde des Herrn, und vor den Ohren unseres Gottes: Haltet und sucht alle Gebote des Herrn, eures Gottes!« (1. Chronik 28,8)

An Salomo, der dazu ausersehen war, eine verantwortliche Führungsposition einzunehmen, richtete David einen besonderen Appell: »Und du, mein Sohn Salomo, erkenne den Gott deines Vaters und diene ihm mit ganzem Herzen und mit williger Seele. Denn der Herr erforscht alle Herzen und versteht alles Dichten und Trachten der Gedanken. Wirst du ihn suchen, so wirst du ihn finden; wirst du ihn aber verlassen, so wird er dich verwerfen ewiglich! So sieh nun zu, denn der Herr hat dich erwählt ... Sei getrost!« (1. Chronik 28,9.10)

Beständige Grundsätze

Dieselben Grundsätze von Frömmigkeit und Gerechtigkeit, an die sich die Obersten im Volk Gottes zur Zeit Moses und Davids halten mussten, galten auch für die Leiter der neu organisierten Gemeinde Gottes in neutestamentlicher Zeit. In ihrem Bemühen, Ordnung in all diese Gemeinden zu bringen und geeignete Männer als Verantwortungsträger einzusetzen, hielten sich die Apostel an die hohe Führungsethik, wie sie im Alten Testament umrissen ist. Sie traten dafür ein, dass ein Verantwortungsträger in leitender Stellung »untadelig ... als ein Haushalter Gottes« sein soll, »nicht eigensinnig, nicht jähzornig, kein Säufer, nicht streitsüchtig, nicht schändlichen Gewinn« suchend, »sondern gastfrei, gütig, besonnen, gerecht, fromm, enthaltsam«; dass er sich auch »an das Wort der Lehre« halte, »das gewiss ist, damit er die Kraft habe, zu ermahnen mit der heilsamen Lehre und zurechtzuweisen, die widersprechen.« (Titus 1,7-9)

Trotz Bedrängnis und Verfolgung, denen die aufkeimende Gemeinde ausgesetzt war, fühlten sich die Gläubigen tief vereint und von Gott angenommen. Ihr größtes Bestreben war es, das Evangelium zu verkünden, auf dass die Gemeinde voranschreite »schön wie der Mond, klar wie die Sonne, gewaltig wie ein Heer.« (Hoheslied 6,10)

Die Ordnung, an der die frühchristliche Gemeinde festhielt, machte es ihr möglich, fest und diszipliniert in der »Waffenrüstung Gottes« (Epheser 6,11) voranzuschreiten. Die Gruppen der Gläubigen waren zwar über weite Gebiete verstreut, blieben aber dennoch Glieder an einem Leib und handelten in gegenseitiger Eintracht und Harmonie. Kam es in einer örtlichen Gemeinde – wie tatsächlich später in Antiochia und anderswo – zu Meinungsverschiedenheiten, und konnten sich die Gläubigen nicht einig werden, ließ man es nicht zu, dass dies zu Spaltungen in der Gemeinde führte. Die strittigen Fragen wurden an eine für alle Gläubigen zuständige Ratsversammlung verwiesen. Diese setzte sich aus Abgeordneten der verschiedenen Ortsgemeinden zusammen, und ihre verantwortliche Leitung lag in den Händen der Apostel und Ältesten. So widerstanden die Gläubigen durch geschlossenes Handeln aller den Bestrebungen Satans, einzelne Gemeinden anzugreifen, und die Pläne des Feindes zur Spaltung oder Vernichtung der Gemeinde wurden vereitelt.

»Gott ist nicht ein Gott der Unordnung, sondern des Friedens.« (1. Korinther 14,33) In der Handhabung von Gemeindeangelegenheiten verlangt Gott heute nicht weniger als in alter Zeit, dass auf Ordnung und Gerechtigkeit geachtet wird. Er wünscht, dass sein Werk gründlich und unverfälscht vorangebracht wird, damit er ihm das Siegel seiner Zustimmung aufdrücken kann. Ein Christ soll mit dem anderen, eine Gemeinde mit der anderen verbunden sein. Das menschliche Werkzeug soll mit der göttlichen Welt zusammenarbeiten, jeder Beteiligte sich dem Heiligen Geist unterordnen und alle vereint der Welt die frohe Botschaft von der Gnade Gottes weitergeben.

Kapitel 10 Der erste christliche Märtyrer

Apostelgeschichte 6,5-15; 7

Stephanus, der erste christliche Märtyrer; Illustration von Gustave Doré (1832–1883).

Der Diakon Stephanus war ein Mann, der durch seine Beredsamkeit, seine gute Kenntnis der Schrift und die Wunder, die Gott durch ihn vollbrachte, auffiel. Seine Gegner verurteilten ihn zum Tod durch Steinigen. So wurde er zum ersten christlichen Märtyrer. Sein Zeugnis war wie ein Same: Er keimte, wuchs und trug Früchte bei denen, die ihm zuhörten und seinen Tod sahen.

Stephanus, der erste der sieben Diakone, war ein Mann tiefer Frömmigkeit und starken Glaubens. Obwohl er von Geburt Jude war, sprach er Griechisch und war mit den Gewohnheiten und Sitten der Griechen vertraut. Deshalb konnte er das Evangelium auch in den Synagogen der griechischen Juden predigen. Er setzte sich aktiv für die Sache Christi ein und bekannte mutig seinen Glauben. Gelehrte Rabbiner und Gesetzeslehrer diskutierten öffentlich mit ihm, weil sie glaubten, ihn leicht besiegen zu können. Aber »sie vermochten nicht zu widerstehen der Weisheit und dem Geist, in dem er redete.« (Apostelgeschichte 6,10) Nicht nur, dass er in der Kraft des Heiligen Geistes redete, er hatte offensichtlich auch die Prophezeiungen durchforscht und war in allen Fragen des Gesetzes bewandert. Geschickt verteidigte er die Wahrheiten, die er vertrat, und seine Gegner konnten in der Auseinandersetzung gegen ihn keine Erfolge verbuchen. An ihm erfüllte sich die Verheißung: »So nehmt nun zu Herzen, dass ihr euch nicht vorher sorgt, wie ihr euch verantworten sollt. Denn ich will euch

Mund und Weisheit geben, der alle eure Gegner nicht widerstehen noch widersprechen können.« (Lukas 21,14.15)

Ein illegales Gericht

Als den Priestern klar wurde, welche Kraft von den Predigten des Stephanus ausging, wurden sie von bitterem Hass erfüllt. Anstatt sich von den vorgebrachten Beweisen überzeugen zu lassen, beschlossen sie, diese Stimme zum Schweigen zu bringen und Stephanus zu töten. Bei verschiedenen Gelegenheiten hatten sie die römischen Behörden bestochen, die Juden gewähren zu lassen, wenn diese das Gesetz in ihre eigenen Hände nahmen und Angeklagte nach ihren eigenen Gepflogenheiten verurteilten, verhörten und hinrichteten. Die Feinde des Stephanus waren überzeugt, dass für sie keine Gefahr bestand, wenn sie wieder diesen Weg einschlugen. Sie beschlossen, es darauf ankommen zu lassen, nahmen Stephanus gefangen und zerrten ihn zum Verhör vor den Hohen Rat.

Gelehrte Juden aus den umliegenden Ländern wurden aufgeboten, um die Argumente des Gefangenen zu widerlegen. Auch Saulus von Tarsus war zugegen und hatte einen bestimmenden Einfluss in diesem Verhör gegen Stephanus. Die Beredsamkeit und die Logik eines Rabbiners wandte er auf diesen Fall an, um die Anwesenden zu überzeugen, dass Stephanus irreführende und gefährliche Lehren verbreite. Paulus erkannte in Stephanus einen Mann, der ein tiefes Verständnis für den Plan Gottes besaß, das Evangelium zu anderen Völkern zu tragen.

Priester und Oberste konnten nichts gegen die klare und besonnene Weisheit des Stephanus ausrichten. Deshalb beschlossen sie, an ihm ein warnendes Exempel zu statuieren. Während sie so ihren Hass und ihre Rachsucht befriedigten, würden sie damit andere durch Einschüchterung davon abhalten, seinen Glauben anzunehmen. Man heuerte »Zeugen« zu der Falschaussage an, Stephanus habe Lästerungen gegen den Tempel und das Gesetz ausgesprochen. »Wir haben ihn sagen hören: Dieser Jesus von Nazareth wird diese Stätte zerstören und die Ordnungen ändern, die uns Mose gegeben hat.« (Apostelgeschichte 6,14)

Als Stephanus Auge in Auge vor seinen Richtern stand, um sich wegen vorgeblicher Gotteslästerung zu verantworten, leuchtete ein heiliger Glanz in seinem Gesicht. »Und alle, die im Rat saßen, blickten auf ihn und sahen sein Angesicht wie eines Engels Angesicht.« (Apostelgeschichte 6,15) Viele zitterten, als sie dieses Leuchten erblickten, und verhüllten ihr Angesicht. Die Obersten hingegen blieben hart und halsstarrig in ihrem Unglauben und in ihrem Vorurteil.

Stephanus wurde nun befragt, ob die gegen ihn vorgebrachten Anklagen der Wahrheit entsprächen. Da begann er seine Verteidigung mit klarer, durchdringender Stimme, die im ganzen Gerichtssaal zu vernehmen war. Mit Worten, welche die ganze Versammlung in Bann hielten, gab er einen Überblick über die Geschichte des auserwählten Volkes Gottes. Er bewies eine gründliche Kenntnis des jüdischen Gottesdienstes und dessen geistlicher Bedeutung, wie sie nun durch Christus offenbart worden war. Er wiederholte, was Mose vom Messias geweissagt hatte: »Einen Propheten wie mich wird dir der Herr, dein Gott, erwecken aus dir und aus deinen Brüdern; dem sollt ihr gehorchen.« (5. Mose 18,15) Er bekannte sich deutlich zu Gott und zum jüdischen Glauben, wies aber zugleich darauf hin, dass das Gesetz, in dem die Juden ihr Heil suchten, Israel nicht vor dem Götzendienst hatte bewahren können. Er stellte einen Zusammenhang zwischen Jesus Christus und der ganzen jüdischen Geschichte her, wies auf den Tempelbau Salomos hin und zitierte Jesaja: »Der Allerhöchste wohnt nicht in Tempeln, die mit Händen gemacht sind, wie der Prophet spricht (Jesaja 66,1-2): Der Himmel ist mein Thron und die Erde der Schemel meiner Füße; was wollt ihr mir denn für ein Haus bauen, spricht der Herr, oder was ist die Stätte meiner Ruhe? Hat nicht meine Hand das alles gemacht?« (Apostelgeschichte 7,48-50)

> *Paulus erkannte in Stephanus einen Mann, der ein tiefes Verständnis für den Plan Gottes besaß, das Evangelium zu anderen Völkern zu tragen. Priester und Oberste konnten nichts gegen die klare und besonnene Weisheit des Stephanus ausrichten.*

Wie Stephanus widerfährt vielen Menschen auf der Welt Ungerechtigkeit. Zu allen Zeiten gab es gewissenlose Richter, die sich nicht an die Wahrheit hielten, sondern nach politischen, religiösen oder wirtschaftlichen Konventionen urteilten. Im Himmel dagegen gibt es einen gerechten Richter. Er fällt weise Urteile und lässt Barmherzigkeit walten gegenüber denen, die Reue zeigen. Bald wird er kommen und aller Ungerechtigkeit auf Erden ein Ende setzen.

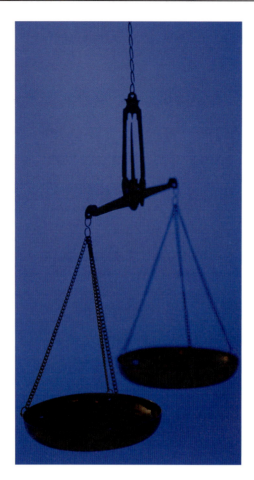

Mörderischer Hass

Als Stephanus dies ausgesprochen hatte, brach unter den Anwesenden ein Tumult aus. Nachdem er Christus mit den Prophezeiungen in Verbindung gebracht hatte und in dieser Weise über den Tempel sprach, zerriss der Priester sein Gewand und gab damit vor, zutiefst entsetzt zu sein. Für Stephanus war dies ein Zeichen, dass seine Stimme bald für immer zum Schweigen gebracht würde. Er sah den Widerstand, den seine Worte hervorgerufen hatten, und erkannte, dass sie sein letztes Zeugnis waren. Obwohl er erst in der Mitte seiner Predigt war, beendete er sie unvermittelt.

Er löste sich von seiner geschichtlichen Darstellung und rief, an seine wütenden Richter gewandt, aus: »Ihr Halsstarrigen, mit verstockten Herzen und tauben Ohren, ihr widerstrebt allezeit dem Heiligen Geist, wie eure Väter, so auch ihr. Welchen Propheten haben eure Väter nicht verfolgt? Und sie haben getötet, die zuvor verkündigten das Kommen des Gerechten, dessen Verräter und Mörder ihr nun geworden seid. Ihr habt das Gesetz empfangen durch Weisung von Engeln und habt's nicht gehalten.« (Apostelgeschichte 7,51-53)

Darüber gerieten die Priester und Obersten außer sich vor Zorn. Sie glichen eher Raubtieren als menschlichen Wesen, als sie zähneknirschend über Stephanus herfielen. In den hasserfüllten Gesichtern rings um ihn las der Angeklagte, welches Schicksal ihm bevorstand, aber er wankte nicht. Alle Todesfurcht war von ihm gewichen. Die erzürnten Priester und der erregte Pöbel konnten ihn nicht schrecken. Die Szene im Gerichtssaal entschwand seinen Blicken. Vor ihm öffneten sich die Tore des Himmels. Er blickte hindurch und schaute die Herrlichkeit Gottes, und er sah Christus, als hätte er sich gerade von seinem Thron erhoben, bereit, seinem Diener beizustehen. Triumphierend rief Stephanus aus: »Siehe, ich sehe den Himmel offen und den Menschensohn zur Rechten Gottes stehen.« (Apostelgeschichte 7,56)

Als er die Herrlichkeit beschrieb, die sich seinen Augen auftat, war dies mehr, als seine Verfolger ertragen konnten. Sie hielten sich die Ohren zu, um ihn nicht anhören zu müssen, und laut schreiend stürzten sie sich auf ihn, »stießen ihn zur Stadt hinaus und steinigten ihn. Und die Zeugen legten ihre Kleider ab zu den Füßen eines jungen Mannes, der hieß Saulus, und sie steinigten Stephanus; der rief den Herrn an und sprach: Herr Jesus, nimm meinen Geist auf! Er fiel auf die Knie und schrie laut: Herr, rechne ihnen diese Sünde nicht an! Und als er das gesagt hatte, verschied er.« (Apostelgeschichte 7,58-60)

Man hatte über Stephanus kein rechtskräftiges Urteil gefällt, vielmehr wurden die römischen Behörden durch große Geldsummen bestochen, diesen Fall nicht weiter zu untersuchen.

Ein Tod mit Folgen

Der Märtyrertod des Stephanus beeindruckte alle Augenzeugen tief. Die Erinnerung an das göttliche Siegel auf seinem Angesicht und seine Worte, die die Hörer bis ins Innerste trafen, prägten sich dem Gedächtnis der Anwesenden ein und bezeugten die Wahrheit von dem, was er verkündigt hatte. Sein Tod war für die Gemeinde eine schwere Prüfung, aber doch resultierte daraus die Bekehrung des Saulus, der den Glauben und die Standhaftigkeit dieses Märtyrers nie mehr aus seinem Gedächtnis auslöschen konnte, ebenso wenig wie den Glanz, der auf seinem Angesicht geruht hatte.

Während des Verhörs und des Todes des Stephanus schien Saulus von einem wahnsinnigen Eifer befallen. Später aber plagte ihn seine eigene geheime Überzeugung, Stephanus sei gerade zu der Zeit von Gott geehrt worden, als die Menschen ihn entehrten. Saulus hörte nicht auf, die Gemeinde Gottes zu verfolgen, versuchte die Gläubigen aufzuspüren, nahm sie in ihren Häusern fest und lieferte sie den Priestern und Obersten zu Gefängnis und Tod aus. Der Eifer, mit dem er die Verfolgung betrieb, versetzte die Christen zu Jerusalem in Schrecken. Die römischen Behörden unternahmen keine besonderen Anstrengungen, dem grausamen Wirken Einhalt zu gebieten. Insgeheim unterstützten sie die Juden sogar, um sie zu beschwichtigen und ihre Gunst zu gewinnen.

Nach dem Tod des Stephanus wurde Saulus zum Zeichen der Anerkennung seiner dabei erworbenen Verdienste zum Mitglied des Hohen Rates gewählt. Eine Zeitlang war er ein mächtiges Werkzeug Satans in dessen Aufruhr gegen den Sohn Gottes. Doch bald sollte dieser unerbittliche Verfolger vom Zerstörer zum Erbauer der Gemeinde werden. Ein Mächtigerer als Satan hatte Saulus dazu auserkoren, den Platz des Märtyrers Stephanus einzunehmen, Christus zu predigen, für den Namen des Herrn zu leiden und nah und fern die Botschaft von der Erlösung durch sein Blut zu verkündigen.

Triumphierend rief Stephanus aus: »Siehe, ich sehe den Himmel offen und den Menschensohn zur Rechten Gottes stehen.« (Apostelgeschichte 7,56)

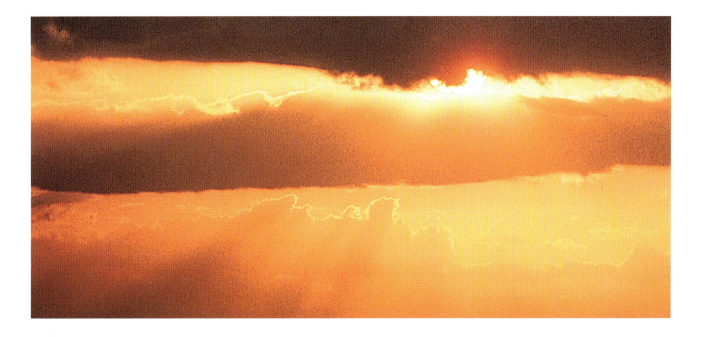

»Die Botschaft Gottes aber breitete sich aus und die Zahl der Glaubenden nahm immer mehr zu.«

Apostelgeschichte 12,24

Teil 3

Inhalt

11 Das Evangelium in Samaria 68
12 Vom Verfolger zum Jünger 74
13 Tage der Vorbereitung 80
14 Ein Hauptmann sucht Gott 84
15 Aus dem Gefängnis befreit 90
16 Das Evangelium in Antiochia 96

Über Judäa

Kapitel 11 Das Evangelium in Samaria

Apostelgeschichte 8

Jesus bat seine Jünger, das Evangelium zuerst in Jerusalem zu verkünden, damit sein Volk davon erfahren könne. Hass und Bosheit der religiösen Führer führte zur Verfolgung der Jünger und zwang sie, diese Stadt zu verlassen. Daher flohen sie nach Judäa und Samarien und verbreiteten die Gute Nachricht von der Rettung an anderen Orten.

Nach dem Tod von Stephanus erhob sich gegen die Gläubigen in Jerusalem eine erbarmungslose Verfolgung. »Da zerstreuten sich alle in die Länder Judäa und Samarien, außer den Aposteln ... Saulus aber suchte die Gemeinde zu zerstören, ging von Haus zu Haus, schleppte Männer und Frauen fort und warf sie ins Gefängnis.« (Apostelgeschichte 8,1.3) Von seinem Eifer in diesem grausamen Werk sagte er später: »Zwar meinte auch ich selbst, ich müsste viel gegen den Namen Jesu von Nazareth tun. Das habe ich in Jerusalem auch getan; dort brachte ich viele Heilige ins Gefängnis ... Und in allen Synagogen zwang ich sie oft durch Strafen zur Lästerung, und ich wütete maßlos gegen sie, verfolgte sie auch bis in die fremden Städte.« Dass Stephanus nicht der Einzige war, der dabei den Tod erlitt, geht aus den eigenen Worten von Saulus hervor: »Und wenn sie getötet werden sollten, gab ich meine Stimme dazu.« (Apostelgeschichte 26,9-11)

Die Verfolgung führte zur Verbreitung

In dieser gefahrvollen Zeit trat Nikodemus hervor und bekannte furchtlos seinen Glauben an den gekreuzigten Erlöser. Nikodemus, ein Mitglied des Hohen Rates, war gemeinsam mit anderen von der Lehre Jesu tief beeindruckt worden. Er war Zeuge der wunderbaren Werke Christi gewesen und nun fest davon überzeugt, dass dieser der Gesandte Gottes war. Zu stolz, seine Zuneigung zu dem galiläischen Lehrer öffentlich einzugestehen, hatte er eine heimliche Unterredung mit ihm gesucht. In diesem Gespräch erläuterte ihm Jesus den Erlösungsplan und seinen Auftrag in der Welt. Aber immer noch zögerte Nikodemus. Er verbarg die Wahrheit in seinem Herzen, sodass sich in den folgenden drei Jahren kaum erkennbare Auswirkungen in seiner Persönlichkeit zeigten. Während Nikodemus sich nie öffentlich zu Christus bekannte, hatte er doch die Mordpläne der Priester im Hohen Rat mehrfach durchkreuzt. Als Christus schließlich ans Kreuz geschlagen wurde, erinnerte sich Nikodemus an Jesu Worte in jener nächtlichen Unterredung auf dem Ölberg: »Wie Mose in der Wüste die Schlange erhöht hat, so muss der Menschensohn erhöht werden.« (Johannes 3,14) Und er erkannte in Jesus den Erlöser der Welt.

Gemeinsam mit Josef von Arimathäa hatte Nikodemus die Kosten für das Begräbnis Jesu getragen. Als sich die Jünger noch gescheut hatten, öffentlich als Jesu Nachfolger hervorzutreten, waren ihnen Nikodemus und Josef mutig zu Hilfe gekommen. Der Einsatz dieser reichen, geachteten Männer wurde in jenen dunklen Stunden dringend gebraucht. Sie konnten für ihren toten Meister das tun, wozu die armen Jünger außerstande waren. Ihr Wohlstand und ihr Ansehen hatten sie in hohem Maße vor den Anfeindungen der Priester und Obersten bewahrt.

Als nun die Juden die junge Gemeinde zu vernichten versuchten, tat sich Nikodemus als ihr Verteidiger hervor. Er hielt sich nun nicht mehr vorsichtig und fragend zurück; jetzt bestärkte er den Glauben der Jünger. Mit seinem Vermögen trug er zur Unterstützung der Gemeinde in Jerusalem bei und förderte das Evangeliumswerk. Nun verachteten und verfolgten ihn diejenigen, die ihn früher verehrt hatten, und er verlor seinen Reichtum. Aber dadurch ließ er sich nicht beirren, offen für seinen Glauben einzutreten.

Die Verfolgung, die über die Gemeinde von Jerusalem hereinbrach, führte zu einem Auftrieb in der Evangeliumsverkündigung. Die Predigt des Wortes in der Stadt war erfolgreich gewesen. Aber es bestand die Gefahr, dass sich die Jünger dort zu lange aufhielten und den Auftrag des Erlösers vernachlässigten, die Botschaft in die ganze Welt zu tragen. Man hatte vergessen, dass dem Bösen am besten durch kämpferischen Dienst begegnet wird, und begann zu glauben, keine Aufgabe sei so wichtig wie die Verteidigung der Jerusalemer Gemeinde vor den Angriffen des Feindes. Anstatt Neubekehrte zu lehren, wie das Evangelium zu Menschen gebracht werden kann, die es noch nicht gehört hatten, liefen alle Gefahr, einen Weg einzuschlagen, auf dem man sich mit dem Erreichten zufrieden gibt. Um seine Boten in fremde Länder zu zerstreuen, wo sie für andere wirken konnten, ließ Gott die Verfolgung zu. »Die nun zerstreut worden waren, zogen umher und predigten das Wort.« (Apostelgeschichte 8,4)

Brot ist ein Grundnahrungsmittel des Menschen, deshalb verglich Jesus das Wort Gottes mit Brot. Die Apostel trugen dieses geistliche Nahrungsmittel, das »Brot des Lebens«, in die entferntesten Winkel der Erde. Es ist die Kunde vom wahren Herrn, welche für die Menschen so wichtig ist.

Einfache Menschen übernehmen Verantwortung

Unter denen, die von Jesus den Auftrag erhalten hatten »Gehet hin und machet zu Jüngern alle Völker« (Matthäus 28,19), waren viele Menschen einfacher Herkunft – Männer und Frauen, die ihren Herrn lieben gelernt hatten und entschlossen waren, dem Beispiel seines selbstlosen Dienens zu folgen. Diesen einfachen Menschen wurde ein ebenso kostbares Gut anvertraut wie den Jüngern, die während seines irdischen Dienstes mit dem Herrn zusammen gewesen waren. Sie sollten die frohe Botschaft der Erlösung durch Christus in die Welt hinaustragen.

Als sie durch die Verfolgung über größere Gebiete verstreut waren, machten sie sich mit missionarischem Eifer ans Werk. Sie erkannten, welche Verantwortung ihnen aufgetragen worden war, und wussten, dass sie das Brot des Lebens für eine hungernde Welt in ihren Händen hielten. Die Liebe Christi trieb sie vorwärts, dieses Brot allen auszuteilen, die es nötig hatten. Und der Herr wirkte durch sie. Wo immer sie hingingen, wurden Kranke geheilt, und den Armen wurde das Evangelium verkündigt.

Philippus, einer der sieben Diakone, gehörte zu denen, die aus Jerusalem vertrieben wurden. Er »kam hinab in die Hauptstadt Samariens und predigte ihnen von Christus. Und das Volk neigte einmütig dem zu, was Philippus sagte, als sie ihm zuhörten und die Zeichen sahen, die er tat. Denn die unreinen Geister fuhren aus ... aus vielen Besessenen, auch viele Gelähmte und Verkrüppelte wurden gesund gemacht; und es entstand große Freude in dieser Stadt.« (Apostelgeschichte 8,5-8)

Christi Botschaft an die Samariterin, mit der er sich am Jakobsbrunnen unterhalten hatte, hatte Früchte getragen. Nachdem die Frau damals die Worte Jesu gehört hatte, war sie in die Stadt gelaufen und hatte den Leuten berichtet: »Kommt, seht einen Menschen, der mir alles gesagt hat, was ich getan habe, ob er nicht der Christus sei!« (Johannes 4,29) Diese gingen mit ihr, hörten Jesus zu und glaubten an ihn. Gerne wollten sie mehr erfahren und baten ihn deshalb zu bleiben. Zwei Tage verbrachte er bei ihnen, »und noch viel mehr glaubten um seines Wortes willen.« (Johannes 4,41)

Als nun Jesu Jünger aus Jerusalem vertrieben wurden, fanden einige von ihnen in der Stadt Samaria eine sichere Zuflucht. Die Samariter hießen diese Boten des Evangeliums willkommen, und die Bekehrten aus den Juden konnten viele wertvolle Nachfolger Jesu unter denen gewinnen, die einst ihre bittersten Feinde gewesen waren.

Jesus kam auf diese Welt, um uns von unseren Sünden zu befreien. Er kam auch, um uns zu bezeugen, wie gut es der himmlische Vater mit uns meint. Er möchte uns lehren, durch diese Welt zu gehen, wie er es tat. Als Christen sind wir aufgefordert, in die Fußstapfen unseres Herrn zu treten. Er widmete sein ganzes Leben der Aufgabe, anderen Menschen sowohl körperlich als auch seelisch und geistlich Gutes zu tun.

Ein Äthiopier wird Christ

Philippus hatte mit seinem Werk in Samarien großen Erfolg, was ihn ermutigte, in Jerusalem um Hilfe zu bitten. Nun erfassten auch die Apostel erst richtig die Bedeutung der Worte Christi: »Ihr werdet … meine Zeugen sein in Jerusalem und in ganz Judäa und Samarien und bis an das Ende der Erde.« (Apostelgeschichte 1,8)

Während Philippus noch in Samarien war, forderte ihn ein himmlischer Bote auf: »Steh auf und geh nach Süden auf die Straße, die von Jerusalem nach Gaza hinabführt … Und er stand auf und ging hin.« (Apostelgeschichte 8,26.27) Er zweifelte weder an dem Ruf, noch zögerte er, ihn zu befolgen, denn er hatte gelernt, sich dem Willen Gottes zu fügen.

»Und siehe, ein Mann aus Äthiopien, ein Kämmerer und Mächtiger am Hof der Kandake, der Königin von Äthiopien, welcher ihren ganzen Schatz verwaltete, der war nach Jerusalem gekommen, um anzubeten. Nun zog er wieder heim und saß auf seinem Wagen und las den Propheten Jesaja.« (Apostelgeschichte 8,27.28) Dieser Äthiopier bekleidete eine hohe Stellung und übte einen weitreichenden Einfluss aus. Gott wusste, dass dieser Mann nach einer Bekehrung anderen das empfangene Licht weitergeben und einen starken Einfluss zugunsten des Evangeliums ausüben würde. Engel Gottes geleiteten den Fragenden, und er wurde zum Erlöser hingezogen. Durch das Wirken des Heiligen Geistes brachte ihn der Herr mit einem Mann in Verbindung, der ihn zur Erkenntnis führen konnte.

Philippus wurde angewiesen, zu dem Äthiopier zu gehen, um ihm die Prophezeiung zu erklären, die dieser gerade las. »Geh hin«, sprach der Geist, »und halte dich zu diesem Wagen! Da lief Philippus hin und … fragte: Verstehst du auch, was du liest? Er aber sprach: Wie kann ich, wenn mich nicht jemand anleitet? Und er bat Philippus, aufzusteigen und sich zu ihm zu setzen.« (Apostelgeschichte 8,29-31) Der Schriftabschnitt, den er las, war die Weissagung Jesajas (Jesaja 53,7-8), die sich auf Christus bezog: »Wie ein Schaf, das zur Schlachtung geführt wird, und wie ein Lamm, das vor seinem Scherer verstummt, so tut er seinen Mund nicht auf. In seiner Erniedrigung wurde sein Urteil aufgehoben. Wer kann seine Nachkommen aufzählen? Denn sein Leben wird von der Erde weggenommen.« (Apostelgeschichte 8,32.33)

»Von wem redet der Prophet das, von sich selber oder von jemand anderem?«, fragte der Kämmerer. Daraufhin erläuterte ihm Philippus die großartige Wahrheit von der Erlösung. Er begann mit diesem Schriftwort und verkündigte ihm »das Evangelium von Jesus«. (Apostelgeschichte 8,34.35)

Das Herz des Mannes schlug vor Erregung, als ihm die Schrift erklärt wurde; und als der Jünger seine Auslegung beendet hatte, war der Äthiopier bereit, die empfangene Erkenntnis anzunehmen. Er benutzte seine hohe Stellung in der Welt nicht als Ausrede für eine Ablehnung des Evangeliums. »Als sie auf der Straße dahinfuhren, kamen sie an ein Wasser. Da

Zu Zeiten Jesu fühlte sich das jüdische Volk allen anderen Völkern überlegen. Die Juden glaubten, nur sie würden erlöst werden. Die Jünger hingegen folgten dem Beispiel Jesu und verkündeten das Evangelium jedem Volk und in jeder Sprache. Unter den ersten Getauften befand sich auch ein Afrikaner aus Äthiopien.

Jesus sagte zu seinen Jüngern: »Ihr seid das Licht der Welt!« Christen können ein Licht inmitten der Finsternis dieser Welt sein – einer Welt, die sehr wenig über Gott weiß. Viele würden an ihn glauben, wenn sie mehr über ihn wüssten. Von der Liebe Gottes Zeugnis abzulegen, das ist die Mission der Christen!

sprach der Kämmerer: Siehe, da ist Wasser; was hindert's, dass ich mich taufen lasse? Philippus aber sprach: Wenn du von ganzem Herzen glaubst, so kann es geschehen. Er aber antwortete und sprach: Ich glaube, dass Jesus Christus Gottes Sohn ist. Und er ließ den Wagen halten, und beide stiegen in das Wasser hinab, Philippus und der Kämmerer, und er taufte ihn.

Als sie aber aus dem Wasser heraufstiegen, entrückte der Geist des Herrn den Philippus, und der Kämmerer sah ihn nicht mehr; er zog aber seine Straße fröhlich. Philippus aber fand sich in Aschdod wieder und zog umher und predigte in allen Städten das Evangelium, bis er nach Cäsarea kam.« (Apostelgeschichte 8,36-40)

Dieser Äthiopier steht für eine große Gruppe von Menschen, die eine Unterweisung durch Missionare wie Philippus benötigen. Es sind Menschen, die die Stimme Gottes hören und bereit sind, dahin zu gehen, wohin er sie sendet. Viele lesen die Heilige Schrift, ohne ihre wahre Bedeutung zu verstehen. Überall auf der Welt schauen Männer und Frauen sehnsuchtsvoll zum Himmel auf. Gebete, Tränen und Fragen steigen empor von Menschen, die sich nach Erkenntnis, Gnade und dem Heiligem Geist sehnen. Viele stehen an der Schwelle des Reiches Gottes und warten nur darauf, hineingebracht zu werden.

Ein Engel hatte Philippus zu dem Mann geführt, der nach Erkenntnis suchte und bereit war, das Evangelium anzunehmen. So leiten auch heute noch Engel die Schritte von Mitarbeitern Gottes, die dem Heiligen Geist erlauben, durch sie zu sprechen und ihr Wesen zu läutern und zu veredeln. Der Engel, der zu Philippus gesandt worden war, hätte den Dienst an dem Äthiopier selbst verrichten können, aber so arbeitet Gott nicht. Nach seinem Plan sollen Menschen für ihre Mitmenschen wirken.

An dem Vermächtnis, das den ersten Jüngern gegeben wurde, haben die Gläubigen aller Zeiten Anteil. Jedem, der das Evangelium empfangen hat, ist diese heilige Wahrheit zur Weitergabe an die Welt anvertraut. Gottergebene Menschen waren immer tatkräftige Missionare, die ihre Mittel der Verherrlichung des Namens Gottes weihten und ihre Talente weise in seinen Dienst stellten.

Ein Auftrag für alle Gläubigen

Das selbstlose Wirken von Christen in der Vergangenheit sollte Anschauungsunterricht und zugleich Ansporn für uns sein. Die Glieder der Gemeinde Gottes sollten sich eifrig um gute Werke bemühen. Sie sollten sich von weltlichem Ehrgeiz frei machen und in die Fußstapfen dessen treten, der umherging und Gutes tat. Voller Mitgefühl und Erbarmen sollten sie denen dienen, die Hilfe benötigen, und Sündern die Liebe des Erlösers nahebringen. Solches Wirken erfordert mühevolle Arbeit, bringt aber reichen Lohn. Wer sich diesem Dienst aufrichtig weiht, wird erleben, wie Menschen für den Erlöser gewonnen werden, denn die Kraft, die die Ausführung des göttlichen Auftrags begleitet, ist unwiderstehlich.

Die Verantwortung für die Durchführung dieses Auftrags liegt nicht allein bei dem eingesegneten Geistlichen. Jeder, der Christus angenommen hat, ist aufgerufen, für die Rettung seiner Mitmenschen zu arbeiten. »Der Geist und die Braut sprechen: Komm! Und wer es hört, der spreche: Komm!« (Offenbarung 22,17) Die Aufforderung, diese Einladung weiterzugeben, ergeht an die ganze Gemeinde. Wer diese Einladung vernommen hat, soll sie von Berg und Tal widerhallen lassen und rufen: »Komm!«

Es ist ein verhängnisvoller Irrtum anzunehmen, die Aufgabe, Menschen für das Reich Gottes zu gewinnen, sei allein Sache des Predigtamtes. Jeder demütige, gottgeweihte Gläubige, dem der Herr des Weinbergs ein Bewusstsein der Verantwortung für Andere auferlegt hat, sollte von den Menschen, denen Gott größere Verantwortlichkeiten gegeben hat, in seinem Dienst ermutigt werden. Die Leiter der Gemeinde Gottes müssen erkennen, dass der Auftrag des Erlösers allen gilt, die an seinen Namen glauben. Gott wird viele in seinen Weinberg senden, die nicht durch Handauflegung zum Predigtamt berufen worden sind.

Hunderte, ja Tausende, die die Heilsbotschaft vernommen haben, stehen immer noch »müßig auf dem Markt«, während sie in manchem Tätigkeitsfeld aktiven Dienst verrichten könnten. Ihnen sagt Christus: »Was steht ihr den ganzen Tag müßig da? ... Geht ihr auch hin in den Weinberg.« (Matthäus 20,6.7) Warum gibt es immer noch so viele, die diesem Ruf nicht Folge leisten? Entschuldigen sie sich etwa damit, dass sie nicht zur Predigerschaft gehören? Sie sollten begreifen, dass außerhalb des Predigtdienstes eine große Aufgabe zu tun ist, und zwar von Tausenden hingebungsvoller Laienglieder!

Lange schon wartet Gott darauf, dass der Geist des Dienens die ganze Gemeinde erfasst und jeder seiner Fähigkeit entsprechend für ihn arbeitet. Sobald die Glieder der Gemeinde Gottes den ihnen gegebenen Auftrag zur Evangeliumsverkündigung durch ihren aktiven Einsatz erfüllen – in unbearbeiteten Gebieten in der Heimat wie auch im Ausland –, wird bald die ganze Welt informiert und gewarnt sein. Dann wird Jesus Christus mit Macht und großer Herrlichkeit auf diese Erde zurückkehren. »Es wird gepredigt werden dies Evangelium vom Reich in der ganzen Welt zum Zeugnis für alle Völker, und dann wird das Ende kommen.« (Matthäus 24,14)

Eine der großen Tugenden des christlichen Glaubens ist die Einladung Gottes, unseren Nächsten zu lieben, unabhängig von Rasse und Religion. Gott fordert uns sogar auf, unsere Feinde zu lieben! Wenn sich der Gläubige Gott ganz hingibt, wird er ein brennendes Verlangen verspüren, anderen zu helfen. Der Dienst für den Nächsten bereitet ihm dann große Freude.

Kapitel 12 # Vom Verfolger zum Jünger

Apostelgeschichte 9,1-18

Michelangelo Caravaggio, Die Bekehrung des Paulus

Saulus von Tarsus war ein stolzer Pharisäer und ein eifriger Verfechter des jüdischen Glaubens. Unbarmherzig verfolgte er die ersten Christen. Als er die Jünger so grausam wie nie zuvor angriff, erschien ihm Jesus und fragte ihn: »Saulus, Saulus, warum verfolgst du mich?« Diese Begegnung mit Jesus veränderte sein Leben, und beschämt antwortete er: »Herr, was soll ich tun?« So kam es, dass Saulus ein Apostel Jesu Christi wurde.

Eine herausragende Persönlichkeit aus dem Kreis der jüdischen Obersten, die über den Erfolg der Evangeliumsverkündigung bestürzt war, war Saulus von Tarsus. Von Geburt war er römischer Bürger, doch nach seiner Abstammung ein Jude. In Jerusalem war er von den bedeutendsten Rabbinern ausgebildet worden. Er war »aus dem Volk Israel, vom Stamm Benjamin, ein Hebräer von Hebräern, nach dem Gesetz ein Pharisäer, nach dem Eifer ein Verfolger der Gemeinde, nach der Gerechtigkeit, die das Gesetz fordert, untadelig gewesen.« (Philipper 3,5.6) Die Rabbiner hielten ihn für einen vielversprechenden jungen Mann und setzten hohe Erwartungen in ihn, weil er ein befähigter und zielstrebiger Verfechter des alten Glaubens war. Seine Beförderung in den Rang eines Mitglieds des Hohen Rats versetzte ihn in eine Machtposition.

Irregeleiteter Eifer

Saulus war am Verhör und an der Verurteilung des Stephanus maßgeblich beteiligt gewesen. Die auffallenden Beweise für Gottes Gegenwart beim Tod des Märtyrers hatten in Saulus jedoch Zweifel daran geweckt, ob es gerechtfertigt gewesen sei, gegen die Anhänger Jesu Partei zu ergreifen. Er war innerlich zutiefst aufgewühlt. In seiner Ratlosigkeit wandte er sich an Leute, von denen er glaubte, dass er sich auf ihre Weisheit und ihr Urteilsvermögen verlassen konnte. Die Argumente der Priester und Obersten überzeugten ihn schließlich, dass Stephanus ein Gotteslästerer und Christus, den der Märtyrer verkündigt hatte, ein Betrüger gewesen sei. Für ihn stand fest, dass Männer, die heilige Ämter bekleiden, Recht haben müssten.

Zu diesem Schluss kam Saulus nicht ohne ernste Prüfung. Seine Erziehung, seine Vorurteile, die Achtung vor seinen früheren Lehrern und sein Streben nach Popularität bestärkten ihn letztendlich darin, gegen die Stimme seines Gewissens und die Gnade Gottes zu rebellieren. Als es für ihn feststand, dass Priester und Schriftgelehrte Recht haben mussten, wurde aus Saulus ein erbitterter Gegner der Lehren, die von den Jüngern Jesu verbreitet wurden. Er veranlasste, dass heilige Männer und Frauen vor Gericht geschleppt wurden, wo einige nur wegen ihres Glaubens an Jesus zu Gefängnisstrafen und andere sogar zum Tod verurteilt wurden. Dies brachte Trauer und Leid über die neu gegründete Gemeinde und bewog viele, sich durch Flucht in Sicherheit zu bringen.

Diejenigen, die durch diese Verfolgung aus Jerusalem vertrieben worden waren, »zogen umher und predigten das Wort.« (Apostelgeschichte 8,4) Zu den Städten, in die sie flohen, gehörte auch Damaskus, wo sich viele zu dem neuen Glauben bekehrten.

Die Priester und Obersten hatten gehofft, durch erhöhte Wachsamkeit und strenge Verfolgung die »Ketzerei« unterdrücken zu können. Nun meinten sie, die entschiedenen Maßnahmen, die sie in Jerusalem gegen die neue Lehre angewandt hatten, auch andernorts einsetzen zu müssen. Für die Sonderaufgabe, die sie in Damaskus durchzuführen gedachten, bot Saulus seine Dienste an. Er »schnaubte noch mit Drohen und Morden gegen die Jünger des Herrn und ging zum Hohenpriester und bat ihn um Briefe nach Damaskus an die Synagogen, damit er Anhänger des neuen Weges, Männer und Frauen, wenn er sie dort fände, gefesselt nach Jerusalem führe.« (Apostelgeschichte 9,1.2) Ausgestattet mit einer Vollmacht von den Hohenpriestern und von fehlgeleitetem Eifer angetrieben, machte sich Saulus von Tarsus in der Kraft und Energie seines besten Mannesalters auf jene denkwürdige Reise, die seinem Leben eine völlig neue Richtung geben sollte.

Als sich die müden Wanderer am letzten Tag ihrer Reise um die Mittagszeit der Stadt Damaskus näherten, erblickten sie vor sich fruchtbares, flaches Land, schöne Gärten und ertragreiche Obstplantagen, die von kühlen Bächen der umliegenden Berge bewässert wurden. Nach einer langen Wegstrecke durch eintönige und öde Gebiete war der Anblick dieser Landschaft sehr erfrischend. Als Saulus mit seinen Begleitern auf die fruchtbare Ebene mit der schönen Stadt schaute, »umleuchtete ihn plötzlich ein Licht.« (Apostelgeschichte 9,3) Es war, wie er später erklärte, »ein Licht vom Himmel, heller als der Glanz der Sonne, das mich und die mit mir reisten umleuchtete« (Apostelgeschichte 26,13), so strahlend, dass es sterbliche Augen nicht ertragen konnten. Geblendet und bestürzt fiel Saulus kraftlos zur Erde.

Noch während das Licht sie umstrahlte, hörte Saulus »eine Stimme auf hebräisch ... sagen: Saul, Saul, was verfolgst du mich? Es wird dir schwer fallen, gegen den Stachel auszuschlagen. Ich antwortete: Wer bist du, Herr? Der Herr sagte: Ich bin Jesus, den du verfolgst. Steh auf, stell dich auf deine Füße!« (Apostelgeschichte 26,14-16 EÜ)

Angstérfüllt und von der Helligkeit des Lichtes fast erblindet hörten Sauls Begleiter wohl eine Stimme, sahen jedoch niemanden. Saul aber verstand, was gesprochen wurde, und derjenige, der redete, offenbarte sich ihm als der Sohn Gottes. In dem herrlichen Wesen, das vor ihm stand, erkannte er den Gekreuzigten. Das Bild des Ange-

> *Er fiel auf die Erde und hörte eine Stimme, die sprach zu ihm: »Saul, Saul, was verfolgst du mich?« Er aber sprach: »Wer bist du?« Der sprach: »Ich bin Jesus, den du verfolgst.«*
>
> Apostelgeschichte 9,4.5

sichtes Jesu prägte sich ein für alle Mal in das Herz des Juden ein, als er dort auf der Erde lag. Die Worte des Erlösers trafen Saulus mit erschreckender Macht. Eine Flut von Licht, das die Unwissenheit und den Irrtum seines bisherigen Lebens aufdeckte, strömte in die dunklen Kammern seines Geistes. Er erkannte nun sein Bedürfnis, sich vom Heiligen Geist erleuchten zu lassen.

Die grosse Wende

Saulus ging auf, dass er mit der Verfolgung der Jünger in Wirklichkeit Satans Werk getan hatte; dass sich seine Überzeugung von Recht und persönlicher Pflicht weitgehend auf sein blindes Vertrauen in die Priester und Obersten gegründet hatte. Als sie behaupteten, die Auferstehungsgeschichte sei eine schlaue Erfindung der Jünger, hatte er ihnen geglaubt. Nachdem sich Jesus ihm nun aber offenbart hatte, konnte er sich überzeugen, dass die Jünger die Wahrheit gesagt hatten.

Weil der Erlöser ihm persönlich begegnet war, begriff Saulus seine Lage erstaunlich schnell. Die prophetischen Berichte der Heiligen Schrift öffneten sich seinem Verständnis. Er erkannte, dass die Propheten die Ablehnung Jesu durch die Juden, seine Kreuzigung, Auferstehung und Himmelfahrt vorausgesagt hatten und ihn als den verheißenen Messias auswiesen. Mit Macht wurde Saulus an die letzten Worte des Stephanus erinnert, und ihm wurde bewusst, dass der Märtyrer wirklich die »Herrlichkeit Gottes« geschaut hatte, als er sagte: »Siehe, ich sehe den Himmel offen und den Menschensohn zur Rechten Gottes stehen.« (Apostelgeschichte 7,55.56) Die Priester hatten diese Worte als Gotteslästerung bezeichnet, aber Saulus wusste jetzt, dass sie der Wahrheit entsprachen.

Welch eine Offenbarung für den Verfolger! Saulus war sich nun sicher: Der verheißene Messias war als Jesus von Nazareth auf die Erde gekommen und von denen gekreuzigt worden, zu deren Rettung er erschien. Er wusste auch, dass der Erlöser als Sieger dem Grab entstiegen und zum Himmel aufgefahren war. In diesem Augenblick göttlicher Offenbarung erinnerte sich Saulus mit Schaudern, wie er zur Steinigung des Stephanus, der einen gekreuzigten und auferstandenen Erlöser bezeugte, seine eigene Zustimmung gegeben hatte. Später fanden auch viele andere ehrenwerte Bekenner Jesu durch seine Mitwirkung an der grausamen Verfolgung den Tod.

Durch die klare, unanfechtbare Beweisführung des Stephanus hatte der Erlöser zu Saulus gesprochen. Der jüdische Gelehrte erinnerte sich, wie die Herrlichkeit Christi damals auf dem Angesicht des Märtyrers leuchtete, als wäre es »eines Engels Angesicht.« (Apostelgeschichte 6,15) Er hatte Stephanus' Nachsicht mit seinen Feinden und seine Vergebungsbereitschaft ihnen gegenüber erlebt. Saulus konnte die Tapferkeit und die zuversichtliche Ergebung vieler bezeugen, denen er Folter und Qual zugefügt hatte. Ja, ihm standen viele Menschen vor Augen, die ihr Leben um ihres Glaubens willen freudig hingaben.

All dies hatte einen nachhaltigen Eindruck auf Saulus gemacht und ihm zeitweise die fast überwältigende Überzeugung aufgedrängt, dass Jesus der verheißene Messias war. Nächtelang hatte er sich nach Stephanus' Tod gegen diese Erkenntnis aufgelehnt und sich eingeredet, Jesus sei nicht der Messias und bei dessen Nachfolgern handle es sich nur um irregeführte Fanatiker.

Nun aber hatte Christus selbst zu Saulus gesprochen: »Saul, Saul, was verfolgst du mich?« Und die Frage »Herr, wer bist du?« wurde von der gleichen Stimme beantwortet: »Ich bin Jesus, den du verfolgst.« (Apostelgeschichte 9,4.5) Damit identifiziert sich Christus mit seinen Nachfolgern. Durch die Verfolgung der Jünger hatte Saulus direkt den Herrn des Himmels angegriffen. Die falschen Anschuldigungen und das verleumderische Zeugnis gegen sie waren in Wirklichkeit gegen den Erlöser der Welt gerichtet gewesen.

Hinfort gab es für Saulus keinen Zweifel mehr, dass Jesus von Nazareth persönlich zu ihm gesprochen hatte und er der langersehnte Messias, der Trost und Erlöser Israels war. »Mit Zittern und

> *Saulus war drei Tage blind und aß und trank nicht. Diese Tage der Seelenqual kamen ihm wie Jahre vor. ... Mit Entsetzen dachte er an seine Schuld, wie er sich durch die Niedertracht und das Vorurteil der Priester und Obersten hatte beherrschen lassen.*

Schrecken« (Apostelgeschichte 9,6 Schl.) fragte er: »Herr, was soll ich tun?« Der Herr antwortete: »Steh auf und geh nach Damaskus. Dort wird man dir alles sagen, was dir zu tun aufgetragen ist.« (Apostelgeschichte 22,10)

Als die Herrlichkeit verschwunden und Saulus aufgestanden war, stellte er fest, dass er nicht mehr sehen konnte. Der Glanz der Herrlichkeit Christi war für seine sterblichen Augen zu gewaltig gewesen. Nun war dieser Glanz gewichen und um ihn wurde es schwarze Nacht. Saulus hielt seine Blindheit für eine Strafe Gottes dafür, dass er die Nachfolger Jesu grausam verfolgt hatte. Er tappte in schrecklicher Finsternis umher. Von Furcht und Verwunderung erfasst, nahmen ihn seine Gefährten »bei der Hand und führten ihn nach Damaskus.« (Apostelgeschichte 9,8)

Tage des Gebets und der Erleuchtung

Noch am Morgen dieses ereignisreichen Tages hatte sich Saulus voller Selbstzufriedenheit Damaskus genähert, denn er genoss das Vertrauen des Hohenpriesters. Man hatte ihm verantwortungsvolle Aufgaben anvertraut. Er sollte die Belange der jüdischen Religion dadurch fördern, dass er die Ausbreitung des neuen Glaubens in Damaskus nach Möglichkeit verhinderte. Saulus war entschlossen, diesen Auftrag mit Erfolg abzuschließen, und hatte den bevorstehenden Ereignissen mit eifriger Erwartung entgegengeblickt.

Doch sein Einzug in die Stadt kam ganz anders als gedacht. Saulus war hilflos und blind, von Gewissensbissen geplagt, in Ungewissheit, welch weiterer Urteilsspruch noch über ihn verhängt werden könnte. Er suchte das Haus des Jüngers Judas auf. Dort, zurückgezogen, hatte er genügend Zeit und Gelegenheit für Besinnung und Gebet.

Saulus »war drei Tage nicht sehend und aß und trank nicht.« (Apostelgeschichte 9,9) Diese Tage der Seelenqual kamen ihm wie Jahre vor. Schmerzlich bekümmert erinnerte er sich immer wieder an die Rolle, die er bei Stephanus'

Märtyrertod gespielt hatte. Mit Entsetzen dachte er an seine Schuld, wie er sich durch die Niedertracht und das Vorurteil der Priester und Obersten hatte beherrschen lassen, selbst als Stephanus' Gesicht schon durch den Himmelsglanz erleuchtet war. Traurig und zerknirscht warf er sich vor, wie oft er Augen und Ohren gegen die eindeutigsten Beweise verschlossen und wie unbarmherzig er darauf gedrängt hatte, diejenigen zu verfolgen, die an Jesus von Nazareth glaubten.

Einsam und verlassen verbrachte Saulus diese Tage in gründlicher Selbstprüfung und Demütigung seines Herzens. Die Gläubigen waren im Hinblick auf den Zweck seiner Reise nach Damaskus gewarnt worden. Sie fürchteten, dass er ihnen etwas vortäusche, um sie leichter betrügen zu können. Deshalb blieben sie zu ihm auf Distanz und nahmen keinen Anteil an seinem Kummer. Saulus hatte kein Verlangen, sich an die unbekehrten Juden zu wenden, mit denen er die Gläubigen eigentlich verfolgen wollte, denn er wusste, dass sie seinen Bericht nicht einmal anhören würden. So schien er von jeder menschlichen Anteilnahme abgeschnitten

Seit dem Martyrium des Stephanus kämpfte Saulus mit seinem Gewissen. Der Heilige Geist wirkte an ihm und er begann, an den Vorstellungen der jüdischen Gelehrten zu zweifeln. Aber seine Erziehung und seine Ehrfurcht vor den ehrwürdigen Priestern und Obersten brachten die Stimme seines Gewissens immer wieder zum Schweigen. In seinen Gebeten jedoch suchte Saulus Hilfe bei Gott, und dies führte schließlich zu seiner Rettung.

Der Geist Gottes hat die Kraft, Vorurteile und Unglaube zu beseitigen. So wie die Frühlingssonne die winterliche Schneedecke zum Schmelzen bringt, so brach bei Paulus die wundervolle Erkenntnis auf, dass Jesus Christus der von Gott gesandte Messias war.

zu sein. Seine einzige Hoffnung lag in einem barmherzigen Gott, und an ihn wandte er sich mit zerschlagenem Herzen.

Während der langen Stunden, die Saulus abgeschieden mit Gott allein verbrachte, rief er sich viele Schriftabschnitte ins Gedächtnis zurück, die auf das erste Kommen Christi hinwiesen. Völlig überzeugt von den neu gewonnenen Einsichten erinnerte er sich an die Prophezeiungen und durchforschte sie sorgfältig. Als er über die Bedeutung dieser Weissagungen nachdachte, war er verwundert über seine eigene frühere geistliche Blindheit und über die Blindheit der Juden ganz allgemein, die zur Abweisung Jesu als des verheißenen Messias geführt hatte. Nun aber schien seinem erleuchteten Blick alles klar. Saulus erkannte, dass sein früheres Vorurteil und sein Unglaube ihm das geistliche Wahrnehmungsvermögen getrübt und ihn daran gehindert hatten, Jesus von Nazareth als den prophetisch angekündigten Messias zu erkennen.

Indem sich Saulus völlig der Macht des Heiligen Geistes anvertraute, ließ dieser ihn die Irrtümer seines Lebens sehen und erkennen, wie weit die Forderungen des Gesetzes Gottes reichen. Der stolze Pharisäer, der überzeugt gewesen war, durch seine guten Werke gerechtfertigt zu sein, beugte sich nun in der Demut und Einfachheit eines kleinen Kindes vor Gott, bekannte seine Unwürdigkeit und berief sich auf die Verdienste eines gekreuzigten und auferstandenen Erlösers. Saulus sehnte sich danach, mit dem Vater und dem Sohn in eine vollkommene Harmonie und Gemeinschaft einzutreten. Mit dem herzlichen Wunsch nach Vergebung und Annahme flehte er ernstlich zum Thron der Gnade.

Die Gebete des reumütigen Pharisäers waren nicht vergeblich. Seine innersten Gedanken und Gefühle wurden durch die Gnade Gottes verwandelt und seine edleren Fähigkeiten mit den unvergänglichen Absichten Gottes in Übereinstimmung gebracht. Christus und seine Gerechtigkeit galten ihm hinfort mehr als die ganze Welt.

Hananias

Die Bekehrung des Saulus ist ein schlagender Beweis für die wunderwirkende Macht des Heiligen Geistes, den Menschen zur Erkenntnis der eigenen Sünde zu führen. Saulus hatte tatsächlich geglaubt, Jesus von Nazareth habe das Gesetz Gottes missachtet und seine Jünger dessen Nutzlosigkeit gelehrt. Nach seiner Bekehrung erkannte er aber in Jesus denjenigen, der mit dem ausdrücklichen Ziel in die Welt gekommen war, das Gesetz seines Vaters zu bestätigen. Saulus war überzeugt, dass Jesus selbst der Urheber des jüdischen Opferwesens war. Er erkannte, dass bei der Kreuzigung das Symbol die Wirklichkeit gefunden hatte und dass sich in Jesus die alttestamentlichen Weissagungen über den Erlöser Israels erfüllt hatten.

Der Bericht über die Bekehrung des Saulus vermittelt uns wichtige Grundsätze, die wir uns stets vergegenwärtigen sollten. Saulus wurde in die unmittelbare Gegenwart Christi gebracht. Christus hatte für ihn eine überaus wichtige Aufgabe vorgesehen. Er sollte ein »auserwähltes Werkzeug« (Apostelgeschichte 9,15) werden. Trotzdem offenbarte ihm der Herr nicht unmittelbar, welche Aufgabe ihm übertragen worden war. Er stellte sich ihm in den Weg und überzeugte ihn von seiner Sünde. Als aber Saulus fragte: »Herr, was soll ich tun?« (Apostelgeschichte 22,10), brachte der Erlöser den suchenden Juden mit seiner Gemeinde in

Verbindung. Dort sollte er erfahren, was Gott von ihm erwartete.

Das wunderbare Licht, das die Finsternis um Saulus erhellte, war das Werk des Herrn. Es blieb aber noch eine Aufgabe, die die Jünger für Saulus vollbringen mussten. Christus hatte Offenbarung und Sündenerkenntnis bewirkt. Nun musste der Reumütige von denen lernen, die Gott auserwählt hatte, seine Wahrheit zu predigen.

Während Saulus im Hause des Judas zurückgezogen betete und demütig flehte, erschien der Herr einem »Jünger in Damaskus mit Namen Hananias« in einer Vision und eröffnete ihm, dass Saulus von Tarsus bete und Hilfe benötige. »Der Herr sprach zu ihm: Steh auf und geh in die Straße, die die Gerade heißt, und frage in dem Haus des Judas nach einem Mann mit Namen Saulus von Tarsus. Denn siehe, er betet und hat in einer Erscheinung einen Mann gesehen mit Namen Hananias, der zu ihm hereinkam und die Hand auf ihn legte, damit er wieder sehend werde.« (Apostelgeschichte 9,10-12)

Hananias konnte den Worten des Engels kaum glauben, denn die Berichte über die erbarmungslosen Verfolgungen der Heiligen in Jerusalem durch Saulus hatten nah und fern die Runde gemacht. Darum wagte er den Einwand: »Herr, ich habe von vielen gehört über diesen Mann, wie viel Böses er deinen Heiligen in Jerusalem angetan hat; und hier hat er Vollmacht von den Hohenpriestern, alle gefangen zu nehmen, die deinen Namen anrufen.« Aber Gottes Befehl stand fest: »Geh nur hin; denn dieser ist mein auserwähltes Werkzeug, dass er meinen Namen trage vor Heiden und vor Könige und vor das Volk Israel.« (Apostelgeschichte 9,13-15)

Hananias gehorchte der Anweisung des Engels und suchte den Mann auf, der noch vor kurzem Drohungen gegen alle ausgestoßen hatte, die an den Namen Jesu glaubten. Er legte seine Hände auf den Kopf des reuigen Blinden und sagte: »Lieber Bruder Saul, der Herr hat mich gesandt, Jesus, der dir auf dem Wege hierher erschienen ist, dass du wieder sehend und mit dem Heiligen Geist erfüllt werdest. Und sogleich fiel es von seinen Augen wie Schuppen, und er wurde wieder sehend; und er stand auf und ließ sich taufen.« (Apostelgeschichte 9,17.18)

Die Bedeutung der Gemeinde

So hieß Jesus die Vollmacht seiner organisierten Gemeinde gut und brachte Saulus in Verbindung mit seinen berufenen Werkzeugen. Christus hatte nun eine Gemeinde als seine Vertreterin auf Erden, und ihr kam die Aufgabe zu, den reumütigen Sünder auf den Weg des Lebens zu leiten.

Viele meinen, für ihre geistliche Erkenntnis und ihre Erfahrungen stünden sie nur gegenüber Christus in Verantwortung, nicht gegenüber seinen anerkannten Nachfolgern auf Erden. Jesus ist der Freund der Sünder, und sein Herz wird von ihrem Leid berührt. Er hat alle Macht im Himmel und auf Erden. Er beschränkt sich aber auf die Mittel und Wege, die er für die Erleuchtung und Rettung von Menschen bestimmt hat. Sünder verweist er an die Gemeinde, die er zu einer Vermittlerin des Lichts für die Welt gemacht hat.

Als Saulus mitten in seinem blinden Eifer und Vorurteil eine Offenbarung durch den Gesalbten erhielt, den er verfolgte, wurde er unmittelbar an die Gemeinde, das Licht der Welt, verwiesen. In diesem Falle stellt Hananias Christus dar, und Gleiches gilt auch für Christi Diener auf Erden, die beauftragt sind, an seiner Stelle zu handeln. Anstelle von Christus berührte Hananias die Augen des Saulus, damit dieser sein Augenlicht zurückerhielt. Anstelle von Christus legte er ihm die Hände auf, und als er im Namen Christi für ihn bat, empfing Saulus den Heiligen Geist. All dies geschah im Namen und in der Vollmacht Christi. Christus ist die Quelle und die Gemeinde ist sein Kanal, durch den er mit der Welt kommuniziert.

Christus hat die Gemeinde zu einer Vermittlerin des Lichts für die Welt gemacht. Er ist die Quelle und die Gemeinde ist sein Kanal, durch den er mit der Welt kommuniziert.

Kapitel 13 Tage der Vorbereitung

Apostelgeschichte 9,19-30

Nach der Begegnung mit Jesus war Saulus untröstlich; er hatte ja in seiner Verblendung den herbeigesehnten Messias verfolgt. Die Christen trauten ihm nicht, und die Juden, vor allem die Priester, hielten ihn für einen Verräter. Einer göttlichen Weisung folgend, zog er sich in die arabische Wüste zurück, wo er Zeit hatte, Frieden zu finden und für das von ihm verursachte Leid Buße zu tun. An diesem Ort fand er zur Gewissheit, dass Gott ihm vergeben hatte.

Nach seiner Taufe nahm Paulus wieder »Speise zu sich« und blieb »einige Tage bei den Jüngern in Damaskus. Und alsbald predigte er in den Synagogen von Jesus, dass dieser Gottes Sohn sei.« (Apostelgeschichte 9,19.20) Freimütig erklärte er, dass Jesus von Nazareth der langersehnte Messias sei, der »gestorben ist für unsre Sünden nach der Schrift; und dass er begraben worden ist; und dass er auferstanden ist am dritten Tage.« Danach wurde er von den zwölf Jüngern und von anderen gesehen. Und Paulus fügte hinzu: »Zuletzt von allen ist er auch von mir als einer unzeitigen Geburt gesehen worden.« (1. Korinther 15,3.4.8) Seine Beweisführungen aufgrund der Prophezeiungen waren so schlüssig und seine Bemühungen so offenkundig von Gottes Kraft begleitet, dass die Juden fassungslos und nicht imstande waren zu antworten.

Erste Predigten in Damaskus

Die Nachricht von der Bekehrung des Paulus war für die Juden eine große Überraschung. Der Mann, der »mit Vollmacht und im Auftrag der Hohenpriester« (Apostelgeschichte 26,12) nach Damaskus gereist war, um die Gläubigen festzunehmen und zu verfolgen, predigte nun das Evangelium von einem gekreuzigten und auferstandenen Erlöser und ermutigte diejenigen, die schon Jesu Jünger waren. Dazu brachte er ständig neue Menschen zu dem Glauben, den er einst so vehement bekämpft hatte.

Paulus hatte als eifriger Verteidiger der jüdischen Religion und als unermüdlicher Verfolger der Anhänger Jesu gegolten. Sein Mut, seine Ausdauer, seine Unabhängigkeit, seine Gaben und seine Ausbildung hätten es ihm erlaubt, fast jedes nur denkbare Amt zu bekleiden. Er war äußerst scharfsinnig, und sein vernichtender Sarkasmus konnte einen Gegner in eine wenig beneidenswerte Lage versetzen. Und nun mussten die Juden zusehen, wie sich dieser vielversprechende junge Mann denen anschloss, die er zuvor verfolgt hatte, und wie er furchtlos im Namen Jesu predigte.

Ein auf dem Schlachtfeld gefallener General ist für seine Armee verloren, sein Tod verleiht aber dem Feind keine zusätzliche Stärke. Wenn sich jedoch eine führende Persönlichkeit den Reihen des Gegners anschließt, gehen seinen früheren Mitstreitern nicht nur seine Dienste verloren; es bedeutet auch eine wesentliche Stärkung des Gegners. Der Herr hätte Saulus von Tarsus auf dessen Weg nach Damaskus mit Leichtigkeit töten können, und die Verfolgung hätte viel Kraft verloren. In seiner Vorsehung verschonte Gott aber nicht nur das Leben des Saulus, sondern er bekehrte ihn und führte dadurch einen Vorkämpfer des Feindes auf die Seite Christi. Paulus, der wortgewandte Redner und strenge Kritiker, der stets unerschrocken und mutig seine Ziele verfolgte, besaß genau jene Fähigkeiten, welche die junge Gemeinde benötigte.

Als Paulus in Damaskus predigte, waren alle, die davon hörten, fassungslos und sagten: »Ist das nicht der, der alle, die diesen Namen anrufen, in Jerusalem ausrotten wollte? Und ist er nicht zu diesem Zweck hierher gekommen, um sie auch hier gefangen zu nehmen und vor die Hohen Priester zu führen?« (Apostelgeschichte 9,21 ZÜ) Paulus erklärte, sein Glaubenswechsel sei nicht impulsiv oder durch irgendwelche Schwärmereien zustande gekommen, sondern die Folge überwältigender Beweise. In seiner Evangeliumsverkündigung bemühte er sich, die Prophezeiungen, die auf das erste Kommen Christi hinwiesen, deutlich herauszustellen. Er wies überzeugend nach, dass sich diese Weissagungen buchstäblich in Jesus von Nazareth erfüllt hatten. Die Grundlage seines Glaubens war das feste prophetische Wort.

Anschließend rief Paulus seine erstaunten Hörer dazu auf, sich von der Sünde abzuwenden und durch ihre Lebensführung zu zeigen, dass es ihnen mit der Umkehr ernst sei. So gewann er »immer mehr an Kraft und trieb die Juden in die Enge, die in Damaskus wohnten, und bewies, dass Jesus der Christus ist.« (Apostelgeschichte 9,22) Aber viele wollten seinen Worten nicht glauben und weigerten sich, seine Botschaft anzunehmen. Ihr Erstaunen über seine Bekehrung schlug bald in bittern Hass um, der dem nicht nachstand, den sie schon Jesus entgegengebracht hatten. Ihr Widerstand wurde so heftig, dass man es Paulus nicht erlaubte, seine Arbeit in Damaskus fortzusetzen. Ein Engel forderte ihn deshalb auf, den Ort vorübergehend zu verlassen. Daraufhin zog er »nach Arabien« (Galater 1,17), wo er sichere Zuflucht fand.

In der Wüste

Hier, in der Einsamkeit der Wüste, fand Paulus reichlich Gelegenheit zu ungestörtem Forschen und Nachdenken. Er dachte in aller Ruhe über seine Erfahrungen nach und bereute aufrichtig. Er suchte Gott von ganzem Herzen und ruhte erst, als er die Sicherheit erlangt hatte, dass seine Reue angenommen und seine Sünden vergeben waren. Paulus sehnte sich nach der Gewissheit, dass Jesus ihm in seinem künftigen Dienst zur Seite stehen werde. Von allen Vorurteilen und Überlieferungen, die bisher sein Leben geprägt hatten, machte er sich frei. Er empfing Weisungen von Christus selbst, der Quelle der Wahrheit. Jesus hielt innerliche Zwiesprache mit ihm, festigte seinen Glauben und schenkte ihm in reichem Maß Weisheit und Vergebung.

Wenn sich der Geist des Menschen mit dem göttlichen verbindet, Endliches mit dem Unendlichen, so übt das eine Wirkung auf Leib, Seele und Geist aus, die sich im Voraus nicht abschätzen lässt. In einer solch innigen Verbundenheit findet der Mensch die höchste Bildung. Das ist Gottes Weg zur Charakterentwicklung. »Mache dich doch mit Ihm vertraut!« (vgl. Hiob 22,21) – so lautet seine Botschaft an die Menschheit.

Der feierliche Auftrag, den Paulus während seines Gesprächs mit Hananias erhalten hatte, lastete mehr und mehr auf seinem Herzen. Als Paulus nach den Worten »Saul, lieber Bruder, sei sehend!« zum ersten Mal

> *Als Paulus in Damaskus predigte, waren alle, die davon hörten, fassungslos und sagten: »Ist das nicht der, der alle, die diesen Namen anrufen, in Jerusalem ausrotten wollte? Und ist er nicht zu diesem Zweck hierher gekommen, um sie auch hier gefangen zu nehmen und vor die Hohen Priester zu führen?«*
>
> Apostelgeschichte 9,21 ZÜ

> *Während seines gesamten Dienstes verlor Paulus die Quelle seiner Weisheit und Stärke niemals aus den Augen. Auch noch nach vielen Jahren erklärte er: »Christus ist mein Leben.«*
> *Philipper 1,21*

in das Angesicht von Hananias geschaut hatte, sprach dieser fromme Mann, vom Heiligen Geist geleitet, zu ihm: »Der Gott unserer Väter hat dich erwählt, dass du seinen Willen erkennen sollst und den Gerechten sehen und die Stimme aus seinem Munde hören; denn du wirst für ihn vor allen Menschen Zeuge sein von dem, was du gesehen und gehört hast. Und nun, was zögerst du? Steh auf und rufe seinen Namen an und lass dich taufen und deine Sünden abwaschen!« (Apostelgeschichte 22,13-16)

Diese Worte standen im Einklang mit Jesu eigenen Worten, als er Saulus auf seinem Weg nach Damaskus in den Weg getreten war und erklärt hatte: »Dazu bin ich dir erschienen, um dich zu erwählen zum Diener und zum Zeugen für das, was du von mir gesehen hast und was ich dir noch zeigen will. Und ich will dich erretten von deinem Volk und von den Heiden, zu denen ich dich sende, um ihnen die Augen aufzutun, dass sie sich bekehren von der Finsternis zum Licht und von der Gewalt des Satans zu Gott. So werden sie Vergebung der Sünden empfangen und das Erbteil samt denen, die geheiligt sind durch den Glauben an mich.« (Apostelgeschichte 26,16-18)

Je mehr Paulus über das Gehörte nachdachte, desto klarer wurde ihm die Bedeutung seiner Berufung »ein Apostel Jesu Christi durch den Willen Gottes« zu sein. (1. Korinther 1,1) Seinen Auftrag hatte er »nicht von Menschen« erhalten und auch nicht »durch menschliche Vermittlung, sondern von Jesus Christus und von Gott, dem Vater.« (Galater 1,1 GNB) Die Größe der Aufgabe, die vor ihm lag, veranlasste ihn, intensiv in der Heiligen Schrift zu forschen, um das Evangelium predigen zu können »nicht mit klugen Worten, damit nicht das Kreuz Christi zunichte werde« (1. Korinther 1,17), »sondern in Erweisung des Geistes und der Kraft, damit euer Glaube nicht stehe auf Menschenweisheit, sondern auf Gottes Kraft.« (1. Korinther 2,4.5)

Als Paulus die Schrift durchforschte, erkannte er, dass seit jeher »in den Augen der Welt nicht viele Weise, nicht viele Mächtige, nicht viele Vornehme« berufen worden waren. »Im Gegenteil: Das Törichte dieser Welt hat Gott erwählt, um die Weisen zu beschämen, und das Schwache dieser Welt hat Gott erwählt, um das Starke zu beschämen, und das Geringe dieser Welt und das Verachtete hat Gott erwählt, das, was nichts gilt, um zunichte zu machen, was etwas gilt, damit kein Mensch sich rühme vor Gott.« (1. Korinther 1,26-29 ZÜ) Und indem er so die Weisheit der Welt im Lichte des Kreuzes betrachtete, beschloss er, nichts anderes wissen zu wollen »als allein Jesus Christus, den Gekreuzigten.« (1. Korinther 2,2)

Während seines gesamten Dienstes verlor Paulus die Quelle seiner Weisheit und Stärke niemals aus den Augen. Auch noch nach vielen Jahren erklärte er: »Christus ist mein Leben.« (Philipper 1,21) Und an anderer Stelle: »Ja, ich erachte es noch alles für Schaden gegenüber der überschwänglichen Erkenntnis Christi Jesu, meines Herrn. Um seinetwillen ist mir das alles ein Schaden geworden, ... damit ich Christus gewinne und in ihm gefunden werde, dass ich nicht habe meine Gerechtigkeit, die aus dem Gesetz kommt, sondern die durch den Glauben an Christus kommt, nämlich die Gerechtigkeit, die von Gott dem Glauben zugerechnet wird. Ihn möchte ich erkennen und die Kraft seiner Auferstehung und die Gemeinschaft seiner Leiden.« (Philipper 3,8-10)

Auf der Flucht

Von Arabien kehrte Paulus wieder zurück nach Damaskus (Galater 1,17) »und predigte im Namen des Herrn frei und offen.« (Apostelgeschichte 9,28) Die Juden waren nicht in der Lage, seine vernünftigen Argumente zu widerlegen, »und beschlossen, ihn zu töten.« (Apostelgeschichte 9,23) Die Stadttore wurden Tag und Nacht sorgfältig bewacht, um ihm jede Fluchtmöglichkeit zu nehmen. In dieser Notlage suchten die Jünger ernstlich die Nähe Gottes, und schließlich nahmen sie Paulus »bei Nacht und ließen ihn in einem Korb die Mauer hinab.« (Apostelgeschichte 9,25)

Nach seiner Flucht aus Damaskus zog Paulus nach Jerusalem. Seit seiner Bekehrung waren etwa drei Jahre vergangen. Wie er später selber erklärte, bestand der Hauptzweck dieses Besuchs darin, »Kephas [Petrus] kennen zu lernen.« (Galater 1,18) Als er in der Stadt ankam, in der er einst als »Saulus, der Verfolger,« bekannt gewesen war, »versuchte er, sich zu den Jüngern zu halten; doch sie fürchteten sich alle vor ihm und glaubten nicht, dass er ein Jünger wäre.« (Apostelgeschichte 9,26) Sie konnten nur schwer glauben, dass ein so fanatischer Pharisäer, der so viel getan hatte, um die Gemeinde zu zerstören, ein aufrichtiger Jünger Jesu werden könnte. »Barnabas aber nahm ihn zu sich und führte ihn zu den Aposteln und erzählte ihnen, wie Saulus auf dem Wege den Herrn gesehen und dass der mit ihm geredet und wie er in Damaskus im Namen Jesu frei und offen gepredigt hätte.« (Apostelgeschichte 9,27)

Als die Jünger dies hörten, nahmen sie ihn als einen der Ihren auf. Bald hatten sie genügend Beweise, dass seine Erfahrungen als Christ echt waren. Der zukünftige Heidenapostel weilte nun in der Stadt, in der viele seiner früheren Kollegen lebten. Er wünschte dringend, diesen jüdischen Obersten die Prophezeiungen zu erklären, die auf den Messias hinwiesen und die sich mit dem Kommen des Erlösers erfüllt hatten. Paulus war davon überzeugt, dass die Lehrer Israels, mit denen er früher so gut befreundet gewesen war, genauso aufrichtig und ehrlich waren wie er. Aber er hatte die Gesinnung seiner jüdischen Brüder völlig falsch eingeschätzt und musste in seiner Hoffnung auf ihre baldige Bekehrung eine bittere Enttäuschung erleben. Zwar predigte er »im Namen des Herrn frei und offen … und stritt auch mit den griechischen Juden.« Die Leiter der jüdischen Gemeinde aber weigerten sich nicht nur zu glauben, sie »stellten ihm [sogar] nach, um ihn zu töten.« (Apostelgeschichte 9,28.29) Das stimmte ihn unsagbar traurig. Wie gern hätte er sein Leben hingegeben, wenn er dadurch wenigstens einige von ihnen zur Erkenntnis der Wahrheit hätte führen können! Beschämt dachte er an seine maßgebliche Beteilung an Stephanus' Märtyrertod zurück und wollte nun unbedingt den Makel auslöschen, der auf dem zu Unrecht Angeklagten ruhte. Die Wahrheit, für die Stephanus sein Leben gelassen hatte, musste gerechtfertigt werden.

Niedergedrückt vor Gram über diejenigen, die nicht glauben wollten, betete Paulus im Tempel, wie er später bezeugte, als er plötzlich in einen Traumzustand geriet. Es erschien ihm ein himmlischer Bote, der sagte: »Eile und mach dich schnell auf aus Jerusalem; denn dein Zeugnis von mir werden sie nicht annehmen.« (Apostelgeschichte 22,18)

Paulus wollte eigentlich in Jerusalem bleiben, wo er sich seinen Gegnern hätte stellen können. Zu fliehen erschien ihm als Akt der Feigheit, wenn er durch sein Bleiben vielleicht einige der starrköpfigen Juden von der Wahrheit des Evangeliums überzeugen könnte, auch wenn es ihn das Leben kosten sollte. Deshalb antwortete er: »Herr, sie wissen doch, dass ich die, die an dich glaubten, gefangen nahm und in den Synagogen geißeln ließ. Und als das Blut des Stephanus, deines Zeugen, vergossen wurde, stand ich auch dabei und hatte Gefallen daran und bewachte denen die Kleider, die ihn töteten.« (Apostelgeschichte 22,19.20) Es war aber nicht Gottes Wille, dass sein Diener unnötigerweise sein Leben in Gefahr brachte. Deshalb erwiderte der himmlische Bote: »Geh hin; denn ich will dich in die Ferne zu den Heiden senden.« (Apostelgeschichte 22,21)

Als seine Glaubensbrüder von dieser Vision erfuhren, suchten sie eifrig nach einer Gelegenheit, um Paulus eine heimliche Flucht aus Jerusalem zu ermöglichen, denn sie befürchteten einen Mordanschlag auf ihn. Sie »geleiteten … ihn nach Cäsarea und schickten ihn weiter nach Tarsus.« (Apostelgeschichte 9,30) Durch Paulus' Abreise ließ der heftige Widerstand der Juden nach. Die Gemeinde erlebte eine Zeit der Ruhe, in der die Zahl der Gläubigen stark zunahm.

Die Veränderung im Leben des Apostels Paulus war außergewöhnlich. Er schrieb: »Ich betrachte überhaupt alles als Verlust im Vergleich mit dem überwältigenden Gewinn, dass ich Jesus Christus als meinen Herrn kenne. Durch ihn hat für mich alles andere seinen Wert verloren, ja, ich halte es für bloßen Dreck. Nur noch Christus besitzt für mich einen Wert.« (Philipper 3,8) Von einem Christenverfolger wurde er zu einem Verteidiger des Glaubens. Er verlor seinen Einfluss und sein Ansehen und verzichtete auf all seine Reichtümer, um das Evangelium zu verkünden.

Kapitel 14 Ein Hauptmann sucht Gott

Apostelgeschichte 9,32 bis 11,18

Aquädukt in Cäsarea

Cäsarea war die Hauptstadt der römischen Provinz Judäa. Heute sind nur noch Ruinen sowie Teile eines gewaltigen Aquädukts von der einstmals großen Stadt übrig geblieben. Die Bevölkerung der Stadt war überwiegend heidnisch, trotzdem bildete sich hier ein erstes Zentrum der Christen.

Während seines Verkündigungsdienstes besuchte der Apostel Petrus auch die Gläubigen in Lydda. Dort heilte er Äneas, den die Gicht seit acht Jahren ans Bett gefesselt hatte. Petrus sprach zu ihm: »Äneas, Jesus Christus macht dich gesund; steh auf und mach dir selber das Bett. Und sogleich stand er auf. Da sahen ihn alle, die in Lydda und in Scharon wohnten, und bekehrten sich zu dem Herrn.« (Apostelgeschichte 9,34.35)

Im Namen Jesu

In Joppe, nahe bei Lydda, wohnte eine Frau namens Tabita, die wegen ihrer guten Taten sehr beliebt war. Sie war eine würdige Nachfolgerin Jesu, und ihr Leben war von Nächstenliebe geprägt. Sie wusste, wer dringend ausreichende Kleidung und wer Trost benötigte. Bereitwillig betreute sie die Armen und Betrübten. Dabei waren ihre geschickten Hände reger als ihre Zunge.

»Es begab sich aber zu der Zeit, dass sie krank wurde und starb.« Die Gemeinde in Joppe war sich ihres Verlustes bewusst, und als die Gläubigen hörten, dass Petrus in Lydda war, sandten sie »zwei Männer zu ihm und baten ihn: Säume nicht, zu uns zu kommen! Petrus aber stand auf und ging mit ihnen. Und als er hingekommen war, führten sie ihn hinauf in das Obergemach, und es traten alle Witwen zu ihm, weinten und zeigten ihm die Röcke und Kleider, die Tabita gemacht hatte, als sie noch bei ihnen war.« (Apostelgeschichte 9,37-39) Angesichts dieser Hilfsbereitschaft war es nicht verwunderlich, dass die Gemeinde trauerte und bittere Tränen auf den leblosen Körper fielen.

Der Apostel bekam Mitleid, als er ihren Kummer sah. Er veranlasste die weinenden Freunde, den Raum zu verlassen, kniete nieder und betete innig zu Gott, er möge Tabita Leben und Gesundheit zurückschenken. Dann wandte er sich zu der Toten und sprach: »Tabita, steh auf! Und sie schlug ihre Augen auf; und als sie Petrus sah, setzte sie sich auf.« (Apostelgeschichte 9,40) Tabita hatte viel für die Gemeinde getan, und Gott erachtete es für gut, sie von den Toten aufzuerwecken. Ihr Geschick und ihre Energie sollten weiterhin zum Segen für andere bereit stehen. Durch die Offenbarung dieser göttlichen Macht sollte die Sache Christi weiter gestärkt werden.

Eine Botschaft vom Himmel

Noch während Petrus sich in Joppe aufhielt, wurde er von Gott berufen, das Evangelium dem Kornelius in Cäsarea zu bringen.

Kornelius war ein wohlhabender römischer Hauptmann von vornehmer Herkunft in einer ehrenvollen Vertrauensstellung. Nach Geburt, Erziehung und Werdegang war er Heide, aber durch seinen Kontakt mit den Juden hatte er Gott kennen gelernt und betete ihn aufrichtigen Herzens an. Die Echtheit seines Glaubens bezeugte er durch sein Mitgefühl für die Armen. Seine Wohltätigkeit war weit und breit bekannt, und durch seinen rechtschaffenen Lebenswandel erwarb er sich großes Ansehen bei Juden und Heiden. Wer mit ihm Verbindung bekam, spürte seinen segensreichen Einfluss. Die Heilige Schrift schreibt von ihm: »Der war fromm und gottesfürchtig mit seinem ganzen Haus und gab dem Volk viele Almosen und betete immer zu Gott.« (Apostelgeschichte 10,2)

Da Kornelius an Gott als den Schöpfer des Himmels und der Erde glaubte, verehrte er ihn auch. Er anerkannte seine Autorität und suchte seinen Rat in allen Lebensfragen. Sowohl in seinem Familienleben als auch in der Ausübung seiner Amtspflichten war er dem wahren Gott treu. Sein Heim war auch ein Ort der Anbetung, denn Kornelius wagte es nicht, ohne die Hilfe Gottes seine Pläne auszuführen oder seine Verantwortungen zu tragen.

Obwohl er den Prophezeiungen glaubte und auf das Kommen des Messias wartete, wusste Kornelius noch nichts von dem Evangelium, das sich im Leben und Sterben Christi offenbart hatte. Er war kein Glied der jüdischen Gemeinde und hätte bei den Rabbinern als unreiner Heide gegolten. Doch derselbe heilige Wächter, der von Abraham sagte: »Ich habe ihn auserkoren« (1. Mose 18,19 ZÜ), hatte auch Kornelius erwählt und sandte ihm eine Botschaft direkt vom Himmel.

Während der Hauptmann betete, erschien ihm der Engel des Herrn. Als Kornelius hörte, dass er mit seinem Namen angesprochen wurde, fürchtete er sich. Er wusste aber, dass der Bote von Gott gekommen war, deshalb fragte er: »Herr, was ist?« Der Engel antwortete: »Deine Gebete und deine Almosen sind vor Gott gekommen, und er hat ihrer gedacht. Und nun sende Männer nach Joppe und lass holen Simon mit dem Beinamen Petrus. Der ist zu Gast bei einem Gerber Simon, dessen Haus am Meer liegt.« (Apostelgeschichte 10,4-6)

Die Angaben waren klar und deutlich. Sie enthielten sogar Einzelheiten wie den Beruf des Mannes, bei dem sich Petrus gerade aufhielt. Dies zeigt, wie genau der Himmel den Lebensweg und den Wirkungsbereich von Menschen jeden Standes kennt. Gott ist mit der Tätigkeit und der Erfahrung eines einfachen Arbeiters ebenso vertraut wie mit denen eines Königs auf seinem Thron.

»Sende Männer nach Joppe und lass holen Simon mit dem Beinamen Petrus.« Damit bekundete Gott, wie hoch er das Predigtamt und seine Gemeinde einschätzt. Nicht der Engel bekam den Auftrag, Kornelius die Geschichte vom Kreuz zu erzählen. Ein Mann mit menschlichen Schwächen, der genauso Versuchungen ausgesetzt war wie Kornelius, sollte ihm den gekreuzigten und auferstandenen Erlöser bezeugen.

> *Nach Geburt, Erziehung und Werdegang war Kornelius Heide, aber durch seinen Kontakt mit den Juden hatte er Gott kennen gelernt und betete ihn aufrichtigen Herzens an. Die Echtheit seines Glaubens bezeugte er durch sein Mitgefühl für die Armen.*

> *Die Zeit war gekommen, dass die Gemeinde Christi in eine völlig neue Phase ihres Wirkens eintreten sollte. Viele bekehrte Juden hatten die Tür zur Rettung für die Heiden verschlossen. Diese wurde nun weit geöffnet.*

Von Gott für rein erklärt

Gott wählt zu seinen Mitarbeitern unter den Menschen nicht Engel, die nie gefallen sind, sondern menschliche Wesen mit ähnlichen Neigungen und Leidenschaften wie jene Personen, die sie zu retten suchen. Christus wurde Mensch, um Menschen erreichen zu können. Die Welt benötigte zu ihrer Errettung einen göttlich-menschlichen Erlöser. Genauso haben Männer und Frauen den heiligen Auftrag erhalten, »den unausforschlichen Reichtum Christi« zu verkündigen. (Epheser 3,8)

In seiner Weisheit bringt der Herr Suchende mit Menschen in Verbindung, welche die Wahrheit kennen. Wer Licht empfangen hat, soll es nach himmlischem Ratschluss denen weitergeben, die in der Finsternis sind. Menschen, die sich von Christus, der großen Quelle der Weisheit, befähigen lassen, werden zu Werkzeugen und Mittlern, durch die das Evangelium seine umwandelnde Kraft auf Herzen und Sinne ausübt.

Kornelius gehorchte gerne der himmlischen Erscheinung. »Als der Engel … hinweggegangen war, rief Kornelius zwei seiner Knechte und einen frommen Soldaten von denen, die ihm dienten, und erzählte ihnen alles und sandte sie nach Joppe.« (Apostelgeschichte 10,7.8)

Nach der Unterredung mit dem Hauptmann begab sich der Engel zu Petrus nach Joppe. Zu dieser Zeit betete der Apostel auf dem Dach des Hauses, in dem er einquartiert war, und wir lesen: »Da bekam er Hunger und wollte essen. Während das Essen zubereitet wurde, hatte er eine Vision.« (Apostelgeschichte 10,10 GNB) Es hungerte Petrus nicht nur nach leiblicher Speise. Als er vom Dach des Hauses auf die Stadt Joppe und ihre Umgebung blickte, überkam ihn ein Verlangen nach Erlösung seiner Landsleute. Er wünschte sehnlichst, sie auf die Prophezeiungen der Schrift aufmerksam zu machen, die auf das Leiden und Sterben Christi hinwiesen.

In einer Vision sah Petrus »den Himmel geöffnet und es kam daraus etwas auf die Erde herab, das sah aus wie ein großes Tuch, das an vier Ecken gehalten wird. Darin befanden sich alle Arten von vierfüßigen Tieren, Kriechtieren und Vögeln. Eine Stimme rief: Auf, Petrus, schlachte und iss! Aber Petrus antwortete: Auf keinen Fall, Herr! Noch nie habe ich etwas Verbotenes oder Unreines gegessen. Doch die Stimme forderte ihn ein zweites Mal auf und sagte: Was Gott für rein erklärt hat, das erkläre du nicht für unrein! Und noch ein drittes Mal erging an Petrus dieselbe Aufforderung. Gleich danach wurde das Tuch samt Inhalt wieder in den Himmel hinaufgehoben.« (Apostelgeschichte 10, 11-16 GNB)

Diese Vision enthielt einen Tadel und zugleich eine Belehrung. Sie offenbarte Petrus die Absicht Gottes, durch den Tod von Christus Heiden wie Juden zu Miterben der Segnungen der Erlösung zu machen. Bisher hatte keiner der Jünger den Heiden das Evangelium gepredigt. In ihrer Vorstellung bestand immer noch die Trennwand, die doch durch den Tod Christi niedergerissen worden war. Die Jünger hatten ihren Wirkungsbereich auf die Juden beschränkt, denn sie betrachteten die Heiden als Menschen, die von den Segnungen des Evangeliums ausgeschlossen sind. Nun versuchte der Herr dem Petrus das weltweite Ausmaß des göttlichen Plans zu zeigen.

Unter den Nichtjuden gab es viele, die den Predigten des Petrus und der anderen Apostel schon früher interessiert zugehört hatten, und viele der griechischen Juden hatten den Glauben an Christus angenommen. Die Bekehrung des Kornelius aber sollte unter den Heiden die erste von besonderer Bedeutung werden.

Im Haus eines Heiden

Die Zeit war gekommen, dass die Gemeinde Christi in eine völlig neue Phase ihres Wirkens eintreten sollte. Viele bekehrte Juden hatten die Tür zur Rettung für die Heiden verschlossen. Diese wurde nun weit geöffnet. Die Heiden, die das Evangelium annahmen, sollten gleichwertig neben den Jüngern aus den Juden stehen, ohne dass sie sich dem Ritual der Beschneidung unterziehen mussten.

Ein Hauptmann sucht Gott

Wie sorgfältig ging der Herr bei Petrus doch vor, um die Voreingenommenheit gegenüber den Heiden zu überwinden, die sich in ihm infolge seiner jüdischen Erziehung festgesetzt hatte! Durch die Vision von dem Tuch und seinem Inhalt wollte der Herr den Apostel von diesem Vorurteil befreien und ihm eindringlich zeigen, dass es im Himmel kein Ansehen der Person gibt. Juden und Heiden sind in Gottes Augen gleich kostbar. Durch Christus können auch die Heiden zu Teilhabern an den Segnungen und Vorrechten des Evangeliums werden.

Während Petrus über die Bedeutung der Vision nachdachte, kamen die Männer des Kornelius in Joppe an und blieben vor der Tür des Hauses stehen, wo Petrus beherbergt war. Da sprach der Geist zu ihm: »Siehe, drei Männer suchen dich; so steh auf, steig hinab und geh mit ihnen und zweifle nicht, denn ich habe sie gesandt.« (Apostelgeschichte 10,19.20)

Petrus fiel es schwer, dieser Anordnung Folge zu leisten, und er zögerte bei jedem Schritt, die ihm auferlegte Pflicht auszuführen. Aber er wagte es nicht, den Gehorsam zu verweigern. Er stieg »hinab zu den Männern und sprach: Siehe, ich bin's, den ihr sucht; warum seid ihr hier?« Sie erklärten ihren ungewöhnlichen Auftrag mit den Worten: »Der Hauptmann Kornelius, ein frommer und gottesfürchtiger Mann mit gutem Ruf bei dem ganzen Volk der Juden, hat Befehl empfangen von einem heiligen Engel, dass er dich sollte holen lassen in sein Haus und hören, was du zu sagen hast.« (Apostelgeschichte 10,21.22)

Petrus gehorchte der Weisung, die er gerade von Gott empfangen hatte, und versprach, mit ihnen zu gehen. Am nächsten Morgen machte er sich auf den Weg nach Cäsarea, und sechs seiner Glaubensbrüder begleiteten ihn. Diese sollten all das bezeugen, was er während seines Besuchs bei den Heiden tun oder sagen würde, denn Petrus wusste, dass er für eine so offenkundige Übertretung der jüdischen Ordnungen zur Rechenschaft gezogen würde.

Als Petrus das Haus des Heiden betrat, begrüßte ihn Kornelius nicht wie einen gewöhnlichen Besucher, sondern wie einen, der vom Himmel geehrt und von Gott zu ihm gesandt wurde. Im Orient ist es Sitte, sich vor einem Fürsten oder einem anderen hohen Würdenträger zu verbeugen; auch Kinder verbeugen sich vor ihren Eltern. Kornelius war aber vor dem, der von Gott zu ihm gesandt worden war, um ihn zu belehren, so von Ehrfurcht ergriffen, dass er vor dem Apostel niederfiel und ihn anbetete. Darüber war Petrus entsetzt. Er richtete den Hauptmann auf »und sprach: Steh auf, ich bin auch nur ein Mensch.« (Apostelgeschichte 10,26)

Während die Boten des Kornelius unterwegs waren, hatte der Hauptmann »seine Verwandten und nächsten Freunde zusammengerufen« (Apostelgeschichte 10,24), damit auch sie genauso wie er die Verkündigung des Evangeliums hören konnten. Als Petrus eintraf, erwartete ihn eine große Anzahl Besucher, die gespannt seine Worte vernehmen wollten.

Zuerst sprach Petrus zu den Versammelten über die jüdische Tradition, nach

Römischer Legionär, Relief an der Trajanssäule in Rom

Kornelius war ein römischer Hauptmann von beneidenswertem gesellschaftlichem und politischem Rang. Er hatte den Gott Israels angenommen, wurde aber von den Juden als unreiner Heide betrachtet. Trotzdem war er ein Mensch, der den Armen regelmäßig Almosen gab und seine Verehrung für Gott nicht verbarg. Gott, der keinen Unterschied zwischen den Menschen macht, beauftragte Petrus, ihn zu unterrichten und zu taufen.

der es als gesetzeswidrig angesehen wurde, wenn Juden mit Heiden gesellschaftlichen Umgang pflegten, weil sie sich dadurch zeremoniell verunreinigten. »Ihr wisst, dass es einem jüdischen Mann nicht erlaubt ist, mit einem Fremden umzugehen oder zu ihm zu kommen; aber Gott hat mir gezeigt, dass ich keinen Menschen meiden oder unrein nennen soll. Darum habe ich mich nicht geweigert zu kommen, als ich geholt wurde. So frage ich euch nun, warum ihr mich habt holen lassen.« (Apostelgeschichte 10,28.29)

Danach berichtete Kornelius von seinem Erlebnis, wiederholte die Worte des Engels und sagte zum Schluss: »Da sandte ich sofort zu dir; und du hast recht getan, dass du gekommen bist. Nun sind wir alle hier vor Gott zugegen, um alles zu hören, was dir vom Herrn befohlen ist.« (Apostelgeschichte 10,33)

»Petrus aber tat seinen Mund auf und sprach: Nun erfahre ich in Wahrheit, dass Gott die Person nicht ansieht; sondern in jedem Volk, wer ihn fürchtet und recht tut, der ist ihm angenehm.« (Apostelgeschichte 10,34.35)

Das Evangelium gilt auch für Prominente

Dann predigte der Apostel dieser aufmerksamen Zuhörerschaft Christus. Er sprach über sein Leben und seine Wunder, den Verrat an ihm, seine Kreuzigung, seine Auferstehung und Himmelfahrt und seinen Dienst im Himmel als Vertreter und Fürsprecher des Menschen. Als Petrus die Versammelten auf Christus als einzige Hoffnung für den Sünder hinwies, verstand auch er selbst die Bedeutung seiner Vision noch umfassender. Die Begeisterung für die Wahrheit, die er hier darlegte, ließ sein eigenes Herz brennen.

Plötzlich wurde die Predigt durch den Heiligen Geist unterbrochen, der auf die Versammelten herabkam. »Während Petrus noch diese Worte redete, fiel der Heilige Geist auf alle, die dem Wort zuhörten. Und die gläubig gewordenen Juden, die mit Petrus gekommen waren, entsetzten sich, weil auch auf die Heiden die Gabe des Heiligen Geistes ausgegossen wurde; denn sie hörten, dass sie in Zungen redeten und Gott hoch priesen. Da antwortete Petrus: Kann auch jemand denen das Wasser zur Taufe verwehren, die den Heiligen Geist empfangen haben ebenso wie wir? Und er befahl, sie zu taufen in dem Namen Jesu Christi.« (Apostelgeschichte 10,44-48)

So wurde das Evangelium denen gebracht, die »Gäste und Fremdlinge« waren, und machte sie zu »Mitbürgern der Heiligen und Gottes Hausgenossen.« (Epheser 2,19) Die Bekehrung des Kornelius und seiner Familie war bloß die Erstlingsfrucht einer Ernte, die noch eingebracht werden sollte. Von diesem Heim aus nahm in jener heidnischen Stadt ein großes Werk der Bekehrung seinen Anfang.

Gott hält auch heute Ausschau nach Menschen unter den Hohen und unter den Niedrigen. Da gibt es viele Menschen wie Kornelius, die der Herr mit seinem Werk auf dieser Welt in Verbindung zu bringen wünscht. Sie fühlen sich zu Gottes Volk hingezogen. Doch ihre Beziehungen, die sie an die Welt binden, halten sie zurück. Sie benötigen Zivilcourage, um für Christus Position zu beziehen. Um solche Menschen, die durch ihre Verantwortlichkeiten und Beziehungen in grosser Gefahr stehen, sollte besonders gerungen werden.

Gott ruft nach ernsthaften, demütigen Mitarbeitern, die das Evangelium der Oberschicht bringen. Im Zusammenhang mit echten Bekehrungen werden Wunder geschehen – Wunder, die man bis jetzt kaum wahrnimmt. Selbst die bedeutendsten Männer dieser Welt stehen nicht außerhalb der Macht eines Wunder wirkenden Gottes. Wenn seine Mitarbeiter jede Gelegenheit wahrnehmen und ihre Pflicht gewissenhaft und treu erfüllen, wird Gott gebildete und einflussreiche Menschen in verantwortlicher Stellung bekehren. Durch die Macht des Heiligen Geistes werden viele die göttlichen Grundsätze annehmen. Haben sie sich einmal zur Wahrheit bekehrt, werden sie zu Mitarbeitern Gottes, die das Licht weitergeben. Sie werden für andere Menschen aus dieser vernachlässigten Gesellschaftsschicht eine besondere Verpflichtung verspüren. Zeit und Geld wird dem Werk des Herrn geweiht werden, und

> *Die Bekehrung des Kornelius und seiner Familie war bloß die Erstlingsfrucht einer Ernte, die noch eingebracht werden sollte. Von diesem Heim aus nahm in jener heidnischen Stadt ein großes Werk der Bekehrung seinen Anfang.*

die Gemeinde wird neue, zusätzliche Kraft und Wirksamkeit erhalten.

Weil Kornelius all den Weisungen, die er empfangen hatte, gehorsam gewesen war, gestaltete Gott die Ereignisse so, dass ihm noch größere Wahrheiten geschenkt wurden. Ein himmlischer Bote war zu dem römischen Offizier und zu Petrus gesandt worden, damit Kornelius mit jemand in Verbindung kam, der ihn zu noch größerem Licht führen konnte.

Umdenken

Viele Menschen auf unserer Welt sind dem Reich Gottes näher als wir denken. In dieser dunklen Welt der Sünde gehören dem Herrn viele kostbare Juwelen, zu denen er seine Boten senden wird. Überall gibt es Menschen, die sich auf die Seite Jesu Christi stellen werden. Viele werden die Weisheit Gottes höher schätzen als jeden irdischen Vorteil und treue Lichtträger werden. Die Liebe Christi wird sie drängen, andere zu bewegen, ebenfalls zu ihm zu kommen.

Als die Brüder in Judäa hörten, dass Petrus in das Haus eines Heiden gegangen war und den dort Versammelten eine Predigt gehalten hatte, waren sie überrascht und beleidigt. Sie fürchteten, dass solch eine Handlungsweise, die ihnen vermessen erschien, seiner eigenen Lehre entgegenwirken würde. Als sie ihm das nächste Mal begegneten, tadelten sie ihn hart und sagten: »Du bist zu Männern gegangen, die nicht Juden sind, und hast mit ihnen gegessen!« (Apostelgeschichte 11,3)

Petrus legte ihnen die ganze Angelegenheit offen dar. Er berichtete, was er im Zusammenhang mit der Vision erfahren hatte. Er machte geltend, dass er auf diese Weise ermahnt worden war, nicht länger an der kultischen Unterscheidung zwischen Beschnittenen und Unbeschnittenen festzuhalten und Heiden als unrein zu betrachten. Er erzählte ihnen auch, wie ihm befohlen worden war, zu den Heiden zu gehen, wie die Boten zu ihm kamen und wie er nach Cäsarea reiste, um mit Kornelius zusammenzutreffen. Er berichtete das Wesentliche aus seinem Gespräch mit dem Hauptmann, in welchem ihm dieser von der Vision erzählte, die ihn dazu geführt hatte, Petrus holen zu lassen.

»Als ich aber anfing zu reden«, sagte Petrus in seinem Bericht, »fiel der Heilige Geist auf sie ebenso wie am Anfang auf uns. Da dachte ich an das Wort des Herrn, als er sagte: Johannes hat mit Wasser getauft; ihr aber sollt mit dem Heiligen Geist getauft werden. Wenn nun Gott ihnen die gleiche Gabe gegeben hat wie auch uns, die wir zum Glauben gekommen sind an den Herrn Jesus Christus: wer war ich, dass ich Gott wehren konnte?« (Apostelgeschichte 11,15-17)

Als die Brüder dies hörten, schwiegen sie. Sie waren nun überzeugt, dass Petrus in seiner Handlungsweise direkt dem Willen Gottes entsprochen hatte und dass ihre Voreingenommenheit und ihr Anspruch auf Exklusivität dem Geist des Evangeliums schlichtweg widersprachen. Dann priesen sie Gott mit den Worten: »So hat Gott auch den Heiden die Umkehr gegeben, die zum Leben führt!« (Apostelgeschichte 11,18)

Auf diese Weise wurde ohne Streitigkeiten mit Vorurteilen gebrochen und die durch eine Jahrhunderte alte Tradition etablierte Exklusivität aufgegeben. Damit war der Weg nun frei für die Verkündigung des Evangeliums unter den Heiden.

Für die Verbreitung des Evangeliums auf der Erde hätte Gott durchaus Engel auswählen können, er hat aber entschieden, dass wir Menschen dies großartige Werk zusammen mit ihm vollenden sollen. Einige Christen meinen, die Verantwortung für diesen Dienst läge allein bei Pastoren und Pfarrern. Gott aber hat alle Gläubigen dazu aufgerufen, seine Zeugen zu sein.

Kapitel 15 Aus dem Gefängnis befreit

Apostelgeschichte 12,1-23

Herodes ließ den Apostel Jakobus, den Bruder des Johannes, ins Gefängnis werfen und enthaupten. Der Tod des Jakobus löste bei den Gläubigen in Jerusalem großen Kummer aus. Kurz danach ließ Herodes auch Petrus einkerkern. Als Gott die innigen Gebete seiner treuen Anhänger hörte, sandte er einen mächtigen Engel auf die Erde, der Petrus auf wunderbare Weise aus dem Gefängnis in die Freiheit führte.

»Um diese Zeit legte der König Herodes Hand an einige von der Gemeinde, sie zu misshandeln.« (Apostelgeschichte 12,1) Judäa wurde zu jener Zeit von Herodes Agrippa, einem Vasallen des römischen Kaisers Claudius, regiert. Dieser Herodes war gleichzeitig »Vierfürst« von Galiläa. Angeblich hatte er sich als Proselyt zum jüdischen Glauben bekehrt und war anscheinend eifrig darauf bedacht, die jüdischen Gesetzesvorschriften zu erfüllen. In der Hoffnung, für sich selbst Amt und Würden zu sichern, bemühte er sich, die Gunst der Juden zu erlangen. Deshalb kam er ihren Wünschen nach und verfolgte die Gemeinde Christi. Er ließ Häuser und sonstiges Eigentum der Gläubigen plündern und die führenden Gemeindeglieder gefangen setzen. Er warf Jakobus, den Bruder des Johannes, ins Gefängnis und ließ ihn durch das Schwert eines Scharfrichters töten. In gleicher Weise hatte ein anderer Herodes zuvor Johannes den Täufer enthauptet. Als Agrippa sah, dass die Juden daran Gefallen hatten, warf er auch Petrus ins Gefängnis.

Eingekerkert

Ausgerechnet während der Zeit des Passafestes wurden diese Grausamkeiten verübt. Während die Juden ihre Befreiung aus Ägypten feierten und dem Anschein nach großen Eifer für das Gesetz Gottes an den Tag legten, übertraten sie gleichzeitig das Prinzip dieses Gesetzes durch Verfolgung und Mord an den Christusgläubigen.

Der Tod des Jakobus löste unter den Gläubigen großen Kummer und Bestürzung aus. Als auch Petrus gefangen genommen wurde, fastete und betete die ganze Gemeinde.

Aus dem Gefängnis befreit

Die Hinrichtung des Jakobus durch Herodes fand bei den Juden Beifall, wenn auch einige beanstandeten, dass sie nicht öffentlich stattfand. Sie behaupteten, dass eine öffentliche Exekution die Gläubigen und ihre Anhänger gründlicher eingeschüchtert hätte. Deshalb behielt Herodes Petrus in Haft, in der Absicht, den Juden durch die öffentliche Zurschaustellung seines Todes noch mehr gefällig zu sein. Andererseits wurde argumentiert, dass es zu gefährlich wäre, den ehrwürdigen Apostel vor all den Menschen, die damals in Jerusalem versammelt waren, hinrichten zu lassen. Man fürchtete, das Mitleid der Menge zu erwecken, wenn sie sähe, wie man ihn zur Hinrichtung führte.

Die Priester und Ältesten befürchteten auch, dass Petrus einen jener mitreißenden Aufrufe machen könnte, die häufig bei dem Volk das Interesse geweckt hatten, das Leben und den Charakter Jesu genauer kennen zu lernen. Solchen Aufrufen konnten sie trotz all ihrer Argumente nichts Entscheidendes entgegensetzen. Petrus hatte sich so sehr für die Sache Christi eingesetzt, dass viele dazu bewegt worden waren, sich auf die Seite des Evangeliums zu stellen. Auch hatten die Obersten folgende Befürchtung: Sollte Petrus Gelegenheit erhalten, seinen Glauben vor den vielen Menschen zu verteidigen, die zur Anbetung in die Stadt gekommen waren, dann würde man vielleicht sogar den König auffordern, ihn freizulassen.

Unter verschiedensten Vorwänden wurde die Hinrichtung des Petrus bis nach dem Passafest verschoben. Diese Zeit benutzten viele Gemeindeglieder zu gründlicher Herzensprüfung und ernstem Gebet. Sie beteten ohne Unterlass für Petrus, denn sie spürten, dass er für die Sache des Herrn unentbehrlich war. Ohne Gottes besondere Hilfe, so erkannten sie, waren sie an einem Punkt angelangt, an dem die Gemeinde zugrunde gehen müsste.

Inzwischen suchten Anbeter aus allen Nationen den Tempel auf, der zur Verehrung Gottes errichtet worden war. Im Glanz von Gold und Edelsteinen verkörperte er Schönheit und Erhabenheit. Aber der wahre Gott war in diesem herrlichen Gebäude nicht mehr zu finden. Israel als Volk hatte sich von seinem Gott getrennt. Als Christus gegen Ende seines Lebens zum letzten Mal die Ausstattung des Tempels betrachtete, sagte er: »Siehe, euer Haus soll euch wüst gelassen werden.« (Matthäus 23,38) Bisher hatte er den Tempel das Haus seines Vaters genannt. Als der Sohn Gottes jedoch dieses Gebäude verließ, zog sich die Gegenwart Gottes für immer aus dem Tempel zurück, der zu seiner Ehre gebaut worden war.

Schließlich wurde der Tag für die Hinrichtung des Petrus festgesetzt, aber noch immer stiegen die Gebete der Gläubigen zum Himmel empor. Während sie mit aller Kraft und allem Mitgefühl in innigem Gebet Hilfe erbaten, wachten Gottes Engel über dem gefangenen Apostel.

Weil die Apostel schon früher einmal aus dem Gefängnis entwichen waren, hatte Herodes diesmal doppelte Vorsichtsmaßnahmen ergriffen. Um jede Möglichkeit einer Befreiung zu verhindern, ließ er Petrus von sechzehn Soldaten bewachen, die ihn in verschiedenen Schichten Tag und Nacht beaufsichtigten. Er lag an zwei Ketten gefesselt zwischen zwei Soldaten in seiner Zelle, und jede Kette war an einem Handgelenk eines der Soldaten befestigt. Er konnte sich unmöglich bewegen, ohne dass sie etwas bemerkten. Da die Gefängnistüren fest verschlossen waren und eine starke Wache davor stand, gab es keine Gelegenheit zur Flucht oder Befreiung durch menschliche Mittel. Aber des Menschen Verlegenheit ist Gottes Gelegenheit.

Das Verließ, in dem man Petrus gefangen hielt, war in den Fels gehauen, der Zugang dazu fest verriegelt und verschlossen. Die Wachsoldaten waren für die Verwahrung des Gefangenen persönlich verantwortlich. Doch die Riegel und Stangen und die römische Wache, die jede menschliche Fluchthilfe wirksam verhinderte, sollte den Triumph Gottes bei der Befreiung des Petrus nur umso größer machen. Herodes war im Begriff, seine Hand gegen den Allmächtigen zu erheben, und er sollte eine totale Niederlage erleben. Gott aber war dabei, seine Macht einzusetzen, um das wertvolle Leben zu retten, das die Juden zu vernichten suchten.

> *Petrus hatte sich so sehr für die Sache Christi eingesetzt, dass viele dazu bewegt worden waren, sich auf die Seite des Evangeliums zu stellen.*

Wunderbare Befreiung

Die letzte Nacht vor der beabsichtigten Hinrichtung ist angebrochen. Da wird ein mächtiger Engel vom Himmel gesandt, um Petrus zu retten. Die schweren Tore, die den Mitarbeiter Gottes eingeschlossen hielten, öffnen sich ohne Zutun von Menschenhand. Der Engel des Höchsten geht hindurch, und die Tore schließen sich lautlos hinter ihm. Er betritt das Verließ. Vor ihm liegt Petrus in friedlichem Schlaf und vollkommenem Gottvertrauen.

Das Licht, das den Engel umgibt, erhellt die Zelle, weckt Petrus aber nicht auf. Erst als er fühlt, wie ihn der Engel in die Seite stößt, und er eine Stimme sagen hört: »Steh schnell auf!« (Apostelgeschichte 12,7), wird er so weit wach, dass er das himmlische Licht in seiner Zelle wahrnimmt und einen Engel in großer Herrlichkeit vor ihm stehen sieht. Mechanisch gehorcht er der Aufforderung, und als er beim Aufstehen die Hände hebt, wird ihm halbwegs bewusst, dass die Ketten von seinen Handgelenken abgefallen sind.

Nun gebietet ihm die Stimme des himmlischen Boten: »Gürte dich und zieh deine Schuhe an!«, und wieder gehorcht Petrus mechanisch, hält seinen Blick verwundert auf seinen Besucher gerichtet und glaubt sich in einem Traum oder in einer Vision. Nochmals befiehlt ihm der Engel: »Wirf deinen Mantel um und folge mir!« (Apostelgeschichte 12,8) Er bewegt sich zur Tür. Der sonst gesprächige Petrus folgt ihm stumm vor Erstaunen. Sie steigen über die Wachen und kommen zu der fest verriegelten Tür, die sich von selbst öffnet und unmittelbar danach wieder schließt, während die Wachen drinnen und draußen bewegungslos auf ihren Posten verharren.

Sie erreichen die zweite Tür. Auch diese ist von innen und außen bewacht. Wie die erste öffnet sie sich ohne ein Quietschen in den Türangeln und ohne Lärm von den eisernen Riegeln. Sie gehen hindurch, und auch diese schließt sich lautlos hinter ihnen. Zuletzt passieren sie das dritte Tor ebenso, und schließlich befinden sie sich auf offener Straße. Es wird kein Wort gesprochen, und kein Schritt ist zu hören. Von strahlendem Lichtglanz umgeben bewegt sich der Engel vorwärts. Petrus folgt seinem Befreier fassungslos und meint immer noch zu träumen. So schreiten sie durch eine Straße. Plötzlich verschwindet der Engel; sein Auftrag ist erfüllt.

Das himmlische Licht verblasste und erlosch. Um Petrus herum war nur noch tiefste Dunkelheit; doch als sich seine Augen daran gewöhnt hatten, schien sie sich allmählich wieder aufzuhellen, und er fand sich allein auf einer stillen Straße, während kühle Nachtluft um seine Stirn strich. Nun wurde ihm bewusst: Er war frei und befand sich in einem ihm vertrauten Teil der Stadt. Er erkannte den Ort: Hier war er oft gewesen, und hier, so hatte er geglaubt, würde er am nächsten Tag ein letztes Mal vorbeikommen.

Er versuchte, sich noch einmal an die Ereignisse der letzten Augenblicke zu erinnern. Er war doch zwischen den beiden Soldaten eingeschlafen, nachdem er Sandalen und Mantel abgelegt hatte. Als er sich nun betrachtete, fand er sich vollständig angezogen und gegürtet. Seine Handgelenke, die vom Tragen der grausamen eisernen Fesseln angeschwollen waren, trugen keine Handschellen mehr. Ihm wurde klar: Seine Freiheit war weder Täuschung noch Traum oder eine Vision – sie war beglückende Wirklichkeit. Am folgenden Tag hätte er hinausgeführt werden sollen, um zu sterben, doch was war geschehen? Ein Engel hatte ihn aus dem Kerker befreit und vor dem Tod gerettet. »Und als Petrus zu sich gekommen war, sprach er: Nun weiß ich wahrhaftig, dass der Herr seinen Engel gesandt und mich aus der Hand des Herodes errettet hat und von allem, was das jüdische Volk erwartete.« (Apostelgeschichte 12,11)

Der Apostel machte sich eilends auf den Weg zu dem Haus, in dem seine Glaubensgeschwister versammelt waren und gerade ernsthaft für ihn beteten. »Petrus klopfte an das Hoftor, und die Diene-

---

Engel sind von Gott geschaffene himmlische Wesen. Die Bibel berichtet, dass sich ungefähr ein Drittel der Engel gegen ihren Schöpfer auflehnte. (Offenbarung 12) Sie wurden daraufhin auf die Erde verbannt und beeinflussen hier die Menschen zum Bösen. Die Engel, die Gott treu blieben, wirken auch auf dieser Erde. Ihr Ziel ist es, den Gläubigen zu helfen und sie zu beschützen. Sie wirken aber nie gegen den menschlichen Willen und können nur handeln, wenn wir es wünschen und zulassen.

rin Rhode kam, um zu hören, wer draußen sei. Als sie Petrus an der Stimme erkannte, vergaß sie vor Freude, das Tor zu öffnen; sie rannte ins Haus und meldete, Petrus stehe draußen. Du bist nicht ganz bei Verstand!, sagten die im Haus. Und als Rhode darauf bestand, meinten sie: Das ist sein Schutzengel! Petrus aber klopfte und klopfte, bis sie schließlich aufmachten. Als sie ihn sahen, gerieten sie außer sich. Er bat mit einer Handbewegung um Ruhe und erklärte ihnen, wie ihn Gott aus dem Gefängnis befreit hatte … Dann verließ er Jerusalem.« (Apostelgeschichte 12,13-17 GNB) Freude und Lob erfüllten die Gläubigen, denn Gott hatte ihre Gebete erhört und Petrus aus der Hand des Herodes errettet.

Rachegedanken

Am Morgen lief eine große Volksmenge zusammen, um die Hinrichtung des Petrus zu sehen. Herodes sandte Offiziere zum Gefängnis, um den Gefangenen zu holen. Er sollte unter einem mächtigen Aufgebot von Waffen und Wachen hergebracht werden, nicht nur um zu verhindern, dass er entkam, sondern um alle Anhänger einzuschüchtern und um die Macht des Königs zu demonstrieren.

Als die Torwächter entdeckten, dass Petrus entkommen war, packte sie der Schrecken. Ausdrücklich war ihnen eingeschärft worden, dass sie für den Gefangenen mit ihrem Leben hafteten, und deshalb waren sie besonders wachsam gewesen. Die Offiziere kamen zum Gefängnistor und fanden die Soldaten auf ihren Posten. Türschlösser und Riegel waren unversehrt und die Ketten noch an den Handgelenken der beiden Soldaten befestigt – aber der Gefangene war verschwunden!

Als Herodes von Petrus' Flucht erfuhr, geriet er außer sich vor Zorn. Er beschuldigte die Wachen der Untreue und befahl, sie zu töten. Herodes wusste, dass keine menschliche Macht Petrus befreit hatte, aber er wollte sich nicht eingestehen, dass eine göttliche Macht seine Pläne durchkreuzt hatte. Trotzig lehnte er sich gegen Gott auf.

Sturz und Gericht

Nicht lange nach Petrus' Befreiung aus dem Gefängnis reiste Herodes nach Cäsarea. Um Bewunderung zu erregen und den Beifall des Volkes zu gewinnen, gab er dort ein großes Fest. Von überall kamen Vergnügungssüchtige herbei, dabei wurde ausgiebig gefeiert und Wein getrunken. Herodes trat mit großem Gepränge und Zeremoniell vor das Volk und hielt eine glänzende Rede. Er war eine prachtvolle Erscheinung in seinem gold- und silberbestickten Gewand, das die Sonnenstrahlen in seinem funkelnden Faltenwurf einfing und die Augen der Betrachter blendete. Die Majestät seiner Gestalt und die Kraft seiner wohlgesetzten Worte übten einen gewaltigen Einfluss auf die Versammelten aus. Ihre Sinne waren nach dem Gelage und dem Weingenuss schon ganz benebelt. Sie ließen sich von den Ehrenzeichen, die Herodes trug, blenden und durch sein Auftreten und seine Redekunst betören. Rasend vor Begeisterung überschütteten sie ihn mit Schmeicheleien und brachten zum Ausdruck, kein Sterblicher könne ein solches Erscheinungsbild haben oder über eine so sensationelle Redegewandtheit verfügen. Darüber hinaus erklärten sie, dass sie ihn schon immer als Herrscher geachtet hätten, ihn aber fortan als Gott anbeten wollten.

Manche von denen, die jetzt lauthals einen gemeinen Sünder verherrlichten, hatten nur wenige Jahre zuvor bezüglich Jesus begeistert geschrien: »Hinweg mit diesem!« und »Kreuzige, kreuzige ihn!« (Lukas 23,18.21) Die Juden hatten Christus abgewiesen, dessen raues Gewand oft von der Reise beschmutzt war, der aber ein Herz voll göttlicher Liebe in sich trug. Sie konnten unter dem bescheidenen Äußeren nicht den Herrn des Lebens und der Herrlichkeit erkennen, obwohl sich die Macht Christi vor ihnen in Werken offenbarte, die kein gewöhnlicher Mensch vollbringen kann. Den hochmütigen König hingegen, dessen gold- und silberbesticktes Gewand ein verdorbenes und grausames Herz überdeckte, waren sie bereit, als Gott anzubeten.

> *Herodes wusste, dass das Maß seiner Bosheit voll geworden war, als er sich als Gott verehren ließ. So lud er den gerechten Zorn des ewigen Gottes auf sich.*

TEIL 3 | GUTE NACHRICHT FÜR ALLE

Die antike Festung Herodion; hier entdeckte man im Jahr 2007 das Grab von Herodes dem Großen

Auf einem künstlichen Hügel ca. 12 km südlich von Jerusalem ließ Herodes der Große eine mächtige Palast- und Festungsanlage errichten. Sein Enkel Herodes Agrippa I., von dem die Apostelgeschichte berichtet, beherrschte gegen Ende seiner Regierungszeit praktisch das gleiche Gebiet wie sein Großvater. Er unterstützte die einflussreichen konservativen Kreise des Judentums und wurde unter ihrem Einfluss ein harter Verfolger der christlichen Gemeinden. Als er sich vor einer großen Versammlung wie ein Gott verehren ließ, versetzte ihm völlig unerwartet ein Engel Gottes den Todesstoß.

Herodes wusste sehr wohl, dass er weder das Lob noch die ihm dargebrachte Huldigung verdiente. Trotzdem nahm er die Vergötterung durch das Volk an, als ob sie ihm zustünde. Innerlich jubelte er, und sein Gesicht glühte vor eitlem Stolz, als der Ruf immer lauter wurde: »Das ist Gottes Stimme und nicht die eines Menschen!« (Apostelgeschichte 12,22)

Aber plötzlich kam eine schreckliche Veränderung über ihn. Sein Gesicht wurde kreidebleich und verzerrte sich in Todesangst. Große Schweißtropfen traten aus seinen Poren. Starr vor Schmerz und Schrecken hielt er einen Augenblick inne. Dann wandte er sein totenbleiches Gesicht seinen entsetzten Freunden zu und schrie verzweifelt und mit hohl klingender Stimme: Den ihr zum Gott erhoben habt, holt der Tod!

Er litt qualvollste Todesangst, als er von diesem Ort lärmender Festlichkeit und des Prunks weggetragen wurde. Eben noch hatte er das Lob und die Verehrung dieser riesigen Menge stolz entgegengenommen. Doch nun musste er erkennen, dass er sich in der Hand eines Herrschers befand, der mächtiger war als er. Gewissensbisse überkamen ihn. Er erinnerte sich, wie er die Anhänger Christi unerbittlich verfolgt hatte, an seinen grausamen Befehl zur Ermordung des unschuldigen Jakobus und an seine Absicht, den Apostel Petrus zu töten. Er erinnerte sich, wie er gekränkt und enttäuscht wütend eine unsinnige Rache an den Gefängniswächtern geübt hatte. Nun spürte er, wie Gott mit ihm, dem erbarmungslosen Verfolger, abrechnete. Er fand keine Linderung seiner körperlichen Schmerzen und seelischen Qualen. Er erwartete auch keine.

Herodes kannte das Gesetz Gottes, in dem es heißt: »Du sollst keine anderen Götter haben neben mir.« (2. Mose 20,3) Er wusste, dass das Maß seiner Bosheit voll geworden war, als er sich als Gott verehren ließ. So lud er den gerechten Zorn des ewigen Gottes auf sich.

Derselbe Engel, der vom Himmel gekommen war, um Petrus zu befreien, wurde für Herodes zum Boten des Zorns und Gerichts. Der Engel stieß Petrus in die Seite, um ihn vom Schlaf aufzuwecken. Dem gottlosen König versetzte er jedoch einen Stoß, der seinen Stolz demütigte und durch den die Strafe des Allmächtigen vollstreckt wurde. Herodes starb durch Gottes Strafgericht unter seelischen und körperlichen Qualen.

Diese Offenbarung göttlicher Gerechtigkeit übte eine machtvolle Wirkung auf das Volk aus. Die Nachricht, dass Christi Apostel auf wunderbare Weise aus dem Gefängnis und vor dem Tod errettet worden war, während dessen Verfolger der göttliche Fluch getroffen hatte, wurde in alle Lande getragen und für viele ein Ansporn zum Glauben an Christus.

Die Erfahrung des Philippus, der durch einen Engel des Himmels an einen Ort gesandt wurde, wo er einen Wahrheitsuchenden fand; die Erfahrung des Kornelius, den ein Engel mit einer Botschaft von Gott aufsuchte; die Erfahrung des Petrus, der im Kerker saß und zum Tod verurteilt war, aber durch einen Engel in Sicherheit gebracht wurde – all dies zeigt, wie eng der Himmel mit der Erde verbunden ist.

Engel im Dienst für Menschen

Dem, der für Gott arbeitet, sollten die Berichte vom Eingreifen dieser Engel Stärke und Mut verleihen. So gewiss wie in den Tagen der Apostel ziehen auch heute himmlische Boten überall durch die Lande, um Bekümmerte zu trösten, Bußfertige zu bewahren und Menschen für Christus zu gewinnen. Wir können sie zwar nicht mit unseren Augen wahrnehmen, dennoch sind sie bei uns, um uns zu führen, zu unterweisen und zu bewahren.

Der Himmel kommt der Erde durch eine geheimnisvolle Leiter nahe, die fest auf der Erde steht, während die oberste Sprosse bis zum Thron des Allmächtigen reicht. Engel steigen ständig auf dieser Leiter strahlenden Lichts auf und nieder. Sie tragen die Gebete der Notleidenden und Bekümmerten zum Vater empor und bringen den Menschen Segen und Hoffnung, Mut und Hilfe. Diese Engel des Lichts schaffen um den Menschen eine himmlische Atmosphäre und heben uns dem Unsichtbaren und Ewigen entgegen. Wir können ihre Gestalt mit unseren natürlichen Augen nicht sehen. Himmlische Dinge lassen sich nur mit geistlichen Augen erkennen. Nur ein geistliches Ohr kann die Harmonie himmlischer Stimmen hören.

»Der Engel des Herrn lagert sich um die her, die ihn fürchten, und hilft ihnen heraus.« (Psalm 34,8) Gott beauftragt seine Engel, seine Auserwählten vor Unheil zu bewahren, »vor der Pest, die im Finstern schleicht, vor der Seuche, die am Mittag Verderben bringt.« (Psalm 91,6) Wie ein Mann mit seinem Freund redet, so haben Engel immer wieder mit Menschen gesprochen und sie in Sicherheit gebracht. Immer wieder haben aufmunternde Worte von Engeln mutlose Gläubige neu erweckt und ihre Gedanken über das Irdische hinausgehoben. Dabei haben sie ihnen im Glauben die weißen Kleider, die Kronen, die Palmzweige des Sieges gezeigt, die die Überwinder erhalten werden, wenn sie um den großen weißen Thron versammelt sind.

Es ist Aufgabe der Engel, den Geprüften, den Leidenden und den Versuchten beizustehen. Unermüdlich setzen sie sich für diejenigen ein, für die Christus gestorben ist. Wenn Sünder dazu gebracht werden, sich dem Erlöser zu übergeben, bringen Engel die Nachricht zum Himmel, und unter den himmlischen Heerscharen bricht große Freude aus. »Ich sage euch: So wird man sich auch im Himmel mehr freuen über einen Sünder, der umkehrt, als über neunundneunzig Gerechte, die keiner Umkehr bedürfen.« (Lukas 15,7 ZÜ) Wann immer wir uns mit Erfolg bemüht haben, die Finsternis zu vertreiben und die Christuserkenntnis zu verbreiten, erstatten Engel dem Himmel Bericht. Wenn eine solche Tat vor den Vater gebracht wird, geht eine Welle der Freude durch die himmlischen Heerscharen.

Die Fürsten und Gewaltigen des Himmels beobachten den Kampf, den Gottes Diener unter scheinbar entmutigenden Bedingungen austragen. Wenn sich Christen um das Banner ihres Erlösers scharen und den guten Kampf des Glaubens kämpfen, werden sie stets neue Siege erringen und neue Ehren gewinnen. Alle Engel des Himmels stehen dem demütigen, gläubigen Gottesvolk zu Diensten. Wenn das Heer der Diener Gottes hier auf Erden seine Lieder zu seinem Lob singt, dann stimmt der himmlische Chor mit ein, um Gott und seinen Sohn zu preisen.

Wir müssen besser als bisher begreifen, was die Aufgabe der Engel ist. Es täte uns gut, wenn wir uns daran erinnerten, dass jedem wahren Gotteskind die Hilfe himmlischer Wesen zur Verfügung steht. Unsichtbare, aber mächtige Heere des Lichts und der Kraft stehen den Sanftmütigen und Demütigen bei, die an die Verheißungen Gottes glauben und sie für sich in Anspruch nehmen. Cherubim und Serafim, »starke Helden« (Psalm 103,20), stehen zur Rechten Gottes, »allesamt dienstbare Geister, ausgesandt zum Dienst um derer willen, die das Heil ererben sollen.« (Hebräer 1,14)

> *Es täte uns gut, wenn wir uns daran erinnerten, dass jedem Gotteskind die Hilfe himmlischer Wesen zur Verfügung steht. Unsichtbare, aber mächtige Heere des Lichts und der Kraft stehen denen bei, die an die Verheißungen Gottes glauben und sie für sich in Anspruch nehmen.*

Kapitel 16 Das Evangelium in Antiochia

Apostelgeschichte 11,19-26; 13,1-3

Nachdem die Jünger aus Jerusalem vertrieben worden waren, gelangten einige von ihnen bis nach Antiochia in Syrien. Zu jener Zeit war dies eine reiche Handelsstadt und auch ein Vergnügungszentrum. Gott segnete die Verkündung des Evangeliums an diesem Ort und viele Menschen kamen zum Glauben an Jesus. Bald entstand hier eine der ersten Gemeinden außerhalb des jüdischen Kernlandes.

Nachdem die Jünger durch Verfolgung aus Jerusalem vertrieben worden waren, verbreitete sich das Evangelium schnell in Gebiete jenseits der Grenzen Palästinas. Manch kleinere Gruppen von Gläubigen bildeten sich in wichtigen Städten. Einige der Jünger »gingen bis nach Phönizien und Zypern und Antiochia und verkündigten das Wort.« (Apostelgeschichte 11,19) Ihr Wirken war gewöhnlich auf die hebräischen und griechischen Juden beschränkt, von denen es zu jener Zeit in fast allen Städten der Welt große Kolonien gab.

Vorbereitung in der Großstadt

Zu den Städten, in denen das Evangelium freudig aufgenommen wurde, gehörte die damalige syrische Metropole Antiochia. Der ausgedehnte Handel, der von dieser Großstadt ausging, brachte Menschen aus den verschiedensten Nationen dorthin. Außerdem war Antiochia wegen seines gesunden Klimas, seiner schönen Umgebung, seines Reichtums, seiner Kultur und seiner Eleganz als Ort für Freunde der Behaglichkeit und des Vergnügens bekannt. In den Tagen der Apostel war es eine Stadt des Luxus und der Ausschweifung geworden.

Die frohe Botschaft wurde in Antiochia durch einige Jünger aus Zypern und Kyrene öffentlich gelehrt, die dort »das Evangelium vom Herrn Jesus« predigten. »Und die Hand des Herrn war mit ihnen«, sodass ihr ehrliches Bemühen reichlich Frucht brachte. »Eine große Zahl wurde gläubig und bekehrte sich zum Herrn.« (Apostelgeschichte 11,20.21)

»Die Kunde davon kam auch der Gemeinde in Jerusalem zu Ohren, und sie schickten Barnabas nach Antiochia.« (Apostelgeschichte

11,22 ZÜ) Bei seiner Ankunft in diesem neuen Arbeitsfeld sah Barnabas das Werk, das durch die Gnade Gottes bereits vollbracht worden war. Da »wurde er froh und ermahnte sie alle, mit festem Herzen an dem Herrn zu bleiben.« (Apostelgeschichte 11,23)

Barnabas' Arbeit in Antiochia wurde reich gesegnet, und die Anzahl der dortigen Gläubigen nahm zu. Als sich das Werk entwickelte, erkannte Barnabas, dass er Hilfe brauchte, um die Möglichkeiten, die sich ihm durch Gott eröffneten, effektiver nutzen zu können. Er reiste deshalb nach Tarsus und suchte Paulus. Dieser hatte nach seinem Weggang aus Jerusalem seit einiger Zeit im Gebiet von »Syrien und Zilizien« gearbeitet und dort den Glauben gepredigt, »den er früher zu zerstören suchte.« (Galater 1,21.23) Barnabas fand Paulus und konnte ihn dazu gewinnen, als sein Mitarbeiter im Predigtdienst mit ihm nach Antiochia zurückzukehren.

In dieser bevölkerungsreichen Stadt bot sich Paulus ein vorzügliches Arbeitsfeld. Seine Gelehrsamkeit, seine Weisheit und sein Eifer übten einen mächtigen Einfluss auf Einwohner und Besucher dieses Kulturzentrums aus. Er erwies sich als genau der Helfer, den Barnabas benötigte. Ein Jahr lang arbeiteten die beiden Jünger zusammen und brachten durch ihren treuen Dienst vielen Menschen die heilbringende Erkenntnis über Jesu von Nazareth, den Erlöser der Welt.

In Antiochia wurden die Jünger zum ersten Mal Christen genannt. Man gab ihnen diesen Namen, weil Christus das Hauptthema ihrer Predigten, ihrer Lehre und ihrer Gespräche war. Ständig berichteten sie von den Ereignissen, die sich in den Tagen seines Dienstes auf Erden zugetragen hatten, als Jesu Jünger durch seine persönliche Gegenwart gesegnet waren. Unermüdlich betonten sie seine Lehren und seine Heilungswunder. Tief bewegt und unter Tränen erzählten sie von seiner Seelenangst im Garten Gethsemane, von dem Verrat an ihm und seiner Hinrichtung, von der Geduld und Demut, mit denen er Hohn und Folterung ertrug, die ihm seine Feinde zufügten, und von der göttlichen Barmherzigkeit, mit der er für seine Verfolger gebetet hatte. Auch seine Auferstehung, seine Himmelfahrt und sein Dienst im Himmel als Fürsprecher für die gefallenen Menschen waren Themen, über die sie mit Freude sprachen. Zu Recht wurden sie deshalb von den Heiden »Christen« genannt; denn sie predigten Christus und richteten ihre Gebete durch ihn zu Gott.

Eigentlich war es Gott, der ihnen den Namen »Christen« gegeben hat. Es ist ein königlicher Name für alle, die sich mit Christus verbinden. Über diesen Namen schrieb Jakobus später: »Sind es nicht die Reichen, die Gewalt gegen euch üben und euch vor Gericht ziehen? Verlästern sie nicht den guten Namen, der über euch genannt ist?« (Jakobus 2,6.7) Und Petrus erklärte: »Leidet er [der Jünger Jesu] aber als ein Christ, so schäme er sich nicht, sondern ehre Gott mit diesem Namen.« (1. Petrus 4,16) »Selig seid ihr, wenn ihr geschmäht werdet um des Namens Christi willen, denn der Geist, der ein Geist der Herrlichkeit und Gottes ist, ruht auf euch.« (1. Petrus 4,14)

Die Gläubigen in Antiochia erkannten, dass Gott in ihrem Leben »das Wollen und das Vollbringen nach seinem Wohlgefallen« (Philipper 2,13) bewirken wollte. Da sie mitten unter einem Volk lebten, das sich nur wenig um das zu kümmern schien, was Ewigkeitswert hat, versuchten sie die Aufmerksamkeit der Aufrichtigen zu gewinnen und vor ihnen ein klares Zeugnis für den abzulegen, den sie liebten und dem sie dienten. In ihrem hingebungsvollen Wirken lernten sie, sich darauf zu verlassen, dass die Kraft des Heiligen Geistes das Wort des Lebens wirksam werden lässt. Und so gaben sie täglich in den verschiedensten Gesellschaftsschichten ein Zeugnis für ihren Glauben an Christus.

Ein Herz für Stadtmenschen

Das Beispiel der Anhänger Christi in Antiochia sollte allen Gläubigen, die heutzutage in den großen Städten der Welt leben, ein Ansporn sein. Ausgewähl-

> *Das Beispiel der Anhänger Christi in Antiochia sollte allen Gläubigen, die heutzutage in den großen Städten der Welt leben, ein Ansporn sein.*

te, gottgeweihte und fähige Mitarbeiter sollten nach Gottes Willen in wichtige Ballungszentren entsandt werden, um dort Öffentlichkeitsarbeit zu leisten. Genauso aber ist es Gottes Plan, dass Gemeindeglieder, die in diesen Städten wohnen, dort ihre von Gott geschenkten Talente einsetzen, um Nachfolger für Jesus zu gewinnen. Reiche Segnungen erwarten jeden, der seiner Aufforderung uneingeschränkt folgt. Sie werden dann erleben, dass viele Menschen, die bisher nicht erreicht werden konnten, durch verständnisvollen, persönlichen Einsatz plötzlich ansprechbar sind.

Gottes Sache auf Erden braucht heute Menschen, die die biblische Wahrheit ausleben. Die Prediger allein sind der Aufgabe nicht gewachsen, alle Menschen in den großen Städten zu warnen. Um die Nöte und Bedürfnisse der bisher noch nicht erreichten Städte zu berücksichtigen, ruft Gott nicht nur Prediger auf, sondern auch Ärzte, Krankenschwestern, Buchevangelisten, Bibellehrer und andere geweihte und fähige Laien mit den verschiedensten Begabungen, die das Wort Gottes und die Macht seiner Gnade kennen. Die Zeit vergeht rasch, und es gibt viel zu tun. Alle Kräfte müssen eingesetzt werden, um gegenwärtige Möglichkeiten weise zu verbessern.

Der Heidenmissionar

Seine Arbeit mit Barnabas in Antiochia bestärkte Paulus in seiner Überzeugung, dass Gott ihn zu einer besonderen Aufgabe bei den Heiden berufen hatte. Schon zur Zeit der Bekehrung des Paulus hatte der Herr seine Absicht mitgeteilt, ihn zu einem Verkündiger unter den Heiden zu machen, »um ihnen die Augen aufzutun, dass sie sich bekehren von der Finsternis zum Licht und von der Gewalt des Satans zu Gott. So werden sie Vergebung der Sünden empfangen und das Erbteil samt denen, die geheiligt sind durch den Glauben an mich.« (Apostelge-

So wie in der Metropole Antiochia, wo Barnabas und Paulus eine christliche Gemeinde gründeten, müssen Christen heute in den großen Städten wirken. Es gilt Ausschau zu halten nach Menschen, die Gott suchen. Durch zeitgemäße Methoden und verschiedenartige Angebote gilt es, Stadtmenschen mit dem Evangelium in Berührung zu bringen und sie zur Nachfolge Jesu einzuladen.

schichte 26,18) Der Engel, der Hananias erschien, hatte über Paulus ausgesagt: »Dieser ist mein auserwähltes Werkzeug, dass er meinen Namen trage vor Heiden und vor Könige und vor das Volk Israel.« (Apostelgeschichte 9,15) Und später hörte der Apostel selbst während des Gebets im Tempel zu Jerusalem die Worte eines Engels: »Geh hin; denn ich will dich in die Ferne zu den Heiden senden.« (Apostelgeschichte 22,21)

Der Herr hatte Paulus auf diese Weise beauftragt, sich in das weite Missionsfeld der heidnischen Welt zu begeben. Um ihn auf diese umfangreiche und schwierige Arbeit vorzubereiten, war ihm Gott ganz nahe gekommen und hatte ihm in einer Vision die Größe und Herrlichkeit des Himmels gezeigt. Er hatte ihm aufgetragen, »das Geheimnis« zu offenbaren, »das seit ewigen Zeiten verschwiegen war« (Römer 16,25), »das Geheimnis seines Willens« (Epheser 1,9), welches »in früheren Zeiten den Menschenkindern nicht kundgemacht« worden war, »wie es jetzt offenbart ist seinen heiligen Aposteln und Propheten durch den Geist; nämlich dass die Heiden Miterben sind und mit zu seinem Leib gehören und Mitgenossen der Verheißung in Christus Jesus sind durch das Evangelium, dessen Diener,« so sagt Paulus, »ich geworden bin ... Mir, dem allergeringsten unter allen Heiligen, ist die Gnade gegeben worden, den Heiden zu verkündigen den unausforschlichen Reichtum Christi und für alle ans Licht zu bringen, wie Gott seinen geheimen Ratschluss ausführt, der von Ewigkeit her verborgen war in ihm, der alles geschaffen hat; damit jetzt kundwerde die mannigfaltige Weisheit Gottes den Mächten und Gewalten im Himmel durch die Gemeinde. Diesen ewigen Vorsatz hat Gott ausgeführt in Christus Jesus, unserm Herrn.« (Epheser 3,5-11)

Öffentliche Beauftragung

Gott hatte die Arbeit des Paulus und des Barnabas während des ganzen Jahres, das sie bei den Gläubigen in Antiochia verbrachten, reich gesegnet. Aber keiner von beiden war bisher offiziell zum Missionsdienst ordiniert worden. In ihrer christlichen Erfahrung waren sie nun an einem Punkt angelangt, an dem Gott ihnen einen schwierigen Missionsauftrag anvertrauen wollte. Bei dessen Umsetzung würden sie jede Hilfe benötigen, die die Gemeinde ihnen zukommen lassen könnte.

»Es waren aber in Antiochia in der Gemeinde Propheten und Lehrer, nämlich Barnabas und Simeon, genannt Niger, und Luzius von Kyrene und Manaën, ... und Saulus. Als sie aber dem Herrn dienten und fasteten, sprach der Heilige Geist: Sondert mir aus Barnabas und Saulus zu dem Werk, zu dem ich sie berufen habe.« (Apostelgeschichte 13,1.2) Vor ihrer Aussendung als Missionare in die heidnische Welt wurden diese Apostel durch Fasten, Beten und Handauflegung feierlich Gott geweiht. So ermächtigte sie die Gemeinde, nicht nur die Wahrheit zu lehren, sondern auch zu taufen und Gemeinden zu gründen, da sie nun mit aller geistlichen Vollmacht ausgestattet waren.

Für die christliche Gemeinde begann damals ein bedeutsames Zeitalter. Von nun an sollte die Evangeliumsbotschaft kraftvoll unter den Heiden verkündet werden und eine Stärkung durch ein großes Gemeindewachstum zur Folge haben. Die Apostel, die in diesem Werk eine führende Rolle spielen sollten, würden dem Misstrauen, dem Vorurteil und dem Neid ausgesetzt sein. Ihre Lehre, Gott habe »die Scheidewand ... hinweggetan« (Epheser 2,14 Bru.), welche Juden und Heiden so lange voneinander getrennt hatte, würde sie sicherlich dem Vorwurf der Ketzerei aussetzen. Auch ihre Autorität als Diener des Evangeliums würde von vielen unduldsamen jüdischen Gläubigen in Zweifel gezogen werden. Gott sah die Schwierigkeiten voraus, denen sich seine Diener würden stellen müssen. Damit ihr Wirken nicht in Frage gestellt werden konnte, offenbarte er der Gemeinde seine Anweisung, die Apostel mit dieser Aufgabe öffentlich zu beauftragen. Ihre Einsegnung war eine öffentliche Bestätigung, dass Gott sie dazu bestimmt hatte, den Heiden die frohe Evangeliumsbotschaft zu bringen.

Die Einsegnung der Apostel war eine öffentliche Bestätigung, dass Gott sie dazu bestimmt hatte, den Heiden die frohe Evangeliumsbotschaft zu bringen.

*Nachdem Paulus und Barnabas von Gott zum Missionsdienst unter den Heiden berufen worden waren, brach eine neue Zeit an. Die beiden Männer wurden von der Gemeinde öffentlich beauftragt, diese Herausforderung anzunehmen. Wie das Siegel auf einem wichtigen Dokument, gab ihnen die Ordination durch Gebet und Handauflegung offizielle Handlungsvollmacht. Sie sollten in Zukunft Menschen aus unterschiedlichen Völkern taufen und neue Gemeinden gründen.
Bis heute stärkt die öffentliche Einsegnung Mitarbeitern im Evangeliumsdienst den Rücken und festigt die Einheit der Gemeinde Jesu.*

Siegel mit Darstellung von Petrus und Andreas

Sowohl Paulus als auch Barnabas hatten ihren Auftrag bereits von Gott direkt erhalten, und die Zeremonie der Handauflegung verlieh ihnen keine neue Gnade und keine besondere Befähigung. Es war eine allgemein anerkannte Form der Einsetzung in ein zugewiesenes Amt und eine Anerkennung der Vollmacht in diesem Amt. Dadurch wurde das Werk Gottes mit dem Siegel der Gemeinde versehen.

Für einen Juden war eine solche Handlung von tiefer Bedeutung. Wenn ein jüdischer Vater seine Kinder segnete, legte er ihnen ehrfurchtsvoll die Hände auf den Kopf. Wenn ein Tier zum Opfer bestimmt wurde, legte der bevollmächtigte Priester die Hand auf den Kopf des Tieres. Und als die Diener der Glaubensgemeinde Antiochia ihre Hände auf Paulus und Barnabas legten, baten sie Gott durch diese Handlung um seinen Segen für die auserwählten Apostel in ihrer hingebungsvollen Arbeit, zu der sie speziell bestimmt worden waren.

In späterer Zeit wurde der Einsegnungsritus durch Handauflegung weithin missbraucht. Der Handlung wurde eine ungerechtfertigte Bedeutung beigemessen, als ob plötzlich eine Kraft auf die Eingesegneten käme, die sie unmittelbar zu jeglichem geistlichen Amt befähige. In dem Bericht über die Erwählung dieser beiden Apostel findet man jedoch keinen Hinweis darauf, dass durch den bloßen Akt der Handauflegung irgendeine außergewöhnliche Kraft oder Fähigkeit vermittelt wurde. Es findet sich lediglich der schlichte Bericht über ihre Ordination und deren Auswirkung auf ihre künftige Arbeit.

Die Umstände im Zusammenhang mit der Erwählung von Paulus und Barnabas durch den Heiligen Geist zu einer bestimmten Art des Dienstes zeigt deutlich, dass der Herr in seiner organisierten Gemeinde durch beauftragte Diener wirkt. Als Paulus Jahre zuvor durch den Erlöser selbst zum ersten Mal eine Offenbarung über die Absicht Gottes mit ihm erhielt, wurde er kurz darauf mit Mitgliedern der neu gegründeten Gemeinde in Damaskus in Verbindung gebracht. Die Gemeinde in dieser Stadt wurde ihrerseits nicht lange über die persönlichen Erfahrungen des bekehrten Pharisäers im Dunkeln gelassen. Jetzt sollte der göttliche Auftrag von damals noch umfassender ausgeführt werden. Der Heilige Geist bezeugte erneut, dass Paulus ein auserwähltes Gefäß war, um das Evangelium zu den Heiden zu tragen, und er gab der Gemeinde den Auftrag, Paulus und seinen Mitarbeiter einzusegnen. Als die Leiter der Gemeinde zu Antiochia »dem Herrn dienten und fasteten, sprach der heilige Geist: Sondert mir aus Barnabas und Saulus zu dem Werk, zu dem ich sie berufen habe.« (Apostelgeschichte 13,2)

Zusammenarbeit

Gott hat seine Gemeinde auf Erden zu einer Vermittlerin des Lichts gemacht, durch die er seine Absichten und seinen Willen kundtut. Keinem seiner Diener gibt Gott eine Erfahrung, die mit der Erfahrung der Gemeinde selbst nichts zu tun hätte oder ihr gar widerspräche. Auch offenbart er nicht einem einzelnen Menschen ein Wissen über seinen Willen für die ganze Gemeinde, während die Gemeinde, der Leib Christi, im Dunkeln gelassen wird. Nach seinem Plan bringt er seine Diener in engste Verbindung mit seiner Gemeinde, damit diese weniger Vertrauen in sich selbst und größeres Vertrauen in andere Menschen setzen, die er ebenfalls zur Förderung seines Werks berufen hat.

In der Gemeinde gibt es seit jeher Leute, die ständig zu persönlicher Unabhängigkeit neigen. Es scheint, als seien sie unfähig zu begreifen, dass geistliche Unabhängigkeit den Menschen leicht in die Gefahr bringt, zu viel Vertrauen in sich selbst und in das eigene Urteilsvermögen zu setzen, anstatt den Rat ihrer Brüder zu respektieren und insbesondere das Urteilsvermögen derer zu achten, die Ämter bekleiden, welche Gott für die Leitung seines Volkes bestimmt hat. Gott hat seine Gemeinde mit besonderer Autorität und Macht ausgerüstet, die gering zu schätzen oder zu verachten niemand ein Recht hat, denn wer dies tut, verachtet die Stimme Gottes.

Wer dazu neigt, sein eigenes Urteil als über allem stehend zu betrachten, befindet sich in ernster Gefahr. Satan versucht damit auf raffinierte Weise, solche Menschen von den Vermittlern des Lichts zu trennen, durch die Gott gewirkt hat, um sein Werk auf Erden aufzubauen und auszubreiten. Wer Gottes Verantwortungsträger, die sein Volk bei der Ausbreitung der Wahrheit führen müssen, gering schätzt oder verachtet, lehnt die Mittel ab, die Gott zur Hilfe, Ermutigung und Stärkung seines Volkes bestimmt hat. Jeder Arbeiter im Werk des Herrn, der diese Leute übergeht und glaubt, sein Licht könne durch keinen anderen Vermittler, sondern nur von Gott selbst auf ihn kommen, begibt sich selbst in eine Position, wo er sehr leicht durch den Feind verführt und zu Fall gebracht werden kann. In seiner Weisheit hat Gott angeordnet, dass durch enge Beziehungen, die unter den Gläubigen gepflegt werden sollten, Christ mit Christ und Gemeinde mit Gemeinde verbunden bleibt. Auf diese Weise wird das menschliche Werkzeug befähigt, mit dem Himmel zusammenzuarbeiten. Jeder Handelnde wird sich dem Heiligen Geist unterordnen, und alle Gläubigen werden bestrebt sein, der Welt vereint und durch geordneten und wohl geleiteten Einsatz die frohe Botschaft von der Gnade Gottes zu vermitteln.

Paulus betrachtete seine amtliche Einsegnung als Auftakt einer neuen und wichtigen Phase in seinem Lebenswerk. Im Rückblick bildete dieses Ereignis den Beginn seines Aposteldienstes für die christliche Gemeinde.

Während das Licht des Evangeliums in Antiochia hell leuchtete, erfüllten auch die Apostel, die in Jerusalem verblieben waren, eine wichtige Aufgabe. Zu den Festzeiten kamen jedes Jahr viele Juden aus allen Ländern nach Jerusalem, um im Tempel anzubeten. Manche dieser Pilger waren fromme Menschen, die mit allem Ernst die Prophezeiungen durchforschten. Sehnsüchtig warteten sie auf das Kommen des verheißenen Messias, der Hoffnung Israels. Während Jerusalem voll von Besuchern aus anderen Ländern war, verkündigten die Apostel Christus mutig und unerschrocken, obwohl sie wussten, dass sie dadurch ständig ihr Leben in Gefahr brachten. Der Geist Gottes stattete sie mit Vollmacht aus, und viele Menschen bekehrten sich zum Glauben. Zurück in ihren Heimatländern in verschiedenen Teilen der Welt verbreiteten diese Bekehrten dann die Samenkörner der Wahrheit unter allen Völkern und in allen Gesellschaftsschichten.

Unter den Aposteln, die diese Arbeit verrichteten, traten besonders Petrus, Jakobus und Johannes hervor. Sie wussten sich von Gott dazu berufen, den Namen Jesu daheim unter ihren Landsleuten zu predigen. Treu und behutsam erfüllten sie ihre Aufgabe. Sie bezeugten, was sie gesehen und gehört hatten, und beriefen sich auf »das prophetische Wort.« (2. Petrus 1,19) So arbeiteten sie auf das Ziel hin, »das ganze Haus Israel« davon zu überzeugen, »dass Gott diesen Jesus«, den die Juden gekreuzigt hatten, »zum Herrn und Christus gemacht hat.« (Apostelgeschichte 2,36)

> *In der Gemeinde gibt es seit jeher Leute, die ständig zu persönlicher Unabhängigkeit neigen. Sie scheinen nicht fähig einzusehen, dass geistliche Unabhängigkeit den Menschen leicht in die Gefahr bringt, zu viel Vertrauen in sich selbst und in das eigene Urteilsvermögen zu setzen.*

»Und dieses Evangelium vom Reich wird auf dem ganzen Erdkreis verkündigt werden als ein Zeichen für alle Völker.«

Matthäus 24,14

Teil 4

Inhalt

17	Boten des Evangeliums	104
18	Die Heiden hören die gute Nachricht	110
19	Juden und Heiden	116
20	Das Kreuz wird erhöht	124
21	Das Evangelium erreicht Europa	130
22	Thessalonich	136
23	Beröa und Athen	142
24	Korinth	148
25	Die Briefe an die Thessalonicher	154
26	Apollos in Korinth	162
27	Ephesus	168
28	Anstrengende und belastende Tage	174

Kapitel 17 Boten des Evangeliums

Apostelgeschichte 13,4-52

Unter der Führung des Heiligen Geistes gelangten Paulus, Barnabas und Markus mit einem Schiff nach Zypern. Dies war der Anfang ihrer ersten Missionsreise. Auf Zypern wurde zu jener Zeit die Göttin Venus oder Aphrodite verehrt, weshalb Zügellosigkeit und sexuelle Freiheit weit verbreitet waren. Es gab aber auch zahlreiche Juden dort. Wie üblich gingen die Apostel zunächst in die Synagoge, um die Botschaft vom gekreuzigten Messias zu verkünden.

In Antiochia waren Paulus und Barnabas von den Brüdern eingesegnet worden. »Nachdem sie nun ausgesandt waren vom heiligen Geist, kamen sie nach Seleuzia und von da zu Schiff nach Zypern.« (Apostelgeschichte 13,4) Damit begannen die Apostel ihre erste Missionsreise.

Widerstand im Glauben begegnen

Zypern war eines der Gebiete, wohin die Gläubigen aus Jerusalem, die nach dem Tod des Stephanus verfolgt wurden, geflohen waren. Von dort waren einige Männer nach Antiochia gekommen und »predigten das Evangelium vom Herrn Jesus.« (Apostelgeschichte 11,20) Barnabas war selbst »aus Zypern gebürtig.« (Apostelgeschichte 4,36) Er und Paulus statteten dieser Insel nun einen Besuch ab. Sie wurden von Johannes Markus, einem Verwandten des Barnabas, begleitet.

Die Mutter des Markus hatte sich zum christlichen Glauben bekehrt. Ihr Heim in Jerusalem wurde ein Zufluchtsort für die Jünger. Dort waren sie stets willkommen und konnten Ruhe finden. Während einem dieser Besuche im Heim seiner Mutter bot Markus Paulus und Barnabas an, sie auf ihrer Missionsreise zu begleiten. Er fühlte Gottes Gnade in seinem Herzen und sehnte sich danach, sein Leben völlig dem Dienst der Evangeliumsverkündigung zu widmen.

»Und als sie in die Stadt Salamis kamen, verkündigten sie das Wort Gottes in den Synagogen der Juden ... Als sie die ganze Insel bis nach Paphos durchzogen hatten, trafen sie einen Zauberer und falschen Propheten, einen Juden, der hieß Barjesus; der war bei dem Statthalter Sergius Paulus, einem verständigen Mann. Dieser rief Barnabas und Saulus zu sich und begehrte, das Wort Gottes zu hören. Da widerstand ihnen der Zauberer Elymas – denn so wird sein Name übersetzt – und versuchte, den Statthalter vom Glauben abzuhalten.« (Apostelgeschichte 13,5-8)

Satan lässt nicht zu, dass der Aufbau des Reiches Gottes auf Erden ohne Kampf erfolgt. Die Mächte des Bösen führen unaufhörlich Krieg gegen Gläubige, die ausersehen sind, das Evangelium zu verkündigen. Diese Mächte der Finsternis werden besonders aktiv, wenn die Wahrheit vor Leuten von hohem Ansehen und anerkannter Rechtschaffenheit verkündigt wird. So war es, als Sergius Paulus, der Statthalter von Zypern, der Evangeliumsbotschaft zuhörte. Er hatte die Apostel zu sich bestellt, um sich in der Botschaft unterweisen zu lassen, die sie bezeugen sollten. Nun versuchten die Mächte des Bösen, die durch den Zauberer Elymas wirkten, ihn mit ihren unheilvollen Unterstellungen vom Glauben abzubringen und so den Plan Gottes zu vereiteln.

So bemüht sich Satan, der erklärte Gegner Jesu, ständig, einflussreiche Männer in seinen Reihen zu halten, die im Falle ihrer Bekehrung der Sache Gottes nachhaltige Dienste leisten könnten. Aber der treue Diener des Evangeliums braucht keine Niederlage durch Satan zu fürchten, denn er genießt das Vorrecht, mit Kraft aus der Höhe ausgerüstet zu werden, um allem satanischen Einfluss zu widerstehen.

Obwohl Paulus durch Satan hart bedrängt wurde, hatte er den Mut, den Mann zurechtzuweisen, durch den der Feind wirkte. »Saulus aber, der auch Paulus heißt, voll heiligen Geistes, sah ihn an und sprach: Du Sohn des Teufels, voll aller List und aller Bosheit, du Feind aller Gerechtigkeit, hörst du nicht auf, krumm zu machen die geraden Wege des Herrn? Und nun siehe, die Hand des Herrn kommt über dich, und du sollst blind sein und die Sonne eine Zeitlang nicht sehen! Auf der Stelle fiel Dunkelheit und Finsternis auf ihn, und er ging umher und suchte jemanden, der ihn an der Hand führte. Als der Statthalter sah, was geschehen war, wurde er gläubig und verwunderte sich über die Lehre des Herrn.« (Apostelgeschichte 13,9-12)

Der Zauberer hatte seine Augen für die Beweise der Evangeliumswahrheit verschlossen. Nun verschloss ihm der Herr in gerechtem Zorn die natürlichen Augen und nahm ihm so das Tageslicht. Diese Blindheit war nicht von Dauer, sondern nur auf Zeit. Sie diente als Ermahnung für ihn, zu bereuen und Gott um Vergebung zu bitten, den er so schwer beleidigt hatte. Die Verwirrung, in die er dadurch gestürzt wurde, machte seine heimtückischen Künste gegen die Lehre Christi wirkungslos. Weil er sich blind durch die Umgebung tasten musste, erkannten alle, dass die Wunder der Apostel, die Elymas als Zaubertrick abgetan hatte, durch die Kraft Gottes entstanden. Der Statthalter wurde von der Wahrheit der Lehre der Apostel überzeugt und nahm das Evangelium an.

Elymas war zwar kein gebildeter, aber ein für Satans Pläne besonders geeigneter Mann. Wer Gottes Wahrheit verkündigt, begegnet dem listigen Feind in vielfältiger Gestalt. Manchmal zeigt er sich in der Gestalt von Gelehrten, öfter aber bedient Satan sich ungebildeter Menschen, die er zu erfolgreichen Werkzeugen der Verführung von Menschen ausgebildet hat. Ein Diener Christi hat die Pflicht, in der Furcht Gottes und unter seiner Allmacht treu auf seinem Posten zu stehen. So kann er das Heer Satans in Verlegenheit bringen und im Namen des Herrn den Sieg erringen.

Johannes Markus gibt auf

Paulus und seine Begleiter setzten ihre Reise fort und kamen nach Perge in Pamphylien. Auf ihrem beschwerlichen Weg wartete Mühsal und Entbehrung auf sie. Risiken lauerten überall. In den Dörfern und Städten, durch die sie kamen, und auf einsamen Straßen, waren sie von sichtbaren und unsichtbaren Gefahren umringt. Aber Paulus und Barnabas hatten gelernt, auf Gottes rettende Macht zu vertrauen. Ihre Herzen waren von hingebungsvoller Liebe zu verlorenen Sündern erfüllt. Als

> *Als treue Hirten suchten die Apostel die verlorenen Schafe und dachten dabei nicht an ihre eigene Annehmlichkeit und Bequemlichkeit. Sie stellten ihr eigenes Ich zurück und gaben auch nicht auf, wenn sie müde waren, Hunger oder Kälte verspürten. Ihr Blick war nur auf das eine Ziel gerichtet: auf das Heil derer, die sich von der Herde verirrt hatten.*

»Paulus und seine Begleiter bestiegen in Paphos ein Schiff und fuhren nach Perge in Pamphylien« (Apostelgeschichte 13,13), wo sie durch alle Orte zogen und vor allem den Juden die Frohe Botschaft von Jesus Christus verkündeten. Als sie aber von diesen abgewiesen wurden, wandten sie sich zu den Heiden und legten all ihre Kraft in die Verkündigung des Gottesreiches unter ihnen.

treue Hirten suchten sie die verlorenen Schafe und dachten dabei nicht an ihre eigene Annehmlichkeit und Bequemlichkeit. Sie stellten ihr eigenes Ich zurück und gaben auch nicht auf, wenn sie müde waren, Hunger oder Kälte verspürten. Ihr Blick war nur auf das eine Ziel gerichtet: auf das Heil derer, die sich von der Herde verirrt hatten.

Hier geschah es, dass Markus sich von Angst und Entmutigung überwältigen ließ und seine Absicht, sich von ganzem Herzen dem Auftrag des Herrn zu widmen, eine Zeitlang ins Wanken kam. Er war Schwierigkeiten nicht gewohnt und verzagte angesichts der Gefahren und Entbehrungen auf dem Weg. Unter günstigeren Umständen hatte er erfolgreich gearbeitet. Nun aber, inmitten der Widerstände und Gefahren, die die Pioniere der Verkündigung so oft bedrängen, gelang es ihm nicht, sich in diesen Härten als guter Kämpfer des Kreuzes zu bewähren. Er musste erst noch lernen, Gefahren, Verfolgung und Beschwernisse tapferen Herzens zu ertragen. Als die Apostel weiter voranschritten und noch größere Schwierigkeiten zu befürchten waren, ließ sich Markus einschüchtern und verlor gänzlich den Mut. Er weigerte sich weiterzugehen und kehrte nach Jerusalem zurück. Diese »Fahnenflucht« veranlasste Paulus, den jungen Markus eine Zeitlang nachteilig, ja streng zu beurteilen. Barnabas dagegen neigte dazu, das Verhalten aufgrund seiner Unerfahrenheit zu entschuldigen. Er sorgte sich um Markus und wollte nicht, dass dieser den Missionsdienst aufgab, denn er sah in ihm Fähigkeiten, die ihn geeignet machen würden, ein nützlicher Diener Christi zu werden. Seine Sorge um Markus wurde in späteren Jahren reichlich belohnt, denn der junge Mann übergab sich rückhaltlos dem Herrn und verkündigte das Evangelium in schwierigen Wirkungsfeldern. Unter dem Segen Gottes und unter der weisen Anleitung von Barnabas entwickelte er sich zu einem wertvollen Missionsarbeiter.

Paulus versöhnte sich später mit Markus und nahm ihn als Mitarbeiter auf. Er empfahl ihn auch den Kolossern als »Mitarbeiter am Reich Gottes«, der ihm »ein Trost geworden« (Kolosser 4,10.11) war. Und noch einmal, kurz vor seinem eigenen Tode, sagte er, Markus sei ihm »nützlich zum Dienst« (2. Timotheus 4,11) geworden.

Erste Ernte ...

Nachdem Markus sie verlassen hatte, besuchten Paulus und Barnabas die Stadt Antiochia in Pisidien. Dort gingen sie »am Sabbat in die Synagoge und setzten sich. Nach der Lesung des Gesetzes und der Propheten aber schickten die Vorsteher der Synagoge zu ihnen und ließen ihnen sagen: Liebe Brüder, wollt ihr etwas reden und das Volk ermahnen, so sagt es.« (Apostelgeschichte 13,14.15) Auf diese Einladung hin »stand Paulus auf und winkte mit der Hand und sprach: Ihr Männer von Israel und ihr Gottesfürchtigen, hört zu!« (Apostelgeschichte 13,16) Dann folgte eine hervorragende Rede. Paulus gab einen geschichtlichen Überblick darüber, wie Gott mit den Juden seit ihrer Befreiung aus der ägyptischen Knechtschaft umgegangen war und wie er ihnen den Retter aus dem »Samen Davids« verheißen hatte (vgl. 2. Samuel 7,12). Freimütig erklärte er: »Aus dessen Geschlecht hat Gott, wie er verheißen hat, Jesus kommen lassen als Erlöser für das Volk Israel, nach-

Die erste Missionsreise des Paulus, auf der er von Barnabas und ein Stück weit auch von Markus begleitet wurde.

dem Johannes, bevor Jesus auftrat, dem ganzen Volk Israel die Taufe der Buße gepredigt hatte. Als aber Johannes seinen Lauf vollendete, sprach er: Ich bin nicht der, für den ihr mich haltet; aber siehe, er kommt nach mir, dessen Schuhriemen zu lösen ich nicht wert bin.« (Apostelgeschichte 13,23-25) So verkündigte er mit Vollmacht Jesus als Erlöser der Menschen, den Messias der Weissagung.

Nach dieser Erklärung sagte Paulus: »Ihr Männer, liebe Brüder, ihr Söhne aus dem Geschlecht Abrahams und ihr Gottesfürchtigen, uns ist das Wort dieses Heils gesandt. Denn die Einwohner von Jerusalem und ihre Oberen haben, weil sie Jesus nicht erkannten, die Worte der Propheten, die an jedem Sabbat vorgelesen werden, mit ihrem Urteilsspruch erfüllt.« (Apostelgeschichte 13,26.27)

Paulus zögerte nicht, offen die Wahrheit bezüglich der Verwerfung des Erlösers durch die jüdischen Obersten auszusprechen. »Und obwohl sie nichts an ihm fanden, das den Tod verdient hätte«, so erklärte der Apostel, »baten sie doch Pilatus, ihn zu töten. Und als sie alles vollendet hatten, was von ihm geschrieben steht, nahmen sie ihn von dem Holz und legten ihn in ein Grab. Aber Gott hat ihn auferweckt von den Toten; und er ist an vielen Tagen denen erschienen, die mit ihm von Galiläa hinauf nach Jerusalem gegangen waren; die sind jetzt seine Zeugen vor dem Volk.« (Apostelgeschichte 13,28-31)

Der Apostel fuhr fort: »Und wir verkündigen euch die Verheißung, die an die Väter ergangen ist, dass Gott sie uns, ihren Kindern, erfüllt hat, indem er Jesus auferweckte; wie denn im zweiten Psalm geschrieben steht (Psalm 2,7): Du bist mein Sohn, heute habe ich dich gezeugt. Dass er ihn aber von den Toten auferweckt hat und ihn nicht der Verwesung überlassen wollte, hat er so gesagt (Jesaja 55,3): Ich will euch die Gnade, die David verheißen ist, treu bewahren. Darum sagt er auch an einer andern Stelle (Psalm 16,10): Du wirst nicht zugeben, dass dein Heiliger die Verwesung sehe. Denn nachdem David zu seiner Zeit dem Willen Gottes gedient hatte, ist er entschlafen und zu seinen Vätern versammelt worden und hat die Verwesung gesehen. Der aber, den Gott auferweckt hat, der hat die Verwesung nicht gesehen.« (Apostelgeschichte 13,32-37)

Und nun, nachdem er so eindeutig von der Erfüllung bekannter Prophezeiungen über den Messias gesprochen hatte, predigte Paulus seinen Zuhörern Umkehr und die Vergebung der Sünden durch die Verdienste Jesu, ihres Erlösers. »So sei euch nun kundgetan, liebe Brüder, dass euch durch ihn Vergebung der Sünden verkündigt wird; und in all dem, worin ihr durch das Gesetz des Mose nicht gerecht werden konntet, ist der gerecht gemacht, der an ihn glaubt.« (Apostelgeschichte 13,38.39)

Der Geist Gottes begleitete diese Worte, und Herzen wurden berührt. Paulus berief sich auf alttestamentliche Prophezeiungen und auf deren Erfüllung durch das Wirken Jesu von Nazareth, was manch einen überzeugte, der sich nach der Ankunft des verheißenen Messias sehnte. Die Zusicherung des Redners, dass die »frohe Botschaft« vom Heil sowohl den Juden als auch den Heiden galt, löste bei denen Hoffnung und Freude aus, die bezüglich ihrer Abstammung nicht zu den Kindern Abrahams gezählt wurden.

»Als sie aber aus der Synagoge hinausgingen, baten die Leute, dass sie am nächsten Sabbat noch einmal von diesen Dingen redeten. Und als die Gemeinde auseinander ging, folgten viele Juden und gottesfürchtige Judengenossen dem Paulus und Barnabas.« Sie hatten die frohe Botschaft angenommen, die ihnen an jenem Tag verkündigt worden war. Die Apostel »sprachen mit ihnen und ermahnten sie, dass sie bleiben sollten in der Gnade Gottes.« (Apostelgeschichte 13,42.43)

... aber auch Neid

Die Worte des Paulus hatten in Antiochia in Pisidien großes Interesse geweckt, und »am folgenden Sabbat ... kam fast die ganze Stadt zusammen, das Wort Gottes zu hören. Als aber die Juden die Menge

Paulus berief sich auf alttestamentliche Prophezeiungen und auf deren Erfüllung durch das Wirken Jesu von Nazareth, was manch einen überzeugte, der sich nach der Ankunft des verheißenen Messias sehnte.

sahen, wurden sie neidisch und widersprachen dem, was Paulus sagte, und lästerten. Paulus und Barnabas aber sprachen frei und offen: Euch musste das Wort Gottes zuerst gesagt werden; da ihr es aber von euch stoßt und haltet euch selbst nicht für würdig des ewigen Lebens, siehe, so wenden wir uns zu den Heiden. Denn so hat uns der Herr geboten (Jesaja 49,6): ›Ich habe dich zum Licht der Heiden gemacht, damit du das Heil seist bis an die Enden der Erde.‹ Als das die Heiden hörten, wurden sie froh und priesen das Wort des Herrn, und alle wurden gläubig, die zum ewigen Leben bestimmt waren.« (Apostelgeschichte 13,44-48) Sie waren überaus erfreut, dass Christus sie als Kinder Gottes anerkannte, und mit dankbaren Herzen hörten sie der Predigt zu. Wer gläubig geworden war, bemühte sich eifrig, die Evangeliumsbotschaft anderen mitzuteilen, und »das Wort des Herrn breitete sich aus in der ganzen Gegend.« (Apostelgeschichte 13,49)

Schon Jahrhunderte zuvor hatte die göttliche Eingebung diese Sammlung der Völker niederschreiben lassen, aber jene Prophezeiungen waren nur zum Teil verstanden worden. Hosea hatte angekündigt: »Einst werden die Söhne Israels so zahlreich sein wie der Sand am Meer, der nicht zu messen und nicht zu zählen ist. Und statt dass man zu ihnen sagt: Ihr seid ›nicht mein Volk‹, wird man zu ihnen sagen: Die Söhne des lebendigen Gottes [seid ihr].« (Hosea 2,1 EÜ) Und weiter: »Ich säe sie aus in meinem Land. Ich habe Erbarmen mit Lo-Ruhama [Kein Erbarmen] und zu Lo-Ammi [Nicht mein Volk] sage ich: Du bist mein Volk!, und er wird sagen: [Du bist] mein Gott!« (Hosea 2,25 EÜ)

Während seiner Lehrtätigkeit auf Erden sagte der Erlöser selbst die Ausbreitung des Evangeliums unter den Völkern voraus. Im Gleichnis von den Weingärtnern erklärte er den unbußfertigen Juden: »Das Reich Gottes wird von euch genommen und einem Volke gegeben werden, das seine Früchte bringt.« (Matthäus 21,43) Und nach seiner Auferstehung beauftragte er seine Jünger, »in alle Welt« zu gehen und »alle Völker« zu Jüngern zu machen. (Matthäus 28,19) Sie sollten keinen in Unwissenheit lassen und »das Evangelium aller Kreatur« (Markus 16,15) predigen.

Zu den Fremden und Ausgeschlossenen

Obwohl sich Paulus und Barnabas im pisidischen Antiochia den Nichtjuden zuwandten, ließen beide nicht davon ab, sich anderswo um die Juden zu bemühen, und wo immer sich eine günstige Gelegenheit bot, versuchten sie, Gehör zu finden. Später, in Thessalonich, Korinth, Ephesus und in anderen wichtigen Zentren, verkündeten Paulus und seine Mitarbeiter das Evangelium sowohl den Juden als auch den Heiden. Aber von nun an setzten sie ihre Kraft hauptsächlich für die Verkündigung der Erlösungsbotschaft Gottes in heidnischen Gebieten ein, unter Völkern, die nur wenig oder gar keine Kenntnis des wahren Gottes und seines Sohnes hatten.

Das Herz des Paulus und seiner Gefährten war voller Mitgefühl für Menschen, die noch »ohne Christus« waren, »ausgeschlossen vom Bürgerrecht Israels und Fremde außerhalb des Bundes der Verheißung«, die daher »keine Hoffnung« hatten und »ohne Gott in der Welt« waren. (Epheser 2,12) Durch den unermüdlichen Dienst der Apostel unter den Nichtjuden lernten die »Gäste und Fremdlinge«, die »einst Ferne« waren, dass sie nun »Nahe geworden« waren »durch das Blut Christi« und dass sie durch den Glauben an sein versöhnendes Opfer »Mitbürger der Heiligen und Gottes Hausgenossen« (Epheser 2,13.19) werden konnten.

Paulus ging im Glauben voran und bemühte sich unaufhörlich unter denen, die von den Lehrern Israels vernachlässigt worden waren, um die Verkündigung der Erlösungsbotschaft. Beständig pries er Jesus Christus als »König aller Könige und Herr aller Herren« (1. Timotheus 6,15) und ermahnte die Gläubigen, »in ihm verwurzelt und gegründet und fest im Glauben« (Kolosser 2,7) zu bleiben.

> *Die Evangeliumsbotschaft machte Fortschritte, und die Apostel hatten allen Grund, guten Muts zu sein. Ihre Arbeit unter den Pisidiern in Antiochia war reichlich gesegnet worden, und die Gläubigen wurden erfüllt von Freude und heiligem Geist.*

Die Verkündung des Evangeliums war zu allen Zeiten schwierig gewesen; aber in jenen Anfangsjahren, ohne schnelle Kommunikationsmittel und mit wenig Geld, war die Arbeit besonders hart. Paulus und Barnabas setzten sich ganz für ihre Aufgabe ein. Obwohl sie oft Mangel litten und bei etlichen Leuten auf Unverständnis stießen, kümmerten sie sich wie treue Hirten unermüdlich um ihre Schafe.

Allen Gläubigen ist Christus ein sicheres Fundament. Auf diesen lebendigen Stein können Juden und Heiden gleichermaßen bauen. Er ist groß genug für alle und stark genug, um die Last und Bürde der ganzen Welt zu tragen. Diese Tatsache hat Paulus selbst klar erkannt. In den letzten Tagen seines Missionsdienstes schrieb der Apostel an eine Gruppe von Heidenchristen, die in ihrer Liebe zur Evangeliumswahrheit treu geblieben waren: »So seid ihr nun ... erbaut auf den Grund der Apostel und Propheten, da Jesus Christus der Eckstein ist.« (Epheser 2,19.20)

Als sich die Evangeliumsbotschaft in Pisidien ausbreitete, »hetzten« die ungläubigen Juden von Antiochia in ihrer blinden Voreingenommenheit »die gottesfürchtigen vornehmen Frauen und die angesehensten Männer der Stadt auf und stifteten eine Verfolgung an gegen Paulus und Barnabas und vertrieben sie aus ihrem Gebiet.« (Apostelgeschichte 13,50)

Durch diese Behandlung ließen sich die Apostel nicht entmutigen. Sie erinnerten sich an die Worte ihres Meisters: »Selig seid ihr, wenn euch die Menschen um meinetwillen schmähen und verfolgen und reden allerlei Übles gegen euch, wenn sie damit lügen. Seid fröhlich und getrost; es wird euch im Himmel reichlich belohnt werden. Denn ebenso haben sie verfolgt die Propheten, die vor euch gewesen sind.« (Matthäus 5,11.12)

Die Evangeliumsbotschaft machte Fortschritte, und die Apostel hatten allen Grund, guten Muts zu sein. Ihre Arbeit unter den Pisidiern in Antiochia war reichlich gesegnet worden, und die Gläubigen, die sie zurückließen und die die Arbeit eine Zeitlang allein weiterführen mussten, »wurden erfüllt von Freude und heiligem Geist.« (Apostelgeschichte 13,52)

Kapitel 18 Die Heiden hören die gute Nachricht

Apostelgeschichte 14,1-26

Der Parthenon auf der Athener Akropolis.

Im antiken Griechenland, dem Zentrum von Kultur und Wissenschaft, verehrten die Menschen eine Vielzahl von Göttern. Durch das Wirken von Paulus und Barnabas schlossen sich nicht wenige Juden und Griechen dem Glauben an Jesus an, aber Neid und Unverständnis einiger Juden bereiteten ihnen bald Probleme. Die Bekanntheit der Botschafter Gottes wurde dadurch allerdings noch größer.

Von Antiochia in Pisidien aus begaben sich Paulus und Barnabas nach Ikonion. Wie in Antiochia begannen sie auch in dieser Stadt mit ihrem Dienst in der Synagoge ihres eigenen Volkes. Ihr Erfolg war so bemerkenswert, dass »eine große Menge Juden und Griechen gläubig wurde.« (Apostelgeschichte 14,1) Doch auch in Ikonion begegnete ihnen Gleiches wie in anderen Städten, wo die Apostel wirkten: »Die Juden aber, die ungläubig blieben, stifteten Unruhe und hetzten die Seelen der Heiden auf gegen die Brüder.« (Apostelgeschichte 14,2)

Die Apostel ließen sich dadurch jedoch nicht von ihrer Aufgabe abbringen, zumal viele ja das Evangelium von Christus annahmen. Trotz Widerstand, Neid und Vorurteil setzten sie ihren Dienst fort, »lehrten frei und offen im Vertrauen auf den Herrn, der das Wort seiner Gnade bezeugte und ließ Zeichen und Wunder geschehen durch ihre Hände.« (Apostelgeschichte 14,3) Diese Beweise göttlicher Zustimmung übten einen gewaltigen Einfluss auf Menschen aus, die sich daraufhin eines Besseren belehren ließen, und die Zahl der zum Evangelium Bekehrten wuchs.

Falsche Anschuldigungen und Flucht

Die wachsende Popularität der Botschaft, die von den Aposteln verkündigt wurde, erfüllte die ungläubigen Juden mit Hass und Neid. Sie beschlossen deshalb, der Tätigkeit von Paulus und Barnabas schnellstens ein Ende zu bereiten. Durch Falschmeldungen und Übertreibungen schürten sie bei den Behörden die Angst, die ganze Stadt stehe in Gefahr, zu einem Aufstand angestachelt zu werden. Sie erklärten, eine große Zahl von Menschen schlösse sich den Aposteln an, und unterstellten ihnen geheime und gefährliche Absichten.

Als Folge dieser Anklagen wurden die Jünger wiederholt der Obrigkeit vorgeführt. Ihre Verteidigung war aber so klar und vernünftig und ihre Erklärungen zu ihren Lehren so ruhig und ausführlich, dass sie die Gunst der Behörden bald auf ihrer Seite hatten. Obwohl die Richter durch die Falschaussagen voreingenommen waren, wagten sie keine Verurteilung auszusprechen. Sie mussten zugeben, dass die Lehren von Paulus und Barnabas die Bürger der Stadt zu Rechtschaffenheit und Gesetzestreue anhielten. Sittlichkeit und Ordnung in der Stadt würden gefestigt, wenn die Wahrheiten, die diese Apostel verkündigten, Anklang fänden.

Der Widerstand, dem die Jünger begegneten, verhalf der Botschaft von der Wahrheit zu einem großen Bekanntheitsgrad. Die Juden mussten erkennen, dass ihre Hetze gegen die Apostel dem neuen Glauben nur noch mehr Anhänger zuführte. »Die Menge in der Stadt aber spaltete sich; die einen hielten's mit den Juden, die andern mit den Aposteln.« (Apostelgeschichte 14,4)

Weil nun die Dinge einen neuen Verlauf nahmen, gerieten die Obersten der Juden so sehr in Wut, dass sie beschlossen, ihr Ziel mit Gewalt zu erreichen. Sie provozierten die schlimmsten Leidenschaften eines unwissenden und lärmenden Pöbels und entfachten einen Aufruhr, dessen Ursache sie den Jüngern und ihren Lehren in die Schuhe schoben. Durch diese falschen Anschuldigungen hofften sie, die Unterstützung der Behörden bei der Verwirklichung ihrer Absichten zu gewinnen. Sie entschieden, den Aposteln keine Gelegenheit zur Verteidigung zu geben. Sie beabsichtigten, Paulus und Barnabas durch den Pöbel steinigen zu lassen und dadurch deren Dienst ein Ende zu bereiten.

Freunde, die nicht einmal gläubig waren, warnten die Apostel vor den arglistigen Absichten der Juden und drängten sie, sich nicht unnötigerweise der Wut des Mobs auszusetzen, sondern sich in Sicherheit zu bringen. Paulus und Barnabas verließen daraufhin Ikonion heimlich. Die Gläubigen mussten das Werk dort eine Zeitlang allein weiterführen. Es sollte aber kein endgültiger Abschied sein. Sie beabsichtigten zurückzukehren, sobald sich die Aufregung gelegt haben würde, um dann die begonnene Arbeit zu Ende zu führen.

Zu allen Zeiten und in jedem Land mussten Gottes Botschafter erbitterten Widerstand von Gegnern erleben, die den Rettungsplan Gottes bewusst ablehnten. Weil sie die Tatsachen verdrehten und Lügen verbreiteten, feierten die Feinde des Evangeliums oft vermeintliche Triumphe und verschlossen den Beauftragten Gottes Türen, durch die Menschen erreicht werden sollten. Aber diese Türen kann man nicht ewig verschlossen halten. Wenn die Botschafter nach einiger Zeit zurückkehrten und ihre Tätigkeit wieder aufnahmen, hatte der Herr oft machtvoll für sie gearbeitet, sodass sie nun Stätten zur Verehrung seines Namens errichten konnten.

Ein Wunder Gottes bei den Heiden

Die Apostel, die wegen der Verfolgung aus Ikonion vertrieben worden waren, zogen nach Lystra und Derbe in Lykaonien. Diese Städte hatten eine überwiegend heidnische, abergläubische Bevölkerung. Es gab jedoch darunter einige Menschen, die bereit waren, die Evangeliumsbotschaft zu hören und anzunehmen. In diesen Städten und deren Umgebung wollten die Apostel arbeiten, wobei sie gleichzeitig hofften, jüdischer Voreingenommenheit und Verfolgung zu entgehen.

In Lystra gab es keine jüdische Synagoge, obwohl einige Juden in der Stadt lebten. Viele Einwohner dort verehrten ihre Götter in einem Tempel, der dem Zeus geweiht war. Als Paulus und Barnabas in der Stadt ankamen, die Menschen um sich scharten und ihnen die einfachen Wahrheiten des Evangeliums darlegten, versuchten viele, diese Lehren mit ihrer eigenen abergläubischen Zeusanbetung in Verbindung zu bringen.

Während Paulus von den Wundertaten Christi an Kranken und Leidenden berichtete, sah er unter seinen Zuhörern einen Gelähmten, der seine Augen fest auf ihn richtete, seine Worte annahm und glaubte. Vor den versammelten Götzendienern befahl Paulus dem Gelähmten, sich aufrecht auf die Füße zu stellen.

Die Apostel bemühten sich, diesen Götzendienern eine Erkenntnis des Schöpfergottes und seines Sohnes, des Erlösers der Menschheit, zu vermitteln. Zuerst lenkten sie ihre Aufmerksamkeit auf Gottes wunderbare Werke: die Sonne, den Mond, die Sterne, die staunenswerte Ordnung der immer wiederkehrenden Jahreszeiten, die mächtigen schneebedeckten Berge, die hohen Bäume und viele andere Wunder der Natur. Sie alle offenbaren eine Genialität, die jedes menschliche Verständnis übersteigt. Indem sie auf die Werke des Allmächtigen hinwiesen, richteten sie die Gedanken dieser Heiden auf den großen Herrscher des Universums.

Nachdem sie den Bewohnern von Lystra die grundlegenden Wahrheiten über den Schöpfer erklärt hatten, sprachen die Apostel vom Sohn Gottes, der vom Himmel auf unsere Erde kam, weil er die Menschen liebte. Sie berichteten über sein Leben und seine Aufgabe, über seine Verwerfung durch diejenigen, zu deren Errettung er gekommen war, über seine Verurteilung und seine Kreuzigung, seine Auferstehung und Himmelfahrt sowie über seinen Dienst im Himmel als Fürsprecher für die Menschheit. So verkündigten Paulus und Barnabas im Geist und in der Kraft Gottes das Evangelium in Lystra.

Während Paulus von den Wundertaten Christi an Kranken und Leidenden berichtete, sah er unter seinen Zuhörern einen Gelähmten, der seine Augen fest auf ihn richtete, seine Worte annahm und glaubte. Paulus empfand Mitleid mit diesem Geplagten »und merkte, dass er glaubte, ihm könne geholfen werden.« (Apostelgeschichte 14,9) Vor den versammelten Götzendienern befahl Paulus dem Gelähmten, sich aufrecht auf die Füße zu stellen. Bisher hatte der Kranke nur sitzen können. Nun gehorchte er augenblicklich dem Wort des Paulus, und zum ersten Mal in seinem Leben stand er auf seinen Füßen. Mit diesem Glaubenseinsatz erhielt er Kraft, und der bislang Gelähmte »sprang auf und ging umher.« (Apostelgeschichte 14,10)

»Als aber das Volk sah, was Paulus getan hatte, erhoben sie ihre Stimme und riefen auf Lykaonisch: Die Götter sind den Menschen gleich geworden und zu uns herabgekommen.« (Apostelgeschichte 14,11) Diese Aussage stimmte mit einer ihrer Überlieferungen aus alter Zeit überein, nach der die Götter gelegentlich die Erde besuchten. Wegen seines achtunggebietenden Aussehens, seiner würdevollen Körperhaltung und seines gütigen Gesichtsausdrucks wurde Barnabas vom Volk Zeus, der Göttervater, genannt. Von Paulus meinten sie, er sei Hermes, »weil er das Wort führte« (Apostelgeschichte 14,12), ernst, lebhaft und beredt warnte und ermahnte.

Zuerst vergöttert ...

Das Volk von Lystra wollte unbedingt seine Dankbarkeit ausdrücken, und man überredete deshalb den Zeuspriester, er möge den Aposteln Ehre erweisen. »Und der Priester des Zeus aus dem Tempel vor ihrer Stadt brachte Stiere und Kränze vor das Tor und wollte opfern samt dem Volk.« (Apostelgeschichte 14,13) Paulus und Barnabas, die sich zurückgezogen hatten, um Ruhe zu suchen, merkten von diesen Vorbereitungen nichts. Bald jedoch wurde ihre Aufmerksamkeit von Musik und den Rufen einer begeisterten Menschenmenge erregt, die zu ihrer Unterkunft gekommen war.

Als sich die Apostel über die Ursache dieses Besuchs und die damit zusammenhängende Erregung klar wurden, »zerrissen sie ihre Kleider und sprangen unter das Volk«, damit sie von ihrem Vorhaben abließen. Mit lauter, durchdringender Stimme, die den Lärm der Menge übertönte, zog Paulus ihre Aufmerksamkeit auf sich. Als sich der Tumult plötzlich legte, rief er: »Ihr Männer, was macht ihr da? Wir sind auch sterbliche Menschen wie ihr und predigen euch das Evangelium, dass ihr euch bekehren sollt von diesen falschen Göttern zu dem lebendigen Gott, der Himmel und Erde und das Meer und alles, was darin ist, gemacht hat. Zwar hat er in den vergangenen Zeiten alle Heiden

---

Das Volk von Lystra überredete den Zeuspriester, er möge den Aposteln Ehre erweisen ... Paulus rief: »Ihr Männer, was macht ihr da? Wir sind auch sterbliche Menschen wie ihr und predigen euch das Evangelium, dass ihr euch bekehren sollt von diesen falschen Göttern zu dem lebendigen Gott, der Himmel und Erde und das Meer und alles, was darin ist, gemacht hat.«
Apostelgeschichte 14,15

ihre eigenen Wege gehen lassen; und doch hat er sich selbst nicht unbezeugt gelassen, hat viel Gutes getan und euch vom Himmel Regen und fruchtbare Zeiten gegeben, hat euch ernährt und eure Herzen mit Freude erfüllt.« (Apostelgeschichte 14,15-17)

Obwohl die Apostel ausdrücklich darauf hinwiesen, dass sie keine göttlichen Wesen seien, und Paulus sich bemühte, die Gedanken des Volkes auf den wahren Gott als das einzige anbetungswürdige Wesen zu lenken, war es fast unmöglich, diese Heiden von der Absicht abzuhalten, Opfer darzubringen. Ihre Überzeugung, diese Männer seien tatsächlich Götter, und ihre Begeisterung waren so groß gewesen, dass es ihnen äußerst schwer fiel, sich ihren Irrtum einzugestehen. Der biblische Bericht lautet: »Und obwohl sie das sagten, konnten sie kaum das Volk davon abbringen, ihnen zu opfern.« (Apostelgeschichte 14,18)

Die Leute von Lystra argumentierten, dass sie die wunderwirkende Kraft der Apostel mit eigenen Augen gesehen hätten. Sie hatten gesehen, wie ein Gelähmter, der noch nie gehen konnte, sich nun völliger Gesundheit und Kraft erfreute. Paulus musste große Überzeugungsarbeit leisten und das Volk sorgfältig über die Art seines Auftrags und den des Barnabas aufklären, nämlich, dass sie nur als Vertreter des himmlischen Gottes und seines Sohnes, des großen Heilers, gekommen waren. Erst danach liessen sich die Einwohner von Lystra von ihrem Vorhaben abbringen, den Aposteln zu opfern.

... dann verfolgt und gesteinigt

Durch die Bosheit gewisser »Juden von Antiochia und Ikonion« wurde dem Dienst des Paulus und des Barnabas plötzlich Einhalt geboten. Diese Juden hatten von den Erfolgen der Apostel in Lykaonien gehört und verfolgten sie nun. In Lystra gelang es ihnen schnell, die Bevölkerung mit ihrer eigenen gehässigen Gesinnung zu beeinflussen. Indem sie Tatsachen entstellten und Verleumdungen in Umlauf setzten, redeten sie denselben Leuten, die Paulus und Barnabas vor kurzem noch als göttliche Wesen betrachtet hatten, ein, dass diese in Wahrheit schlimmer als Mörder seien und den Tod verdienten.

Honigbiene auf Herbstaster

Die Enttäuschung darüber, dass ihnen das besondere Vorrecht verwehrt worden war, den Aposteln ein Opfer darzubringen, veranlasste die Leute von Lystra zu einer Kehrtwendung gegenüber Paulus und Barnabas. Sie engagierten sich dabei ähnlich intensiv wie damals, als sie die Apostel als Götter bejubelt hatten. Durch die Juden aufgehetzt, planten sie Gewalttätigkeiten gegen die Apostel. Die Juden beschworen das Volk, Paulus keine Gelegenheit zum Reden zu geben; andernfalls, so behaupteten sie, würde er das Volk verzaubern.

Bald darauf wurde der mörderische Plan der Gegner des Evangeliums in die Tat umgesetzt. Die Einwohner von Lystra

Die Apostel gingen sehr weise vor bei ihrem Bestreben, die Aufmerksamkeit der götzendienerischen Griechen zu gewinnen. Paulus, der eine hohe Bildung besaß, sprach zu ihnen von der beeindruckenden Ordnung des Universums. Er machte ihnen verständlich, dass die Wunder der Natur auf einen intelligenten und weisen Schöpfer hinwiesen.

Es war immer ein wichtiges Anliegen der Apostel, die Neubekehrten zu einer Körperschaft zusammenzuschließen. Dieses Ziel verfolgte Paulus auf all seinen Reisen. Im Leben erweist es sich immer wieder, dass selbst schwierige Aufgaben, die für einen Einzelnen schier unlösbar sind, von einer Gruppe schnell und effizient erledigt werden können.

gaben dem Einfluss des Bösen nach und wurden von satanischer Wut erfasst. Sie ergriffen Paulus und steinigten ihn erbarmungslos. Der Apostel glaubte, sein Ende sei gekommen. Lebhaft erinnerte er sich an Stephanus' Märtyrertod und die grausame Rolle, die er selbst dabei gespielt hatte. Mit Blutergüssen bedeckt und halb ohnmächtig vor Schmerzen fiel er zu Boden, und die aufgewiegelten Massen »schleiften ihn zur Stadt hinaus und meinten, er wäre gestorben.« (Apostelgeschichte 14,19)

Die Schar der Gläubigen in Lystra, die durch die Verkündigung des Paulus und des Barnabas zum Glauben an Jesus bekehrt worden war, blieb auch in dieser dunklen und schweren Stunde standhaft und treu. Der vernunftlose Widerstand und die grausame Verfolgung durch ihre Feinde bestärkten den Glauben dieser frommen Geschwister nur noch mehr. Trotz Spott und Gefahr versammelten sie sich tief bekümmert um den Totgeglaubten.

Welch eine Überraschung war es, als der Apostel mitten in ihrem Wehklagen plötzlich seinen Kopf hob und mit einem Lobpreis Gottes auf den Lippen aufstand! Diese unerwartete Wiederherstellung der Gesundheit von Paulus war für die Gläubigen ein Wunder der göttlichen Macht und erschien ihnen als himmlische Bestätigung ihrer Bekehrung. Unaussprechliche Freude erfüllte sie, und mit neuem Glaubensmut priesen sie Gott.

Unter denen, die sich in Lystra bekehrt hatten und die Leiden des Paulus mit ansehen mussten, war ein junger Mann namens Timotheus. Er sollte später ein bedeutender Mitarbeiter im Werk Christi werden und die Nöte und Freuden der Pionierarbeit in schwierigen Gebieten mit dem Apostel teilen. Als Paulus aus der Stadt geschleift wurde, befand sich dieser Jünger unter der Menge, die sich um den scheinbar leblosen Körper scharte. Er sah, wie Paulus sich erhob, verletzt und blutüberströmt, aber mit Lobesworten auf den Lippen, weil er um Christi willen hatte leiden dürfen.

Gemeindegründungen

Am Tag nach der Steinigung des Paulus machten sich die Apostel auf den Weg nach Derbe. Dort wurde ihr Dienst gesegnet. Viele Menschen bekehrten sich zu Christus und nahmen ihn als ihren Erlöser an. »Sie predigten dieser Stadt das Evangelium und machten viele zu Jüngern.« (Apostelgeschichte 14,21) Paulus und Barnabas brachten es nicht über sich, in einer anderen Stadt die Arbeit aufzunehmen, ohne zuvor den Glauben jener neu Bekehrten gestärkt zu haben. Sie mussten sie ja an jenen Orten, in denen sie kürzlich gearbeitet hatten, eine Zeitlang allein lassen. Unerschrocken »kehrten sie zurück nach Lystra, Ikonion und Antiochia, stärkten die Seelen der Jünger und ermahnten sie, im Glauben zu bleiben« (Apostelgeschichte 14,21.22). Viele hatten die frohe Botschaft des Evangeliums angenommen und sich dadurch den Schmähungen und der Feindschaft ihrer Mitbürger ausgesetzt. Diese Gläubigen wollten die Apostel stärken, damit die Früchte ihrer Arbeit bestehen blieben.

Um die Neubekehrten in ihrem geistlichen Wachstum zu fördern, waren die Apostel sorgfältig darauf bedacht, sie mit einer Ordnung zu schützen, die dem Evangelium angemessen war. Überall, wo es in Lykaonien und Pisidien Gläubige gab, wurden dementsprechend Gemeinden organisiert. In jeder Gemeinde wurden Verantwortliche bestimmt sowie eine angemessene und zweckdienliche Ordnung eingeführt, damit alle Angelegenheiten, die das geistliche Wohl der Gläubigen betrafen, geregelt würden.

Dies entsprach den Richtlinien des Evangeliums, nach denen alle Christusgläubigen in einer Körperschaft zusammengefasst werden sollten. Dieses Ziel verfolgte Paulus gewissenhaft während seines ganzen Dienstes. Alle Menschen, die an irgendeinem Ort aufgrund seiner Bemühungen Christus als Erlöser annahmen, wurden zu gegebener Zeit zu einer Gemeinde zusammengefasst. Das geschah auch dort, wo es nur wenige Gläubige gab. Auf diese Weise wurden die Christen gelehrt, einander zu helfen und stets die Verheißung in Erinnerung zu behalten: »Wo zwei oder drei versammelt sind in meinem Namen, da bin ich mitten unter ihnen.« (Matthäus 18,20)

Paulus vergaß die Gemeinden nicht, die er auf diese Weise gegründet hatte. Sie lagen ihm zeit seines Lebens am Herzen. Mochte eine Gruppe auch noch so klein sein, war sie doch Gegenstand seiner beständigen Fürsorge. Er nahm sich liebevoll der kleinen Gemeinden an, im Bewusstsein, dass diese seine besondere Unterstützung brauchten. Er war darauf bedacht, ihre Mitglieder gründlich in der Erkenntnis zu festigen, dass Christus der Erlöser ist, sodass sie auch lernten, sich ernsthaft und uneigennützig um die Menschen ihrer Umgebung zu kümmern.

Bei all ihrer missionarischen Arbeit waren Paulus und Barnabas stets bestrebt, dem Beispiel Christi in seiner Opferbereitschaft zu folgen und treu und ernstlich für ihre Mitmenschen zu wirken. Sie waren wachsam, eifrig und unermüdlich. Sie richteten sich nicht nach persönlichen Neigungen oder eigenen Bequemlichkeiten, sondern streuten unter ernstem Gebet und mit ausdauernder Tatkraft die Saat der Wahrheit aus. Und während sie Gottes Rettungsplan für die Menschen verbreiteten, waren die Apostel stets bestrebt, dass alle, die sich auf die Seite des Evangeliums stellten, praktische Anweisungen von unvergleichlichem Wert erhielten. Diese Ernsthaftigkeit und Gottesfurcht der Apostel hinterließ bei den neuen Jüngern einen bleibenden Eindruck bezüglich der Wichtigkeit der Evangeliumsbotschaft.

Wenn verheißungsvolle und fähige Personen wie z. B. Timotheus zum Glauben kamen, bemühten sich Paulus und Barnabas ernstlich, ihnen die Dringlichkeit der Arbeit im Weinberg Gottes vor Augen zu führen. Mussten die Apostel dann an einen anderen Ort weiterziehen, versagte der Glaube dieser Männer nicht, nein, er nahm sogar zu. Sie waren gewissenhaft in den Lehren des Herrn unterwiesen worden und hatten gelernt, sich selbstlos, ernst und beharrlich für die Erlösung ihrer Mitmenschen einzusetzen. Diese gründliche Unterweisung von Neubekehrten war ein wichtiger Faktor für den bemerkenswerten Erfolg, der Paulus und Barnabas begleitete, als sie das Evangelium in heidnischen Ländern predigten.

Die erste Missionsreise näherte sich schnell ihrem Ende. Die Apostel überließen die Sorge um die neugegründeten Gemeinden dem Herrn, »zogen durch Pisidien und kamen nach Pamphylien und sagten das Wort in Perge und zogen hinab nach Attalia. Und von da fuhren sie mit dem Schiff nach Antiochia.« (Apostelgeschichte 14,24-26)

> *Alle Menschen, die an irgendeinem Ort aufgrund der Bemühungen des Paulus Christus als Erlöser annahmen, wurden zu gegebener Zeit zu einer Gemeinde zusammengefasst. Das geschah auch dort, wo es nur wenige Gläubige gab. Auf diese Weise wurden die Christen gelehrt, einander zu helfen und stets die Verheißung in Erinnerung zu behalten.*

Kapitel 19 Juden und Heiden

Apostelgeschichte 15,1-35

Gott hatte Israel auserwählt, allen Völkern sein Licht zu bringen, damit diese den wahren Herrn kennen lernten und annähmen. Die Jünger folgten dem Auftrag Gottes, denn sie predigten sowohl zu Juden als auch zu Heiden und tauften sie. Dies aber rief einen spürbaren Widerstand bei den stolzen, nationalistisch gesinnten Christen jüdischer Herkunft hervor.

Bald nachdem Paulus und Barnabas Antiochia in Syrien erreicht hatten, von wo sie zu ihrer Missionsreise ausgesandt worden waren, bot sich eine Gelegenheit, die Gläubigen zusammenzurufen, um ihnen zu berichten, »wie viel Gott durch sie getan und wie er den Heiden die Tür des Glaubens aufgetan hätte.« (Apostelgeschichte 14,27) Antiochia hatte eine große, wachsende Gemeinde. Sie war ein Zentrum missionarischer Aktivitäten und eine der bedeutendsten Gemeinschaften gläubiger Christen. Ihre Glieder waren sowohl jüdischer als auch heidnischer Herkunft und gehörten den verschiedensten Bevölkerungsschichten an.

Das Ende des Zeremonialgesetzes

Während sich die Apostel zusammen mit den Ältesten und Gemeindegliedern in Antiochia ernsthaft darum bemühten, viele Menschen für Christus zu gewinnen, warfen einige Gläubige aus Judäa, die früher der »Partei der Pharisäer« angehört hatten, eine Frage auf, die bald zu ausgedehnten Streitigkeiten in der Gemeinde führte und Verwirrung unter den Heidenchristen hervorrief. Mit großer Bestimmtheit beteuerten diese judaisierenden Lehrer, man müsse sich beschneiden lassen und das gesamte Zeremonialgesetz halten, um gerettet zu werden.

Paulus und Barnabas wiesen diese falsche Lehre umgehend zurück und lehnten es ab, die Angelegenheit vor die Nichtjuden zu bringen. Andererseits stimmten viele jüdische Gläubige dem Standpunkt der kürzlich aus Judäa gekommenen Brüder zu.

Die jüdischen Gläubigen waren im Allgemeinen nicht geneigt, so schnell mitzuziehen, wie Gottes Vorsehung den Weg bereitete. Weil die Apostel bei ihrer Arbeit unter den Nichtjuden so viel Erfolg hatten, war es nur eine Frage der Zeit, bis die Bekehrten aus diesen Völkern die jüdischen Bekehrten an Zahl bei Weitem übertreffen würden. Die Juden befürchteten, dass ihre Identität als Volk, die sie bis dahin von allen anderen Menschen unterschieden hatte, bei jenen, die die Evangeliumsbotschaft annähmen, schließlich untergehen würde. Um dies zu vermeiden, müssten die Heiden als Vorbedingung für die Aufnahme in die Gemeinde auf die Einschränkungen und Zeremonien des jüdischen Gesetzes verpflichtet werden.

Die Juden hatten sich stets ihrer göttlich verordneten Opferdienste gerühmt. Viele unter denen, die zum Glauben an Christus bekehrt worden waren, beriefen sich darauf, dass Gott einst klar definierte Formen für die hebräische Art der Anbetung bestimmt hatte. Deshalb sei es doch unwahrscheinlich, dass er jemals eine Änderung in irgendeinem Detail dieser Dienste zulassen würde. Sie beharrten darauf, dass die jüdischen Gesetze und Zeremonien in die Riten der christlichen Religion aufzunehmen seien. Sie brauchten einige Zeit, bis sie erkannten, dass all die Sühnopfer nur vorausweisende Zeichen für den Tod des Gottessohnes gewesen waren. In seinem Sterben aber traf der »Typus« auf den »Antitypus«, das vorausweisende Sinnbild auf die erfüllte Wirklichkeit, und danach waren die Riten und Zeremonien der mosaischen Religion nicht mehr bindend.

Vor seiner Bekehrung hatte sich Paulus »nach der Gerechtigkeit, die das Gesetz fordert«, für »untadelig« gehalten (Philipper 3,6). Seit seiner Bekehrung jedoch hatte er eine klare Erkenntnis über das Wirken Christi als des Erlösers der ganzen Menschheit – der Heiden wie der Juden – gewonnen, und er hatte den Unterschied zwischen lebendigem Glauben und totem Formalismus begriffen. Im Licht des Evangeliums hatten die den Israeliten anvertrauten alten Riten und Zeremonien eine neue und tiefere Bedeutung erlangt. Was sie vorausweisend bildlich dargestellt hatten, war Wirklichkeit geworden, und die Gläubigen, die unter dem Neuen Bund des Evangeliums lebten, waren von der Einhaltung dieser Zeremonien befreit. Gottes unabänderliches Gesetz der Zehn Gebote jedoch behielt für Paulus weiterhin sowohl nach dem Geist als auch nach dem Buchstaben seine Gültigkeit.

Die eingehende Prüfung der Frage der Beschneidung löste in der Gemeinde Antiochia viele Debatten und Streitgespräche aus. Um zu vermeiden, dass es bei anhaltenden Diskussionen am Ende zu einer Spaltung der Gemeinde käme, entschieden die Gläubigen schließlich, Paulus, Barnabas und einige andere Verantwortungsträger der Gemeinde nach Jerusalem zu senden, um die Angelegenheit den Aposteln und Ältesten zu unterbreiten. Sie sollten dort mit Vertretern der verschiedenen Gemeinden und mit anderen Brüdern sprechen, die zu den bevorstehenden Festtagen nach Jerusalem gekommen waren. In der Zwischenzeit sollte jeder Streit ruhen, bis in einer Gesamtversammlung eine endgültige Entscheidung getroffen war. Diese sollte dann von den verschiedenen Gemeinden überall im Lande angenommen werden.

Auf ihrem Weg nach Jerusalem besuchten die Apostel die Gläubigen in den Städten, durch die sie reisten, und ermutigten sie durch ihre Erfahrungen im Werk Gottes und ihre Berichte von der Bekehrung der Heiden.

Der Wert des Zeremonialgesetzes

In Jerusalem kamen die Abgesandten aus Antiochia mit den Brüdern aus anderen Gemeinden zu einem Konzil zusammen. Sie berichteten ihnen von den Erfolgen, die ihren Dienst unter den Heiden begleiteten. Dann schilderten sie anschaulich die Verwirrung, die dadurch entstanden war, dass einige bekehrte Pharisäer nach Antiochia gekommen waren und gelehrt hatten, dass die Bekehrten aus dem Heidentum beschnitten werden sollten und das Gesetz des Mose einhalten müssten, um gerettet zu werden.

Diese Frage wurde in der Versammlung eingehend erörtert. Eng mit der Fra-

> *Die Juden sahen es als Sünde an, Blut als Nahrungsmittel zu verwenden. Blut war für sie das Leben, und Blutvergießen war eine Folge der Sünde. Die Heiden dagegen fingen das Blut der Opfertiere auf und verwendeten es, um damit Speisen zuzubereiten.*

Bedingt durch den Sündenfall hatte Gott seinem Volk bestimmte religiöse Handlungen vorgeschrieben. Es sollte z. B. Lämmer opfern, um den Erlösungsplan besser zu verstehen. Als Jesus, das wahre Lamm Gottes, am Kreuz starb, wurde diese Ordnung überflüssig. Etliche Christen jüdischer Herkunft verstanden diesen Wechsel nicht und wollten bei ihren alten Gewohnheiten bleiben.

ge der Beschneidung waren einige andere Themen verbunden, die ebenfalls nach sorgfältiger Prüfung verlangten. Eines davon war, welche Haltung man zum Genuss von Götzenopferfleisch einnehmen sollte. Viele Heidenchristen lebten unter unwissenden und abergläubischen Menschen, die den Götzen häufig Opfer darbrachten. Die Priester dieser heidnischen Kulte führten einen ausgedehnten Handel mit den Opfergaben, die man ihnen brachte. Die Judenchristen befürchteten nun, dass die bekehrten Heiden das Christentum in Verruf bringen könnten; denn sie würden durch den Kauf von etwas, was den Götzen geopfert worden war, in gewisser Hinsicht götzendienerische Bräuche billigen.

Außerdem waren die Heiden gewöhnt, das Fleisch von erstickten Tieren zu essen, während die Juden von Gott die Anweisung erhalten hatten, beim Schlachten für Nahrungszwecke besonders darauf zu achten, das Blut der geschlachteten Tiere sofort ausfließen zu lassen; sonst würde das Fleisch nicht als gesund angesehen werden. Gott hatte den Juden diese Anordnungen zur Erhaltung ihrer Gesundheit gegeben. Die Juden sahen es als Sünde an, Blut als Nahrungsmittel zu verwenden. Blut war für sie das Leben, und Blutvergießen war eine Folge der Sünde.

Die Heiden dagegen fingen das Blut der Opfertiere auf und verwendeten es, um damit Speisen zuzubereiten. Die Juden konnten nicht glauben, dass sie ihre Bräuche ändern sollten, da sie diese doch auf Gottes besondere Anweisung hin angenommen hatten. So wie die Dinge standen, wäre es für Juden daher schockierend und empörend gewesen, mit Nichtjuden zusammen am gleichen Tisch zu essen.

Die Heiden, besonders die Griechen, führten oft ein ausschweifendes Leben. Da bestand natürlich die Gefahr, dass manche, die in ihrem Innersten noch unbekehrt waren, ein Glaubensbekenntnis ablegten, ohne ihre verwerflichen Praktiken aufzugeben. Judenchristen konnten die Unmoral nicht tolerieren, die bei den Heiden nicht einmal als strafbar galt. Die Judenchristen hielten es deshalb für höchst angebracht, von den bekehrten Nichtjuden Beschneidung und Einhaltung des Zeremonialgesetzes als Beweis ihrer Aufrichtigkeit und Frömmigkeit zu fordern. Sie glaubten, so zu verhindern, dass sich Menschen ohne echte innere Bekehrung der Gemeinde anschlössen und durch Unmoral und Ausschweifung der Sache Christi schadeten.

Die verschiedenen Punkte, die mit der strittigen Hauptfrage eng verknüpft waren, schienen der beratenden Versammlung unüberwindbare Schwierigkeiten zu bereiten. Der Heilige Geist hatte die Frage jedoch schon lange geregelt, von der das Gedeihen, wenn nicht sogar das Bestehen der christlichen Gemeinde abzuhängen schien.

Die Erfahrungen des Petrus

»Als man sich aber lange gestritten hatte, stand Petrus auf und sprach zu ihnen: Ihr Männer, liebe Brüder, ihr wisst, dass Gott vor langer Zeit unter euch bestimmt hat, dass durch meinen Mund die

Heiden das Wort des Evangeliums hörten und glaubten.« (Apostelgeschichte 15,7) Er argumentierte, dass der Heilige Geist diese strittige Angelegenheit schon gelöst habe, als er mit gleicher Kraft auf die unbeschnittenen Heiden und die beschnittenen Juden herabkam. Er erwähnte nochmals seine Vision, in der Gott vor ihm ein Tuch mit allerlei vierfüßigen Tieren ausgebreitet und ihn dann aufgefordert hatte, sie zu schlachten und zu essen. Als er sich weigerte und bekräftigte, er habe noch nie etwas Gemeines oder Unreines gegessen, sei die Antwort gewesen: »Was Gott rein gemacht hat, das nenne du nicht verboten.« (Apostelgeschichte 10,15)

Petrus berichtete von der unmissverständlichen Bedeutung dieser Worte, die ihm beinahe unmittelbar danach in der Aufforderung gegeben worden war, zu dem römischen Hauptmann zu gehen und ihn im Glauben an Christus zu unterweisen. Diese Botschaft habe gezeigt, dass vor Gott kein Ansehen der Person gelte, sondern dass er alle Menschen annehme und anerkenne, die ihn fürchten. Petrus erzählte auch von seiner eigenen Überraschung im Hause des Kornelius: Noch während er selbst den dort Versammelten die Worte der Wahrheit verkündete, wurde er Zeuge davon, wie der Heilige Geist seine Zuhörer ergriff, Nichtjuden genauso wie Juden. Das gleiche Licht und dieselbe Herrlichkeit, welche beschnittene Juden erleuchtet hatte, erstrahlte nun auch über dem Angesicht der unbeschnittenen Heiden. Dies sei Gottes Warnung an Petrus gewesen, er solle keinen Menschen geringer achten als einen anderen, denn das Blut Christi könne von aller Unreinheit rein machen.

Schon früher einmal hatte sich Petrus mit seinen Glaubensbrüdern über die Bekehrung des Kornelius und seiner Freunde sowie über seinen Umgang mit ihnen ausgesprochen. Als er bei jener Gelegenheit erzählt hatte, wie damals der Heilige Geist über die Heiden kam, sagte er: »Wenn nun Gott ihnen die gleiche Gabe gegeben hat wie auch uns, die wir zum Glauben gekommen sind an den Herrn Jesus Christus: wer war ich, dass ich Gott wehren konnte?« (Apostelgeschichte 11,17) Mit gleichem Eifer und Nachdruck sagte er jetzt: »Gott, der die Herzen kennt, hat es bezeugt und ihnen den Heiligen Geist gegeben wie auch uns, und er hat keinen Unterschied gemacht zwischen uns und ihnen, nachdem er ihre Herzen gereinigt hatte durch den Glauben. Warum versucht ihr denn nun Gott dadurch, dass ihr ein Joch auf den Nacken der Jünger legt, das weder unsere Väter noch wir haben tragen können?« (Apostelgeschichte 15, 8-10) Dieses Joch war nicht das Gesetz der Zehn Gebote, wie einige Gegner der verbindlichen Forderungen des Gesetzes behaupten. Petrus bezog sich hier auf das Zeremonialgesetz, das durch die Kreuzigung Jesu null und nichtig geworden ist.

Gemeinsame Entscheidung

Die Ansprache des Petrus hatte zur Folge, dass die Versammelten nun mit Geduld Paulus und Barnabas zuhören konnten, die von ihren Erfahrungen bei der Arbeit für die Nichtjuden erzählten. »Da schwieg die ganze Menge still und hörte Paulus und Barnabas zu, die erzählten, wie große Zeichen und Wunder Gott durch sie getan hatte unter den Heiden.« (Apostelgeschichte 15,12) Auch Jakobus trug mit Entschiedenheit sein Zeugnis vor und erklärte, dass es Gottes Absicht sei, den Heiden die gleichen Rechte und Seg-

Gegen Ende ihrer ersten Missionsreise kehrten Paulus und Barnabas nach Antiochia, zu ihrem Ausgangspunkt, zurück. Dort führte die Gemeinde eine angeregte Diskussion darüber, ob die Heiden sich beschneiden lassen mussten, um gerettet zu werden. Die Gemeindevorsteher in Jerusalem beriefen daraufhin das erste Konzil ein, auf dem geklärt wurde, dass die Beschneidung für Heidenchristen nicht mehr nötig ist. Jesus hatte deutlich gemacht: »Wer glaubt und getauft ist, der wird gerettet.«

nungen zu schenken, wie sie den Juden gewährt worden waren.

Dem Heiligen Geist »gefiel es« (Apostelgeschichte 15,28), den Bekehrten aus den Heiden das Zeremonialgesetz nicht aufzuerlegen, und die Gesinnung der Apostel stimmte mit dem Geist Gottes überein. Jakobus führte den Vorsitz der Beratung, und seine endgültige Entscheidung lautete: »Darum meine ich, dass man denen von den Heiden, die sich zu Gott bekehren, nicht Unruhe mache.« (Apostelgeschichte 15,19)

Mit diesen Worten wurde die Diskussion beendet. Dieses Beispiel widerlegt die römisch-katholische Lehrmeinung, Petrus sei das Haupt der Kirche gewesen. Diejenigen, die behauptet haben, als Päpste seine Nachfolger zu sein, besitzen für ihre Ansprüche keine biblische Grundlage. Nichts im Leben des Petrus bestätigt die Behauptung, er sei als Stellvertreter des Allerhöchsten über seine Brüder gestellt worden. Wenn diejenigen, die man als Nachfolger Petri bezeichnet, seinem Beispiel gefolgt wären, hätten sie sich stets damit begnügt, ihren Brüdern gleich zu sein.

In diesem Falle war es wohl Jakobus gewesen, den man dazu ausersehen hatte, den von der Ratsversammlung gefassten Beschluss zu verkündigen. Es war auch sein Entscheid, dass das Zeremonialgesetz und insbesondere der Ritus der Beschneidung den Nichtjuden weder dringend nahegelegt noch auch nur empfohlen werden sollte. Jakobus bemühte sich, seinen Glaubensbrüdern verständlich zu machen, dass die Nichtjuden bereits durch die Hinwendung zu Gott eine große Veränderung in ihrem Leben vollzogen hätten. Deshalb müsse man mit großer Behutsamkeit vorgehen, um sie nicht mit verwirrenden und zweifelnden Fragen von geringerer Bedeutung zu beunruhigen, damit sie in ihrer Christusnachfolge nicht entmutigt würden.

Die Bekehrten aus den Heiden jedoch sollten diejenigen Bräuche aufgeben, die sich mit den Grundsätzen des Christentums nicht vereinbaren ließen. Die Apostel und Ältesten kamen deshalb überein, die Heiden brieflich anzuweisen, sich zu enthalten »von Befleckung durch Götzen und von Unzucht und vom Erstickten und vom Blut.« (Apostelgeschichte 15,20) Sie sollten aufgefordert werden, die Gebote zu halten und ein Leben nach den Maßstäben Gottes zu führen. Außerdem sollte ihnen versichert werden, dass die Männer, welche die Beschneidung für verbindlich erklärt hatten, nicht von den Aposteln zu dieser Erklärung ermächtigt gewesen seien.

Paulus und Barnabas wurden ihnen als Männer empfohlen, die ihr Leben für den Herrn aufs Spiel gesetzt hatten. Judas und Silas wurden mit diesen Aposteln zu den »Brüdern aus den Heiden« (Apostelgeschichte 15,23) gesandt, um ihnen die Entscheidung der Ratsversammlung mündlich mitzuteilen. »Denn es gefällt dem Heiligen Geist und uns, euch weiter keine Last aufzuerlegen als nur diese notwendigen Dinge: dass ihr euch enthaltet vom Götzenopfer und vom Blut und vom Erstickten und von Unzucht. Wenn ihr euch davor bewahrt, tut ihr recht.« (Apostelgeschichte 15,28.29) Die vier Diener Gottes wurden mit einem Sendschreiben nach Antiochia gesandt, dessen Inhalt alle Streitigkeiten beenden sollte – hier sprach die höchste Autorität auf Erden.

Die Entscheidung schafft Klarheit

Die Versammlung, die über diese Angelegenheit entschied, setzte sich aus Aposteln und Lehrern zusammen, die bei der Gründung der jüdischen und nichtjüdischen Christengemeinden führend gewesen waren. Dazu kamen gewählte Vertreter aus verschiedenen Gegenden. Älteste aus Jerusalem und Abgesandte aus Antiochia waren zugegen – Vertreter der einflussreichsten Gemeinden. Die Versammlung handelte in Übereinstimmung mit den Prinzipien eines erleuchteten Urteilsvermögens und mit der Würde einer von Gott gegründeten Gemeinde. Als Ergebnis ihrer Beratungen erkannten sie alle, dass Gott selbst die zur Debatte stehende Frage damit beantwortet hatte, dass er den Nichtjuden den Heiligen

---

Jakobus bemühte sich, seinen Glaubensbrüdern verständlich zu machen, dass die Nichtjuden bereits durch die Hinwendung zu Gott eine große Veränderung in ihrem Leben vollzogen hätten. Deshalb müsse man mit großer Behutsamkeit vorgehen, um sie nicht mit verwirrenden und zweifelnden Fragen von geringerer Bedeutung zu beunruhigen, damit sie in ihrer Christusnachfolge nicht entmutigt würden.

Juden und Heiden

Am Anfang gab Gott den Menschen die ideale Nahrung: Obst, Getreide, Gemüse und weitere pflanzliche Lebensmittel. Nach dem Sündenfall ließ er den Verzehr von Fleisch zu, aber nur das von Wiederkäuern und von Tieren mit gespaltenen Hufen. Er verbot deutlich, Blut zu verzehren. Von den Fischen empfahl er nur solche mit Flossen und Schuppen. Heute lässt sich wissenschaftlich belegen, dass die Beachtung dieser Regeln für die menschliche Gesundheit vorteilhaft ist (vergleiche 3. Mose 11).

Geist verliehen hatte. Gleichzeitig erkannten sie, dass es ihre Aufgabe war, der Leitung des Geistes zu folgen.

Nicht die Christenheit als Ganzes wurde aufgefordert, über diese Frage abzustimmen, sondern die »Apostel und Ältesten«, Männer von Einfluss und Urteilskraft. Sie erließen und formulierten den Beschluss, der daraufhin von allen christlichen Gemeinden angenommen wurde. Allerdings freuten sich nicht alle über diese Entscheidung. Eine Gruppe ehrgeiziger und selbstgerechter Brüder war anderer Meinung. Diese Männer nahmen sich das Recht heraus, in eigener Verantwortung im Werk tätig zu sein. Sie murrten und nörgelten und legten neue Pläne vor, um das Werk der Männer niederzureißen, die Gott zur Verkündigung der Evangeliumsbotschaft berufen hatte. Von Anfang an gab es in der Gemeinde solche Hindernisse, und bis zum Ende der Zeit wird es so bleiben.

Jerusalem war die Hauptstadt der Juden, und gerade dort waren Ausschließlichkeitsdenken und religiöse Engstirnigkeit am meisten verbreitet. Die Judenchristen, die dort in Sichtweite des Tempels wohnten, beschäftigten sich gedanklich natürlich oft mit den besonderen Vorrechten der Juden als Nation. Als sie bemerkten, wie sich die christliche Gemeinde von den Zeremonien und Überlieferungen des Judentums entfernte, und als sie spürten, dass die besondere Heiligkeit, mit der die jüdischen Bräuche gepflegt worden waren, im Licht des neuen Glaubens bald aus dem Blickfeld verschwinden würde, wurden viele über Paulus ungehalten, der ihrer Ansicht nach diese Veränderung vor allem veranlasst hatte. Nicht einmal alle Jünger waren geneigt, die Entscheidung des Konzils bereitwillig anzunehmen. Manche eiferten dem Zeremonialgesetz nach und betrachteten Paulus mit Missfallen, weil sie fanden, dass er in seiner Prinzipientreue gegenüber den Forderungen des jüdischen Gesetzes nachlässig geworden sei.

Die klaren und weitreichenden Entscheidungen des allgemeinen Konzils brachte Vertrauen in die Reihen der Gläubigen aus dem Heidentum, und das Werk Gottes gedieh. Die Gemeinde in Antiochia hatte den Vorteil, dass Judas und Silas anwesend waren, die Sonderbotschafter, die mit den Aposteln von der Konferenz in Jerusalem nach Antiochia zurückgekehrt waren. Sie, »die selbst Propheten waren, ermahnten die Brüder mit vielen Reden und stärkten sie.« (Apostelgeschichte 15,32) Einige Zeit hielten sich diese gottesfürchtigen Männer noch in Antiochia auf. »Paulus und Barnabas aber blieben in Antiochia, lehrten und predigten mit vielen andern das Wort des Herrn.« (Apostelgeschichte 15,35)

Petrus war ein gottesfürchtiger Mann, der das Evangelium unermüdlich und mit viel Erfolg verkündete. Als er in die Gemeinde von Antiochia kam, beging er jedoch einen schweren Fehler. Er schlug sich auf die Seite der jüdischen Gläubigen und lehnte es ab, mit den heidnischen Christen am selben Tisch zu essen. Diese Verhaltensweise entsprach nicht der Lehre Jesu. Paulus musste Petrus öffentlich tadeln. Daraufhin bereute dieser und änderte sein Verhalten.

Fehlbare Leiter

Als Petrus zu einem späteren Zeitpunkt Antiochia besuchte, ging er sehr besonnen mit den bekehrten Nichtjuden um und gewann damit das Zutrauen vieler. Eine Zeitlang handelte er in Übereinstimmung mit der Erkenntnis, die Gott ihm geschenkt hatte. Er überwand sogar sein natürliches Vorurteil und setzte sich mit bekehrten Heiden an einen Tisch. Als aber gewisse jüdische Eiferer für das Zeremonialgesetz aus Jerusalem kamen, änderte Petrus in unkluger Weise sein Verhalten gegenüber den Bekehrten aus dem Heidentum. »Mit ihm heuchelten auch die andern Juden, sodass selbst Barnabas verführt wurde, mit ihnen zu heucheln.« (Galater 2,13) Dieser offensichtliche Mangel an Standfestigkeit bei denen, die man als Leiter geehrt und geliebt hatte, hinterließ bei den Heidenchristen einen äußerst schmerzlichen Eindruck. Der Gemeinde drohte eine Spaltung. Als Paulus die zerrüttende Wirkung des Unrechts sah, das der Gemeinde durch das Doppelspiel des Petrus angetan wurde, tadelte er ihn frei heraus, weil er damit seine wahre Gesinnung verberge. In Gegenwart der Gemeinde fragte er ihn: »Wenn du, der du ein Jude bist, heidnisch lebst und nicht jüdisch, warum zwingst du dann die Heiden, jüdisch zu leben?« (Galater 2,14)

Petrus sah seinen Irrtum ein und setzte umgehend alles daran, den angerichteten Schaden wieder gut zu machen. Gott, der das Ende schon von Anfang an kennt, hatte es zugelassen, dass Petrus eine solche Charakterschwäche zeigte. Der erfahrene Apostel sollte erkennen, dass es in ihm nichts gab, dessen er sich rühmen könnte. Sogar die besten Menschen können irren, wenn sie sich selbst überlassen sind. Gott sah auch voraus, dass sich in späterer Zeit manche verleiten lassen würden, für Petrus und seine angeblichen Nachfolger Rechte zu beanspruchen, die allein Gott zustehen. Dieser Bericht von der Schwäche des Apostels sollte ein bleibender Nachweis seiner Fehlbarkeit sein und belegen, dass er keineswegs über den anderen Aposteln stand.

Dieser Bericht über das Abweichen von richtigen Grundsätzen ist eine ernste Warnung für Menschen in Vertrauensstellungen im Werk Gottes. Ihre moralische Integrität muss außer Zweifel stehen, sie müssen prinzipientreu sein. Je größer die Verantwortungen sind, die einem Menschen übertragen werden, und je mehr Kompetenzen er hat, Weisungen zu erteilen und Macht auszuüben, desto größeren Schaden wird er anrichten, wenn er nicht sorgfältig dem Weg des Herrn folgt. Auch wenn er nicht im Einklang mit den Entscheidungen handelt, die ein allgemeines Gremium von Gläubigen in gemeinsamer Beratung getroffen hat, ist er ein Hindernis für das Werk Gottes.

Petrus hatte mehrmals versagt. Er war gefallen und wieder angenommen worden. Er hatte viele Jahre gedient. Er war wohlvertraut mit Christus und wusste, wie gradlinig der Erlöser Rechtschaffenheit praktizierte. Trotz aller Unterweisung, die Petrus erhalten hatte, trotz aller Gaben und Kenntnisse, die ihm geschenkt worden waren, und trotz allen Einflusses, den er durch seine Predigt und sein Lehramt erwerben durfte – ist es da nicht seltsam, dass er sich verstellte und von den Prinzipien der Evangeliumswahrheit abwich, sei es aus Menschenfurcht oder um Ansehen zu erlangen? Ist es nicht ebenfalls verwunderlich, dass er in seinem Festhalten an dem, was recht ist, wankte? Möge Gott jedem Menschen ein Bewusstsein seiner Hilflosigkeit schenken! Wie unfähig sind wir doch, unser Lebensschiff geradewegs und sicher in den Hafen zu steuern.

Eigenständigkeit und Gemeinsinn

In seinem Missionsdienst stand Paulus gezwungenermaßen oft allein. Er war durch Gott besonders geschult worden und wagte es nicht, Kompromisse in seiner Grundsatztreue einzugehen. Oft war die Last schwer, trotzdem trat Paulus entschlossen für das Recht ein. Er war sich darüber im Klaren, dass die Gemeinde niemals menschlicher Macht anvertraut werden durfte. Traditionen und menschliche Auffassungen dürfen nie den Platz göttlicher Offenbarung einnehmen. Der Fortschritt der Evangeliumsbotschaft darf niemals durch Vorurteile und Neigungen von Menschen behindert werden, welche Stellung sie auch immer in der Gemeinde bekleiden mögen.

Paulus hatte sich selbst und all seine Kräfte dem Dienst des Herrn geweiht. Er hatte die Evangeliumswahrheiten direkt vom Himmel erhalten. Während seines ganzen Missionsdienstes unterhielt er eine lebendige Verbindung mit dem Himmel. Gott selbst hatte ihn angewiesen, den Heidenchristen nicht unnötige Lasten aufzuerlegen. Als die judaisierenden Gläubigen die Frage der Beschneidung in der Gemeinde von Antiochia aufwarfen, kannte Paulus den Willen des Geistes Gottes, was solche Lehren betraf, und er nahm einen festen und unnachgiebigen Standpunkt ein. Dies verschaffte den Gemeinden Freiheit von jüdischen Riten und Zeremonien.

Obwohl Paulus persönlich von Gott unterwiesen worden war, hatte er keine überzogenen Auffassungen von persönlicher Verantwortlichkeit. Ihn verlangte stets nach Gottes direkter Führung, er anerkannte aber auch bereitwillig die Autorität, die der Gemeinschaft der Gläubigen als Gesamtheit übertragen worden war. Paulus wusste, dass er Rat brauchte. Wenn es um wichtige Angelegenheiten ging, legte er sie der Gemeinde bereitwillig vor und bat Gott zusammen mit seinen Brüdern um Weisheit für die richtigen Entscheidungen. Selbst »die Geister der Propheten sind« nach seinen Worten »den Propheten untertan. Denn Gott ist nicht ein Gott der Unordnung, sondern des Friedens.« (1. Korinther 14,32.33) Wie Petrus lehrte er alle, gemeinsam die Verantwortung in der Gemeinde zu tragen: Alle seien einander untertan!« (Vgl. 1. Petrus 5,5.)

Die Leiter der Urgemeinde wurden von Gott unterwiesen, auf Einigkeit zu achten und tolerant und respektvoll miteinander umzugehen. Ohne diese Tugenden ist kein Fortschritt möglich. So wie sich verschiedene menschliche Stimmen unter der Leitung eines Dirigenten in einem Chor vereinen, soll auch das Zeugnis von Christus unter der Leitung des Heiligen Geistes der ganzen Welt weitergegeben werden.

Kapitel 20 Das Kreuz wird erhöht

Apostelgeschichte 15,36-41 und 16,1-6

Der Apostel Paulus war ein Vorbild für Treue und Hingabe an seinen Herrn. Seine ganze Liebe und sein lobenswerter Eifer galt Christus. Er reiste unermüdlich in viele Länder, um die Gute Nachricht von der Rettung durch den Tod Jesu am Kreuz zu verbreiten. Christus stand im Zentrum seiner Botschaften, und er pries das Kreuz wie kein anderer. Für alle Gläubigen ist es daher ein großer Gewinn, seine Schriften zu lesen.

Nachdem Paulus einige Zeit in Antiochia gepredigt hatte, schlug er seinem Mitarbeiter vor, eine weitere Missionsreise anzutreten. »Lass uns wieder aufbrechen und nach unsern Brüdern sehen in allen Städten, in denen wir das Wort des Herrn verkündigt haben, wie es um sie steht.« (Apostelgeschichte 15,36)

Paulus und Barnabas dachten beide mit liebevoller Fürsorge an jene Menschen, die durch ihre Verkündigung erst kurze Zeit vorher die Evangeliumsbotschaft angenommen hatten, und sie wünschten sich ein Wiedersehen. Diese Fürsorge vergaß Paulus nie. Selbst wenn er sich in ganz anderen Missionsgebieten aufhielt, weit entfernt von den Orten seines früheren Wirkens, lag es ihm weiterhin am Herzen, diese Neubekehrten eindringlich zur Treue zu ermahnen, um »die Heiligung [zu] vollenden in der Furcht Gottes.« (2. Korinther 7,1) Beständig versuchte er ihnen zu helfen, zu mündigen, glaubensstarken Christen heranzuwachsen, die sich mit Eifer und Begeisterung rückhaltlos Gott und der Förderung seines Reiches weihen.

Trennung von Barnabas vor der zweiten Missionsreise

Barnabas erklärte sich bereit, wieder mit Paulus zu reisen, wollte aber Markus mitnehmen, der beschlossen hatte, sich erneut dem Dienst für den Herrn zu widmen. Dagegen erhob Paulus Einspruch. »Paulus aber hielt es nicht für richtig, jemanden mitzunehmen« (Apostelgeschichte 15,38), der sie auf der ersten Missionsreise in einer Zeit der Not verlassen hatte. Er war nicht geneigt, die Schwäche des Markus zu entschuldigen, der das Werk Gottes im Stich gelassen und die Sicherheit und Bequemlichkeiten seines Heims vorgezogen habe. Ein

Mann mit so geringem Durchhaltevermögen, betonte Paulus, sei ungeeignet für einen Dienst, der Geduld, Selbstverleugnung, Tapferkeit, Hingabe, Glauben, Opferfreudigkeit und – wenn es darauf ankommt – selbst das Leben fordere. Die Meinungen waren derart kontrovers, dass sie darüber »scharf aneinander« gerieten und sich trennten. Barnabas nahm entsprechend seiner Überzeugung Markus mit sich »und fuhr nach Zypern. Paulus aber wählte Silas und zog fort, von den Brüdern der Gnade Gottes befohlen.« (Apostelgeschichte 15,39.40)

Paulus und Silas reisten »durch Syrien und Zilizien«, wo sie die Gemeinden stärkten. Schließlich erreichten sie Derbe und Lystra in der Provinz Lykaonien. Gerade dort, in Lystra, war Paulus gesteinigt worden. Trotzdem finden wir ihn wieder an diesem gefährlichen Ort. Er wollte unbedingt erfahren, wie diejenigen, die durch seinen Dienst das Evangelium angenommen hatten, die Bewährungsprobe aushielten. Er wurde nicht enttäuscht, denn die Gläubigen in Lystra waren trotz des heftigen Widerstandes fest geblieben.

Timotheus wird Evangelist

Hier traf Paulus erneut mit Timotheus zusammen, der am Ende seines ersten Besuchs in Lystra Zeuge seiner Steinigung gewesen war. Das Ereignis damals hatte einen tiefen Eindruck bei dem jungen Mann hinterlassen, sodass er schließlich davon überzeugt war, es sei seine Pflicht, sich völlig dem Predigtdienst zu widmen. Er fühlte sich mit Paulus herzlich verbunden und sehnte sich danach, am Dienst des Apostels als Helfer Anteil zu haben, wenn sich eine Gelegenheit dazu böte.

Silas, der Gefährte des Paulus, war ein bewährter Missionsarbeiter, der mit der Gabe der Prophetie ausgerüstet war. Aber die Arbeit, die getan werden musste, war so umfangreich, dass es dringend notwendig wurde, noch weitere Kräfte für den Missionsdienst heranzubilden. In Timotheus erkannte Paulus jemanden, der die Heiligkeit des Predigtdienstes zu würdigen wusste, der vor der Aussicht auf Leiden und Verfolgung nicht zurückschreckte und bereit war, sich auch etwas sagen zu lassen. Doch wollte es Paulus nicht verantworten, den unerfahrenen jungen Mann für den Evangeliumsdienst auszubilden, ohne sich letzte Gewissheit über seinen Charakter und sein Vorleben verschafft zu haben.

Timotheus hatte einen griechischen Vater und eine jüdische Mutter. Er kannte die Heilige Schrift von klein auf. In seinem Elternhaus erlebte er eine reine und praktische Frömmigkeit. Der Glaube seiner Mutter und seiner Großmutter an die Verheißungen Christi erinnerte ihn ständig daran, dass auf dem Befolgen des Willens Gottes ein Segen liegt. Das Wort Gottes war die Richtschnur, nach der die beiden gläubigen Frauen den Jungen erzogen hatten. Die geistliche Kraft, die er durch ihre Erziehung gewonnen hatte, hielt ihn in seiner Sprache rein und schützte ihn vor den schlimmen Einflüssen seiner Umgebung. So hatten ihn seine Erzieherinnen bereits im Heim zusammen mit Gott darauf vorbereitet, eines Tages Verantwortungen zu tragen.

Paulus sah, dass Timotheus gläubig, standhaft und aufrichtig war, und erwählte ihn zu seinem Mitarbeiter und Reisegefährten. Die beiden Frauen, die Timotheus in seiner Kindheit unterrichtet hatten, erlebten nun voller Befriedigung die enge Gemeinschaft zwischen ihrem Kind und dem großen Apostel. Timotheus war noch sehr jung, als Gott ihn zum Lehrer erwählte, aber durch seine Erziehung von frühester Kindheit an war er in seinen Grundsätzen schon so gefestigt, dass er sich für den Apostel als Helfer eignete. Und obwohl er noch jung war, trug er seine Verantwortung mit christlicher Sanftmut.

Als weise Vorsichtsmaßnahme empfahl Paulus dem Timotheus, sich beschneiden zu lassen, nicht weil Gott dies gefordert hätte, sondern um eventuellen Einwänden der Juden gegen eine Mitarbeit des Timotheus von vornherein zu begegnen. Bei seiner Tätigkeit würde Paulus von Stadt zu Stadt und in verschiedene Länder reisen. Oft würde er Gelegenheit haben, in jüdi-

> *Paulus wollte nicht nur den Heiden, sondern auch seinen jüdischen Brüdern das Evangelium weitergeben. Er versuchte deshalb jeden Vorwand zum Widerspruch zu beseitigen, solange sich dies mit den Glaubensgrundsätzen vereinbaren ließ.*

schen Synagogen oder an anderen Versammlungsstätten Christus zu verkündigen. Falls dabei bekannt würde, dass einer seiner Mitarbeiter unbeschnitten war, hätte das Vorurteil und die Scheinfrömmigkeit der Juden sein Wirken ernsthaft beeinträchtigen können. Überall stieß der Apostel auf entschiedenen Widerstand und harte Verfolgung. Er wollte aber nicht nur den Heiden, sondern auch seinen jüdischen Brüdern das Evangelium weitergeben. Er versuchte deshalb, jeden Vorwand zum Widerspruch zu beseitigen, solange sich dies mit den Glaubensgrundsätzen vereinbaren ließ. Während er dem jüdischen Vorurteil insoweit Rechnung trug, glaubte und lehrte er jedoch, dass Beschnittensein und Unbeschnittensein nichts, das Evangelium Christi hingegen alles bedeutet.

Paulus liebte Timotheus, seinen »rechten Sohn im Glauben«. (1. Timotheus 1,2) Oft nahm der große Apostel seinen jüngeren Schüler beiseite und versicherte sich durch Fragen, inwieweit der junge Mann mit der biblischen Heilsgeschichte vertraut war. Und wenn sie von Ort zu Ort zogen, unterwies er ihn gründlich, wie man erfolgreich arbeitet. Paulus wie auch Silas bemühten sich in ihrem gesamten Umgang mit Timotheus, seine bereits gewonnene Überzeugung von der Heiligkeit und Ernsthaftigkeit des Wirkens eines Evangeliumspredigers zu vertiefen.

Timotheus suchte seinerseits bei Paulus ständig Rat und Anweisungen für seine eigene Arbeit. Er ließ sich nicht von plötzlichen Impulsen leiten, sondern handelte ruhig und überlegt. Vor jeder Entscheidung fragte er sich: Ist das der Weg des Herrn? Er ließ sich durch den Heiligen Geist zu einem Tempel formen, in dem Gott wohnen konnte.

Stärkung der Neubekehrten

Wenn die Lehren der Bibel in das tägliche Leben einbezogen werden, gewinnen sie eine tiefe und bleibende Wirkung auf den Charakter. Timotheus begriff dies und setzte es in die Tat um. Er besaß keine besonders herausragenden Gaben, doch seine Arbeit war wertvoll, weil er die ihm von Gott verliehenen Fähigkeiten in den Dienst für seinen Meister einsetzte. Weil er seinem Glauben Taten folgen ließ, gewann er an Erfahrung, die ihn von anderen Gläubigen unterschied und ihm Einfluss verlieh.

Wer Menschen den Weg zur Erlösung weisen will, muss zu einer tieferen, umfassenderen und klareren Erkenntnis Gottes gelangen, als durch gewöhnliches Bemühen erreicht werden kann. Alle seine Kräfte müssen in die Arbeit für den Meister [Jesus Christus] eingesetzt werden. Er folgt einer hohen und heiligen Berufung, und wenn er als Lohn Menschen für Christus gewinnt, muss er sich an Gott festklammern. So wird er täglich Gnade und Kraft aus der Quelle allen Segens empfangen. »Denn erschienen ist die Gnade Gottes, allen Menschen zum Heil. Sie erzieht uns dazu, der Gottlosigkeit und den Begierden der Welt abzuschwören und besonnen, gerecht und fromm zu leben in dieser Weltzeit. Wir warten aber auf das, was unsere wunderbare Hoffnung ist: auf das Erscheinen der Herrlichkeit des großen Gottes und unseres Retters Jesus Christus, der sich selbst für uns hingegeben hat, um uns zu erlösen von aller Ungerechtigkeit und sich als sein Eigentum ein reines Volk zu erschaffen, das nach guten Werken strebt.« (Titus 2,11-14 ZÜ)

Ehe Paulus und seine Gefährten in neue Gebiete vordrangen, besuchten sie die neu gegründeten Gemeinden in Pisidien und den umliegenden Gegenden. »Als sie aber durch die Städte zogen, übergaben sie ihnen die Beschlüsse, die von den Aposteln und Ältesten in Jerusalem gefasst worden waren, damit sie sich daran hielten. Da wurden die Gemeinden im Glauben gefestigt und nahmen täglich zu an Zahl.« (Apostelgeschichte 16,4.5)

Der Apostel Paulus fühlte sich in hohem Maß für alle verantwortlich, die durch seine Arbeit zum Glauben gekommen waren. Er wünschte vor allem, dass sie treu blieben, »mir zum Ruhm an dem Tage Christi, sodass ich nicht vergeblich gelaufen bin noch vergeblich gearbeitet habe.« (Philipper 2,16) Er bangte um das Ergebnis seines Dienstes. Sogar sein eigenes Heil könnte in Gefahr sein, meinte er,

---

Es ist ein allgemein gültiges Gesetz, dass die von Gott gegebenen Kräfte verkümmern und schwinden, wenn man es ablehnt, sie zu benutzen. So verliert die Wahrheit, die nicht ausgelebt und andern mitgeteilt wird, ihre lebensspendende Kraft und ihre heilende Macht.

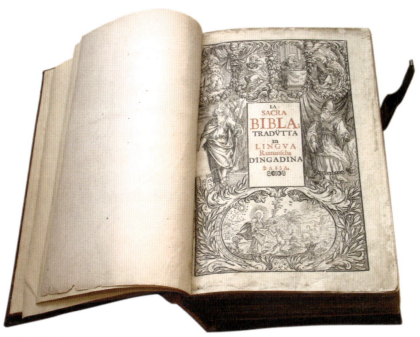

Engadiner Bibel aus dem Jahr 1679

Gott spricht zu uns durch die Bibel, deshalb wird sie auch das »Wort Gottes« genannt. In den Berichten des Alten Testaments, besonders aber durch Jesu Worte und Taten wird uns das Wesen unseres himmlischen Vaters nahe gebracht. Immer wieder entdecken wir, dass Gott Liebe ist. – Die Bibel hat auch einen starken Einfluss auf die Charakterentwicklung. Jeden Tag im Familienkreis darin zu lesen, ist eine gewinnbringende Gewohnheit. Ein Zeuge davon ist diese alte Bibel in romanischer Sprache. Sie war bereits vor 300 Jahren im Engadin weit verbreitet, obwohl sie so viel kostete wie ein Pferd.

wenn er seine Pflicht nicht erfüllen sollte und die Gemeinde nicht mit ihm am Werk der Seelenrettung zusammenarbeitete. Er wusste, dass das Predigen allein nicht genügte, um den Gläubigen beizubringen, dass sie am Wort des Lebens festhalten sollten. Er wusste, dass sie Zeile um Zeile, Gebot um Gebot, hier ein wenig und da ein wenig angeleitet werden mussten, damit sie die ihnen von Christus anvertraute Aufgabe ausführten.

Es ist ein allgemein gültiges Gesetz, dass die von Gott gegebenen Kräfte verkümmern und schwinden, wenn man es ablehnt, sie zu benutzen. So verliert die Wahrheit, die nicht ausgelebt und andern mitgeteilt wird, ihre lebensspendende Kraft und ihre heilende Macht. Deshalb war es die große Sorge des Apostels, dass es ihm misslingen könnte, »einem jeden zur Vollkommenheit in Christus zu verhelfen.« (Kolosser 1,28 Men.) Seine Hoffnung auf den Himmel trübte sich bei dem Gedanken, dass infolge irgendeines Versagens seinerseits die Gemeinde eine menschliche statt einer göttlichen Prägung erhielte. Sein Wissen, seine Redegewandtheit, seine Wundertaten, sein Blick in Sphären der Ewigkeit, wenn er bis in den dritten Himmel entrückt wurde (vgl. 2. Korinther 12,2); all dies wäre vergeblich, wenn Menschen, für die er arbeitete, wegen unzureichender Sorgfalt in seinem Missionsdienst das Ziel Gottes verfehlten: ihre Versöhnung mit ihm. Deshalb bat er sowohl mündlich als auch brieflich die Menschen, die Christus angenommen hatten, ganz eindringlich, weiter dem guten Weg zu folgen: »Tut alles ohne Murren und ohne Zweifel, damit ihr ohne Tadel und lauter seid, Gottes Kinder, ohne Makel mitten unter einem verdorbenen und verkehrten Geschlecht ... als Lichter in der Welt, dadurch dass ihr festhaltet am Wort des Lebens.« (Philipper 2,14-16)

Jeder wahre Diener Gottes fühlt eine schwere Verantwortung für das geistliche Wachstum der Gläubigen, die seiner Fürsorge anvertraut sind. Er hat den sehnlichen Wunsch, dass sie zu Mitarbeitern Gottes werden. Er erkennt, dass das Wohlergehen der Gemeinde in hohem Maße von der gewissenhaften Ausführung seines gottgegebenen Werkes abhängt. Ernsthaft und unermüdlich versucht er bei den Gläubigen den Wunsch zu wecken, Menschen für Christus zu gewinnen. Er weiß: Jeder Gläubige, der der Gemeinde zugefügt wird, ist ein zusätzliches Werkzeug für die Erfüllung des Erlösungsplans.

TEIL 4 | GUTE NACHRICHT FÜR ALLE

Route der zweiten Missionsreise des Paulus

Paulus schlug Barnabas vor, eine zweite Missionsreise zu unternehmen, um die von ihnen gegründeten Gemeinden zu besuchen. Paulus und Barnabas gerieten dabei allerdings in eine Auseinandersetzung darüber, ob sie Johannes Markus mitnehmen sollten. Da sie keinen gemeinsamen Nenner fanden, schlugen die beiden getrennte Wege ein: Barnabas reiste mit Markus nach Zypern, Paulus aber wählte Silas als Begleiter und zog durch Syrien und Zilizien und stärkte die Gemeinden im Glauben.

Kraftvolle Verkündigung

Nachdem Paulus und Silas die Gemeinden in Pisidien und den angrenzenden Gebieten besucht hatten, zogen sie mit Timotheus »durch Phrygien und das Land Galatien.« (Apostelgeschichte 16,6) Auch dort verkündeten sie mit großer Kraft die frohe Botschaft von der Erlösung. Die Galater waren dem Götzendienst verfallen. Als aber die Apostel zu ihnen predigten, freuten sie sich über die Botschaft, die ihnen Freiheit von der Sklaverei der Sünde versprach. Paulus und seine Gefährten verkündigten die Lehre von der Gerechtigkeit durch den Glauben an das Versöhnungsopfer Christi. Sie stellten Christus als den Einen dar, der den hilflosen Zustand einer gefallenen Menschheit sah und kam, um Männer und Frauen dadurch freizukaufen, dass er ein Leben im Gehorsam gegenüber dem Gesetz Gottes führte und die Strafe für ihren Ungehorsam bezahlte. Als sie erkannten, dass Christus durch seinen Tod am Kreuz für sie Versöhnung ermöglicht hatte, begannen viele, die vom wahren Gott noch nie gehört hatten, die Größe der Liebe des Vaters zu begreifen.

So wurden die Galater unterrichtet in den Grundwahrheiten von »Gott, unserm Vater, und dem Herrn Jesus Christus, der sich selbst für unsre Sünden dahingegeben hat, dass er uns errette von dieser gegenwärtigen, bösen Welt nach dem Willen Gottes, unseres Vaters.« (Galater 1,3.4) »Durch die Predigt vom Glauben« (Galater 3,2) empfingen sie den Geist Gottes und wurden »durch den Glauben Gottes Kinder in Christus Jesus.« (Galater 3,26)

Paulus lebte unter den Galatern so, dass er später sagen konnte: »Werdet doch wie ich … ich bitte euch.« (Galater 4,12) Seine Lippen waren mit einer »glühenden Kohle … vom Altar« berührt worden (vgl. Jesaja 6,6.7). Das befähigte ihn, körperliche Schwächen zu überwinden und Jesus als die einzige Hoffnung des Sünders zu verkündigen. Wer ihn hörte, erkannte, dass er mit Jesus gewesen war. Ausgestattet mit Kräften des Himmels, vermochte er Geistliches mit Geistlichem zu vergleichen und seine Zuhörer Satans Einfluss zu entreißen. Sie verspürten eine starke Sehnsucht in ihrem Inneren, wenn er schilderte, wie Gott seine Liebe im Opfer seines einziggeborenen Sohnes offenbart hatte. Viele fühlten sich gedrungen zu fragen: Was muss ich tun, um selig zu werden?

Dieses Vorgehen bei der Verkündigung der Frohbotschaft charakterisierte den Dienst des Apostels während seiner gesamten Wirkungszeit unter den Heiden. Stets rief er ihnen die Versöhnungstat Christi am Kreuz in Erinnerung. In den späteren Jahren seiner Tätigkeit erklärte er: »Wir predigen nicht uns selbst, sondern Jesus Christus, dass er der Herr ist, wir aber eure Knechte um Jesu willen. Denn Gott, der sprach: Licht soll aus der Finsternis hervorleuchten, der hat einen hellen Schein in unsre Herzen gegeben, dass durch uns entstünde die Erleuchtung zur Erkenntnis der Herrlichkeit Gottes in dem Angesicht Jesu Christi.« (2. Korinther 4,5.6)

Das Kreuz zeigt Gottes Liebe

Die gottgeweihten Boten, die in den frühen Tagen der Christenheit einer untergehenden Welt die frohe Botschaft der Erlösung brachten, ließen nicht zu, dass ihre Darstellung Christi, des Gekreuzigten, durch irgendeinen Gedanken von Selbsterhöhung beeinträchtigt würde. Sie wollten für sich selbst weder Amtsgewalt noch Vorrang, sondern unterstellten ihr eigenes Ich ganz dem Gekreuzigten und priesen den großartigen Erlösungsplan und das Leben Christi, des Anfängers und Vollenders dieses Plans. Christus, »gestern und heute und derselbe auch in Ewigkeit« (Hebräer 13,8), das war der ständig wiederkehrende Grundton ihrer Lehre.

Würden die heutigen Verkündiger des Wortes den Gekreuzigten Jesus Christus mehr und mehr erheben, dann wäre ihr Dienst weit erfolgreicher. Wenn Sünder dazu gebracht werden können, das Kreuz einmal mit vollem Ernst zu betrachten, wenn sie den gekreuzigten Erlöser einmal ganz ins geistige Blickfeld rücken, wird ihnen die Tiefe von Gottes Erbarmen und die Sündhaftigkeit der Sünde bewusst.

Christi Tod beweist Gottes große Liebe zu uns Menschen und bürgt für unsere Errettung. Dem Christen das Kreuz nehmen hieße die Sonne am Himmel auslöschen. Die Opfertat am Kreuz bringt uns nahe zu Gott und versöhnt uns mit ihm. Mit dem erbarmenden Mitgefühl väterlicher Liebe sieht der Höchste auf die Leiden seines Sohnes, die dieser erduldet hat, um die Menschheit vom ewigen Tod zu erretten, und in ihm, dem Geliebten (vgl. Epheser 1,6), nimmt er, der Vater, uns an.

Ohne das Kreuz könnte kein Mensch Gemeinschaft mit dem Vater haben. Darauf gründet sich unsere ganze Hoffnung. Von dorther leuchtet uns das Licht der Liebe unseres Erlösers. Und wenn der Sünder am Fuß des Kreuzes steht und zu dem hinaufschaut, der für seine Rettung starb, dann darf er seine ganze Freude hinausrufen, denn seine Sünden sind ihm vergeben. Wenn er im Glauben vor dem Kreuz kniet, hat er den höchsten Ort erreicht, zu dem ein Mensch gelangen kann.

Durch das Geschehen am Kreuz erfahren wir, dass der himmlische Vater uns mit einer Liebe liebt, die niemals aufhört. Kein Wunder, dass Paulus ausrief: »Es sei aber fern von mir, mich zu rühmen als allein des Kreuzes unseres Herrn Jesus Christus, durch den mir die Welt gekreuzigt ist und ich der Welt.« (Galater 6,14) Auch wir haben das Vorrecht, uns des Kreuzes zu rühmen und uns ganz dem hinzugeben, der sein Leben für uns gab. Wenn dann das Licht von Golgatha auf uns leuchtet, dürfen auch wir hinausgehen, um dieses Licht all denen zu offenbaren, die noch in der Finsternis sind.

»Denn Gott hat die Welt so sehr geliebt, dass er seinen einzigen Sohn hingab, damit jeder, der an ihn glaubt, nicht zugrunde geht, sondern das ewige Leben hat.« (Johannes 3,16 EÜ) Niemand im gesamten Universum hätte sich jemals vorstellen können, wie weit Gott aus Liebe zu den Menschen gehen würde. Wir haben einen wahrhaft guten Vater!

Kapitel 21

Das Evangelium erreicht Europa

Apostelgeschichte 16,7-40

Mosaik vor der Nikolauskirche in Kavala

Immer wieder erlebte Paulus die göttliche Führung in seinem Dienst. Gott hinderte ihn daran, gewisse Gebiete in Kleinasien zu besuchen und zeigte ihm anschließend in einem besonderen Traum, dass er zur Verkündung des Evangeliums nach Mazedonien reisen sollte. Ein Mosaik vor der Nikolauskirche in Kavala illustriert die Ereignisse, die in Apostelgeschichte 16 beschrieben werden. In Neapolis (heute Kavala) verließen Paulus, Silas und Timotheus ihr Schiff und betraten erstmals europäischen Boden.

Die Zeit war gekommen, um das Evangelium über die Grenzen Kleinasiens hinaus zu verkündigen. Für Paulus und seine Gefährten tat sich ein Weg nach Europa auf. In Troas, an der Mittelmeerküste, hatte Paulus »eine Erscheinung bei Nacht. Ein Mann aus Mazedonien stand da und bat ihn: Komm herüber nach Mazedonien und hilf uns!« (Apostelgeschichte 16,9)

Dieser Ruf war äußerst dringend und gestattete keinen Aufschub. »Kaum hatte er die Vision gehabt«, so berichtete Lukas, der Paulus, Silas und Timotheus auf der Reise hinüber nach Europa begleitete, »setzten wir alles daran, nach Mazedonien hinüberzugelangen, in der Überzeugung, dass Gott uns gerufen hatte, den Menschen dort das Evangelium zu verkündigen. Wir legten von Troas ab und gelangten auf dem kürzesten Weg nach Samothrake; am folgenden Tag erreichten wir Neapolis, und von dort kamen wir nach Philippi, einer Stadt im ersten Bezirk von Mazedonien, einer römischen Kolonie. In dieser Stadt hielten wir uns einige Tage auf.« (Apostelgeschichte 16,10-12 ZÜ)

»Am Sabbat«, fährt Lukas fort, »gingen wir vor das Stadttor hinaus an einen Fluss; wir nahmen an, dass man sich dort zum Gebet treffe. Wir setzten uns nieder und sprachen mit den Frauen, die sich eingefunden hatten. Auch eine Frau mit Namen Lydia, eine Purpurhändlerin aus Thyatira, eine Gottesfürchtige, hörte zu; ihr tat der Herr das Herz auf, und sie liess sich auf die Worte des Paulus ein.« (Apostelgeschichte 16,13.14 ZÜ) Lydia nahm die frohe Botschaft freudig an, bekehrte sich mit ihren Angehörigen, und alle wurden getauft. Dann bat sie die Apostel, in ihr Haus zu kommen und dort zu wohnen.

Bekehrung einer Wahrsagerin

Als die Boten des Kreuzes daran gingen, die Leute zu unterweisen, folgte ihnen eine Frau, die von einem Wahrsagegeist besessen war, und schrie: »Diese Menschen sind Knechte des allerhöchsten Gottes, die euch den Weg des Heils verkündigen. Das tat sie viele Tage lang.« (Apostelgeschichte 16,17.18)

Diese Frau war ein besonderes Werkzeug Satans und hatte ihren Herren durch Wahrsagerei bereits viel Gewinn eingebracht. Ihr Einfluss hatte dazu beigetragen, den Götzendienst zu fördern. Satan wusste, dass jetzt sein Reich angetastet wurde. Deshalb nahm er Zuflucht zu diesem Mittel, um dem Werk Gottes Widerstand entgegen zu bringen. Er hoffte, seine Scheinwahrheiten mit den Wahrheiten zu vermengen, die von den Verkündigern der Evangeliumsbotschaft gelehrt wurden. Die empfehlenden Worte dieser Frau schadeten der Sache der Wahrheit, denn sie lenkten die Gedanken der Zuhörer von den Lehren der Apostel ab und brachten das Evangelium in Verruf. Viele bekamen dadurch nämlich den Eindruck, dass die Männer, die im Geist und in der Kraft Gottes redeten, von der gleichen Kraft angetrieben würden wie diese Sendbotin Satans.

Eine Zeitlang duldeten die Apostel diesen Widerstand. Dann aber befahl Paulus unter Eingebung des Heiligen Geistes dem bösen Geist, die Frau zu verlassen. Ihr augenblickliches Verstummen bezeugte, dass die Apostel Gottes Diener waren und der Dämon sie als solche anerkannt und ihrem Befehl gehorcht hatte.

Die Frau war von dem bösen Geist befreit und wieder bei vollem Verstand. Da entschloss sie sich, Christus nachzufolgen. Nun bangten ihre Herren um ihr Geschäft. Sie sahen alle Hoffnung auf Gewinn durch ihre Zukunftsdeutungen und Wahrsagereien dahinschwinden. Ihre Einnahmequelle würde bald völlig versiegen, wenn man den Aposteln erlaubte, ihr Evangeliumswerk weiterzuführen.

Viele andere in der Stadt waren daran interessiert, durch satanische Täuschungen Geld zu verdienen. Da sie aber den Einfluss einer Macht fürchteten, die ihrem Treiben so wirksam das Handwerk legen könnte, erhoben sie ein lautes Geschrei gegen die Diener Gottes. Schließlich klagten sie die Apostel vor der Obrigkeit mit folgenden Worten an: »Diese Menschen bringen unsre Stadt in Aufruhr; sie sind Juden und verkünden Ordnungen, die wir weder annehmen noch einhalten dürfen, weil wir Römer sind.« (Apostelgeschichte 16,20.21)

Eine aufgehetzte, hysterisch rasende Menge erhob sich gegen die Jünger. Eine Aufruhrstimmung breitete sich aus und wurde von den Behörden noch unterstützt. Diese ließen den Aposteln die Kleider vom Leib reißen und befahlen, sie auszupeitschen. »Nachdem man sie hart geschlagen hatte, warf man sie ins Gefängnis und befahl dem Aufseher, sie gut zu bewachen. Als er diesen Befehl empfangen hatte, warf er sie in das innerste Gefängnis und legte ihre Füße in den Block.« (Apostelgeschichte 16,23.24)

Infolge der schmerzhaften Stellung, in die man die Apostel gebracht hatte, litten sie schlimme Qualen; doch sie klagten nicht. Im Gegenteil: In der völligen Finsternis und Trostlosigkeit des Kerkers ermutigten sie einander durch Worte des Gebets. Sie sangen Loblieder und priesen Gott, weil sie für würdig befunden wurden, seinetwegen gedemütigt zu werden. Ihr Gemüt wurde durch eine tiefe, aufrichtige Liebe zur Sache ihres Erlösers aufgemuntert. Paulus dachte darüber nach, wie er aktiv daran beteiligt gewesen war, die Jünger Christi zu verfolgen. Nun freute er sich, dass ihm Augen und Sinne geöffnet worden waren, um die Macht der herrlichen Wahrheiten zu erkennen und zu erleben, die er einst verachtet hatte.

Mit Verwunderung hörten die andern Gefangenen das Beten und Singen aus dem innersten Teil des Gefängnisses. Sie waren gewöhnt, dass von dorther Schreien, Wehklagen, Flüche und Verwünschungen die nächtliche Stille durchbrachen. Doch noch nie zuvor hatten sie aus jener düsteren Zelle Ge-

> *Das augenblickliche Verstummen der Frau bezeugte, dass die Apostel Gottes Diener waren und der Dämon sie als solche anerkannt und ihrem Befehl gehorcht hatte. ... Sie entschloss sich, Christus nachzufolgen.*

bete und Lobgesänge vernommen. Wächter und Gefangene fragten sich verwundert, wer diese Leute seien, die trotz Kälte, Hunger und Qualen frohen Mutes sein konnten.

Gott macht frei!

In der Zwischenzeit kehrten die Behördenvertreter in ihre Häuser zurück. Sie beglückwünschten sich selbst dazu, durch unverzügliches und entschlossenes Handeln einen Aufruhr im Keim erstickt zu haben. Unterwegs erfuhren sie aber weitere Einzelheiten über den Charakter und das Werk jener Männer, die sie zu Auspeitschung und Gefängnishaft verurteilt hatten. Sie erblickten die Frau, die vom satanischen Einfluss frei geworden war, und wunderten sich über die Veränderung in ihrem Gesichtsausdruck und ihrem Verhalten. Früher hatte sie der Stadt manchen Ärger bereitet, nun verhielt sie sich ruhig und friedlich. Als sie sich bewusst wurden, dass sie die ganze Härte des römischen Strafgesetzes gegen zwei aller Wahrscheinlichkeit nach unschuldige Männer verhängt hatten, ärgerten sich sich über sich selbst. Sie beschlossen daher, am folgenden Morgen den Befehl zu geben, die Apostel heimlich freizulassen und unter Bewachung aus der Stadt zu geleiten, um die Gefahr von Übergriffen durch den Pöbel zu vermeiden.

Doch wenn auch Menschen grausam und rachsüchtig waren oder ihre schwerwiegende Verantwortung sträflich vernachlässigten: Gott hatte nicht vergessen, seinen Dienern gnädig zu sein. Der ganze Himmel nahm Anteil am Ergehen der Männer, die um Christi willen litten. Engel wurden zum Gefängnis gesandt, und unter ihren Tritten bebte die Erde. Die schwer verriegelten Gefängnistüren sprangen auf, die Ketten und Fesseln lösten sich von den Händen und Füßen der Gefangenen, und ein helles Licht durchflutete das Verlies.

Der Aufseher des Gefängnisses hatte mit Verwunderung die Gebete und Lobgesänge der gefangenen Apostel gehört. Bei ihrer Einlieferung hatte er ihre geschwollenen und blutenden Wunden gesehen. Er selbst hatte veranlasst, dass ihre Füße in den Stock gelegt wurden. Er hatte von ihrer Seite Unmut und Verwünschungen erwartet. Stattdessen hörte er Freudengesänge und Loblieder. Mit diesen Klängen im Ohr war er eingeschlafen. Nun wurde er durch ein Erdbeben und das Wanken der Gefängnismauern jäh geweckt.

Aufgeschreckt fuhr er hoch. Mit Entsetzen sah er, wie alle Gefängnistüren offen standen, und es packte ihn die

Obwohl die Apostel in Philippi schon nach kurzer Zeit auf starken Widerstand stießen, segnete Gott die Verkündigung des Evangeliums und ließ an diesem Ort die erste Gemeinde Europas entstehen. Lydia, eine reiche Geschäftsfrau, ließ sich in dem kleinen Fluss Krenides taufen, der nahe an der Stadt vorbeifließt. Auch heute noch lassen sich Menschen in diesem Fluss taufen.

Taufstelle am Fluss Krenides

Angst, die Gefangenen könnten geflüchtet sein. Er erinnerte sich, mit welch ausdrücklichem Auftrag Paulus und Silas ihm am Abend zuvor zur Verwahrung übergeben worden waren, und er war sich sicher, dass er seine vermeintliche Untreue mit dem Leben würde bezahlen müssen. In seiner Verzweiflung hielt er es für besser, durch seine eigene Hand zu sterben, als eine schmachvolle Hinrichtung zu erdulden. Er zog sein Schwert und wollte sich töten, als er die Stimme des Paulus mit dem aufmunternden Zuruf hörte: »Tu dir nichts an; denn wir sind alle hier!« (Apostelgeschichte 16,28) Alle Männer waren an ihrem Platz, von der Kraft Gottes zurückgehalten, die durch einen ihrer Mitgefangenen wirkte.

Die Strenge, mit der die Apostel durch den Gefängniswächter behandelt worden waren, hatte in ihnen keinen Groll aufkommen lassen. Paulus und Silas waren vom Geist Christi, nicht vom Geist der Rachsucht beseelt. Sie waren erfüllt von der Liebe des Erlösers; in ihrem Herzen gab es keinen Raum für Groll gegen ihre Peiniger.

Der Gefängniswächter ließ sein Schwert fallen, rief nach einer Lampe und eilte ins Innere des Gefängnisses. Er wollte sehen, was das für Männer waren, die erlittene Grausamkeit mit Freundlichkeit vergalten. Als er zu den Aposteln kam, warf er sich ihnen zu Füßen und bat um Vergebung. Dann führte er sie in den offenen Hof und fragte: »Liebe Herren, was muss ich tun, dass ich gerettet werde?« (Apostelgeschichte 16,30)

Der Wächter hatte gezittert, als er im Erdbeben den Zorn Gottes erkannte. In der Meinung, die Gefangenen seien entwichen, war er bereit gewesen, durch sein eigenes Schwert zu sterben. Dies alles aber schien nun bedeutungslos im Vergleich zu der neuen, seltsamen Furcht, die ihn jetzt innerlich beunruhigte. Er sehnte sich nach derselben Ruhe und Freudigkeit, wie sie die Apostel trotz Leiden und Misshandlungen ausstrahlten. In ihren Gesichtern sah er das Licht

des Himmels. Er wusste, dass Gott auf wunderbare Weise eingegriffen hatte, um ihr Leben zu retten. Mit eigentümlichem Nachdruck kamen ihm die Worte der besessenen Frau in den Sinn: »Diese Menschen sind Knechte des allerhöchsten Gottes, die euch den Weg des Heils verkündigen.« (Apostelgeschichte 16,17)

In tiefer Demut bat er die Apostel, ihm den Weg des Lebens zu zeigen. »Glaube an den Herrn Jesus, so wirst du und dein Haus selig!«, antworteten sie. »Und sie sagten ihm das Wort des Herrn und allen, die in seinem Hause waren.« (Apostelgeschichte 16,31.32) Daraufhin wusch der Aufseher die Wunden der Apostel und diente ihnen. »Und er ließ sich und alle die Seinen sogleich taufen.« (Apostelgeschichte 16,33) Ein heiligender Einfluss verbreitete sich unter den Insassen des Gefängnisses. Alle lauschten den Wahrheiten, die von den Aposteln verkündet wurden. Sie waren überzeugt, dass der Gott, dem diese

In Philippi lief den Aposteln eine Wahrsagerin nach und belästigte sie. Paulus befreite sie im Namen von Jesus von ihrem bösen Geist. Da ihre Herren dadurch aber einen beträchtlichen Einkommensverlust erlitten, wurden sie gewalttätig, peitschten Paulus und Silas aus und warfen sie ins Gefängnis. Aber Gott ließ ein Wunder geschehen und befreite sie.

TEIL 4 | GUTE NACHRICHT FÜR ALLE

Nach der Tradition das Gefängnis in Philippi

Paulus und Silas wurden zwar körperlich gefangen genommen und gefesselt. In ihrem Geist aber blieben sie freie Menschen durch Christus. Dies erkannte der Gefängniswärter. Daraufhin öffnete er dem Evangelium sein in Sünde gefangenes Herz. Bis heute sind verschlossene Herzenstüren ein größeres Hindernis für den Durchbruch der Guten Nachricht als Eisen- und Stahltore.

Männer dienten, sie auf wunderbare Weise von ihren Fesseln befreit hatte.

Öffentlich verhaftet und heimlich befreit?

Das Erdbeben hatte die Bürger von Philippi in großen Schrecken versetzt, und als die Gefängnisbeamten am Morgen den Stadtoberen berichteten, was sich in der Nacht zugetragen hatte, waren diese bestürzt. Sie sandten ihre Diener mit dem Auftrag zum Gefängnis, man solle die Apostel freilassen. Paulus aber erklärte: »Sie haben uns ohne Recht und Urteil öffentlich geschlagen, die wir doch römische Bürger sind, und in das Gefängnis geworfen, und sollten uns nun heimlich fortschicken? Nein! Sie sollen selbst kommen und uns hinausführen!« (Apostelgeschichte 16,37)

Die Apostel waren römische Bürger, und einen Römer auszupeitschen war gesetzeswidrig, außer wegen abscheulichster Verbrechen. Ohne ein ordentliches Gerichtsverfahren durfte kein Römer seiner Freiheit beraubt werden. Da Paulus und Silas öffentlich verhaftet worden waren, weigerten sie sich nun, ohne gebührende Erklärung durch die Stadtoberen heimlich entlassen zu werden.

Als den Stadtoberen diese Antwort überbracht wurde, packte sie die Angst, die Apostel könnten sie beim Kaiser verklagen. Deshalb eilten sie sofort zum Gefängnis, entschuldigten sich bei Paulus und Silas für die ihnen zugefügte Ungerechtigkeit und Grausamkeit, geleiteten sie persönlich aus dem Gefängnis und baten sie, die Stadt zu verlassen. Die Stadtoberen fürchteten sowohl den Einfluss der Apostel auf das Volk als auch die Macht, die für diese unschuldigen Männer eingetreten war.

Von Christus hatten die Apostel gelernt, sich nicht aufzudrängen, wo man sie nicht wünschte. Daran hielten sie sich. »Da gingen sie aus dem Gefängnis und gingen zu der Lydia. Und als sie die Brüder gesehen und sie getröstet hatten, zogen sie fort.« (Apostelgeschichte 16,40)

Die Apostel hielten ihr Wirken in Philippi nicht für vergeblich. Gewiss, sie waren auf viel Widerstand und Verfolgung gestoßen, aber der Herr hatte um ihretwillen eingegriffen. Dies und die Bekehrung des Aufsehers und seines ganzen Hauses entschädigte sie reichlich für die Schmach und die Leiden, die sie erduldet hatten. Die Nachricht von ihrer ungerechtfertigten Einkerkerung und der wunderbaren Befreiung verbreitete sich in der ganzen Region. So wurden viele, die man sonst nicht erreicht hätte, auf das Werk der Apostel aufmerksam.

Auseinandersetzungen mit den Mächten der Finsternis

Paulus konnte als Ergebnis seines Wirkens in Philippi eine Gemeinde gründen, deren Gliederzahl ständig wuchs. Sein Eifer und seine Hingabe, vor allem seine Bereitschaft, um Christi willen zu leiden, übten einen starken und nachhaltigen Einfluss auf die Neubekehrten aus. Sie schätzten die kostbaren Wahrheiten hoch ein, für die die

Apostel so viel geopfert hatten, und weihten sich mit ganzer Hingabe der Sache ihres Erlösers.

Dass diese Gemeinde der Verfolgung auch weiterhin nicht entging, entnehmen wir dem Brief, den Paulus an die Philipper schrieb. Dort heißt es: »Ihr habt die Gnade empfangen, euch für Christus einzusetzen: nicht nur an ihn zu glauben, sondern auch für ihn zu leiden, indem ihr denselben Kampf führt, den ihr an mir gesehen habt und von dem ihr jetzt hört.« (Philipper 1,29.30 ZÜ) Trotzdem war ihre Standhaftigkeit im Glauben so groß, dass er sagen konnte: »Ich danke meinem Gott, sooft ich an euch denke, wenn immer ich für euch alle bitte und voll Freude für euch eintrete im Gebet: Ich danke dafür, dass ihr am Evangelium teilhabt, vom ersten Tag an bis heute.« (Philipper 1,3-5 ZÜ)

Schrecklich ist der Kampf, der zwischen den Mächten des Guten und des Bösen an wichtigen Zentren ausgetragen wird, in die die Verkünder des Evangeliums zum Dienst gesandt werden. »Wir haben«, so erklärt Paulus, »nicht mit Fleisch und Blut zu kämpfen, sondern mit Mächtigen und Gewaltigen, nämlich mit den Herren der Welt, die in dieser Finsternis herrschen, mit den bösen Geistern unter dem Himmel.« (Epheser 6,12) Zwischen der Gemeinde Gottes und denen, die unter der Herrschaft böser Engel stehen, wird es bis zum Ende der Zeit Auseinandersetzungen geben.

Die ersten Christen standen den Mächten der Finsternis oft Auge in Auge gegenüber. Der Feind versuchte sie durch Spitzfindigkeiten und durch Verfolgung vom wahren Glauben abzuhalten. Jetzt, da das Ende aller irdischen Dinge rasch näher kommt, wendet Satan alle erdenkliche Mühe an, um die Menschen in seinen Schlingen zu fangen. Er ersinnt viele Pläne, um ihren Geist ständig zu beschäftigen und sie von den Wahrheiten abzulenken, die für das ewige Heil entscheidend sind. In jeder Stadt sind seine Werkzeuge eifrig damit beschäftigt, die Menschen, die dem Gesetz Gottes feindlich gegenüberstehen, in Parteien zu organisieren. Satan, der Erzbetrüger, ist an der Arbeit, um Verwirrung und Aufruhr zu stiften. Dabei entfacht er in den Menschen einen Eifer, dem sie wider besseres Wissen Folge leisten.

Obwohl die Bosheit ein nie zuvor gekanntes Ausmaß erreicht, rufen viele Prediger des Evangeliums: »Es ist Friede, es hat keine Gefahr!« (1. Thessalonicher 5,3) Aber Gottes treue Boten sollen unbeirrt mit ihrer Arbeit voranschreiten. Ausgerüstet mit der vollständigen Waffenrüstung des Himmels, sollen sie furchtlos und siegreich vorrücken. Sie dürfen den Kampf nicht aufgeben, bis jeder Mensch innerhalb ihrer Reichweite die Botschaft der Wahrheit für diese Zeit empfangen hat.

Je näher der Tag der Wiederkunft Jesu kommt, desto größer werden die Anstrengungen des Teufels, die Menschen zu beeinflussen. Der Widerstand gegen das Evangelium wird stärker und härter. Trotzdem wissen wir, dass am Ende das Gute und die Wahrheit siegen werden und dass diejenigen, die Gott treu bleiben, wahren Frieden erlangen werden.

Kapitel 22 Thessalonich

Apostelgeschichte 17,1-10

Griechisch orthodoxe Kirche in Thessaloniki

In Thessalonich verkündete Paulus in der Synagoge vor zahlreichen Juden die Gute Nachricht: Der lang herbeigesehnte Messias ist bereits gekommen und hat uns nach dem Willen Gottes von dem Bösen erlöst. Auf diese Weise hat Gott das erfüllt, was er seinen Dienern, den Propheten, versprochen hatte.

Als sie Philippi verlassen hatten, begaben sich Paulus und Silas nach Thessalonich. Dort erhielten sie die Möglichkeit, in der jüdischen Synagoge vor großen Versammlungen zu sprechen. An ihrem Äußeren war zu erkennen, welch schlechte Behandlung ihnen kürzlich widerfahren war. Dies rief nach einer Erklärung darüber, was vorgefallen war. Sie taten dies, ohne sich selbst zu rühmen, aber sie priesen den Einen, der sie befreit hatte.

Messiasverheißungen

In seinen Predigten an die Thessalonicher berief sich Paulus auf die Prophezeiungen über den Messias im Alten Testament. Während seines Missionsdienstes auf Erden hatte Christus seinen Jüngern das Verständnis für diese Prophezeiungen erschlossen. »Und er fing an bei Mose und allen Propheten und legte ihnen aus, was in der ganzen Schrift von ihm gesagt war.« (Lukas 24,27)

Petrus hatte Beweise aus dem Alten Testament angeführt, als er Christus predigte. Das gleiche Vorgehen finden wir bei Stephanus. Und auch Paulus wies in seiner Verkündigung immer wieder auf die Stellen der Schrift hin, welche die Geburt, das Leiden, den Tod, die Auferstehung und die Himmelfahrt Christi voraussagten. Er zog die inspirierten Aussagen von Mose und den Propheten als Beweise heran, dass Jesus von Nazareth der angekündigte Messias war. Desgleichen zeigte er, dass Christus seit den Tagen Adams zu Patriarchen und Propheten gesprochen hatte.

Die Prophezeiungen über den Verheißenen waren genau und klar verständlich. Adam erhielt die Zusicherung eines kommenden Erlösers. An Satan wurde der Urteilsspruch gerichtet: »Und ich will Feindschaft setzen zwischen dir und der Frau und zwischen deinem Nachkommen und ihrem Nachkommen; der soll dir den Kopf zertreten, und du wirst ihn in die Ferse stechen.« (1. Mose 3,15) Dies war für unsere Stammeltern zugleich eine Verheißung der Erlösung, die Christus erwirken würde.

Dann erhielt Abraham die Zusage, dass aus seiner Nachkommenschaft der Erlöser der Welt hervorgehen werde. »Durch dein Geschlecht sollen alle Völker auf Erden gesegnet werden.« (1. Mose 22,18) »Es heißt nicht: und den Nachkommen, als gälte es vielen, sondern es gilt einem: und deinem Nachkommen, welcher ist Christus.« (Galater 3,16)

Vor Abschluss seiner Tätigkeit als Führer und Lehrer Israels weissagte Mose deutlich von dem Messias, der kommen würde. »Einen Propheten wie mich wird dir der Herr, dein Gott, erwecken aus dir und aus deinen Brüdern; dem sollt ihr gehorchen.« (5. Mose 18,15) Und Mose versicherte den Israeliten, dass es Gott selbst war, der ihm auf dem Berg Horeb offenbart habe: »Ich will ihnen einen Propheten, wie du bist, erwecken aus ihren Brüdern und meine Worte in seinen Mund geben; der soll zu ihnen reden alles, was ich ihm gebieten werde.« (5. Mose 18,18)

Der Messias sollte aus königlichem Geschlecht stammen, denn in der Prophezeiung, die Jakob aussprach, sagte der Herr: »Es wird das Zepter von Juda nicht weichen noch der Stab des Herrschers von seinen Füßen, bis dass der Held komme, und ihm werden die Völker anhangen.« (1. Mose 49,10)

Jesaja prophezeite: »Es wird ein Reis hervorgehen aus dem Stamm Isais und ein Zweig aus seiner Wurzel Frucht bringen.« (Jesaja 11,1) »Neigt eure Ohren her und kommt her zu mir! Höret, so werdet ihr leben! Ich will mit euch einen ewigen Bund schließen, euch die beständigen Gnaden Davids zu geben. Siehe, ich habe ihn den Völkern zum Zeugen bestellt, zum Fürsten für sie und zum Gebieter. Siehe, du wirst Heiden rufen, die du nicht kennst, und Heiden, die dich nicht kennen, werden zu dir laufen um des Herrn willen, deines Gottes, und des Heiligen Israels, der dich herrlich gemacht hat.« (Jesaja 55,3-5)

Auch Jeremia gab Zeugnis von dem kommenden Erlöser und sprach von ihm als einem Fürsten aus dem Haus Davids: »Siehe, es kommt die Zeit, spricht der Herr, dass ich dem David einen gerechten Spross erwecken will. Der soll ein König sein, der wohl regieren und Recht und Gerechtigkeit im Lande üben wird. Zu seiner Zeit soll Juda geholfen werden und Israel sicher wohnen. Und dies wird sein Name sein, mit dem man ihn nennen wird: Der Herr unsere Gerechtigkeit.« (Jeremia 23,5.6) Und an anderer Stelle: »So spricht der Herr: Es soll David niemals fehlen an einem, der auf dem Thron des Hauses Israel sitzt. Und den levitischen Priestern soll's niemals fehlen an einem, der täglich vor meinem Angesicht Brandopfer darbringt und Speisopfer in Rauch aufgehen lässt und Opfer schlachtet.« (Jeremia 33,17.18)

Selbst der Geburtsort des Messias war vorausgesagt worden: »Und du, Bethlehem Efrata, die du klein bist unter den Städten in Juda, aus dir soll mir der kommen, der in Israel Herr sei, dessen Ausgang von Anfang und von Ewigkeit her gewesen ist.« (Micha 5,1)

Christi Aufgabe auf Erden war klar umrissen worden: »Auf ihm wird ruhen

Nach der eindrücklichen Befreiung aus dem Gefängnis in Philippi reisten Paulus und Silas weiter nach Westen. Sie zogen an den beiden Ortschaften Amphipolis und Apollonia vorbei und legten in Thessalonich ihren nächsten Halt ein. Der anfängliche Erfolg führte wiederum zu Widerstand und Aufruhr, sodass ihre Wirkungszeit auch hier nur von kurzer Dauer sein konnte.

der Geist des Herrn, der Geist der Weisheit und des Verstandes, der Geist des Rates und der Stärke, der Geist der Erkenntnis und der Furcht des Herrn. Und Wohlgefallen wird er haben an der Furcht des Herrn.« (Jesaja 11,2.3) Der Gesalbte wurde gesandt, »den Elenden gute Botschaft zu bringen, die zerbrochenen Herzen zu verbinden, zu verkündigen den Gefangenen die Freiheit, den Gebundenen, dass sie frei und ledig sein sollen; zu verkündigen ein gnädiges Jahr des Herrn und einen Tag der Vergeltung unsres Gottes, zu trösten alle Trauernden, zu schaffen den Trauernden zu Zion, dass ihnen Schmuck statt Asche, Freudenöl statt Trauerkleid, Lobgesang statt eines betrübten Geistes gegeben werden, dass sie genannt werden Bäume der Gerechtigkeit, Pflanzung des Herrn, ihm zum Preise.« (Jesaja 61,1-3)

»Siehe, das ist mein Knecht – ich halte ihn – und mein Auserwählter, an dem meine Seele Wohlgefallen hat. Ich habe ihm meinen Geist gegeben; er wird das Recht unter die Heiden bringen. Er wird nicht schreien noch rufen, und seine Stimme wird man nicht hören auf den Gassen. Das geknickte Rohr wird er nicht zerbrechen, und den glimmenden Docht wird er nicht auslöschen. In Treue trägt er das Recht hinaus. Er selbst wird nicht verlöschen und nicht zerbrechen, bis er auf Erden das Recht aufrichte; und die Inseln warten auf seine Weisung.« (Jesaja 42,1-4)

Der Messias musste leiden

Mit überzeugender Kraft bewies Paulus aus den Schriften des Alten Testaments, »dass Christus leiden musste und von den Toten auferstehen.« (Apostelgeschichte 17,3) Hatte nicht Micha vorhergesagt, dass sie »den Richter Israels mit der Rute auf die Backe schlagen« würden? (Micha 4,14) Und hatte nicht der Verheißene selbst über sich durch Jesaja prophezeien lassen: »Denen, die schlugen, habe ich meinen Rücken dargeboten, und meine Wangen denen, die mich an den Haaren rissen, gegen Schmähungen und Speichel habe ich mein Angesicht nicht verdeckt.« (Jesaja 50,6 ZÜ) Durch den Psalmdichter hatte Christus vorausgesagt, wie ihn die Menschen behandeln würden: »Ich aber bin ... ein Spott der Leute und verachtet vom Volke. Alle, die mich sehen, verspotten mich, sperren das Maul auf und schütteln den Kopf: Er klage es dem Herrn, der helfe ihm heraus und rette ihn, hat er Gefallen an ihm.« (Psalm 22,7-9) »Ich kann alle meine Knochen zählen; sie aber schauen zu und sehen auf mich herab. Sie teilen meine Kleider unter sich und werfen das Los um mein Gewand.« (Psalm 22,18.19) »Ich bin fremd geworden meinen Brüdern und unbekannt den Kindern meiner Mutter; denn der Eifer um dein Haus hat mich gefressen, und die Schmähungen derer, die dich schmähen, sind auf mich gefallen ... Die Schmach bricht mir mein Herz und macht mich krank. Ich warte, ob jemand Mitleid habe, aber da ist niemand, und auf Tröster, aber ich finde keine.« (Psalm 69,9.10.21)

Wie unmissverständlich klar weissagte Jesaja doch von Christi Leiden und Sterben: »Wer glaubt dem, was uns verkündet wurde«, fragt der Prophet, »und wem ist der Arm des Herrn offenbart? Er schoss auf vor ihm wie ein Reis und wie eine Wurzel aus dürrem Erdreich. Er hatte keine Gestalt und Hoheit. Wir sahen ihn, aber da war keine Gestalt, die uns gefallen hätte. Er war der Allerverachtetste und Unwerteste, voller Schmerzen und Krankheit. Er war so verachtet, dass man das Angesicht vor ihm verbarg; darum haben wir ihn für nichts geachtet.

Fürwahr, er trug unsere Krankheit und lud auf sich unsere Schmerzen. Wir aber hielten ihn für den, der geplagt und von Gott geschlagen und gemartert wäre. Aber er ist um unserer Missetat willen verwundet und um unsrer Sünde willen zerschlagen. Die Strafe liegt auf ihm, auf dass wir Frieden hätten, und durch seine Wunden sind wir geheilt.

Wir gingen alle in die Irre wie Schafe, ein jeder sah auf seinen Weg. Aber der Herr warf unser aller Sünde auf ihn. Als er gemartert ward, litt er doch willig und tat seinen Mund nicht auf wie ein Lamm, das

---

>»Fürwahr, er trug unsere Krankheit und lud auf sich unsere Schmerzen. Wir aber hielten ihn für den, der geplagt und von Gott geschlagen und gemartert wäre. Aber er ist um unserer Missetat willen verwundet und um unsrer Sünde willen zerschlagen. Die Strafe liegt auf ihm, auf dass wir Frieden hätten, und durch seine Wunden sind wir geheilt.«
>
>Jesaja 53,4.5

Kreuz in einer Kirchenruine in Philippi in Griechenland

Es ist sehr bedauerlich, dass viele im Volk Israel, welches die Prophezeiungen von der ersten Ankunft des Messias über Jahrhunderte bewahrt hatte, den erwarteten Befreier nicht erkannten. Man hoffte auf einen triumphierenden und mächtigen Helden, der das Volk vom römischen Joch befreien würde, und verkannte den anspruchslosen, friedfertigen Messias, der am Kreuz starb.

zur Schlachtbank geführt wird; und wie ein Schaf, das verstummt vor seinem Scherer, tat er seinen Mund nicht auf. Er ist aus Angst und Gericht hinweggenommen. Wer aber kann sein Geschick ermessen? Denn er ist aus dem Lande der Lebendigen weggerissen, da er für die Missetat meines Volks geplagt war.« (Jesaja 53,1-8)

Selbst die Art und Weise seines Todes war bildhaft vorweggenommen worden. Wie die eherne Schlange in der Wüste erhöht worden war, so sollte der kommende Erlöser erhöht werden, »damit alle, die an ihn glauben, nicht verloren werden, sondern das ewige Leben haben.« (Johannes 3,16)

»Wenn man zu ihm sagen wird: Was sind das für Wunden an deiner Brust?, wird er sagen: So wurde ich geschlagen im Hause derer, die mich lieben.« (Sacharja 13,6)

»Man gab ihm sein Grab bei Gottlosen und bei Übeltätern, als er gestorben war, wiewohl er niemand Unrecht getan hat und kein Betrug in seinem Munde gewesen ist. So wollte ihn der Herr zerschlagen mit Krankheit.« (Jesaja 53,9.10)

Doch er, der durch die Hände böser Menschen den Tod erleiden sollte, würde als Sieger über Sünde und Grab wieder auferstehen. Unter dem Einfluss des Geistes Gottes hatte der Psalmsänger Israels die Herrlichkeit des Auferstehungsmorgens in freudiger Gewissheit bezeugt: »Auch mein Leib ist sicher geborgen. Du überlässt mich nicht dem Totenreich, du lässt deinen Heiligen nicht die Verwesung sehen.« (Psalm 16,9.10 Bru.)

Paulus zeigte, wie eng Gott den Opferdienst mit den Prophezeiungen verknüpft hatte, die auf den hinwiesen, der »wie ein Lamm … zur Schlachtbank geführt« (Jesaja 53,7) werden sollte. Der Messias sollte sein »Leben zum Schuldopfer« geben. (Jesaja 53,10) Jesaja, der das Versöhnungswerk des Heilands über Jahrhunderte hinweg im Voraus schauen durfte, hatte von ihm als dem Lamm Gottes bezeugt, »dass er sein Leben in den Tod gegeben hat und den Übeltätern gleichgerechnet ist und er die Sünde der Vielen getragen hat und für die Übeltäter gebeten.« (Jesaja 53, 12)

Christus, das Ziel des jüdischen Gottesdienstes

Christus, das Zentrum der Prophezeiungen, sollte kein zeitlicher Herrscher sein, der das jüdische Volk von irdischen Unterdrückern befreien würde, sondern ein Mensch unter Menschen. Er sollte ein Leben in Armut und Bescheidenheit führen und zuletzt verachtet, abgelehnt und geschlagen werden. Der in den Schriften des Alten Testaments vorhergesagte Erlöser sollte sich als Opfer für die gefallene Menschheit hingeben und somit sämtliche Forderungen des gebrochenen Gesetzes Gottes erfüllen. In ihm sollte der in die Zukunft weisende Opferdienst seine Erfüllung finden. Sein Tod am Kreuz sollte dem ganzen jüdischen Gottesdienst den eigentlichen Sinn verleihen.

Paulus berichtete den Juden in Thessalonich, wie rücksichtslos und unnachgiebig er sich einst für das Zeremonialgesetz eingesetzt hatte und welche wunderbare Erfahrung er vor den Toren der Stadt Damaskus hatte machen dürfen. Vor seiner Bekehrung hatte er sein Vertrauen auf eine ererbte Religiosität gesetzt – eine falsche Hoffnung. Sein Glaube war nicht in Christus verankert gewesen; stattdessen hatte er sich auf Formen und kultische Handlungen verlassen. Sein Eifer für das Gesetz war vom Glauben an Christus losgelöst gewesen und deshalb nutzlos. Während er sich rühmte, die Forderungen des Gesetzes ohne Tadel zu erfüllen, hatte er den abgelehnt, der dem Gesetz seinen Wert gab.

Mit seiner Bekehrung aber war alles anders geworden. Jesus von Nazareth, den er in Gestalt seiner Anhänger verfolgt hatte, war ihm als der verheißene Messias erschienen. Der Verfolger erkannte in ihm den Sohn Gottes, der das prophetische Wort erfüllt hatte. Er war auf die Erde herabgekommen und hatte in seinem Leben jeder einzelnen Angabe

In Thessalonich sprach Paulus von der Mission des Erlösers und sagte voraus: Jesus wird auf diese Erde zurückkommen, um Gottes Rettungsplan zu vollenden. Zuerst werden dann alle, die im Vertrauen auf ihn gestorben sind, aus den Gräbern auferstehen. Danach werden alle Gläubigen, die dann am Leben sind, mit ihnen zusammen auf Wolken dem Herrn entgegengeführt, um ihn zu empfangen.

der Heiligen Schrift bis ins Kleinste entsprochen.

Als Paulus in der Synagoge zu Thessalonich mutig das Evangelium verkündigte, wurde die wahre Bedeutung der mit dem Tempeldienst verbundenen Riten und Zeremonien deutlich. Der Apostel lenkte die Gedanken seiner Zuhörer über den irdischen Tempeldienst und den Dienst Christi im himmlischen Heiligtum hinaus bis in die Zeit nach der Vollendung seines Mittlerdienstes, wenn der Messias mit Macht und großer Herrlichkeit wiederkommen und sein Reich auf Erden errichten wird. Paulus glaubte an die Wiederkunft Christi. So klar und überzeugend stellte er die Wahrheiten dieses Ereignisses dar, dass dies auf viele seiner Zuhörer einen tiefen Eindruck machte, der nie mehr verblasste.

An drei aufeinander folgenden Sabbaten predigte Paulus den Thessalonichern und versuchte, sie von den Aussagen der Heiligen Schrift über das Leben, den Tod, die Auferstehung, den Erlösungsplan und die zukünftige Herrlichkeit Christi, »des Lammes, das geschlachtet ist« (Offenbarung 13,8), zu überzeugen. Er pries Christus als den Retter der Menschen. Das rechte Verständnis für diesen Dienst ist der Schlüssel, der die Schriften des Alten Testaments öffnet und den Zugang zu ihren reichen Schätzen ermöglicht.

Widerstand ohne Ende

Da das Evangelium auf diese Weise in Thessalonich mit großer Kraft verkündigt wurde, zog es die Aufmerksamkeit vieler Menschen auf sich. »Von den Juden ließen sich nur wenige überzeugen; aber von den Griechen, die sich zur jüdischen Gemeinde hielten, schloß sich eine große Anzahl Paulus und Silas an, darunter auch viele einflußreiche Frauen.« (Apostelgeschichte 17,4 GNB)

Wie schon an den zuvor besuchten Orten stießen die Apostel auch hier auf erbitterten Widerstand. Die Juden, die nicht glaubten, wurden eifersüchtig. Die Juden waren damals bei der römischen Obrigkeit nicht gut angesehen, weil sie nicht lange vorher in Rom einen Aufstand angezettelt hatten. Man sah mit Argwohn auf sie und hatte ihre Freiheit teilweise eingeschränkt. Nun erblicken sie eine Gelegenheit, die Umstände zu nutzen, um die Gunst der Römer zurückzugewinnen und zugleich die Apostel und die zum Christentum Bekehrten in ein schlechtes Licht zu rücken.

Zu diesem Zweck holten sie »einige üble Männer aus dem Pöbel«, mit deren Hilfe es ihnen gelang, »einen Aufruhr in der Stadt« anzuzetteln. Sie umlagerten das Haus Jasons und hofften, die Apostel dort greifen zu können. »Sie fanden sie aber nicht.« Wütend vor Enttäuschung, »schleiften sie Jason und einige Brüder vor die Oberen der Stadt und schrieen: Diese, die den ganzen Weltkreis erregen, sind jetzt auch hierher gekommen; die beherbergt Jason. Und diese alle handeln gegen des Kaisers Gebote und sagen, ein anderer sei König, nämlich Jesus.« (Apostelgeschichte 17,5-7)

Da Paulus und Silas nicht zu finden waren, nahmen die Stadtoberen zunächst die angeklagten Gläubigen fest, um die Ruhe wiederherzustellen. »Erst nachdem ihnen von Jason und den andern Bürgschaft geleistet war, ließen sie sie frei. Die Brüder aber schickten noch in derselben Nacht Paulus und Silas nach Beröa.« (Apostelgeschichte 17,9.10)

Wer heute Wahrheiten lehrt, die beim Volk unbeliebt sind, sollte sich nicht entmutigen lassen, wenn er hin und wieder sogar von denen, die angeblich Christen sind, genauso unfreundlich aufgenommen wird wie damals Paulus und seine Mitarbeiter von den Leuten, unter denen sie arbeiteten. Die Boten des Erlösers müssen sich mit Wachsamkeit und Gebet rüsten, glaubensvoll und mutig vorangehen und allezeit im Namen Jesu wirken. Dabei sollen sie Christus verherrlichen als den Fürsprecher der Menschen im himmlischen Heiligtum, in dem alle Opferdienste des Alten Bundes ihr Zentrum hatten, und durch dessen versöhnendes Opfer die Übertreter von Gottes Gesetz Frieden und Vergebung finden können.

> *Das Evangelium wurde in Thessalonich mit großer Kraft verkündigt und zog die Aufmerksamkeit vieler Menschen auf sich. »Von den Juden ließen sich nur wenige überzeugen; aber von den Griechen, die sich zur jüdischen Gemeinde hielten, schloss sich eine große Anzahl Paulus und Silas an, darunter auch viele einflußrreiche Frauen.«*
>
> Apostelgeschichte 17,4

Kapitel 23 Beröa und Athen

Apostelgeschichte 17,11-34

Die Akropolis von Athen

Von Thessalonich aus reisten die Apostel nach Beröa und Athen. Auch hier verkündigten sie den Bewohnern die Nachricht von Jesus, zuerst den Juden, danach den Griechen. Durch Gottes Gnade trug der Keim des Evangeliums Früchte, und viele bekehrten sich und ließen sich taufen. Dies geschah nicht ohne Mühe, denn es handelte sich um kluge und gebildete Menschen, die viele Götter angebetet hatten und in ihren Traditionen tief verwurzelt waren.

In Beröa stieß Paulus auf Juden, die bereit waren, die Wahrheiten nachzuprüfen, die er lehrte. In seinem Bericht schreibt Lukas über sie: »Diese aber waren freundlicher als die in Thessalonich; sie nahmen das Wort bereitwillig auf und forschten täglich in der Schrift, ob sich's so verhielte. So glaubten nun viele von ihnen, darunter nicht wenige von den vornehmen griechischen Frauen und Männern.« (Apostelgeschichte 17,11.12)

Offenheit und Widerstand

Die Beröaner ließen sich nicht durch Vorurteile einengen. Sie waren bereit, die von den Aposteln verkündeten Lehren auf ihren Wahrheitsgehalt zu untersuchen. Nicht aus bloßer Neugierde forschten sie in der Bibel, sondern um sich zu vergewissern, was genau über den verheißenen Messias geschrieben stand. Täglich durchsuchten sie die inspirierten Berichte, und während sie Schriftstelle mit Schriftstelle verglichen, standen ihnen himmlische Engel zur Seite, die ihnen das Verständnis erleichterten und ihr Innerstes empfänglich machten.

Wo immer man auch die Wahrheiten des Evangeliums verkündigt, wird jeder, der aufrichtig das Rechte tun will, dazu geführt, die Heilige Schrift sorgfältig zu durchforschen. In den Abschlussphasen der Geschichte dieser Erde werden Lehren verkündigt werden, die die Menschen zu Entscheidungen auffordern. Würden alle dem Beispiel der Beröaner folgen und die Schrift täglich durchforschen, und würden sie die ihnen übermittelten Botschaften mit Gottes Wort vergleichen, dann würde heute schon dort, wo nur vergleichsweise wenige treu den Geboten des Gesetzes Gottes folgen, eine große Anzahl zu finden sein. Doch sobald unpopuläre biblische Wahrheiten vorgelegt werden, lehnen es viele ab, diese Prüfung vorzunehmen. Zwar können sie die klaren Lehren der Schrift nicht in Zweifel ziehen, doch weigern sie sich strikt, die vorgelegten Beweispunkte zu prüfen. Einige meinen, selbst wenn diese Lehren tatsächlich wahr seien, spiele es kaum eine Rolle, ob sie die neue Erkenntnis annähmen oder nicht, und sie halten an bequemen Fabeln fest, die Satan benützt, um Menschen irrezuführen. So wird ihr Denken durch Irrtum verdunkelt, und sie selbst bleiben vom Himmel getrennt.

Alle Menschen werden nach dem Maße der geschenkten Erkenntnis gerichtet werden. Der Herr sendet seine Boten mit einer Erlösungsbotschaft aus, und er wird die Hörer dafür verantwortlich machen, wie sie mit den Worten seiner Diener umgehen. Wer ernsthaft nach Wahrheit sucht, wird die ihm vorgelegten Lehren sorgfältig anhand von Gottes Wort nachprüfen.

Die ungläubigen Juden von Thessalonich waren voller Eifersucht und Hass gegen die Apostel. Sie gaben sich nicht damit zufrieden, sie aus der Stadt vertrieben zu haben, sie folgten ihnen auch nach Beröa. Dort hetzten sie den leicht erregbaren Pöbel gegen sie auf. Die Brüder befürchteten Gewalttätigkeiten gegen Paulus, wenn er in Beröa bliebe. Deshalb sandten sie ihn in Begleitung einiger neubekehrter Beröaner nach Athen.

So wurden die Lehrer des Evangeliums von einer Stadt zur anderen verfolgt. Die Feinde Christi konnten die Ausbreitung des Evangeliums zwar nicht verhindern, aber es gelang ihnen, den Aposteln die Arbeit sehr zu erschweren. Und doch drängte Paulus angesichts von Widerstand und Anfeindungen unentwegt weiter voran, entschlossen, die Absicht Gottes auszuführen, wie sie ihm in der Vision in Jerusalem offenbart worden war: »Ich will dich in die Ferne zu den Heiden senden.« (Apostelgeschichte 22,21)

Die überstürzte Abreise des Paulus aus Beröa durchkreuzte seine Absicht, die Gläubigen in Thessalonich zu besuchen.

Nach seiner Ankunft in Athen sandte er die Brüder aus Beröa mit der Bitte an Silas und Timotheus zurück, sie möchten unverzüglich nachkommen. Timotheus war vor der Abreise des Apostels nach Beröa gekommen und mit Silas dort geblieben, um die so gut begonnene Arbeit weiterzuführen und die Neubekehrten in den Grundsätzen des Glaubens zu unterweisen.

In der Metropole der Weisheit

Die Stadt Athen war der Mittelpunkt des Heidentums. Hier begegnete Paulus nicht einer unwissenden, leichtgläubigen Bevölkerung wie in Lystra, vielmehr traf er auf Menschen, die für ihre Bildung und Kultur berühmt waren. Überall erblickte man Standbilder und Statuen der Gottheiten bzw. der zu Göttern erhobenen Helden aus Geschichte und Dichtkunst. Prachtbauten und Gemälde stellten den Ruhm des eigenen Volkes dar und zeigten die allgemein übliche Verehrung heidnischer Götter. Das Volk ließ sich von der Schönheit und Pracht der Kunstwerke faszinieren. Auf allen Seiten ragten gewaltige Heiligtümer und Tempel empor, für die unermessliche Summen aufgewandt worden waren. Siegreiche Schlachten und große Taten berühmter Männer waren in Skulpturen, auf Altären und Gedenktafeln verewigt. Das alles machte Athen zu einer riesigen Kunstgalerie.

Als Paulus all das Schöne und Großartige um ihn herum erblickte und feststellte, dass die Stadt völlig dem Götzendienst ergeben war, ergriff ihn ein heiliger Eifer für Gott, den er überall entehrt sah. Er empfand zugleich Mitleid mit den Athenern, die trotz ihrer intellektuellen Bildung den wahren Gott nicht erkannten.

Der Apostel ließ sich durch das, was er in diesem Zentrum der Gelehrsamkeit zu sehen bekam, nicht verwirren. Weil er sich ständig mit himmlischen Dingen beschäftigte, ließ die Freude daran und

Wo immer man auch die Wahrheiten des Evangeliums verkündigt, wird jeder, der aufrichtig das Rechte tun will, dazu geführt, die Heilige Schrift sorgfältig zu durchforschen.

> *Wenig später wurde den großen Männern Athens zugetragen, in ihrer Stadt hielte sich ein eigentümlicher Lehrer auf, der dem Volk neue und seltsame Ansichten verkündigte. Einige dieser Männer suchten Paulus auf und begannen mit ihm ein Gespräch.*

die Herrlichkeit der unvergänglichen Schätze in seinen Augen den Pomp und den Glanz seiner Umgebung wertlos werden. Als er die Pracht Athens sah, erkannte er ihre verführerische Macht über Liebhaber von Kunst und Wissenschaft und empfand zutiefst, wie wichtig die vor ihm stehende Arbeit war.

In dieser großen Stadt, in der man Gott nicht anbetete, fühlte sich Paulus sehr einsam, und er sehnte sich nach Anteilnahme und Beistand durch seine Mitarbeiter. Der Apostel vermisste menschliche Nähe. In seiem Brief an die Thessalonicher kommt sein Empfinden in den Worten zum Ausdruck: »… allein in Athen« (1. Thessalonicher 3,1 ZÜ). Schier unüberwindliche Schwierigkeiten türmten sich vor ihm auf und ließen ihm den Versuch, die Menschen mit der frohen Botschaft zu erreichen, fast hoffnungslos erscheinen.

Während er auf Silas und Timotheus wartete, war Paulus nicht untätig. »Er redete zu den Juden und den Gottesfürchtigen in der Synagoge und täglich auf dem Markt zu denen, die sich einfanden.« (Apostelgeschichte 17,17) Seine hauptsächliche und vordringlichste Aufgabe in Athen war jedoch, die Rettungsbotschaft Menschen zu bringen, die keine vernünftige Vorstellung von Gott und seinen Absichten zugunsten des gefallenen Menschengeschlechts hatten. Bald sollte der Apostel dem Heidentum in seiner raffiniertesten und verführerischsten Form begegnen.

Wenig später wurde den großen Männern Athens zugetragen, in ihrer Stadt hielte sich ein eigentümlicher Lehrer auf, der dem Volk neue und seltsame Ansichten verkündigte. Einige dieser Männer suchten Paulus auf und begannen mit ihm ein Gespräch. Bald sammelte sich eine Schar von Zuhörern um sie. Einige wollten den Apostel lächerlich machen als einen, der ihnen intellektuell und gesellschaftlich weit unterlegen sei. Spöttisch sagten sie untereinander: »Was will dieser Schwätzer sagen?« Andere meinten: »Es sieht so aus, als wolle er fremde Götter verkündigen. Er hatte ihnen nämlich das Evangelium von Jesus und von der Auferstehung verkündigt.« (Apostelgeschichte 17,18)

Unter denen, die Paulus auf dem Marktplatz entgegentraten, befanden sich auch einige Philosophen, Epikureer und Stoiker. Diese und all die anderen, die mit ihm in Kontakt kamen, sahen allerdings bald ein, dass er einen noch größeren Wissensschatz besaß als sie selbst. Seine Verstandeskraft nötigte den Gelehrten Respekt ab, während seine ernsthafte und logische Beweisführung und die Macht seiner Redekunst die ganze Versammlung in Bann hielt. Bald merkten die Zuhörer, dass es sich hier nicht um einen Anfänger handelte, sondern um jemand, der in der Lage war, seine Lehren vor allen Gesellschaftsschichten mit überzeugenden Argumenten zu untermauern. So konnte es der Apostel unerschrocken mit seinen Widersachern auf ihrem eigenen Terrain aufnehmen. Er konterte Logik mit Logik, Philosophie mit Philosophie und Beredsamkeit mit Beredsamkeit.

Seine heidnischen Gegner machten ihn auf das Schicksal des Sokrates aufmerksam, der zum Tode verurteilt worden war, weil er fremde Götter verkündigt hatte. Sie rieten Paulus, sein Leben nicht in gleicher Weise zu gefährden. Doch die Reden des Apostels fesselten die Aufmerksamkeit des Volkes, und seine natürliche Weisheit verschaffte ihm Achtung und Bewunderung. Er ließ sich weder durch das Wissen noch durch die Ironie der Philosophen zum Schweigen bringen. Als sie sich überzeugt hatten, dass er entschlossen war, seinen Auftrag unter ihnen auszuführen und seine Geschichte unter allen Umständen zu erzählen, beschlossen sie, ihm die Chance dazu zu geben.

Eine Predigt für die Elite

Zu diesem Zweck geleiteten sie ihn auf den Areopag, einen der ehrwürdigsten Plätze von ganz Athen. Weil dieser Ort bei vielen Athenern Erinnerungen weckte und Assoziationen auslöste, wurde der Apostel mit abergläubischer Ehrfurcht angesehen, die bei manchen bis hin zu Angst und Schrecken reichte. Männer, die als oberste Richter für alle wichtigen Fragen der Moral und des Zivilrechts verantwortlich waren, prüften hier häufig und mit Sorgfalt auch Fragen der Religion.

Man war abseits vom Lärm und vom geschäftigen Treiben der belebten Straßen und fern von den mannigfaltigen Diskussionen der Menge. Hier konnte der Apostel ungestört zu Wort kommen. Um ihn herum versammelten sich Dichter, Künstler und Philosophen, die Gelehrten und Weisen der Stadt, die sich mit folgenden Worten an ihn wandten: »Können wir erfahren, was das für eine neue Lehre ist, die du lehrst? Denn du bringst etwas Neues vor unsere Ohren; nun wollen wir gerne wissen, was das ist.« (Apostelgeschichte 17,19.20)

In dieser Stunde ernster Verantwortung war der Apostel ruhig und gelassen. Eine wichtige Botschaft lag ihm am Herzen. Die Worte, die über seine Lippen kamen, überzeugten seine Zuhörer davon, dass er kein müßiger Schwätzer war. »Ihr Männer von Athen«, sagte er, »ich sehe, dass ihr die Götter in allen Stücken sehr verehrt. Ich bin umhergegangen und habe eure Heiligtümer angesehen und fand einen Altar, auf dem stand geschrieben: Dem unbekannten Gott. Nun verkündige ich euch, was ihr unwissend verehrt.« (Apostelgeschichte 17,22.23) Trotz ihrer Intelligenz und ihres Allgemeinwissens kannten sie den Schöpfer des Universums nicht. Aber es gab einige unter ihnen, die sich nach mehr Erkenntnis sehnten und nach dem Unendlichen suchten.

Erfüllt von seinem Hauptanliegen wies Paulus auf die Tempel hin, die voller Götzenbilder waren, und deckte die Irrtümer der Religion der Athener auf. Die Verständigen unter seinen Zuhörern waren erstaunt, als sie seiner Beweisführung folgten. Der Apostel zeigte sich vertraut mit ihren Kunstwerken, ihrer Literatur und ihrer Religion. Er deutete auf ihre Statuen und Götzenbilder hin und erklärte, dass Gott nicht mit Formen gleichgesetzt werden könne, die sich Menschen ersonnen hätten. Diese selbstgefertigten Bilder könnten die Herrlichkeit des Ewigen auch nicht im Entferntesten wiedergeben. Er erinnerte sie daran, dass diese Bilder kein Leben hätten, sondern von menschlicher Kraft abhängig seien und sich nur bewegen könnten, wenn sie von Menschenhand geführt würden. Deshalb seien die Anbeter diesen Gegenständen der Anbetung in jeder Beziehung überlegen.

Paulus sprengte die Grenzen ihrer falschen Religion, indem er seinen götzendienerischen Zuhörern zu einer wahren Sicht Gottes verhalf, den sie als den »unbekannten Gott« bezeichnet hatten. Dieses Wesen, das er ihnen nun verkündigte, sei nicht vom Menschen abhängig und brauche nichts, was durch menschliche Hand seiner Macht und Herrlichkeit hinzugefügt werden müsste.

Das Volk war vor Bewunderung hingerissen, wie aufrichtig und logisch Paulus die Eigenschaften des wahren Gottes darstellte: seine Schöpfermacht und seine alles überragende Vorsehung. Mit überlegter und leidenschaftlicher Beredsamkeit erklärte der Apostel: »Gott, der die Welt gemacht hat und alles, was darin ist, er, der Herr des Himmels und der Erde, wohnt nicht in Tempeln, die mit Händen gemacht sind. Auch lässt er sich nicht von Menschenhänden dienen, wie einer, der etwas nötig hätte, da er doch selber jedermann Leben und Odem und alles gibt.« (Apostelgeschichte 17,24.25) Der Himmel sei nicht groß genug, um Gott zu fassen. Wie viel weniger vermöchten dies Tempel, die von Menschenhand gemacht sind!

Magerer Erfolg

In jenem Zeitalter der gesellschaftlichen Unterschiede, als die Menschenrechte vielen unbekannt waren, verkündete Paulus die großartige Wahrheit von der Bruderschaft aller Menschen und erklärte, Gott habe »aus einem Menschen das ganze Menschengeschlecht gemacht, damit sie auf dem ganzen Erdboden wohnen.« (Apostelgeschichte 17,26) In Gottes Augen seien alle gleich, und jedes menschliche Wesen schulde dem Schöp-

> »Ihr Männer von Athen«, sagte Paulus, »ich sehe, dass ihr die Götter in allen Stücken sehr verehrt. Ich bin umhergegangen und habe eure Heiligtümer angesehen und fand einen Altar, auf dem stand geschrieben: Dem unbekannten Gott. Nun verkündige ich euch, was ihr unwissend verehrt.«
>
> *Apostelgeschichte 17, 22.23*

Die Göttin Athene

Mit einem Feingefühl, das aus göttlicher Liebe erwachsen war, lenkte Paulus die Gedanken der Zuhörer behutsam von den heidnischen Gottheiten weg, indem er ihnen den wahren Gott offenbarte, den sie bisher nicht gekannt hatten.

fer höchste Treue und völligen Gehorsam. Dann zeigte der Apostel, wie sich – einem goldenen Faden gleich – Gottes Gnade und Barmherzigkeit durch all sein Handeln mit uns Menschen zieht. »Er hat festgesetzt, wie lange sie bestehen und in welchen Grenzen sie wohnen sollen, damit sie Gott suchen sollen, ob sie ihn wohl fühlen und finden könnten; und fürwahr, er ist nicht ferne von einem jeden unter uns.« (Apostelgeschichte 17,26.27)

Indem er auf die vornehmen Vertreter des Menschengeschlechts um sich herum hinwies, schilderte er mit Worten eines ihrer Dichter den unendlichen Gott als einen Vater, dessen Kinder sie seien. »In ihm nämlich leben, weben und sind wir«, erklärte er, »wie auch einige eurer Dichter gesagt haben: Ja, wir sind auch von seinem Geschlecht. Da wir also von Gottes Geschlecht sind, dürfen wir nicht denken, das Göttliche sei vergleichbar mit etwas aus Gold oder Silber oder Stein, einem Gebilde menschlicher Kunst und Erfindungsgabe. Doch über die Zeiten der Unwissenheit sieht Gott nun hinweg und ruft jetzt alle Menschen überall auf Erden zur Umkehr.« (Apostelgeschichte 17,28-30 ZÜ)

In den Zeiten der Finsternis, die dem Erscheinen Christi vorausgegangen waren, ließ der göttliche Herrscher die Heiden im Götzendienst gewähren. Nun aber hatte er durch seinen Sohn der Menschheit das Licht der Wahrheit gesandt. Und jetzt erwartete er von allen Reue, die zur Erlösung führt: Nicht nur von den Armen und Demütigen, sondern auch von den stolzen Philosophen und von den Fürsten dieser Erde. »Denn er hat einen Tag festgesetzt, an dem er den Erdkreis richten wird in Gerechtigkeit durch einen Mann, den er dazu bestimmt hat, indem er ihn vor allen Menschen beglaubigte durch die Auferstehung von den Toten.« (Apostelgeschichte 17,31 ZÜ) Als Paulus von der Auferstehung der Toten sprach, »begannen die einen zu spotten; die andern aber sprachen: Wir wollen dich darüber ein andermal weiter hören.« (Apostelgeschichte 17,32)

So endete die Arbeit des Apostels in Athen, dem Zentrum heidnischer Gelehrsamkeit. Denn die Athener hielten beharrlich an ihrem Götzendienst fest und wandten sich vom Licht des wahren Glaubens ab. Wenn ein Volk mit seinen eigenen Errungenschaften zufrieden ist, braucht man von ihm nicht viel zu erwarten. Obwohl die Athener sich ihres Wissens und ihrer Kultiviertheit rühmten, sanken sie immer tiefer in den moralischen Verfall und begnügten sich mit den dunklen Mysterien des Götzendienstes.

Einige Zuhörer des Apostels waren zwar innerlich von den dargebotenen Wahrheiten überzeugt, aber sie wollten sich nicht so weit demütigen, dass sie Gott anerkannt und den Erlösungsplan angenommen hätten. Keine Wortgewandtheit, keine Argumentationsstärke kann den Sünder bekehren. Allein Gottes Macht kann die Erkenntnis der Wahrheit schenken. Wer sich beharrlich von dieser Macht abwendet, kann nicht erreicht werden. Die Griechen suchten nach Weisheit, doch die Botschaft vom Gekreuzigten war ihnen eine Torheit, weil sie ihre eigene Weisheit höher achteten als die Weisheit, die von oben kommt.

Vielleicht lag der Grund für den vergleichsweise geringen Erfolg der Evangeliumsbotschaft bei den Athenern in ihrem Stolz auf ihre Verstandeskraft und menschliche Weisheit. Weltkluge Menschen, die als arme, verlorene Sünder zu Christus kommen, erhalten Erkenntnis, die zu ihrer Erlösung führt. Wer aber als hervorragende Persönlichkeit kommt und seine eigene Weisheit hervorhebt, wird das Licht und die Erkenntnis nicht empfangen, die allein der Herr verleihen kann.

So lernte Paulus das Heidentum seiner Zeit kennen. Doch ganz vergebens war sein Dienst in Athen nicht. Dionysius, einer der angesehensten Bürger, und einige andere nahmen das Evangelium an und schlossen sich den Gläubigen von Herzen an.

Diplomatie ist gefragt

Göttliche Inspiration hat uns diesen Einblick in das Leben der Athener vermittelt, die trotz ihres Wissens, ihrer Kultiviertheit und ihrer Kunst doch der Ausschweifung verfallen waren. So können wir sehen, wie Gott durch seinen Boten den Götzendienst und die Sünden eines stolzen und selbstgefälligen Volkes rügt. Was der inspirierte Schreiber aufgezeichnet hat, die Worte des Apostels, der Bericht über sein Verhalten und seine Umgebung, sollte allen noch kommenden Generationen weitergegeben werden. Sein unerschütterliches Vertrauen, sein Mut in der Einsamkeit und in der Trübsal sowie der Sieg, den er im Zentrum des Heidentums für den Christusglauben erringen konnte, sind damit bezeugt.

Die Worte des Paulus stellen einen Schatz der Erkenntnis für die Gemeinde dar. In seiner Lage wäre es leicht gewesen, etwas zu sagen, was seine stolzen Zuhörer irritiert und ihn selbst in Schwierigkeiten gebracht hätte. Wäre seine Rede ein direkter Angriff auf die Götter und die großen Männer der Stadt gewesen, hätte für ihn die Gefahr bestanden, dasselbe Schicksal zu erleiden wie Sokrates. Aber mit einem Feingefühl, das aus einer göttlichen Liebe erwachsen war, lenkte er die Gedanken der Zuhörer behutsam von den heidnischen Gottheiten ab, indem er ihnen den wahren Gott offenbarte, den sie nicht gekannt hatten.

Auch heute müssen die Großen dieser Welt mit der biblischen Wahrheit konfrontiert werden, damit sie wählen können, wem sie ihre Treue leisten wollen: dem Gesetz Gottes oder dem Fürsten des Bösen. Gott legt ihnen die ewige Wahrheit vor, die sie »weise zur Seligkeit machen wird«, aber er zwingt sie ihnen nicht auf. Wenn sie sich von ihr abwenden, sind sie sich selbst überlassen und ernten die Frucht ihres eigenen Tuns.

»Denn das Wort vom Kreuz ist Torheit für die, die verloren gehen, für die aber, die gerettet werden, für uns, ist es Gottes Kraft. Es steht nämlich geschrieben (Jesaja 29,14): Zunichte machen werde ich die Weisheit der Weisen, und den Verstand der Verständigen werde ich verwerfen.« (1. Korinther 2,18.19 ZÜ) »Das Törichte dieser Welt hat Gott erwählt, um die Weisen zu beschämen, und das Schwache dieser Welt hat Gott erwählt, um das Starke zu beschämen, und das Geringe dieser Welt und das Verachtete hat Gott erwählt, das, was nichts gilt, um zunichte zu machen, was etwas gilt, damit kein Mensch sich rühme vor Gott.« (1. Korinther 1,27.28 ZÜ) Viele der größten Gelehrten und Staatsmänner, die hervorragendsten Männer dieser Welt, werden sich in diesen letzten Tagen von der Wahrheit abwenden, denn durch ihre eigene Weisheit erkennt die Welt Gott nicht. Trotzdem müssen die Diener Gottes jede Gelegenheit ausnutzen, um diesen Menschen die Wahrheit zu vermitteln. Einige werden zugeben, dass sie über die Dinge Gottes nichts wissen und ihren Platz als ergebene Schüler Jesu, ihres unübertrefflichen Lehrers, einnehmen.

Bei dem Bemühen, höhere Gesellschaftsschichten zu erreichen, braucht jeder, der für Gott arbeitet, starken Glauben. Umstände mögen beängstigend erscheinen, aber in der dunkelsten Stunde scheint Licht von oben. Die Kraft derer, die Gott lieben und dienen, wird von Tag zu Tag erneuert werden. Die Weisheit des unendlichen Gottes wird in ihren Dienst gestellt, sodass sie bei der Ausführung seines Planes nicht in die Irre gehen. Mögen diese Mitarbeiter Gottes an ihrem Vertrauen von Anfang bis Ende festhalten und sich stets daran erinnern, dass das Licht der Wahrheit Gottes auch in die Dunkelheit hineinscheinen soll, die die Welt umhüllt. Im Dienst Gottes soll es keine Verzagtheit geben. Der Glaube des gottgeweihten Mitarbeiters soll jede Prüfung bestehen können, die ihm auferlegt wird. Gott kann und will seinen Boten die Kraft schenken, die sie nötig haben, und die Weisheit, die sie in verschiedenen Umständen benötigen. Er wird die höchsten Erwartungen derer, die ihr Vertrauen in ihn setzen, weit übertreffen.

> »Denn das Wort vom Kreuz ist Torheit für die, die verloren gehen, für die aber, die gerettet werden, für uns, ist es Gottes Kraft. Es steht nämlich geschrieben: Zunichte machen werde ich die Weisheit der Weisen, und den Verstand der Verständigen werde ich verwerfen.«
>
> 1. Korinther 2,18.19 ZÜ

Kapitel 24 Korinth

Apostelgeschichte 18,1-18

Eingang zur Festung Akrokorinth

Nachdem Paulus in Athen gewirkt hatte, besuchte er die bedeutende Handelsstadt Korinth. Die Apostelgeschichte berichtet, dass er sich hier eineinhalb Jahre aufhielt. Gott ermutigte ihn: »Hab keine Angst, sondern verkünde unbeirrt die Gute Nachricht! Ich bin bei dir! Niemand kann dir etwas anhaben; denn mir gehört ein großes Volk in dieser Stadt.« (Apostelgeschichte 18,9.10)

Korinth war im ersten Jahrhundert des christlichen Zeitalters eine der führenden Städte nicht nur Griechenlands, sondern der ganzen Welt. In den Straßen drängten sich Griechen, Juden, Römer und Reisende aus allen Ländern, die eifrig ihren Geschäften oder Vergnügungen nachgingen. Dieses bedeutende Handelszentrum, das von allen Teilen des Römischen Reichs her leicht erreicht werden konnte, war ein wichtiger Ort, sodass dort ein sichtbares Zeichen für Gott und seine Wahrheit errichtet werden sollte.

Zu den Juden, die sich in Korinth niedergelassen hatten, gehörten auch Aquila und Priszilla, die sich später als gewissenhafte Arbeiter für Christus auszeichneten. Als Paulus die Wesensart der beiden kennen lernte, blieb er bei ihnen.

Ein steiniger Boden

Schon gleich zu Beginn seines Dienstes an diesem Verkehrsknoten sah Paulus von allen Seiten schwerwiegende Hindernisse für den Fortgang seiner Arbeit auf sich zukommen. Die Stadt war fast vollständig dem Götzendienst verfallen, und mit dem Kult ihrer Lieblingsgöttin Aphrodite (=Venus) waren viele sittlich verderbliche Riten und Zeremonien verbunden. Sogar unter den Heiden waren die Korinther wegen ihrer auffallenden Unmoral bekannt. Ihr Denken und ihr Interesse schienen kaum über die Vergnügen und Lustbarkeiten des Augenblicks hinauszureichen.

Bei der Verkündigung des Evangeliums in Korinth ging der Apostel anders vor als in Athen. Dort hatte er versucht, seinen Stil dem Bildungsstand seiner Zuhörerschaft anzupassen: Er war der Logik mit Logik, der Wissenschaft mit Wissenschaft und der Philosophie mit Philosophie entgegengetreten. Als er über die so verbrachte Zeit nachdachte und sich bewusst machte, dass seine Lehrtätigkeit in Athen nur wenig Frucht hervorgebracht hatte, beschloss er, in Korinth bei seinen Bemühungen um die Aufmerksamkeit der Sorglosen und Gleichgültigen einer anderen Strategie zu folgen. Er nahm sich vor, ausgefeilte Argumentationen und Diskussionen zu vermeiden und unter den Korinthern »nichts zu wissen als allein Jesus Christus, den Gekreuzigten.« Er wollte »nicht mit überredenden Worten menschlicher Weisheit, sondern in Erweisung des Geistes und der Kraft« (1. Korinther 2,2.4) zu ihnen predigen.

Paulus begann, den Griechen in Korinth Jesus als den Christus vorzustellen. Dieser Jesus war als Jude aus einfachen Verhältnissen in einer Stadt aufgewachsen, deren gottlose Verderbtheit sprichwörtlich war. Von seinem eigenen Volk war er verworfen und schließlich als Übeltäter ans Kreuz geschlagen worden. Die Griechen waren überzeugt, dass die Menschheit auf eine höhere ethische Stufe gelangen müsse. Diese konnte nach ihrem Verständnis aber nur durch das Studium der Philosophie und Wissenschaft erreicht werden, dem einzigen Weg zu wahrer Erhabenheit und Ehre. Würde Paulus die Korinther davon überzeugen können, dass der Glaube an die Macht dieses unbekannten Juden jede Fähigkeit des Menschen erhöhen und veredeln könnte? Heute ist das Kreuz von Golgatha für viele Menschen mit einem Heiligenschein umgeben. Das Kreuzigungsgeschehen weckt in ihnen ehrfurchtsvolle Gedanken. Zur Zeit des Paulus hingegen erweckte das Kreuz nur Abscheu und Schrecken. Dass jemand, der am Kreuz zu Tode gekommen war, als Retter der Menschheit geachtet und wertgeschätzt werden sollte, musste unwillkürlich nur Spott und Widerspruch hervorrufen.

Paulus wusste durchaus, wie einerseits die Juden und andererseits die Griechen von Korinth seine Botschaft beurteilen würden. Er räumte ein: »Wir aber predigen den gekreuzigten Christus, den Juden ein Ärgernis und den Griechen eine Torheit.« (1. Korinther 1,23)

Unter seinen jüdischen Zuhörern gab es viele, die über die Botschaft, die er zu verkündigen begann, in Zorn geraten würden. Bei den Griechen würden seine Worte als sinnlos und töricht angesehen werden. Ihn selbst würde man als schwachsinnig einstufen, wenn er versuchen sollte aufzuzeigen, wie das Kreuz auch nur irgendetwas mit der Vervollkommnung oder mit der Erlösung der Menschheit zu tun haben könnte.

Für Paulus hingegen war das Kreuz von allerhöchster Bedeutung. Seit ihm bei der Verfolgung der Anhänger des gekreuzigten Nazareners Einhalt geboten worden war, hatte er nie aufgehört, sich des Kreuzes zu rühmen. Damals war ihm die unendliche Liebe Gottes offenbart worden, wie sie sich im Tod Christi erwiesen hatte. Dies hatte eine wunderbare Umwandlung in seinem Leben bewirkt. All seine Pläne und Absichten wurden mit den himmlischen Plänen in Übereinstimmung gebracht. Von jener Stunde an war er ein neuer Mensch in Christus. Aus eigener Erfahrung wusste er: Wenn ein Sünder einmal die Liebe des Vaters erkennt, wie sie sich im Opfer seines Sohnes zeigt, und wenn er sich dem göttlichen Einfluss hingibt, dann findet eine Wesensveränderung statt, und von da an ist für ihn »alles und in allen Christus.« (Kolosser 3,11)

Christus, der Messias der Schrift

Bei seiner Bekehrung wurde Paulus von dem sehnsüchtigen Wunsch erfüllt, seinen Mitmenschen zu der Erkenntnis zu verhelfen, dass Jesus von Nazareth der Sohn des lebendigen Gottes ist und die Macht besitzt, zu verändern und zu retten. Von da an wollte er sein Leben ganz dem Bemühen weihen, die Liebe und Macht des Gekreuzigten zu verdeutlichen. Sein herzliches Mitgefühl schloss alle Bevölkerungsschichten ein. »Ich bin«, so erklärte er, »ein Schuldner der Griechen und der Nichtgriechen, der Weisen und der Nichtweisen.« (Römer 1,14) Die Liebe zu dem Herrn der Herr-

> *Paulus beschloss, in Korinth einer anderen Strategie zu folgen. Er nahm sich vor, ausgefeilte Argumentationen und Diskussionen zu vermeiden und unter den Korinthern »nichts zu wissen als allein Jesus Christus, den Gekreuzigten.«*
>
> 1. Korinther 2,2

lichkeit, den er früher in Gestalt der ersten Christen so erbarmungslos verfolgt hatte, war das auslösende Prinzip, die treibende Kraft in seinem Verhalten. Wenn je einmal seine Hingabe an diesen Dienst nachließ, genügte ein Blick auf das Kreuz und auf die dort sichtbar gewordene Liebe, um die »Lenden seines Gemüts« erneut zu »umgürten« (vgl. 1. Petrus 1,13) und auf dem Pfad der Selbstverleugnung weiter voranzuschreiten.

Stellen wir uns den Apostel bei seinen Predigten in der Synagoge in Korinth vor, wie er anhand der Schriften Moses und der Propheten argumentiert und seine Zuhörer auf das Kommen des verheißenen Messias hinführt! Hören wir zu, wie er das Wirken des Erlösers, des großen Hohenpriesters der Menschheit, erklärt, und wie er uns den Einen zeigt, der durch das Opfer seines eigenen Lebens ein für alle Mal Sühne für die Sünde leistete und daraufhin seinen Dienst im himmlischen Heiligtum aufnahm! Paulus führte seine Zuhörer zur Einsicht, dass der Messias, den sie sehnlichst erwartet hatten, bereits gekommen war. Sein Tod war die Erfüllung aller dargebrachten Opfer und sein Dienst im himmlischen Heiligtum war das große Ereignis, das einen Schatten in die Vergangenheit zurückwarf und den Dienst des jüdischen Priesteramts mit Sinn erfüllte.

Paulus »bezeugte den Juden, dass Jesus der Christus ist.« (Apostelgeschichte 18,5) Anhand der Schriftstellen des Alten Testaments wies er nach, dass gemäß den Prophezeiungen und der allgemeinen Erwartung der Juden der Messias zur Nachkommenschaft Abrahams und Davids gehörte. Dann zeichnete er die Abstammungslinie Jesu nach, vom Patriarchen Abraham bis zum königlichen Psalmdichter. Er las die Zeugnisse der Propheten über das Wesen und Wirken des verheißenen Messias und über seine Aufnahme und Behandlung auf Erden vor. Dann zeigte er, dass sich all diese Voraussagen im Leben, im Dienst und im Tod des Jesus von Nazareth erfüllt hatten.

Paulus wies darauf hin, dass Christus gekommen war, um zuallererst dem Volk das Heil anzubieten, das auf das Kommen des Messias als Krönung und zum Ruhm seines nationalen Bestehens wartete. Doch genau dieses Volk hatte denjenigen verworfen, der ihm das Leben geschenkt hätte. Es hatte sich einen anderen Führer erwählt, dessen Herrschaft im Tod enden würde. Paulus bemühte sich, den Zuhörern deutlich zu machen, dass allein Reue das Volk der Juden vor dem drohenden Untergang retten könne. Er zeigte ihnen, dass sie gerade diejenigen Schriftstellen nicht begriffen hatten, auf deren Verständnis sie sich so viel einbildeten. Er tadelte ihre weltliche Gesinnung, ihr Streben nach gesellschaftlichem Rang und nach Titeln sowie ihren Geltungsdrang und ihre maßlose Selbstsucht.

In der Kraft des Geistes bezeugte Paulus seine eigene wundersame Bekehrung und sein Vertrauen in die Aussagen des Alten Testaments, die sich in Jesus von Nazareth so umfassend erfüllt hatten. Er sprach mit feierlichem Ernst, und seine Zuhörer mussten erkennen, dass er den gekreuzigten und auferstandenen Erlöser von ganzem Herzen liebte. Sie sahen, dass sein Denken ganz auf Christus ausgerichtet und sein Leben fest mit seinem Herrn verbunden war. Seine Worte waren so beeindruckend, dass nur diejenigen unberührt blieben, die von bitterstem Hass gegen die christliche Religion erfüllt waren.

Aber die Juden von Korinth verschlossen die Augen vor der äußerst klaren Beweisführung durch den Apostel und wollten nicht auf seine Mahnungen hören. Derselbe Geist, der sie veranlasst hatte, Christus abzulehnen, erfüllte sie nun mit Zorn und Wut gegen seinen Diener. Hätte ihn Gott nicht besonders bewahrt, damit er das Evangelium weiterhin zu den Heiden tragen konnte, die Juden hätten seinem Leben ein Ende gesetzt.

»Da sie aber nichts davon wissen wollten und lästerten, schüttelte er seine Kleider aus und sprach zu ihnen: Euer Blut komme über euer Haupt! Ich bin ohne Schuld; von jetzt an werde ich zu den Heiden gehen. Und er verließ jenen Ort und ging in das Haus eines gewissen

---

Obwohl Paulus in Korinth einen gewissen Erfolg verzeichnen konnte, wurde er durch die Bosheit, die er in dieser verderbten Stadt zu sehen und zu hören bekam, fast entmutigt. Die Lasterhaftigkeit unter den Heiden und die Verachtung und die Beleidigungen, die ihm die Juden zufügten, ließen ihn beinahe resignieren.

Titius Justus, eines Gottesfürchtigen; dessen Haus grenzte an die Synagoge.« (Apostelgeschichte 18,6.7 ZÜ)

Verantwortungsbewusstsein und Gehorsam

Inzwischen waren »Silas und Timotheus aus Mazedonien« (Apostelgeschichte 18,5) gekommen, um Paulus zu helfen. Gemeinsam arbeiteten sie nun für die Heiden. Paulus und seine Gefährten predigten Christus, den Retter der gefallenen Menschheit, sowohl den Heiden als auch den Juden. Die Boten des Gekreuzigten vermieden komplizierte und langatmige Beweisführungen und gingen auf die Wesensart des Schöpfers der Welt ein, des erhabenen Herrschers des Universums. Ihre Herzen waren ergriffen von der Liebe zu Gott und zu seinem Sohn. In dieser Liebe forderten sie die Heiden auf, das unermessliche Opfer zu betrachten, das stellvertretend für alle Menschen gebracht worden war. Sie wussten: Wenn diejenigen, die lange Zeit in der Dunkelheit des Heidentums umhergeirrt waren, endlich das Licht, das vom Kreuz von Golgatha ausging, sehen könnten, würden sie unweigerlich zum Erlöser hingezogen. »Und ich, wenn ich erhöht werde von der Erde«, hatte Jesus gesagt, »so will ich alle zu mir ziehen.« (Johannes 12,32)

Die Verkünder des Evangeliums in Korinth waren sich der schrecklichen Gefahren bewusst, die den Menschen drohten, für die sie arbeiteten. Die Wahrheit in Christus wurde den Leuten mit viel Verantwortungsbewusstsein verkündet. Ihre Botschaft war klar, einfach und bestimmt; »diesen ein Geruch des Todes zum Tode, jenen aber ein Geruch des Lebens zum Leben.« (2. Korinther 2,16) Das Evangelium wurde nicht nur durch ihre Worte, sondern auch durch ihre Taten im täglichen Leben offenbart. Engel unterstützten sie, und Gottes Gnade und Kraft wurden durch die Bekehrung vieler sichtbar. »Krispus aber, der Vorsteher der Synagoge, kam zum Glauben an den Herrn mit seinem ganzen Hause, und auch viele Korinther, die zuhörten, wurden gläubig und ließen sich taufen.« (Apostelgeschichte 18,8)

Der Hass, mit dem die Juden die Apostel stets betrachtet hatten, wurde nun stärker. Statt sie zu überzeugen, machte die Bekehrung und Taufe des Krispus diese hartnäckigen Gegner wütend. Sie hatten keine Argumente, mit denen sie die Predigten des Paulus hätten widerlegen können, und deshalb gingen sie über zu Täuschung und bösartigen Angriffen. Sie verunglimpften das Evangelium und den Namen Jesu. Blind vor Hass waren ihnen keine Worte zu scharfzüngig und kein Mittel zu gemein, um nicht davon Gebrauch zu machen. Sie konnten nicht leugnen, dass Christus Wunder vollbracht hatte. Sie behaupteten einfach, er habe diese durch die Macht Satans gewirkt. Dreist erklärten sie, dass die wunderbaren Werke, die Paulus getan hatte, durch diese Kräfte zustande gekommen seien.

Obwohl Paulus in Korinth einen gewissen Erfolg verzeichnen konnte, wurde er durch die Bosheit, die er in dieser verderbten Stadt zu sehen und zu hören bekam, fast entmutigt. Die Lasterhaftigkeit unter den Heiden und die Verachtung und die Beleidigungen, die ihm die Juden zufügten, ließen ihn beinahe resignieren. Er zweifelte, ob es einen Versuch wert sei, mit den Menschen, die er dort vorfand, eine Gemeinde aufzubauen.

Paulus beabsichtigte, die Stadt zu verlassen, um ein aussichtsreicheres Gebiet aufzusuchen. Als er sich ernsthaft bemühte, seine eigene Aufgabe zu verstehen, erschien ihm der Herr in einer Vision und sagte: »Fürchte dich nicht, sondern rede und schweige nicht! Denn ich bin mit dir, und niemand soll sich unterstehen, dir zu schaden; denn ich habe ein großes Volk in dieser Stadt.« (Apostelgeschichte 18,9.10) Paulus erkannte darin einen Befehl, in Korinth zu bleiben. Das war für ihn die Zusicherung, dass der Herr die ausgestreute Saat aufgehen lassen würde. Bestärkt und ermutigt setzte er seine Arbeit mit Eifer und Ausdauer fort.

Die Bemühungen des Apostels beschränkten sich nicht auf öffentliche Auftritte, denn es gab viele Menschen, die er auf dieses Weise nicht hätte erreichen können. Er setzte viel Zeit für die Arbeit

> *Die Bemühungen des Apostels in Korinth blieben nicht ohne Frucht. Viele wandten sich vom Götzendienst ab, um dem lebendigen Gott zu dienen, und eine große Gemeinde konnte neu zu den Nachfolgern Christi gezählt werden.*

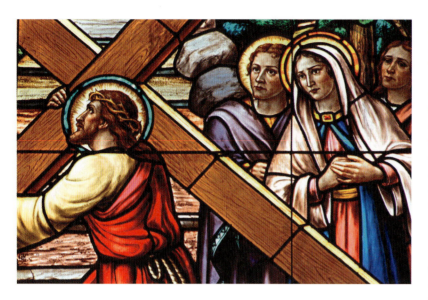

Die Menschen in Korinth erhielten durch die Verkündigung des Paulus eine großartige Möglichkeit, den wahren Gott kennen zu lernen. Leider aber hielten sich viele Bewohner dieser Stadt für zu weise, um die Lehre von dem gekreuzigten Christus anzunehmen. Für den Apostel aber war klar: »Die Torheit Gottes ist weiser, als die Menschen sind, und die Schwachheit Gottes ist stärker, als die Menschen sind.« (1. Korinther 1,25)

von Haus zu Haus ein. So nutzte er das vertraute Beziehungsnetz der Familien. Er besuchte Kranke und Trauernde, tröstete Betrübte und richtete Bedrückte auf. Und in allem, was er sagte und tat, verherrlichte er den Namen Jesu. So wirkte er »in Schwachheit und in Furcht und mit großem Zittern.« (1. Korinther 2,3) Er bangte bei dem Gedanken, seine Verkündigung könnte mehr den Stempel des Menschlichen als des Göttlichen tragen.

»Wovon wir aber reden«, erklärte Paulus später, »das ist dennoch Weisheit bei den Vollkommenen; nicht eine Weisheit dieser Welt, auch nicht der Herrscher dieser Welt, die vergehen. Sondern wir reden von der Weisheit Gottes, die im Geheimnis verborgen ist, die Gott vorherbestimmt hat vor aller Zeit zu unserer Herrlichkeit, die keiner von den Herrschern dieser Welt erkannt hat; denn wenn sie die erkannt hätten, so hätten sie den Herrn der Herrlichkeit nicht gekreuzigt. Sondern es ist gekommen, wie geschrieben steht (Jesaja 64,3): Was kein Auge gesehen hat und kein Ohr gehört hat und in keines Menschen Herz gekommen ist, was Gott bereitet hat denen, die ihn lieben. Uns aber hat es Gott offenbart durch seinen Geist; denn der Geist erforscht alle Dinge, auch die Tiefen der Gottheit. Denn welcher Mensch weiß, was im Menschen ist, als allein der Geist des Menschen, der in ihm ist? So weiß auch niemand, was in Gott ist, als allein der Geist Gottes.

Wir aber haben nicht empfangen den Geist der Welt, sondern den Geist aus Gott, dass wir wissen können, was uns von Gott geschenkt ist. Und davon reden wir auch nicht mit Worten, wie sie menschliche Weisheit lehren kann, sondern mit Worten, die der Geist lehrt, und deuten geistliche Dinge für geistliche Menschen.« (1. Korinther 2,6-13)

Die Wahrheit setzt sich durch

Paulus wusste, dass er sich seinen Erfolg nicht selbst zuschreiben konnte. Ausschlaggebend war die Gegenwart des Heiligen Geistes, der ihn erfüllte und sein ganzes Denken Christus unterordnete. Der Apostel sprach von sich selbst, als er sagte: »Wir tragen allezeit das Sterben Jesu an unserm Leibe, damit auch das Leben Jesu an unserm Leibe offenbar werde.« (2. Korinther 4,10) In allem, was Paulus lehrte, war Christus die zentrale Gestalt. »Ich lebe«, erklärte er, »doch nun nicht ich, sondern Christus lebt in mir.« (Galater 2,20) Das Ich war verborgen; Christus wurde offenbart und verherrlicht.

Paulus war ein gewandter Redner. Vor seiner Bekehrung hatte er oft versucht, seine Zuhörer durch Kostproben seiner Redekunst zu beeindrucken. Nun aber wurde all dies für ihn zur Nebensache. Statt sich in poetischen Formulierungen und reich ausgeschmückten Darstellungen zu ergehen, die vielleicht angenehme Gefühle wecken und die Phantasie anregen, im Alltag aber nicht weiterhelfen, bemühte sich Paulus um eine einfache Sprache, um den Zuhörern Lehren zu übermitteln, die von lebenswichtiger Bedeutung sind. Reich ausgeschmückte Darstellungen der Wahrheit mögen schwärmerische Gefühle hervorrufen, sind aber nicht in der Lage, die Gläubigen in der Auseinandersetzung mit alltäglichen Problemen zu stärken und zu ermutigen. Um mit den unmittelbaren Bedürfnissen und den stetigen Anfechtungen fertig zu werden, bedarf es vernünftiger, praktischer Unterweisung in den Grundsätzen des Christseins.

Die Bemühungen des Apostels in Korinth blieben nicht ohne Frucht. Viele wandten sich vom Götzendienst ab, um dem lebendigen Gott zu dienen, und eine große Gemeinde konnte neu zu den Nachfolgern Christi gezählt werden. Einige der zügellosesten Heiden wurden errettet und zu Zeugen der Barmherzigkeit Gottes und der Kraft des Blutes Christi, das von aller Sünde reinigt.

Der zunehmende Erfolg, den der Apostel in der Verkündigung Christi hatte, trieb die ungläubigen Juden zu entschiedenerem Widerstand an. Sie erhoben sich und »empörten sich ... einmütig gegen Paulus und führten ihn vor den Richterstuhl« (Apostelgeschichte 18,12) des Gallio, der damals Prokonsul von Achaja war. Sie erwarteten, dass sich die Behörden wie bei früheren Anlässen auf ihre Seite stellen würden, und mit lautem, wütendem Geschrei brachten sie ihre Anklagen gegen den Apostel vor. Sie behaupteten: »Dieser Mensch überredet die Leute, Gott zu dienen dem Gesetz zuwider.« (Apostelgeschichte 18,13)

Die jüdische Religion stand unter dem Schutz der römischen Machthaber. Die Ankläger des Paulus dachten, wenn sie ihn beschuldigen könnten, die Gesetze ihrer Religion zu übertreten, würde man ihn wahrscheinlich zum Verhör und zur Verurteilung an sie übergeben. Sie hofften, ihn auf diese Weise töten zu können. Aber Gallio war ein Mann des Rechts. Er weigerte sich, auf die heimtückischen Machenschaften der eifersüchtigen Juden einzugehen. Er war von ihrer Frömmelei und Selbstgerechtigkeit angewidert und nahm von ihrer Anklage keine Notiz. Als Paulus zu seiner Verteidigung selbst etwas sagen wollte, erklärte ihm Gallio, dies sei nicht nötig. Dann wandte er sich den wütenden Anklägern zu und sagte: »Ginge es hier um ein Verbrechen oder um eine böswillige Tat, ihr Juden, so würde ich eure Klage ordnungsgemäß zulassen. Geht es aber um Streitigkeiten über Lehre und Namen und das bei euch geltende Gesetz, dann seht selber zu! Darüber will ich nicht Richter sein. Und er wies sie vom Richterstuhl weg.« (Apostelgeschichte 18,14-16 ZÜ)

Juden und Griechen hatten gespannt auf die Entscheidung Gallios gewartet. Dass er ihre Angelegenheit als unerheblich für das allgemeine Interesse bezeichnete und deshalb zurückwies, war für die verblüfften und wütenden Juden das Signal für den Rückzug. Die entschlossene Handlungsweise des Prokonsuls öffnete der lärmenden Menge die Augen, die bis dahin die Juden unterstützt hatte. Paulus erlebte hier zum ersten Mal seit seiner Tätigkeit in Europa, dass sich die Volksmenge auf seine Seite schlug. Vor den Augen des Prokonsuls und ohne sein Eingreifen bedrängte die Menge die führenden Ankläger des Apostels. »Da ergriffen sie alle Sosthenes, den Vorsteher der Synagoge, und schlugen ihn vor dem Richterstuhl, und Gallio kümmerte sich nicht darum.« (Apostelgeschichte 18,17) So errang das Christentum einen bemerkenswerten Sieg.

»Paulus aber blieb noch eine Zeitlang dort.« (Apostelgeschichte 18,18) Wäre der Apostel damals gezwungen worden, Korinth zu verlassen, hätte das die an Christus gläubig Gewordenen in eine gefährliche Lage gebracht. Die Juden hätten alles daran gesetzt, um ihren Vorteil auszunützen, bis hin zur Ausrottung des christlichen Glaubens in diesem Gebiet.

> *Paulus erlebte hier zum ersten Mal seit seiner Tätigkeit in Europa, dass sich die Volksmenge auf seine Seite schlug. Vor den Augen des Prokonsuls und ohne sein Eingreifen bedrängte die Menge die führenden Ankläger des Apostels.*

Kapitel 25

Die Briefe an die Thessalonicher

Erster und zweiter Brief an die Thessalonicher

Der Weiße Turm und die Stadtpromenade von Thessaloniki

Der Apostel Paulus liebte die Gemeinden, an deren Gründung er beteiligt gewesen war. Wenn möglich besuchte er sie erneut; wenn nicht, schrieb er ihnen Briefe. Darin erinnerte er sie an die Botschaften, die er ihnen zuvor verkündet hatte. Von den Briefen, die Paulus an die Thessalonicher schrieb, sind zwei erhalten.

Die Ankunft von Silas und Timotheus aus Mazedonien hatte Paulus während seines Aufenthalts in Korinth sehr ermutigt. Sie hatten ihm »Gutes berichtet« (1. Thessalonicher 3,6) vom Glauben und von der Liebe derer, die die Wahrheit während des ersten Besuchs der Evangelisten in Thessalonich angenommen hatten. Paulus empfand herzliches Mitgefühl für diese Gläubigen, die inmitten von Anfechtungen und Widerwärtigkeiten Gott treu geblieben waren. Er sehnte sich danach, sie persönlich zu besuchen. Da dies aber damals nicht möglich war, schrieb er ihnen.

Eine aktive Gemeinde

In diesem Brief an die Gemeinde von Thessalonich drückt der Apostel seine Dankbarkeit Gott gegenüber aus für die freudige Nachricht von ihrem Wachstum im Glauben. »Dadurch sind wir, liebe Brüder«, so schrieb er, »euretwegen getröstet worden in aller unsrer Not und Bedrängnis durch euren Glauben; denn nun sind wir wieder lebendig, wenn ihr fest steht in dem Herrn. Denn wie können wir euretwegen Gott genug danken für all die Freude, die wir an euch haben vor unserm Gott? Wir bitten Tag und Nacht inständig, dass wir euch von Angesicht sehen, um zu ergänzen, was an eurem Glauben noch fehlt.« (1. Thessalonicher 3,7-10)

»Wir danken Gott allezeit für euch alle und gedenken euer in unserm Gebet und denken ohne Unterlass vor Gott, unserm Vater, an euer Werk im Glauben und an eure Arbeit in der Liebe und an eure Geduld in der Hoffnung auf unsern Herrn Jesus Christus.« (1. Thessalonicher 1,2.3)

Viele der Gläubigen in Thessalonich hatten sich »bekehrt … zu Gott von den Abgöttern, zu dienen dem lebendigen und wahren Gott.« (1. Thessalonicher 1,9) Sie hatten »das Wort aufgenommen in großer Bedrängnis«, und ihre Herzen waren erfüllt »mit Freuden im Heiligen Geist.« (1. Thessalonicher 1,6) Der Apostel erklärte, dass sie durch ihre Treue in der Nachfolge des Herrn »ein Vorbild … für alle Gläubigen in Mazedonien und Achaja« geworden waren. Dieses Lob war berechtigt. »Denn von euch aus«, so schrieb er, »ist das Wort des Herrn erschollen nicht allein in Mazedonien und Achaja, sondern an allen Orten ist euer Glaube an Gott bekannt geworden.« (1. Thessalonicher 1,7.8)

Die Gläubigen in Thessalonich waren echte Missionare. Sie brannten darauf, ihrem Erlöser, der sie von der Furcht vor »dem zukünftigen Zorn errettet« hatte (1. Thessalonicher 1,10), zu dienen. Durch die Gnade Christi hatte im Leben eines jeden eine wunderbare Veränderung stattgefunden, und das Wort des Herrn, wie es durch sie verkündigt wurde, war von himmlischer Kraft begleitet. Durch die von ihnen verkündeten Wahrheiten wurden weitere Menschen bekehrt und zu den Gläubigen hinzugefügt.

In diesem ersten Brief bezog sich Paulus darauf, wie er unter den Thessalonichern gearbeitet hatte. Er erklärte: »Unsre Ermahnung kam nicht aus betrügerischem oder unlauterem Sinn, noch geschah sie mit List, sondern weil Gott uns für wert geachtet hat, uns das Evangelium anzuvertrauen, darum reden wir, nicht, als wollten wir den Menschen gefallen, sondern Gott, der unsere Herzen prüft. Denn wir sind nie mit Schmeichelworten umgegangen, wie ihr wisst, noch mit versteckter Habsucht – Gott ist Zeuge –; wir haben auch nicht Ehre gesucht bei den Leuten, weder bei euch noch bei andern – obwohl wir unser Gewicht als Christi Apostel hätten einsetzen können –, sondern wir sind unter euch mütterlich gewesen: Wie eine Mutter ihre Kinder pflegt, so hatten wir Herzenslust an euch und waren bereit, euch nicht allein am Evangelium Gottes teilzugeben, sondern auch an unserm Leben; denn wir hatten euch lieb gewonnen.« (1. Thessalonicher 2,3-8)

»Ihr und Gott seid Zeugen«, fuhr der Apostel fort, »wie heilig und gerecht und untadelig wir bei euch, den Gläubigen, gewesen sind. Denn ihr wisst, dass wir, wie ein Vater seine Kinder, einen jeden von euch ermahnt und getröstet und beschworen haben, euer Leben würdig des Gottes zu führen, der euch berufen hat zu seinem Reich und zu seiner Herrlichkeit. Und darum danken wir auch Gott ohne Unterlass dafür, dass ihr das Wort der göttlichen Predigt, das ihr von uns empfangen habt, nicht als Menschenwort aufgenommen habt, sondern als das, was es in Wahrheit ist, als Gottes Wort, das in euch wirkt, die ihr glaubt. … Denn wer ist unsre Hoffnung oder Freude oder unser Ruhmeskranz – seid nicht auch ihr es vor unserm Herrn Jesus, wenn er kommt? Ihr seid ja unsre Ehre und Freude.« (1. Thessalonicher 2,10-13.19.20)

In seinem ersten Brief an die Gläubigen in Thessalonich bemühte sich Paulus, sie über den wahren Zustand der Toten zu unterrichten. Von den Verstorbenen sprach er als von Schlafenden, die gleichsam bewusstlos sind: »Wir wollen euch aber, liebe Brüder, nicht im Ungewissen lassen über die, die entschlafen sind, damit ihr nicht traurig seid wie die andern, die keine Hoffnung haben. Denn wenn wir glauben, dass Jesus gestorben und auferstanden ist, so wird Gott auch die, die entschlafen sind, durch Jesus mit ihm einherführen. … Denn er selbst, der Herr, wird, wenn der Befehl ertönt, wenn die Stimme des Erzengels und die Posaune Gottes erschallen, herabkommen vom Himmel, und zuerst werden die Toten, die in Christus gestorben sind, auferstehen. Danach werden wir, die wir leben und übrig bleiben, zugleich mit ihnen entrückt werden auf den Wolken in die Luft, dem Herrn entgegen; und so werden wir bei dem Herrn sein allezeit.« (1. Thessalonicher 4,13.14.16-17)

> »Denn der Herr selbst wird beim Erschallen des Befehlswortes, bei der Stimme des Erzengels und der Posaune Gottes vom Himmel herabsteigen. Und die, die in Christus gestorben sind, werden zuerst auferstehen, danach werden wir, die wir noch am Leben sind, mit ihnen zusammen hinweggerissen und auf Wolken emporgetragen werden in die Höhe, zur Begegnung mit dem Herrn. Und so werden wir allezeit beim Herrn sein. So tröstet also einander mit diesen Worten.«
>
> 1. Thessalonicher 4, 16-18 ZÜ

Hoffnung für Verstorbene

Die Thessalonicher hatten den Gedanken begeistert aufgenommen, dass Christus kommen würde, um die lebenden Gläubigen zu verwandeln und zu sich zu nehmen. Sie hatten sich um das körperliche Wohl ihrer Freunde gekümmert. Diese sollten ja nicht sterben und die Segnungen verlieren, die sie beim Kommen des Herrn erwarteten. Nun aber war einer nach dem anderen ihrer Lieben gestorben. Wenn die Thessalonicher in ihrer Trauer ein letztes Mal ins Angesicht ihrer Verstorbenen blickten, wagten sie kaum noch zu hoffen, sie in einem zukünftigen Leben wiederzusehen.

Als der Brief des Paulus geöffnet und verlesen wurde, lösten die Worte über den wahren Zustand der Toten große Freude und Trost in der Gemeinde aus. Paulus wies darauf hin, dass die bei Christi Kommen Lebenden ihrem Herrn nicht früher begegnen werden als diejenigen, die im Glauben an Jesus entschlafen sind. Die Stimme des Erzengels und die Posaune Gottes würden die Schlafenden erreichen, und die Toten, die im Vertrauen auf Christus gestorben sind, würden zuerst auferstehen, bevor den Lebenden Unsterblichkeit geschenkt würde. »Danach werden wir, die wir leben und übrig bleiben, zugleich mit ihnen entrückt werden auf den Wolken in die Luft, dem Herrn entgegen; und so werden wir bei dem Herrn sein allezeit. So tröstet euch mit diesen Worten untereinander.« (1. Thessalonicher 4,16-18)

Wir können uns die Hoffnung und Freude, die diese Zusicherung bei den Gliedern der jungen Gemeinde in Thessalonich auslöste, kaum richtig vorstellen. Sie glaubten und hielten den Brief in Ehren, und seinem Absender, ihrem Glaubensvater, fühlten sie sich in dankbarer Zuneigung verbunden. Er hatte ihnen all dies bereits vorher gesagt, doch damals hatten sie noch Mühe, Lehren zu erfassen, die neu und seltsam erschienen. Daher verwundert es nicht, dass sie die Tragweite gewisser Lehrpunkte noch nicht ausreichend erfasst hatten. Aber sie trugen einen Hunger nach Wahrheit in sich, und da gab ihnen der Brief des Paulus neue Hoffnung und Stärke, und dazu einen festeren Glauben an Christus und eine tiefere Zuneigung zu dem, der durch seinen Tod »das Leben und die Unsterblichkeit ans Licht gebracht« hatte (vgl. 2.Timotheus 1,10).

Nun wurden sie froh über die Gewissheit, dass ihre gläubigen Freunde aus dem Grabe auferweckt werden, um für ewig im Reich Gottes zu leben. Die Dunkelheit, welche die Ruhestätte der Verstorbenen bisher umgeben hatte, war gewichen. Ein neuer Glanz krönte den christlichen Glauben, und sie sahen eine neue Herrlichkeit im Leben, im Tod und in der Auferstehung Christi.

»So wird Gott auch die Verstorbenen durch Jesus mit ihm zusammen heraufführen« (1. Thessalonicher 4,14 ZÜ), schrieb Paulus. Viele deuten diese Stelle so, als ob Christus die Entschlafenen mit sich vom Himmel herabführen würde. Paulus meinte jedoch: So wie Christus von den Toten auferweckt wurde, so wird Gott die schlafenden Gläubigen

Einige Gläubige in Thessalonich waren offensichtlich betrübt, da einer nach dem anderen ihrer Lieben verstarb. Deshalb ermutigte sie Paulus in einem Brief, nicht traurig zu sein wie die anderen, die keine Hoffnung haben. Er erinnerte sie daran, dass die Toten schlafen und bis zu dem Tag, an dem Jesus wiederkommt, nicht bei Bewusstsein sind. Dann aber werden sie vom Tode erwachen und das ewige Leben erhalten. Die Auferstehung von Jesus war dafür der Garant.

aus ihren Gräbern herausrufen und sie zu sich in den Himmel nehmen. Welch ein großartiger Trost! Welch eine herrliche Hoffnung, nicht nur für die Gemeinde in Thessalonich, sondern für alle Christen, wo immer sie auch leben!

Während seines Dienstes in Thessalonich hatte Paulus das Thema der Zeichen der Zeit umfassend erörtert. Er hatte aufgezeigt, welche Ereignisse dem Erscheinen des Menschensohns in den Wolken des Himmels vorausgehen würden. Deshalb hielt er es jetzt nicht für nötig, sich ausführlich und schriftlich dazu zu äußern. Er wies jedoch deutlich auf das hin, was er früher gelehrt hatte: »Von den Zeiten und Stunden aber, liebe Brüder, ist es nicht nötig, euch zu schreiben; denn ihr selbst wisst genau, dass der Tag des Herrn kommen wird wie ein Dieb in der Nacht. Wenn sie sagen werden: Es ist Friede, es hat keine Gefahr –, dann wird sie das Verderben schnell überfallen.« (1. Thessalonicher 5,1-3)

Mahnung zur Wachsamkeit

Heute gibt es auf der Welt viele Menschen, die die Augen vor den Hinweisen verschließen, die Christus als Zeichen seines Kommens gegeben hat. Sie versuchen, alle Befürchtungen beiseite zu schieben, während sich gleichzeitig die Hinweise auf das Ende rasch erfüllen und die Welt der Zeit entgegeneilt, da der Menschensohn in den Wolken des Himmels offenbart werden wird. Paulus lehrt, dass es Sünde ist, gegenüber den Zeichen, die der Wiederkunft Christi vorausgehen sollen, gleichgültig zu sein. Er nennt diejenigen, die sich so desinteressiert verhalten, Kinder der Nacht und der Finsternis. Die Umsichtigen und Wachsamen dagegen ermutigt er mit den Worten: »Ihr aber, liebe Brüder, seid nicht in der Finsternis, dass der Tag wie ein Dieb über euch komme. Denn ihr alle seid Kinder des Lichtes und Kinder des Tages. Wir sind nicht von der Nacht noch von der Finsternis. So lasst uns nun nicht schlafen wie die andern, sondern lasst uns wachen und nüchtern sein.« (1. Thessalonicher 5,4-6)

Besonders wichtig sind diesbezüglich die Hinweise des Apostels für die Gemeinde in unserer Zeit. Auf alle, die so nahe vor dem großen Abschluss aller Dinge leben, sollten die Worte des Paulus besonders nachhaltig wirken: »Wir aber, die wir dem Tag gehören, wollen nüchtern sein, angetan mit dem Panzer des Glaubens und der Liebe und mit dem Helm der Hoffnung auf Rettung. Denn Gott hat uns nicht dazu bestimmt, dass wir dem Zorn verfallen, sondern dass wir die Rettung erlangen durch unseren Herrn Jesus Christus, der für uns gestorben ist, damit wir alle miteinander, ob wir nun wachen oder schlafen, zusammen mit ihm leben werden.« (1. Thessalonicher 5,8-10 ZÜ)

Der wachsame Christ ist ein aktiver Christ, der eifrig danach strebt, alles in seiner Macht Stehende für die Verbreitung des Evangeliums zu tun. Je mehr die Liebe zu seinem Erlöser wächst, desto größer wird auch die Liebe zu seinen Mitmenschen. Zwar hat er wie sein Meister schwere Prüfungen zu bestehen, aber er lässt sich durch Kümmernisse weder verbittern noch entmutigen noch seinen inneren Frieden rauben. Er weiß, dass ihn alle Trübsal, die er recht durchsteht, reinigt und läutert und enger mit Christus verbindet. Wer an Christi Leiden teilhat, wird auch an seinem Trost und zuletzt an seiner Herrlichkeit Anteil haben.

»Wir bitten euch aber, liebe Brüder«, fährt Paulus in seinem Brief an die Thessalonicher fort, »erkennt an, die an euch arbeiten und euch vorstehen in dem Herrn und euch ermahnen; habt sie umso lieber um ihres Werkes willen. Haltet Frieden untereinander.« (1. Thessalonicher 5,12.13)

Die Gläubigen zu Thessalonich wurden stark von Leuten belästigt, die mit fanatischen Ideen und Lehren zu ihnen kamen. Paulus vernahm, »dass einige ... unordentlich leben und nichts arbeiten, sondern unnütze Dinge treiben.« (2. Thessalonicher 3,11) Die Gemeinde war ordnungsgemäß organisiert worden. Gemeindebeamte hatten den Auftrag, als Prediger und Diakone zu dienen. Aber es gab auch eigensinnige, impulsive Glie-

So wie Christus von den Toten auferweckt wurde, so wird Gott die schlafenden Gläubigen aus ihren Gräbern herausrufen und sie zu sich in den Himmel nehmen. Welch ein großartiger Trost!

Zu den christlichen Grundsätzen, an die Paulus die Thessalonicher erinnern wollte, gehörte auch die Hinwendung zu den Hilfsbedürftigen. Dies war ein wichtiges Anliegen von Jesus, der stets gepredigt hatte, den Armen zu helfen und die Kranken zu heilen. Auch heute noch bilden soziale Dienste eine wichtige Aufgabe der christlichen Kirche.

der, die sich den Verantwortungsträgern in der Gemeinde nicht unterordneten. Sie beanspruchten nicht nur das Recht, zu allem ihre eigene Meinung zu äußern, sondern auch, ihre Ansichten der Gemeinde öffentlich aufzudrängen. Deshalb lenkte Paulus die Aufmerksamkeit der Thessalonicher auf die Achtung und Ehrerbietung, die denen gebührt, die gewählt worden waren, um in der Gemeinde Verantwortung zu tragen.

Wachstum in Liebe und Erkenntnis

Darauf bedacht, dass die Gläubigen zu Thessalonich ein Leben in wahrhafter Gottesfurcht führten, forderte sie der Apostel auf, in ihrem täglichen Leben praktische Frömmigkeit zu beweisen: »Weiter, liebe Brüder, bitten und ermahnen wir euch in dem Herrn Jesus – da ihr von uns empfangen habt, wie ihr leben sollt, um Gott zu gefallen, was ihr ja auch tut –, dass ihr darin immer vollkommener werdet. Denn ihr wisst, welche Gebote wir euch gegeben haben durch den Herrn Jesus. Denn das ist der Wille Gottes, eure Heiligung, dass ihr meidet die Unzucht ... Denn Gott hat uns nicht berufen zur Unreinheit, sondern zur Heiligung.« (1. Thessalonicher 4,1-3.7)

Der Apostel fühlte sich in hohem Maße für das geistliche Wohlergehen all derer verantwortlich, die durch seine Tätigkeit bekehrt worden waren. Sie sollten zunehmen an Erkenntnis des einzig wahren Gottes und seines Gesandten, Jesus Christus. In seinem Dienst kam Paulus oft mit kleinen Gruppen von Männern und Frauen zusammen, die Jesus liebten. Er wandte sich mit ihnen im Gebet an Gott, er selbst möge sie doch lehren, wie sie eine lebendige Verbindung mit ihm aufrechterhalten könnten. Häufig beriet er sich mit ihnen über die besten Methoden, andern die frohe Botschaft des Evangeliums weiterzugeben. War Paulus von den Neubekehrten getrennt, flehte er oft zu Gott, er möge sie vor dem Bösen bewahren und ihnen helfen, aufrichtige, tätige Missionare zu sein.

Einer der stärksten Beweise echter Bekehrung ist die Liebe zu Gott und den Mitmenschen. Wer Jesus als seinen Erlöser annimmt, empfindet eine tiefe und aufrichtige Liebe zu denen, die seinen kostbaren Glauben teilen. So war es auch mit den Gläubigen in Thessalonich. »Von der brüderlichen Liebe aber«, schrieb der Apostel, »ist es nicht nötig, euch zu schreiben; denn ihr selbst seid von Gott gelehrt, euch untereinander zu lieben. Und das tut ihr auch an allen Brüdern, die in ganz Mazedonien sind. Wir ermahnen euch aber, liebe Brüder, dass ihr darin noch vollkommener werdet, und setzt eure Ehre darein, dass ihr ein stilles Leben führt und das Eure schafft und mit euren eigenen Händen arbeitet, wie wir euch geboten haben, damit ihr ehrbar lebt vor denen, die draußen sind, und auf niemanden angewiesen seid.« (1. Thessalonicher 4,9-12)

»Euch aber lasse der Herr wachsen und immer reicher werden in der Liebe untereinander und zu jedermann, wie auch wir sie zu euch haben, damit eure Herzen gestärkt werden und untadelig seien in

Heiligkeit vor Gott, unserm Vater, wenn unser Herr Jesus kommt mit allen seinen Heiligen.« (1. Thessalonicher 3,12.13)

»Wir ermahnen euch aber, liebe Brüder: Weist die Unordentlichen zurecht, tröstet die Kleinmütigen, tragt die Schwachen, seid geduldig gegen jedermann. Seht zu, dass keiner dem andern Böses mit Bösem vergelte, sondern jagt allezeit dem Guten nach untereinander und gegen jedermann. Seid allezeit fröhlich, betet ohne Unterlass, seid dankbar in allen Dingen; denn das ist der Wille Gottes in Christus Jesus an euch.« (1. Thessalonicher 5,14-18)

Der Apostel warnte die Thessalonicher davor, die Gabe der Prophetie zu verachten: »Den Geist dämpft nicht. Prophetische Rede verachtet nicht. Prüft aber alles, und das Gute behaltet.« (1. Thessalonicher 5,19-21) Mit diesen Worten mahnte er, Falsches sehr sorgfältig von Wahrem zu unterscheiden. Er bat sie eindringlich: »Meidet das Böse in jeder Gestalt.« Dann schloss er seinen Brief mit dem Gebet: »Er aber, der Gott des Friedens, heilige euch durch und durch und bewahre euren Geist samt Seele und Leib unversehrt, untadelig für die Ankunft unseres Herrn Jesus Christus. Treu ist er, der euch ruft.« Und er fügte hinzu: »Er wird's auch tun.« (1. Thessalonicher 5,22-24)

Vor der Wiederkunft kommt der Abfall

Was Paulus den Thessalonichern in seinem ersten Brief über die Wiederkunft Christi schrieb, stimmte völlig mit dem überein, was er vorher gelehrt hatte. Doch wurden seine Worte von einigen Brüdern in Thessalonich missverstanden. Sie meinten, er habe die Hoffnung ausgedrückt, er würde noch persönlich die Wiederkunft des Erlösers erleben. Diese Ansicht führte dazu, ihre Begeisterung und Erregung zu steigern. Jene, die schon vorher ihre Verantwortlichkeiten und Pflichten vernachlässigt hatten, wurden noch hartnäckiger in der Betonung ihrer irrigen Auffassungen.

In seinem zweiten Brief versuchte Paulus, ihr falsches Verständnis seiner

Rom: Tiber und Petersdom

Einige Gläubige in Thessalonich missverstanden die Worte des Paulus in seinem ersten Brief und glaubten, Jesus würde zurückkehren noch bevor sie stürben. Deshalb versicherte ihnen Paulus in einen zweiten Brief: »Jesus wird nicht zurückkehren, bevor es nicht zum Abfall gekommen ist.« Leider vergaß die Kirche mit der Zeit, was Jesus gelehrt hatte, und begann sogar die zu verfolgen, die der Bibel treu bleiben wollten.

> »Liebe Brüder und Schwestern, seid standhaft und haltet fest an den Überlieferungen, in denen ihr von uns unterwiesen worden seid, sei es mündlich oder schriftlich. Er aber, unser Herr, Jesus Christus, und Gott, unser Vater, der uns liebt und uns durch seine Gnade ewigen Trost und gute Hoffnung gibt, ermutige eure Herzen und stärke euch zu jedem guten Werk und Wort.«
>
> 2. Thessalonicher 2,15-17 ZÜ

Lehre zu korrigieren und ihnen seinen wahren Standpunkt vorzulegen. Er betonte nochmals sein Vertrauen in die Rechtschaffenheit der Thessalonicher. Auch gab er seiner Dankbarkeit Ausdruck für ihren starken Glauben, ihre große Liebe zueinander und zur Sache ihres Meisters. Er schrieb ihnen, dass er sie anderen Gemeinden als Vorbild für einen geduldigen und standhaften Glauben hinstelle, der der Verfolgung und Bedrückung tapfer widersteht. Dann lenkte er ihre Aufmerksamkeit vorwärts auf die Zeit der Wiederkunft Christi, wenn das Volk Gottes von all seinen Sorgen und Schwierigkeiten zur Ruhe kommen wird.

Er schrieb: »Darum rühmen wir uns euer unter den Gemeinden Gottes wegen eurer Geduld und eures Glaubens in allen Verfolgungen und Bedrängnissen, die ihr erduldet … Denn es ist gerecht bei Gott …, euch aber, die ihr Bedrängnis leidet, Ruhe zu geben mit uns, wenn der Herr Jesus sich offenbaren wird vom Himmel her mit den Engeln seiner Macht in Feuerflammen, Vergeltung zu üben an denen, die Gott nicht kennen und die nicht gehorsam sind dem Evangelium unseres Herrn Jesus. Die werden Strafe erleiden, das ewige Verderben, vom Angesicht des Herrn her und von seiner herrlichen Macht.« (2. Thessalonicher 1,4.6-9) »Deshalb beten wir auch allezeit für euch, dass unser Gott euch würdig mache der Berufung und vollende alles Wohlgefallen am Guten und das Werk des Glaubens in Kraft, damit in euch verherrlicht werde der Name unseres Herrn Jesus und ihr in ihm, nach der Gnade unseres Gottes und des Herrn Jesus Christus.« (2. Thessalonicher 1,11.12)

Doch vor dem Kommen Christi sollten in der religiösen Welt noch bedeutsame, durch die Prophetie vorausgesagte Entwicklungen stattfinden. Der Apostel schreibt wörtlich: »So bitten wir euch …, dass ihr euch in eurem Sinn nicht so schnell wankend machen noch erschrecken lasst – weder durch eine Weissagung noch durch ein Wort oder einen Brief, die von uns sein sollen –, als sei der Tag des Herrn schon da. Lasst euch von niemandem verführen, in keinerlei Weise; denn zuvor muss der Abfall kommen und der Mensch der Bosheit offenbart werden, der Sohn des Verderbens. Er ist der Widersacher, der sich erhebt über alles, was Gott oder Gottesdienst heißt, sodass er sich in den Tempel Gottes setzt und vorgibt, er sei Gott.« (2. Thessalonicher 2,1-4)

Diese Worte des Paulus sollten nicht falsch ausgelegt werden. Es sollte nicht gelehrt werden, er habe die Thessalonicher durch eine besondere Offenbarung auf die unmittelbar bevorstehenden Wiederkunft Christi hingewiesen. Eine solche Ansicht würde zu Verwirrung im Glauben führen, denn Enttäuschung führt oft zu Unglauben. Der Apostel mahnte deshalb die Brüder zur Vorsicht. Sie sollten nicht glauben, dass eine solche Botschaft von ihm komme. Mit Nachdruck wies er dann darauf hin, dass die päpstliche Macht, die vom Propheten Daniel so deutlich umrissen wurde, erst noch aufkommen und gegen das Volk Gottes Krieg führen sollte. Bevor diese Macht nicht ihr todbringendes und gotteslästerliches Werk verrichtet habe, würde die Gemeinde vergeblich auf das Kommen des Herrn warten. »Erinnert ihr euch nicht daran«, fragte Paulus, »dass ich euch dies sagte, als ich noch bei euch war?« (2. Thessalonicher 2,5)

Schreckliche Anfechtungen sollten über Gottes wahre Gemeinde hereinbrechen. Zu der Zeit, da der Apostel dies niederschrieb, hatte das »Geheimnis der Bosheit« bereits zu wirken begonnen. Die zukünftigen Entwicklungen sollten »in der Macht des Satans auftreten mit großer Kraft und lügenhaften Zeichen und Wundern und mit jeglicher Verführung zur Ungerechtigkeit bei denen, die verloren werden.« (2. Thessalonicher 2,7.9.10)

Besonders ernst klingt die Erklärung des Apostels über jene, die sich weigern würden, »die Liebe zur Wahrheit« (2. Thessalonicher 2,10) anzunehmen. Von allen, die die Botschaften der Wahrheit vorsätzlich verwerfen, sagt er: »Darum sendet ihnen Gott die Macht der Verführung, sodass sie der Lüge glauben, damit gerichtet werden alle, die der

Wahrheit nicht glaubten, sondern Lust hatten an der Ungerechtigkeit.« (2. Thessalonicher 2,11.12) Die Menschen können Gottes Warnungen nicht ohne Folgen zurückweisen, die er ihnen in seiner Gnade sendet. Solchen Menschen, die sich beharrlich von diesen Warnungen abwenden, entzieht er seinen Geist und überlässt sie ihren geliebten Trugbildern.

So skizzierte Paulus das unheilvolle Werk jener bösen Macht, die während vieler Jahrhunderte der Finsternis und Verfolgung vor der Wiederkunft Christi tätig sein sollte. Die Gläubigen in Thessalonich hatten auf baldige Befreiung gehofft; nun wurden sie ermahnt, das vor ihnen liegende Werk mutig und in der Furcht Gottes anzupacken. Der Apostel forderte sie auf, ihre Pflichten nicht zu vernachlässigen oder untätig zu warten. Nach ihrer begeisterten Vorfreude auf baldige Befreiung würde ihnen die tägliche Routine und der Widerstand, den sie zu erwarten hatten, doppelt schwierig erscheinen. Er ermutigte sie deshalb zu Standhaftigkeit im Glauben.

Festhalten an der Wahrheit

»So steht nun fest, liebe Brüder, und haltet euch an die Lehre, in der ihr durch uns unterwiesen worden seid, es sei durch Wort oder Brief von uns. Er aber, unser Herr Jesus Christus, und Gott, unser Vater, der uns geliebt und uns einen ewigen Trost gegeben hat und eine gute Hoffnung durch Gnade, der tröste eure Herzen und stärke euch in allem guten Werk und Wort.« (2. Thessalonicher 2,15-17) »Der Herr ist treu; der wird euch stärken und bewahren vor dem Bösen. Wir haben aber das Vertrauen zu euch in dem Herrn, dass ihr tut und tun werdet, was wir gebieten. Der Herr aber richte eure Herzen aus auf die Liebe Gottes und auf die Geduld Christi.« (2. Thessalonicher 3,3-5)

Gott war es, der den Gläubigen ihre Aufgabe zugewiesen hatte. Durch treues

Festhalten an der Wahrheit sollten sie anderen die Erkenntnis weiterreichen, die sie selbst empfangen hatten. Der Apostel ermahnte sie, nicht müde zu werden, gute Werke zu tun, und wies sie auf sein eigenes Beispiel des Fleißes in irdischen Werken hin, während er mit unermüdlichem Eifer für die Sache Christi arbeitete. Er tadelte jene, die sich in Trägheit und ziellosem Treiben ergingen, und ordnete an, »dass sie still ihrer Arbeit nachgehen und ihr eigenes Brot essen« sollten. (2. Thessalonicher 3,12) Der Gemeinde machte er zur Pflicht, jeden aus ihrer Gemeinschaft auszuschließen, der beharrlich die von Gottes Dienern gegebenen Weisungen missachtete. »Doch haltet ihn nicht für einen Feind, sondern weist ihn zurecht als einen Bruder.« (2. Thessalonicher 3,15)

Paulus schloss auch diesen Brief mit einem Gebet, dass inmitten aller Mühen und Prüfungen des Lebens doch der Friede Gottes und die Gnade des Herrn Jesus Christus den Gläubigen Trost und Stütze sein mögen.

Der Apostel Paulus schreibt an die Thessalonicher: »Gott selbst aber, der uns seinen Frieden schenkt, vollende euch als sein heiliges Volk und bewahre euch im innersten unversehrt, fehlerlos an Seele und Leib für den Tag, an dem Jesus Christus, unser Herr, kommt.« (1. Thessalonicher 5,23)

Kapitel 26 Apollos in Korinth

Apostelgeschichte 18,18-28; 1. Korinther 3

Der Apollontempel im Zentrum des antiken Korinth

Apollos war ein Jude, der in der christlichen Lehre unterrichtet worden war und offen von Jesus predigte. In gewissen Bereichen war seine Erkenntnis jedoch noch unzureichend, z. B. über die Taufe und den Heiligen Geist. Er war dennoch glaubensstark und wirkte längere Zeit in Korinth. Auch heute gibt es Menschen, die nur einen Teil der christlichen Lehre kennen, aber dennoch aufrichtig glauben und das Erkannte gewissenhaft ausleben.

Nachdem Paulus Korinth verlassen hatte, lag sein nächstes Arbeitsfeld in Ephesus. Er war auf dem Weg nach Jerusalem, um dort an einem Fest teilzunehmen. Sein Aufenthalt in Ephesus war deshalb notwendigerweise nur kurz. In der Synagoge sprach er zu den Juden und machte einen solch positiven Eindruck auf sie, dass sie ihn baten, sein Wirken bei ihnen fortzusetzen. Sein Plan, Jerusalem zu besuchen, hielt ihn aber davon ab, noch länger bei den Ephesern zu bleiben. Er versprach ihnen zurückzukommen, wenn Gott es wolle. Aquila und Priszilla hatten ihn nach Ephesus begleitet, und er ließ sie dort, um das von ihm angefangene Werk fortzuführen.

Noch ungefestigt im Glauben

Um diese Zeit kam »nach Ephesus ein Jude mit Namen Apollos, aus Alexandria gebürtig, ein beredter Mann und gelehrt in der Schrift.« (Apostelgeschichte 18,24) Er hatte die Predigten von Johannes dem Täufer gehört und die Taufe der Buße empfangen. Er war ein lebendiger Zeuge dafür, dass das Wirken dieses Propheten nicht vergeblich gewesen war. Die Schrift berichtet von Apollos: »Dieser war unterwiesen im Weg des Herrn und redete brennend im Geist und lehrte richtig von Jesus, wusste aber nur von der Taufe des Johannes.« (Apostelgeschichte 18,25)

Während seines Aufenthalts in Ephesus begann Apollos »frei und offen zu predigen in der Synagoge.« Unter seinen Zuhörern waren auch Aquila und Priszilla. Als sie bemerkten, dass er noch nicht das volle Licht des Evangeliums empfangen hatte, »nahmen sie ihn zu sich und legten ihm den Weg Gottes noch genauer aus.« (Apostelgeschichte 18,26) Durch ihre Unterweisung erlangte er ein klareres Verständnis der Schrift und wurde einer der tüchtigsten Verteidiger des christlichen Glaubens.

»Als er aber nach Achaja reisen wollte, schrieben die Brüder an die Jünger dort und empfahlen ihnen, ihn aufzunehmen.« (Apostelgeschichte 18,27) Er sollte in völliger Übereinstimmung mit der Gemeinde Christi als Lehrer tätig sein. So kam Apollos nach Korinth, wo er die Juden durch öffentliche Verkündigung und auch durch Arbeit von Haus zu Haus überzeugte. Er »widerlegte die Juden kräftig und erwies öffentlich durch die Schrift, dass Jesus der Christus ist.« (Apostelgeschichte 18,28) Paulus hatte den Samen der Wahrheit ausgestreut, Apollos begoss ihn jetzt. Der Erfolg, den Apollos mit seinen Evangeliumspredigten hatte, führte dazu, dass einige Gläubige sein Wirken höher einschätzten und priesen als das des Paulus. Dieses Vergleichen von unterschiedlichen Menschen brachte einen Geist der Parteilichkeit in die Gemeinde, der das Voranschreiten der Heilsbotschaft beträchtlich zu behindern drohte.

Während seines anderthalbjährigen Aufenthaltes in Korinth hatte Paulus das Evangelium ganz bewusst in aller Einfachheit dargestellt. »Nicht mit hohen Worten und hoher Weisheit« war er zu den Korinthern gekommen, sondern »in Furcht und mit großem Zittern« und »in Erweisung des Geistes und der Kraft« hatte er ihnen »das Geheimnis Gottes« verkündigt, damit ihr »Glaube nicht stehe auf Menschenweisheit, sondern auf Gottes Kraft.« (1. Korinther 2,1.3-5)

Paulus hatte notwendigerweise seine Lehrweise dem Zustand der Gemeinde angepasst. »Ich, liebe Brüder«, erklärte er später, »konnte nicht zu euch reden wie zu geistlichen Menschen, sondern wie zu fleischlichen, wie zu unmündigen Kindern in Christus. Milch habe ich euch zu trinken gegeben und nicht feste Speise; denn ihr konntet sie noch nicht vertragen. Auch jetzt könnt ihr's noch nicht.« (1. Korinther 3,1.2) Viele der Gläubigen in Korinth hatten die Lehren, die er ihnen nahe zu bringen versuchte, nur nach und nach erfasst. Ihr Vorankommen in geistlicher Erkenntnis hatte in keinem angemessenen Verhältnis zu ihren Vorrechten und Gelegenheiten gestanden. In christlicher Erfahrung hätten sie längst weit fortgeschritten und imstande sein sollen, die tieferen Wahrheiten des Wortes zu erfassen und auszuleben. Sie waren aber immer noch in dem Stadium wie einstmals die Jünger, als Christus ihnen erklärte: »Ich habe euch noch viel zu sagen; aber ihr könnt es jetzt nicht ertragen.« (Johannes 16,12) Eifersucht, Argwohn und Anschuldigungen hatten die Herzen vieler Gläubigen in Korinth vor dem vollen Einfluss des Heiligen Geistes verschlossen, der »alle Dinge, auch die Tiefen der Gottheit« (1. Korinther 2,10), erforscht. Wie gründlich sie auch in weltlichen Dingen Bescheid wussten, so waren sie in der Erkenntnis Christi doch nur Kinder.

Paulus hatte es sich zur Aufgabe gemacht, den Bekehrten in Korinth das Abc des christlichen Glaubens wenigstens in Ansätzen zu vermitteln. Er hatte sie so unterweisen müssen, als wüssten sie überhaupt nichts von den Wirkungen der göttlichen Kraft auf das Herz. Zu jener Zeit waren sie noch nicht in der Lage, das Geheimnis der Erlösung zu erfassen, denn »der natürliche Mensch ... vernimmt nichts vom Geist Gottes; es ist ihm eine Torheit, und er kann es nicht erkennen; denn es muss geistlich beurteilt werden.« (1. Korinther 2,14) Paulus hatte sich bemüht, den Samen zu säen, den nun andere begießen mussten. Seine Nachfolger mussten die Arbeit dort fortsetzen, wo er aufgehört hatte. Sie mussten der Gemeinde geistliches Licht und geistliche Erkenntnis zur rechten Zeit vermitteln, soweit sie es ertragen konnte.

Christus verändert das Herz

Als der Apostel seine Arbeit in Korinth aufnahm, wurde ihm klar, dass er die großen Wahrheiten, die er lehren wollte, äußerst behutsam einführen musste. Er wusste, dass es unter seinen Zuhörern stolze Verfechter menschlicher Theorien und auch Anhänger falscher Anbetung geben würde. Sie tappten blind im Dun-

> *Das Vergleichen von unterschiedlichen Menschen brachte einen Geist der Parteilichkeit in die Gemeinde, der das Voranschreiten der Heilsbotschaft beträchtlich zu behindern drohte.*

> *»Wenn die einen sagen: Ich gehöre zu Paulus, und die andern: Ich gehöre zu Apollos – seid ihr da nicht immer noch die alten Menschen? Nun, was ist denn Apollos? Und was ist Paulus? Gottes Helfer sind sie, durch die ihr zum Glauben gekommen seid. Jeder von uns beiden hat von Gott seine besondere Aufgabe bekommen. Ich habe gepflanzt, Apollos hat begossen; aber Gott hat es wachsen lassen.«*
>
> 1. Korinther 3,4-6 GNB

keln und hofften, im Buch der Natur Theorien zu finden, die der Wirklichkeit des geistlichen und unsterblichen Lebens, wie es die Bibel lehrt, widersprechen würden. Er wusste auch, dass seine Kritiker bestrebt sein würden, die christozentrische Auslegung des offenbarten Wortes anzufechten, und dass Zweifler für die frohe Botschaft Christi nur Spott und Hohn übrig haben würden.

Paulus bemühte sich, Menschen zum Fuß des Kreuzes zu führen. Dabei hielt er es nicht für weise, diejenigen, die ausschweifend lebten, direkt zu tadeln oder zu zeigen, wie verabscheuungswürdig ihre Sünden in den Augen eines heiligen Gottes sind. Er wies sie vielmehr auf den wahren Sinn des Lebens hin und versuchte, ihnen die Weisungen des göttlichen Lehrmeisters einzuprägen, die sie – falls sie sie annähmen – aus der weltlichen Gesinnung und der Sünde herausführen und zu Reinheit und Rechtschaffenheit emporheben würden. Besonderen Nachdruck legte er auf praktische Frömmigkeit und Heiligkeit, zu der alle gelangen müssen, die einen Platz im Reich Gottes anstreben. Er wünschte sich so sehr zu erleben, wie das Licht des Evangeliums Christi die Finsternis ihres Geistes durchdringt, damit sie erkennen könnten, wie abstoßend ihr unsittliches Verhalten in den Augen Gottes ist. Das immer wiederkehrende Thema seiner Lehrtätigkeit bei ihnen war deshalb Christus, der Gekreuzigte. Er versuchte ihnen nahe zu legen, womit sie sich am ernsthaftesten befassen müssten und was ihre größte Freude sein sollte: die herrliche Wahrheit der Erlösung durch Reue vor Gott und Glauben an den Herrn Jesus Christus.

Der Philosoph wendet sich vom Licht des Heils ab, weil es seine stolzen Theorien bloßstellt. Der Weltmensch lehnt das Licht ab, weil es ihn von seinen irdischen Idolen trennt. Paulus erkannte, dass die Menschen erst den Charakter Christi verstehen lernen müssen, bevor sie ihn lieben und die Bedeutung seiner Opfertat am Kreuz im Glauben erfassen können. Hier muss der Lernprozess beginnen, der zur Beschäftigung und zum Lobgesang der Erlösten in Ewigkeit werden wird. Nur im Licht des Kreuzes kann der wahre Wert eines Menschen ermessen werden.

Gottes Gnade läutert und verändert die angeborene Wesensart des Menschen. Für den fleischlich Gesinnten wäre der Himmel nicht begehrenswert; sein natürliches, ungeheiligtes Herz würde sich nicht zu jenem reinen und heiligen Ort hingezogen fühlen. Selbst wenn es möglich wäre, dass ein solcher Mensch Zugang zum Himmel hätte, fände er dort keine Wesensverwandtschaft. Die Neigungen, die das natürliche Herz beherrschen, müssen durch die Gnade Christi überwunden werden. Erst dann ist der sündige Mensch geeignet, in den Himmel aufgenommen zu werden, erst dann kann er sich der Gesellschaft der reinen, heiligen Engel erfreuen. Wenn der Mensch nicht mehr von der Sünde beherrscht, sondern zu neuem Leben in Christus erweckt wird, erfüllt göttliche Liebe sein Herz. Sein Verständnis wird geheiligt, er trinkt aus einer unerschöpflichen Quelle der Freude und der Erkenntnis. Das Licht der Ewigkeit scheint auf seinen Pfad, denn allezeit umgibt ihn Christus, der das Licht des Lebens ist.

Paulus strebte danach, seinen korinthischen Geschwistern die Tatsache fest einzuprägen, dass er und seine Mitarbeiter auch nur Menschen sind, die Gott beauftragt hat, die Wahrheit zu lehren. Alle sind sie im gleichen Werk tätig und der Erfolg ihrer Arbeit ist gleichermaßen von Gott abhängig. Die Auseinandersetzung in der Gemeinde über die relativen Verdienste einzelner Mitarbeiter in der Evangeliumsverkündigung entspricht nicht dem Willen Gottes, sondern entsteht aus dem Festhalten an den Charakterzügen des natürlichen Herzens. »Denn wenn der eine sagt: Ich gehöre zu Paulus, der andere aber: Ich zu Apollos, ist das nicht nach Menschenweise geredet? Wer ist nun Apollos? Wer ist Paulus? Diener sind sie, durch die ihr gläubig geworden seid, und das, wie es der Herr einem jeden gegeben hat: Ich habe gepflanzt, Apollos hat begossen; aber Gott hat das Gedeihen gegeben. So ist nun weder der pflanzt noch der begießt etwas, sondern Gott, der das Gedeihen gibt.« (1. Korinther 3,4-7)

Gemeinsam wirken unter Gottes Segen

Paulus hatte als Erster das Evangelium in Korinth verkündigt und auch die dortige Gemeinde gegründet. Das war der Auftrag, den der Herr ihm gegeben hatte. Später sandte Gott andere Mitarbeiter dorthin, um ihre Aufgabe an diesem Platz zu erfüllen. Der ausgestreute Same musste begossen werden, und das sollte die Tätigkeit des Apollos sein. Er nahm die Arbeit des Paulus auf, gab weitere Anweisungen und verhalf der Saat zur Entfaltung. Er gewann Zugang zu den Herzen der Menschen, aber das Gedeihen gab Gott. Nicht menschliche, sondern göttliche Macht bewirkt die Veränderung des Charakters. Weder die Menschen, die pflanzen, noch diejenigen, die begießen, bewirken das Wachstum der Saat. Über ihnen steht Gott als Arbeitgeber, der sie zu seinen Werkzeugen und Mitarbeitern in seinem Werk bestimmt hat. Er ist der Meister, dem allein die Ehre und der Ruhm für den Erfolg zustehen.

Die Beauftragten Gottes besitzen nicht alle die gleichen Gaben, aber sie arbeiten alle für ihn. Jeder soll vom großen Lehrer lernen und dann weiterreichen, was er gelernt hat. Jedem seiner Boten hat Gott ein besonderes Werk aufgetragen. Es gibt eine Vielzahl von Gaben, aber alle Diener des Evangeliums sollen harmonisch zusammenwirken. Die heiligende Macht des Geistes Gottes leitet sie. Wenn sie das Evangelium des Heils verkündigen, werden viele Menschen durch die Kraft Gottes von ihrer Erlösungsbedürftigkeit überzeugt und bekehrt. Der Diener als Werkzeug ist mit Christus in Gott verborgen, und Christus erscheint als derjenige, der »auserkoren« ist »unter vielen Tausenden«, und auch als derjenige, an dem alles »lieblich« erscheint.

»Der aber pflanzt und der begießt, sind einer wie der andere. Jeder aber wird seinen Lohn empfangen nach seiner Arbeit. Denn wir sind Gottes Mitarbeiter; ihr seid Gottes Ackerfeld und Gottes Bau.« (1. Korinther 3,8.9) In diesem Schriftwort vergleicht der Apostel die Gemeinde mit einem Ackerfeld, auf dem sich die Landarbeiter um die Weinstöcke in der Pflanzung des Herrn kümmern, und auch mit einem Bau, der zu einem heiligen Tempel für den Herrn heranwachsen soll. Gott ist der Meister, und er hat jedem seine Arbeit zugewiesen. Alle sollen unter seiner Oberaufsicht tätig sein und ihn dabei für und durch seine Werkleute wirken lassen. Er verleiht ihnen Takt und Geschicklichkeit, und wenn sie seine Weisungen beachten, krönt er ihre Bemühungen mit Erfolg.

Gottes Diener sollen zusammenarbeiten, in freundlicher und höflicher Art aufeinander abgestimmt. Da gilt: »Einer komme dem andern mit Ehrerbietung zuvor.« (Römer 12,10) Da soll es keine unfreundliche Kritik geben, keine Herabwürdigung der Arbeit des anderen, keine Parteiungen. Jeder, dem Gott eine Botschaft anvertraut hat, hat seine individuelle Aufgabe. Jeder hat seine eigene Persönlichkeit, die er in keinem anderen Menschen aufgehen lassen soll. Und doch soll jeder einträchtig mit seinen Geschwistern zusammenarbeiten. In ihrem Dienst sollen Gottes Arbeiter im Wesentlichen eins sein. Keiner darf sich selbst zum Maßstab machen und über seine Mitdiener respektlos reden oder sie als minderwertig behandeln. Jeder Einzelne soll unter der Leitung Gottes die Arbeit verrichten, die ihm zugewiesen worden ist, geachtet, geliebt und ermutigt von den anderen Mitarbeitern. Gemeinsam sollen sie das Werk voran und zum Abschluss bringen.

Diese Grundsätze betont Paulus ausführlich in seinem ersten Brief an die Gemeinde zu Korinth. Der Apostel wendet sich an »Diener Christi« als »Haushalter über Gottes Geheimnisse.« Von ihrer Arbeit sagt er: »Nun fordert man nicht mehr von den Haushaltern, als dass sie für treu befunden werden. Mir aber ist's ein Geringes, dass ich von euch gerichtet werde oder von einem menschlichen Gericht; auch richte ich mich selbst nicht. Ich bin mir zwar nichts bewusst, aber darin bin ich nicht gerechtfertigt; der Herr ist's aber,

Das Zusammenwirken von Menschen beim Säen, Pflanzen und Begießen ist eine wichtige Voraussetzung für eine gute Ernte. Doch wir dürfen nie vergessen, dass das Wachstum allein von Gott kommt.

der mich richtet. Darum richtet nicht vor der Zeit, bis der Herr kommt, der auch ans Licht bringen wird, was im Finstern verborgen ist, und wird das Trachten der Herzen offenbar machen. Dann wird einem jeden von Gott sein Lob zuteil werden.« (1. Korinther 4,1-5)

Es steht keinem Menschen zu, über die verschiedenen Mitarbeiter Gottes zu urteilen. Der Herr allein ist Richter über das Werk des Menschen, und er wird jedem seinen gerechten Lohn geben.

Der Apostel bezog sich anschließend direkt auf die Vergleiche, die zwischen seiner Arbeit und der des Apollos gemacht worden waren: »Dies aber, liebe Brüder, habe ich im Blick auf mich selbst und Apollos gesagt um euretwillen, damit ihr an uns lernt, was das heißt: Nicht über das hinaus, was geschrieben steht!, damit sich keiner für den einen gegen den andern aufblase. Denn wer gibt dir einen Vorrang? Was hast du, das du nicht empfangen hast? Wenn du es aber empfangen hast, was rühmst du dich dann, als hättest du es nicht empfangen?« (1. Korinther 4,6.7)

Deutlich führte Paulus der Gemeinde die Gefahren und Mühen vor Augen, die er und seine Mitarbeiter in ihrem Dienst für Christus geduldig ertragen hatten. »Bis auf diese Stunde«, so erklärte er, »leiden wir Hunger und Durst und Blöße und werden geschlagen und haben keine feste Bleibe und mühen uns ab mit unsrer Hände Arbeit. Man schmäht uns, so segnen wir; man verfolgt uns, so dulden wir's, man verlästert uns, so reden wir freundlich. Wir sind geworden wie der Abschaum der Menschheit, jedermanns Kehricht, bis heute. Nicht um euch zu beschämen, schreibe ich dies; sondern ich ermahne euch als meine lieben Kinder. Denn wenn ihr auch zehntausend Erzieher hättet in Christus, so habt ihr doch nicht viele Väter; denn ich habe euch gezeugt in Christus Jesus durchs Evangelium.« (1. Korinther 4,11-15)

Christus als Mittelpunkt

Christus, der die Evangeliumsarbeiter als seine Botschafter aussendet, wird entehrt, wenn sich unter den Zuhörern eine solch starke Bindung zu irgendeinem »Lieblingsprediger« zeigt, dass eine Abneigung entsteht, die Arbeit eines anderen Predigers zu akzeptieren. Der Herr sendet seinem Volk Hilfe. Zwar nicht immer so, wie es dies wünscht, aber stets so, wie es sie benötigt. Menschen sind kurzsichtig; sie können nicht erkennen, was ihnen zum Besten dient. Nur selten besitzt ein einzelner Prediger sämtliche Qualifikationen, um eine Gemeinde in allen Bereichen des christlichen Lebens auszubilden. Deshalb sendet Gott ihr oft weitere Prediger mit Fähigkeiten, die den Vorgängern fehlten.

Die Gemeinde sollte diese Boten Christi dankbar aufnehmen, gerade so wie sie den Meister selbst aufnehmen würde. Sie sollte danach trachten, aus den Lehren, die jeder einzelne Prediger aus dem Wort Gottes vermittelt, den größtmöglichen Nutzen zu ziehen. Die Wahrheiten, die Gottes Gesandte den Gläubigen zukommen lassen, sollten von diesen in Demut und Bescheidenheit angenommen und geschätzt werden, ohne dass ein Prediger zum Idol wird.

Durch die Gnade Christi werden Gottes Diener zu Boten des Lichts und des Segens. Wenn sie unter ernstem und anhaltendem Gebet mit dem Heiligen Geist ausgestattet werden, und die Verantwortung auf sich nehmen, Verlorene zu retten, wenn ihre Herzen vom Eifer erfüllt sind, den Sieg des Kreuzes zu mehren, dann werden sie die Früchte ihrer Arbeit sehen. Entschieden werden sie es ablehnen, menschliche Weisheit zur Schau zu stellen oder das eigene Ich zu verherrlichen. Sie werden ein Werk vollbringen, das den Angriffen Satans widerstehen kann. Viele Menschen werden sich dann von der Finsternis zum Licht wenden, und viele Gemeinden werden gegründet werden. Menschen werden sich bekehren, nicht hin zum menschlichen Werkzeug, sondern zu Christus. Das eigene Ich wird im Hintergrund gehalten; Jesus allein, der Mann von Golgatha, wird hervortreten.

Wer heute für Christus arbeitet, kann ebenso vortreffliche Werte offenbaren wie die Verkündiger des Evangeliums in

---

Jeder soll vom großen Lehrer lernen und dann weiterreichen, was er gelernt hat. Es gibt eine Vielzahl von Gaben, aber alle Diener des Evangeliums sollen harmonisch zusammenwirken.

apostolischer Zeit. Gott ist heute genauso bereit, seinen Dienern Kraft zu vermitteln, wie er dies bei Paulus und Apollos, bei Silas und Timotheus, bei Petrus, Jakobus und Johannes tat.

Keine Einzelkämpfer

In den Tagen der Apostel gab es einige fehlgeleitete Menschen, die vorgaben, an Christus zu glauben, aber seinen Botschaftern keine Achtung entgegenbrachten. Sie erklärten, dass sie keinem menschlichen Lehrer folgten und ihre Einsichten direkt von Christus empfangen hätten, ohne die Hilfe der Prediger des Evangeliums. Sie legten einen unabhängigen Geist an den Tag und waren nicht gewillt, der Stimme der Gemeinde zu gehorchen. Solche Menschen standen in ernster Gefahr, getäuscht zu werden.

Gott hat Menschen mit verschiedensten Gaben als seine berufenen Helfer in die Gemeinde gestellt, damit durch die gemeinsamen Überlegungen vieler die Ziele des Geistes verwirklicht werden können. Menschen, die sich nur nach ihrem eigenen starken Willen richten und sich weigern, gemeinsam mit anderen zu wirken, die schon eine lange Erfahrung im Werk Gottes haben, lassen sich durch ihr Selbstvertrauen blenden. Sie sind unfähig, zwischen Irrtum und Wahrheit zu unterscheiden. Es ist nicht ratsam, solche Leute zu Leitern der Gemeinde zu wählen, denn diese würden ihrer eigenen Urteilskraft und ihren eigenen Plänen folgen, ungeachtet dessen, was ihre Brüder dabei denken. Für den Feind ist es leicht, durch solche zu wirken, die zwar selbst bei jedem Schritt Beratung nötig hätten, dabei jedoch meinen, andere Menschen aus eigener Stärke leiten zu können, ohne von Christus Demut gelernt zu haben.

Gefühle allein sind keine sicheren Führer zur Pflicht. Der Feind lässt Menschen oft glauben, dass sie von Gott geführt seien, während sie in Wirklichkeit nur menschlichen Regungen folgen. Wenn wir aber Sorgfalt walten lassen und uns mit unseren Brüdern beraten, tut uns der Herr seinen Willen kund; denn die Verheißung lautet: »Er leitet die Elenden recht und lehrt die Elenden seinen Weg.« (Psalm 25,9)

In der frühchristlichen Gemeinde gab es Leute, die weder Paulus noch Apollos anerkennen wollten. Sie vertraten die Ansicht, Petrus sei ihr Führer; Petrus sei am engsten mit Christus verbunden gewesen, als der Meister auf Erden weilte, wohingegen Paulus ein Verfolger der Gläubigen gewesen war. Ihre Anschauungen und Meinungen waren durch Vorurteile eingeengt. Da war nichts von Edelmut oder von Großzügigkeit und Güte zu erkennen, die zeigen, dass Christus in einem Menschenherzen wohnt.

Es bestand die Gefahr, dass dieser Geist der Parteilichkeit der Christengemeinde großes Unglück bereiten würde. Deshalb beauftragte der Herr den Apostel Paulus, ernste Worte der Ermahnung und gewichtigen Widerspruch einzulegen. Der Apostel fragte daraufhin diejenigen, die sagten: »Ich gehöre zu Paulus ..., ich zu Apollos ..., ich zu Kephas ..., ich zu Christus: Wie? Ist Christus nun zertrennt? Ist denn Paulus für euch gekreuzigt? Oder seid ihr auf des Paulus Namen getauft?« (1. Korinther 1,12.13) »Darum soll sich niemand etwas auf einen Menschen einbilden und mit dem von ihm bevorzugten Lehrer prahlen. Euch gehört doch alles, ob es nun Paulus ist oder Apollos oder Petrus; euch gehört die ganze Welt, das Leben und der Tod, die Gegenwart und die Zukunft. Alles gehört euch, ihr aber gehört Christus, und Christus gehört Gott.« (1. Korinther 3,21-23 GNB)

Zwischen Paulus und Apollos herrschte volle Übereinstimmung. Apollos war von der Uneinigkeit in der Korinthergemeinde enttäuscht und sehr bekümmert. Weder nutzte er die ihm entgegengebrachte Gunst zum eigenen Vorteil, noch förderte er sie, sondern er verließ eilig den Kampfplatz. Als Paulus ihn danach aufforderte, Korinth wieder zu besuchen, lehnte er ab. Erst viel später, als die Gemeinde einen besseren geistlichen Stand erreicht hatte, wirkte er erneut in dieser Stadt.

> *Gott hat Menschen mit verschiedensten Gaben als seine berufenen Helfer in die Gemeinde gestellt, damit durch die gemeinsamen Überlegungen vieler die Ziele des Geistes verwirklicht werden können.*

Kapitel 27 Ephesus

Apostelgeschichte 19,1-20

»Hadrianstempel« in Ephesus

Als guter Prediger machte sich Paulus Sorgen um das Voranschreiten der noch jungen Glaubensgemeinschaft. Deshalb plante er, die Gemeinden, die er gegründet hatte, erneut zu besuchen. Nachdem er Korinth hinter sich gelassen hatte, bereiste er die Gemeinden in Kleinasien und blieb eine längere Zeit in Ephesus. Dort stellte er fest, dass die Gemeinde gewachsen war. Sie hatte aber auch mit einigen, durch ihre Feinde verursachten Problemen zu kämpfen.

Während Apollos in Korinth predigte, erfüllte Paulus sein Versprechen und kehrte nach Ephesus zurück. Zuvor hatte er Jerusalem einen kurzen Besuch abgestattet und einige Zeit in Antiochia verbracht, wo er seine Arbeit begonnen hatte. Von dort aus reiste er durch Kleinasien, »durchzog nacheinander das galatische Land und Phrygien.« Er besuchte die Gemeinden, die er selbst gegründet hatte, und »stärkte alle Jünger« (Apostelgeschichte 18,23) im Glauben.

Die Kraft des Heiligen Geistes empfangen

Zur Zeit der Apostel war der westliche Teil Kleinasiens als römische Provinz Asia bekannt und deren Hauptstadt Ephesus ein bedeutendes Handelszentrum. Im dortigen Hafen lagen zahllose Schiffe, in den Straßen wimmelte es von Menschen aus aller Herren Länder. Wie Korinth stellte Ephesus ein viel versprechendes Feld für die Evangeliumsverkündigung dar.

Die Juden, die weit verstreut in allen zivilisierten Ländern lebten, erwarteten allgemein das Kommen des Messias. Als Johannes der Täufer predigte, waren viele, die die Jahresfeste in Jerusalem besuchten, an die Ufer des Jordans gekommen, um ihn zu hören. Dort hatten sie vernommen, wie er Jesus als den verheißenen Messias verkündigte, und diese Nachricht in alle Welt getragen. So hatte die Vorsehung den Weg für das Wirken der Apostel vorbereitet.

Bei seiner Ankunft in Ephesus stieß Paulus auf zwölf Brüder, die wie Apollos Jünger des Täufers gewesen waren und ebenso wie er auch einige Erkenntnisse über die Sendung Christi gewonnen hatten. Sie verfügten zwar nicht über die Begabung des Apollos, suchten aber mit gleicher Aufrichtigkeit und Treue die empfangenen Erkenntnisse weiterzugeben.

Diese Brüder wussten nichts von der Sendung des Heiligen Geistes. Als Paulus sie fragte, ob sie den Heiligen Geist empfangen hätten, antworteten sie: »Wir haben noch nie gehört, dass es einen Heiligen Geist gibt. Und er fragte sie: Worauf seid ihr denn getauft?«, und sie erwiderten: »Auf die Taufe des Johannes.« (Apostelgeschichte 19,2.3)

Da legte ihnen der Apostel die großartigen Wahrheiten dar, auf die sich die Hoffnung des Christen gründet. Er erzählte ihnen vom Leben Christi auf dieser Erde und von seinem grausamen und schmachvollen Tod. Er berichtete, wie der Herr des Lebens die Schranken des Grabes durchbrochen hatte und als Sieger über den Tod auferstanden war. Dabei wiederholte er den Auftrag, den der Erlöser seinen Jüngern erteilt hatte: »Mir ist gegeben alle Gewalt im Himmel und auf Erden. Darum gehet hin und machet zu Jüngern alle Völker: Taufet sie auf den Namen des Vaters und des Sohnes und des Heiligen Geistes.« (Matthäus 28,18.19) Er erzählte ihnen auch von dem Versprechen Christi, den Tröster zu senden, durch dessen Kraft mächtige Zeichen und Wunder geschehen würden, und er schilderte, wie großartig sich dieses Versprechen zu Pfingsten erfüllt hatte.

Mit großem Interesse, aber auch mit dankbarer Verwunderung und Freude lauschten die Brüder den Worten des Apostels. Im Glauben erfassten sie die einzigartige Wahrheit von dem Sühnopfer Christi und nahmen ihn als ihren Erlöser an. Daraufhin »ließen sie sich taufen auf den Namen des Herrn Jesus. Und als Paulus die Hände auf sie legte« (Apostelgeschichte 19,5.6), empfingen auch sie die Taufe des Heiligen Geistes. Dadurch wurden sie befähigt, die Sprachen anderer Völker zu sprechen und zu weissagen. So wurden sie ausgerüstet, als Missionare in Ephesus und Umgebung zu wirken und darüber hinaus in ganz Kleinasien das Evangelium zu verkündigen.

Beständig wachsen

Weil sie sich einen demütigen und lernwilligen Geist bewahrten, sammelten diese Menschen Erfahrungen, die ihnen bei der Verkündigung der frohen Botschaft halfen. Ihr Beispiel stellt für Christen eine wertvolle Lehre dar. Viele Menschen machen in ihrem geistlichen Leben nur geringe Fortschritte, weil sie zu stolz sind, die Position von Lernenden einzunehmen. Sie begnügen sich mit einem oberflächlichen Wissen über das Wort Gottes. Sie wollen weder ihren Glauben noch ihre Gewohnheiten ändern und bemühen sich daher in keiner Weise um tiefere Erkenntnis.

Wenn die Nachfolger Christi wirklich ernsthaft nach Weisheit suchten, würden sie vielfältige Erkenntnis finden und Gott würde sie in Tiefen seiner Wahrheit leiten, die ihnen bislang unbekannt waren. Wer seinen Willen Gott völlig übergibt, den wird Gottes Hand führen. Er mag schlicht und allem Anschein nach unbegabt sein; doch wenn er mit liebendem und vertrauendem Herzen dem Willens Gottes in jeder Beziehung gehorcht, werden seine Kräfte geläutert, geadelt, verstärkt und seine Fähigkeiten vermehrt. Wenn er die Belehrung durch die göttliche Weisheit zu schätzen weiß, wird ihm ein heiliger Auftrag anvertraut; er wird befähigt, sein Leben zur Ehre Gottes und zum Segen für die Welt zu führen. »Wenn dein Wort of-

> *Viele Menschen machen in ihrem geistlichen Leben nur geringe Fortschritte, weil sie zu stolz sind, die Position von Lernenden einzunehmen.*

fenbar wird, so erfreut es und macht klug die Unverständigen.« (Psalm 119,130)

Heutzutage wissen viele genauso wenig über das Wirken des Heiligen Geistes am Herzen des Menschen wie damals die Gläubigen in Ephesus. Und doch wird keine Wahrheit im Wort Gottes deutlicher gelehrt. Propheten und Apostel haben Nachdruck auf dieses Thema gelegt. Christus selbst lenkt unsere Aufmerksamkeit auf das Wachstum in der Pflanzenwelt. Er veranschaulicht damit, wie der Heilige Geist wirkt, um das geistliche Leben zu fördern. Der Saft des Weinstocks, der aus der Wurzel aufsteigt, verteilt sich in die Reben, fördert das Wachstum und bringt Blüten und Frucht hervor. Auf gleiche Weise dringt die lebensspendende Kraft des Heiligen Geistes, die vom Erlöser ausgeht, in die Seele, erneuert die Motive und Gefühle, bringt selbst die Gedanken zum Gehorsam gegenüber dem Willen Gottes und befähigt den Empfänger damit, gute Taten hervorzubringen.

Der Urheber dieses geistlichen Lebens ist unsichtbar. Es übersteigt die Macht menschlicher Philosophie, genau zu erklären, wie jenes Leben verliehen und aufrechterhalten wird. Doch steht das Wirken des Geistes stets in Übereinstimmung mit dem geschriebenen Wort, und zwar sowohl in der natürlichen als auch in der geistlichen Welt. Das natürliche Leben wird in jedem Augenblick durch die Macht Gottes erhalten. Dies geschieht jedoch nicht durch ein direktes Wunder, sondern durch den Gebrauch von Segnungen, die in unserer Reichweite liegen. Ebenso wird das geistliche Leben durch den Gebrauch jener Mittel aufrechterhalten, die die Vorsehung zur Verfügung gestellt hat. Wenn der Nachfolger Christi »zum vollendeten Mann, zum vollen Maß der Fülle Christi« (Epheser 4,13) heranwachsen will, muss er vom Brot des Lebens essen und vom Wasser des Heils trinken. Er muss wachen, beten und arbeiten und dabei in allen Dingen die Weisungen Gottes in seinem Wort beachten.

Wir können aus den Erfahrungen der Juden, die sich bekehrt hatten, noch eine weitere Lehre ziehen. Als sie sich von Johannes taufen ließen, verstanden sie noch nicht umfassend, was es bedeutete, dass Jesus die Last der Sünde trägt. Noch hielten sie an erheblichen Irrtümern fest. Doch mit klarerem Verständnis nahmen sie Christus als ihren Erlöser freudig an. Mit diesem Schritt nach vorn ergab sich eine Veränderung in ihren Verpflichtungen. In dem Maße, wie sie einen reineren Glauben annahmen, änderte sich auch ihr Leben entsprechend. Als Kennzeichen dieser Veränderung und als Bekenntnis ihres Glaubens an Christus ließen sie sich nochmals taufen, jetzt auf den Namen Jesu.

Am Plan zur Rettung der Menschen sind Gott Vater, der Sohn Jesus Christus und der Heilige Geist beteiligt. Als Jesus seinen Dienst auf der Erde beendete, übernahm der Heilige Geist die Leitung der Gemeinde. Aber nicht immer ist uns bewusst, dass wir ohne den Heiligen Geist nicht wachsen und Früchte tragen können. Der Heilige Geist wies der Urgemeinde den Weg, und er hat heute die gleiche Aufgabe. Er schenkt echtes Wachstum durch die Verbindung zu Christus und seinem Wort.

Wunder in Ephesus

Wie er es gewohnt war, hatte Paulus seine Arbeit in Ephesus mit der Verkündigung in der jüdischen Synagoge begonnen. Er setzte die Arbeit dort »drei Monate lang« fort und »lehrte und überzeugte sie von dem Reich Gottes.« (Apostelgeschichte 19,8) Zuerst nahm man seine Worte freundlich auf; aber wie an anderen Orten stieß er auch hier bald auf heftigen Widerstand. »Einige aber verstockten sich und wollten nicht glauben, ja sie sprachen öffentlich viele Schmähworte über den neuen Weg aus.« (Apostelgeschichte 19,9 Bru.) Da sie das Evangelium weiterhin ablehnten, hörte der Apostel auf, in der Synagoge zu predigen.

Gottes Geist hatte mit und durch Paulus in seiner Arbeit für seine Landsleute gewirkt. Es waren genügend Beweise erbracht worden, um alle die zu überzeugen, die ehrlich wünschten, die Wahrheit kennen zu lernen. Viele aber ließen sich von Vorurteilen und Unglauben beherrschen und lehnten es ab, sich den schlüssigsten Beweisen zu beugen. Da Paulus befürchtete, der Glaube der Neubekehrten würde durch fortgesetzten Umgang mit diesen Widersachern der Wahrheit gefährdet, trennte er sich von ihnen und sammelte die Jünger in einer gesonderten Gruppe; er setzte seine öffentliche Lehrtätigkeit »täglich in der Schule des Tyrannus« (Apostelgeschichte 19,9), eines angesehenen Lehrers, fort.

Paulus sah vor sich »eine Tür aufgetan zu reichem Wirken«, obwohl es dort auch »viele Widersacher« (1. Korinther 16,9) gab. Ephesus war nicht nur die prächtigste, sondern auch die verdorbenste Stadt der Provinz Asia. Aberglaube und sinnliche Lüste hielten die Bevölkerungsmassen in ihrem Bann. Im Schatten ihrer Tempel fanden Verbrecher jeder Art Zuflucht, und es kam dort zu den entwürdigendsten Ausschweifungen.

Ephesus hatte großen Zulauf als Mittelpunkt des Kultes der Diana (auch Artemis genannt). Der Ruhm des prächtigen Tempels der »Diana der Epheser« (Apostelgeschichte 19,28) war über die ganze Provinz Asia und weithin in der Welt verbreitet. Die unvergleichliche Pracht dieses Bauwerks machte es zum Stolz nicht nur der Stadt, sondern des ganzes Volkes. Die Statue der Artemis im Tempel soll der Überlieferung nach vom Himmel gefallen sein. Symbolische Schriftzeichen, denen man große Macht zuschrieb, waren auf ihr eingraviert. Die Epheser hatten ganze Bücher über die Bedeutung und die Anwendung dieser Symbole geschrieben.

Unter den Leuten, die diese aufwändigen Bücher eingehend studierten, waren viele Magier. Diese übten einen mächtigen Einfluss auf die Gemüter der abergläubischen Verehrer dieses Bildnisses im Tempel aus.

Bei seiner Arbeit in Ephesus wurden dem Apostel Paulus besondere Zeichen göttlicher Gunst gegeben. Gottes Kraft begleitete seine Bemühungen, und viele Menschen wurden von körperlichen Krankheiten geheilt. »Gott wirkte nicht geringe Taten durch die Hände des Paulus. So hielten sie auch die Schweißtücher und andere Tücher, die er auf seiner Haut getragen hatte, über die Kranken, und die Krankheiten wichen von ihnen, und die bösen Geister fuhren aus.« (Apostelgeschichte 19,11.12) Diese Bekundungen übernatürlicher Macht waren viel stärker als alles andere, was Ephesus je gesehen hatte, und sie waren weder durch die Geschicklichkeit eines Taschenspielers noch durch die Täuschungen eines Magiers nachzuahmen. Da diese Wunder im Namen des Jesus von Nazareth geschahen, hatte das Volk Gelegenheit zu sehen, dass der Gott des Himmels mächtiger ist als die Zauberer, die die Göttin Diana anbeteten. So erhob Gott seinen Boten sogar vor den Götzendienern selbst unendlich höher als die mächtigsten und beliebtesten Magier.

Allein im Namen Jesu

Aber Gott, dem auch alle Geister des Bösen unterworfen sind und der seinen Dienern Macht über sie gegeben hatte, schickte sich an, noch größere Schmach und Niederlagen über die zu bringen, die ihn verachteten und seinen heiligen Namen entwürdigten. Das mosaische Ge-

> *Das Wirken des Geistes steht stets in Übereinstimmung mit dem geschriebenen Wort, und zwar sowohl in der natürlichen als auch in der geistlichen Welt.*

setz hatte Zauberei bei Todesstrafe verboten, trotzdem war sie zuweilen von abgefallenen Juden heimlich betrieben worden. Als Paulus sich in Ephesus aufhielt, befanden sich in der Stadt auch »einige von den Juden, die als Beschwörer umherzogen.« Sie sahen die Wunder, die er vollbrachte, und »unterstanden sich …, den Namen des Herrn Jesus zu nennen über denen, die böse Geister hatten.« (Apostelgeschichte 19,13) Es waren die »sieben Söhne eines jüdischen Hohenpriesters Skevas«, die Derartiges wagten. Als sie einen von einem bösen Geist besessenen Mann fanden, redeten sie ihn an: »Ich beschwöre euch bei dem Jesus, den Paulus predigt. … Aber der böse Geist antwortete und sprach zu ihnen: Jesus kenne ich wohl, und von Paulus weiß ich wohl; aber wer seid ihr? Und der Mensch, in dem der böse Geist war, stürzte sich auf sie und überwältigte sie alle und richtete sie so zu, dass sie nackt und verwundet aus dem Haus flohen.« (Apostelgeschichte 19,13-16)

Somit war unmissverständlich erwiesen, dass der Name Christi heilig ist und dass sich jeder in Gefahr begibt, der sich ohne Glauben an die göttliche Sendung des Erlösers auf ihn beruft. »Furcht befiel sie alle, und der Name des Herrn Jesus wurde hoch gelobt.« (Apostelgeschichte 19,17)

Vollständige Trennung von der Zauberei

Tatsachen, die bis dahin verborgen gewesen waren, wurden nun ans Licht gebracht. Einige Gläubige hatten nicht völlig mit dem Aberglauben gebrochen, als sie das Christentum annahmen. Bis zu einem gewissen Grad übten sie immer noch magische Praktiken aus. Nachdem sie nun ihren Irrtum erkannt hatten, kamen »viele von denen, die gläubig geworden waren, und bekannten und verkündeten, was sie getan hatten.« (Apostelgeschichte 19,18) Die gute Wirkung erreichte sogar einige der Zauberer, und »viele nun, die zum Glauben gefunden hatten, kamen, um ein Bekenntnis abzulegen und von ihren Praktiken zu erzählen. Ja, etliche, die Zauberei getrieben hatten, brachten ihre Bücher herbei und verbrannten sie vor aller Augen; man schätzte ihren Wert und kam auf eine Summe von fünfzigtausend Silberstücken. So breitete sich durch die Kraft des Herrn das Wort aus und erwies sich als stark.« (Apostelgeschichte 19,18-20 ZÜ)

Durch das Verbrennen ihrer Zauberbücher zeigten die Bekehrten in Ephesus, dass sie nun etwas verabscheuen, an dem sie einst großen Gefallen gefunden hatten. Durch die Beschäftigung mit der Magie hatten sie vor allem Gott gekränkt und ihre Seelen in Gefahr gebracht. Dass sie nun gerade gegen Magie ihre entrüstete Ablehnung bekundeten, bezeugte ihre echte Bekehrung.

Jene Dokumente über die Wahrsagerei enthielten Regeln und Beschreibungen, wie man mit bösen Geistern kommuniziert. Es waren Anleitungen zur Satansanbetung, eine Art Gebrauchsanweisung, wie sie ihn um Hilfe anrufen und von ihm Auskunft erhalten könnten. Hätten die Jünger die Bücher behalten, wären diese weiterhin eine Gefahr für sie geblieben. Wenn sie sie verkauft hätten, hätten

In Ephesus wurden Zauberei und Magie praktiziert, sogar von einigen Juden. Inmitten dieser teuflischen Atmosphäre vollbrachte Paulus im Namen von Jesus großartige Wunder und vertrieb die Dämonen aus etlichen Menschen. Der Name Jesu wurde hoch gepriesen, und viele kamen zum Glauben. Sie brachten ihre Zauberbücher mit und verbrannten sie öffentlich.

sie andere in Versuchung gebracht. Sie hatten Satan ihre Gefolgschaft verweigert und scheuten vor keinem Opfer zurück, seine Macht zu zerstören. So triumphierte die Wahrheit über menschliche Vorurteile und Gewinnsucht.

Durch die Bekundung der Macht Christi wurde in dieser Hochburg des Aberglaubens ein mächtiger Sieg für den christlichen Glauben errungen. Das Geschehen hatte einen weit größeren Einfluss, als selbst Paulus erahnen konnte. Die Nachrichten darüber fanden von Ephesus aus weite Verbreitung, und die Sache Christi erhielt starken Auftrieb. Lange nachdem der Apostel Paulus gestorben war, lebten diese Ereignisse noch in der Erinnerung der Menschen fort und trugen dazu bei, Menschen für das Evangelium zu gewinnen.

Viele Menschen wenden sich Rat suchend an moderne Wahrsager. Sie lesen ihr Horoskop, um zu erfahren, was sie erwartet. Wenn sie Gott, seine Macht, seine Liebe zu uns und seine Bereitschaft, uns jeden Tag zu leiten, kennen würden, dann hätten sie kein Bedürfnis, bei solchen Quellen Rat zu holen.

Keine Gemeinschaft mit Okkultem

Wir sind geneigt anzunehmen, heidnischer Aberglaube sei in der modernen Gesellschaft verschwunden. Doch Gottes Wort und unbestreitbare aktuelle Zeugnisse weisen darauf hin, dass Zauberei in unserer Zeit ebenso praktiziert wird wie zur Zeit der antiken Magier. Das einstige System der Magie lebt heutzutage unter der Bezeichnung »moderner Spiritismus« fort. Satan findet Zugang zu Tausenden von Menschen, indem er sich hinter der Maske von verstorbenen Freunden verbirgt. Die Heilige Schrift erklärt: »Die Toten aber wissen nichts.« (Prediger 9,5) Ihr Denken, Lieben und Hassen sind dahin, und die Toten können keinen Umgang mit den Lebenden unterhalten. Doch Satan wendet – getreu seiner alten List – diese Täuschungen an, um die Herrschaft über die Sinne der Menschen zu erlangen.

Viele Kranke, Hinterbliebene, aber auch Neugierige haben durch den Spiritismus Kontakt mit bösen Geistern. Wer sich darauf einlässt, begibt sich auf gefährlichen Boden. Das Wort der Wahrheit erklärt uns, wie Gott solche Menschen sieht. In alter Zeit hat er ein sehr hartes Urteil über einen König gefällt, der Rat bei einem heidnischen Orakel gesucht hatte. »Gibt es denn in Israel keinen Gott, dass ihr geht, um den Baal-Sebub, den Gott von Ekron, zu befragen? Und darum – so spricht der HERR: Vom Lager, auf das du dich gelegt hast, wirst du nicht mehr aufstehen! Du musst sterben!« (2. Könige 1,3.4 ZÜ)

Die Magier heidnischer Zeiten haben ihr Gegenstück in den spiritistischen Medien, den Hellsehern und den Wahrsagern von heute. Die geheimnisvollen Stimmen, die einst in Endor und Ephesus vernommen wurden, verführen auch heute noch die Menschen durch ihre lügenhaften Worte. Könnte der Schleier vor unseren Augen gelüftet werden, so würden wir sehen, wie böse Engel ihre ganze Kunst aufbieten, um zu täuschen und zugrunde zu richten. Wo immer ein Einfluss ausgeübt wird, der Menschen dahin führt, Gott zu vergessen, ist Satan mit seiner betörenden Macht am Werk. Wenn Menschen seinem Einfluss nachgeben, wird ihr Geist verwirrt und ihre Seele beschmutzt, bevor sie sich dessen bewusst werden. Die Mahnung des Apostels Paulus an die Gemeinde in Ephesus sollte Gottes Volk heute besonders beachten: »Habt nicht Gemeinschaft mit den unfruchtbaren Werken der Finsternis; deckt sie vielmehr auf.« (Epheser 5,11)

Kapitel 28 Anstrengende und belastende Tage

Apostelgeschichte 19,21-41; 20,1

Das Theater von Ephesus

In Ephesus wurde die Göttin Diana (auch Artemis genannt) angebetet, und die ortsansässigen Juweliere fertigten kleine Nachbildungen von ihr an, die sie in großer Zahl und mit gutem Gewinn verkauften. Paulus verkündigte jedoch: »Was mit den Händen gemacht ist, das sind keine Götter.« (Apostelgeschichte 19,26) Es entstand ein heftiger Aufruhr, und viele Bürger der Stadt versammelten sich in großer Erregung im Theater. Es gelang ihnen jedoch nicht, Paulus und seine Gefährten zu ergreifen.

Mehr als drei Jahre lang war Ephesus für Paulus das Zentrum seiner Arbeit. Dort entstand eine blühende Gemeinde, und von dort aus verbreitete sich das Evangelium unter Juden und Heiden über die ganze Provinz Asia.

Aufruhr in Ephesus

Seit geraumer Zeit hatte der Apostel eine weitere Missionsreise im Sinn. Da »nahm sich Paulus im Geist vor, durch Mazedonien und Achaja zu ziehen und nach Jerusalem zu reisen, und sprach: Wenn ich dort gewesen bin, muss ich auch Rom sehen.« (Apostelgeschichte 19,21) In Übereinstimmung mit diesem Plan sandte er »zwei, die ihm dienten, Timotheus und Erastus, nach Mazedonien.« (Apostelgeschichte 19,22) Weil er aber empfand, er werde noch in Ephesus gebraucht, entschloss er sich, bis nach Pfingsten zu bleiben. Da trat jedoch ein Ereignis ein, das seine Abreise beschleunigte.

Einmal im Jahr fanden in Ephesus zu Ehren der Göttin Diana (Artemis) besondere Feiern statt, die viel Volk aus allen Teilen der Provinz herbeilockten. Während dieser Zeit veranstaltete man Feierlichkeiten unter größtem Pomp und Glanz.

Diese Festtage waren für alle, die neu zum Glauben gekommen waren, eine besondere Bewährungsprobe. Die Gruppe der Gläubigen, die sich in der Schule des Tyrannus versammelte, wurde von der feiernden Menge wie ein Misston im festlichen Chor betrachtet. Ungehindert wurde sie mit Spott, Vorwürfen und Beleidigungen überhäuft. Paulus hatte durch seine Arbeit dem Götzendienst einen empfindlichen Schlag versetzt, sodass der Besuch dieser nationalen Festtage und die

Begeisterung der Anwesenden merklich zurückging. Die Auswirkungen seiner Lehrtätigkeit reichten auch weit über die tatsächlich zum Glauben Bekehrten hinaus. Viele von denen, die sich nicht öffentlich zu den neuen Lehren bekannt hatten, hatten immerhin so viel Erkenntnis empfangen, dass sie jedes Vertrauen in ihre heidnischen Götter verloren.

Es gab noch einen zweiten Grund der Unzufriedenheit. Durch die Herstellung und den Verkauf von Altären und Plastiken, die dem Tempel und dem Standbild der Diana nachgebildet wurden, hatte sich in Ephesus ein ausgedehntes und einträgliches Geschäft entwickelt. Das beteiligte Gewerbe stellte einen Rückgang seiner Erträge fest. Diesen unwillkommenen Wandel schrieb man einmütig dem Wirken des Paulus zu.

Demetrius, der silberne Nachbildungen des Dianatempels anfertigte, rief die Arbeiter seiner Zunft zusammen und sprach zu ihnen: »Liebe Männer, ihr wisst, dass wir großen Gewinn von diesem Gewerbe haben; und ihr seht und hört, dass nicht allein in Ephesus, sondern auch fast in der ganzen Provinz Asien dieser Paulus viel Volk abspenstig macht, überredet und spricht: Was mit Händen gemacht ist, das sind keine Götter. Aber es droht nicht nur unser Gewerbe in Verruf zu geraten, sondern auch der Tempel der großen Göttin Diana wird für nichts geachtet werden, und zudem wird ihre göttliche Majestät untergehen, der doch die ganze Provinz Asien und der Weltkreis Verehrung erweist.« Diese Worte versetzten die Zuhörer in wütende Erregung. »Als sie das hörten, wurden sie von Zorn erfüllt und schrien: Groß ist die Diana der Epheser!« (Apostelgeschichte 19,25-28)

Die Worte dieser Ansprache machten schnell die Runde. »Die ganze Stadt wurde voll Getümmel.« (Apostelgeschichte 19,29a) Man leitete eine Suche nach Paulus ein, fand den Apostel jedoch nicht. Seine Brüder hatten von der Gefahr Wind bekommen und ihn schleunigst von diesem Ort weg in Sicherheit gebracht. Engel Gottes waren beauftragt worden, den Apostel zu beschützen; die Zeit für einen Märtyrertod war noch nicht gekommen. Als der Pöbel die Zielscheibe seines Zorns nicht zu fassen bekam, ergriff man »Gajus und Aristarch aus Mazedonien, die Gefährten des Paulus«, und stürmte mit ihnen »einmütig zum Theater.« (Apostelgeschichte 19,29b)

Der Ort, an dem Paulus verborgen war, lag nicht weit entfernt. Bald hörte er von der Gefahr, in der sich seine geliebten Brüder befanden. Er dachte nicht an seine eigene Sicherheit und wollte sich sofort zum Theater begeben, um zu den Aufrührern zu sprechen, doch »ließen's ihm die Jünger nicht zu.« (Apostelgeschichte 19,30) Gajus und Aristarch waren ja nicht die Beute, die die Menschen suchten; für sie befürchtete man keine ernste Gefahr. Sollten jedoch die Leute das blasse und sorgenbeladene Gesicht des Apostels sehen, würde das beim Pöbel sofort die schlimmsten Wutausbrüche auslösen, und nach menschlichem Ermessen bestünde dann nicht die geringste Chance, sein Leben zu retten.

Paulus beabsichtigte noch immer, vor der Menge die Wahrheit zu verteidigen. Schließlich wurde er aber durch eine Warnungsbotschaft aus dem Theater davon abgehalten. »Einige der Oberen der Provinz Asien, die ihm freundlich gesinnt waren, sandten zu ihm und ermahnten ihn, sich nicht zum Theater zu begeben.« (Apostelgeschichte 19,31)

Wunderbare Wende

Der Tumult im Theater schwoll immer weiter an. »Dort schrien die einen dies, die andern das, und die Versammlung war in Verwirrung, und die meisten wussten nicht, warum sie zusammengekommen waren.« (Apostelgeschichte 19,32) Die Tatsache, dass Paulus und einige seiner Begleiter hebräischer Herkunft waren, weckte bei den Juden das Verlangen, deutlich darauf hinzuweisen, dass sie weder mit ihm noch mit seinem Wirken sympathisierten. Deshalb schickten sie einen aus ihrer Mitte vor, der ihr Anliegen vor das Volk bringen sollte. Der gewählte Sprecher war

Schläge und Gefängnis, Kälte, Hunger und Durst, Gefahren zu Land und auf hoher See, in der Stadt und in der Wüste, durch seine eigenen Landsleute, durch Heiden sowie durch falsche Brüder: all dies erduldete Paulus um des Evangeliums willen.

Alexander, ein Handwerker, ein Kupferschmied, über den Paulus später sagte, er habe ihm »viel Böses angetan.« (2. Timotheus 4,14)

Alexander war ein Mann mit beachtlichen Fähigkeiten, und er konzentrierte all seine Energie darauf, den Volkszorn allein gegen Paulus und seine Gefährten zu lenken. Doch als die Menge erfuhr, dass Alexander ein Jude war, stieß man ihn beiseite, und dann »schrie alles wie aus einem Munde fast zwei Stunden lang: Groß ist die Diana der Epheser!« (Apostelgeschichte 19,34)

Schließlich hielten sie aus reiner Erschöpfung inne, und einige Augenblicke war es still. Da zog der Stadtschreiber die Aufmerksamkeit der Menge auf sich und verschaffte sich kraft seines Amtes Gehör. Er begab sich auf ihre eigene Argumentationsebene und wies darauf hin, dass es keinen triftigen Grund für diese Aufregung gebe. Er appellierte an ihre Vernunft: »Ihr Männer von Ephesus, wo ist ein Mensch, der nicht weiß, dass die Stadt Ephesus eine Hüterin der großen Diana ist und ihres Bildes, das vom Himmel gefallen ist? Weil das nun unwidersprechlich ist, sollt ihr euch ruhig verhalten und nichts Unbedachtes tun. Ihr habt diese Menschen hergeführt, die weder Tempelräuber noch Lästerer unserer Göttin sind. Haben aber Demetrius und die mit ihm vom Handwerk sind, einen Anspruch an jemanden, so gibt es Gerichte und Statthalter; da lasst sie sich untereinander verklagen. Wollt ihr aber darüber hinaus noch etwas, so kann man es in einer ordentlichen Versammlung entscheiden. Denn wir stehen in Gefahr, wegen der heutigen Empörung verklagt zu werden, ohne dass ein Grund vorhanden ist, mit dem wir diesen Aufruhr entschuldigen könnten. Und als er das gesagt hatte, ließ er die Versammlung gehen.« (Apostelgeschichte 19,35-40)

Demetrius hatte in seiner Ansprache behauptet, dass ihr Handwerk in Gefahr sei. In diesen Worten lag der wahre Grund für diesen Tumult in Ephesus und für viele Verfolgungen der Apostel bei ihrer Arbeit. Demetrius und seine Handwerksgenossen erkannten, dass durch die Verkündigung und die Verbreitung des Evangeliums ihr Geschäft mit der Herstellung von Götzenbildern in Gefahr geriet. Die Einkünfte der heidnischen Priester und Kunsthandwerker standen auf dem Spiel, und deshalb setzte man einen solch erbitterten Widerstand gegen Paulus in Szene.

Die Entscheidung des Schreibers und anderer Würdenträger der Stadt hatte Paulus vor dem Volk von jeder ungesetzlichen Handlung freigesprochen. Dies war ein weiterer Sieg des christlichen Glaubens über Irrtum und Aberglauben. Gott hatte einen hohen Amtsträger dazu benutzt, um seinen Apostel zu rechtfertigen und den aufrührerischen Pöbel in Schach zu halten. Paulus

Die Handwerker in Ephesus machten mit der Herstellung von Götzenbildern aus Holz, Stein und Metall ein gutes Geschäft. Bei Ausgrabungen fand man verschiedenen Darstellungen der Göttin Artemis (Diana), deren Urbild – wie man damals glaubte – vom Himmel gefallen wäre. Da Geschäftsleute und Handwerker durch die christliche Lehre einen Einbruch ihres Geschäftes befürchteten, zettelten sie gegen die Apostel einen Aufruhr an.

Antike Statue der Göttin Artemis

war Gott von Herzen dankbar, dass er sein Leben verschont hatte und die christliche Lehre durch den Aufruhr in Ephesus nicht in Verruf gekommen war.

»Als nun das Getümmel aufgehört hatte, rief Paulus die Jünger zu sich und tröstete sie, nahm Abschied und brach auf, um nach Mazedonien zu reisen.« (Apostelgeschichte 20,1) Zwei treue Brüder aus Ephesus, Tychikus und Trophimus, begleiteten ihn auf dieser Reise.

Ein geduldiger Kämpfer

Die Tätigkeit des Apostels Paulus in Ephesus war abgeschlossen. Für ihn war es eine Zeit ständiger Arbeit, vieler Prüfungen und schwerer Sorgen gewesen. Er hatte das Volk öffentlich und privat gelehrt, hatte es oft unter Tränen unterrichtet und gewarnt. Ständig war er auf den Widerstand der Juden gestoßen, die keine Gelegenheit ausließen, um das Volk gegen ihn aufzuwiegeln.

Und während er auf diese Weise gegen Widerstände kämpfte, mit unermüdlichem Eifer die Evangeliumsbotschaft vorantrieb und die Interessen einer im Glauben noch jungen Gemeinde wahrte, verspürte er eine große Verantwortung für alle Gemeinden.

Großen Kummer bereitete ihm die Nachricht vom Abfall einiger Glieder in den Gemeinden, die er gegründet hatte. Er fürchtete, dass sich seine Bemühungen um sie als vergeblich erweisen könnten. Paulus verbrachte manche Nacht im Gebet und in ernstem Nachdenken, als er erfuhr, mit welchen Mitteln seinem Werk entgegengearbeitet wurde. Sobald sich ihm eine Gelegenheit bot und wenn es ihr Zustand erforderte, schrieb er Briefe an die Gemeinden, wobei er sie – entsprechend der jeweiligen Situation – tadelte, ihnen Ratschläge erteilte, sie ermahnte oder ermutigte. In diesen Briefen ging er nicht ausführlich auf seine eigenen Prüfungen ein, obwohl da und dort einige Einblicke in sein Wirken und Leiden für die Sache Christi durchschimmerten. Schläge und Gefängnis, Kälte, Hunger und Durst, Gefahren zu Land und auf hoher See, in der Stadt und in der Wüste,

durch seine eigenen Landsleute, durch Heiden sowie durch falsche Brüder: all dies erduldete er um des Evangeliums willen. Bald wurde gegen ihn gelästert, bald wurde er gescholten und zum »Abschaum der Menschheit« erniedrigt. (1. Korinther 4,13) Er wurde auch geängstigt, verfolgt und unterdrückt. Er war »jede Stunde in Gefahr« und wurde »immerdar in den Tod gegeben um Jesu willen« (vgl. 2. Korinther 4,8-11 und 1. Korinther 15,30).

Mitten im ständigen Sturm des Widerstands, umtost vom Geschrei der Feinde und von Freunden verlassen, verlor der unerschrockene Apostel beinahe den Mut. Aber dann schaute er zurück nach Golgatha und schritt mit neuem Eifer wieder voran, um das Wissen um den Gekreuzigten zu verbreiten. Er beschritt weiter den blutgetränkten Pfad, den Christus vor ihm gegangen war, und wollte nicht von diesem Kampf entbunden werden, ehe er seine Rüstung zu Füßen seines Erlösers niederlegen sollte.

Die Arbeit des Apostels Paulus ist bewundernswert: Er, der er eine privilegierte Stellung innehatte und ein geehrter und reicher Mann war, tauschte alles ein gegen ein Leben voller Prüfungen und Entbehrungen im Dienste Gottes. Er reiste unermüdlich, gründete eine Vielzahl von Gemeinden und kämpfte unablässig gegen Gottes Feinde, aber niemals ließ er den Mut sinken. Er lebte so sehr für Jesus, dass er sagen konnte: »In Wirklichkeit lebe nicht mehr ich, sondern Christus lebt in mir.« (Galater 2,20)

»Der Gott der Hoffnung aber erfülle euch mit aller Freude und Frieden im Glauben, daß ihr immer reicher werdet an Hoffnung durch die Kraft des heiligen Geistes.«

Römer 15,13

Teil 5

Inhalt

29	Eine Warnungsbotschaft	180
30	Zum Wachsen berufen	186
31	Die Ermahnung wird angenommen	194
32	Eine freigebige Gemeinde	200
33	Wirken unter Schwierigkeiten	206
34	Volle Hingabe	214
35	Einsatz für die Juden	220
36	Abfall in Galatien	226

Kapitel 29 # Eine Warnungsbotschaft

Erklärungen zum ersten Korintherbrief

Anderthalb Jahre wirkte Paulus in Korinth, einer Stadt, in der viele Menschen heidnische Götter anbeteten und ihren Begierden freien Lauf ließen. Mit Gottes Gnade gelang es ihm jedoch, dort eine Gemeinde zu gründen. Nachdem Paulus aber aus Korinth abgereist war, begannen »Unkraut und Disteln« mitten in der Gemeinde hervorzusprießen, und etliche Gläubige fielen wieder in die entwürdigenden heidnischen Bräuche zurück.

Den ersten Brief an die Gemeinde in Korinth verfasste der Apostel Paulus während des letzten Abschnitts seines Aufenthalts in Ephesus. Für keine andere Gemeinde hatte er tieferes Interesse gezeigt oder unermüdlicher gewirkt als für die Gläubigen in Korinth. Anderthalb Jahre lang hatte er unter ihnen gearbeitet und sie auf den gekreuzigten und auferstandenen Erlöser als den einzigen Weg zum Heil hingewiesen. Er hatte sie dringend ermahnt, vorbehaltlos auf die umwandelnde Macht der Gnade Jesu zu vertrauen. Bevor er die, die sich zum Christentum bekannten, in die Gemeinde aufnahm, hatte er sorgfältig darauf geachtet, ihnen spezielle Unterweisungen zu geben, was die Vorrechte und Pflichten des christlichen Gläubigen betraf, und er hatte sich ernst bemüht, ihnen zu helfen, ihrem Taufgelübde treu zu sein.

Paulus hatte ein ausgeprägtes Gefühl für den Kampf, den jeder Mensch mit den Mächten des Bösen führen muss, die sich ständig bemühen, ihn zu täuschen und in ihren Schlingen zu fangen. Er hatte unermüdlich daran gearbeitet, Neubekehrte im Glauben zu stärken und zu festigen. Ernstlich hatte er sie gebeten, sich völlig Gott zu übergeben; denn er wusste: Wenn ein Mensch diese Übergabe an Gott nicht vollzieht, dann wird die Sünde nicht aufgegeben, die Begierden und Leidenschaften kämpfen immer noch um die Herrschaft, und Versuchungen verwirren das Gewissen.

Die Übergabe muss vollständig sein. Jeder schwache, zweifelnde und kämpfende Mensch, der sich dem Herrn vollständig übergibt, wird unmittelbar mit Kräften in Verbindung gebracht, die ihn befähigen, Überwinder zu werden. Der Himmel ist diesem Menschen nahe, und ihm ist die Unterstützung und die Hilfe barmherziger Engel zu jeder Zeit der Anfechtung und Not gewiss.

Abfall und Zwietracht

Die Glieder der Gemeinde Korinth waren von Götzendienst und Sinnlichkeit der verlockendsten Art umgeben. Solange der Apostel sich bei ihnen aufhielt, hatten diese verführerischen Mächte nur wenig Macht über sie. Sein standhafter Glaube, seine inbrünstigen Gebete, seine ernsten Ermahnungen und vor allem sein gottesfürchtiger Lebenswandel hatten den Gläubigen geholfen, ihre Selbstsucht um Christi willen zu überwinden und die sündhaften Vergnügungen aufzugeben.

Nach der Abreise des Apostels traten jedoch ungünstige Bedingungen ein. Unkraut, das vom Feind gesät worden war, erschien mitten unter dem Weizen, und nach kurzer Zeit schon begann es, seine üble Frucht hervorzubringen. Für die Gemeinde in Korinth war dies eine Zeit harter Prüfungen. Der Apostel war nicht mehr bei ihnen, der ihren Eifer hätte beleben und sie in ihrem Bestreben hätte unterstützen können, in Harmonie mit Gott zu leben. Bald wurden viele nachlässig und gleichgültig und ließen sich von ihren Gefühlen und Neigungen beherrschen. Derjenige, der sie so oft zu hohen Idealen der Reinheit und Rechtschaffenheit motiviert hatte, war nicht mehr bei ihnen; und nicht wenige, die zur Zeit ihrer Bekehrung ihre üblen Gewohnheiten aufgegeben hatten, kehrten zu den entwürdigenden Sünden des Heidentums zurück.

Paulus hatte kurz an die Gemeinde geschrieben und sie ermahnt, dass sie mit Gliedern »nichts ... zu schaffen haben« sollte (1. Korinther 5,9), die in einem lasterhaften Leben verharrten. Aber viele Gläubige verdrehten die Bedeutung seiner Aussagen, deutelten an seinen Worten herum und rechtfertigten sich, wenn sie seine Anweisungen missachteten.

Die Gemeinde sandte Paulus einen Brief und bat ihn in verschiedenen Angelegenheiten um Rat. Über die schweren Sünden, die unter ihnen existierten, schwieg man sich aber aus. Der Heilige Geist gab Paulus jedoch deutlich zu verstehen, dass der wirkliche Zustand der Gemeinde verschleiert worden war und dass dieser Brief einen Versuch darstellte, ihm Aussagen zu entlocken, die die Schreiber so auslegen könnten, dass sie ihren eigenen Absichten entgegenkamen.

Etwa um diese Zeit kamen Mitglieder aus dem Haus Chloës, einer angesehenen christlichen Familie der Gemeinde Korinth, nach Ephesus. Paulus befragte sie über die Verhältnisse in ihrer Gemeinde und erfuhr dadurch, dass diese gespalten sei. Zwietracht habe es schon zur Zeit Apollos' gegeben, nur sei sie jetzt noch viel größer. Falsche Lehrer veranlassten die Glieder, die Mahnungen des Paulus zu verachten. Die Glaubenslehren und Bestimmungen des Evangeliums waren entstellt worden. Stolz, Götzendienst und Sinnlichkeit nahmen zu unter den Gliedern, die einst eifrig auf den Wegen Christi gewandelt waren.

Als ihm dies geschildert wurde, sah Paulus seine schlimmsten Befürchtungen noch weit übertroffen. Doch ließ er deshalb nicht den Gedanken aufkommen, seine Arbeit sei gescheitert. Aus »Angst des Herzens unter vielen Tränen« (2. Korinther 2,4) suchte er Rat bei Gott. Gerne hätte er Korinth umgehend besucht, wenn dies der Sache am besten gedient hätte. Er wusste jedoch, dass die Gläubigen in ihrem gegenwärtigen Zustand von seinem Auftreten keinen Nutzen ziehen würden. Er sandte deshalb Titus, der ihm selbst den Weg für einen späteren Besuch vorbereiten sollte. Dann schrieb der Apostel im festen Vertrauen auf Gott an die Gemeinde in Korinth einen seiner reichhaltigsten, lehrreichsten und machtvollsten Briefe. Seine persönlichen Empfindungen über das Verhalten einiger korinthischer Gläubiger, deren Lebenswandel solch absonderliche Perversitäten offenbarte, hielt er dabei zurück.

Mahnungen zu Gehorsam und Einigkeit

Mit eindrucksvoller Klarheit ging er daran, die verschiedenen Fragen zu beantworten, die ihm von der Gemeinde gestellt worden waren. Er formulierte auch allgemeine Grundsätze, deren Be-

> *Paulus sprach die Uneinigkeit in der Gemeinde Korinth offen an und ermahnte die Glieder, von ihrem Streit abzulassen. »Es ist mir bekannt geworden über euch, liebe Brüder, durch die Leute der Chloë, dass Streit unter euch ist.«*
> 1. Korinther 1,11

Aphrodite wurde in der griechischen Mythologie als Göttin der Liebe verehrt. In Korinth galt das Eingehen sexueller Beziehungen mit ihren Priesterinnen als Ausdruck der Verehrung Aphrodites. Die Gläubigen der Gemeinde von Korinth hatten sich von der Götzenanbetung abgewandt und glaubten nun an den wahren Gott, einige unter ihnen aber liebten weiterhin falsche Götter und trieben Unzucht.

Statue der Göttin Aphrodite

achtung die Gemeindeglieder auf eine höhere geistliche Ebene heben würden. Sie befanden sich in Gefahr. Der Gedanke machte ihm zu schaffen, es könnte ihm misslingen, ihre Herzen in diesem entscheidenden Augenblick zu erreichen. Gewissenhaft warnte er sie vor den ihnen drohenden Gefahren und tadelte sie wegen ihrer Sünden. Erneut wies er sie auf Christus hin und versuchte, den Eifer ihrer ersten Hingabe neu zu entfachen.

Die große Liebe des Apostels zu den Gläubigen in Korinth kam in seinem herzlichen Grußwort an die Gemeinde zum Ausdruck. Er bezog sich auf ihre Erfahrungen bei ihrer Umkehr weg vom Götzendienst hin zur Anbetung des wahren Gottes und zum Dienst für ihn. Er erinnerte sie an die Gaben des Heiligen Geistes, die sie empfangen hatten, und wies sie darauf hin, dass es ihr Vorrecht sei, im christlichen Leben beständig voranzuschreiten, bis hin zur Reinheit und Heiligkeit Christi. Er schrieb, sie seien »durch ihn in allen Stücken reich gemacht …, in aller Lehre und in aller Erkenntnis. Denn die Predigt von Christus ist in euch kräftig geworden, so dass ihr keinen Mangel habt an irgendeiner Gabe und wartet nur auf die Offenbarung unseres Herrn Jesus Christus. Der wird euch auch fest erhalten bis ans Ende, dass ihr untadelig seid am Tag unseres Herrn Jesus Christus.« (1. Korinther 1,5-8)

Paulus sprach die Uneinigkeit in der Gemeinde Korinth offen an und ermahnte die Glieder, von ihrem Streit abzulassen. »Ich ermahne euch aber, liebe Brüder, im Namen unseres Herrn Jesus Christus, dass ihr alle mit einer Stimme redet, und lasst keine Spaltungen unter euch sein, sondern haltet aneinander fest in einem Sinn und in einer Meinung.« (1. Korinther 1,10)

Der Apostel fühlte sich frei zu erwähnen, wie und durch wen er von den Spaltungen in der Gemeinde erfahren hatte. »Es ist mir bekannt geworden über euch, liebe Brüder, durch die Leute der Chloë, dass Streit unter euch ist.« (1. Korinther 1,11)

Paulus war ein vom Geist Gottes geleiteter Apostel. Die Wahrheiten, die er andere lehrte, hatte er »durch Offenbarung« (Epheser 3,3) empfangen. Doch offenbarte ihm der Herr nicht einfach jederzeit auf direktem Wege den Zustand der Gemeinden. Im vorliegenden Fall hatten Gläubige die Angelegenheit vor den Apostel gebracht, Gläubige, denen das Wohl der Gemeinde Korinth am Herzen lag und die gesehen hatten, wie sich Missstände einschlichen. Aufgrund von früheren göttlichen Offenbarungen war Paulus in der Lage, diese Entwicklungen richtig zu beurteilen. Obwohl ihm der Herr für diesen besonderen Zeitpunkt keine neue Offenbarung zukommen ließ, nahmen all diejenigen, die wirklich nach

Erkenntnis suchten, seine Botschaft als Ausdruck des Willens Christi an.

Der Herr hatte ihm die Schwierigkeiten und Gefahren gezeigt, die in den Gemeinden aufkommen würden, und als sich diese Missstände entwickelten, erkannte der Apostel ihre Bedeutung. Gott hatte ihn zur Verteidigung der Gemeinde berufen. Er sollte auf die Gläubigen Acht haben als einer, der vor Gott Rechenschaft ablegen muss. War es daher nicht konsequent und richtig, dass er von den Berichten über Gesetzlosigkeit und Zwiespalt unter ihnen Kenntnis nahm? Ganz gewiss; und die Rüge, die er der Gemeinde in Korinth in diesem Brief erteilen musste, war genauso sicher vom Geist Gottes eingegeben worden wie jeder seiner anderen Briefe.

Die falschen Lehrer, die die Früchte seiner Arbeit zu zerstören suchten, erwähnte der Apostel nicht. Wegen der Finsternis und der Spaltung in der Gemeinde vermied er es wohlweislich, die Glieder durch solche Hinweise zu verärgern, um nicht einige ganz von der Wahrheit abzubringen. Er versuchte vielmehr, die Aufmerksamkeit auf sein damaliges Wirken unter ihnen zu lenken. »Ich … habe den Grund gelegt als ein weiser Baumeister; ein anderer baut darauf.« (1. Korinther 3,10) Damit erhob er sich aber nicht über andere, denn er versicherte: »Wir sind Gottes Mitarbeiter.« (1. Korinther 3,9)

Er berief sich nicht auf eigene Weisheit, sondern anerkannte dankbar, dass es allein göttliche Kraft war, die ihn die Wahrheit in einer gottgefälligen Weise verkünden ließ. Durch die Verbindung mit Christus, dem größten aller Lehrer, erhielt Paulus die Fähigkeit, Lehren göttlicher Weisheit weiterzugeben, die den Bedürfnissen aller Gesellschaftsschichten entsprachen und die zu allen Zeiten, an allen Orten und unter allen Bedingungen angewendet werden können.

Tief im Abgrund

Zu den schwerwiegenden Übeln, die sich unter den Gläubigen in Korinth entwickelt hatten, gehörte der Rückfall in viele der entwürdigenden Bräuche des Heidentums. Ein ehemals Bekehrter war so sehr rückfällig geworden, dass sein lasterhafter Lebenswandel eine Verletzung sogar der niedrigen moralischen Normen der heidnischen Welt darstellte.

Der Apostel ermahnte darum die Gemeinde: »Verstoßt ihr den Bösen aus eurer Mitte!« (1. Korinther 5,13) »Wisst ihr nicht, dass ein wenig Sauerteig den ganzen Teig durchsäuert? Darum schafft den alten Sauerteig weg, damit ihr ein neuer Teig seid, wie ihr ja ungesäuert seid.« (1. Korinther 5,6.7)

Ein weiteres schlimmes Übel in der Gemeinde war, dass Brüder sich gegenseitig verklagten. Für die Beilegung von Schwierigkeiten unter Gläubigen waren umfangreiche Vorkehrungen getroffen worden. Christus selbst hatte klare Anweisungen gegeben, wie solche Angelegenheiten geschlichtet werden sollten.

»Sündigt aber dein Bruder an dir«, hatte der Erlöser geraten, »so geh hin und weise ihn zurecht zwischen dir und ihm allein. Hört er auf dich, so hast du deinen Bruder gewonnen. Hört er nicht auf dich, so nimm noch einen oder zwei zu dir, damit jede Sache durch den Mund von zwei oder drei Zeugen bestätigt werde. Hört er auf die nicht, so sage es der Gemeinde. Hört er auch auf die Gemeinde nicht, so sei er für dich wie ein Heide und Zöllner. Wahrlich, ich sage euch: Was ihr auf Erden binden werdet, soll auch im Himmel gebunden sein, und was ihr auf Erden lösen werdet, soll auch im Himmel gelöst sein.« (Matthäus 18,15-18)

Den Gläubigen in Korinth, die diesen klaren Rat aus den Augen verloren hatten, schrieb Paulus in sehr deutlichen Worten der Ermahnung und des Tadels: »Wie kann jemand von euch wagen, wenn er einen Streit hat mit einem andern, sein Recht zu suchen vor den Ungerechten und nicht vor den Heiligen? Wisst ihr nicht, dass die Heiligen die Welt richten werden? Wenn nun die Welt von euch gerichtet werden soll, seid ihr dann nicht gut genug, geringe Sachen zu richten? Wisst ihr nicht, dass wir über Engel richten werden? Wie viel mehr über Dinge

> *Christen sollten sich nicht an weltliche Gerichte wenden, um Streitigkeiten zu schlichten, die unter Gemeindegliedern aufkommen können.*

Unter den Gläubigen in Korinth gab es Rechtsstreitigkeiten, mit denen sie vor Gericht gingen. Paulus legte den Christen nahe, ihren Streit nicht vor weltlichen Richtern auszutragen. Er erinnerte sie daran, dass sie eines Tages mit Gott die Welt richten würden. (1. Korinther 6,1-7) Jede christliche Gemeinde muss lernen, Konflikten nicht aus dem Weg zu gehen, sondern sie konstruktiv auszutragen und mit Gottes Hilfe versöhnliche Lösungen zu finden.

des täglichen Lebens. Ihr aber, wenn ihr über diese Dinge rechtet, nehmt solche, die in der Gemeinde nichts gelten, und setzt sie zu Richtern. Euch zur Schande muss ich das sagen. Ist denn gar kein Weiser unter euch, auch nicht einer, der zwischen Bruder und Bruder richten könnte? Vielmehr rechtet ein Bruder mit dem andern, und das vor Ungläubigen! Es ist schon schlimm genug, dass ihr miteinander rechtet. Warum lasst ihr euch nicht lieber Unrecht tun? … Vielmehr tut ihr Unrecht und übervorteilt, und das unter Brüdern! Oder wisst ihr nicht, dass die Ungerechten das Reich Gottes nicht ererben werden?« (1. Korinther 6,1-9)

Satan versucht ständig, Misstrauen, Entfremdung und Gehässigkeit unter Gottes Volk zu säen. In uns soll immer wieder das Gefühl geweckt werden, unsere Rechte seien verletzt, selbst wenn kein wirklicher Anlass für solche Empfindungen besteht. Menschen, deren Selbstliebe stärker ist als ihre Liebe zu Christus und zu seiner Sache, werden ihre eigenen Interessen an die erste Stelle setzen und fast zu jedem Mittel greifen, um sie zu wahren und zu verteidigen. Sogar viele, die nach außen hin als gewissenhafte Christen erscheinen, werden durch Stolz und Eigendünkel daran gehindert, persönlich zu denen zu gehen, von denen sie meinen, sie seien im Unrecht, um mit ihnen im Geiste Christi zu sprechen und gemeinsam füreinander zu beten. Wenn sie sich durch ihre Brüder beleidigt fühlen, werden einige sogar vor Gericht gehen, statt der Regel des Erlösers zu folgen.

Christen sollten sich nicht an weltliche Gerichte wenden, um Streitigkeiten zu schlichten, die unter Gemeindegliedern aufkommen können. Solche Meinungsverschiedenheiten sollten sie der Weisung Christi gemäß entweder selbst untereinander austragen oder von der Gemeinde schlichten lassen. Selbst wenn Unrecht geschehen sein mag, wird der Nachfolger des sanftmütigen und demütigen Jesus sich »lieber übervorteilen« lassen (1. Korinther 6,7), als die Sünden seiner Glaubensbrüder vor aller Welt aufzudecken.

Rechtsstreitigkeiten zwischen Brüdern sind eine Schande für die Sache der Wahrheit. Christen, die einander vor Gericht zerren, setzen die Gemeinde dem Spott ihrer Feinde aus und geben den Mächten der Finsternis Anlass zu triumphieren. Sie verwunden Christus von neuem und bringen öffentlich Schande über ihn. Indem sie die Autorität der Gemeinde ignorieren, zeigen sie eine Missachtung Gottes, der doch der Gemeinde ihre Autorität gegeben hat.

Abfall hat Folgen

In diesem Brief bemühte sich Paulus, den Korinthern Christi Macht zu zeigen, die sie vor dem Bösen bewahren kann. Er wusste: Wenn sie die festgelegten Bedingungen befolgen wollten, dann würden sie »stark in dem Herrn und in der Macht seiner Stärke« (Epheser 6,10) sein. Als Hilfe in ihrem Bemühen, aus der Knechtschaft der Sünde freizukommen und »die Heiligung (zu) vollenden in der Furcht Gottes« (2. Korinther 6,1), führte Paulus ihnen nachdrücklich die Ansprüche dessen vor Augen, dem sie bei ihrer Bekehrung ihr Leben geweiht hatten. »Ihr aber seid Christi« (1. Korinther 3,23) und gehört »nicht euch selbst« (1. Korinther 6,19), schrieb er ihnen. »Ihr seid teuer erkauft; darum preist Gott mit eurem Leibe.« (1. Korinther 6,20)

Der Apostel umriss deutlich, welche Folgen es nach sich zieht, wenn man sich von einem reinen und heiligen Leben abwendet und die schändlichen Praktiken des Heidentums übernimmt. »Lasst euch nicht irreführen! Weder Unzüchtige noch Götzendiener, Ehebrecher …, Diebe, Geizige, Trunkenbolde, Lästerer oder Räuber werden das Reich Gottes ererben.« (1. Korinther 6,9.10) Er bat sie inständig, die sinnlichen Leidenschaften und Lüste zu beherrschen. »Wisst ihr nicht«, fragte er sie, »dass euer Leib ein Tempel des Heiligen Geistes ist, der in euch ist und den ihr von Gott habt?« (1. Korinther 6,19)

Paulus besaß hohe intellektuelle Begabungen. Darüber hinaus offenbarte sein Leben die Auswirkungen einer ungewöhnlichen Weisheit, die ihm schnelle Einsicht und herzliches Mitgefühl für andere schenkte und ihn so in enge Verbindung mit seinen Mitmenschen brachte. Dadurch gelang es ihm, ihre guten Kräfte zu wecken und sie zu veranlassen, nach einem höheren Ziel zu streben. Aufrichtige Liebe zu den Gläubigen in Korinth erfüllte sein Herz. Er sehnte sich danach mitzuerleben, wie sie eine innere Frömmigkeit entwickelten, die sie gegen Versuchungen stark machen würde. Er wusste, »die Synagoge des Satans« (Offenbarung 2,9) würde ihnen bei jedem Schritt ihres Christseins entgegenwirken, und sie würden täglich kämpfen müssen. Sie würden sich gegen die getarnten Angriffe des Feindes in Acht nehmen müssen; sie müssten frühere Gewohnheiten und Neigungen ihrer alten Natur zurückdrängen und dabei stets nüchtern zum Gebet bleiben. Paulus wusste: Nur durch viel Gebet und beständige Wachsamkeit konnte ein höheres Niveau im christlichen Leben erreicht werden. Genau dies versuchte er ihnen einzuprägen. Er wusste, dass ihnen in dem gekreuzigten Christus genug Kraft zu ihrer Bekehrung zur Verfügung stünde. Diese göttliche Kraft war auch dazu bestimmt, sie zu befähigen, allen Versuchungen zum Bösen zu widerstehen. Mit dem Glauben an die göttliche Waffenrüstung und mit seinem Wort als ihre Waffe im Kampf stünde ihnen eine innere Kraft zur Verfügung, die sie in die Lage versetzen würde, alle Angriffe des Feindes abzuwehren.

Die Gläubigen in Korinth benötigten eine tiefere Erfahrung in göttlichen Dingen. Sie hatten noch nicht das volle Verständnis dafür, was es bedeutet, »die Herrlichkeit des Herrn« zu schauen und verklärt zu werden »in sein Bild von einer Herrlichkeit zur andern« (2. Korinther 3,18), eine Veränderung des Charakters zu erleben. Sie hatten bisher gerade nur den ersten Schimmer der Morgendämmerung von jener Herrlichkeit gesehen. Paulus wünschte, dass sie »mit der ganzen Gottesfülle« (Epheser 3,19) erfüllt würden. Sie sollten sich weiterhin bemühen, den zu erkennen, der »wie die schöne Morgenröte« (Hosea 6,3) hervorbricht, und darüber hinaus von ihm lernen, bis sie zum vollen Mittagslicht, zu einem völligen Glauben an das Evangelium gelangten.

Teller mit griechischem Krieger

Christsein bedeutet zu kämpfen. Satan ist unser Feind und schürt in uns die unterschiedlichsten Konflikte; dagegen müssen wir uns wehren. Der Glaube an Christus ist wie ein Schild, und die Bibel gleicht einem Schwert im Kampf gegen die Angriffe des Feindes.

Kapitel 30 # Zum Wachsen berufen

Weitere Erklärungen zum ersten Korintherbrief

Das Stadion in Olympia mit einer fast 200 m langen Laufbahn.

Der Apostel Paulus kannte die sportlichen Disziplinen des Altertums. In seinem Brief an die Korinther vergleicht er das Leben des Christen mit einem Lauf: »Jeder, der an einem Wettlauf teilnehmen will, nimmt harte Einschränkungen auf sich. Er tut es für einen Siegeskranz, der verwelkt. Aber auf uns wartet ein Siegeskranz, der niemals verwelkt.« (1. Korinther 9,25)

Paulus hatte sich vorgenommen, den Gläubigen in Korinth deutlich einzuprägen, wie wichtig entschiedene Selbstbeherrschung, strenge Mäßigkeit und unermüdliche Einsatzbereitschaft im Dienst für Christus sind. Deshalb verglich er in seinem Brief den Glaubenskampf eines Christen eindrücklich mit den berühmten Wettläufen, die in bestimmten Zeitabständen bei Korinth stattfanden. Von allen Disziplinen, die unter den Griechen und Römern eingeführt worden waren, galt der Wettlauf als der älteste und am höchsten geschätzte. Könige, Fürsten und Staatsmänner wohnten diesen Läufen bei. Junge Männer von Rang und Namen beteiligten sich daran und scheuten weder Mühe noch Selbstdisziplin, um den Siegespreis zu erlangen.

Für die Wettkämpfe galten strenge Regeln, bei denen es keine Ausnahme gab. Wer sich für einen Wettkampf um den Siegespreis registrieren lassen wollte, musste sich zunächst einem harten Vorbereitungstraining unterziehen. Schädliche Lustbefriedigung oder jede andere Genusssucht, die die geistige und körperliche Leistungsfähigkeit beeinträchtigen konnte, waren strikt verboten. Nur ein Athlet mit starken und geschmeidigen Muskeln, der auch nervlich belastbar war, konnte in diesen Wettläufen, in denen es auf Kraft und Schnelligkeit ankam, Hoffnung auf Erfolg haben. Jede Bewegung musste beherrscht sein, jeder Schritt schnell und sicher, die körperlichen Kräfte mussten das höchste Maß erreichen.

Während die Wettkämpfer vor der wartenden Menge erschienen, wurden ihre Namen laut verlesen und die Regeln des Wettlaufs genau bekannt gegeben. Dann starteten alle Läufer gleichzeitig. Die angespannte Aufmerksamkeit der Zuschauer spornte den Siegeswillen eines jeden Athleten an. Die Kampfrichter saßen nahe beim Ziel, sodass sie den Wettlauf vom Anfang bis zum Ende beobachten und den Preis dem wahren Sieger geben konnten. Wenn ein Läufer das Ziel aufgrund eines Regelverstoßes als Erster erreichte, wurde er disqualifiziert.

In diesen Wettkämpfen ging man große Risiken ein. Manche Teilnehmer erholten sich nie wieder von den übermäßigen körperlichen Belastungen. Nicht selten brachen Männer, aus Mund und Nase blutend, während des Laufs zusammen, und manchmal fiel sogar ein Wettläufer tot um, während er im Begriff war, den Siegespreis in Empfang zu nehmen. Aber selbst die Gefahr einer lebenslangen gesundheitlichen Schädigung oder gar des Todes wurde nicht als zu großes Risiko angesehen, um der Ehre willen, die dem erfolgreichen Wettkämpfer zuteil wurde.

Erreichte der Sieger das Ziel, empfing ihn der tosende Beifall der großen Zuschauermenge, dessen Echo von den umliegenden Hügeln und Bergen widerhallte. Vor den Augen der Zuschauer überreichte ihm der Kampfrichter die Zeichen des Sieges – einen Lorbeerkranz und einen Palmzweig, den er in der rechten Hand tragen musste. Im ganzen Lande wurde sein Ruhm besungen; sogar seine Eltern erhielten ihren Anteil der Ehre; und selbst die Stadt, in der er wohnte, wurde dafür hoch geehrt, dass sie einen so großen Athleten hervorgebracht hatte.

Ein unvergänglicher Siegeskranz

Paulus nahm auf diese Wettkämpfe als Bild für den Glaubenskampf des Christen Bezug. Er betonte die Notwendigkeit einer Vorbereitung für den Erfolg im Rennen – die Disziplin schon in der Vorbereitungsphase, die einfache Kost und die Notwendigkeit der Enthaltsamkeit. »Jeder aber, der kämpft«, erklärte Paulus, »enthält sich aller Dinge.« (1. Korinther 9,25) Die Läufer verzichteten auf jeden Luxus, der eher die körperlichen Kräfte schwächen würde. Durch ernsthaftes und anhaltendes Training stärkten sie ihre Muskeln und machten sie widerstandsfähig, sodass sie ihrem Körper am Wettkampftag das Äußerste abverlangen konnten. Wie viel mehr sollten Christen, deren ewiges Leben auf dem Spiel steht, Begierden und Leidenschaften der Vernunft und dem Willen Gottes unterordnen! Niemals darf es sich ein Christ erlauben, dass seine Aufmerksamkeit durch Vergnügungen, Luxus oder Bequemlichkeit abgelenkt wird. All seine Gewohnheiten und Leidenschaften müssen strengster Disziplin unterstellt werden. Der Verstand, der durch die Lehren des Wortes Gottes erleuchtet ist und durch den Heiligen Geist geleitet wird, muss die Zügel in den Händen halten und alles beherrschen.

Selbst wenn dies geschehen ist, bedarf der Christ noch größter Anstrengungen, um den Sieg zu erlangen. Bei den Korinthischen Spielen setzten die Wettkämpfer auf der Zielgeraden nochmals ihre ganze Energie ein, um die volle Geschwindigkeit beibehalten zu können. So wird es auch bei einem Christen sein. Am Ende, wenn er dem Ziel immer näher kommt, wird er mit noch mehr Eifer und Entschlossenheit als am Anfang seines Laufes nach vorne drängen.

Paulus stellt den Unterschied heraus zwischen dem verwelkenden Lorbeerkranz, den der Sieger im Wettlauf erhält, und der Krone unsterblicher Herrlichkeit, die dem überreicht wird, der den Lauf des Christen siegreich beendet. Jene setzen sich ein, so sagt er, »damit sie einen vergänglichen Kranz empfangen, wir aber einen unvergänglichen.« (1. Korinther 9,25) Die griechischen Wettläufer scheuten weder Mühe noch Disziplin, um einen vergänglichen Preis zu erwerben. Wir aber streben nach einem unendlich wertvolleren Preis, nach der Krone des ewigen Lebens. Um wie viel sorgfältiger sollte unser Streben sein, um wie viel williger unser Opfer und unsere Selbstverleugnung!

Im Hebräerbrief wird die redliche Zielstrebigkeit betont, die den Wettlauf des Christen um das ewige Leben kennzeichnen sollte: »Lasst uns ablegen alles, was uns beschwert, und die Sünde, die uns ständig umstrickt, und lasst uns laufen mit Geduld in dem Kampf, der uns bestimmt ist, und aufsehen zu Jesus, dem Anfänger und Vollender des Glaubens.« (Hebräer 12,1.2) Neid, Bosheit und Argwohn, Verleumdung und Habsucht sind Belastungen, die ein Christ ablegen muss,

> *Wie eifrig und ernsthaft die Läufer auch kämpften, nur einer konnte den Preis erringen. Dies ist beim Glaubenskampf des Christen anders. Der Schwächste im Glauben kann die Krone der unvergänglichen Herrlichkeit genauso erringen wie der Stärkste.*

wenn er den Wettlauf um ewiges Leben siegreich bestehen will. Jede Handlungsweise und Gewohnheit, die zur Sünde verleitet und Christus entehrt, muss abgelegt werden, koste es, was es wolle. Der Segen des Himmels kann niemanden begleiten, der die ewigen Rechtsgrundsätze verletzt. Halten wir auch nur an einer einzigen Sünde fest, so genügt das, um unseren Charakter zu schwächen und andere in die Irre zu führen.

»Wenn dich aber deine Hand zum Abfall verführt, so haue sie ab!«, sagte der Erlöser. »Es ist besser für dich, dass du verkrüppelt zum Leben eingehst, als dass du zwei Hände hast und fährst in die Hölle, in das Feuer, das nie verlöscht. Wenn dich dein Fuß zum Abfall verführt, so haue ihn ab! Es ist besser für dich, dass du lahm zum Leben eingehst, als dass du zwei Füße hast und wirst in die Hölle geworfen.« (Markus 9,43-45) Wenn man den Körper vom Tod retten kann, indem man einen Fuß oder eine Hand abschneidet oder gar ein Auge ausreißt, um wie viel ernster sollte der Christ bereit sein, von der Sünde abzulassen, die ihm den ewigen Tod beschert!

Auch die Schwachen können siegen

Die Teilnehmer der antiken Wettläufe hatten nicht einmal dann die Gewissheit des Sieges, wenn sie sich der Selbstverleugnung und strenger Selbstdisziplin unterzogen. »Wisst ihr nicht, dass die, die in der Kampfbahn laufen, die laufen alle, aber einer empfängt den Siegespreis?« (1. Korinther 9,24)

Wie eifrig und ernsthaft die Läufer auch kämpften, nur einer konnte den Preis erringen. Nur eine Hand konnte den begehrten Siegeskranz ergreifen. Manche mögen sich bis ans Ende ihrer Kräfte verausgabt haben, um den Preis zu erlangen. Als sie aber die Hand ausstreckten, um ihn zu ergreifen, schnappte ihnen ein anderer das begehrte Siegeszeichen im letzten Augenblick weg.

Dies ist beim Glaubenskampf des Christen anders. Keiner, der die geltenden Regeln befolgt, wird am Ende des Wettlaufs enttäuscht sein. Keiner, der ernsthaft und ausdauernd ist, wird erfolglos bleiben. Der Sieg gehört nicht dem Schnellen, es gewinnt nicht der Stärkste. Der Schwächste im Glauben kann die Krone der unver-

Das Leben des einzelnen Christen kann mit einem sportlichen Lauf verglichen werden. Im Vertrauen auf Christus kann jeder Nachfolger zum Sieger werden. Voraussetzung ist – ähnlich wie im Sport – eine entschlossene Ausrichtung auf das Ziel und ein Verzicht auf alles, was den Lauf behindert. In diesem Sinn ruft uns die Bibel zu: »Lasst uns ablegen alles, was uns beschwert, und die Sünde, die uns ständig umstrickt, und lasst uns laufen mit Geduld in dem Kampf, der uns bestimmt ist, und aufsehen zu Jesus, dem Anfänger und Vollender des Glaubens.« (Hebräer 12,1.2)

gänglichen Herrlichkeit genauso erringen wie der Stärkste. Sieger kann jeder werden, der durch die Macht göttlicher Gnade sein Leben mit dem Willen Christi in Übereinstimmung bringt. Die Umsetzung der im Wort Gottes niedergelegten Grundsätze im Alltagsleben wird viel zu oft als unwesentlich angesehen – als zu belanglos, um beachtet zu werden. Aber wenn man bedenkt, was auf dem Spiel steht, ist nichts bedeutungslos, was fördert oder auch hindert. Jede Handlung wirft ihr Gewicht in die Waagschale, die über Sieg oder Niederlage im Leben entscheidet. Und der Siegespreis richtete sich nach dem Einsatz und der Ernsthaftigkeit, mit denen ein Läufer das Rennen bestritten hatte.

Der Apostel verglich sich mit einem Wettkämpfer, der jeden Muskel bis zum Äußersten strapaziert, nur um den Preis zu erhalten. »Ich aber laufe nicht wie aufs Ungewisse«, bekannte er. »Ich kämpfe mit der Faust, nicht wie einer, der in die Luft schlägt, sondern ich bezwinge meinen Leib und zähme ihn, damit ich nicht andern predige und selbst verwerflich werde.« (1. Korinther 9,26.27) Um im christlichen Wettlauf nicht »aufs Ungewisse« oder aufs Geratewohl zu rennen, unterwarf sich Paulus einem strengen Training. Die Worte »ich bezwinge meinen Leib« bedeuten buchstäblich, durch Selbstbeherrschung alle Wünsche, Triebe und Leidenschaften unter Kontrolle zu haben.

Paulus fürchtete, dass er selbst von Gott verworfen werden könnte, obwohl er andern gepredigt hatte. Er erkannte, dass ihm sein Wirken für andere nichts nützen würde, wenn er nicht selbst die Grundsätze auslebte, die er glaubte und predigte. Seine Gespräche, sein Einfluss auf andere, sein Verzicht auf die Befriedigung eigener Wünsche mussten zeigen, dass sein Glaube nicht nur ein Lippenbekenntnis war, sondern aus einer täglichen Verbindung mit Gott lebte. Ein Ziel hatte er stets vor Augen, und er strebte ernsthaft danach, es zu erreichen: »die Gerechtigkeit, die von Gott kommt und denen geschenkt wird, die glauben.« (Philipper 3,9 GNB)

Paulus wusste, dass sein Kampf gegen das Böse nicht enden würde, solange er lebte. Stets spürte er die Notwendigkeit, auf sich selbst zu achten, damit irdische Begierden den geistlichen Eifer nicht bezwangen. Mit allem, was in seiner Macht stand, kämpfte er gegen natürliche Neigungen. Stets hielt er sich das Ideal vor Augen, das es zu erreichen galt, und zu diesem Ideal wollte er durch willigen Gehorsam gegenüber dem Gesetz Gottes gelangen. Seine Worte, sein Handeln, seine Leidenschaften: alles wurde unter die Herrschaft des Heiligen Geistes gestellt.

Diese aufrichtige Entschlossenheit, den Wettlauf um das ewige Leben zu gewinnen, wünschte Paulus im Leben der Gläubigen von Korinth zu sehen. Er wusste: Um das Ideal Christi zu erreichen, hatten sie einen lebenslangen Kampf vor sich, dem sie nicht ausweichen konnten. Er bat sie dringend, den Regeln entsprechend zu kämpfen und Tag für Tag nach Ehrfurcht vor Gott und sittlicher Reinheit zu streben. Er ermutigte sie, jede hinderliche Last beiseite zu legen und weiter voranzudrängen hin zum Ziel der Vollkommenheit in Christus.

Ägyptisches Relief, Hathor-Kuh mit der Sonnenscheibe zwischen den Hörnern

In seinem Brief an die Korinther spricht Paulus über die Götzenverehrung, die in der Gemeinde ebenso verbreitet war wie im Volk Israel beim Auszug aus Ägypten. Für Christen ist es gefährlich, den Glauben mit Praktiken heidnischer Religionen zu vermischen. Selbst religiöse Formen, die wir von unseren Eltern übernommen haben, gilt es im Licht des Evangeliums und des Wortes Gottes zu überprüfen.

> *Durch einen Vergleich der Gemeinde mit dem menschlichen Körper veranschaulichte der Apostel treffend das enge und harmonische Verhältnis, das unter allen Gliedern der Gemeinde Christi bestehen soll. »Und wenn ein Glied leidet, so leiden alle Glieder mit, und wenn ein Glied geehrt wird, so freuen sich alle Glieder mit.«*
>
> 1. Korinther 12,26

Aus den Erfahrungen Israels lernen

Paulus wies die Korinther auf die Erfahrungen des alten Israel hin, auf Segnungen, die seinen Gehorsam belohnten, und auf Gerichte, die Folgen seiner Übertretungen waren. Er rief ihnen den wunderbaren Weg in Erinnerung, durch den die Hebräer aus Ägypten geführt worden waren. Die Wolke führte und schützte sie bei Tag, die Feuersäule bei Nacht. Sie durchquerten sicher das Rote Meer, während alle Ägypter ertranken, die dasselbe versuchten. Durch diese Tat hatte sich Gott zu Israel als seiner Gemeinde bekannt. Sie »haben alle dieselbe geistliche Speise gegessen und haben alle denselben geistlichen Trank getrunken; sie tranken nämlich von dem geistlichen Felsen, der ihnen folgte; der Fels aber war Christus.« (1. Korinther 10,3.4) Auf all ihren Wegen war Christus ihr Führer. Der geschlagene Fels versinnbildete Christus, der durch die Übertretungen der Menschen verwundet werden sollte, damit der Strom des Heils zu allen fließen konnte.

Immer wieder erwies Gott den Israeliten seine Gnade, und trotzdem trauerten sie stets den Bequemlichkeiten Ägyptens nach. Wegen ihrer Sünde und ihres Ungehorsams brach das Gericht Gottes über sie herein. Darum ermahnte der Apostel die Gläubigen in Korinth, Lehren aus den Erfahrungen Israels zu ziehen. »Das ist aber geschehen uns zum Vorbild«, schrieb er, »damit wir nicht am Bösen unsre Lust haben, wie jene sie hatten.« (1. Korinther 10,6) Er zeigte, wie die Liebe zu Behaglichkeit und Vergnügen zum Wegbereiter von Sünden wurde, die Gott außerordentlich erzürnten. Als sich das Volk niedersetzte, »um zu essen und zu trinken«, und aufstand, »um zu tanzen« (vgl. 1. Korinther 10,7), vergass es die Ehrfurcht vor Gott, die es bei der Gesetzgebung gezeigt hatte. In der Folge machte es sich ein goldenes Kalb, das Gott darstellen sollte, und betete es an.

Und nach ihrem Vergnügen an einem üppigen Gelage in Verbindung mit der Anbetung des Baal-Peor gaben sich viele Hebräer der Zügellosigkeit hin. Dies erregte Gottes Zorn, und auf seine Weisung hin kamen »an einem einzigen Tag ... dreiundzwanzigtausend um.« (1. Korinther 10,8)

Der Apostel beschwor die Korinther: »Darum, wer meint, er stehe, mag zusehen, dass er nicht falle.« (1. Korinther 10,12) Sollten sie überheblich und selbstsicher werden, Wachen und Beten vernachlässigen, würden sie in schwere Sünde fallen und den Zorn Gottes auf sich ziehen. Doch Paulus wollte nicht, dass sie Opfer von Verzagtheit oder Entmutigung würden, deshalb gab er ihnen die Zusicherung: »Gott ist treu, der euch nicht versuchen lässt über eure Kraft, sondern macht, dass die Versuchung so ein Ende nimmt, dass ihr's ertragen könnt.« (1. Korinther 10,13)

Paulus bat seine Geschwister inständig, sich selbst zu fragen, was für einen Einfluss ihre Worte und Taten wohl auf andere hätten. Sie sollten alles unterlassen, was als Zustimmung zum Götzendienst aufgefasst werden könnte – und wenn es noch so harmlos schien – oder Bedenken von Glaubensschwachen verletzte. »Ob ihr nun esst oder trinkt oder was ihr auch tut, das tut alles zu Gottes Ehre. Erregt keinen Anstoß, weder bei den Juden noch bei den Griechen noch bei der Gemeinde Gottes.« (1. Korinther 10,31.32)

Das Größte ist die Liebe

Die Warnungen des Apostels an die Gemeinde von Korinth gelten den Gemeinden aller Zeiten, besonders aber jenen unserer Tage. Unter Götzendienst verstand er nicht nur Verehrung von Götzenbildern, sondern auch Selbstsucht, Hang zur Bequemlichkeit, Befriedigung von Begierden und Leidenschaften. Ein verbales Bekenntnis des Glaubens an Christus, ein Prahlen mit der Kenntnis der Wahrheit machen noch keinen Christen. Eine Religion, die nur das Auge, das Ohr oder den Geschmack befriedigt und Selbstsucht billigt, ist nicht die Religion Christi.

Durch einen Vergleich der Gemeinde mit dem menschlichen Körper veranschaulichte der Apostel treffend das enge und harmonische Verhältnis, das unter allen Gliedern der Gemeinde Christi bestehen soll. »Wir sind«, so schrieb er, »durch einen Geist alle zu einem Leib getauft, wir seien Juden oder Griechen, Sklaven oder Freie, und sind alle mit einem Geist getränkt. Denn auch der Leib ist nicht ein Glied, sondern viele. Wenn aber der Fuß spräche: Ich bin keine Hand, darum bin ich nicht Glied des Leibes, sollte er deshalb nicht Glied des Leibes sein? Und wenn das Ohr spräche: Ich bin kein Auge, darum bin ich nicht Glied des Leibes, sollte es deshalb nicht Glied des Leibes sein? Wenn der ganze Leib Auge wäre, wo bliebe das Gehör? Wenn er ganz Gehör wäre, wo bliebe der Geruch? Nun aber hat Gott die Glieder eingesetzt, ein jedes von ihnen im Leib, so wie er gewollt hat. Wenn aber alle Glieder ein Glied wären, wo bliebe der Leib? Nun aber sind es viele Glieder, aber der Leib ist einer. Das Auge kann nicht sagen zu der Hand: Ich brauche dich nicht; oder auch das Haupt zu den Füßen: Ich brauche euch nicht.« (1. Korinther 12,13-21) »Aber Gott hat den Leib zusammengefügt und dem geringeren Glied höhere Ehre gegeben, damit im Leib keine Spaltung sei, sondern die Glieder in gleicher Weise füreinander sorgen. Und wenn ein Glied leidet, so leiden alle Glieder mit, und wenn ein Glied geehrt wird, so freuen sich alle Glieder mit. Ihr aber seid der Leib Christi und jeder von euch ein Glied.« (1. Korinther 12,24-27)

Mit Worten, die bis heute Männer und Frauen wahrhaft begeistern und ermutigen, schilderte Paulus dann die Bedeutung jener Nächstenliebe, die von Jesu Nachfolgern gepflegt werden sollte: »Wenn ich mit Menschen- und mit Engelzungen redete und hätte die Liebe nicht, so wäre ich ein tönendes Erz oder eine klingende Schelle. Und wenn ich prophetisch reden könnte und wüsste alle Geheimnisse und alle Erkenntnis und hätte allen Glauben, sodass ich Berge versetzen könnte, und hätte die Liebe nicht, so wäre ich nichts. Und wenn ich alle meine Habe den Armen gäbe und ließe meinen Leib verbrennen, und hätte die Liebe nicht, so wäre mir's nichts nütze.« (1. Korinther 13,1-3)

Mag ein Glaubensbekenntnis noch so überzeugend sein, niemand ist ein wahrer Jünger Jesu, wenn sein Herz nicht von Liebe zu Gott und zu seinen Mitmenschen erfüllt ist. Selbst wenn jemand einen so star-

Der Apostel Paulus legte auf seinen Reisen ungefähr 100.000 Kilometer zurück, viele davon per Schiff. Im östlich von Korinth gelegenen Hafen Kenchreä bestieg er auf seiner zweiten Missionsreise ein Schiff, das ihn nach Ephesus brachte.

Ruinen in Kenchreä, dem östlichen Hafen von Korinth.

Nachdem Paulus die Gemeinde wegen ihrer Streitigkeiten eindringlich gerügt hatte, schrieb er: »Ich zeige euch jetzt etwas, das noch weit wichtiger ist als alle diese Fähigkeiten. Wenn ich ... keine Liebe hätte, dann wäre ich nichts ..., dann wäre alles umsonst ... Die Liebe ist geduldig und gütig ..., sie sucht nicht ihren eigenen Vorteil, sie lässt sich nicht zum Zorn reizen, sie trägt das Böse nicht nach. Sie ist nicht schadenfroh, wenn anderen Unrecht geschieht. Die Liebe gibt nie jemand auf ... alles erträgt sie mit großer Geduld. Niemals wird die Liebe vergehen.« (nach 1. Korinther 13 GNB)

ken Glauben besäße und die Macht hätte, Wunder zu tun, so wäre sein Glaube ohne Liebe dennoch wertlos. Jemand könnte großzügig sein und sein ganzes Vermögen den Armen geben, täte er es nicht aus wahrer Liebe, fände Gott doch kein Wohlgefallen an ihm. In seinem Glaubenseifer könnte er sogar den Märtyrertod erleiden. Wenn er nicht aus Liebe handelte, würde Gott ihn als verblendeten Schwärmer oder als ehrgeizigen Heuchler ansehen.

»Die Liebe ist langmütig und freundlich, die Liebe eifert nicht, die Liebe treibt nicht Mutwillen, sie bläht sich nicht auf.« (1. Korinther 13,4) Die reinste Freude entspringt aus tiefster Demut. Die stärksten und edelsten Charaktere stehen auf dem Fundament der Geduld, der Liebe und der Unterwerfung unter Gottes Willen.

Weiter heißt es von der Liebe: »Sie verhält sich nicht ungehörig, sie sucht nicht das Ihre, sie lässt sich nicht erbittern, sie rechnet das Böse nicht zu.« (1. Korinther 13,5) Christusähnliche Liebe rückt die Beweggründe und Motive anderer in das günstigste Licht. Sie stellt die Fehler anderer nicht unnötigerweise heraus, sie geht nicht begierig Klagen über andere nach, sie sucht vielmehr die guten Eigenschaften von Mitmenschen ins Blickfeld zu rücken.

Die Liebe »freut sich nicht über die Ungerechtigkeit, sie freut sich aber an der Wahrheit; sie erträgt alles, sie glaubt alles, sie hofft alles, sie duldet alles. Die Liebe hört niemals auf.« (1. Korinther 13,6-8) Sie kann niemals ihren Wert verlieren; denn sie ist ein Wesenszug des Himmels. Wer sie besitzt, hat einen kostbaren Schatz, den er durch die Tore mit hineinnehmen wird in die Gottesstadt.

»Nun aber bleiben Glaube, Hoffnung, Liebe, diese drei; aber die Liebe ist die größte unter ihnen.« (1. Korinther 13,13)

Die Gewissheit der Auferstehungshoffnung

Mit der Lockerung der sittlichen Maßstäbe unter den Gläubigen in Korinth hatten einige auch grundlegende Wahrheiten ihres Glaubens aufgegeben. Einige waren sogar so weit gegangen, die Lehre von der Auferstehung zu leugnen. Dieser Abweichung von der Lehre trat Paulus mit einem ganz deutlichen Zeugnis von den unleugbaren Beweisen für die Auferstehung Christi entgegen. Er versicherte, dass Christus, nach seinem Tode, »auferstanden ist am dritten Tage nach der Schrift; und dass er gesehen worden ist von Kephas, danach von den Zwölfen. Danach ist er gesehen worden von mehr als fünfhundert Brüdern auf einmal, von denen die meisten noch heute leben, einige aber sind entschlafen. Danach ist er gesehen worden von Jakobus, danach von allen Aposteln. Zuletzt von allen ist er auch von mir als einer unzeitigen Geburt gesehen worden.« (1. Korinther 15,4-8)

Kraftvoll und überzeugend legte der Apostel die großartige Wahrheit von der Auferstehung dar. Seine Schlussfolgerungen lauteten: »Gibt es keine Auferstehung der Toten, so ist auch Christus nicht auferstanden. Ist aber Christus nicht auferstanden, so ist unsre Predigt vergeblich, so ist auch euer Glaube vergeblich. Wir würden dann auch als falsche Zeugen Gottes befunden, weil wir gegen Gott bezeugt hätten, er habe Christus auferweckt, den er nicht auferweckt hätte, wenn doch die Toten nicht auferstehen. Denn wenn die Toten nicht auferstehen, so ist Christus auch nicht auferstanden. Ist Christus aber nicht auferstanden, so ist euer Glaube nichtig, so seid ihr noch in euren Sünden; so sind auch die, die in Christus entschlafen sind, verloren. Hoffen wir allein in diesem Leben auf Christus, so sind wir die elendesten unter allen Menschen. Nun aber ist Christus auferstanden von den Toten als Erstling unter denen, die entschlafen sind.« (1. Korinther 15,13-20)

Dann richtete der Apostel die Aufmerksamkeit der Glaubensgeschwister in Korinth auf die Siegesfreuden am Auferstehungsmorgen, wenn alle schlafenden Heiligen auferweckt werden sollen, um ewig mit ihrem Herrn vereint zu leben. »Siehe, ich sage euch ein Geheimnis: Wir werden nicht alle entschlafen, wir werden aber alle verwandelt werden; und das plötzlich, in einem Augenblick, zur Zeit der letzten Posaune. Denn es wird die Posaune erschallen, und die Toten werden auferstehen unverweslich, und wir werden verwandelt werden. Denn dies Verwesliche muss anziehen die Unverweslichkeit, und dies Sterbliche muss anziehen die Unsterblichkeit. Wenn aber dies Verwesliche anziehen wird die Unverweslichkeit und dies Sterbliche anziehen wird die Unsterblichkeit, dann wird erfüllt werden das Wort, das geschrieben steht (Jesaja 25,8; Hosea 13,14): Der Tod ist verschlungen vom Sieg. Tod, wo ist dein Sieg? Tod, wo ist dein Stachel? ... Gott aber sei Dank, der uns den Sieg gibt durch unsern Herrn Jesus Christus!« (1. Korinther 15,51-57)

Herrlich ist der Triumph, der die Treuen erwartet. Der Apostel erkannte die Möglichkeiten der Gläubigen in Korinth. Er versuchte nun, ihnen das vor Augen zu führen, was von Selbstsucht und Sinnlichkeit befreit und das Leben durch die Hoffnung auf Unsterblichkeit erhöht. Ernsthaft ermahnte er sie, ihrer Berufung durch Christus treu zu bleiben. »Meine lieben Brüder«, bat er, »seid fest, unerschütterlich und nehmt immer zu in dem Werk des Herrn, weil ihr wisst, dass eure Arbeit nicht vergeblich ist in dem Herrn.« (1. Korinther 15,58)

Zu streng?

Der Apostel bemühte sich mit Entschiedenheit und Nachdruck, die verkehrten und gefährlichen Ansichten und Gewohnheiten zu korrigieren, die in der Korinther Gemeinde weit verbreitet waren. Er sprach deutlich, aber in seelsorgerlicher Liebe. In seinen Warnungen und in seinem Tadel strahlte Licht vom Thron Gottes auf sie, um die verborgenen Sünden zu offenbaren, die ihr Leben befleckten. Wie würden sie dieses Licht aufnehmen?

Nachdem der Brief abgesandt war, befürchtete Paulus, dass das Geschriebene die Gläubigen in Korinth, denen er doch helfen wollte, zu tief kränken könnte. Er war in größter Sorge, dass sich die Gemeinde ihm noch mehr entfremden könnte, und wünschte sich zuweilen, seine Worte zurücknehmen zu können. Wer wie der Apostel für geliebte Gemeinden oder Institutionen eine so große Verantwortung getragen hat, kann seine Niedergeschlagenheit und seine Selbstanklagen bestens verstehen. Männer und Frauen, die in unserer Zeit die Verantwortung für das Werk Gottes tragen, können die Mühen, den Kampf und die bangen Sorgen, die dem großen Apostel zufielen, nachempfinden. Er litt schwer unter den Spaltungen in der Gemeinde; er erlebte Undankbarkeit und Verrat durch einige, bei denen er Mitgefühl und Unterstützung erwartet hatte; er erkannte die Gefährdung der Gemeinden, die Unrecht in ihrer Mitte duldeten; er sah sich gezwungen, der Sünde auf den Grund zu gehen und sie unmissverständlich zu tadeln. Zugleich aber drückte ihn die Sorge nieder, vielleicht mit zu großer Strenge vorgegangen zu sein. So wartete er mit Zittern und Bangen auf Nachricht darüber, wie die Korinther seine Botschaft aufgenommen hätten.

> *Kraftvoll und überzeugend legte der Apostel die großartige Wahrheit von der Auferstehung dar: »Hoffen wir allein in diesem Leben auf Christus, so sind wir die elendesten unter allen Menschen. Nun aber ist Christus auferstanden von den Toten als Erstling unter denen, die entschlafen sind.«*
>
> 1. Korinther 15,19-20

Kapitel 31 Die Ermahnung wird angenommen

Aus dem zweiten Korintherbrief

Paulus hatte den Korinthern einen sehr offenen Brief geschrieben. Er befürchtete allerdings, die Gläubigen könnten seine Ermahnungen und Ratschläge zurückweisen. Aber Gott sei Dank hörte die Gemeinde zu, nahm seinen Rat an und bat Gott um Vergebung.

Von Ephesus aus trat Paulus eine weitere Missionsreise an und hoffte, dabei noch einmal seine früheren Wirkungsstätten in Europa besuchen zu können. Er blieb eine Zeit lang in Troas, um »das Evangelium Christi« zu predigen, und fand dort etliche, die bereit waren, seiner Botschaft zuzuhören. Vom Herrn sei ihm »eine Tür aufgetan« worden (2. Korinther 2,12), berichtete er später über sein Wirken an diesem Ort. So erfolgreich seine Bemühungen in Troas auch waren, er konnte nicht lange dort bleiben. Die »Sorge für alle Gemeinden« (2. Korinther 11,28), besonders für die in Korinth, lag ihm schwer am Herzen. Er hatte gehofft, Titus in Troas zu treffen und von ihm zu erfahren, wie seine Ratschläge und Ermahnungen von den Brüdern in Korinth aufgenommen worden waren. Hierin aber wurde er enttäuscht. »Da hatte ich keine Ruhe in meinem Geist«, schrieb er über diese Erfahrung, »weil ich Titus, meinen Bruder, nicht fand.« (2. Korinther 2,13) Er verließ deshalb Troas und segelte nach Mazedonien hinüber. In Philippi stieß er auf Timotheus.

Ermahnungen angenommen

Obwohl Paulus bezüglich der Gemeinde in Korinth beunruhigt war, hoffte er doch das Beste. Allerdings überkam ihn manchmal tiefe Traurigkeit aus Angst, seine Ratschläge und Ermahnungen könnten missverstanden werden. Später schrieb er darüber: »Als wir nach Mazedonien kamen, fanden wir keine Ruhe; sondern von allen Seiten waren wir bedrängt, von außen mit Streit, von innen mit Furcht. Aber Gott, der die Geringen tröstet, der tröstete uns durch die Ankunft des Titus.« (2. Korinther 7,5.6)

Dieser treue Bote überbrachte die aufmunternde Nachricht, dass unter den Gläubigen in Korinth eine wunderbare Veränderung eingetreten sei. Viele hatten die im Brief des Paulus enthaltenen Weisungen angenommen und ihre Sünden bereut. Ihr Leben bereitete dem Christentum nicht länger Schande, sondern regte nachhaltig zu echter Frömmigkeit im Alltag an.

Froh darüber, schickte Paulus den Gläubigen in Korinth einen zweiten Brief. Darin äußerte er seine Freude über die positiven Veränderungen bei ihnen: »Wenn ich euch auch durch den Brief traurig gemacht habe, reut es mich nicht.« (2. Korinther 7,8) Als Angst ihn quälte, seine Worte hätten Verachtung finden können, hatte er zuweilen bedauert, dass er so entschieden und streng geschrieben hatte. Nun konnte er hinzufügen: »So freue ich mich doch jetzt nicht darüber, dass ihr betrübt worden seid, sondern darüber, dass ihr betrübt worden seid zur Reue. Denn ihr seid betrübt worden nach Gottes Willen, sodass ihr von uns keinen Schaden erlitten habt. Denn die Traurigkeit nach Gottes Willen wirkt zur Seligkeit eine Reue, die niemanden reut.« (2. Korinther 7,9.10) Die Reue, die durch den Einfluss göttlicher Gnade im Herzen des Menschen bewirkt wird, führt zum Bekenntnis und zur Abkehr von der Sünde. Nach Aussage des Apostels Paulus hatte sich diese Frucht im Leben der Korinther gezeigt. »Welches Mühen hat das in euch gewirkt, dazu Verteidigung, Unwillen, Furcht, Verlangen, Eifer …!« (2. Korinther 7,11)

Für eine gewisse Zeit lastete auf Paulus ein Kummer um die Gemeinden, den er kaum ertragen konnte. Irrlehrer hatten versucht, seine Autorität bei den Gläubigen zunichte zu machen und ihnen ihre eigenen Lehren anstelle der Evangeliumswahrheit aufzudrängen. Der Apostel fasste seine Ratlosigkeit und Entmutigung in folgende Worte: »Wir wollen euch, liebe Brüder, nicht verschweigen die Bedrängnis, die uns in der Provinz Asien widerfahren ist, wo wir über die Maßen beschwert waren und über unsere Kraft, so dass wir auch am Leben verzagten.« (2. Korinther 1,8)

Jetzt aber war ein Grund zur Sorge beseitigt. Als ihn die Nachricht erreichte, dass die Korinther seinen Brief angenommen hatten, jubelte Paulus: »Gelobt sei Gott, der Vater unseres Herrn Jesus Christus, der Vater der Barmherzigkeit und Gott allen Trostes, der uns tröstet in aller unserer Trübsal, damit wir auch trösten können, die in allerlei Trübsal sind, mit dem Trost, mit dem wir selber getröstet werden von Gott. Denn wie die Leiden Christi reichlich über uns kommen, so werden wir auch reichlich getröstet durch Christus. Haben wir aber Trübsal, so geschieht es euch zu Trost und Heil. Haben wir Trost, so geschieht es zu eurem Trost, der sich wirksam erweist, wenn ihr mit Geduld dieselben Leiden ertragt, die auch wir leiden. Und unsre Hoffnung steht fest für euch, weil wir wissen: wie ihr an den Leiden teilhabt, so werdet ihr auch am Trost teilhaben.« (2. Korinther 1,3-7)

Als Paulus seiner Freude über ihre neuerliche Umkehr und ihr Wachstum in der Gnade Ausdruck verlieh, schrieb er Gott den ganzen Ruhm für die Umwandlung ihrer Herzen und ihres Lebens zu. »Gott aber sei gedankt«, rief er aus, »der uns allezeit Sieg gibt in Christus und offenbart den Wohlgeruch seiner Erkenntnis durch uns an allen Orten! Denn wir sind für Gott ein Wohlgeruch Christi unter denen, die gerettet werden, und unter denen, die verloren werden.« (2. Korinther 2,14.15)

Der »Geruch des Lebens«

Wenn in jener Zeit ein Heerführer siegreich aus einem Krieg zurückkehrte, war es üblich, dass er einen Zug Kriegsgefangener im Triumph mit sich führte. Bei solchen Anlässen wurde der Gefangenenzug von Weihrauchträgern begleitet. Wenn das Heer durch die Stadt zog, war der Geruch dieses Weihrauchs für die Todgeweihten »ein Geruch des Todes«, der ihnen ihre baldige Hinrichtung ankündigte. Für jene unter den Gefangenen aber, die begnadigt worden waren und deren Leben verschont bleiben sollte, war der Duft ein »Geruch des Lebens« (vgl. 2. Korinther 2,16a), weil er ihnen die bevorstehende Freilassung anzeigte.

Paulus war nun voller Glauben und Hoffnung. Er fühlte, dass Satan in Korinth nicht über Gottes Werk triumphieren würde, und mit Worten des Lobpreises ließ er

> *Für eine gewisse Zeit lastete auf Paulus ein Kummer um die Gemeinden. Irrlehrer hatten versucht, seine Autorität bei den Gläubigen zunichte zu machen und ihnen ihre eigenen Lehren anstelle der Evangeliumswahrheit aufzudrängen.*

der Dankbarkeit seines Herzens freien Lauf. Er und seine Gefährten hatten nun Anlass, ihren Sieg über die Feinde Christi und seiner Wahrheit zu feiern. Sie gingen mit neuem Eifer an ihre Aufgabe, den Erlöser in aller Welt bekannt zu machen. Der Wohlgeruch des Evangeliums sollte, dem Geruch von Weihrauch gleich, überall verbreitet werden. Denen, die Christus annahmen, sollte die Botschaft »ein Geruch des Lebens zum Leben« sein, denen aber, die im Unglauben verharrten, »ein Geruch des Todes zum Tode«.

Als Paulus das überwältigende Ausmaß des Werkes erkannte, rief er aus: »Wer aber ist dazu tüchtig?« (2. Korinther 2,16b) Wer ist fähig, Christus auf eine solche Art zu verkündigen, dass Jesu Feinde keinen triftigen Grund haben, den Boten oder die Botschaft, die dieser überbringt, zu verachten? Paulus wollte den Gläubigen ihre hohe Verantwortung im Evangeliumsdienst klar und deutlich einprägen. Nur Treue in der Wortverkündigung, im Einklang mit einem reinen und konsequenten Lebenswandel, macht den Einsatz des Mitarbeiters Gott angenehm und seinen Mitmenschen nützlich. Auch heute haben Gottes Diener im Bewusstsein der Größe ihrer Aufgabe alle Ursache, mit dem Apostel auszurufen: »Wer ist dazu tüchtig?«

Es gab Menschen, die Paulus des Eigenlobs bezichtigt hatten, als er seinen ersten Brief schrieb. Darauf bezog sich der Apostel nun und fragte die Gemeindeglieder, ob sie seine Beweggründe wirklich so einschätzten. »Fangen wir denn abermals an, uns selbst zu empfehlen? Oder brauchen wir, wie gewisse Leute, Empfehlungsbriefe an euch oder von euch?« (2. Korinther 3,1) Gläubige, die an einen anderen Ort zogen, trugen oft Empfehlungsschreiben der Gemeinde, der sie bisher angehört hatten, mit sich. Die Verantwortungsträger hingegen, die Gründer dieser Gemeinden, hatten solche Empfehlungen nicht nötig. Die Gläubigen in Korinth, die sich vom Götzendienst zum Glauben an das Evangelium bekehrt hatten, waren selbst das beste Empfehlungsschreiben für Paulus. Ihre Annahme der Wahrheit und die in ihrem Leben bewirkte Erneuerung bezeugten glaubhaft seine Treue im Dienst und seine Vollmacht, als Diener Christi Ratschläge zu erteilen, zu tadeln und zu ermahnen.

Paulus betrachtete die Gläubigen in Korinth als sein Beglaubigungsschreiben. »Ihr seid unser Brief«, schrieb er, »in unser Herz geschrieben, erkannt und gelesen von allen Menschen! Ist doch offenbar geworden, dass ihr ein Brief Christi seid, durch unsern Dienst zubereitet, geschrieben nicht mit Tinte, sondern mit dem Geist des lebendigen Gottes, nicht auf steinerne Tafeln, sondern auf fleischerne Tafeln, nämlich eure Herzen.« (2. Korinther 3,2.3)

Die Bekehrung von Sündern und ihre Heiligung durch die Wahrheit sind der stärkste Beweis, den ein Diener Gottes dafür erhalten kann, dass der Herr ihn zum Dienst berufen hat. Der Beweis für sein Apostelamt steht in den Herzen der Bekehrten geschrieben und wird durch deren neues Leben belegt. Christus, die Hoffnung der Herrlichkeit, hat in ihnen Gestalt gewonnen. Ein solches Siegel auf seinem Dienst stärkt einen Beauftragten Gottes in hohem Maße.

Zur Ehre des Meisters

Auch heute sollte ein Diener Christi dieselbe Bestätigung erhalten, wie sie die Gemeinde in Korinth für die Arbeit des Paulus darstellte. Doch obwohl es in unserer Zeit viele Prediger gibt, herrscht ein großer Mangel an fähigen, heiligen Dienern Gottes – an Männern, gefüllt mit der gleichen Liebe, die auch im Herzen Christi wohnt. Stolz, Selbstsicherheit, Weltliebe, Kritiksucht, Unversöhnlichkeit, Neid: Viele, die sich zum Christentum bekennen, bringen solche »Früchte« hervor. Ihr Lebenswandel steht in schroffem Gegensatz zum Leben des Erlösers und ist ein erbärmliches Zeugnis für den hohen seelsorgerlichen Einsatz, unter dem sie selbst bekehrt wurden.

Einem Menschen kann keine größere Ehre zuteil werden als die, von Gott als fähiger Diener des Evangeliums angenommen zu werden. Wer aber von Gott durch Kraft und Erfolg in seinem Wirken gesegnet wird, prahlt nicht. Solche Menschen sind sich ihrer Abhängigkeit vom Herrn voll bewusst und wissen, dass sie in sich selbst kei-

---

Viele hatten die im Brief des Paulus enthaltenen Weisungen angenommen und ihre Sünden bereut. Ihr Leben bereitete dem Christentum nicht länger Schande, sondern regte nachhaltig zu echter Frömmigkeit im Alltag an.

ne Kraft haben. Mit Paulus bekennen sie: »Nicht dass wir tüchtig sind von uns selber, uns etwas zuzurechnen als von uns selber; sondern dass wir tüchtig sind, ist von Gott, der uns auch tüchtig gemacht hat zu Dienern des neuen Bundes.« (2. Korinther 3,5.6)

Ein treuer Diener Gottes tut das Werk seines Meisters. Er fühlt die Wichtigkeit seiner Aufgabe und erkennt, dass er zur Gemeinde und zur Welt eine ähnliche Beziehung unterhält wie einst Christus. Er arbeitet unermüdlich, um Sünder zu einem edleren und höheren Leben zu führen, damit sie den Lohn des Überwinders erlangen können. Seine Lippen werden mit der glühenden Kohle vom Altar berührt (vgl. Jesaja 6,5-7), und er verherrlicht Jesus als einzige Hoffnung für den Sünder. Wer ihm zuhört, erkennt, dass er durch inniges, wirksames Beten Gott ganz nahe gekommen ist. Der Heilige Geist ruht über ihm, sein Herz hat das lebenswichtige himmlische Feuer verspürt, und er vermag Geistliches geistlich zu verstehen. Er hat die Kraft erhalten, die Festungen Satans niederzureißen. Wenn er Gottes Liebe verkündet, öffnen sich Herzen, und viele werden sich fragen: »Was muss ich tun, damit ich das ewige Leben ererbe?« (Lukas 18,18)

»Darum, weil wir dieses Amt haben nach der Barmherzigkeit, die uns widerfahren ist, werden wir nicht müde, sondern wir meiden schändliche Heimlichkeit und gehen nicht mit List um, fälschen auch nicht Gottes Wort, sondern durch Offenbarung der Wahrheit empfehlen wir uns dem Gewissen aller Menschen vor Gott. Ist nun aber unser Evangelium verdeckt, so ist's denen verdeckt, die verloren werden, den Ungläubigen, denen der Gott dieser Welt den Sinn verblendet hat, dass sie nicht sehen das helle Licht des Evangeliums von der Herrlichkeit Christi, welcher ist das Ebenbild Gottes. Denn wir predigen nicht uns selbst, sondern Jesus Christus, dass er der Herr ist, wir aber eure Knechte um Jesu willen. Denn Gott, der sprach: Licht soll aus der Finsternis hervorleuchten, der hat einen hellen Schein in unsre Herzen gegeben, dass durch uns entstünde die Erleuchtung zur Erkenntnis der Herrlichkeit Gottes in dem Angesicht Jesu Christi.« (2. Korinther 4,1-6)

Paulus zeigte den Korinthern, dass der Sohn Gottes seine Herrlichkeit abgelegt und freiwillig die menschliche Natur angenommen hatte. In dieser »Knechtsgestalt« wirkte er für das Wohl der Menschen bis zu seinem Tod am Kreuz. In ähnlicher Weise sollen auch die Diener Gottes das Werk ihres Meisters fortführen und unermüdlich arbeiten, um Sünder zu einem edleren und höheren Leben zu führen.

Auf diese Weise verherrlichte der Apostel die Gnade und Barmherzigkeit Gottes, die sich in der heiligen Verantwortung offenbarte, die ihm als Diener Christi anvertraut worden war. Gottes große Gnade hatte ihn und seine Brüder in Schwierigkeiten, Not und Gefahr erhalten. Sie hatten nicht versucht, ihre Lehre dadurch anziehender zu machen, dass sie ihre Botschaft dem Geschmack der Hörer anpassten oder ihnen Wahrheiten vorenthielten, die für ihr Heil unentbehrlich waren. Sie hatten die Wahrheit einfach und klar dargelegt, hatten um Sündenerkenntnis und Bekehrung von Menschen gebetet. Sie hatten sich bemüht, ihr Verhalten mit dem in Übereinstimmung zu bringen, was sie lehrten, damit die vorgestellte Wahrheit von sich aus den Menschen ins Gewissen redete.

»Wir haben aber«, fuhr der Apostel fort, »diesen Schatz in irdenen Gefäßen, damit die überschwängliche Kraft von Gott sei und nicht von uns.« (2. Korinther 4,7) Gott hätte die Wahrheit durch sündlose Engel verkündigen lassen können, aber das entspricht nicht seinem Plan. Er wählt menschliche, mit Schwachheit behaftete Wesen zu seinen Werkzeugen, um seine Pläne auszuführen. Der kostbare Schatz ist in irdene Gefäße gelegt worden. Gottes Segnungen sollen der Welt durch Menschen übermittelt werden. Durch sie soll seine Herrlichkeit in die Dunkelheit der Sünde hineinstrahlen. Ihre Aufgabe ist es, in liebevollem Dienst die Sündenbeladenen und Bedürftigen aufzusuchen und zum Kreuz zu führen. Und in all ihrem Tun sollen sie den Ruhm, die Ehre und den Lobpreis dem darbringen, der höher als alles ist und über allem steht.

Indem er auf seine eigene Erfahrung hinwies, zeigte Paulus, dass er den Dienst für Christus nicht aus selbstsüchtigen Beweggründen gewählt hatte. Zudem war dieser Weg voller Prüfungen und Versuchungen. »Wir sind von allen Seiten bedrängt«, so schrieb er, »aber wir ängstigen uns nicht. Uns ist bange, aber wir verzagen nicht. Wir leiden Verfolgung, aber wir werden nicht verlassen. Wir werden unterdrückt, aber wir kommen nicht um. Wir tragen allezeit das Sterben Jesu an unserm Leibe, damit auch das Leben Jesu an unserm Leibe offenbar werde.« (2. Korinther 4,8-10)

Die Hoffnung trägt durch

Paulus machte seine Brüder darauf aufmerksam, dass er und seine Mitstreiter sich als Boten Christi in ständiger Gefahr befänden. Die ertragenen Nöte zehrten an ihren Kräften. »Denn wir, die wir leben«, schrieb er, »werden immerdar in den Tod gegeben um Jesu willen, damit auch das Leben Jesu offenbar werde an unserm sterblichen Fleisch. So ist nun der Tod mächtig in uns, aber das Leben in euch.« (2. Korinther 4,11.12) Durch die Entbehrungen und Mühsale, die sie als Diener Christi an ihrem Körper zu erleiden hatten, wurden sie »seinem Tode gleich gestaltet.« (Philipper 3,10) Aber was in ihnen den Tod bewirkte, brachte den Korinthern geistliche Gesundheit und geistliches Leben. Durch den Glauben an die Wahrheit wurden sie Teilhaber des ewigen Lebens. Im Hinblick darauf sollten sich die Nachfolger Christi hüten, die Lasten und Prüfungen der Diener Gottes durch Gleichgültigkeit und Unzufriedenheit noch zu vermehren.

»Weil wir aber«, fuhr Paulus fort, »denselben Geist des Glaubens haben, wie geschrieben steht (Psalm 116,10): Ich glaube, darum rede ich, so glauben wir auch, darum reden wir auch.« (2. Korinther 4,13) Paulus war von der Realität der Wahrheit, die ihm übertragen worden war, völlig überzeugt. Deshalb konnte ihn nichts dazu bewegen, mit dem Wort Gottes betrügerisch umzugehen oder seine inneren Überzeugungen zu verheimlichen. Nie würde er sich Reichtum, Ehre oder Vergnügungen durch Anpassung an die Meinungen der Welt erkaufen. Obwohl er sich um des Glaubens willen, den er den Korinthern verkündigt hatte, ständig in Lebensgefahr befand, ließ er sich nicht einschüchtern. Er wusste ja, dass derjenige, der gestorben und wieder auferstanden war, ihn aus dem Grab erwecken und zum Vater führen würde.

»Denn es geschieht alles um euretwillen, damit die überschwängliche Gnade durch die Danksagung vieler noch reicher werde zur Ehre Gottes.« (2. Korinther 4,15) Nicht um sich selbst zu erhöhen, predigten die Apostel das Evangelium. Es war die Hoffnung, Menschen vor dem ewigen Tod zu retten, die sie veranlasste, ihr Leben diesem Werk zu weihen. Und eben diese Hoffnung bewahrte sie davor, angesichts drohender Gefahr oder tatsächlichem Leiden ihren Einsatz aufzugeben.

»Darum«, so erklärte Paulus selber, »werden wir nicht müde; sondern wenn auch unser äußerer Mensch verfällt, so wird doch der innere von Tag zu Tag erneuert.« (2. Korinther 4,16) Paulus spürte die Macht Satans. Obwohl seine körperliche Kraft abnahm, verkündigte er dennoch treu und unbeirrbar das Evangelium Christi. Angetan mit der vollen Waffenrüstung Gottes, schritt dieser Kämpfer des Kreuzes mutig in den Kampf. Seine aufmunternde Stimme zeugte vom Sieg. Den Blick auf die Belohnung der Treuen gerichtet, rief er jubelnd aus: »Unsre Trübsal, die zeitlich und leicht ist, schafft eine

> *Nicht um sich selbst zu erhöhen, predigten die Apostel das Evangelium. Es war die Hoffnung, Menschen vor dem ewigen Tod zu retten, die sie veranlasste, ihr Leben diesem Werk zu weihen.*

ewige und über alle Maßen gewichtige Herrlichkeit, uns, die wir nicht sehen auf das Sichtbare, sondern auf das Unsichtbare. Denn was sichtbar ist, das ist zeitlich; was aber unsichtbar ist, das ist ewig.« (2. Korinther 4,17.18)

Mit ernsten, bewegten Worten bat der Apostel die Brüder in Korinth, sich aufs Neue die unvergleichliche Liebe ihres Erlösers vor Augen zu halten. »Denn«, so schrieb er, »ihr kennt die Gnade unseres Herrn Jesus Christus: obwohl er reich ist, wurde er doch arm um euretwillen, damit ihr durch seine Armut reich würdet.« (2. Korinther 8,9) Ihr wisst, von welcher Höhe er sich herabließ und zu welcher Tiefe der Erniedrigung er hinabstieg. Nachdem er einmal den Weg der Selbstverleugnung und des Opfers betreten hatte, wandte er sich nicht von ihm ab, bis er sein Leben dahingegeben hatte. Zwischen Thron und Kreuz gab es für Christus keine Rast.

Ausführlich und Punkt für Punkt verweilte Paulus bei dieser Tatsache, sodass jeder, der seinen Brief las, die bewundernswerte Selbsterniedrigung unseres Erlösers um unsretwillen völlig erfassen konnte. Er zeigte ihnen Christus, als er Gott gleich war und gemeinsam mit ihm die Verehrung der Engel empfing. Dann beschrieb er den Weg Jesu bis zum tiefsten Punkt seiner Demütigung. Paulus war überzeugt, dass alle Selbstsucht aus ihrem Leben verbannt werden konnte, wenn er ihnen nur das erstaunliche Opfer der Majestät des Himmels begreiflich machen könnte. Er zeigte ihnen, wie der Sohn Gottes seine Herrlichkeit abgelegt und sich freiwillig den Bedingungen der menschlichen Natur unterworfen hatte, wie er sich erniedrigt und Knechtsgestalt angenommen hatte, »gehorsam bis zum Tode, ja zum Tode am Kreuz.« (Philipper 2,8) Dies hatte er getan, um der gefallenen Menschheit statt Niedergang Hoffnung, Freude und den Himmel zu schenken.

Unbegreifliche Liebe

Wenn wir den göttlichen Charakter im Licht des Kreuzes betrachten, erfassen wir, wie Gnade, Zärtlichkeit und Vergebungsbereitschaft mit Unvoreingenommenheit und Gerechtigkeit gepaart sind. Mitten auf dem Thron sehen wir den Einen, der an Händen, Füßen und an seiner Seite die Male der Leiden trägt, die er erduldete, um die Menschen mit Gott zu versöhnen. Wir sehen einen himmlischen Vater, der in einem unzugänglichen Licht wohnt und uns doch dank der Verdienste seines Sohnes zu sich aufnimmt. Die Wolke der Rache, die nichts als Elend und Verzweiflung androhte, erstrahlt im Licht des Kreuzes. Wie von Gottes Hand geschrieben, erscheinen die Worte: Lebe, Sünder, lebe! Ihr reumütigen, gläubigen Menschen, lebt! Ich habe ein Lösegeld gezahlt.

Über Christus nachzudenken ist wie das Nachdenken über ein Meer unermesslicher Liebe. Wir sind bestrebt, von dieser Liebe zu erzählen, aber es fehlen uns die Worte. Wir betrachten sein Leben auf Erden, sein Opfer für uns, sein Handeln im Himmel als unser Fürsprecher, wir denken an die Wohnungen, die er für jene bereitet, die ihn lieben, und können nur ausrufen: Welch eine Höhe, welch eine Tiefe liegt doch in der Liebe Christi! »Darin besteht die Liebe: nicht, dass wir Gott geliebt haben, sondern dass er uns geliebt hat und gesandt seinen Sohn zur Versöhnung für unsre Sünden.« (1. Johannes 4,10) »Seht, welch eine Liebe hat uns der Vater erwiesen, dass wir Gottes Kinder heißen sollen!« (1. Johannes 3,1)

Im Herzen eines jeden wahren Nachfolgers brennt diese Liebe wie ein heiliges Feuer. Auf der Erde hat Christus die Liebe Gottes offenbart, und auf der Erde sollen seine Kinder durch ein untadeliges Leben diese Liebe widerspiegeln. Auf diese Weise werden Sünder zum Kreuz geführt, um dort das Lamm Gottes zu sehen.

> *»Denn ihr kennt die Gnade unseres Herrn Jesus Christus: obwohl er reich ist, wurde er doch arm um euretwillen, damit ihr durch seine Armut reich würdet.«*
>
> 2. Korinther 8,9

Kapitel 32 Eine freigebige Gemeinde

2. Korinther 8,7-15; 9,6-15; Maleachi 3,8-10

Gott gab Israel das System des Zehnten und der Opfergaben, um damit den Priesterdienst zu finanzieren. Dieses Prinzip wurde von der christlichen Gemeinde übernommen. In Korinth gab es aber einige, die das Recht des Paulus, von der Verkündung des Evangeliums zu leben, in Frage stellten. Er verteidigte seine Aufgabe als Apostel mit den Worten: »Welcher Soldat zieht denn schon auf eigene Kosten in den Krieg?« (1. Korinther 9,7)

In seinem ersten Brief an die Korinther erteilte Paulus den Gläubigen Anweisungen über die allgemeinen Prinzipien, nach denen Gottes Werk auf Erden unterstützt werden sollte. Er erwähnte, wie er als Apostel zu ihrem Heil gewirkt hatte und stellte die Frage:

»Wer zieht denn in den Krieg und zahlt sich selbst den Sold? Wer pflanzt einen Weinberg und isst nicht von seiner Frucht? Oder wer weidet eine Herde und nährt sich nicht von der Milch der Herde? Rede ich das nach menschlichem Gutdünken? Sagt das nicht auch das Gesetz? Denn im Gesetz des Mose steht geschrieben (5. Mose 25,4): Du sollst dem Ochsen, der da drischt, nicht das Maul verbinden. Sorgt sich Gott etwa um die Ochsen? Oder redet er nicht überall um unsertwillen? Ja, um unsertwillen ist es geschrieben: Wer pflügt, soll auf Hoffnung pflügen; und wer drischt, soll in der Hoffnung dreschen, dass er seinen Teil empfangen wird.« (1. Korinther 9,7-10)

»Wenn wir euch zu gut Geistliches säen«, fragte der Apostel weiter, »ist es dann zu viel, wenn wir Leibliches von euch ernten? Wenn andere dieses Recht an euch haben, warum nicht viel mehr wir? Aber wir haben von diesem Recht nicht Gebrauch gemacht, sondern wir ertragen alles, damit wir nicht dem Evangelium von Christus ein Hindernis bereiten. Wisst ihr nicht, dass, die im Tempel dienen, vom Tempel leben, und die am Altar dienen, vom Altar ihren Anteil bekommen? So hat auch der Herr befohlen, dass, die das Evangelium verkündigen, sich vom Evangelium nähren sollen.« (1. Korinther 9,11-14)

Der Apostel bezog sich hier auf den Plan des Herrn für den Lebensunterhalt der Priester, die im Tempel dienten. Diejenigen, die für dieses heilige Amt ausgewählt waren, wurden von ihren Brüdern unterhalten, denen sie geistliche Segnungen vermittelten. »Zwar haben auch die von den Söhnen Levis, die das Priestertum empfangen, nach dem Gesetz das Recht, den Zehnten zu nehmen vom Volk.« (Hebräer 7,5) Der Stamm Levi war vom Herrn für die heiligen Dienste ausgewählt, die sich auf den Tempel und die Priesterschaft bezogen. Von dem Priester hieß es: »Der Herr, dein Gott, hat ihn erwählt ..., dass er stehe im Dienst im Namen des Herrn.« (5. Mose 18,5) Ein Zehntel von allen Erträgen wurde von Gott als sein Eigentum beansprucht, und den Zehnten vorzuenthalten wurde von ihm als Raub angesehen.

Auf diese Ordnung für den Unterhalt des Priesteramts bezog sich Paulus, als er schrieb: »So hat auch der Herr befohlen, dass, die das Evangelium verkündigen, sich vom Evangelium nähren sollen.« (1. Korinther 9,14) Und später schrieb er an Timotheus: »Ein Arbeiter ist seines Lohnes wert.« (1. Timotheus 5,18; vgl. Lukas 10,7)

Von Zehnten und Gaben

Die Entrichtung des Zehnten war nur ein Teil von Gottes Plan zum Unterhalt seiner Mitarbeiter. Zahlreiche Gaben und Opfer wurden von Gott näher aufgelistet. Im jüdischen System lehrte man die Menschen, gebefreudig zu sein, sowohl um die Sache Gottes zu unterstützen als auch den Nöten der Bedürftigen abzuhelfen. Zu besonderen Gelegenheiten brachten die Israeliten freiwillige Opfergaben.

Während der Ernte und der Weinlese wurden die Erstlingsfrüchte von Getreide, Wein und Öl dem Herrn als Opfer geweiht. Die Nachlese und das, was am Rande der Felder wuchs, wurde für die Armen übrig gelassen. Der Erstertrag der Wolle bei der Schafschur und des Korns beim Dreschen des Weizens wurde für Gott ausgesondert. Das Gleiche galt für die Erstgeburt bei Tieren. Für den erstgeborenen Sohn wurde ein Lösegeld bezahlt. Die Erstlingsfrüchte sollten dem Herrn im Heiligtum dargebracht werden, und dann wurden sie den Priestern zur Verfügung gestellt.

Durch dieses System der freiwilligen Opfer wollte der Herr den Israeliten nahe bringen, dass ihm in allem der erste Platz eingeräumt werden sollte. So wurden sie daran erinnert, dass Gott der Eigentümer ihrer Felder und ihrer Viehherden war und dass er ihnen Sonnenschein und Regen sandte, wodurch die Ernte heranreifte. Alles, was sie besaßen, gehörte ihm. Sie waren lediglich die Verwalter seiner Güter.

Es entspricht nicht Gottes Absicht, dass die Christen, deren Vorrechte bei weitem die der Juden übertreffen, weniger freigebig sind als diese es waren.

»Wem viel gegeben ist«, erklärte der Erlöser, »bei dem wird man viel suchen.« (Lukas 12,48) Die von den Hebräern geforderte Freigebigkeit sollte weitgehend ihrem eigenen Volk zugute kommen; heute erstreckt sich das Werk Gottes über die ganze Erde. Christus hat die Schätze des Evangeliums in die Hände seiner Nachfolger gelegt, und ihnen hat er die Verantwortung übertragen, der ganzen Welt die frohe Botschaft der Erlösung zu bringen. Somit sind unsere Verpflichtungen wesentlich größer als die des alten Israel.

In dem Maße, wie Gottes Werk sich ausbreitet, werden Hilferufe immer häufiger zu hören sein. Damit diesen Rufen entsprochen werden kann, sollten Christen auf das Gebot achten: »Bringt aber die Zehnten in voller Höhe in mein Vorratshaus, auf dass in meinem Hause Speise sei.« (Maleachi 3,10) Wenn bekennende Christen Gott treu ihre Zehnten und Gaben brächten, wäre sein Vorratshaus gefüllt. Dann bestünde kein Anlass, zu Jahrmärkten, Lotterien und Vergnügungsfesten Zuflucht zu nehmen, um Mittel zur Unterstützung des Evangeliumswerkes zu beschaffen.

Menschen stehen in der Versuchung, ihre Mittel zur Befriedigung von selbstsüchtigen Wünschen, für Schmuck oder für die Verschönerung ihrer Wohnungen zu verwenden. Für solche Dinge scheuen Gemeindeglieder oft keine Kosten und geben Geld freudig und sogar verschwenderisch aus. Werden sie aber gebeten, etwas von ihrem Vermögen zu geben, um Gottes Werk auf Erden zu fördern, dann

> *Ein Mensch, dessen Herz von der Liebe Christi durchdrungen ist, wird es nicht nur als Pflicht, sondern als Freude ansehen, ... mitzuhelfen der Welt den Reichtum der Güte, Barmherzigkeit und Wahrheit zu zeigen.*

zögern sie. Vielleicht sehen sie sich genötigt, eine milde Gabe zu geben. Aber dieser Betrag steht in keinem Verhältnis zu dem, was sie sonst für unnötige Vergnügungen ausgeben. Sie zeigen keine wirkliche Liebe für den Dienst Christi noch Interesse an der Rettung von Menschen. Wen wundert es, dass solche Personen nur ein verkümmertes, kränkelndes Glaubensleben führen?

Ein Mensch, dessen Herz von der Liebe Christi durchdrungen ist, wird es nicht nur als Pflicht, sondern als Freude ansehen, bei der Förderung des höchsten, heiligsten Werkes, das Menschen anvertraut ist, mitzuhelfen – der Welt den Reichtum der Güte, Barmherzigkeit und Wahrheit zu zeigen.

Habsucht erniedrigt

Der Geist der Habsucht verleitet den Menschen, für die Befriedigung der Selbstsucht Mittel zurückzuhalten, die rechtmäßig Gott zustehen. Diesen Geist verabscheut der Herr heute ebenso sehr wie damals, als er durch seinen Propheten sein Volk hart tadelte und fragen ließ: »Ist's recht, dass ein Mensch Gott betrügt, wie ihr mich betrügt! Ihr aber sprecht: Womit betrügen wir dich? Mit dem Zehnten und der Opfergabe! Darum seid ihr auch verflucht; denn ihr betrügt mich allesamt.« (Maleachi 3,8.9)

Der Geist der Opferbereitschaft ist der Geist des Himmels. Dieser Geist findet seinen höchsten Ausdruck im Opfer Christi am Kreuz. Um unsertwillen hat der Vater seinen eingeborenen Sohn gegeben; und Christus gab sich selbst hin, nachdem er alles aufgegeben hatte, was er besaß, um Menschen zu retten. Das Kreuz von Golgatha sollte für jeden Nachfolger des Erlösers eine Aufforderung zur Opferbereitschaft sein. Der dort veranschaulichte Grundsatz heißt: geben und immer wieder geben! »Wer sagt, dass er in ihm bleibt, der soll auch leben, wie er gelebt hat.« (1. Johannes 2,6)

Der Geist der Selbstsucht hingegen ist der Geist Satans. Das im Leben der Weltmenschen zutage tretende Leitmotiv heißt: Nimm, nimm! Auf diese Weise erhoffen sie, Glück und Wohlbehagen sicherzustellen; doch die Frucht ihrer Saat ist Elend und Tod.

Erst wenn Gott aufhören würde, seine Kinder zu segnen, wäre auch ihre Verpflichtung hinfällig, ihm den Anteil zurückzugeben, den er beansprucht. Nicht nur sollten sie ihm das erstatten, was ihm sowieso zusteht; sie sollten ihm auch großzügige Gaben als Zeichen ihrer Dankbarkeit zur Verfügung stellen. Freudigen Herzens sollten sie ihrem Schöpfer die Erstlingsfrüchte aus der Fülle ihrer Güter weihen, das Wertvollste aus ihrem Besitz und ihren besten und heiligsten Dienst. Auf diese Weise werden sie reichen Segen ernten. Gott selbst wird bewirken, dass ihre Seelen »wie ein bewässerter Garten« sein werden, dem »es nie an Wasser fehlt« (vgl. Jesaja 58,11). Und wenn die letzte großartige Ernte eingefahren wird, werden die Garben, die sie dem Meister bringen können, der Lohn für ihre selbstlose Verwendung der ihnen geliehenen Talente sein.

Gottes auserwählte Boten, die sich bei ihrer Arbeit voll einsetzen, sollten nie genötigt werden, den Kampf »auf eigene Kosten« (1. Korinther 9,7 GNB) aufzunehmen, ohne auf eine wohlwollende und tatkräftige Unterstützung ihrer Geschwister zählen zu dürfen. Es ist Aufgabe der Gemeindeglieder, all denen Großzügigkeit zu erweisen, die ihren weltlichen Beruf aufgeben, um sich ganz dem Evangeliumsdienst zu widmen. Wenn Gottes Mitarbeiter unterstützt werden, dann wird auch die Sache Gottes gefördert. Wenn ihnen aber durch menschlichen Egoismus die ihnen zustehende Unterstützung, die sie billigerweise erwarten dürfen, vorenthalten wird, werden sie entmutigt, und oft wird ihre Einsatzfähigkeit entscheidend gelähmt.

Für Gottes Werk und zur Linderung von Not

Wer einerseits behauptet, Kind Gottes zu sein, es andererseits jedoch zulässt, dass gottgeweihte Mitarbeiter Mangel am Notwendigsten zum Leben haben, während sie für das Werk Gottes tätig sind,

> *Der Wert einer Gabe wird nicht an der Höhe des gespendeten Betrages gemessen, sondern an den finanziellen Möglichkeiten und am Beweggrund des Gebers.*

Eine freigebige Gemeinde

der erregt Gottes Missfallen. Solch selbstsüchtige Menschen werden einmal Rechenschaft ablegen müssen, nicht nur über den Missbrauch, den sie mit dem Geld getrieben haben, das ihrem Herrn gehört, sondern auch über die Niedergeschlagenheit und den Kummer, den ihre Handlungsweise treuen Dienern Gottes zugefügt hat. Wer zum Verkündigungsdienst berufen wird und auf diesen Ruf hin alles aufgibt, um sich ganz für Gott einzusetzen, sollte für seinen aufopferungsvollen Dienst angemessen entlohnt werden, um für sich allein sowie auch mit seiner Familie den Lebensunterhalt bestreiten zu können.

In den verschiedensten Bereichen profaner Berufe, bei geistiger wie auch bei körperlicher Tätigkeit, können gewissenhaft Arbeitende guten Lohn erhalten. Ist denn die Verbreitung der Wahrheit und das Hinführen von Menschen zu Christus nicht wichtiger als jede sonst übliche Arbeit? Haben diejenigen, die treu in diesem Werk arbeiten, nicht billigerweise ein Anrecht auf gut bemessene Entlohnung? Durch unsere relative Bewertung dessen, was für unser sittliches und leibliches Wohl getan wird, zeigen wir, wie wir Himmlisches gegenüber Irdischem einschätzen.

Um den Unterhalt von Gottes Werk zu sichern und um den Rufen nach Unterstützung für missionarische Aktivitäten nachkommen zu können, sollten ausreichend Mittel vorhanden sein. Deshalb ist es nötig, dass Gottes Volk freudig und reichlich gibt. Seelsorger haben die heilige Pflicht, die Gemeinde stets auf die Bedürfnisse des Werks hinzuweisen und sie zur Freigebigkeit zu erziehen. Wenn dies vernachlässigt wird und die Gemeinde es versäumt, für die Lebensbedürfnisse anderer zu spenden, dann leidet nicht nur das Werk Gottes, sondern es bleiben auch Segnungen aus, die den Gläubigen hätten zuteil werden sollen.

Selbst die Ärmsten sollten Gott ihre Gaben darbringen. Auch sie sollen an der Gnade Christi teilhaben, wenn sie ihre eigenen Belange in den Hintergrund rücken und denen helfen, deren Not noch bedrückender ist als ihre eigene. Die Gaben eines Armen sind Früchte der Selbstaufopferung und haben bei Gott einen hohen Stellenwert. Jeder Akt der Selbstlosigkeit stärkt die Opferbereitschaft im Herzen des Gebers und verbindet ihn enger mit demjenigen, der reich war, jedoch um unsertwillen arm wurde, auf dass wir »durch seine Armut reich« (2. Korinther 8,9) würden.

»Einem dreschenden Ochsen darfst du das Maul nicht zubinden.« (1. Korinther 9,9) Diese tierfreundliche Aufforderung aus dem Alten Testament sollte den arbeitenden Ochsen die Möglichkeit geben, von der Getreideernte den ihnen zustehenden Teil zu erhalten. Von diesem Vorgehen leitete der Apostel das Prinzip ab, dass Menschen, die vollzeitlich im Evangeliumsdienst stehen, dafür auch von den Gemeinden bezahlt werden sollten.

Das System des Zehntens und der Opfergaben beruht darauf, dass letztlich Gott Herr über unser Leben und Eigentümer unseres Besitzes ist. Er verlangt von uns nur einen kleinen Teil dessen zurück, was er uns gibt. Es ist ein Vorrecht, das Evangelium zu verkünden und den Ärmsten zu helfen. »Gott liebt fröhliche Geber.« (2. Korinther 9,7)

Geben ist ein Vorrecht

Bei seinem Dienst an den Gemeinden war der Apostel Paulus unaufhörlich bemüht, in den Herzen der Neubekehrten den Wunsch zu entfachen, große Dinge für die Sache Gottes zu tun. Oft spornte er sie zur Gebefreudigkeit an. Als er zu den Ältesten in Ephesus über seine frühere Arbeit unter ihnen sprach, sagte er: »Überhaupt habe ich euch mit meiner Lebensführung gezeigt, dass wir hart arbeiten müssen, um auch den Bedürftigen etwas abgeben zu können. Wir sollen uns immer an das erinnern, was Jesus, der Herr, darüber gesagt hat. Von ihm stammt das Wort: Auf dem Geben liegt mehr Segen als auf dem Nehmen.« (Apostelgeschichte 20,35 GNB) Und an die Korinther schrieb er: »Denkt daran: Wer spärlich sät, wird nur wenig ernten. Aber wer mit vollen Händen sät, auf den wartet eine reiche Ernte. Jeder soll so viel geben, wie er sich in seinem Herzen vorgenommen hat. Es soll ihm nicht leid tun, und er soll es auch nicht nur geben, weil er sich dazu gezwungen fühlt. Gott liebt fröhliche Geber!« (2. Korinther 9,6.7 GNB)

Fast alle Gläubigen in Mazedonien waren arm an irdischen Gütern, aber ihre Herzen waren voller Liebe zu Gott und zu seiner Wahrheit, und sie spendeten freudig für die Verbreitung des Evangeliums. Als die heidenchristlichen Gemeinden für judenchristliche Gläubige sammelten, wurde die Gebefreudigkeit dieser Gläubigen in Mazedonien als Beispiel zur Nachahmung für andere Gemeinden lobend erwähnt. In seinem Brief an die Gläubigen in Korinth erinnerte der Apostel sie an »die Gnade Gottes, die in den Gemeinden Mazedoniens gegeben ist. Denn ihre Freude war überschwänglich, als sie durch viel Bedrängnis bewährt wurden, und obwohl sie sehr arm sind, haben sie doch reichlich gegeben in aller Einfalt. Denn nach Kräften … und sogar über ihre Kräfte haben sie willig gegeben und haben uns mit vielem Zureden gebeten, dass sie mithelfen dürften an der Wohltat und der Gemeinschaft des Dienstes für die Heiligen.« (2. Korinther 8,1-4)

Die Opferbereitschaft der mazedonischen Gläubigen war das Ergebnis einer

Die Witwe, die ihre zwei Scherflein in den Gotteskasten legte, gab alles, was sie hatte. Diese Tat ist zur Ermutigung derer überliefert, die mit ihrer Armut zu kämpfen haben und doch durch Gaben der Sache Gottes dienen wollen. Christus machte seine Jünger auf diese Frau aufmerksam, die »ihre ganze Habe« (Markus 12,44) gegeben hatte. Er schätzte ihre Gabe höher ein als die großen Spenden von jenen, deren Almosen keine Selbstverleugnung erforderten. Sie hatten nur einen kleinen Teil von ihrem Überfluss abgegeben. Die Witwe hingegen hatte, um ihr Opfer geben zu können, selbst auf für sie Lebensnotwendiges verzichtet, und sie handelte im Vertrauen darauf, dass Gott für das aufkommen würde, was sie am nächsten Tag zum Leben benötigte. Von ihr sagte der Erlöser: »Ich versichere euch: Diese arme Witwe hat mehr gegeben als alle anderen.« (Markus 12,43) Auf diese Weise lehrte er: Der Wert einer Gabe wird nicht an der Höhe des gespendeten Betrages gemessen, sondern an den finanziellen Möglichkeiten und am Beweggrund des Gebers.

rückhaltlosen Hingabe. Vom Geist Gottes getrieben, übergaben sie »sich selbst, zuerst dem Herrn.« (2. Korinther 8,5) Danach waren sie bereit, aus eigenen Mitteln großzügig zur Unterstützung des Evangeliumswerkes beizutragen. Es war nicht nötig, sie zum Geben aufzufordern; sie waren vielmehr glücklich darüber, auch auf notwendige Dinge verzichten zu können, um anderen in Not zu helfen. Als der Apostel sie davon zurückhalten wollte, drängten sie ihn, ihre Opfergabe anzunehmen. In ihrer Schlichtheit und Rechtschaffenheit und in ihrer Liebe zu den Geschwistern übten sie freudig Selbstlosigkeit; und so zeigte sich überreiche Frucht der Güte.

Als Paulus Titus nach Korinth sandte, um die Gläubigen dieser Stadt zu stärken, beauftragte er ihn, bei den Korinthern die Gebefreudigkeit zu fördern. In einem persönlichen Schreiben an die Gemeinde fügte er seinen eigenen Aufruf hinzu: »Wie ihr aber in allen Stücken reich seid, im Glauben und im Wort und in der Erkenntnis und in allem Eifer und in der Liebe, die wir in euch erweckt haben, so gebt auch reichlich bei dieser Wohltat … Nun aber vollbringt auch das Tun, damit, wie ihr geneigt seid zu wollen, ihr auch geneigt seid zu vollbringen nach dem Maß dessen, was ihr habt. Denn wenn der gute Wille da ist, so ist er willkommen nach dem, was einer hat, nicht nach dem, was er nicht hat.« (2. Korinther 8,7.11.12) »Gott aber kann machen, dass alle Gnade unter euch reichlich sei, damit ihr in allen Dingen allezeit volle Genüge habt und noch reich seid zu jedem guten Werk … So werdet ihr reich sein in allen Dingen, zu geben in aller Einfalt, die durch uns wirkt Danksagung an Gott.« (2. Korinther 9,8.11)

Fröhliche Geber

Selbstlose Bereitschaft zum Geben versetzte die Urgemeinde in überschwängliche Freude, weil die Gläubigen wussten, dass ihre Hilfe beitrug, die Evangeliumsbotschaft zu denen zu tragen, die noch in Finsternis waren. Ihre Opferbereitschaft bezeugte, dass sie die Gnade Gottes nicht vergeblich empfangen hatten. Was sonst als die Heiligung durch den Geist konnte eine solche Gebefreudigkeit bewirken? In den Augen von Gläubigen wie von Nichtgläubigen war dies ein Wunder der Gnade.

Geistliches Wohlergehen ist eng verknüpft mit christlicher Großzügigkeit. Christi Nachfolger sollten sich darüber freuen, die Gesinnung der Wohltätigkeit ihres Erlösers in ihrem Leben zeigen zu dürfen. Indem sie dem Herrn geben, haben sie die Zusicherung, dass ihr Lohn vor ihnen in den Himmel gelangt. Sucht jemand eine Sicherheit für sein Eigentum? Dann möge er es in jene Hände legen, die die Nägelmale der Kreuzigung tragen. Möchte er sich an seinem Reichtum freuen? Dann möge er ihn verwenden, um die Bedürftigen und Leidenden zu segnen. Möchte er seine Besitztümer vermehren? Dann möge er doch die göttliche Anweisung befolgen: »Ehre den Herrn mit deinem Gut und mit den Erstlingen all deines Einkommens, so werden deine Scheunen voll werden und deine Kelter von Wein überlaufen.« (Sprüche 3,9.10) Will aber jemand seine Besitztümer für selbstsüchtige Zwecke zurückhalten, so wird er sie auf ewig verlieren. Von dem Augenblick an jedoch, da er seinen Besitz Gott übergibt, trägt dieser Besitz den Namenszug Gottes und wird mit dem Siegel der Unwandelbarkeit versehen.

Gott sagt: »Wohl euch, die ihr säen könnt an allen Wassern.« (Jesaja 32,20) Beständige Übung im Austeilen von Gottes Gaben, wo immer seine Sache oder menschliche Not unsere Hilfe erfordert, führt nicht in Armut. »Einer teilt reichlich aus und hat immer mehr; ein andrer kargt, wo er nicht soll, und wird doch ärmer.« (Sprüche 11,24) Der Sämann vervielfacht seine Saat, indem er sie ausstreut. So ist es auch bei den Menschen, die treu Gottes Gaben »ausstreuen«. Durch das Austeilen vermehren sie ihren Segen.

»Gebt, so wird euch gegeben. Ein volles, gedrücktes, gerütteltes und überfließendes Maß wird man in euren Schoß geben.« (Lukas 6,38) Das hat Gott versprochen.

> *Die Opferbereitschaft der mazedonischen Gläubigen war das Ergebnis einer rückhaltlosen Hingabe. Vom Geist Gottes getrieben, übergaben sie sich selbst, zuerst dem Herrn. Danach waren sie bereit, aus eigenen Mitteln großzügig zur Unterstützung des Evangeliumswerkes beizutragen.*

Kapitel 33 Wirken unter Schwierigkeiten

Apostelgeschichte 20,32-35; 2. Korinther 12,11-21; 2. Thessalonicher 3,1-13

Der Apostel Paulus hatte eine außerordentlich gute finanzielle und soziale Position, bevor er von Jesus berufen wurde, das Evangelium zu verkünden. Während seines Dienstes für die Gemeinde lebte er anfänglich von seinen eigenen Mitteln. Später verdiente er mit dem Nähen von Zelten Geld, um – besonders in Korinth – nicht den Zehnten der Gemeinde in Anspruch zu nehmen, auf den er als Prediger des Evangeliums eigentlich ein Recht gehabt hätte.

Paulus war sehr darauf bedacht, den durch ihn bekehrten Menschen die klare Lehre der Heiligen Schrift über die angemessene Förderung des Werkes Gottes vorzuleben. Als Prediger des Evangeliums erhob er für sich den Anspruch, »alle Handarbeit beiseite zu lassen und allein von der Arbeit für das Reich Gottes zu leben.« (1. Korinther 9,6 Bru.) Aber obwohl er das Anrecht gehabt hätte, auf gewöhnliche Berufstätigkeit für seinen Lebensunterhalt zu verzichten, arbeitete er neben seinem Verkündigungsdienst hin und wieder in den großen Zentren der damaligen Zivilisation als Handwerker, um sein Auskommen zu sichern.

Körperliche Arbeit gehört zur Verkündigung

Bei den Juden galt körperliche Arbeit nicht als außergewöhnlich oder gar entwürdigend. Durch Mose waren die Hebräer unterwiesen worden, ihre Kinder zum Fleiß zu erziehen, und es galt als Sünde, die Jugend aufwachsen zu lassen, ohne dass sie körperliche Arbeit kennen lernte. Selbst wenn ein Kind zu einem geistlichen Amt herangebildet werden sollte, betrachtete man die Kenntnis des praktischen Lebens als unerlässlich. Jeder junge Mann, waren nun seine Eltern reich oder arm, wurde in irgendeinem Handwerk ausgebildet. Eltern, die diesbezüglich ihre Pflicht versäumten, betrachtete man als Menschen, die von den Weisungen des Herrn abwichen. In Übereinstimmung mit diesem Brauch hatte Paulus frühzeitig das Handwerk eines Zeltmachers erlernt.

Bevor Paulus ein Jünger Christi wurde, hatte er eine hohe Stellung inne und war für seinen Lebensunterhalt nicht auf körperliche Arbeit angewiesen. Später jedoch, als er all seine Mittel für die Förderung der

Sache Christi aufgebraucht hatte, übte er zeitweise seinen Beruf wieder aus, um seinen Lebensunterhalt zu verdienen. Dies tat er besonders dort, wo seine Beweggründe hätten missverstanden werden können.

Erstmals lesen wir im Zusammenhang mit seinem Aufenthalt in Thessalonich, dass Paulus, während er dort das Evangelium verkündete, seinen Lebensunterhalt mit seinen eigenen Händen verdiente.

In seinem ersten Brief an die dortige Gemeinde erinnerte er die Gläubigen daran, dass er sein »Gewicht als Christi Apostel« hätte einsetzen können, und fügte hinzu: »Ihr erinnert euch doch, liebe Brüder, an unsre Arbeit und unsre Mühe; Tag und Nacht arbeiteten wir, um niemandem unter euch zur Last zu fallen, und predigten unter euch das Evangelium Gottes.« (1. Thessalonicher 2,7.9) In seinem zweiten Schreiben an sie erklärte er, dass sowohl seine Mitarbeiter wie auch er, als sie bei ihnen lebten, »nicht umsonst Brot von jemandem genommen« hätten. »Mit Mühe und Plage haben wir Tag und Nacht gearbeitet, um keinem von euch zur Last zu fallen. Nicht, dass wir dazu nicht das Recht hätten, sondern wir wollten uns selbst euch zum Vorbild geben, damit ihr uns nachfolgt.« (2. Thessalonicher 3,8.9)

In Thessalonich war er Leuten begegnet, die sich weigerten, mit ihren Händen zu arbeiten. Von ihnen schrieb er später: »Wir hören, dass einige unter euch unordentlich leben und nichts arbeiten, sondern unnütze Dinge treiben. Solchen aber gebieten wir und ermahnen sie in dem Herrn Jesus Christus, dass sie still ihrer Arbeit nachgehen und ihr eigenes Brot essen.« (2. Thessalonicher 3,11.12) Während seines Aufenthalts in Thessalonich bemühte sich Paulus sorgfältig darum, solchen Leuten ein gutes Beispiel zu geben. »Denn schon als wir bei euch waren«, schrieb er, »geboten wir euch: Wer nicht arbeiten will, der soll auch nicht essen.« (2. Thessalonicher 3,10)

Zu allen Zeiten benutzte Satan die Strategie, die Arbeit der Diener Gottes zu beeinträchtigen, indem er versuchte, einen Geist der Schwärmerei in die Gemeinde einzuschleusen. So war es zur Zeit von Paulus und auch in späteren Jahrhunderten während der Zeit der Reformation. Wycliff, Luther und viele andere, die der Welt durch ihren Einfluss und ihren Glauben zum Segen wurden, mussten gegen Widerstände und Intrigen ankämpfen, durch die der Teufel übereifrige, unausgeglichene und ungeheiligte Gemüter zum Fanatismus zu verleiten suchte. Irregeleitete Personen lehrten, alle weltlichen Dinge seien unwichtig im Vergleich zum Streben nach wahrer Heiligkeit, und leiteten daraus ihre Rechtfertigung ab, überhaupt nicht zu arbeiten. Andere vertraten extreme Ansichten zu gewissen Bibeltexten und lehrten, Arbeit sei Sünde. Ihrer Meinung nach sollten sich Christen nicht um ihr zeitliches Wohl und um das ihrer Familien kümmern, sondern ihr Leben uneingeschränkt geistlichen Dingen widmen. Die Lehre und das Beispiel des Apostels Paulus sind eine Zurechtweisung für solch extreme Ansichten.

Während seines Aufenthalts in Thessalonich war Paulus für seinen Unterhalt nicht völlig auf die Arbeit seiner Hände angewiesen. Unter Hinweis auf seine dortigen Erfahrungen schrieb er später den Gläubigen in Philippi in dankbarer Anerkennung für die materiellen Gaben, die er von ihnen erhalten hatte:

»Auch nach Thessalonich habt ihr etwas gesandt für meinen Bedarf, einmal und danach noch einmal.« (Philipper 4,16)

Obwohl er diese Unterstützung erhielt, wollte er den Thessalonichern ein gutes Beispiel für Fleiß geben, damit keiner Anlass fände, ihm Habsucht vorzuwerfen. Auch jene, die in Bezug auf körperliche Arbeit fanatische Ansichten vertraten, sollten durch sein praktisches Handeln zurechtgewiesen werden.

Das Vorbild: ein Zeltmacher

Als Paulus Korinth zum ersten Mal besuchte, fand er sich unter Menschen, die den Beweggründen von Fremden misstrauisch gegenüber standen. Die Bewoh-

---

Bevor Paulus ein Jünger Christi wurde, hatte er eine hohe Stellung inne und war für seinen Lebensunterhalt nicht auf körperliche Arbeit angewiesen. Später jedoch, als er all seine Mittel für die Förderung der Sache Christi aufgebraucht hatte, übte er zeitweise seinen Beruf wieder aus, um seinen Lebensunterhalt zu verdienen.

Die Angehörigen der vermögenden Klassen delegieren häufig einfache Arbeiten an ihre Bediensteten. Gewöhnliche Alltagsaufgaben bewerten sie als erniedrigend. Es ist jedoch erwiesen, dass jede Arbeit dem Menschen Würde verleiht. Und es ist stets ein großer Vorteil im Leben, wenn jemand seine Hände zu gebrauchen weiß.

ner der griechischen Küstengebiete waren gewiefte Handelsleute. Sie hatten sich schon so lange unlautere Geschäftspraktiken angewöhnt, dass sie zur Auffassung gelangt waren, Gewinn sei gleichzusetzen mit Frömmigkeit, und Geldverdienen sei aller Anerkennung wert, ganz gleich ob es dabei ehrlich oder unehrlich zugehe. Paulus kannte mittlerweile ihre Eigenheiten und wollte ihnen keinen Anlass geben zu behaupten, er predige das Evangelium, um sich dadurch selbst zu bereichern. Er hätte durchaus von seinen Zuhörern in Korinth Unterstützung beanspruchen können. Bereitwillig verzichtete er jedoch auf dieses Recht, um seine Brauchbarkeit und seinen Erfolg als Prediger nicht durch den ungerechtfertigten Verdacht schädigen zu lassen, er predige das Evangelium in gewinnsüchtiger Absicht. Jeden Angriffspunkt für üble Nachrede und Kritik versuchte er aus dem Wege zu räumen, um seine Botschaft nicht kraftlos zu machen.

Bald nach seiner Ankunft in Korinth traf Paulus »einen Juden mit Namen Aquila, aus Pontus gebürtig; der war mit seiner Frau Priszilla kürzlich aus Italien gekommen.« (Apostelgeschichte 18,2) Die beiden hatten das gleiche Handwerk wie er selbst. Aufgrund des Erlasses des Kaisers Claudius, der sämtliche Juden aus Rom verbannt hatte, waren Aquila und Priszilla nach Korinth gekommen, wo sie sich als Zeltmacher niederließen. Paulus zog Erkundigungen über sie ein und erfuhr, dass sie Ehrfurcht vor Gott hatten und die verderblichen Einflüsse um sich herum mieden. Da suchte er sie auf, »blieb … bei ihnen und arbeitete mit ihnen … Und er lehrte in der Synagoge an allen Sabbaten und überzeugte Juden und Griechen.« (Apostelgeschichte 18,2-4)

Später trafen Silas und Timotheus bei Paulus in Korinth ein. Diese Brüder brachten Geldmittel aus den Gemeinden in Mazedonien zur Unterstützung des Werkes mit.

Seinen zweiten Brief an die Gläubigen zu Korinth schrieb Paulus, nachdem er dort eine starke Gemeinde ins Leben gerufen hatte. Er blickte darin auf seine Lebensweise unter ihnen zurück. »Habe ich gesündigt«, so fragte der Apostel, »als ich mich erniedrigt habe, damit ihr erhöht würdet? Denn ich habe euch das Evangelium Gottes ohne Entgelt verkündigt. Andere Gemeinden habe ich beraubt und

Geld von ihnen genommen, um euch dienen zu können. Und als ich bei euch war und Mangel hatte, fiel ich niemandem zur Last. Denn meinem Mangel halfen die Brüder ab, die aus Mazedonien kamen. So bin ich euch in keiner Weise zur Last gefallen und will es auch weiterhin so halten. So gewiss die Wahrheit Christi in mir ist, so soll mir dieser Ruhm im Gebiet von Achaja nicht verwehrt werden.« (2. Korinther 11,7-10)

Paulus erzählt, warum er in Korinth diesen Weg eingeschlagen hatte. Er wollte nämlich keinen Grund zur Kritik liefern »denen …, die einen Anlass suchen.« (2. Korinther 11,12) Während er seiner Arbeit als Zeltmacher nachgegangen war, hatte er auch treu das Evangelium verkündigt. Er selbst sagt über seine Arbeit: »Es sind ja die Zeichen eines Apostels unter euch geschehen in aller Geduld, mit Zeichen und mit Wundern und mit Taten.« Und er fügt hinzu: »Was ist's, worin ihr zu kurz gekommen seid gegenüber den andern Gemeinden, außer dass ich euch nicht zur Last gefallen bin? Vergebt mir dieses Unrecht! Siehe, ich bin jetzt bereit, zum dritten Mal zu euch zu kommen, und will euch nicht zur Last fallen; denn ich suche nicht das Eure, sondern euch. … Ich aber will gern hingeben und hingegeben werden für eure Seelen.« (2. Korinther 12,12-15)

Während der langen Zeit seines Dienstes in Ephesus, von wo aus er drei Jahre lang in der ganzen Region energisch die Evangeliumsarbeit vorantrieb, arbeitete Paulus ebenfalls in seinem Handwerk. Wie in Korinth konnte sich der Apostel auch in Ephesus über die Anwesenheit von Aquila und Priszilla freuen, die ihn am Ende seiner zweiten Missionsreise nach Asien begleitet hatten.

Einige kritisierten Paulus, weil er sich in einem handwerklichen Beruf abplagte, und erklärten, dies sei nicht zu vereinbaren mit der Tätigkeit eines Predigers des Evangeliums. Warum sollte Paulus, der ein Seelsorger höchsten Ranges war, gewöhnliche Handarbeit mit der Predigt des Wortes verbinden? War der Arbeiter nicht seines Lohnes wert? Warum sollte er für die Anfertigung von Zelten Zeit einsetzen, die augenscheinlich doch zu Besserem genutzt werden konnte?

Paulus aber sah die so genutzte Zeit nicht als verloren an. Während seiner Arbeit bei Aquila blieb er in enger Verbindung mit seinem großen Meister. Er ließ keine Gelegenheit aus, für den Erlöser Zeugnis abzulegen und jenen Menschen zu helfen, die es nötig hatten. Seine Gedanken waren stets darauf ausgerichtet, geistliche Erkenntnis zu erlangen. Seine Arbeitskollegen leitete er in geistlichen Dingen an und war ihnen zugleich ein Beispiel für Fleiß und Gründlichkeit. Er arbeitete zügig und fachkundig, war nicht träge in dem, was zu tun war, »feurig im Geist, dem Herrn zu dienen bereit.« (Römer 12,11 Men.) Durch seine körperliche Tätigkeit fand er Zugang zu einer Menschenschicht, die er sonst nicht hätte erreichen können. Seinen Arbeitskollegen zeigte er, dass Geschicklichkeit auch in

Jemand hat gesagt, dass der Mensch drei Dinge braucht, um glücklich zu sein: Arbeit, Liebe und Hoffnung. Ein Mensch, der nichts zu tun hat, kann nicht glücklich sein. Deshalb rät Paulus den Christen, sich nützlich zu machen, denn »wer nicht arbeiten will, soll auch nicht essen.« (2. Thessalonicher 3,10)

der alltäglichen Berufsarbeit eine Gabe Gottes ist, der sowohl die Fähigkeit verleiht als auch die Weisheit, sie richtig anzuwenden. Paulus lehrte, dass man selbst in alltäglichen Verrichtungen Gott ehren soll. Die von Arbeit gezeichneten Hände taten seinen zu Herzen gehenden Aufrufen als christlicher Prediger keinen Abbruch.

Manchmal arbeitete Paulus Tag und Nacht, nicht nur um seinen eigenen Lebensunterhalt zu bestreiten, sondern auch um seinen Mitarbeitern beizustehen. Seinen Verdienst teilte er mit Lukas, und er unterstützte Timotheus. Er litt sogar zeitweise Hunger, um die Not anderer zu lindern. Er führte ein selbstloses Leben. Gegen Ende seines Missionsdienstes, anlässlich seiner Abschiedsrede vor den Ältesten aus Ephesus, konnte er in Milet seine von harter Arbeit gezeichneten Hände aufheben und sagen:

»Ich habe von niemandem Silber oder Gold oder Kleidung begehrt. Denn ihr wisst selber, dass mir diese Hände zum Unterhalt gedient haben für mich und die, die mit mir gewesen sind. Ich habe euch in allem gezeigt, dass man so arbeiten und sich der Schwachen annehmen muss im Gedenken an das Wort des Herrn Jesus, der selbst gesagt hat: Geben ist seliger als nehmen.« (Apostelgeschichte 20,33-35)

Arbeit, ein Segen für die Menschen

Wenn Mitarbeiter Gottes denken, sie würden im Werk Christi Not und Entbehrung leiden, dann mögen sie doch im Geist die Werkstatt besuchen, in der Paulus gearbeitet hat. Sie sollten bedenken, dass dieser Erwählte Gottes, während er das Zelttuch bearbeitete, für das tägliche Brot kämpfte, das ihm durch sein Wirken als Apostel eigentlich bereits zugestanden wäre.

Arbeit ist ein Segen, kein Fluch. Ein Geist der Trägheit zerstört wahre Frömmigkeit und betrübt den Heiligen Geist. Ein stehender Tümpel ist übelriechend, ein reiner, fließender Bach hingegen verbreitet Gesundheit und Freude im Land. Paulus wusste, dass Menschen, die körperliche Arbeit vernachlässigen, bald geschwächt werden.

Er wollte jungen Verkündigern einprägen, dass sie durch körperliche Arbeit ihre Muskeln und Sehnen betätigen und so stark würden, um Mühsale und Entbehrungen zu ertragen, die während der Evangeliumsarbeit auf sie warteten. Und er war sich bewusst, dass seine eigene Lehrtätigkeit saft- und kraftlos bliebe, wenn er nicht alle Teile des Organismus regelmäßig trainierte.

Wer träge ist, lässt sich die unschätzbare Erfahrung entgehen, die man durch treue Erfüllung der alltäglichen Pflichten gewinnt. Tausende von Menschen leben nur, um die Segnungen zu konsumieren, die Gott ihnen in seiner Gnade zukommen lässt. Sie vergessen, dem Herrn für die Wohltaten zu danken, die er ihnen anvertraut hat. Sie vergessen, dass sie durch weises Handeln mit den Talenten, die Gott ihnen verliehen hat, befähigt werden sollen, diese nicht nur für sich selbst zu nutzen, sondern damit auch anderen zu helfen. Verstünden sie die Aufgabe, die der Herr ihnen als seinen helfenden Händen stellt, würden sie sich der Verantwortung nicht entziehen.

Die Brauchbarkeit junger Leute, die meinen, sie seien von Gott zum Predigen berufen, hängt weithin davon ab, wie sie ihre Arbeit anpacken. Diejenigen, die von Gott für die Verkündigungsarbeit erwählt sind, werden den Beweis für ihre hohe Berufung erbringen und auf jede mögliche Weise versuchen, sich zu fähigen Mitarbeitern zu entwickeln. Sie werden sich anstrengen, Erfahrungen zu sammeln, die sie fähig machen zu planen, zu organisieren und zu handeln. Wenn sie die Heiligkeit ihrer Berufung recht zu würdigen wissen, werden sie durch Selbstdisziplin ihrem Meister immer ähnlicher, und sie werden seine Güte, Liebe und Wahrheit offenbaren. Und wenn sie ernsthaft bestrebt sind, die ihnen anvertrauten Talente zu verbessern, dann sollte die Gemeinde ihnen verständnisvoll helfen.

Nicht jeder, der sich zum Predigen berufen fühlt, sollte ermutigt werden, sich

---

Manchmal arbeitete Paulus Tag und Nacht, nicht nur um seinen eigenen Lebensunterhalt zu bestreiten, sondern auch um seinen Mitarbeitern beizustehen. Seinen Verdienst teilte er mit Lukas, und er unterstützte Timotheus. Er litt sogar zeitweise Hunger, um die Not anderer zu lindern.

Wirken unter Schwierigkeiten

und seine Familie sogleich in die dauerhafte finanzielle Versorgung durch die Gemeinde zu begeben. Es besteht die Gefahr, dass manch einer, der noch wenig Erfahrung hat, durch Schmeicheleien verwöhnt wird und aufgrund unkluger Ermutigung volle Unterstützung erwartet, unabhängig von ernsthaften Anstrengungen seinerseits. Die Mittel, die der Ausbreitung des Werkes Gottes geweiht sind, sollten nicht von Menschen verbraucht werden, die nur deshalb predigen wollen, um versorgt zu sein und um dadurch einen selbstsüchtigen Ehrgeiz nach bequemem Leben zu befriedigen.

Junge Menschen, die ihre Gaben im Predigtamt einsetzen möchten, werden in dem Beispiel des Paulus in Thessalonich, Korinth, Ephesus und anderen Orten eine hilfreiche Lehre finden. Obwohl er ein gewandter Redner und von Gott für eine besondere Aufgabe ausersehen war, stand er nie erhaben über der Arbeit, und nie war er es leid, für die von ihm geliebte Sache Opfer zu bringen. »Bis auf diese Stunde«, so schrieb er an die Korinther, »leiden wir Hunger und Durst und Blöße und werden geschlagen und haben keine feste Bleibe und mühen uns ab mit unsrer Hände Arbeit. Man schmäht uns, so segnen wir; man verfolgt uns, so dulden wir's.« (1. Korinther 4,11.12)

Opferbereitschaft

Paulus, einer der größten Lehrer auf Erden, führte geringste wie höchste Pflichten mit gleicher Freude aus. Wenn es die Umstände in seinem Dienst für den Herrn zu erfordern schienen, arbeitete er willig in seinem Handwerk. Andererseits war er stets bereit, seine weltliche Arbeit beiseite zu legen, um dem Widerstand der Feinde des Evangeliums entgegenzutreten oder eine besondere Gelegenheit zu nutzen, Menschen für Christus zu gewinnen. Sein Eifer und Fleiß sind eine Rüge für Trägheit und das Streben nach Bequemlichkeit.

Durch sein Beispiel stellte sich Paulus gegen die Auffassung, die damals in der Gemeinde an Boden gewann, dass das Evangelium nur von jenen mit Erfolg verkündigt werden könnte, die vom Zwang zu körperlicher Arbeit völlig befreit seien. Er veranschaulichte ganz praktisch, was an vielen Orten durch hingebungsvolle Gemeindeglieder getan werden konnte, wo die Evangeliumswahrheit noch nicht bekannt war. Seine Handlungsweise war für viele einfache Arbeiter ein Ansporn, alles zu tun, was in ihren Kräften stand, um zur Förderung der Sache Gottes beizutragen, wobei sie gleichzeitig durch tägliche Arbeit ihren Lebensunterhalt verdienen konnten. So waren Aquila und Priszilla zwar nicht berufen, ihre ganze Zeit in den Dienst der Evangeliumsverkündigung zu stellen, doch gebrauchte Gott diese demütigen Arbeiter, um Apollos den Weg der Wahrheit noch deutlicher zu zeigen. Der Herr benutzt verschiedene Werkzeuge, um seine Ziele zu erreichen. Während besonders Begabte

Jesus hat alle Christen aufgerufen, das Evangelium zu verkünden. Manche beruft er zu einem vollzeitlichen Dienst. Andere bittet er, neben ihrer Arbeit und ihren familiären Verpflichtungen so viel Zeit wie möglich der Sache des Herrn zu widmen. Paulus ging mit gutem Beispiel voran, wenn immer nötig, arbeitete er mit seinen Händen, dennoch war ihm die Verkündigung des Evangeliums das wichtigste Anliegen.

Teil 5 | Gute Nachricht für alle

Die Brauchbarkeit junger Menschen im Dienst für Gott hängt weitgehend davon ab, wie sie ihre alltäglichen Aufgaben anpacken. Die umsichtige Sorge für Pflanzen und Tiere ist eine gute Schule, in der sie sich darauf vorbereiten können, später gewissenhafte Gemeindearbeit zu leisten.

dazu ausersehen werden, ihre ganze Kraft der Predigt und der Lehre zur Verfügung zu stellen, werden viele andere berufen, einen wichtigen Beitrag zur Rettung von Menschen zu leisten, obwohl ihnen nie die Hände zur Einsegnung aufgelegt worden sind.

Evangeliumsarbeitern, die selbst für ihren Lebensunterhalt sorgen, steht ein weites Feld offen. Viele können wertvolle Erfahrungen im Verkündigungsdienst sammeln, während sie einen Teil ihrer Zeit irgendeiner körperlichen Arbeit widmen. Auf diese Weise können tatkräftige Mitarbeiter für den dringenden Dienst in unterversorgten Gebieten herangebildet werden.

Der Beauftragte Gottes, der sich aufopfert und unermüdlich im Dienst am Wort und an der Lehre arbeitet, trägt eine schwere Last auf dem Herzen. Er misst seine Arbeit nicht nach Stunden. Sein Lohn beeinflusst seine Arbeit nicht. Er lässt sich auch nicht durch ungünstige Umstände von seiner Pflicht abbringen. Vom Himmel hat er seinen Auftrag erhalten, und vom Himmel kommt sein Lohn, wenn die ihm anvertraute Arbeit geleistet ist.

Es ist Gottes Absicht, dass solche Mitarbeiter von unnötigen Sorgen befreit werden, damit sie uneingeschränkt der Aufforderung des Paulus an Timotheus nachkommen können: »Mühe dich um das, was dir aufgetragen ist.« (1. Timotheus 4,15 GNB) Während sie sorgfältig darauf achten sollten, genügend Bewegung zu haben, um Leib und Geist kräftig zu erhalten, ist es doch nicht Gottes Plan, dass sie gezwungen werden, einen beträchtlichen Teil ihrer Zeit mit weltlicher Arbeit zu verbringen.

Gott ist nahe

Auch wenn diese treuen Arbeiter sich willig für das Evangelium »hingeben und hingegeben werden« (vgl. 2. Korinther 12,15), sind sie doch nicht gegen Versuchungen gefeit. Sind sie gehemmt und mit Angst belastet, weil die Gemeinde es versäumt hat, ihnen angemessene finanzielle Unterstützung zu geben, werden einige vom Versucher heftig bedrängt. Es entmutigt sie zu sehen, dass ihr Einsatz so wenig geschätzt wird. Wohl freuen sie sich auf die Zeit, wenn das Gericht ihnen den gerechten Lohn zuerkennen wird, und dies kann sie aufmuntern; doch inzwischen brauchen ihre Familien Nahrung und Kleidung. Wenn sie empfinden könnten, dass sie von ihrem göttlichen Auftrag entbunden sind, würden sie bereitwillig mit ihren Händen arbeiten. Aber sie sind sich bewusst, dass ihre Zeit Gott gehört, trotz der Kurzsichtigkeit derer, die sie ausreichend mit Geldmitteln versorgen sollten. Sie verschließen sich der Versuchung, eine Beschäftigung aufzunehmen, durch die sie bald ihren Lebensunterhalt bestreiten könnten, und sie mühen sich weiter um das Voranbringen jener Sache, die ihnen wichtiger ist als das Leben selbst. Um dies zu tun, können sie jedoch genötigt werden, dem Beispiel des Paulus zu folgen und sich eine Zeit lang mit körperlicher Arbeit zu befassen, während sie ihren geistlichen Dienst weiter ausüben. Dies tun sie nicht, um ihre eigenen Interessen zu fördern, sondern für das Wohl der Sache Gottes auf Erden.

Es gibt Zeiten, in denen es den Mitarbeitern des Herrn unmöglich erscheint, die unbedingt notwendige Arbeit zu leisten, weil die Mittel fehlen, um ein starkes, beständiges Werk voranzutreiben. Manche fürchten, dass sie mit den zur Verfügung stehenden Mitteln nicht all das tun können, was sie als ihre Pflicht ansehen. Wenn sie jedoch im Glauben voranschreiten, wird Gottes Hilfe sichtbar, und ihre Bemühungen werden erfolgreich sein. Derjenige, der seine Nachfolger beauftragt hat, hinzugehen in alle Welt, wird jeden Arbeiter ernähren, der im Gehorsam gegenüber dem göttlichen Befehl seine Botschaft zu verkündigen sucht.

Beim Aufbau seines Werkes ebnet der Herr für seine Mitarbeiter nicht immer den Weg. Manchmal stellt er das Vertrauen seiner Kinder auf die Probe und führt sie in Umstände, die sie zwingen, im Glauben voranzugehen. Oft führt er sie auf schmalen und anstrengenden Wegen und befiehlt ihnen weiterzugehen, während ihre Füße bereits mit den Fluten des Jordans in Berührung kommen. In solchen Situationen, wenn die Gebete seiner Diener in ernstem Glauben zu Gott emporsteigen, geschieht es, dass Gott den Weg vor ihnen frei macht und sie in einen weiten Raum hinausführt.

Wenn die Boten Gottes ihre Verantwortung gegenüber den notleidenden Bereichen im Weinberg des Herrn erkennen und gemäß dem Vorbild ihres großen Meisters unermüdlich für die Bekehrung von Menschen arbeiten, werden die Engel des Herrn vor ihnen den Weg bereiten, und die Mittel, die für die Fortführung des Werkes nötig sind, werden ihnen gegeben. Alle, die das Licht empfangen haben, werden die Arbeit unterstützen, die auch um ihretwillen geschieht. Sie werden großzügig auf jeden Hilferuf reagieren, und der Geist Gottes wird ihr Herz berühren, damit sie die Sache des Herrn nicht nur in ihrem Umfeld, sondern auch darüber hinaus unterstützen. So werden diejenigen gestärkt, die an anderen Orten arbeiten, und das Werk des Herrn wird in den von ihm vorgesehenen Bahnen voranschreiten.

> *Christus, der seine Nachfolger beauftragt hat, hinzugehen in alle Welt, wird jeden Arbeiter ernähren, der im Gehorsam gegenüber dem göttlichen Befehl seine Botschaft zu verkündigen sucht.*

Kapitel 34 Volle Hingabe

2. Korinther 6,1-10; Kolosser 1,24 – 2,3; 1. Timotheus 6,6-19

Dem Herrn treu zu sein bedeutet, Verantwortung zu übernehmen. Das ist kein leichter Weg. Der Feind Gottes lässt heftige Unwetter vor dem niedergehen, der Gott dienen will. Aber wer bereit ist, unter Umständen auch Opfer zu bringen, wird am Ende gewinnen. »Weinend gehen sie hin und streuen die Saat aus, jubelnd kommen sie heim und tragen ihre Garben.« (Psalm 126,6 GNB)

Christus hat durch sein Leben und Lehren ein vollkommenes Beispiel selbstlosen Dienens gegeben, das seinen Ursprung in Gott hat. Gott lebt nicht für sich selbst. Durch die Erschaffung der Welt und durch die Erhaltung aller Dinge dient er beständig anderen. »Er lässt seine Sonne aufgehen über Böse und Gute und lässt regnen über Gerechte und Ungerechte.« (Matthäus 5,45) Dieses Ideal des Dienens hat der Vater seinem Sohn übergeben. Jesus hat den Auftrag erhalten, an der Spitze der Menschheit zu stehen und durch sein Beispiel zu lehren, was Dienen heißt. Sein ganzes Leben stand unter dem Gesetz des Dienens. Er diente und half allen.

Verantwortung für die Geschwister

Immer wieder hat Jesus versucht, diesen Grundsatz bei seinen Jüngern zu verankern. Als Jakobus und Johannes ihn um eine bevorzugte Stellung baten, sagte er: »Wer unter euch groß sein will, der sei euer Diener; und wer unter euch der Erste sein will, der sei euer Knecht, so wie der Menschensohn nicht gekommen ist, dass er sich dienen lasse, sondern dass er diene und gebe sein Leben zu einer Erlösung für viele.« (Matthäus 20,26-28)

Seit seiner Himmelfahrt führt Christus sein Werk auf Erden durch auserwählte Mitarbeiter weiter. Durch sie spricht er zu den Menschen und sorgt für ihre Bedürfnisse. Das Oberhaupt der Gemeinde leitet sein Werk durch Menschen, die von Gott dazu berufen sind, als seine Vertreter zu handeln.

Menschen, die von Gott dazu berufen sind, durch Wort und Lehre den Aufbau der Gemeinde voranzutreiben, tragen eine grosse Verantwortung. An Christi Stelle sollen sie Männer und Frauen eindringlich bitten, sich mit Gott zu versöhnen. Ihren Auftrag können sie aber nur erfüllen, wenn sie Weisheit und Kraft von oben empfangen.

Die Beauftragten Christi sind geistliche Hüter für Menschen, die ihrer Fürsorge anvertraut sind. Ihre Tätigkeit gleicht der von Wächtern. In alten Zeiten wurden auf Stadtmauern oft Wachen aufgestellt, die von günstigen Aussichtspunkten aus wichtige Stellen überblicken konnten, die gesichert werden sollten. So waren sie in der Lage, vor dem Herannahen eines Feindes zu warnen. Die Sicherheit aller Bürger der Stadt hing von der Pflichttreue dieser Wächter ab. In bestimmten Zeitabständen mussten sie einander zurufen, um sicherzugehen, dass alle wach waren und niemandem etwas zugestoßen war. Der Zuruf zur Aufmunterung oder Warnung wurde von einem zum anderen weitergegeben, bis er die Runde um die ganze Stadt gemacht hatte.

Der Herr ruft jedem Seelsorger zu: »Du Menschenkind, ich habe dich zum Wächter gesetzt über das Haus Israel. Wenn du etwas aus meinem Munde hörst, sollst du sie in meinem Namen warnen. Wenn ich nun zu dem Gottlosen sage: Du Gottloser musst des Todes sterben!, und du sagst ihm das nicht, um den Gottlosen vor seinem Wege zu warnen, so wird er, der Gottlose, um seiner Sünde willen sterben, aber sein Blut will ich von deiner Hand fordern. Warnst du aber den Gottlosen vor seinem Wege, dass er von ihm umkehre, und er will von seinem Wege nicht umkehren, so wird er um seiner Sünde willen sterben, aber du hast dein Leben errettet.« (Hesekiel 33,7-9)

Die Worte des Propheten zeigen die ernste Verantwortung derer, die zu Wächtern über die Gemeinde, zu Haushaltern der Geheimnisse Gottes bestimmt worden sind. Als Wachsoldaten auf den Mauern Zions müssen sie beim Herannahen des Feindes den Alarmruf erschallen lassen. Menschen laufen Gefahr, der Versuchung zu erliegen, und sie werden verloren gehen, wenn Gottes Diener ihrer Verantwortung nicht treu nachkommen. Ist das geistliche Empfindungsvermögen eines Wächters aus irgendeinem Grunde so betäubt, dass er Gefahren nicht erkennen kann, und kommen die Menschen deshalb um, weil er nicht gewarnt hat, so wird Gott das Blut der Verlorenen von ihm fordern.

Für die Wächter auf den Mauern Zions ist es ein Vorrecht, in so enger Beziehung mit Gott zu leben und für die Prägung durch den Heiligen Geist so empfänglich sein zu dürfen. Durch sie warnt er Männer und Frauen vor den Gefahren, die ihnen drohen, und weist sie auf den Ort hin, an dem sie sicher sind. Beharrlich sollen sie Menschen vor den sicheren Folgen der Übertretung warnen, und gewissenhaft sollen sie das Wohl der Gemeinde im Auge behalten. Zu keiner Zeit dürfen sie in ihrer Wachsamkeit nachlassen. Ihre Arbeit erfordert den Einsatz all ihrer Fähigkeiten. Ihre Stimmen sollen wie der laute Klang einer Posaune tönen, und nie sollen sie auch nur einen schwankenden, undeutlichen Ton erzeugen. Nicht für den Lohn sollen sie arbeiten, sondern weil sie nicht anders können, denn ihnen ist klar, dass ein »Wehe!« auf ihnen liegt, wenn sie das Evangelium nicht verkünden. Von Gott erwählt und durch das Blut Christi erkauft, sollen sie Männer und Frauen vor dem bevorstehenden Untergang bewahren.

Die Verbindung zu Gott und den Menschen

Der Seelsorger, der ein Mitarbeiter Christi ist, wird ein tiefes Verständnis für die Heiligkeit seines Auftrags haben und für die Mühe und Aufopferung, die nötig ist, um ihn erfolgreich auszuführen. Er hat nicht seine eigene Behaglichkeit und Bequemlichkeit im Sinn. Er stellt sein Ich nicht in den Mittelpunkt. Bei seiner Suche nach dem verlorenen Schaf achtet er nicht darauf, wenn er selbst müde und hungrig ist oder wenn es kalt wird. Er hat nur ein Ziel vor Augen: die Rettung der Verlorenen.

Wer unter dem Banner Christi dienen will, wird sich vor Aufgaben gestellt sehen, die heldenhafte Anstrengung und geduldiges Ausharren verlangen. Doch der Kämpfer für das Kreuz steht unverzagt an vorderster Front. Wenn der Feind ihn be-

---

Jesus sagte: »Wer unter euch groß sein will, der sei euer Diener; und wer unter euch der Erste sein will, der sei euer Knecht, so wie der Menschensohn nicht gekommen ist, dass er sich dienen lasse, sondern dass er diene und gebe sein Leben zu einer Erlösung für viele.«
Matthäus 20,26-28

stürmt, wendet er sich um Hilfe an seine feste Burg. Indem er sich auf die Worte der Verheißungen seines Herrn beruft, erhält er Kraft für die Pflichten der Stunde. Er ist sich bewusst, dass er Stärke von oben benötigt. Die Siege, die er erringt, führen ihn nicht zu Selbstverherrlichung, sondern veranlassen ihn, sich immer mehr auf den Allmächtigen zu stützen. Indem er sich auf diese Macht verlässt, wird er befähigt, die Botschaft der Erlösung so überzeugend darzustellen, dass sie in den Herzen anderer Menschen Widerhall findet.

Wer das Wort Gottes lehrt, muss selbst durch Gebet und Forschen in der Schrift in bewusster, beständiger Gemeinschaft mit Gott leben. Hierin liegt die Quelle seiner Stärke. Durch Gemeinschaft mit Gott wird dem Mitarbeiter bei seinem Einsatz eine Kraft zuteil, die mächtiger ist als die Wirkung seiner Verkündigung. Er kann es sich nicht leisten, auf diese Kraft zu verzichten. Mit anhaltender Ernsthaftigkeit muss er Gott bitten, ihm für die Pflichterfüllung Kraft und in Anfechtungen Festigkeit zu verleihen und seine Lippen mit glühender Kohle zu berühren (vgl. Jesaja 6,6.7). Christi Botschafter klammern sich oft viel zu wenig an die ewigen Dinge. Wenn Menschen mit Gott wandeln wollen, wird er ihnen wie in einer Felskluft Schutz bieten (vgl. 2. Mose 33,18-23). So geborgen, können sie Gott sehen, genauso wie Mose ihn sah. Durch die Kraft und das Licht, das er verleiht, können sie mehr verstehen und mehr vollbringen, als sie mit ihrem begrenzten Urteilsvermögen für möglich halten.

Bei Niedergeschlagenen erzielt Satan mit seiner List den größten Erfolg. Ein Wortverkündiger, der in der Gefahr steht, den Mut zu verlieren, soll seine Nöte Gott unterbreiten. Wenn Paulus bemerkte, dass sich schwarze Wolken am Himmel auftürmten, setzte der Apostel sein größtes Vertrauen in Gott. Mehr als die meisten Menschen wusste er, was Anfechtungen wirklich bedeuten. Hören wir doch seinen Siegesruf, als Versuchungen und Konflikte ihn umlagerten und er seinen Blick himmelwärts richtete: »Unsre Trübsal, die zeitlich und leicht ist, schafft eine ewige und über alle Maßen gewichtige Herrlichkeit, uns, die wir nicht sehen auf das Sichtbare, sondern auf das Unsichtbare.« (2. Korinther 4,17.18) Paulus konzentrierte sich stets auf das Unsichtbare und Ewige. Weil er wusste, dass er gegen übernatürliche Mächte kämpfte, setzte er sein Vertrauen ganz auf Gott, und darin lag seine Kraft. Stärke und seelische Spannkraft erhält, wer den Unsichtbaren sieht. Auf diese Weise wird der Einfluss der Welt auf die Gedanken und den Charakter gebrochen.

Ein Seelsorger sollte regelmäßigen Kontakt zu den Leuten pflegen, für die er arbeitet. Wenn er mit ihnen vertraut wird, weiß er bald, wie er seine Verkündigung ihren Bedürfnissen anpassen kann. Nachdem er seine Predigt gehalten hat, beginnt die eigentliche Arbeit. Persönlicher Einsatz ist nun gefragt. Er sollte die Menschen in ihren Heimen aufsuchen, mit ihnen in aller Ernsthaftigkeit und Demut sprechen und beten. Es gibt Familien, die nie durch die Wahrheit des Wortes erreicht werden können, es sei denn, die Diener Gottes betreten ihre Häuser und weisen ihnen den Weg zum Himmel. Aber die Herzen jener, die diese Arbeit tun, müssen im Einklang mit dem Herzen Christi schlagen.

Das Gebot »Geh hinaus auf die Landstraßen und an die Zäune und nötige sie hereinzukommen, dass mein Haus voll werde« (Lukas 14,23), schließt vieles ein. Gottes Mitarbeiter sollen die Wahrheit in Hauskreisen verkündigen und denen nahe kommen, für die sie wirken. Indem sie so mit Gott zusammenarbeiten, wird er sie mit geistlicher Vollmacht ausstatten. Christus wird sie in ihrer Arbeit leiten und ihnen Worte in den Mund legen, die tief in die Herzen der Zuhörer eindringen. Jeder Seelsorger sollte mit Paulus sagen können: »Ich habe nicht unterlassen, euch den ganzen Ratschluss Gottes zu verkündigen.« (Apostelgeschichte 20,27) »Ich habe euch nichts vorenthalten, was nützlich ist, dass ich's euch nicht verkündigt und gelehrt hätte, öffentlich und in den Häusern, und habe … bezeugt die Umkehr zu Gott und den Glauben an unsern Herrn Jesus.« (Apostelgeschichte 20,20.21)

»Wer in den Krieg zieht«, sagte Paulus, »verwickelt sich nicht in Geschäfte des täglichen Lebens, damit er dem gefalle, der ihn angeworben hat.«

2. Timotheus 2,4

Damit betonte der Apostel, wie notwendig es für einen Seelsorger ist, sich rückhaltlos seinem Meister zur Verfügung zu stellen.

Ungeteilter Einsatz

Der Erlöser ging von Haus zu Haus. Er heilte Kranke, tröstete Traurige, half Leidenden und richtete Niedergeschlagene auf. Er nahm die kleinen Kinder in seine Arme und segnete sie, während er Worte der Hoffnung und des Trostes an ihre erschöpften Mütter richtete. In nie versiegender Liebe und Zärtlichkeit begegnete er jedem menschlichen Kummer und Leid. Er arbeitete für andere, nicht für sich selbst. Er war der Knecht aller. Es war ihm ein innerstes Bedürfnis, all denen Hoffnung und Stärke zu vermitteln, die ihm begegneten. Wenn Männer und Frauen die Wahrheit aus seinem Mund hörten, die sich so grundlegend von den Überlieferungen und Glaubenslehren der Rabbiner unterschieden, erwachte in ihren Herzen Hoffnung. Der tiefe Ernst seiner Lehren verlieh seinen Worten eine Kraft, die alle Sünden aufdeckte.

Mitarbeiter Gottes müssen Christi Arbeitsmethoden lernen, um aus seinem Wort heraus auf die geistlichen Bedürfnisse derer einzugehen, für die sie arbeiten. Nur so werden sie ihrem Auftrag gerecht. Derselbe Geist, der in Christus wohnte, als er die Menschen lehrte, soll auch die beständige Quelle ihres Wissens und das Geheimnis ihrer Kraft sein. Dadurch werden sie befähigt, das Werk des Erlösers in der Welt fortzuführen.

Manche, die im Predigtamt tätig waren, sind erfolglos geblieben, weil sie dem Werk des Herrn nicht ihre ungeteilte Aufmerksamkeit geschenkt haben. Prediger sollten neben ihrer Aufgabe, Menschen zum Erlöser zu führen, keine privaten Angelegenheiten verfolgen, die sie ganz in Anspruch nehmen. Die Fischer, die Christus gerufen hatte, verließen umgehend ihre Netze und folgten ihm nach. Prediger können keine annehmbare Arbeit für Gott tun und zugleich die Last großer privater Geschäftsunternehmen tragen, ohne dass ihre geistliche Wahrnehmung getrübt wird. Geist und Herz sind mit irdischen Dingen beschäftigt, und der Dienst für Christus nimmt einen untergeordneten Platz ein. Solche Prediger versuchen, ihre Arbeit für Gott den Umständen anzupassen, anstatt die Umstände so zu gestalten, dass sie Gottes Anforderungen entsprechen.

Ein Mitarbeiter Gottes benötigt seine ganze Tatkraft, um seiner hohen Berufung gerecht zu werden. Seine besten Kräfte gehören Gott. Er sollte sich nicht auf Spekulationsgeschäfte oder andere Unternehmungen einlassen, die ihn von der Erfüllung seiner großen Aufgabe abhalten würden. »Wer in den Krieg zieht«, sagte Paulus, »verwickelt sich nicht in Geschäfte des täglichen Lebens, damit er dem gefalle, der ihn angeworben hat.« (2. Timotheus 2,4) Damit betonte der Apostel, wie notwendig es für einen Seelsorger ist, sich rückhaltlos seinem Meister zur Verfügung zu stellen. Ein Seelsorger, der sich vollkommen Gott weiht, lehnt Geschäftstätigkeiten ab, die ihn davon abhalten, sich ganz seiner heiligen Berufung zu widmen. Er strebt nicht nach irdischen Ehren oder Reichtümern. Seine einzige Absicht ist es, anderen von dem Erlöser zu erzählen, der sich selbst dahingegeben hat, um den Menschen die Reichtümer des ewigen Lebens zu bringen. Sein größter Wunsch ist nicht, in dieser Welt Schätze anzuhäufen, sondern die Gleichgültigen und Ungetreuen auf ewige Wahrheiten aufmerksam zu machen. Er mag aufgefordert werden, sich an Unternehmungen zu beteiligen, die reichen finanziellen Gewinn versprechen. Aber solchen Versuchungen hält er die Antwort entgegen: »Was hülfe es dem Menschen, wenn er die ganze Welt gewönne und nähme an seiner Seele Schaden?« (Markus 8,36)

Mit einem ähnlich verlockenden Angebot trat Satan an Christus heran. Wäre Jesus darauf eingegangen, das wusste Satan, hätte die Welt nie gerettet werden können. Auch heute bietet er Gottes Beauftragten in unterschiedlicher Form dieselbe Versuchung an, weil er weiß, dass diejenigen, die ihr erliegen, ihrem Auftrag untreu werden.

Gott will nicht, dass seine Mitarbeiter sich dafür engagieren, reich zu werden. Diesbezüglich schrieb Paulus an Timotheus: »Geldgier ist eine Wurzel alles Übels; danach hat einige gelüstet, und sie sind

> *Ein Mitarbeiter Gottes sollte sich nicht auf Spekulationsgeschäfte oder andere Unternehmungen einlassen, die ihn von der Erfüllung seiner großen Aufgabe abhalten würden.*

> *Paulus ließ keine Gelegenheit aus, von dem Erlöser zu erzählen oder den Hilfsbedürftigen beizustehen. Er zog von Ort zu Ort, predigte das Evangelium und gründete Gemeinden.*

vom Glauben abgeirrt und machen sich selbst viel Schmerzen. Aber du, Gottesmensch, fliehe das! Jage aber nach der Gerechtigkeit, der Frömmigkeit, dem Glauben, der Liebe, der Geduld, der Sanftmut!« (1. Timotheus 6,10.11) Durch sein eigenes Beispiel und durch klare Anweisung soll der Botschafter Christi den Reichen in dieser Welt gebieten, »dass sie nicht stolz seien, auch nicht hoffen auf den unsicheren Reichtum, sondern auf Gott, der uns alles reichlich darbietet, es zu genießen; dass sie Gutes tun, reich werden an guten Werken, gerne geben, behilflich seien, sich selbst einen Schatz sammeln als guten Grund für die Zukunft, damit sie das wahre Leben ergreifen.« (1. Timotheus 6,17-19)

Das Beispiel von Paulus

Die Erfahrungen des Apostels Paulus und seine Anleitungen für die segensreiche Arbeit eines Seelsorgers sind Quellen der Hilfe und der Inspiration für alle, die im Evangeliumsdienst stehen. Das Herz des Apostels brannte vor Liebe zu den Sündern. Um Menschen das Erlösungsangebot Christi zu bringen, setzte er all seine Kräfte ein. Kein Mitarbeiter im Werk Gottes war je so selbstlos und ausdauernd. Jede Segnung, die er selbst erfahren hatte, schätzte er als eine Möglichkeit, andere zu segnen. Keine Gelegenheit ließ er aus, von dem Erlöser zu erzählen oder den Hilfsbedürftigen beizustehen. Er zog von Ort zu Ort, predigte das Evangelium und gründete Gemeinden. Wo immer er Gehör fand, versuchte er, bestehendes Unrecht zu beseitigen und Männer und Frauen auf den Weg der Rechtschaffenheit zu führen.

Paulus vergaß die Gemeinden nicht, die er gegründet hatte. Nach einer Missionsreise kehrten er und Barnabas jeweils auf demselben Weg zurück. Sie besuchten erneut die Gemeinden, die sie ins Leben gerufen hatten, und erwählten aus ihnen Männer, die sie zur Mitarbeit bei der Verkündigung des Evangeliums ausbilden konnten. Dieser Aspekt der paulinischen Arbeitsweise enthält eine wichtige Lehre für heutige Prediger. Der Apostel machte es zum Bestandteil seines Dienstes, junge Leute für das Predigtamt auszubilden. Er nahm sie auf seine Missionsreisen mit, sodass sie eine Erfahrung gewannen, die sie später befähigte, verantwortliche Positionen zu übernehmen. War er dann wieder von ihnen getrennt, blieb er dennoch weiter in Verbindung mit ihrer Arbeit. Seine Briefe an Timotheus und Titus belegen, wie sehr er sich danach sehnte, dass auch sie Erfolg haben würden.

Erfahrene Arbeiter vollbringen heutzutage ein edles Werk, wenn sie nicht versuchen, alle Lasten selbst zu tragen, sondern jüngere Mitarbeiter ausbilden und ihnen Verantwortung übertragen.

Paulus vergaß die Verantwortung nie, die auf ihm als einem Mitarbeiter Christi ruhte. Sollten Menschen aufgrund von Untreue seinerseits verloren gehen, würde Gott von ihm Rechenschaft fordern. »Ihr Diener bin ich geworden durch das Amt, das Gott mir gegeben hat, dass ich euch sein Wort reichlich predigen soll, nämlich das Geheimnis, das verborgen war seit ewigen Zeiten und Geschlechtern, nun aber ist es offenbart seinen Heiligen, denen Gott kundtun wollte, was der herrliche Reichtum dieses Geheimnisses unter den Heiden ist, nämlich Christus in euch, die Hoffnung der Herrlichkeit. Den verkündigen wir und ermahnen alle Menschen und lehren alle Menschen in aller Weisheit, damit wir einen jeden Menschen in Christus vollkommen machen. Dafür mühe ich mich auch ab und ringe in der Kraft dessen, der in mir kräftig wirkt.« (Kolosser 1,25-29)

Diese Worte stecken dem Mitarbeiter Christi ein hohes Ziel; und dieses Ziel kann jeder erreichen, der sich unter die Herrschaft des großen Meisters stellt und täglich in der Schule Christi lernt. Gottes Kraft ist unbegrenzt, und der Prediger, der sich in seiner großen Not ganz auf den Herrn verlässt, darf sicher sein, dass er von ihm das erhält, was seinen Zuhörern den Weg zum ewigen Leben weist.

Paulus zeigt in seinen Schriften, dass der Prediger des Evangeliums die Wahrheiten, die er lehrt, selbst ausleben sollte: »Wir geben in nichts irgendeinen Anstoß, damit unser Amt nicht verlästert werde.«

Im Brief an die Korinther hat er uns ein Bild von seinem eigenen Dienst hinterlassen: »In allem erweisen wir uns als Diener Gottes: in großer Geduld, in Trübsalen, in Nöten, in Ängsten, in Schlägen, in Gefängnissen, in Verfolgungen, in Mühen, im Wachen, im Fasten, in Lauterkeit, in Erkenntnis, in Langmut, in Freundlichkeit, im Heiligen Geist, in ungefärbter Liebe, in dem Wort der Wahrheit, in der Kraft Gottes, mit den Waffen der Gerechtigkeit zur Rechten und zur Linken, in Ehre und Schande; in bösen Gerüchten und guten Gerüchten, als Verführer und doch wahrhaftig; als die Unbekannten, und doch bekannt; als die Sterbenden, und siehe, wir leben; als die Gezüchtigten, und doch nicht getötet; als die Traurigen, aber allezeit fröhlich; als die Armen, aber die doch viele reich machen.« (2. Korinther 6,3-10)

An Titus schrieb er: »Desgleichen ermahne die jungen Männer, dass sie besonnen seien in allen Dingen. Dich selbst aber mache zum Vorbild guter Werke, mit unverfälschter Lehre, mit Ehrbarkeit, mit heilsamem und untadeligem Wort, damit der Widersacher beschämt werde und nichts Böses habe, das er uns nachsagen kann.« (Titus 2,6-8)

Mitarbeiter Gottes

In den Augen Gottes gibt es nichts Wertvolleres als seine Prediger, die in unbetretenen Gegenden der Welt die Saat der Wahrheit ausstreuen. Niemand als Christus allein kann die Sorge dieser Gottesmänner ermessen, die nach den Verlorenen suchen. Gott verleiht ihnen seinen Geist, und durch ihre Bemühungen werden Sünder veranlasst, von der Sünde zur Rechtschaffenheit umzukehren.

Gott ruft Menschen, die bereit sind, ihren Besitz, ihre Geschäfte, wenn nötig ihre Familien zu verlassen, um Missionare für ihn zu werden. Die Antwort auf diesen Ruf bleibt nicht aus. In der Vergangenheit wurden oft Männer von der Liebe Christi und der Not der Verlorenen getrieben, die Annehmlichkeiten ihrer Heime und ihre Freunde, ja selbst Frau und Kinder zu verlassen, um in wenig zivilisierten Ländern die Rettungsbotschaft zu verkünden. Viele haben dabei ihr Leben verloren, aber andere wurden erweckt, um das Werk fortzuführen. So ist die Sache Christi Schritt für Schritt vorangegangen, und die Saat, die mit Kummer ausgestreut worden war, hat eine reiche Ernte hervorgebracht. Das Wissen um den Schöpfer und die Erlösungsmöglichkeit durch den Gekreuzigten konnte in früher unzivilisierten Ländern verbreitet werden.

Selbst für die Rettung eines einzigen Sünders sollte sich der Seelsorger bis zum Äußersten einsetzen. Jeder Mensch, den Gott geschaffen und durch Christus erlöst hat, ist von höchstem Wert. In ihm schlummern von Gott gegebene geistliche Fähigkeiten, die durch das Wort Gottes belebt werden können. Durch die Hoffnung, die das Evangelium dem Menschen bietet, kann er unsterblich werden. Wenn Christus die neunundneunzig Schafe verließ, um das eine verlorene zu suchen, haben wir dann das Recht, weniger zu tun? Ist es nicht eine Beleidigung Gottes und ein Verrat an seinem heiligen Auftrag, wenn wir nicht ebenso arbeiten wie Christus und uns so aufopfern, wie er es tat?

Das Herz des wahren Mitarbeiters Gottes ist von einem tiefen Verlangen erfüllt, Menschen zu retten. Er opfert seine Zeit und schont seine Kräfte nicht. Keine noch so mühevolle Anstrengung ist ihm zuviel, denn andere müssen die Wahrheiten erfahren, die ihm selbst so viel Frohsinn, Frieden und Freude gebracht haben. Der Geist Christi ruht auf ihm. Ein solcher Mitarbeiter hält Ausschau nach verlorenen Menschen wie jemand, der Rechenschaft ablegen muss. Er arbeitet für Gott, während er seinen Blick auf das Kreuz von Golgatha richtet, auf den erhöhten Erlöser. Er vertraut Christi Gnade und glaubt, dass der Herr als sein Schild, seine Stärke und Kraft bis zum Ende bei ihm sein wird. Er lädt Menschen ein und nötigt sie zu kommen, indem er ihnen versichert, dass Gott sie liebt. So sucht er Menschen für Christus zu gewinnen, während er im Himmel zu den »Berufenen und Auserwählten und Gläubigen« (Offenbarung 17,14) gezählt wird.

> *Jeder Mensch, den Gott geschaffen und durch Christus erlöst hat, ist von höchstem Wert. In ihm schlummern von Gott gegebene geistliche Fähigkeiten, die durch das Wort Gottes belebt werden können.*

Kapitel 35 Einsatz für die Juden

Römer 9 – 11

Die Botschaft von der Rechtfertigung des Sünders durch den Glauben an Christus ist mit einem mächtigen Leuchtturm vergleichbar, der jedem Menschen den Weg zur Erlösung zeigt. Viele Juden glaubten fälschlicherweise, Erlösung könne durch gute Taten erreicht werden. Dem Apostel Paulus lag sein Volk sehr am Herzen, und er bemühte sich, den Menschen begreiflich zu machen, dass sie ohne ihr Zutun, allein durch das Blut Christi, das am Kreuz für sie vergossen wurde, erlöst werden können.

Nach vielen unvermeidlichen Verzögerungen erreichte Paulus schließlich Korinth, den Ort, der ihm in der Vergangenheit so viel Mühe, zeitweilig sogar ernste Sorgen bereitet hatte. Er stellte fest, dass viele der ersten Gläubigen ihn immer noch mit Zuneigung als den achteten, der ihnen als Erster die frohe Botschaft von der Erlösung gebracht hatte. Als er diese Jünger begrüßte und die Beweise ihrer Treue und ihres Eifers sah, freute er sich, dass sein Wirken in Korinth nicht vergeblich gewesen war.

Die korinthischen Gläubigen, die damals ihre hohe Berufung in Christus aus den Augen zu verlieren drohten, hatten christliche Charakterstärke entwickelt. Ihre Worte und Taten offenbarten die umwandelnde Kraft der Gnade Gottes, und nun waren sie in jenem Zentrum des Heidentums und des Aberglaubens eine starke Macht zum Guten. In der Gemeinschaft mit seinen geliebten Freunden und diesen treuen Bekehrten fand der Apostel wieder Ruhe für seine erschöpfte und geängstigte Seele.

Eine Botschaft für Juden und Heiden

Während seines Aufenthalts in Korinth fand Paulus auch Zeit, sich auf neue, größere Aufgabenfelder einzustellen. Er beschäftigte sich vor allem mit seiner bevorstehenden Reise nach Rom. Besonders wünschte er sich mitzuerleben, dass der christliche Glaube im bedeutendsten Zentrum der damals bekannten Welt ein festes Fundament fand. In Rom war bereits eine Gemeinde gegründet worden, und dem Apostel ging es darum, die dortigen Gläubigen zur Mitarbeit an dem Werk zu gewinnen, das in Italien und in anderen Ländern getan werden sollte.

Um sein Wirken unter diesen Brüdern vorzubereiten, von denen viele für ihn noch fremd waren, sandte er ihnen einen Brief. Darin kündigte er seine Absicht an, Rom zu besuchen, und gab zugleich seiner Hoffnung Ausdruck, das Banner des Kreuzes auch in Spanien aufzurichten.

In seinem Brief an die Römer zeigte Paulus die großartigen Grundsätze des Evangeliums auf. Er bezog deutlich Position in Fragen, die sowohl die judenchristlichen als auch die heidenchristlichen Gemeinden bewegten. Auch zeigte er, dass die Hoffnungen und Verheißungen, die einst besonders den Juden gegolten hatten, nun auch den Heiden angeboten wurden.

Sehr deutlich und nachdrücklich stellte der Apostel die Lehre von der Rechtfertigung durch den Glauben an Christus vor. Er hoffte, auch anderen Gemeinden durch die Unterweisungen, die er an die Christen nach Rom gesandt hatte, helfen zu können. Wie wenig konnte er jedoch die weitreichende Wirkung seiner Worte voraussehen! Seit damals und durch alle Zeitalter hindurch hat die großartige Wahrheit von der Rechtfertigung durch den Glauben wie ein starkes Leuchtfeuer die reuigen Sünder auf den Weg des Lebens hingewiesen. Dieses Licht hat die Finsternis vertrieben, von der Luther in seinem Denken umgeben war. Es hat ihm die Macht des Blutes Christi offenbart, den Menschen von der Sünde zu reinigen. Dasselbe Licht hat schon Tausende von sündenbeladenen Menschen zu der wahren Quelle der Vergebung und des Friedens geführt. Jeder Christ hat Anlass, Gott für den Brief an die Gemeinde in Rom zu danken.

In diesem Brief äußerte sich Paulus offen über die Verantwortung, die er für die Juden in seinem Herzen verspürte. Seit seiner Bekehrung hatte er sehnlichst gehofft, seinen jüdischen Brüdern zu einem klaren Verständnis der Evangeliumsbotschaft zu verhelfen.

»Meines Herzens Wunsch ist«, so erklärte er, »und ich flehe auch zu Gott für sie, dass sie gerettet werden.« (Römer 10,1)

Was der Apostel empfand, war kein gewöhnlicher Wunsch. Beständig flehte er zu Gott, den Israeliten die Augen zu öffnen, die in Jesus von Nazareth nicht den verheißenen Messias erkannt hatten.

»Ich sage die Wahrheit in Christus und lüge nicht«, versicherte er den Gläubigen in Rom, »wie mir mein Gewissen bezeugt im Heiligen Geist, dass ich große Traurigkeit und Schmerzen ohne Unterlass in meinem Herzen habe. Ich selber wünschte, verflucht und von Christus getrennt zu sein für meine Brüder, die meine Stammverwandten sind nach dem Fleisch, die Israeliten sind, denen die Kindschaft gehört und die Herrlichkeit und die Bundesschlüsse und das Gesetz und der Gottesdienst und die Verheißungen, denen auch die Väter gehören, und aus denen Christus herkommt nach dem Fleisch, der da ist Gott über alles, gelobt in Ewigkeit.« (Römer 9,1-5)

Die Juden waren Gottes auserwähltes Volk, durch das er die ganze Menschheit hatte segnen wollen. Aus ihren Reihen hatte Gott viele Propheten erweckt. Sie hatten das Kommen eines Erlösers vorhergesagt, der von denen verworfen und getötet werden würde, die in ihm als Erste den Verheißenen hätten erkennen können.

Jesaja wurde in einer Vision über die späteren Jahrhunderte gezeigt, dass ein Prophet nach dem anderen und schließlich auch der Sohn Gottes abgelehnt und missachtet werden würde. Dann erhielt er den Auftrag niederzuschreiben, dass der Erlöser von denen angenommen werden würde, die nie zuvor zu den Kindern Israel gezählt worden waren. Paulus bezog sich auf diese Weissagung, als er erklärte:

»Jesaja aber wagt zu sagen (Jesaja 65,1): Ich ließ mich finden von denen, die mich nicht suchten, und erschien denen, die nicht nach mir fragten. Zu Israel aber spricht er (Jesaja 65,2): Den ganzen Tag habe ich meine Hände ausgestreckt nach dem Volk, das sich nichts sagen lässt und widerspricht.« (Römer 10,20.21)

Die Übrigen von Israel

Obwohl Israel den Sohn Gottes abgelehnt hatte, wandte sich Gott doch nicht

Während seines Aufenthalts in Korinth fand Paulus auch Zeit, sich auf neue, größere Aufgabenfelder einzustellen. Er beschäftigte sich vor allem mit seiner bevorstehenden Reise nach Rom. Um sein Wirken unter diesen Brüdern vorzubereiten, sandte er ihnen einen Brief.

von ihm ab. Hören wir, wie Paulus in seiner Argumentation fortfährt: »So frage ich nun: Hat denn Gott sein Volk verstoßen? Das sei ferne! Denn ich bin auch ein Israelit, vom Geschlecht Abrahams, aus dem Stamm Benjamin. Gott hat sein Volk nicht verstoßen, das er zuvor erwählt hat. Oder wisst ihr nicht, was die Schrift sagt von Elia, wie er vor Gott tritt gegen Israel und spricht (1. Könige 19,10): ›Herr, sie haben deine Propheten getötet und haben deine Altäre zerbrochen, und ich bin allein übrig geblieben, und sie trachten mir nach dem Leben.‹ Aber was sagt ihm die göttliche Antwort? (1. Könige 19,18): ›Ich habe mir übrig gelassen siebentausend Mann, die ihre Knie nicht gebeugt haben vor dem Baal.‹ So geht es auch jetzt zu dieser Zeit, dass einige übrig geblieben sind nach der Wahl der Gnade.« (Römer 11,1-5)

Israel war zwar gestolpert und gefallen, doch dies hat ihm nicht die Möglichkeit genommen, wieder aufzustehen.

Auf die Frage »Sind sie gestrauchelt, damit sie fallen?«, antwortet der Apostel: »Das sei ferne! Sondern durch ihren Fall ist den Heiden das Heil widerfahren, damit Israel ihnen nacheifern sollte. Wenn aber schon ihr Fall Reichtum für die Welt ist und ihr Schade Reichtum für die Heiden, wie viel mehr wird es Reichtum sein, wenn ihre Zahl voll wird. Euch Heiden aber sage ich: Weil ich Apostel der Heiden bin, preise ich mein Amt, ob ich vielleicht meine Stammverwandten zum Nacheifern reizen und einige von ihnen retten könnte. Denn wenn ihre Verwerfung die Versöhnung der Welt ist, was wird ihre Annahme anderes sein als Leben aus den Toten!« (Römer 11,11-15)

Gottes Absicht war es, seine Gnade sowohl unter den Nichtjuden als auch unter den Juden zu offenbaren. Dies hatten die Prophezeiungen des Alten Testaments klar umrissen. In seiner Beweisführung greift der Apostel auf einige dieser Weissagungen zurück. »Hat nicht«, so fragt er, »ein Töpfer Macht über den Ton, aus demselben Klumpen ein Gefäß zu ehrenvollem und ein anderes zu nicht ehrenvollem Gebrauch zu machen? Da Gott seinen Zorn erzeigen und seine Macht kundtun wollte, hat er mit großer Geduld ertragen die Gefäße des Zorns, die zum Verderben bestimmt waren, damit er den Reichtum seiner Herrlichkeit kundtue an den Gefäßen der Barmherzigkeit, die er zuvor bereitet hatte zur Herrlichkeit. Dazu hat er uns berufen, nicht allein aus den Juden, sondern auch aus den Heiden. Wie er denn auch durch Hosea spricht (Hosea 2,25; 2,1): ›Ich will das mein Volk nennen, das nicht mein Volk war, und meine Geliebte, die nicht meine Geliebte war.‹ ›Und es soll geschehen: Anstatt dass zu ihnen gesagt wurde: Ihr seid nicht mein Volk, sollen sie Kinder des lebendigen Gottes genannt werden.‹« (Römer 9,21-26)

Auch wenn Israel als Nation versagt hatte, sollte doch eine stattliche Menge daraus gerettet werden. Zur Zeit der Geburt des Erlösers gab es fromme Männer und Frauen, die mit Freuden die Botschaft Johannes des Täufers aufgenommen hatten und dadurch veranlasst worden waren, die Prophezeiungen auf den Messias neu zu durchforschen. Als dann die erste Christengemeinde gegründet wurde, setzte sie sich aus diesen frommen Juden zusammen, die Jesus von Nazareth als den aufnahmen, dessen Erscheinen sie sehnlichst erwartet hatten. Auf diese Übriggebliebenen bezieht sich Paulus, wenn er schreibt: »Ist die Erstlingsgabe vom Teig heilig, so ist auch der ganze Teig heilig; und wenn die Wurzel heilig ist, so sind auch die Zweige heilig.« (Römer 11,16)

Paulus vergleicht die Übrigen in Israel mit einem edlen Ölbaum, aus dem einige Zweige ausgebrochen wurden. Die Heiden vergleicht er mit den Zweigen eines wilden Ölbaums, die in den edlen eingepfropft wurden. »Wenn aber nun«, so schreibt er an die Heidenchristen, »einige von den Zweigen ausgebrochen wurden und du, der du ein wilder Ölzweig warst, in den Ölbaum eingepfropft worden bist und teilbekommen hast an der Wurzel und dem Saft des Ölbaums, so rühme dich nicht gegenüber den Zweigen. Rühmst du dich aber, so sollst du wissen, dass nicht

> *Gottes Absicht war es, seine Gnade sowohl unter den Nichtjuden als auch unter den Juden zu offenbaren. Dies hatten die Prophezeiungen des Alten Testaments klar umrissen.*

Einsatz für die Juden

Olivenbäume bei Zippori, Israel

Paulus vergleicht im Römerbrief alle, die wahrhaft an Christus glauben, mit den Zweigen eines edlen Ölbaums. Die primären Zweige symbolisieren die Juden; durch den Dienst der Apostel kamen aber auch Heiden hinzu. Sie wurden – bildlich gesehen – in den Baum eingepfropft. Für beide besteht allerdings die Gefahr, dass der Gärtner sie herausschneidet, wenn sie vom Glauben abfallen und überheblich werden. Bis heute gilt: Wer auch immer Jesus als den verheissenen Messias annimmt, wird Teil der grossen internationalen Familie Gottes und hat Teil an den Verheissungen, die schon Abraham gegeben wurden.

du die Wurzel trägst, sondern die Wurzel trägt dich. Nun sprichst du: Die Zweige sind ausgebrochen worden, damit ich eingepfropft würde. Ganz recht! Sie wurden ausgebrochen um ihres Unglaubens willen; du aber stehst fest durch den Glauben. Sei nicht stolz, sondern fürchte dich! Hat Gott die natürlichen Zweige nicht verschont, wird er dich doch wohl auch nicht verschonen. Darum sieh die Güte und den Ernst Gottes: den Ernst gegenüber denen, die gefallen sind, die Güte Gottes aber dir gegenüber, sofern du bei seiner Güte bleibst; sonst wirst du auch abgehauen werden.« (Römer 11,17-22)

Israel als Nation hatte durch seinen Unglauben und seine Ablehnung der Ziele, die ihm der Himmel gesteckt hatte, seine Verbindung zu Gott verloren. Aber die Zweige, die vom Wurzelstock getrennt worden waren, konnte Gott mit dem wahren Wurzelstock Israels wieder vereinigen – den Übrigen, die dem Gott ihrer Väter treu geblieben waren.

»Jene aber«, erklärte der Apostel im Blick auf diese ausgebrochenen Zweige, »sofern sie nicht im Unglauben bleiben, werden eingepfropft werden; denn Gott kann sie wieder einpfropfen.« (Römer 11,23)

Gottes Segen für alle, die glauben

Den Heidenchristen aber schrieb er: »Denn wenn du aus dem wilden Ölbaum, dem du von Natur aus zugehörst, herausgeschnitten und gegen die Natur dem edlen Ölbaum eingepfropft wurdest, dann werden diese ursprünglichen Zweige dem eigenen Ölbaum erst recht wieder eingepfropft werden. Liebe Brüder und Schwestern, ich will euch dieses Geheimnis nicht vorenthalten, damit ihr nicht auf eigene Einsicht baut: Verstocktheit hat sich auf einen Teil Israels gelegt – bis dass sich die Völker in voller Zahl eingefunden haben. Und auf diese Weise wird ganz Israel gerettet werden, wie geschrieben steht: Kommen wird aus Zion der Retter, abwenden wird er von Jakob alle Gottlosigkeit (vgl. Jesaja 59,20). Und dies wird der Bund sein, den ich mit ihnen schliesse, wenn ich ihre Sünden hinweggenommen habe (vgl. Jeremia 31, 31-34). Im Sinne des Evangeliums sind sie Feinde, um euretwillen, im Sinne der Erwählung aber Geliebte, um der Väter willen. Denn unwiderrufbar sind die Gaben Gottes und die Berufung. Wie ihr nämlich Gott einst ungehorsam wart, jetzt aber durch ihren Ungehorsam Barmherzigkeit erlangt habt, so sind sie jetzt ungehorsam

Heute akzeptieren viele Juden nicht, dass Jesus Christus der lang erwartete Messias war. In den Anfängen des Christentums bestanden die Gemeinden dagegen überwiegend aus Juden, die fest im Glauben an Christus waren. Gott hofft, dass sich noch viele Juden zu Christus bekennen werden, bevor Jesus in Herrlichkeit wiederkommt.

geworden durch die Barmherzigkeit, die euch widerfuhr – damit auch sie jetzt Barmherzigkeit finden. Denn Gott hat alle in den Ungehorsam eingeschlossen, um allen seine Barmherzigkeit zu erweisen.

O Tiefe des Reichtums, der Weisheit und der Erkenntnis Gottes! Wie unergründlich sind seine Entscheidungen und unerforschlich seine Wege! Denn ›wer hat den Sinn des Herrn erkannt, oder wer ist sein Ratgeber gewesen?‹ (Jesaja 40,13) ›Wer hat ihm etwas geliehen, und es müsste ihm von Gott zurückgegeben werden?‹ (Hiob 41,3) Denn aus ihm und durch ihn und auf ihn hin ist alles. Ihm sei Ehre in Ewigkeit, Amen!« (Römer 11,24-36 ZÜ)

Auf diese Weise zeigt Paulus, dass Gott souverän die Herzen von Juden und Heiden gleicherweise verwandeln und jedem, der an Christus glaubt, die Segnungen gewähren kann, die er Israel verheißen hat.

Er wiederholt, was Jesaja über Gottes Volk ausgesagt hatte (Jesaja 10,22-23): »›Wenn die Zahl der Israeliten wäre wie der Sand am Meer, so wird doch nur ein Rest gerettet werden; denn der Herr wird sein Wort, indem er vollendet und scheidet, ausrichten auf Erden.‹ Und wie Jesaja vorausgesagt hat (Jesaja 1,9): ›Wenn uns nicht der Herr Zebaoth Nachkommen übrig gelassen hätte, so wären wir wie Sodom geworden und wie Gomorra.‹« (Römer 9,27-29)

Viele tausend Juden wurden als Leibeigene in heidnische Länder verkauft, nachdem Jerusalem und der Tempel zerstört worden waren. Wie Wrackteile eines gestrandeten Schiffes an einer verlassenen Küste wurden sie unter die Völker zerstreut. Über achtzehnhundert Jahre sind Juden überall auf der Welt von Land zu Land gezogen, und nirgendwo hat man ihnen gestattet, ihre frühere Stellung als Nation wiederzuerlangen. Jahrhunderte lang hat man sie verleumdet, gehasst, verfolgt. Leiden war ihr Schicksal.

Einladung an alle Juden

Trotz des schrecklichen Geschicks, das über die Juden als Nation verhängt wurde, als sie Jesus von Nazareth ablehnten, haben zu allen Zeiten viele edle, gottesfürchtige jüdische Männer und Frauen gelebt, die still gelitten haben. Gott hat ihre Herzen im Leid getröstet und mit Erbarmen auf ihre schlimme Lage geachtet. Er hat die leidvollen Gebete jener gehört, die ihn von ganzem Herzen suchten, um sein Wort recht zu verstehen. Einige haben gelernt, in dem demütigen Nazarener, den ihre Vorväter abgelehnt und ans Kreuz geschlagen hatten, den wahren Messias

Israels zu sehen. Wenn sie dann die Bedeutung der ihnen vertrauten Prophezeiungen erfasst hatten, die durch Tradition und falsche Auslegung so lange Zeit verdunkelt worden waren, erfüllte Dankbarkeit ihre Herzen. Sie priesen Gott für die unbeschreiblich kostbare Gabe, die er jedem Menschen verleiht, der sich entschließt, Christus als persönlichen Erlöser anzunehmen.

Auf diesen Teil des Volkes bezog sich Jesaja in seiner Vision mit den Worten: »So soll doch nur ein Rest in ihm bekehrt werden.« (Jesaja 10,22)

Von den Tagen des Paulus bis heute ist Gott durch seinen Heiligen Geist den Juden und auch den Heiden nachgegangen. »Es ist kein Ansehen der Person vor Gott« (Römer 2,11), erklärte Paulus, der sich sowohl als »Schuldner der Griechen und der Nichtgriechen« (Römer 1,14) als auch der Juden bezeichnete. Nie aber verlor er das unzweifelhafte Vorrecht aus den Augen, das die Juden vor anderen Völkern besaßen:

»Zum Ersten: ihnen ist anvertraut, was Gott geredet hat.« (Römer 3,2) Das Evangelium nennt er »eine Kraft Gottes, die selig macht alle, die daran glauben, die Juden zuerst und ebenso die Griechen. Denn darin wird offenbart die Gerechtigkeit, die vor Gott gilt, welche kommt aus Glauben in Glauben; wie geschrieben steht (Habakuk 2,4): Der Gerechte wird aus Glauben leben.« (Römer 1,16b.17) Und von diesem Evangelium Christi, das sowohl für Juden als auch für Heiden wirksam ist, sagt Paulus in seinem Brief an die Römer, dass er sich dafür nicht schäme. (Römer 1,16a)

Wenn dieses Evangelium in seiner ganzen Fülle den Juden vorgelegt wird, dann werden viele von ihnen Christus als den Messias annehmen. Unter den christlichen Predigern gibt es nur wenige, die sich berufen fühlen, sich für die jüdischen Menschen einzusetzen. Doch muss die Botschaft der Gnade und Hoffnung in Christus ihnen, die oft übergangen worden sind, gerade so wie allen anderen verkündigt werden.

Wenn zum Abschluss der Evangeliumsverkündigung besondere Anstrengungen für bislang vernachlässigte Menschengruppen unternommen werden sollen, erwartet Gott, dass seine Botschafter sich speziell um die jüdischen Menschen kümmern, die sie in allen Teilen der Erde finden. Wenn in einer Zusammenschau der Schriften des Alten und Neuen Testaments Gottes Erlösungswerk erläutert wird, werden viele Juden diese Darlegung wie die Morgendämmerung einer neuen Schöpfung empfinden. Wenn sie erkennen, dass der Christus des Evangeliums auf den Seiten des Alten Testaments vorgezeichnet ist und wie klar das Neue Testament das Alte erklärt, dann werden ihre schlummernden Fähigkeiten erweckt, und sie werden Christus als den Retter der Welt anerkennen. Viele werden durch den Glauben Christus als ihren Erlöser annehmen. Für sie werden sich die Worte erfüllen: »Wie viele ihn aber aufnahmen, denen gab er Macht, Gottes Kinder zu werden, denen, die an seinen Namen glauben.« (Johannes 1,12)

Unter den Juden gibt es einige, die sich wie Saulus von Tarsus in der Schrift sehr gut auskennen. Diese werden mit großer Macht die Unveränderlichkeit des göttlichen Gesetzes verkündigen. Der Gott Israels wird dies in unseren Tagen zustande bringen. »Des Herrn Arm ist nicht zu kurz, dass er nicht helfen könnte.« (Jesaja 59,1) Wenn seine Botschafter im Glauben für Menschen arbeiten, die lange vernachlässigt und verachtet worden sind, wird Gottes Heil offenbar werden.

»Darum spricht der Herr, der Abraham erlöst hat, zum Hause Jakob: Jakob soll nicht mehr beschämt dastehen, und sein Antlitz soll nicht mehr erblassen. Denn wenn sie sehen werden die Werke meiner Hände – seine Kinder – in ihrer Mitte, werden sie meinen Namen heiligen; sie werden den Heiligen Jakobs heiligen und den Gott Israels fürchten. Und die, welche irren in ihrem Geist, werden Verstand annehmen, und die, welche murren, werden sich belehren lassen.« (Jesaja 29,22-24)

> *Von den Tagen des Paulus bis heute ist Gott durch seinen Heiligen Geist den Juden und auch den Heiden nachgegangen. »Es ist kein Ansehen der Person vor Gott«, erklärte Paulus*
>
> Römer 2,11

Kapitel 36 Abfall in Galatien

Aus dem Galaterbrief

Felder und Olivenbäume im westlichen Teil der Türkei

Es ist bewegend zu beobachten, wie der Apostel Paulus in beständiger Sorge um die von ihm gegründeten Gemeinden lebte. Von Korinth aus schrieb er den Gemeinden in Galatien, die von falschen Lehrern dazu gedrängt wurden, durch das Befolgen von Geboten und Regeln ihre Gerechtigkeit vor Gott zu gewinnen, einen wichtigen Brief. Nie wurde Paulus so scharf wie hier. Er verteidigte die Rechtfertigung des Sünders allein durch den Glauben an Christus.

Während Paulus sich in Korinth aufhielt, hatte er Grund zu ernster Sorge um einige bereits bestehende Gemeinden. Durch den Einfluss von Irrlehrern, die unter den Gläubigen in Jerusalem aufgetreten waren, gewannen Spaltungen, falsche Lehren und »Begierden des Fleisches« (Galater 5,16) unter den Gläubigen in Galatien rasch an Boden. Diese Irrlehrer vermischten jüdische Traditionen mit den Wahrheiten des Evangeliums. Unter Missachtung des Beschlusses des allgemeinen Konzils in Jerusalem drängten sie die Bekehrten aus den Heiden, das Zeremonialgesetz zu befolgen.

Die Lage war bedenklich. Die Übelstände, die Eingang gefunden hatten, drohten die Gemeinden in Galatien in Kürze zu zerstören.

Schonungsloser Tadel

Es bekümmerte Paulus sehr und es liess ihm keine Ruhe, dass Menschen, denen er gewissenhaft die Grundsätze des Evangeliums nahegebracht hatte, offenkundig vom Glauben abfielen. Unverzüglich schrieb er an die irregeleiteten Gläubigen, deckte die falschen Theorien auf, die sie angenommen hatten, und wies jene mit großer Strenge zurecht, die im Begriff waren, dem Glauben den Rücken zu kehren. Einleitend grüßte er die Galater mit den Worten: »Gnade sei mit euch und Friede von Gott, unserm Vater, und dem Herrn Jesus Christus.« (Galater 1,3) Doch dann richtete er folgenden scharfen Tadel an sie:

»Mich wundert, dass ihr euch so bald abwenden lasst von dem, der euch berufen hat in die Gnade Christi, zu einem andern Evangelium, obwohl es doch kein anderes gibt; nur dass einige da sind, die euch verwirren und wollen das Evangelium Christi verkehren. Aber auch wenn wir oder ein Engel vom Himmel euch ein Evangelium predigen würden, das anders ist, als wir es euch gepredigt haben, der sei verflucht.« (Galater 1,6-8) Paulus hatte im Einklang mit der Heiligen Schrift gelehrt, und der Heilige Geist hatte sich zu seiner Arbeit bekannt; deshalb warnte er seine Brüder davor, auf etwas zu hören, was der von ihm verkündeten Wahrheit widersprach.

Der Apostel mahnte die Gläubigen in Galatien, sorgfältig über ihre ersten Erfahrungen als Christen nachzudenken. »O ihr unverständigen Galater!«, rief er ihnen zu. »Wer hat euch bezaubert, denen doch Jesus Christus vor die Augen gemalt war als der Gekreuzigte? Das allein will ich von euch erfahren: Habt ihr den Geist empfangen durch des Gesetzes Werke oder durch die Predigt vom Glauben? Seid ihr so unverständig? Im Geist habt ihr angefangen, wollt ihr's denn nun im Fleisch vollenden? Habt ihr denn so vieles vergeblich erfahren? Wenn es denn vergeblich war! Der euch nun den Geist darreicht und tut solche Taten unter euch, tut er's durch des Gesetzes Werke oder durch die Predigt vom Glauben?« (Galater 3,1-5)

Auf diese Weise stellte Paulus die Gläubigen in Galatien vor das Gericht ihres eigenen Gewissens und suchte sie von ihrem falschen Weg abzubringen. Er vertraute auf Gottes errettende Macht, lehnte die falschen Lehren entschieden ab und bemühte sich so, die Bekehrten zur Einsicht zu bringen. Er wollte den Gläubigen zeigen, dass sie einer groben Täuschung anheim gefallen waren, dass sie aber durch eine Rückkehr zu ihrem früheren Glauben an das Evangelium immer noch die Möglichkeit hätten, Satans Absichten zu vereiteln. Er stellte sich entschieden auf die Seite der Wahrheit und der Gerechtigkeit. Sein überragender Glaube und das Vertrauen in die von ihm vertretene Botschaft halfen vielen, deren Glaube schwach geworden war, zu ihrer Treue dem Erlöser gegenüber zurückzukehren.

Wie sehr unterschied sich doch die Art und Weise, wie Paulus an die Gemeinde in Korinth schrieb, von seinem Verhalten gegenüber den Galatern! Die Ersteren wies er mit Vorsicht und Zartgefühl zurecht, die Letzteren mit schonungslosem Tadel. Die Korinther waren einer Versuchung erlegen. Durch die ausgeklügelten Spitzfindigkeiten von Lehrern getäuscht, die Irrtümer unter dem Deckmantel der Wahrheit präsentierten, waren sie verwirrt und ratlos geworden. Ihnen die Unterscheidung des Irrtums von der Wahrheit beizubringen erforderte Vorsicht und Geduld. Schroffheit oder unüberlegte Eile von Seiten des Paulus hätte seinen Einfluss bei vielen zunichte gemacht, denen er gerne helfen wollte.

In den Gemeinden Galatiens hingegen war offener, unverhüllter Irrtum dabei, die Botschaft des Evangeliums zu verdrängen. Man verleugnete Christus, den wahren Grund des Glaubens, zugunsten überholter Zeremonien des Judentums. Der Apostel erkannte: Wenn die Gläubigen in Galatien vor den gefährlichen Einflüssen gerettet werden sollten, die sie jetzt bedrohten, dann mussten die entschiedensten Maßnahmen getroffen und die schärfsten Warnungen gegeben werden.

Für jeden Mitarbeiter Christi ist es wichtig, dass er lernt, sich in seiner Arbeit auf die jeweilige Situation der Menschen, denen er helfen will, einzustellen. Feingefühl und Geduld, Entschiedenheit und Festigkeit sind gleicherweise erforderlich, doch müssen sie mit rechtem Unterscheidungsvermögen gepaart sein. Mit gegensätzlichen Ansichten weise umzugehen und sich auf unterschiedliche Umstände und Voraussetzungen einzustellen, ist eine Aufgabe, die eine vom Geist Gottes erleuchtete und geheiligte Weisheit und Urteilsfähigkeit erfordert.

In der Autorität Gottes

In seinem Brief an die Gläubigen in Galatien gab Paulus einen kurzen Überblick über die maßgeblichen Ereignisse im Zusammenhang mit seiner eigenen Bekehrung und seinen ersten Erfahrungen als Christ. Dadurch wollte er aufzeigen, dass er durch eine spezielle Offenbarung göttlicher Macht dazu geführt worden war, die großartigen Wahrheiten des

> *Es ist Satans wohl überlegtes Bemühen, unser Denken von der Hoffnung auf die Erlösung durch den Glauben an Christus und vom Gehorsam gegenüber dem Gesetz Gottes abzubringen.*

Der Brandopferaltar vor der Stiftshütte, Modell in Israel am Nordrand des Toten Meeres

Der Apostel Paulus machte in seinem Brief deutlich, dass die jüdischen Zeremonien und Traditionen wie etwa die Beschneidung, das Opfern von Tieren oder bestimmte Zeremonialfeste nicht weitergeführt werden mussten. Er baute dabei auf die Aussage Johannes des Täufers, der von Jesus sagte: »Seht dort das Opferlamm Gottes, das die Schuld der ganzen Welt wegnimmt.« (Johannes 1,29)

Evangeliums zu erkennen und zu erfassen. Paulus war von Gott selbst dazu angewiesen worden, die Galater auf eine so ernste und nachdrückliche Art zu warnen und zu ermahnen. Er schrieb nicht zögerlich oder zweifelnd, sondern mit der Gewissheit einer gefestigten Überzeugung und klarer Erkenntnis. Deutlich stellte er den Unterschied heraus, ob jemand von Menschen belehrt oder unmittelbar von Christus unterwiesen worden ist.

Der Apostel forderte die Galater auf, die falschen Führer zu verlassen, durch die sie irregeleitet worden waren, und zu dem Glauben zurückzukehren, der von unverkennbaren Beweisen göttlicher Anerkennung begleitet worden war. Die Menschen, die versucht hatten, sie von ihrem Glauben an das Evangelium abzubringen, bezeichnete er als Heuchler, ungeheiligt im Herzen und verdorben in ihrem Wandel. Ihre Frömmigkeit bestand aus einer Reihe von Zeremonien, durch deren Ausübung sie die Gunst Gottes zu gewinnen trachteten. Sie hatten kein Verlangen nach einem Evangelium, das Gehorsam gegenüber dem Wort fordert: »Es sei denn, dass jemand von neuem geboren werde, so kann er das Reich Gottes nicht sehen.« (Johannes 3,3) Sie meinten, eine Religion, die auf einer solchen Lehre beruhe, fordere ein zu großes Opfer, und sie hielten an ihren Irrtümern fest, wobei sie sich selbst und andere betrogen.

Äußerliche religiöse Formen an die Stelle von Heiligkeit des Herzens und des Lebens zu setzen, ist für die unbekehrte Natur eines Menschen heute noch genau so verlockend wie in den Tagen jener jüdischen Lehrer. Wie damals, so gibt es auch heute falsche geistliche Führer, deren Lehren viele begierige Zuhörer finden. Es ist Satans wohl überlegtes Bemühen, unser Denken von der Hoffnung auf die Erlösung durch den Glauben an Christus und vom Gehorsam gegenüber dem Gesetz Gottes abzubringen. In jedem Zeitalter passt der Erzfeind seine Versuchungen den Vorurteilen oder Neigungen derer an, die er zu täuschen sucht. In der Zeit der Apostel führte er die Juden dazu, das Zeremonialgesetz zu überhöhen und Christus zu verwerfen; in unserer Zeit verleitet er viele erklärte Christen dazu, unter dem Vorwand, Christus zu ehren, das Sittengesetz gering zu achten und zu lehren, dass seine Vorschriften ungestraft übertreten werden könnten. Es ist die Pflicht eines jeden Mitarbeiters Gottes, diesen Verfälschern des Glaubens fest und entschieden zu widerstehen und ihre Irrtümer durch das Wort der Wahrheit furchtlos aufzudecken.

Bei seinem Bemühen, das Vertrauen seiner Brüder in Galatien wiederzugewinnen, rechtfertigte Paulus mit Geschick seine Stellung als Apostel Christi. Er bezeichnete sich als einen Apostel »nicht von Menschen, auch nicht durch einen Menschen, sondern durch Jesus Christus und Gott, den Vater, der ihn auferweckt hat von den Toten.« (Galater 1,1) Nicht von Menschen, sondern von der höchsten Autorität im Himmel hatte er seinen Auftrag empfangen. Und sein Apostelamt war von einem allgemeinen Konzil in Jerusalem anerkannt worden, dessen Entscheidungen er in seinem ganzen Wirken unter den Nichtjuden beachtet hatte.

Nicht um sich selbst zu überhöhen, sondern um die Gnade Gottes zu verherrlichen, beurkundete Paulus auf diese

Weise denen, die sein Apostelamt leugneten, er »sei nicht weniger als die Überapostel.« (2. Korinther 11,5) Wer seine Berufung und sein Werk herabzusetzen suchte, stritt gegen Christus, dessen Gnade und Kraft sich durch Paulus bekundete. Durch den Widerstand seiner Feinde sah sich der Apostel genötigt, entschieden für seine Stellung und seine Autorität einzutreten.

Paulus bat die Menschen, die einst Gottes Macht in ihrem Leben erfahren hatten, zu ihrer ersten Liebe, zum Evangelium, zurückzukehren. Mit unwiderlegbaren Argumenten machte er ihnen klar, welches Vorrecht sie hatten, freie Menschen in Christus zu werden, durch dessen versöhnende Gnade alle, die sich ihm völlig übergeben, mit dem Gewand der Gerechtigkeit bekleidet werden. Er vertrat den Standpunkt, dass jeder Mensch, der gerettet werden will, eine echte und persönliche Erfahrung mit Gott machen müsse.

Die eindringlichen Mahnworte des Apostels blieben nicht erfolglos. Der Heilige Geist wirkte mit großer Macht, und viele, die auf Abwege geraten waren, kehrten zu ihrem früheren Glauben an das Evangelium zurück. Von da an blieben sie fest in der Freiheit, zu der Christus sie befreit hatte. In ihrem Leben kamen die Früchte des Geistes ans Licht: »Liebe, Freude, Friede, Geduld, Freundlichkeit, Güte, Treue, Sanftmut, Keuschheit.« (Galater 5,22.23) In jener Gegend wurde der Name Gottes verherrlicht, und viele Menschen schlossen sich den Gläubigen an.

Agnus Dei – das Lamm Gottes; Glasfenster in Taizé

Paulus betont im Galaterbrief, dass die Grundlage der Erlösung für alle Menschen niemals eigene gute Werke sein können, sondern nur das feste Vertrauen auf Christus, das Lamm Gottes. »Aber wir wissen, dass kein Mensch deshalb vor Gott als gerecht bestehen kann, weil er das Gesetz befolgt. Nur die finden bei Gott Anerkennung, die in vertrauendem Glauben annehmen, was Gott durch Jesus Christus für uns getan hat. Deshalb haben auch wir unser Vertrauen auf Jesus Christus gesetzt, um durch das Vertrauen auf ihn bei Gott Anerkennung zu finden und nicht durch Erfüllung des Gesetzes; denn mit Taten, wie sie das Gesetz verlangt, kann kein Mensch vor Gott als gerecht bestehen.« (Galater 2,16 GNB)

*»Fasse Mut! Wie du in Jerusalem für mich
Zeugnis abgelegt hast, so sollst du auch
in Rom mein Zeuge sein.«*

Apostelgeschichte 23,11

Teil 6

Inhalt

37 Die letzte Reise nach Jerusalem 232
38 Paulus in Gefangenschaft 238
39 Das Verhör in Cäsarea 248
40 Die Berufung auf den Kaiser 254
41 Fast überzeugt 258
42 Seereise und Schiffbruch 262
43 In Rom 268

Auf dem Weg nach Rom

Kapitel 37: Die letzte Reise nach Jerusalem

Apostelgeschichte 20,4 bis 21,17

Vor dem Jaffator in Jerusalem

Mehr als dreißig Jahre lang verkündete der Apostel Paulus das Evangelium und gründete Gemeinden in Kleinasien und Europa. Die Reise zum Passafest nach Jerusalem sollte jedoch das Ende seines Dienstes einleiten. Die jüdischen Stadtoberen hatten ihm nicht verziehen, dass er zum christlichen Glauben übergetreten war. Bisher war es ihnen nicht gelungen, ihm das Leben zu nehmen. Jetzt ergab sich eine neue Chance.

Paulus hatte den großen Wunsch, Jerusalem noch vor dem Passafest zu erreichen. Er hätte so die Gelegenheit gehabt, Menschen zu begegnen, die aus allen Teilen der Welt dorthin kommen würden, um das Fest zu begehen. Ständig hoffte er, irgendwie dazu beitragen zu können, die Vorurteile seiner ungläubigen Landsleute aus dem Weg zu räumen, sodass sie dazu gebracht würden, das kostbare Licht des Evangeliums anzunehmen. Er wollte auch mit der Gemeinde von Jerusalem zusammenkommen und dort die Gaben überreichen, die die heidenchristlichen Gemeinden den armen Geschwistern in Judäa zusandten. Auch hoffte er, durch diesen Besuch zwischen den bekehrten Juden und Heiden ein festeres Band knüpfen zu können.

Nachdem Paulus seine Tätigkeit in Korinth beendet hatte, beschloss er, direkt zu einem Hafen an der Küste von Palästina zu reisen. Als alle Vorbereitungen bereits getroffen waren und er an Bord des Schiffes gehen wollte, wurde ihm zugetragen, dass die Juden einen Anschlag auf sein Leben planten. In der Vergangenheit waren diese Gegner des Glaubens in all ihren Bemühungen gescheitert, dem Wirken des Apostels ein Ende zu bereiten.

Der Erfolg, der die Verkündigung des Evangeliums begleitete, erregte erneut den Zorn der Juden. Von überall her kamen Berichte über die Ausbreitung der neuen Lehre, wonach Juden aus der Einhaltung der Riten des Zeremonialgesetzes entbunden würden und Heiden in den Genuss der gleichen Rechte mit den Juden als Kinder Abrahams kommen könnten. Paulus legte in seiner Verkündigung in Korinth dieselben Argumente vor, die er in seinen Briefen so stark betonte. Seine nachdrückliche Erklärung: »Da ist nicht mehr Grieche oder Jude, Beschnittener oder

Unbeschnittener« (Kolosser 3,11), wurde von seinen Feinden als vermessene Gotteslästerung angesehen, und deshalb beschlossen sie, ihn zum Schweigen zu bringen.

Nachdem Paulus den Hinweis auf diese Verschwörung erhalten hatte, entschied er sich, einen Umweg über Mazedonien zu machen. Seinen Plan, Jerusalem rechtzeitig vor dem Passafest zu erreichen, musste er aufgeben, doch hoffte er, zu Pfingsten dort zu sein.

Ein Wunder und geistliche Vorbereitung

Mit Paulus und Lukas zogen »Sopater, der Sohn des Pyrrhus, aus Beröa, Aristarchus und Sekundus aus Thessalonich, Gaius aus Derbe und Timotheus, sowie aus der Provinz Asia Tychikus und Trophimus.« (Apostelgeschichte 20,4 ZÜ)

Paulus trug einen größeren Geldbetrag von den heidenchristlichen Gemeinden bei sich, welchen er den Leitern, die für das Werk in Judäa verantwortlich waren, übergeben wollte. Deshalb vereinbarte er, dass die genannten Brüder als Vertreter der verschiedenen Gemeinden, die zu dieser Spende beigetragen hatten, ihn nach Jerusalem begleiten sollten.

In Philippi hielt sich Paulus auf, um dort das Passa zu feiern. Nur Lukas blieb bei ihm, während die anderen Teilnehmer der Reisegruppe weiter nach Troas fuhren, wo sie auf ihn warten wollten. Die Philipper waren die Liebevollsten und Aufrichtigsten unter denen, die der Apostel bekehrt hatte, und während der acht Festtage erfreute er sich der friedvollen und glücklichen Gemeinschaft mit ihnen.

Dann fuhren Paulus und Lukas mit dem Schiff von Philippi ab, stießen fünf Tage später in Troas wieder zu ihren Gefährten und blieben sieben Tage lang bei den dortigen Gläubigen.

Am letzten Abend seines Aufenthaltes kamen die Brüder zusammen, um »das Brot zu brechen.« (Apostelgeschichte 20,7) Die Tatsache, dass ihr geliebter Lehrer Abschied von ihnen nehmen wollte, hatte eine größere Zuhörerschaft als üblich zusammengerufen. Sie versammelten sich in einem »Obergemach« (Apostelgeschichte 20,8) im dritten Stockwerk. Dort predigte der Apostel mit Eifer und von Liebe und Besorgnis getrieben bis gegen Mitternacht.

In einem der offenen Fenster saß ein junger Mann namens Eutychus. In dieser gefährlichen Stellung schlief er ein und stürzte in den Hof hinab. Sofort geriet alles in Schrecken und Aufregung. Man hob den jungen Mann tot auf, und viele versammelten sich weinend und klagend um ihn. Paulus aber bahnte sich einen Weg durch die erschrockene Menge, umfing ihn und bat Gott in einem ernsten Gebet, den Toten ins Leben zurückzurufen. Seine Bitte wurde erhört. Über dem lauten Jammern und Wehklagen war die Stimme des Paulus zu vernehmen:

»Macht kein Getümmel; denn es ist Leben in ihm.« (Apostelgeschichte 20,9.10) Voller Freude setzten die Gläubigen daraufhin ihre Versammlung im Obergeschoss fort. Sie feierten gemeinsam das Abendmahl, und Paulus »redete viel mit ihnen, bis der Tag anbrach.« (Apostelgeschichte 20,11)

Das Schiff, auf dem Paulus und seine Begleiter ihre Reise fortsetzen sollten, lag zur Abfahrt bereit, und die Brüder eilten an Bord. Der Apostel selbst wählte jedoch den kürzeren Landweg zwischen Troas und Assos, wo er zu seinen Begleitern stoßen wollte. Das verschaffte ihm eine gewisse Zeit für Andacht und Gebet. Die Schwierigkeiten und Gefahren im Zusammenhang mit seinem bevorstehenden Besuch in Jerusalem, die Haltung der dortigen Gemeinde zu ihm und zu seiner Arbeit sowie der Zustand der Gemeinden und die Belange der Evangeliumsarbeit in anderen Gebieten waren Anlass für ernste, besorgte Gedanken, und so nutzte er diese besondere Gelegenheit dazu, Gott um Stärke und Führung zu bitten.

Letzte Begegnung mit den Ephesern

Auf dem Seewege von Assos südwärts kamen die Reisenden an der Stadt Ephesus vorbei, die so lange Schauplatz des Wirkens des Apostels gewesen war. Pau-

> Paulus hoffte, durch seinen Besuch in Jerusalem zwischen den bekehrten Juden und Heiden ein festeres Band knüpfen zu können.

lus hatte sehr gewünscht, die dortige Gemeinde zu besuchen, denn er hatte für die Gläubigen wichtige Unterweisungen und Ratschläge bereit. Doch nach reiflicher Überlegung entschloss er sich, weiterzueilen, denn er wünschte »am Pfingsttag in Jerusalem zu sein, wenn es ihm möglich wäre.« (Apostelgeschichte 20,16)

Als er jedoch in Milet ankam, ungefähr 50 km von Ephesus entfernt, erfuhr er, dass es möglich wäre, mit der Gemeinde in Verbindung zu treten, bevor das Schiff weiterfahren sollte. Daher sandte er sofort eine Botschaft an die Ältesten mit der dringenden Bitte an sie, nach Milet zu kommen, damit er sie vor der Weiterreise sprechen könnte.

Bald schon trafen sie in Milet ein, und Paulus richtete starke, zu Herzen gehende Worte der Ermahnung und des Abschieds an sie: »Ihr wisst, wie ich mich vom ersten Tag an, als ich in die Provinz Asien gekommen bin, die ganze Zeit bei euch verhalten habe, wie ich dem Herrn gedient habe in aller Demut und mit Tränen und unter Anfechtungen, die mir durch die Nachstellungen der Juden widerfahren sind. Ich habe euch nichts vorenthalten, was nützlich ist, dass ich's euch nicht verkündigt und gelehrt hätte, öffentlich und in den Häusern, und habe Juden und Griechen bezeugt die Umkehr zu Gott und den Glauben an unsern Herrn Jesus.« (Apostelgeschichte 20,18-21 EÜ)

Paulus hatte stets das göttliche Gesetz hochgehalten. Er hatte gezeigt, dass im Gesetz keine Kraft liegt, Menschen vor der Strafe für Ungehorsam zu retten. Übeltäter müssten ihre Sünden bereuen und sich vor Gott demütigen, dessen gerechten Zorn sie sich durch die Übertretung des Gesetzes zugezogen hätten. Sie müssten auch Vertrauen in das Blut Christi als ihr einziges Mittel zur Vergebung setzen. Der Sohn Gottes sei als Sühnopfer für sie gestorben und zum Himmel aufgefahren, um als ihr Fürsprecher vor dem Vater zu stehen. Durch Umkehr und Glauben könnten sie von der Verdammnis der Sünde befreit werden, und durch die Gnade Christi würden sie in die Lage versetzt, künftig dem Gesetz Gottes gehorsam zu sein.

»Und nun siehe«, fuhr Paulus fort, »durch den Geist gebunden, fahre ich nach Jerusalem und weiß nicht, was mir dort begegnen wird, nur dass der Heilige Geist in allen Städten mir bezeugt, dass Fesseln und Bedrängnisse auf mich warten. Aber ich achte mein Leben nicht der

Auf seiner Rückreise nach Jerusalem verabschiedete sich Paulus von den Gläubigen wie ein Vater, der sich für immer von seinen Kindern trennt: »Ich weiß, dass ich jetzt zum letzten Mal unter euch bin. Ihr und alle, denen ich die Botschaft von der anbrechenden Herrschaft Gottes verkündet habe, werdet mich nicht wiedersehen ... Darum gebt Acht und denkt immer daran, dass ich mich Tag und Nacht, oft unter Tränen, um jeden Einzelnen von euch bemüht habe.« (Apostelgeschichte 20,25.31)

Die dritte Missionsreise des Paulus

Rede wert, wenn ich nur meinen Lauf vollende und das Amt ausrichte, das ich von dem Herrn Jesus empfangen habe, zu bezeugen das Evangelium von der Gnade Gottes. Und nun siehe, ich weiß, dass ihr mein Angesicht nicht mehr sehen werdet, ihr alle, zu denen ich hingekommen bin und das Reich gepredigt habe.« (Apostelgeschichte 20,22-25)

Paulus hatte nicht geplant, dieses Zeugnis zu geben; doch während er sprach, kam der Geist der Weissagung auf ihn und bestätigte seine Befürchtungen, dass dies seine letzte Begegnung mit den Brüdern aus Ephesus sein würde.

»Darum«, so fuhr er fort, »bezeuge ich euch am heutigen Tage, dass ich rein bin vom Blut aller; denn ich habe nicht unterlassen, euch den ganzen Ratschluss Gottes zu verkündigen.« (Apostelgeschichte 20,26.27) Weder die Befürchtung, jemanden zu kränken, noch das Streben nach Freundschaft oder Beifall konnten Paulus bewegen, die Worte zurückzuhalten, die Gott ihm zu ihrer Unterweisung, Warnung oder Zurechtweisung gegeben hatte. Von seinen Dienern heute erwartet Gott Furchtlosigkeit im Predigen des Wortes und in der Umsetzung seiner Grundsätze. Der Diener Christi soll den Menschen nicht nur die angenehmen Wahrheiten präsentieren, während er andere zurückhält, die ihnen wehtun könnten. Er sollte mit tiefer Besorgtheit die Charakterentwicklung beobachten. Wenn er sieht, dass manche aus seiner Herde mit der Sünde liebäugeln, muss er als treuer Hirte die Wegweisung aus Gottes Wort geben, die auf den jeweiligen Fall zutrifft. Sollte er ihnen erlauben, ungewarnt in ihrer Selbstsicherheit zu verharren, wäre er für ihre Seelen verantwortlich. Der Prediger, der seinen hohen Auftrag erfüllt, muss seinen Gemeindegliedern treue Unterweisung über jeden Punkt des christlichen Glaubens geben und ihnen zeigen, was sie sein und tun müssen, um am Tage Gottes bestehen zu können. Nur wer ein treuer Lehrer der Wahrheit ist, wird am Ende seines Wirkens mit Paulus sagen können, »dass ich rein bin

Als verantwortungsbewusster Prediger warnte Paulus die Gläubigen bei seinem Abschied: »Denn ich weiß, wenn ich nicht mehr da bin, werden gefährliche Wölfe bei euch eindringen und unter der Herde wüten.« (Apostelgeschichte 20,29) Die schlimmsten Angriffe auf die Gemeinde kamen immer aus den eigenen Reihen.

vom Blut aller.« (Apostelgeschichte 20,26)

»So habt nun Acht auf euch selbst«, ermahnte der Apostel seine Brüder, »und auf die ganze Herde, in der euch der Heilige Geist eingesetzt hat zu Bischöfen, zu weiden die Gemeinde Gottes, die er durch sein eigenes Blut erworben hat.« (Apostelgeschichte 20,28)

Wenn Diener des Evangeliums sich nur beständig die Tatsache vor Augen hielten, dass sie es mit denen zu tun haben, die durch Christi Blut erkauft worden sind, hätten sie ein tieferes Verständnis für die Bedeutung ihrer Arbeit. Sie sollen auf sich und auf ihre Herde Acht haben. Ihr eigenes Beispiel soll das, was sie lehren, veranschaulichen und untermauern. Als Lehrer des Weges zum Leben sollten sie keinen Anlass dazu geben, dass über die Wahrheit schlecht geredet wird. Als Vertreter Christi sollen sie die Ehre seines Namens aufrechterhalten. Durch ihre Hingabe, die Reinheit ihres Lebens, ihren geheiligten Wandel sollen sie sich ihrer hohen Berufung würdig erweisen.

Die Gefahren, die die Gemeinde in Ephesus bedrängen würden, wurden dem Apostel offenbart. »Denn das weiß ich«, sagte er, »dass nach meinem Abschied reißende Wölfe zu euch kommen, die die Herde nicht verschonen werden. Auch aus eurer Mitte werden Männer aufstehen, die Verkehrtes lehren, um die Jünger an sich zu ziehen.« (Apostelgeschichte 20,29.30) Paulus bangte um die Gemeinde, als er in die Zukunft blickte und die Angriffe schaute, die sie von äußeren wie auch von inneren Feinden erleiden müsste. Mit feierlichem Ernst gebot er seinen Brüdern, das ihnen anvertraute heilige Gut sorgsam zu bewahren. Als Beispiel verwies er sie auf sein eigenes unermüdliches Wirken unter ihnen: »Darum seid wachsam und denkt daran, dass ich drei Jahre lang Tag und Nacht nicht abgelassen habe, einen jeden unter Tränen zu ermahnen!« (Apostelgeschichte 20,31)

»Und nun«, fuhr er fort, »befehle ich euch Gott und dem Wort seiner Gnade, der da mächtig ist, euch zu erbauen und euch das Erbe zu geben mit allen, die geheiligt sind. Ich habe von niemandem Silber oder Gold oder Kleidung begehrt.« (Apostelgeschichte 20,32.33) Einige der Brüder in Ephesus waren wohlhabend, aber Paulus hatte nie persönliche Vergünstigungen bei ihnen gesucht. Die Aufmerksamkeit auf seine eigenen Bedürfnisse zu lenken war nicht Teil seiner Botschaft. »Ihr wisst selber«, sagte er, »dass mir diese Hände zum Unterhalt gedient haben für mich und die, die mit mir gewesen sind.« (Apostelgeschichte 20,34)

Bei all seiner mühevollen Arbeit und seinen ausgedehnten Reisen für die Sache Christi war er in der Lage, nicht nur für sich selbst zu sorgen, sondern auch etwas für den Unterhalt seiner Mitarbeiter und die Hilfe für unterstützungswürdige Arme zu erübrigen. Dies erreichte er nur durch unermüdlichen Fleiß und äußerste Sparsamkeit. Mit gutem Grund konnte er auf sein eigenes Beispiel verweisen, als er sagte: »Ich habe euch in allem gezeigt, dass man so arbeiten und sich der Schwachen annehmen muss im Gedenken an das Wort des Herrn Jesus, der selbst gesagt hat: Geben ist seliger als nehmen.« (Apostelgeschichte 20,35)

»Und als er das gesagt hatte, kniete er nieder und betete mit ihnen allen. Da begannen alle laut zu weinen, und sie fielen Paulus um den Hals und küssten ihn, am allermeisten betrübt über das Wort, das er gesagt hatte, sie würden sein Angesicht nicht mehr sehen. Und sie geleiteten ihn auf das Schiff.« (Apostelgeschichte 20,36-38)

Letzte Warnungen in Freiheit

Von Milet fuhren Paulus und seine Begleiter »geradewegs nach Kos und am folgenden Tage nach Rhodos und von da nach Patara« an der Südwestküste Kleinasiens. »Und als wir ein Schiff fanden, das nach Phönizien fuhr, stiegen wir ein und fuhren ab.« (Apostelgeschichte 21,1.2) In Tyrus, wo das Schiff entladen wurde, trafen sie einige Jünger, bei denen sie sieben Tage bleiben durften. Diese hatte der Heilige Geist auf die Gefahren aufmerksam gemacht, die Paulus in Jerusalem drohten. Deshalb baten sie ihn, »er solle nicht nach Jerusalem hinaufziehen.« (Apostelgeschichte 21,4) Aber der Apostel ließ sich durch Furcht vor Trübsal und Gefangennahme nicht von seinem Vorhaben abbringen.

Nach dem einwöchigen Aufenthalt in Tyrus geleiteten alle dortigen Brüder mit ihren Frauen und Kindern Paulus zum Schiff. Ehe er an Bord ging, knieten alle noch einmal am Ufer nieder und beteten, er für sie und sie für ihn.

Nun setzte die Gruppe ihre Fahrt südwärts fort. Endlich erreichten die Reisenden »Cäsarea und gingen in das Haus des Philippus, des Evangelisten, der einer von den Sieben war, und blieben bei ihm.« (Apostelgeschichte 21,8) Hier verbrachte Paulus einige friedvolle, glückliche Tage – die letzten für lange Zeit, die er in völliger Freiheit genießen sollte.

Während Paulus sich in Cäsarea aufhielt, »kam ein Prophet mit Namen Agabus aus Judäa herab«, so berichtet Lukas. »Und als er zu uns kam, nahm er den Gürtel des Paulus und band sich die Füße und Hände und sprach: Das sagt

> *Durch einige Jünger hatte der Heilige Geist auf die Gefahren aufmerksam gemacht, die Paulus in Jerusalem drohten.*

der Heilige Geist: Den Mann, dem dieser Gürtel gehört, werden die Juden in Jerusalem so binden und überantworten in die Hände der Heiden.« (Apostelgeschichte 21,10.11)

»Als wir aber das hörten«, berichtet Lukas weiter, »baten wir und die aus dem Ort, dass er nicht hinauf nach Jerusalem zöge.« (Apostelgeschichte 21,12) Aber Paulus wollte nicht von dem Pfad der Pflicht abweichen, sondern Christus folgen, wenn nötig bis ins Gefängnis oder in den Tod. »Was macht ihr«, rief er aus, »dass ihr weint und brecht mir mein Herz? Denn ich bin bereit, nicht allein mich binden zu lassen, sondern auch zu sterben in Jerusalem für den Namen des Herrn Jesus.« (Apostelgeschichte 21,13) Als die Brüder sahen, dass sie ihm nur Schmerz bereiteten, ohne ihn von seinem Vorhaben abbringen zu können, hörten sie auf, ihn zu bedrängen, und sagten nur: »Des Herrn Wille geschehe.« (Apostelgeschichte 21,14)

Bald war die kurze Zeit des Aufenthaltes in Cäsarea abgelaufen, und in Begleitung von einigen der Brüder machte sich Paulus mit seinen Gefährten auf den Weg nach Jerusalem. Schwer lastete auf ihren Herzen die Vorahnung des künftigen Unheils.

Nie zuvor hatte sich der Apostel mit so traurigem Herzen der Stadt Jerusalem genähert. Er wusste: Dort würde er nur wenige Freunde, aber viele Feinde vorfinden. Er war unterwegs zu der Stadt, die den Sohn Gottes verworfen und getötet hatte und über der jetzt die Androhungen des göttlichen Zornes hingen. Als er sich daran erinnerte, wie erbittert er selbst in seinem Vorurteil gegen die Nachfolger Christi vorgegangen war, empfand er zutiefst Mitleid mit seinen verblendeten Landsleuten. Und doch: Wie gering war seine Hoffnung, dass er ihnen würde Hilfe bringen können! Der gleiche blinde Zorn, der einst in ihm gebrannt hatte, war dabei, die Gemüter eines ganzen Volkes mit unsagbarer Gewalt gegen ihn zu entflammen. Und er konnte auch nicht mit

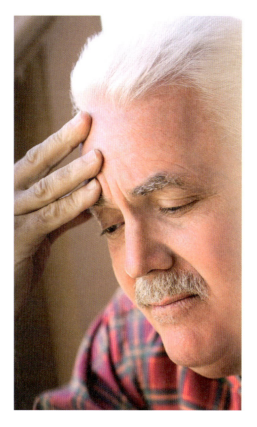

dem Mitgefühl seiner Glaubensbrüder rechnen, geschweige denn mit Unterstützung durch sie. Die unbekehrten Juden, die seinen Spuren so dicht gefolgt waren, hatten nicht gezögert, in Jerusalem persönlich und auch brieflich die schlimmsten Behauptungen über ihn und sein Wirken zu verbreiten. Sogar einige unter den Aposteln und Ältesten hatten diese Berichte für bare Münze genommen. Sie machten weder Anstalten, ihnen zu widersprechen, noch zeigten sie irgendein Engagement, um sich für Paulus einzusetzen.

Trotz aller entmutigenden Umstände war der Apostel nicht verzweifelt. Er vertraute darauf, dass die Stimme, die zu seinem eigenen Herzen gesprochen hatte, auch zu den Herzen seiner Landsleute reden würde. So könnten die Herzen seiner Mitjünger, die ja auch den Meister liebten und ihm dienten, mit seinem Herzen bei der Arbeit für das Evangelium vereint werden.

Der Herr hatte Paulus offenbart, dass er in Jerusalem ins Gefängnis geworfen und misshandelt werden würde. Er sorgte sich allerdings mehr um seine Glaubensbrüder, die davon sehr enttäuscht sein würden, als um sich selbst. Sein Herz war schwer, aber er war bereit, für seinen Lehrer und Herrn zu leiden.

Kapitel 38 Paulus in Gefangenschaft

Apostelgeschichte 21,17 bis 23,35

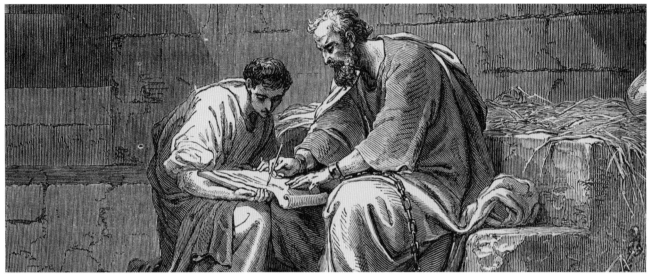

Der Apostel Paulus im Gefängnis

Als die fanatischen Juden Paulus im Tempel von Jerusalem entdeckten, versuchten sie ihn zu töten, weil er sich vom jüdischen Glauben losgesagt hatte und nun den christlichen Glauben verkündete. Aufgeschreckt durch den Tumult, eilten die römischen Wachen herbei. Sie hielten Paulus für einen gefährlichen Mann und brachten ihn ins Gefängnis. So begann die lange Gefangenschaft des großen Apostels, die erst mit seinem Tod enden sollte.

»Als wir nun nach Jerusalem kamen, nahmen uns die Brüder gerne auf. Am nächsten Tag aber ging Paulus mit uns zu Jakobus, und es kamen die Ältesten alle dorthin.« (Apostelgeschichte 21,17.18)

Bei dieser Gelegenheit überreichten Paulus und seine Begleiter den Leitern des Werks in Jerusalem feierlich die Spenden, welche die heidenchristlichen Gemeinden für die Unterstützung der Armen unter ihren jüdischen Geschwistern gesandt hatten. Die Sammlung dieser Beträge hatte den Apostel und seine Mitarbeiter viel Zeit, sorgfältige Überlegung und ermüdende Arbeit gekostet. Die Summe, welche die Erwartungen der Ältesten in Jerusalem bei weitem übertraf, stand für viel Opferbereitschaft und sogar ernsthafte Entbehrungen seitens der nichtjüdischen Gläubigen.

Diese freiwilligen Gaben waren ein Zeichen der Treue der Bekehrten aus dem Heidentum zum organisierten Werk Gottes in aller Welt und hätten von allen mit dankbarer Anerkennung entgegengenommen werden sollen. Doch es war für Paulus und seine Gefährten offensichtlich, dass sogar einige unter denen, vor denen sie jetzt standen, unfähig waren, den Geist brüderlicher Liebe recht zu würdigen, der diese Gaben hervorgebracht hatte.

Traditionalismus und Vorurteile

In den Anfangsjahren der Evangeliumsarbeit unter den Nichtjuden hatten einige der leitenden Brüder in Jerusalem, die noch an früheren Vorurteilen und Denkgewohnheiten festhielten, mit Paulus und seinen Gefährten nicht von Herzen zusammengearbeitet. In ihrem Bestreben, einige bedeutungslose Formen und Zeremonien zu bewahren, hatten sie den Segen aus den Augen verloren, der ihnen und der von ihnen geliebten Sache zuteil werden würde, wenn sie sich bemühten, alle Teile des Werkes des Herrn zu vereinen. Obgleich sie darauf bedacht waren, das Wohl der christlichen Gemeinde zu sichern, hatten sie es versäumt, mit den zukunftsweisenden Plänen Gottes Schritt zu halten. Sie hatten in ihrer allzu menschlichen Weisheit versucht, den Mitarbeitern viele unnötige Einschränkungen aufzuerlegen. So bildete sich eine Gruppe von Männern heraus, die persönlich mit den wechselnden Umständen und speziellen Bedürfnissen, denen sich die Mitarbeiter in fernen Gebieten stellen mussten, nicht vertraut waren. Sie pochten jedoch darauf, sie hätten die Vollmacht, ihren Brüdern in jenen Gebieten genau festgelegte Arbeitsweisen vorzuschreiben. Sie meinten, die Verkündigung des Evangeliums müsste in Übereinstimmung mit ihrer eigenen Auffassung vorangetrieben werden.

Mehrere Jahre waren bereits vergangen, seit die Brüder in Jerusalem gemeinsam mit Vertretern anderer führender Gemeinden sorgfältig über die schwierigen Fragen beraten hatten, die sich bezüglich der Arbeitsweise jener ergeben hatten, die für die Heiden wirkten. (Siehe Apostelgeschichte 15.) Als Ergebnis dieses Konzils waren die Brüder übereingekommen, den Gemeinden klare Empfehlungen bezüglich gewisser Riten und Gebräuche einschließlich der Beschneidung zu geben. Bei dieser allgemeinen Ratsversammlung hatten die Brüder auch einmütig beschlossen, den christlichen Gemeinden Barnabas und Paulus als Mitarbeiter zu empfehlen, die das volle Vertrauen eines jeden Gläubigen verdienten.

Unter den Teilnehmern an dieser Versammlung hatten einige die Arbeitsweise der Apostel, auf deren Schultern die Hauptlast der Evangeliumsverkündigung in der heidnischen Welt ruhte, scharf kritisiert. Doch im Laufe des Konzils hatte sich ihr Blick für die Ziele Gottes geweitet, und sie hatten gemeinsam mit ihren Brüdern weise Beschlüsse gefasst, die die Vereinigung aller Gläubigen zu einer großen Gemeinschaft möglich machten.

Später, als ersichtlich wurde, dass die Bekehrten aus den Heiden rasch an Zahl zunahmen, gab es unter den leitenden Brüdern in Jerusalem einige, die sich erneut von ihren früheren Vorurteilen gegen die Arbeitsweise des Paulus und seiner Gefährten einnehmen ließen. Diese Vorurteile verstärkten sich im Laufe der Jahre, bis einige der leitenden Männer beschlossen, dass künftig die Evangeliumsverkündigung im Einklang mit ihren eigenen Vorstellungen zu geschehen habe. Falls Paulus bereit wäre, sein Wirken bestimmten Richtlinien anzupassen, die sie befürworteten, würden sie seinen Einsatz anerkennen und unterstützen; andernfalls könnten sie es nicht länger mit Wohlwollen betrachten oder ihm ihre Unterstützung gewähren.

Diese Männer hatten die Tatsache aus den Augen verloren, dass Gott selbst der Lehrer seines Volkes ist; dass jeder Mitarbeiter in seiner Sache eine persönliche Erfahrung in der Nachfolge des göttlichen Führers erlangen und nicht direkte Anleitung durch Menschen erwarten soll; dass seine Mitarbeiter nicht nach menschlichen Vorstellungen, sondern nach dem Bild des Göttlichen geformt und gestaltet werden sollten.

Der Apostel Paulus hatte in seinem Predigtdienst die Menschen »nicht mit überredenden Worten menschlicher Weisheit, sondern in Erweisung des Geistes und der Kraft« (1. Korinther 2,4) belehrt. Der Heilige Geist hatte ihm die Wahrheiten offenbart, die er verkündigte, »denn der Geist erforscht alle Dinge, auch die Tiefen der Gottheit. Denn welcher Mensch weiß, was im Menschen ist, als allein der Geist des Menschen, der in ihm ist? So weiß auch niemand, was in Gott ist, als allein der Geist Gottes.« (1. Korinther 2,10.11) Paulus erklärte: »Davon reden wir auch nicht mit Worten, wie sie menschliche Weisheit lehren kann, sondern mit Worten, die der Geist lehrt, und deuten geistliche Dinge für geistliche Menschen.« (1. Korinther 2,13)

Während seines gesamten Missionsdienstes hatte Paulus stets die direkte Führung Gottes gesucht.

Unbedachte Vorschläge ...

Während seines gesamten Missionsdienstes hatte Paulus stets die direkte Führung Gottes gesucht. Zugleich war er aber auch sorgfältig darauf bedacht gewesen, in Übereinstimmung mit den Beschlüssen des allgemeinen Jerusalemer Konzils zu wirken, und als Ergebnis »wurden die Gemeinden im Glauben gefestigt und nahmen täglich zu an Zahl.« (Apostelgeschichte 16,5) Und nun, ungeachtet des Mangels an Verständnis, den ihm einige entgegenbrachten, fand er doch Trost in dem Bewusstsein, dass er seine Pflicht getan hatte. Er hatte in den durch ihn Bekehrten einen Geist der Treue, der Freigebigkeit und brüderlicher Liebe entfacht, wie er sich bei dieser Gelegenheit in den großzügigen Spenden offenbarte, die er vor die jüdischen Ältesten legen konnte.

Nachdem die Gemeinde die Spenden in Empfang genommen hatte, erzählte Paulus »eins nach dem andern, was Gott unter den Heiden durch seinen Dienst getan hatte.« (Apostelgeschichte 21,19) Dieser Tatsachenbericht brachte in die Herzen aller, selbst derer, die gezweifelt hatten, die Überzeugung, dass der Segen des Himmels seine Bemühungen begleitet hatte. »Als sie aber das hörten, lobten sie Gott.« (Apostelgeschichte 21,20) Sie empfanden, dass die Arbeitsweise des Apostels das Siegel des Himmels trug. Die vor ihnen liegenden großzügigen Spenden verliehen dem Zeugnis des Apostels über die Glaubenstreue der unter den Heiden gegründeten neuen Gemeinden noch stärkeres Gewicht. Die Männer, die zwar zu den Verantwortlichen des Werkes in Jerusalem zählten, aber auf willkürliche Kontrollmaßnahmen gedrungen hatten, sahen nun den Dienst des Paulus in einem neuen Licht. Sie erkannten, dass ihr Vorgehen falsch gewesen war, dass sie Gefangene jüdischer Bräuche und Traditionen gewesen waren und das Evangeliumswerk stark behindert worden war, weil sie nicht der Erkenntnis nach gehandelt hatten, dass durch Christi Tod die Scheidewand zwischen Juden und Heiden niedergerissen worden war.

Dies war für alle leitenden Brüder die goldene Gelegenheit, offen zu bekennen, dass Gott durch Paulus gewirkt hatte und dass sie selbst zeitweilig falsch gehandelt hatten, als sie es zuließen, dass die Berichte seiner Feinde ihren Neid und ihr Vorurteil weckten. Doch anstatt sich vereint zu bemühen, dem, den sie gekränkt hatten, Gerechtigkeit zukommen zu lassen, erteilten sie ihm Ratschläge, die zeigten, dass sie immer noch meinten, großteils sei Paulus doch selbst für das bestehende Vorurteil verantwortlich. Sie standen nicht edelmütig zu seiner Verteidigung auf, sie bemühten sich nicht, den Unzufriedenen zu zeigen, wo sie im Unrecht waren, sondern sie bemühten sich um einen Kompromiss, indem sie dem Apostel zu einem Vorgehen rieten, das ihrer Meinung nach jeden Grund für Missverständnisse ausräumen würde.

»Bruder, du siehst«, erwiderten sie auf sein Zeugnis hin, »wie viel tausend Juden gläubig geworden sind, und alle sind Eiferer für das Gesetz. Ihnen ist aber berichtet worden über dich, dass du alle Juden, die unter den Heiden wohnen, den Abfall von Mose lehrst und sagst, sie sollen ihre Kinder nicht beschneiden und auch nicht nach den Ordnungen leben. Was nun? Auf jeden Fall werden sie hören, dass du gekommen bist. So tu nun das, was wir dir sagen. Wir haben vier Männer, die haben ein Gelübde auf sich genommen; die nimm zu dir und lass dich reinigen mit ihnen und trage die Kosten für sie, dass sie ihr Haupt scheren können; so werden alle erkennen, dass es nicht so ist, wie man ihnen über dich berichtet hat, sondern dass du selber auch nach dem Gesetz lebst und es hältst. Wegen der gläubig gewordenen Heiden aber haben wir beschlossen und geschrieben, dass sie sich hüten sollen vor dem Götzenopfer, vor Blut, vor Ersticktem und vor Unzucht.« (Apostelgeschichte 21,20-25)

Die Brüder hofften, dass Paulus, indem er den vorgeschlagenen Weg ginge, die falschen Berichte über ihn entscheidend widerlegen würde. Sie versicherten ihm, dass der Beschluss des früheren Konzils über die bekehrten Nichtjuden und

---

Paulus hatte viele der größten Städte der Welt besucht. Tausende von denen, die aus fernen Ländern nach Jerusalem zum Fest gepilgert waren, kannten ihn gut. Unter ihnen gab es Leute, deren Herz voll Hass auf Paulus war.

das Zeremonialgesetz weiterhin gültig sei. Doch der nun gegebene Rat war mit jenem Beschluss nicht vereinbar. Diese Anweisung wurde nicht vom Heiligen Geist eingegeben; sie war die Frucht der Feigheit. Die Leiter der Gemeinde in Jerusalem wussten, dass durch Nichtbeachtung des Zeremonialgesetzes die Christen sich den Hass der Juden zuziehen und sich selbst der Verfolgung aussetzen würden. Der Hohe Rat tat das Äußerste, um den Fortschritt des Evangeliums aufzuhalten. Durch dieses Gremium wurden Männer ausgewählt, die den Aposteln, hauptsächlich Paulus, auf den Fersen folgen und auf jede mögliche Weise gegen ihr Wirken angehen sollten. Würden die Christusgläubigen vor dem Hohen Rat als Gesetzesbrecher verurteilt, hätten sie als Abtrünnige vom jüdischen Glauben eine schnelle und strenge Strafe zu erleiden.

... bringen gefährliche Kompromisse

Viele der Juden, die das Evangelium angenommen hatten, hegten noch eine hohe Achtung vor dem Zeremonialgesetz und waren nur allzu bereit, unkluge Zugeständnisse zu machen. Sie hofften, so das Vertrauen ihrer Landsleute zu erlangen, deren Vorurteile zu entkräften und sie für den Glauben an Christus als Erlöser der Welt zu gewinnen. Paulus erkannte: Solange viele der führenden Leute der Gemeinde in Jerusalem gegen ihn weiterhin voreingenommen wären, würden sie nicht aufhören, seinem Einfluss entgegenzuwirken. Er meinte, wenn er sie durch irgendein zumutbares Zugeständnis für die Wahrheit gewinnen könnte, dann würde er ein großes Hindernis für den Erfolg des Evangeliums andernorts aus dem Wege räumen. Doch war er nicht von Gott befugt worden, so viel zuzugestehen, wie sie verlangten.

Wenn wir an den Herzenswunsch des Paulus denken, mit seinen Brüdern im Einklang zu sein, an seine Behutsamkeit mit den Schwachen im Glauben, an seine Hochachtung vor den Aposteln, die mit Christus gewesen waren, und vor Jakobus, dem Bruder des Herrn, sowie an seinen Vorsatz, jedem so weit wie möglich entgegenzukommen, ohne dabei Grundsätze aufzugeben, – wenn wir all das bedenken, dann ist es wenig verwunderlich, dass er sich drängen ließ, von dem festen, entschiedenen Kurs abzuweichen, den er bis dahin verfolgt hatte. Doch statt das ersehnte Ziel zu erreichen, beschleunigte sein Bemühen um Ausgleich nur die Krise, brachte die vorhergesagten Leiden nur umso schneller über ihn und führte dazu, ihn von seinen Brüdern zu trennen, die Gemeinde eines ihrer stärksten Pfeiler zu berauben und die Herzen der Christen in allen Landen mit Kummer zu erfüllen.

Am folgenden Tag begann Paulus damit, den Rat der Ältesten auszuführen. Er nahm die vier Männer, die das Nasiräergelübde der Gottgeweihten (vgl. 4. Mose 6) auf sich genommen hatten, dessen Frist fast abgelaufen war, mit sich »in den Tempel und zeigte an, dass die Tage der Reinigung beendet sein sollten, sobald für jeden von ihnen das Opfer dargebracht wäre.« (Apostelgeschichte 21,26) Einige kostspielige Reinigungsopfer standen noch aus.

Diejenigen, die Paulus zu diesem Schritt rieten, hatten nicht die große Ge-

Moderner Thoraschrein in der Synagoge von Hebron

Um die Vorurteile zu entkräften, er würde die jüdischen Gesetze missachten, ließ Paulus sich in Jerusalem dazu überreden, zusammen mit vier Männern einen jüdischen Ritus öffentlich zu zelebrieren. Im Judentum gab es den Brauch, dass Gläubige ein Gelübde (hebr. nasir) ablegten und sich damit für eine bestimmte Zeit Gott besonders weihten. (4. Mose 6) Sie durften während des Gelübdes ihr Haar nicht schneiden und mussten weitere Verhaltensregeln beachten. Am Ende dieser Zeit, brachten die Nasiräer die vorgeschriebenen Opfer und ihr Haar durfte wieder geschnitten werden. Dass Paulus sich zu diesen Männern gesellte, wurde ihm zum Verhängnis.

> *Inmitten des Aufruhrs blieb der Apostel ruhig und gefasst. Sein Geist und Gemüt waren in Gott verankert, wusste er doch, dass ihn Engel vom Himmel umgaben.*

fahr bedacht, der er dadurch ausgesetzt würde. Zu dieser Jahreszeit war Jerusalem voller Pilger aus vielen Ländern. Als Paulus in Erfüllung seines Gottesauftrags das Evangelium den Heiden gebracht hatte, hatte er viele der größten Städte der Welt besucht. Tausende von denen, die aus fernen Ländern nach Jerusalem zum Fest gepilgert waren, kannten Paulus gut. Unter ihnen gab es Leute, deren Herz voll Hass auf ihn war. Wenn er den Tempel bei einem solchen öffentlichen Anlass betrat, begab er sich in Lebensgefahr. Einige Tage lang ging er jedoch anscheinend unbemerkt mit den Pilgern im Tempel ein und aus. Doch kurz bevor die bestimmte Frist [des Nasiräergelübdes] abgelaufen war, als er gerade mit einem Priester über das darzubringende Opfer sprach, wurde er von einigen Juden aus der Provinz Asia erkannt.

Mit teuflischer Wut stürzten sie sich auf ihn und schrien: »Ihr Männer von Israel, helft! Dies ist der Mensch, der alle Menschen an allen Enden lehrt gegen unser Volk, gegen das Gesetz und gegen diese Stätte.« Als die Leute diesem Hilferuf folgten, fügten sie eine weitere Anklage hinzu: »Dazu hat er auch Griechen in den Tempel geführt und diese heilige Stätte entweiht.« (Apostelgeschichte 21,28)

Nach dem jüdischen Gesetz war es für einen Unbeschnittenen ein todeswürdiges Verbrechen, die inneren Vorhöfe des heiligen Gebäudes zu betreten. Paulus war in Begleitung des Trophimus, eines Ephesers, in der Stadt gesehen worden, und man schloss daraus, er hätte ihn in den Tempel mitgebracht. Dies hatte er aber nicht getan; und wenn er selbst den Tempel betrat, war das keine Gesetzesübertretung, da er ja Jude war. Doch obwohl die Anklage völlig falsch war, genügte sie doch, das Vorurteil der Leute zu erregen. Als der Ruf aufgenommen und durch die Vorhöfe des Tempels getragen wurde, geriet die dort versammelte Menge in helle Aufregung. Schnell verbreitete sich die Nachricht durch Jerusalem. »Und die ganze Stadt wurde erregt, und es entstand ein Auflauf des Volkes.« (Apostelgeschichte 21,30a)

Die Vorstellung, dass ein abgefallener Israelit sich anmaßte, den Tempel ausgerechnet zu einer Zeit zu entweihen, da Tausende aus allen Teilen der Welt dahin gekommen waren, um anzubeten, entfachte die heftigsten Leidenschaften der Volksmassen. »Sie ergriffen aber Paulus und zogen ihn zum Tempel hinaus. Und sogleich wurden die Tore zugeschlossen.« (Apostelgeschichte 21,30b)

»Als sie ihn aber töten wollten, kam die Nachricht hinauf vor den Oberst der Abteilung, dass ganz Jerusalem in Aufruhr sei.« (Apostelgeschichte 21,31) Claudius Lysias, der die aufrührerischen Elemente, mit denen er es zu tun hatte, sehr wohl kannte, »nahm sogleich Soldaten und Hauptleute und lief hinunter zu ihnen. Als sie aber den Oberst und die Soldaten sahen, hörten sie auf, Paulus zu schlagen.« (Apostelgeschichte 21,32) Dem römischen Oberst war die Ursache des Aufruhrs nicht bekannt. Als er aber sah, dass sich die Wut der Menge gegen Paulus richtete, nahm er an, dass es sich um einen ägyptischen Aufrührer handeln müsse, von dem er gehört hatte und der sich bisher der Gefangennahme hatte entziehen können. So »nahm er ihn fest und ließ ihn fesseln mit zwei Ketten und fragte, wer er wäre und was er getan hätte.« (Apostelgeschichte 21,33) Sogleich erhoben sich viele Stimmen in lauter, zorniger Anklage. »Einer aber rief dies, der andre das im Volk. Da er aber nichts Gewisses erfahren konnte wegen des Getümmels, ließ er ihn in die Burg führen. Und als er an die Stufen kam, mussten ihn die Soldaten tragen wegen des Ungestüms des Volkes; denn die Menge folgte und schrie: Weg mit ihm!« (Apostelgeschichte 21,34-36)

Zeugnis und Widerstand

Inmitten des Aufruhrs blieb der Apostel ruhig und gefasst. Sein Geist und Gemüt waren in Gott verankert, wusste er doch, dass ihn Engel vom Himmel umgaben. Doch war er in seinem Inneren nicht bereit, jetzt den Tempel zu verlassen, ohne den Versuch gemacht zu haben, seinen Landsleuten die Wahrheit darzulegen. Gerade als er in die Burg geführt werden sollte, fragte er den Oberhauptmann: »Darf ich mit dir reden?« Lysias erwiderte: »Kannst du Griechisch? Bist du nicht der Ägypter, der vor diesen Tagen einen Aufruhr gemacht und viertausend von den Aufrührern in die Wüste hinausgeführt hat?« Paulus antwortete: »Ich bin ein jüdischer Mann aus Tarsus in Zilizien, Bürger einer namhaften Stadt. Ich bitte dich, erlaube mir, zu dem Volk zu reden.« (Apostelgeschichte 21,37-39)

Die Bitte wurde ihm gewährt, und so »trat Paulus auf die Stufen und winkte dem Volk mit der Hand.« (Apostelgeschichte 21,40) Diese Geste zog die Aufmerksamkeit der Menschen auf ihn, und seine Haltung gebot Respekt. »Da entstand eine große Stille, und er redete zu ihnen auf Hebräisch und sprach: Ihr Männer, liebe Brüder und Väter, hört mir zu, wenn ich mich jetzt vor euch verantworte.« (Apostelgeschichte 21,40; 22,1) Als sie die vertrauten hebräischen Worte vernahmen, »wurden sie noch stiller« (Apostelgeschichte 22,2), und in das allgemeine Schweigen hinein sprach er nun weiter:

»Ich bin ein jüdischer Mann, geboren in Tarsus in Zilizien, aufgewachsen aber in dieser Stadt und mit aller Sorgfalt unterwiesen im väterlichen Gesetz zu Füßen Gamaliels, und war ein Eiferer für Gott, wie ihr es heute alle seid.« (Apostelgeschichte 22,3) Den Darlegungen des Apostels konnte niemand widersprechen; denn die Tatsachen, auf die er hinwies, waren vielen, die noch in Jerusalem wohnten, gut bekannt. Er sprach auch davon, mit welchem Eifer er einst die Jünger Christi bis in den Tod verfolgt hatte. Ausführlich schilderte er seinen Zuhörern die Vorgänge bei seiner Bekehrung, und wie sein stolzes Herz sich schließlich vor dem gekreuzigten Nazarener gebeugt hatte. Hätte er versucht, sich mit seinen Gegnern in eine Diskussion einzulassen, so hätten sie sich hartnäckig geweigert, seinen Worten zuzuhören. Aus dem Bericht seiner Erfahrung aber klang eine überzeugende Kraft, die zunächst ihre Herzen zu besänftigen und zu überwinden schien.

Dann suchte er ihnen zu erklären, dass er seinen Dienst unter den Heiden nicht aus eigener Entscheidung aufgenommen habe. Sein Wunsch sei es gewesen, für sein eigenes Volk zu wirken, aber gerade hier im Tempel habe Gott in einem heiligen Gesicht mit ihm geredet und ihn angewiesen: »Ich will dich in die Ferne zu den Heiden senden.« (Apostelgeschichte 22,21)

Bis dahin hatten die Menschen mit gespannter Aufmerksamkeit zugehört. Als aber Paulus den Punkt in seiner Lebensgeschichte erreichte, wo Christus ihn zu seinem Botschafter unter den Heiden bestimmt hatte, brach ihre Wut von Neuem los. Sie waren es gewohnt, sich als das einzige von Gott auserwählte Volk zu sehen, und nicht bereit, den verachteten Heiden einen Anteil an den Privilegien zuzugestehen, die sie bisher für sich allein beansprucht hatten. Mit lautem Geschrei übertönten sie die Stimme des Sprechers und riefen: »Schaff diesen aus der Welt; so einer darf nicht leben!« (Apostelgeschichte 22,22 ZÜ)

»Und sie schrien laut, rissen sich die Kleider vom Leib und wirbelten Staub auf. Da befahl der Oberst, ihn in die Kaserne zu führen, und ordnete an, ihn zu geißeln und ins Verhör zu nehmen. So wollte er herausfinden, weshalb sie seinetwegen ein solches Geschrei erhoben.« (Apostelgeschichte 22,23.24 ZÜ)

»Als sie ihn aber zur Geißelung vornüberstreckten, sagte Paulus zu dem Hauptmann, der dabeistand: Dürft ihr einen römischen Bürger geißeln, ohne Gerichtsurteil? Als der Hauptmann das hörte, ging er zum Oberst, erstattete Meldung und sagte: Was hast du vor? Dieser Mann ist ein römischer Bürger! Da kam der Oberst und sagte zu ihm: Sag mir, bist du ein römischer Bürger? Er sagte: Ja. Da erwiderte der Oberst: Ich habe dieses Bürgerrecht für eine hohe Summe erworben. Paulus sagte: Ich besitze es durch Geburt. Sogleich ließen die, welche ihn verhören sollten, von ihm ab; der Oberst aber bekam es mit der Angst zu tun, als ihm bewusst wurde, dass er einen römi-

> *Als Paulus den Punkt in seiner Lebensgeschichte erreichte, wo Christus ihn zu seinem Botschafter unter den Heiden bestimmt hatte, brach ihre Wut von Neuem los.*

Mittelalterliche Handschellen, Schloss Trachselwald, Kanton Bern, Schweiz.

Der römische Kommandant befahl seinen Soldaten, Paulus in Ketten zu legen und auszupeitschen. Paulus aber entgegnete dem Offizier, der die Ausführung überwachte: »Dürft ihr denn einen römischen Bürger auspeitschen?« Da bekam es der Kommandant mit der Angst zu tun, weil er einen römischen Bürger hatte fesseln und schlagen lassen. – Paulus war Jude und gleichzeitig römischer Bürger.

schen Bürger hatte fesseln lassen.« (Apostelgeschichte 22,25-29 ZÜ)

»Da er aber genau in Erfahrung bringen wollte, weshalb dieser von den Juden angeklagt wurde, ließ er ihm anderntags die Fesseln lösen und befahl den Hohen Priestern und dem ganzen Hohen Rat, sich zu versammeln. Und er ließ Paulus hinunterführen und vor sie treten.« (Apostelgeschichte 22,30 ZÜ)

Der Apostel sollte nun von dem gleichen Gericht verhört werden, dem er vor seiner Bekehrung angehört hatte. Innerlich ruhig stand er vor den jüdischen Führern, seine Gesichtszüge zeugten von dem Frieden Christi. »Paulus schaute sie an und sagte zum Hohen Rat: Brüder, mit reinem Gewissen habe ich mein Leben vor Gott geführt bis auf den heutigen Tag.« (Apostelgeschichte 23,1 ZÜ) Als sie diese Worte hörten, entbrannte ihr Hass aufs Neue, und der Hohepriester Hananias befahl »denen, die bei ihm standen, ihn auf den Mund zu schlagen.« (Apostelgeschichte 23,2 ZÜ) Auf diesen rohen Befehl hin erwiderte Paulus: »Dich wird Gott schlagen, du getünchte Wand! Du sitzt hier, um über mich zu richten nach dem Gesetz, und wider das Gesetz befiehlst du, mich zu schlagen? Die Umstehenden sagten: Du willst den Hohen Priester Gottes schmähen?« (Apostelgeschichte 23,3.4 ZÜ) Mit gewohnter Höflichkeit antwortete Paulus: »Ich wusste nicht, Brüder, dass er Hoherpriester ist; es steht ja geschrieben (2. Mose 22,27): Einem Fürsten deines Volkes sollst du nicht fluchen.« (Apostelgeschichte 23,5 ZÜ)

»Weil Paulus aber in den Sinn kam, dass der eine Teil zu den Sadduzäern, der andere zu den Pharisäern gehörte, rief er in den Hohen Rat hinein: Brüder, ich bin Pharisäer, ein Sohn von Pharisäern. Wegen der Hoffnung und wegen der Auferstehung der Toten stehe ich vor Gericht!« (Apostelgeschichte 23,6 ZÜ)

»Kaum hatte er das gesagt, gab es Streit zwischen den Pharisäern und den Sadduzäern, und die Versammlung spaltete sich in zwei Lager. Die Sadduzäer sagen nämlich, es gebe weder eine Auferstehung noch Engel noch einen Geist, die Pharisäer dagegen bejahen dies alles.« (Apostelgeschichte 23,7.8 ZÜ) Die beiden Parteien stritten sich nun untereinander, und damit war die Macht ihres Widerstandes gegen Paulus gebrochen. »Einige Schriftgelehrte von der Partei der Pharisäer erhoben sich, legten sich ins Zeug und sagten: Wir können an diesem Menschen nichts Böses finden. Wenn nun doch ein Geist oder ein Engel zu ihm gesprochen hat?« (Apostelgeschichte 23,9 ZÜ)

In dem nun folgenden Durcheinander setzten die Sadduzäer alles daran, den Apostel in ihre Gewalt zu bekommen, um ihn zu töten. Ebenso sehr bemühten sich die Pharisäer, ihn zu schützen. Der Oberst befürchtete schließlich, »Paulus könnte von ihnen in Stücke gerissen werden, und befahl der Wachabteilung, herunterzukommen, ihn aus ihrer Mitte herauszuholen und in die Kaserne zu bringen.« (Apostelgeschichte 23,10)

War alles umsonst?

Als Paulus später über die bedrückenden Erlebnisse des Tages nachdachte, überkam ihn die Befürchtung, seine Handlungsweise könnte Gott missfallen haben. War es vielleicht falsch gewesen, überhaupt Jerusalem zu besuchen? Hatte sein sehnlicher Wunsch nach Eintracht mit seinen Brüdern, zu diesem unheilvollen Ergebnis geführt?

Es tat dem Apostel in der Seele weh, wie sich die Juden als Gottes auserwähltes Volk vor einer ungläubigen Welt zeigten. Was mochten diese heidnischen Offiziere nur über sie denken? Sind das die Anbeter Jahwes – so ihr Anspruch –, die zum heiligen Dienst berufen sind, die sich nun aber von blinder Wut und vernunftlosem Zorn bestimmen lassen? Selbst ihre Brüder wollen sie vernichten, nur weil diese es wagen, in religiösen Dingen abweichende Meinungen zu vertreten. Haben sie nicht ihre ehrwürdigste Ratsversammlung zu einem Schauplatz des Streites und wüsten Durcheinanders gemacht? Paulus empfand, dass der Name seines Gottes in den Augen der Heiden Schmach erlitten hatte.

Und er selbst lag nun im Gefängnis und wusste, dass seine Feinde in ihrer zum Äußersten entschlossenen Bosheit nichts unversucht lassen würden, um ihn zu töten. Konnte es sein, dass sein Wirken für die Gemeinden zu Ende war und jetzt reißende Wölfe bei ihnen eindringen sollten? Die Sache Christi lag Paulus sehr am Herzen, und mit tiefer Besorgnis dachte er an die Gefahren für die weit verstreuten Gemeinden. Sie waren ja der Verfolgung durch eben solche Männer ausgesetzt, wie sie ihm im Hohen Rat begegnet waren. Bekümmert und entmutigt weinte und betete er.

Doch auch in dieser dunklen Stunde hatte der Herr seinen Diener nicht vergessen. Er hatte ihn in den Vorhöfen des Tempels vor der mörderischen Menge beschützt; er war vor dem Hohen Rat bei ihm gewesen; er war auch in der Festung bei ihm; und er offenbarte sich seinem treuen Zeugen auf des Apostels ernstes Flehen um Führung hin: »In der folgenden Nacht aber trat der Herr zu ihm und sprach: Fasse Mut! Wie du in Jerusalem für mich Zeugnis abgelegt hast, so sollst du auch in Rom mein Zeuge sein.« (Apostelgeschichte 23,11 ZÜ)

Schon lange hatte Paulus gehofft, Rom besuchen zu können. Auch dort wollte er gerne Zeuge für Christus sein, hatte aber den Eindruck gehabt, dass seine Absichten durch die Feindseligkeit der Juden vereitelt würden. Dass er ausgerechnet als Gefangener dorthin kommen würde, konnte er selbst jetzt noch kaum glauben.

Während der Herr seinem Diener Mut zusprach, planten die Feinde des Paulus eifrig seine Ermordung. »Als es Tag wurde, taten sich die Juden heimlich zusammen und schworen sich, weder zu essen noch zu trinken, bis sie Paulus getötet hätten. Es waren mehr als vierzig Männer an dieser Verschwörung beteiligt.« (Apostelgeschichte 23,12.13 ZÜ) Das war ein Fasten, wie es der Herr durch Jesaja verurteilt hatte: »Wenn ihr fastet, hadert und zankt ihr und schlagt mit gottloser Faust drein.« (Jesaja 58,4)

Die Verschwörer »gingen zu den Hohen Priestern und Ältesten und sagten: Wir wollen verflucht sein, wenn wir Speise zu uns nehmen, bevor wir Paulus getötet haben. Ihr aber sollt jetzt mit dem Hohen Rat zusammen beim Oberst vorstellig werden mit der Bitte, ihn zu euch hinunterzuführen, weil ihr seinen Fall genauer untersuchen möchtet. Wir aber halten uns bereit, ihn zu töten, bevor er sich dem Ort nähert.« (Apostelgeschichte 23,14.15 ZÜ)

Anstatt diesen grausamen Anschlag entschieden zu verurteilen, stimmten ihm die Priester und Obersten sofort zu. Paulus hatte die Wahrheit gesprochen, als er Hananias mit einer getünchten Wand verglich.

Doch Gott griff ein, um das Leben seines Dieners zu retten. »Der Sohn der Schwester des Paulus aber hörte von dem geplanten Anschlag; er kam, verschaffte sich Zutritt zur Kaserne und berichtete Paulus davon. Paulus ließ einen der Hauptleute zu sich rufen und sagte zu ihm: Führe diesen jungen Mann zum Oberst, denn er hat ihm etwas mitzuteilen. Der nahm ihn mit, führte ihn zum Oberst und sagte: Der Gefangene Paulus hat mich zu sich rufen lassen und mich gebeten, diesen jungen Mann zu dir zu führen, er habe dir etwas zu sagen.« (Apostelgeschichte 23,16-18 ZÜ)

Freundlich empfing Claudius Lysias den jungen Mann, nahm ihn zur Seite und

> »In der folgenden Nacht aber stand der Herr bei ihm und sprach: Sei getrost! Denn wie du für mich in Jerusalem Zeuge warst, so musst du auch in Rom Zeuge sein.«
>
> Apostelgeschichte 23,11

fragte ihn: »Was hast du mir mitzuteilen?« Der Jüngling erwiderte: »Die Juden sind übereingekommen, dich zu bitten, Paulus morgen zum Hohen Rat hinunterführen zu lassen, man wolle dort Genaueres über ihn erfahren. Du aber traue ihnen nicht! Denn unter ihnen sind mehr als vierzig Männer, die ihm auflauern; sie haben sich geschworen, weder zu essen noch zu trinken, bis sie ihn getötet haben. Sie stehen jetzt bereit und warten auf die Zusage von deiner Seite.« (Apostelgeschichte 23,19-21 ZÜ)

»Da entließ der Oberst den jungen Mann und schärfte ihm ein: Sag niemandem, dass du mir dies hinterbracht hast.« (Apostelgeschichte 23,22)

In Schutzhaft

Lysias beschloss sofort, Paulus aus seiner eigenen Gerichtsbarkeit an die des Statthalters Felix zu überstellen. Das jüdische Volk befand sich in einem Zustand der Erregung und Gereiztheit, und Aufruhr war an der Tagesordnung. Die weitere Anwesenheit des Apostels in Jerusalem konnte gefährliche Folgen für die Stadt und sogar für den Kommandanten selbst haben. Deshalb rief er »zwei Hauptleute zu sich und sagte: Stellt für die dritte Stunde der Nacht zweihundert Soldaten bereit zum Abmarsch nach Cäsarea, ebenso siebzig Reiter und zweihundert Leichtbewaffnete. Auch Reittiere soll man bereithalten, damit Paulus aufsitzen und man ihn wohlbehalten zum Statthalter Felix bringen kann.« (Apostelgeschichte 23,23.24 ZÜ)

Wollte man Paulus wegbringen, so durfte man keine Zeit verlieren. »Die Soldaten übernahmen Paulus, wie ihnen befohlen war, und brachten ihn in der Nacht nach Antipatris.« (Apostelgeschichte 23, 31 ZÜ) Von dort zogen die Reiter mit dem Gefangenen weiter nach Cäsarea, während die vierhundert Soldaten nach Jerusalem zurückkehrten.

Der Befehlshaber der Abteilung übergab den Gefangenen an Felix und überreichte ihm gleichzeitig einen Brief, den der Oberst ihm anvertraut hatte: »Claudius Lysias an den edlen Statthalter Felix: Sei gegrüßt! Dieser Mann wurde von den Juden in ihre Gewalt gebracht und sollte von ihnen umgebracht werden. Da bin ich mit der Wachmannschaft eingeschritten und habe ihn befreit; ich hatte nämlich vernommen, dass er römischer Bürger ist. Und da ich den Grund für ihre Anschuldigungen erfahren wollte, ließ ich ihn vor ihren Hohen Rat führen. Dabei habe ich festgestellt, dass er nur wegen strittiger Fragen, die ihr Gesetz betreffen, angeklagt wird, dass ihm aber nichts vorgeworfen wird, worauf Tod oder Haft steht. Da mir aber angezeigt wurde, auf den Mann sei ein Anschlag geplant, habe ich ihn sogleich zu dir geschickt; auch habe ich die Kläger angewiesen, sie sollten bei dir vorbringen, was sie ihm vorzuwerfen haben.« (Apostelgeschichte 23,26-30 ZÜ)

Als Felix die Mitteilung gelesen hatte, fragte er, aus welcher Provinz der Gefangene stamme. »Als er erfuhr, dass er aus Zilizien sei, sagte er zu ihm: Ich werde dich verhören, sobald deine Ankläger eingetroffen sind. Und er gab Befehl, ihn im Prätorium des Herodes gefangen zu halten.« (Apostelgeschichte 23,34.35 ZÜ)

Hier im Falle des Paulus war es nicht das erste Mal, dass ein Diener des Herrn bei Heiden vor der Bosheit derer Schutz gefunden hatte, die sich als Gottes Volk ausgaben. In ihrer Wut gegen Paulus hatten die Juden der dunklen Liste, die die Geschichte dieses Volkes kennzeichnete, ein weiteres Verbrechen hinzugefügt. Sie hatten ihre Herzen noch mehr gegen die Wahrheit verhärtet und damit ihren eigenen Untergang noch gewisser gemacht.

Verpasster Segen

Nur wenige erfassen die volle Bedeutung der Worte, die Jesus in der Synagoge von Nazareth sprach, als er sich selbst als den Gesalbten zu erkennen gab. Er bezeichnete es als seine Aufgabe, die Betrübten und Sündenbeladenen zu trösten, glücklich zu machen und zu erretten. Als er dann aber sah, wie Stolz und Unglauben die Herzen seiner Zuhörer beherrschten, erinnerte er sie daran, dass Gott sich in vergangenen Zeiten von seinem auserwählten Volk abgewandt hatte, weil es voll Unglaubens und Empörung war, und sich in den Heidenländern de-

> *Hier im Falle des Paulus war es nicht das erste Mal, dass ein Diener des Herrn bei Heiden vor der Bosheit derer Schutz gefunden hatte, die sich als Gottes Volk ausgaben.*

nen offenbarte, die das göttliche Licht nicht zurückwiesen. Die Witwe von Sarepta und Naaman, der Syrer, hatten nach dem ganzen ihnen zuteil gewordenen Licht gelebt und wurden deshalb gerechter erfunden als Gottes auserwähltes Volk, das von ihm abgefallen war und um Bequemlichkeit und irdischer Ehre willen seine Grundsätze preisgegeben hatte.

Jesus offenbarte den Juden zu Nazareth eine erschreckende Wahrheit, als er ihnen erklärte, dass der treue Gottesbote im abgefallenen Israel nicht sicher leben könne. Sie würden weder seinen Wert erkennen noch sein Wirken recht schätzen. Während die jüdischen Oberen vorgaben, sich mit großem Eifer für Gottes Ehre und das Wohl des Volkes einzusetzen, waren sie beider Feinde. Durch ihre Satzungen und ihr Beispiel führten sie das Volk immer weiter vom Gehorsam Gott gegenüber ab und dahin, wo Gott am Tag der Trübsal nicht ihr Schutz sein konnte.

Die tadelnden Worte des Erlösers an die Menschen in Nazareth galten im Falle des Paulus nicht nur den ungläubigen Juden, sondern seinen eigenen Brüdern im Glauben. Hätten die Leiter der Gemeinde ihren Groll dem Apostel gegenüber völlig abgelegt und ihn als einen anerkannt, der von Gott speziell berufen war, das Evangelium zu den Heiden zu bringen, dann hätte ihn der Herr ihnen erhalten. Dass das Wirken des Paulus so bald enden sollte, hatte Gott nicht verfügt; doch hat er auch kein Wunder bewirkt, um den Ablauf der Umstände aufzuhalten, den die Handlungsweise der Leiter der Jerusalemer Gemeinde verursacht hatte.

Dieselbe Gesinnung führt immer noch zu denselben Folgen. Die Gemeinde hat sich selbst schon mancher Segnung beraubt, weil sie versäumte, die durch Gottes Gnade geschenkten Gelegenheiten recht zu schätzen und zu nutzen. Gar oft hätte der Herr die Wirksamkeit manch eines treuen Dieners verlängert, wenn dessen Arbeit gewürdigt worden wäre! Lässt die Gemeinde es aber zu, dass der Feind der Menschen das Verständnis verdreht, sodass sie die Worte und Taten des Dieners Christi entstellt und missdeutet, und wagt sie es, sich ihm hindernd in den Weg zu stellen und sein Wirken zu beeinträchtigen, dann entzieht der Herr ihr zuweilen den verliehenen Segen.

Satan wirkt dauernd durch seine Werkzeuge, um diejenigen zu entmutigen und zu verderben, die Gott erwählt hat, ein großartiges und gutes Werk zu tun. Selbst wenn diese bereit sind, für die Förderung der Sache Christi ihr Leben hinzugeben, so wird der Erzbetrüger doch versuchen, bei ihren Brüdern gegen sie Zweifel zu erwecken. Wird diesen Zweifeln Raum gegeben, dann werden sie das Vertrauen in die Rechtschaffenheit der Erwählten untergraben und so ihr Wirken beeinträchtigen. Nur zu oft gelingt es Satan, ihnen durch ihre eigenen Brüder solche Herzensnot zu bereiten, dass Gott in seiner Barmherzigkeit eingreifen muss, um seinen verfolgten Dienern Ruhe zu geben. Erst wenn deren Hände über der regungslosen Brust gefaltet liegen und ihre warnende und ermutigende Stimme verstummt ist, mögen die Verstockten schließlich aufgerüttelt werden und erkennen, welch wertvolle Segnungen sie von sich gewiesen haben. Der Tod dieser Gottesdiener mag vielleicht bewirken, was ihrem Leben versagt geblieben ist.

Das Wirken treuer Diener im Werk Gottes bringt immer Frucht, selbst wenn es so scheint, als könnten die Gegner sie zum Schweigen bringen. Trotzdem ist es schmerzlich mitzuerleben, wenn eine von Gott besonders begabte Person – damals der Apostel Paulus – durch Intrigen seinen Dienst aufgeben muss.

Kapitel 39: Das Verhör in Cäsarea

Apostelgeschichte 24

Ruinen der antiken Stadt Cäsarea.

Als der römische Kommandant in Jerusalem erfuhr, dass es eine Verschwörung gegen Paulus gab, beschloss er, ihn dem römischen Statthalter in Cäsarea zu überstellen. Dieser sollte dann das Gerichtsverfahren gegen ihn leiten. Als Paulus vor dem Statthalter Felix stand, entschied dieser: »Ich werde dich verhören, wenn deine Ankläger auch hier sind.« (Apostelgeschichte 22,35) So begann sein »Kreuzweg«, der ihn schließlich nach Rom vor den Kaiser führen sollte.

Fünf Tage nach der Ankunft von Paulus in Cäsarea trafen seine Ankläger aus Jerusalem dort ein, begleitet von Tertullus, einem Redner, den sie sich zum Anwalt genommen hatten. Der Fall kam zügig zur Verhandlung. Paulus wurde vor die Versammlung gestellt, und dann »fing Tertullus an, ihn anzuklagen.« (Apostelgeschichte 24,2a) Der verschlagene Redner ging davon aus, dass Schmeicheleien eine stärkere Wirkung auf den römischen Statthalter ausüben würden als die einfache Darlegung von Wahrheit und Recht.

So begann er seine Ausführungen mit einem Lobpreis auf Felix und erklärte: »Dass wir in großem Frieden leben unter dir und dass diesem Volk viele Wohltaten widerfahren sind durch deine Fürsorge, edelster Felix, das erkennen wir allezeit und überall mit aller Dankbarkeit an.« (Apostelgeschichte 24,2.3)

Tertullus ließ sich hier zu offenkundiger Unwahrhaftigkeit herab, denn Felix besaß einen verachtenswerten Charakter. Von ihm hieß es, dass er »in jeder Art von Tyrannei und Willkür sein Königsrecht mit Sklavenlaune ausübte.« (Tacitus: »Historien«, V, 9)

Diejenigen, die Tertullus zuhörten, wussten, dass seine Schmeichelworte falsch waren, doch ihr Wunsch, die Verurteilung des Paulus zu erreichen, war stärker als ihre Wahrheitsliebe.

Fadenscheinige Anklage, kompetente Verteidigung

In seiner Rede legte Tertullus Paulus Verbrechen zur Last, die, wären sie nachweisbar gewesen, seine Verurteilung wegen Hochverrats zur Folge gehabt hätten. »Wir haben erkannt«, erklärte er mit Pathos, »dass dieser Mann schädlich ist und dass er unter allen Juden auf dem ganzen Erdkreis Aufruhr erregt und dass er ein Anführer der Sekte der Nazarener ist. Er hat auch versucht, den Tempel zu entweihen.« (Apostelgeschichte 24,5.6)

Dann gab Tertullus an, Lysias, der Befehlshaber der Garnison in Jerusalem, habe Paulus den Juden mit Gewalt entrissen, als diese ihn gerade nach ihrem religiösen Recht richten wollten. Dadurch habe er sie gezwungen, die Angelegenheit vor Felix zu bringen. Diese Ausführungen wurden in der Absicht gemacht, den Statthalter zu veranlassen, Paulus an den jüdischen Gerichtshof zu überstellen. Alle Anklagepunkte wurden von den anwesenden Juden leidenschaftlich unterstützt, die sich in keiner Weise bemühten, ihren Hass auf den Gefangenen zu verbergen.

Felix besaß genügend Scharfsinn, den Charakter und das Ansinnen der Ankläger des Paulus zu durchschauen. Er erkannte, aus welchem Beweggrund sie ihm geschmeichelt hatten, und sah auch, dass ihre Anklagen gegen Paulus nicht stichhaltig waren. Er wandte sich an den Angeklagten und gab ihm ein Zeichen, sich selbst zu verantworten. Paulus verschwendete keine Worte mit Komplimenten, sondern stellte einfach fest, dass er sich ganz unerschrocken vor Felix verteidigen könne, da Letzterer schon seit vielen Jahren Statthalter sei und daher eine gute Kenntnis der Gesetze und Bräuche der Juden habe.

Klar wies er darauf hin, dass von den Anklagepunkten, die gegen ihn vorgebracht wurden, nicht einer der Wahrheit entspreche. Er erklärte, dass er keinen Aufruhr in irgendeinem Teil Jerusalems angezettelt habe, auch habe er das Heiligtum nicht entweiht. »Sie haben mich«, sagte er, »weder im Tempel noch in den Synagogen noch in der Stadt dabei gefunden, wie ich mit jemandem gestritten oder einen Aufruhr im Volk gemacht hätte. Sie können dir auch nicht beweisen, wessen sie mich jetzt verklagen.« (Apostelgeschichte 24,12.13)

Während er bekannte, dass er »nach dem Weg, den sie eine Sekte nennen«, dem Gott seiner Väter diene, versicherte er zugleich, dass er immer geglaubt habe, »was geschrieben steht im Gesetz und in den Propheten.« (Apostelgeschichte 24,14) In Übereinstimmung mit den klaren Lehren der Schrift halte er am Glauben an die Auferstehung der Toten fest. Weiter erklärte er, dass es der oberste Grundsatz seines Lebens sei, »allezeit ein unverletztes Gewissen zu haben vor Gott und den Menschen.« (Apostelgeschichte 24,16)

Offen und ohne Umschweife berichtete er von dem Zweck seines Besuchs in Jerusalem sowie von den Umständen, die zu seiner Verhaftung und zum Verhör geführt hatten. »Nach mehreren Jahren aber bin ich gekommen, um Almosen für mein Volk zu überbringen und zu opfern. Als ich mich im Tempel reinigte, ohne Auflauf und Getümmel, fanden mich dabei einige Juden aus der Provinz Asien. Die sollten jetzt hier sein vor dir und mich verklagen, wenn sie etwas gegen mich hätten. Oder lass diese hier selbst sagen, was für ein Unrecht sie gefunden haben, als ich vor dem Hohen Rat stand; es sei denn dies eine Wort, das ich rief, als ich unter ihnen stand: Um der Auferstehung der Toten willen werde ich von euch heute angeklagt.« (Apostelgeschichte 24,17-21)

Der Apostel sprach ernsthaft und mit erkennbarer Aufrichtigkeit und seine Worte hatten eine überzeugende Wirkung. Claudius Lysias hatte in seinem Brief an Felix dem Verhalten des Paulus ein vergleichbares Zeugnis ausgestellt. Außerdem hatte Felix eine bessere Kenntnis der jüdischen Religion, als viele vermuteten. Die schlichte Darstellung der Fakten in dieser Sache machte es Felix möglich, die Motive der Juden noch klarer zu verstehen, durch die sie sich leiten ließen, als sie versuchten, den Apostel der Aufwiegelung und verräterischer Machenschaften für schuldig zu erklären. Der Statthalter wollte ihnen nicht Genugtuung verschaffen, indem er ungerechtfertigt einen römischen Bürger verurteilte, auch wollte er Paulus nicht an sie ausliefern, sodass sie ihn ohne gebührenden Prozess töten könnten. Doch

Der Apostel sprach ernsthaft und mit erkennbarer Aufrichtigkeit und seine Worte hatten eine überzeugende Wirkung.

> *Zu Recht beansprucht Gott die Liebe und den Gehorsam all seiner Geschöpfe. Er hat ihnen in seinem Gesetz einen vollkommenen Maßstab für das gegeben, was recht ist. Doch viele vergessen ihren Schöpfer und entscheiden sich, im Gegensatz zu seinem Willen, ihren eigenen Weg zu gehen.*

Felix kannte kein höheres Motiv als Eigennutz, und er ließ sich von seiner Sucht nach Anerkennung und dem Streben nach Beförderung beherrschen. Die Furcht, die Juden zu beleidigen, hielt ihn davon zurück, einem Mann, den er als unschuldig beurteilt hatte, volle Gerechtigkeit zukommen zu lassen. Deshalb entschied er, den Prozess zu verschieben, bis Lysias anwesend sei, und so sagte er: »Wenn der Oberst Lysias herabkommt, so will ich eure Sache entscheiden.« (Apostelgeschichte 24,22)

Damit blieb der Apostel ein Gefangener. Felix befahl lediglich dem Hauptmann, der für Paulus verantwortlich war, ihn »in leichtem Gewahrsam« zu behalten und »niemandem von den Seinen zu wehren, ihm zu dienen.« (Apostelgeschichte 24,23)

Aufdeckung der Sünde und Ruf zum Glauben

Nicht lange darauf ließen Felix und seine Frau Drusilla Paulus kommen, um in einem vertraulichen Gespräch etwas »über den Glauben an Christus Jesus« (Apostelgeschichte 24,24) zu erfahren. Sie waren gewillt, ja sogar eifrig darauf bedacht, sich diese neuen Wahrheiten anzuhören, Wahrheiten, die sie möglicherweise nie wieder hören würden und die, falls sie sie zurückwiesen, sich am Tage Gottes unmittelbar als Zeugnis gegen sie erweisen würden.

Paulus betrachtete dies als eine von Gott gegebene Gelegenheit, und vertrauensvoll nutzte er sie. Er wusste sehr wohl, dass er vor jemandem stand, der die Macht hatte, ihn zum Tode zu verurteilen oder ihn freizulassen. Trotzdem wandte er sich nicht mit Lob und Schmeichelei an Felix und Drusilla. Ihm war bewusst, dass seine Worte für sie »ein Geruch des Lebens oder des Todes« sein würden (vgl. 2. Korinther 2,16), und indem er alle eigennützigen Überlegungen beiseite ließ, versuchte er in ihnen ein Empfinden dafür zu wecken, in welcher Gefahr sie selbst standen.

Der Apostel war sich bewusst, dass das Evangelium jedem gelten würde, der seinen Worten zuhörte, und dass diese Menschen eines Tages entweder unter den Reinen und Heiligen um den großen weißen Thron oder bei denen stehen würden, zu denen Christus sagen wird: »Weicht von mir, ihr Übeltäter!« (Matthäus 7,23) Er wusste, dass er jedem seiner Zuhörer vor dem Gericht des Himmels wieder begegnen würde und dass er dort Rechenschaft ablegen müsste, nicht nur über alles, was er gesagt und getan hatte, sondern auch über das Motiv und den Geist seiner Worte und Taten.

Felix hatte sich bisher so gewalttätig und grausam verhalten, dass nur wenige es überhaupt gewagt hatten, ihm auch nur anzudeuten, sein Charakter und Verhalten sei nicht fehlerlos. Paulus aber hatte keine Menschenfurcht. Er bekannte klar seinen Glauben an Christus und die Gründe dafür und wurde dazu bewegt, speziell von jenen Tugenden zu sprechen, die für einen christlichen Charakter wesentlich sind, die jedoch dem hochmütigen Paar vor ihm so offensichtlich fehlten.

Paulus stellte Felix und Drusilla den erhabenen Charakter Gottes vor Augen – seine Rechtschaffenheit, Gerechtigkeit und Unparteilichkeit, sowie das Wesen seines Gesetzes. Deutlich wies er darauf hin, dass es Pflicht des Menschen sei, ein Leben der Nüchternheit und Mäßigkeit zu führen, die Leidenschaften unter der Herrschaft der Vernunft zu halten, in Übereinstimmung mit Gottes Gesetz, und die körperlichen und geistigen Kräfte gesund zu erhalten. Er erklärte, dass gewiss ein Tag des Gerichts kommen werde, an dem »jeder seinen Lohn empfange für das, was er getan hat bei Lebzeiten, es sei gut oder böse« (vgl. 2. Korinther 5,10), und an dem klar offenbart werde, dass Reichtum, Stellung oder Titel nutzlos seien, die Gunst Gottes für den Menschen zu gewinnen oder ihn von den Folgen der Sünde zu befreien. Er legte dar, dass das irdische Leben für den Menschen die Zeit der Vorbereitung auf das zukünftige Leben sei. Sollte er gegenwärtige Vorrechte und Gelegenheiten missachten, würde er einen ewigen Verlust erleiden; eine neue Chance zur Bewährung würde ihm nicht gegeben werden.

Paulus legte besonderen Nachdruck auf die weitreichenden Ansprüche von Gottes Gesetz. Er zeigte auf, wie es bis in die tiefsten Geheimnisse der ethischen Natur des Menschen hineinreicht und das, was vor dem Blick und der Kenntnis von Menschen verborgen ist, mit Licht durchflutet. Was die Hände tun mögen oder die Zunge äußern mag – was das äußerliche Leben offenbart –, zeigt nur unvollkommen den wahren Charakter des Menschen. Das Gesetz durchleuchtet seine Gedanken, Beweggründe und Absichten. Die dunklen Leidenschaften, die vor menschlichen Blicken verborgen bleiben, die Eifersucht, der Hass, die Lust und der Ehrgeiz, die bösen Taten, die in den dunklen Winkeln der Seele erdacht wurden, doch aus Mangel an Gelegenheit nie zur Ausführung kamen –, all dies wird von Gottes Gesetz verurteilt.

Paulus bemühte sich, die Aufmerksamkeit seiner Zuhörer auf das eine große Opfer für die Sünde zu lenken. Er wies auf die Opferhandlungen hin, die als »Schatten von den zukünftigen Gütern« (Hebräer 10,1) eingesetzt waren. Schließlich stellte er Christus als das Urbild all jener Zeremonien vor – den Zielpunkt, auf den sie als einzige Quelle des Lebens und der Hoffnung für die gefallenen Menschen hingewiesen hatten. Die Heiligen der alten Zeit wurden durch den Glauben an das Blut Christi gerettet. Wenn sie den Todeskampf der Opfertiere miterlebten, blickten sie über die Zeitalter hinweg auf das Lamm Gottes, das die Sünden der Welt wegnehmen sollte.

Zu Recht beansprucht Gott die Liebe und den Gehorsam all seiner Geschöpfe. Er hat ihnen in seinem Gesetz einen vollkommenen Maßstab für das gegeben, was recht ist. Doch viele vergessen ihren Schöpfer und entscheiden sich, im Gegensatz zu seinem Willen, ihren eigenen Weg zu gehen. Die Liebe, die so hoch ist wie der Himmel und so weit wie das Universum, vergelten sie mit Feindschaft. Gott kann die Ansprüche seines Gesetzes nicht verringern, um den Vor-

Der Statthalter Felix wusste, dass die Anschuldigungen gegen Paulus falsch waren und dass dieser Mann unschuldig war. Er fühlte, wie Gottes Geist ihn berührte, als der Apostel vor der Gerichtsversammlung seinen Glauben bezeugte. Aber weil er die Gunst der Juden nicht verlieren wollte, verzögerte er den Prozess und behielt Paulus zwei Jahre lang im Gefängnis. Nebenbei hoffte er auch, dass man ihm Geld geben würde, um Paulus freizulassen. Solche Überlegungen waren ihm wichtiger als ein gerechtes Handeln.

Etwas zu bereuen ist nicht zeitgemäß. Uns allen fällt es schwer, zu unseren Fehlern zu stehen. Der Mensch ist nicht fähig zu bereuen; das kann nur der Heilige Geist in ihm bewirken. Er macht uns klar, was Sünde ist, wir müssen sein Wirken und Rufen nur annehmen. Ohne Reue gibt es keine Vergebung und ohne Vergebung können wir das Reich Gottes nicht sehen.

stellungen böser Menschen zu entsprechen; auch kann der Mensch in seiner eigenen Kraft nicht den Forderungen des Gesetzes nachkommen. Nur durch den Glauben an Christus kann ein Sünder von der Schuld gereinigt und befähigt werden, dem Gesetz seines Schöpfers Gehorsam zu leisten.

Auf diese Weise betonte der Gefangene Paulus die Ansprüche des göttlichen Gesetzes gegenüber Juden und Heiden und stellte Jesus, den verachteten Nazarener, als Sohn Gottes und Erlöser der Welt vor.

Verpasste Chance

Die jüdische Fürstentochter Drusilla wusste durchaus um die Heiligkeit jenes Gesetzes, das sie schamlos übertreten hatte, doch ihr Vorurteil gegenüber dem Mann von Golgatha verhärtete ihr Herz auch gegenüber dem Wort des Lebens.

Felix aber hatte die Wahrheit noch nie gehört, und als Gottes Geist ein Bewusstsein seiner Schuld in seine Seele legte, wurde er tief in seinem Innern aufgewühlt. Das nun geweckte Gewissen sprach zu ihm, und Felix fühlte, dass die Worte des Paulus zutrafen. Erinnerungen an seine schuldbeladene Vergangenheit wurden wach. Mit erschreckender Deutlichkeit stiegen vor ihm die verborgenen Taten seines früheren Lebens voller Lasterhaftigkeit und Blutvergießens auf und auch in seinem zukünftigen Leben würde es dunkle Flecken geben. Er sah sich selbst als ausschweifend, grausam und raffgierig. Nie zuvor hatte die Wahrheit sein Herz so tief getroffen. Nie zuvor war seine Seele so vom Schrecken gepackt worden. Die Vorstellung, dass alle verborgenen Taten seiner Verbrecherlaufbahn vor den Augen Gottes offen lagen und er nach diesen gerichtet werden sollte, ließ ihn vor Schrecken erzittern.

Doch statt sich von seinem Schuldgefühl zur Buße führen zu lassen, suchte er diese unwillkommenen Gedanken von sich zu weisen. Die Unterredung mit Paulus wurde abgebrochen. »Für diesmal geh! Zu gelegener Zeit will ich dich wieder rufen lassen.« (Apostelgeschichte 24,25)

Wie groß war doch der Gegensatz zwischen dem Verhalten des Felix und dem des Gefängniswärters von Philippi! (Vgl. Apostelgeschichte 16,23-34.) So wie jetzt Paulus vor Felix stand waren auch die gefesselten Mitarbeiter Jesu zum Gefängniswärter gebracht worden. Die Beweise dafür, dass sie durch eine göttliche Macht geleitet waren, ihre Freude trotz Leiden und Schmach, ihre Furchtlosigkeit, als das Erdbeben den Boden schwanken ließ, und ihr Geist der christusähnlichen Vergebungsbereitschaft überzeugten das Herz des Gefängniswärters. Zitternd bekannte er seine Sünden und fand Vergebung. Felix zitterte auch, doch er bereute nicht. Der Gefängniswärter ließ den Geist Gottes mit Freuden in sein Herz und sein Heim hinein; Felix sandte den Boten Gottes fort. Der eine entschied sich, ein Kind Gottes und Erbe des Himmels zu werden; der andere stellte sich auf die Seite der Übeltäter.

Zwei Jahre lang wurde keine weitere Maßnahme gegen Paulus ergriffen, doch er blieb ein Gefangener. Felix besuchte ihn mehrere Male und hörte seinen Worten aufmerksam zu. Doch der wahre Beweggrund für diese scheinbare Freundlichkeit war sein Verlangen nach Gewinn. Er deutete an, dass Paulus durch die Zahlung einer großen Summe Geldes seine Freilassung sichern könnte (vgl. Apostelgeschichte 24,26). Die Gesinnung des Apostels war jedoch so edel, dass er sich nicht durch Bestechung freikaufen ließ. Er war keines Verbrechens schuldig, und er wollte sich nicht dazu herablassen, ein Unrecht zu tun, um die Freiheit zu erlangen. Darüber hinaus war er selbst zu arm, um solch ein Lösegeld zu zahlen, selbst wenn er dazu bereit gewesen wäre. Er wollte auch nicht für sich selbst an das Mitgefühl und die Freigebigkeit derer appellieren, die von ihm zum Glauben bekehrt worden waren. Er wusste sich auch in den Händen Gottes und wollte dessen Absichten mit ihm nicht durchkreuzen.

Schließlich wurde Felix wegen grober Verfehlungen gegenüber den Juden nach Rom gerufen. Ehe er Cäsarea verließ, um dieser Vorladung nachzukommen, wollte er »den Juden eine Gunst erweisen« (Apostelgeschichte 24,27) und ordnete an, dass Paulus im Gefängnis bleiben sollte. Dennoch vermochte er das Vertrauen der Juden nicht zurückzugewinnen. Er fiel in Ungnade und wurde seines Amtes enthoben. Porzius Festus wurde zu seinem Nachfolger bestimmt, mit Amtssitz in Cäsarea.

Felix hatte einen Lichtstrahl vom Himmel erhalten, als Paulus mit ihm über Gerechtigkeit, Enthaltsamkeit und das Jüngste Gericht sprach. Dies war die Gelegenheit, die ihm der Himmel gab, um seine Sünden zu bekennen und von ihnen abzulassen. Zu dem Boten Gottes aber sagte er: »Für diesmal geh! Zu gelegener Zeit will ich dich wieder rufen lassen.« (Apostelgeschichte 24,25) Er hatte sein letztes Gnadenangebot zurückgewiesen. Nie wieder sollte er einen Ruf Gottes erhalten.

Blick durch einen Torbogen des römischen Aquädukts von Cäsarea

Der Satthalter Felix beendete sein Amt als schwacher, unehrenhafter Mann. Um in der Gunst der Juden zu stehen und Cäsarea nicht aufgeben zu müssen, behielt er Paulus im Gefängnis, obwohl er wusste, dass der Apostel unschuldig war. – Um politischen Einfluss zu behalten und wirtschaftliche Vorteile zu gewinnen, begehen Männer und Frauen auch in unserer Zeit ähnliches Unrecht. Doch eines Tages wird Gott richten, und mit dem gleichen Maß, das wir bei anderen angelegt haben, werden wir dann gemessen werden (vgl. Matthäus 7,2).

Kapitel 40: Die Berufung auf den Kaiser

Apostelgeschichte 25,1-12

Statue eines Herrschers (Kaisers?) in Cäsarea

Die Juden witterten bei Festus, dem Nachfolger von Felix, eine neue Chance, um ihr Ziel, Paulus zu beseitigen, zu erreichen. Sie wollten ihn dazu bewegen, Paulus wieder nach Jerusalem zu bringen. Festus fragte daraufhin Paulus: »Ist es dir recht, wenn ich den Prozess nach Jerusalem verlege?« Paulus jedoch durchschaute die List der Juden und verlangte als römischer Bürger, dass sein Fall vor den Kaiser gebracht würde. Auf diese Weise entging er dem sicheren Tod durch die Juden. So begann sein Weg nach Rom.

»Als nun Festus ins Land gekommen war, zog er nach drei Tagen von Cäsarea hinauf nach Jerusalem. Da erschienen die Hohenpriester und die Angesehensten der Juden vor ihm gegen Paulus und drangen in ihn und baten ihn um die Gunst, dass er Paulus nach Jerusalem kommen ließe.« (Apostelgeschichte 25,1-3) Diese Bitte äußerten sie in der Absicht, Paulus auf dem Weg nach Jerusalem zu überfallen und umzubringen. Aber Festus nahm die Verantwortung, die er aufgrund seiner Stellung trug, sehr ernst und lehnte das Ansinnen, Paulus holen zu lassen, höflich und bestimmt ab. »Es ist der Römer Art nicht«, erklärte er, »einen Angeklagten preiszugeben, bevor er seinen Klägern gegenüberstand und Gelegenheit hatte, sich gegen die Anklage zu verteidigen.« (Apostelgeschichte 25,16) »Er selber aber werde in Kürze wieder dahin [nach Cäsarea] ziehen. Die nun unter euch ermächtigt sind, sprach er, die lasst mit hinabziehen und den Mann verklagen, wenn etwas Unrechtes an ihm ist.« (Apostelgeschichte 25,4.5)

Gerade das aber wollten die Juden nicht. Sie hatten ihre frühere Niederlage in Cäsarea nicht vergessen. Im Gegensatz zu der ruhigen Haltung und den überzeugenden Argumenten des Apostels mussten ihr boshafter Geist und ihre grundlosen Beschuldigungen im allerschlechtesten Licht erscheinen. Darum drangen sie noch einmal darauf, dass Paulus zur Verhandlung nach Jerusalem gebracht werden sollte. Aber Festus hielt beharrlich daran fest, Paulus in Cäsarea eine ordnungsgemäße gerichtliche Untersuchung zu gewähren. Gott in seiner Vorsehung lenkte Festus in dieser Entscheidung, damit das Leben des Apostels bewahrt werden konnte.

Nicht vor das Gericht des eigenen Volkes

Als die jüdischen Führer ihre Absicht vereitelt sahen, trafen sie sofort Vorbereitungen, vor dem Gerichtshof des Statthalters gegen Paulus auszusagen. Nachdem Festus von seinem mehrtägigen Aufenthalt in Jerusalem nach Cäsarea zurückgekehrt war, setzte er sich gleich am folgenden Tag »auf den Richterstuhl und ließ Paulus holen. Als der aber vor ihn kam, umringten ihn die Juden, die von Jerusalem herabgekommen waren, und brachten viele und schwere Klagen gegen ihn vor, die sie aber nicht beweisen konnten.« (Apostelgeschichte 25,6.7) Diesmal hatten die Juden keinen Anwalt bei sich, sondern trugen ihre Anklagen selber vor. Im Laufe der Verhandlung wies der Angeklagte mit Ruhe und Offenheit die Unrichtigkeit ihrer Behauptungen nach.

Festus erkannte, dass es bei der strittigen Sache ausschließlich um jüdische Glaubenslehren ging und dass es in den Anklagen gegen Paulus, selbst wenn sie bewiesen werden könnten, nichts gab, was ein Todesurteil oder auch nur eine Gefängnisstrafe rechtfertigen würde. Doch konnte er sich sehr gut vorstellen, was für ein Sturm der Entrüstung losbräche, falls Paulus nicht verurteilt oder in ihre Hände ausgeliefert würde. Deshalb, und weil Festus »den Juden eine

Münze mit Kopf und Inschrift von Kaiser Nero

Als Paulus in Jerusalem gefangen genommen wurde, war Nero der amtierende Kaiser in Rom. Es ist erstaunlich, dass der Apostel sich auf diesen zweifelhaften Herrscher berief und wünschte, dass sein Fall von ihm beurteilt werden sollte.

Gunst erweisen« (Apostelgeschichte 25, 9) wollte, wandte er sich an Paulus und fragte ihn, ob er bereit wäre, unter seinem Schutz nach Jerusalem zu reisen, um dort vor das Gericht des Hohen Rates gestellt zu werden.

Der Apostel wusste, dass er von jenen Menschen, die durch Untaten den Zorn Gottes auf sich luden, keine Gerechtigkeit erwarten konnte. Er wusste, dass er, wie der Prophet Elia, unter den Heiden sicherer sein würde als bei denen, die himmlisches Licht verworfen und ihre Herzen gegen das Evangelium verhärtet hatten. Des Streites müde, konnte sein reger Geist nur schwer die wiederholten Verzögerungen und zermürbenden Ungewissheiten seines Prozesses und der Gefangenschaft ertragen. Deshalb beschloss er, als römischer Bürger von seinem Recht Gebrauch zu machen und sich auf den Kaiser zu berufen.

Paulus antwortete auf die Frage des Statthalters: »Ich stehe vor des Kaisers Gericht; da muss ich gerichtet werden. Den Juden habe ich kein Unrecht getan, wie auch du sehr wohl weißt. Habe ich aber Unrecht getan und todeswürdig ge-

> *Der Apostel wusste, dass er von jenen Menschen, die durch Untaten den Zorn Gottes auf sich luden, keine Gerechtigkeit erwarten konnte. Er wusste, dass er … unter den Heiden sicherer sein würde als bei denen, die himmlisches Licht verworfen und ihre Herzen gegen das Evangelium verhärtet hatten.*

handelt, so weigere ich mich nicht zu sterben; ist aber nichts an dem, dessentwegen sie mich verklagen, so darf mich ihnen niemand preisgeben. Ich berufe mich auf den Kaiser!« (Apostelgeschichte 25,10.11)

Festus wusste nichts von den Verschwörungen der Juden, Paulus zu ermorden, und so war er von dieser Berufung auf den Kaiser überrascht. Jedoch setzten die Worte des Apostels dem gerichtlichen Verfahren ein Ende. »Da besprach sich Festus mit seinen Ratgebern und antwortete: Auf den Kaiser hast du dich berufen, zum Kaiser sollst du ziehen.« (Apostelgeschichte 25,12)

Gefährliche Feinde

So kam es, dass wieder einmal infolge des Hasses, der aus blindem Eifer und Selbstgerechtigkeit geboren war, ein Beauftragter Gottes dazu getrieben wurde, bei den Heiden Schutz zu suchen. Dieser gleiche Hass war es, der den Propheten Elia gezwungen hatte, zu der Witwe von Sarepta zu fliehen, um dort Schutz zu finden; und der die Verkündiger des Evangeliums dazu nötigte, sich von den Juden abzuwenden, um ihre Botschaft den Heiden zu verkündigen. Dem gleichen Hass muss sich das Volk Gottes, das in unserer Zeit lebt, ebenfalls stellen. Bei vielen bekennenden Nachfolgern Christi gibt es denselben Stolz und Formalismus, dieselbe Selbstsucht, denselben Geist der Unterdrückung, der im jüdischen Herz einen so breiten Raum einnahm. In der Zukunft werden Menschen, die beanspruchen, Christi Vertreter zu sein, eine Handlungsweise annehmen, die der Haltung ähnlich ist, die die Priester und Obersten in ihrer Behandlung Christi und der Apostel zeigten. In der großen Krise, die ihnen bald begegnen wird, werden die treuen Mitarbeiter Gottes dieselbe Herzenshärte, dieselbe grausame Entschlossenheit und denselben unbeugsamen Hass vorfinden.

Alle, die an jenem »bösen Tage« (vgl. Epheser 6,13) nach den Weisungen ihres Gewissens Gott furchtlos dienen wollen, werden Mut, Festigkeit und eine Kenntnis Gottes und seines Wortes benötigen. Die Menschen, die treu zu Gott stehen, werden verfolgt werden, ihre Beweggründe werden angefochten, ihre besten Bemühungen werden fehlgedeutet werden, und sie werden als »böse« verleumdet werden. Satan wird sich mit all seiner täuschenden Kraft darum bemühen, das Herz zu beeinflussen und das Verständnis zu vernebeln, um Böses als gut erscheinen zu lassen und Gutes als böse. Je stärker und reiner der Glaube des Volkes Gottes ist und je fester seine Entschlossenheit, Gott zu gehorchen, umso verbissener wird Satan danach trachten, gegen diese Menschen die Wut derer zu entfachen, die zwar beanspruchen, rechtschaffen zu sein, die aber zugleich Gottes Gesetz mit Füßen treten. Es wird das festeste Vertrauen und die mutigste Entschlossenheit nötig sein, um an dem Glauben festzuhalten, der einst den Heiligen anvertraut wurde.

Gott wünscht, dass sich sein Volk auf die nahe bevorstehende Krise vorbereitet. Ob vorbereitet oder nicht – jeder wird ihr begegnen; und nur wer sein Leben in Übereinstimmung mit dem göttlichen Maßstab gebracht hat, wird in jener Zeit der Anfechtung und Prüfung standhaft bleiben. Wenn weltliche Herrscher sich mit Religionsführern vereinigen, um in Gewissensangelegenheiten Vorschriften zu machen, dann wird sich erweisen, wer wirklich Gott fürchtet und wer ihm dient. Wenn die Dunkelheit am größten ist, wird das Licht eines gottähnlichen Charakters am hellsten scheinen. Wenn jede andere Stütze versagt, dann wird sich zeigen, wer ein beständiges Vertrauen in Gott hat. Und während die Feinde der Wahrheit die Knechte Gottes von allen Seiten umringen, um etwas Böses an ihnen zu finden, wird Gott zu ihrem Schutz über sie wachen. Er wird ihnen sein »wie der Schatten eines großen Felsens im trockenen Lande.« (Jesaja 32,2)

Barma d'Aut, Weg zu einem abgelegenen Zufluchtsort der Waldenser

Obwohl in der christlichen Gemeinde schon früh Abweichungen von der Wahrheit feststellbar sind, gab es stets Gläubige, die der ursprünglichen christlichen Lehre treu blieben. Manche von ihnen wurden wegen ihres Glaubens verfolgt und waren deshalb gezwungen, sich in die Wüste oder in abgelegene Berggebiete zurückzuziehen und dort abseits der Gesellschaft zu leben. Gott beschützte diese treuen Menschen. Sie standen da wie ein Fels, der sich nicht von seinem Platz bewegt.

Kapitel 41 Fast überzeugt

Apostelgeschichte 25,13-27; 26

Mittelmeerküste bei Cäsarea, rechts im Bild der römische Aquädukt

Als König Agrippa II. – der letzte Herrscher aus der Familie der Herodianer – Cäsarea besuchte, bat er darum, Paulus kennen zu lernen. Festus führte Paulus vor den König und die Stadtoberen. Der Apostel erzählte dort die Geschichte seiner Bekehrung. Schließlich forderte er König Agrippa auf, den Glauben anzunehmen, worauf dieser erwiderte: »Es dauert nicht mehr lange, und du überredest mich noch dazu, dass ich mich selber als Christen ausgebe!« »Ob es kurz oder lang dauert«, reagierte Paulus darauf, »ich bete zu Gott, dass nicht nur du, sondern alle, die mich hier hören, mir gleich werden.« (Apostelgeschichte 26, 25-29)

Paulus hatte sich auf den Kaiser berufen, und Festus konnte nicht anders, als ihn nach Rom zu senden. Doch verstrich einige Zeit, bis ein passendes Schiff gefunden wurde, und da weitere Gefangene mit Paulus dorthin gesandt werden sollten, führten die Untersuchungen ihrer Fälle auch noch zu Verzögerungen. Dies verschaffte Paulus die Gelegenheit, die Gründe seines Glaubens vor den maßgeblichen Männern in Cäsarea darzulegen, und ebenso vor König Agrippa II., dem letzten der Herodianer.

Wo liegt seine Schuld?

»Nach einigen Tagen kamen König Agrippa und Berenike nach Cäsarea, Festus zu begrüßen. Und als sie mehrere Tage dort waren, legte Festus dem König die Sache des Paulus vor und sprach: Da ist ein Mann von Felix als Gefangener zurückgelassen worden; um dessentwillen erschienen die Hohenpriester und Ältesten der Juden vor mir, als ich in Jerusalem war, und baten, ich solle ihn richten lassen.« (Apostelgeschichte 25,13-15) Dann berichtete er, was den Gefangenen veranlasst hatte, sich auf den Kaiser zu berufen, erzählte von der kürzlich erfolgten Verhandlung und sagte, dass die Juden keine Anklage gegen Paulus vorgebracht hätten, wie er sie erwartet habe, sondern nur »einige Fragen ihres Glaubens und über einen verstorbenen Jesus, von dem Paulus behauptete, er lebe.« (Apostelgeschichte 25,19)

Als Festus dies erzählte, horchte Agrippa auf und antwortete: »Ich möchte den Menschen auch gerne hören.« Um diesem Wunsch nachzukommen, setzte man für den folgenden Tag eine Begegnung fest. »Und am nächsten Tag kamen Agrippa und Berenike mit großem Gepränge und gingen in den Palast mit den Hauptleuten und vornehmsten Männern der Stadt. Und als Festus es befahl, wurde Paulus gebracht.« (Apostelgeschichte 25, 22.23)

Zu Ehren seiner Besucher war Festus darauf bedacht, diese Gelegenheit zu imposanter Prunkentfaltung zu nutzen. Die reichen Gewänder des Statthalters und seiner Gäste, die Schwerter der Soldaten und die schimmernde Rüstung ihrer Befehlshaber verlieh der Szene besonderen Glanz.

Und nun stand Paulus, immer noch gefesselt, vor der versammelten Gesellschaft. Was für ein Gegensatz zeigte sich hier! Agrippa und Berenike besaßen Macht und Stellung, und deshalb wurden sie von der Welt geehrt. Doch ihnen fehlten die Charakterzüge, die Gott schätzt. Sie waren Übertreter seines Gesetzes, verdorben im Herzen und im Leben. Ihr Verhalten war dem Himmel ein Gräuel.

Der betagte Gefangene, an seine Wachsoldaten gekettet, konnte mit seiner Erscheinung nichts vorweisen, was ihm vor der Welt Ansehen gebracht hätte. Doch an diesem Mann, der scheinbar ohne Freunde, Reichtum oder Ansehen war und der wegen seines Glaubens an den Sohn Gottes gefangen gehalten wurde, war der ganze Himmel interessiert. Engel waren seine Begleiter. Hätte die Herrlichkeit nur eines jener strahlenden Boten aufgeleuchtet, wäre der fürstliche Prunk und Stolz verblasst; Könige und Höflinge wären zu Boden gestürzt, so wie die römischen Wachen am Grab von Christus.

Festus selbst stellte Paulus den Versammelten mit den Worten vor: »König Agrippa und all ihr Männer, die ihr mit uns hier seid, da seht ihr den, um dessentwillen die ganze Menge der Juden in Jerusalem und auch hier in mich drang und schrie, er dürfe nicht länger leben. Als ich aber erkannte, dass er nichts getan hatte, das des Todes würdig war, und er auch selber sich auf den Kaiser berief, beschloss ich, ihn dorthin zu senden. Etwas Sicheres über ihn aber habe ich nicht, das ich meinem Herrn schreiben könnte. Darum habe ich ihn vor euch bringen lassen, vor allem aber vor dich, König Agrippa, damit ich nach geschehenem Verhör etwas hätte, was ich schreiben könnte. Denn es erscheint mir unsinnig, einen Gefangenen zu schicken und keine Beschuldigung gegen ihn anzugeben.« (Apostelgeschichte 25,24-27)

Ein vollmächtiges Zeugnis

König Agrippa erteilte nun Paulus die Erlaubnis, in eigener Sache zu reden. Der Apostel ließ sich weder durch die Prachtentfaltung noch durch den hohen Rang seiner Zuhörer beeindrucken. Er wusste, welch geringen Wert weltlicher Reichtum und hohe Stellung haben. Irdische Pracht und Macht konnten ihn auch nicht einen Augenblick lang einschüchtern oder ihn aus der Fassung bringen.

»Es ist mir sehr lieb, König Agrippa«, begann er, »dass ich mich heute vor dir verantworten soll wegen all der Dinge, deren ich von den Juden beschuldigt werde, vor allem weil du alle Ordnungen und Streitfragen der Juden kennst. Darum bitte ich dich, mich geduldig anzuhören.« (Apostelgeschichte 26,2.3)

Paulus erzählte die Geschichte seiner Bekehrung von hartnäckigem Unglauben zum Glauben an Jesus von Nazareth als Erlöser der Welt. Er beschrieb die himmlische Vision, die ihn zunächst mit unsagbarem Schrecken erfüllt, sich danach jedoch als Quelle größten Trostes erwiesen hatte – eine Offenbarung göttlicher Herrlichkeit, in deren Mitte derjenige auf dem Throne saß, den er verachtet und gehasst hatte und dessen Anhänger er gerade damals zu vernichten suchte. Von jenem Augenblick an war er, Paulus, durch die umwandelnde Macht der Gnade zu einem neuen Menschen geworden, zu einem aufrichtigen und leidenschaftlichen Bekenner Jesu.

Klar und eindringlich umriss Paulus dann vor Agrippa die bedeutsamsten Ereignisse, die mit dem Leben Jesu auf Erden verknüpft waren. Er bezeugte, dass der geweissagte Messias in der Person Jesu von Nazareth bereits erschienen sei. Dann zeigte er, wie nach dem Zeugnis des Alten Testaments der Messias als ein Mensch unter Menschen erscheinen soll-

> *Der betagte Gefangene, an seine Wachsoldaten gekettet, konnte mit seiner Erscheinung nichts vorweisen, was ihm vor der Welt Ansehen gebracht hätte. Doch an diesem Mann ... war der ganze Himmel interessiert.*

te und wie sich die durch Mose und die Propheten gegebenen Weissagungen im Leben Jesu bis in alle Einzelheiten erfüllt hätten. Um eine verlorene Welt zu erlösen, habe der heilige Gottessohn die Schande nicht verschmäht und den Kreuzestod erduldet. Danach sei er als Sieger über Tod und Grab zum Himmel aufgefahren.

Warum, so argumentierte Paulus, sollte es unglaublich scheinen, dass Christus von den Toten auferstanden sei? Ehemals war es ihm so vorgekommen, doch wie sollte er dem nicht Glauben schenken können, was er selbst gesehen und gehört hatte? Vor dem Stadttor von Damaskus habe er tatsächlich auf den gekreuzigten und auferstandenen Christus geschaut, denselben, der durch die Straßen von Jerusalem gewandert, auf Golgatha gestorben war, die Bande des Todes zerbrochen hatte und zum Himmel aufgefahren war. Genauso wahrhaftig wie Kephas, Jakobus, Johannes oder andere von den Jüngern habe er ihn gesehen und mit ihm gesprochen. Die Stimme habe ihm geboten, die gute Nachricht von einem auferstandenen Erlöser zu verkündigen, und wie könnte er da ungehorsam sein? In Damaskus, in Jerusalem, überall in Judäa und in den Gebieten darüber hinaus habe er Zeugnis abgelegt von Jesus, dem Gekreuzigten, und alle Gesellschaftsschichten ermahnt, »sie sollten Buße tun und sich zu Gott bekehren und rechtschaffene Werke der Buße tun.« (Apostelgeschichte 26,20)

»Deswegen«, fuhr Paulus fort, »haben mich die Juden im Tempel ergriffen und versucht, mich zu töten. Aber Gottes Hilfe habe ich erfahren bis zum heutigen Tag und stehe nun hier und bin sein Zeuge bei Groß und Klein und sage nichts, als was die Propheten und Mose vorausgesagt haben: dass Christus müsse leiden und als Erster auferstehen von den Toten und verkündigen das Licht seinem Volk und den Heiden.« (Apostelgeschichte 26,21-23)

Es fehlte nicht viel

Wie gebannt hatte die gesamte Gesellschaft der Anwesenden dem Bericht der wunderbaren Erfahrungen des Paulus zugehört. Der Apostel verweilte bei seinem Lieblingsthema. Keiner seiner Zuhörer konnte an seiner Aufrichtigkeit zweifeln. Plötzlich aber wurde er mitten in seiner überzeugenden Darlegung von Festus mit dem Ruf unterbrochen: »Paulus, du bist von Sinnen! Das große Wissen macht dich wahnsinnig.« (Apostelgeschichte 26,24)

Der Apostel erwiderte: »Edler Festus, ich bin nicht von Sinnen, sondern ich rede wahre und vernünftige Worte. Der König, zu dem ich frei und offen rede, versteht sich auf diese Dinge. Denn ich bin gewiss, dass ihm nichts davon verborgen ist; denn dies ist nicht im Winkel geschehen.« Dann wandte er sich an Agrippa mit der persönlichen Frage: »Glaubst du, König Agrippa, den Propheten? Ich weiß, dass du glaubst.« (Apostelgeschichte 26,25-27)

Jesus sprach zu seinen Jüngern: »Ihr seid das Licht für die Welt.« (Matthäus 5,14 GNB) »Licht sein« bedeutet, Gott und seine Wahrheit zu kennen und weiterzugeben. Christen sollen ihr Wissen vom wahrhaftigen Gott in die Welt hinaustragen. Jesus kennen gelernt zu haben und anderen dies mitzuteilen, das ist die höchste und wertvollste Aufgabe unseres Lebens.

Jüdische Münzen mit Dattelpalme und Schilfrohr – Symbole der Herodianer

Der Apostel Paulus schrieb: »Geldgier ist eine Wurzel allen Bösen.« (1. Timotheus 6,10) Die Liebe zum Geld verursacht viel Leid und Not. Ohne Geld können wir in unserer heutigen Welt zwar nicht überleben, aber Geld und Materielles darf nicht den ersten Platz in unserem Herzen einnehmen.

Tief ergriffen vergaß Agrippa für einen Augenblick seine Umgebung und die Würde seiner Stellung. Er dachte nur noch an die Wahrheiten, die er gehört hatte, sah den demütigen Gefangenen, der als Gottes Botschafter vor ihm stand, und antwortete unwillkürlich: »Es fehlt nicht viel, so wirst du mich noch überreden und einen Christen aus mir machen.« (Apostelgeschichte 26,28)

Mit ganzem Ernst entgegnete der Apostel: »Ich wünschte vor Gott, dass über kurz oder lang nicht allein du, sondern alle, die mich heute hören, das würden, was ich bin«, dabei hob er seine gefesselten Hände empor und fügte hinzu, »ausgenommen diese Fesseln.« (Apostelgeschichte 26,29)

Eigentlich hätten Festus, Agrippa und Berenike die Fesseln tragen müssen, mit denen der Apostel gebunden war. Sie alle hatten sich schwerer Vergehen schuldig gemacht. Diese Übertreter hatten an jenem Tag das Angebot der Errettung durch den Namen Christi gehört. Einer von ihnen zumindest wäre beinahe zur Einsicht gebracht worden, die angebotene Gnade und Vergebung anzunehmen. Doch Agrippa schlug dieses Gnadenangebot aus und weigerte sich, seine Sünden dem gekreuzigten Erlöser zu bekennen und Buße zu tun.

Nun war die Neugier des Königs befriedigt. Er erhob sich von seinem Sitz und gab damit das Zeichen, dass die Versammlung beendet sei. Während die Anwesenden auseinander gingen, sprachen sie noch miteinander und kamen zu dem Ergebnis: »Dieser Mensch hat nichts getan, was Tod oder Gefängnis verdient hätte.« (Apostelgeschichte 26,31)

Obgleich Agrippa ein Jude war, teilte er den fanatischen Eifer und das blinde Vorurteil der Pharisäer nicht. »Dieser Mensch«, sagte er zu Festus, »könnte freigelassen werden, wenn er sich nicht auf den Kaiser berufen hätte.« (Apostelgeschichte 26,32) Aber nun war dieser Fall an jenen höheren Gerichtshof überwiesen worden und unterstand nicht mehr der Gerichtsbarkeit des Festus oder des Agrippa.

Kapitel 42 Seereise und Schiffbruch

Apostelgeschichte 27; 28,1-10

Der Apostel Paulus hatte sich auf den Kaiser berufen – dies war ein Recht jedes römischen Bürgers –, und so hatte der Statthalter von Cäsarea keine andere Möglichkeit, als ihn nach Rom bringen zu lassen. In Begleitung einiger Freunde, aber von Soldaten bewacht, begann eine lange Schiffsreise über das stürmische Mittelmeer.

Endlich war Paulus auf dem Weg nach Rom. »Da es aber beschlossen war«, schreibt Lukas, »dass wir nach Italien fahren sollten, übergaben sie Paulus und einige andere Gefangene einem Hauptmann mit Namen Julius von einer kaiserlichen Abteilung. Wir bestiegen aber ein Schiff aus Adramyttion, das die Küstenstädte der Provinz Asien anlaufen sollte, und fuhren ab; mit uns war auch Aristarch, ein Mazedonier aus Thessalonich.« (Apostelgeschichte 27,1.2)

Den Rat der Mehrheit befolgt …

Im ersten Jahrhundert der christlichen Zeitrechnung war das Reisen zur See mit besonderen Beschwerden und Gefahren verbunden. Die Seeleute richteten den Kurs ihrer Schiffe meist nach dem Stand der Sonne und der Sterne. Wenn diese nicht zu sehen waren oder wenn Sturm drohte, wagten sich die Schiffseigner nicht auf die offene See hinaus. Während einiger Monate war eine sichere Schifffahrt fast unmöglich.

Der Apostel Paulus musste nun während der langen und beschwerlichen Seereise nach Italien die harten Erfahrungen machen, die das bittere Los eines in Ketten gelegten Gefangenen mit sich brachten. Ein Umstand allerdings erleichterte ihm die Härte seiner Lage bedeutend: Er durfte Lukas und Aristarch als Begleiter mitnehmen. In seinem Brief an die Kolosser erwähnte er später Letzteren als seinen Mitgefangenen (vgl. Kolosser 4,10). Aristarch teilte freiwillig die Gefangenschaft des Paulus, um ihm in seiner Notlage zur Seite zu stehen.

Die Seereise begann erfolgversprechend. Schon am folgenden Tag ging man im Hafen von Sidon vor Anker. Der Hauptmann Julius

»verhielt sich freundlich gegen Paulus«, und als er erfuhr, dass in Sidon Christen wohnten, erlaubte er ihm, »zu seinen Freunden zu gehen und sich pflegen zu lassen.« (Apostelgeschichte 27,3) Der Apostel, dessen Gesundheit angegriffen war, wusste diese Erlaubnis sehr zu schätzen.

Nachdem das Schiff Sidon verlassen hatte, geriet es in widrige Winde, und da man vom direkten Kurs abgetrieben wurde, kam man nur langsam voran. In Myra, in der Provinz Lyzien, fand der Hauptmann ein großes Schiff aus Alexandria, das zur Küste Italiens unterwegs war, und auf dieses verlegte er sogleich seine Gefangenen. Doch immer noch gab es Gegenwind, und das Schiff kam nur mühsam voran.

Lukas schreibt: »Wir kamen aber viele Tage nur langsam vorwärts und gelangten mit Mühe bis auf die Höhe von Knidos, denn der Wind hinderte uns; und wir fuhren im Schutz von Kreta hin, bis auf die Höhe von Salmone, und gelangten kaum daran vorbei und kamen an einen Ort, der Guthafen heißt.« (Apostelgeschichte 27,7.8)

Hier in Guthafen waren sie gezwungen, einige Zeit zu bleiben, um auf günstigere Winde zu warten. Da der Winter aber schnell herannahte und »die Schifffahrt bereits gefährlich wurde« (Apostelgeschichte 27,9), gaben die Schiffsverantwortlichen ihre Hoffnung auf, ihren Bestimmungsort noch zu erreichen, bevor in jenem Jahr die Schiffssaison zu Ende ging. Als einzige Frage blieb noch zu entscheiden, ob man in Guthafen bleiben oder versuchen sollte, einen günstigeren Ort zum Überwintern zu erreichen.

Diese Frage wurde ernstlich diskutiert und schließlich vom Hauptmann dem Paulus vorgelegt, der die Achtung sowohl der Schiffsleute als auch der Soldaten gewonnen hatte. Ohne zu zögern, riet der Apostel, dass man bleiben sollte, wo man war. »Ich sehe«, sagte er, »dass diese Fahrt nur mit Leid und großem Schaden vor sich gehen wird, nicht allein für die Ladung und das Schiff, sondern auch für unser Leben.« (Apostelgeschichte 27,10) Aber der Steuermann und der Schiffsherr sowie die meisten Reisenden und Besatzungsmitglieder waren nicht gewillt, diesen Rat anzunehmen. »Da der Hafen«, in dem sie ankerten, »zum Überwintern ungeeignet war, bestanden die meisten von ihnen auf dem Plan, weiterzufahren und zu versuchen, ob sie zum Überwintern bis nach Phönix kommen könnten, einem Hafen auf Kreta, der gegen Südwest und Nordwest offen ist.« (Apostelgeschichte 27,12)

Der Hauptmann schloss sich dem Urteil der Mehrheit an. »Als aber der Südwind wehte«, verließen sie Guthafen in der Hoffnung, bald den gewünschten Hafen zu erreichen. »Nicht lange danach aber brach ... ein Sturmwind los, den man Nordost nennt. Und da das Schiff ergriffen wurde und nicht mehr gegen den Wind gerichtet werden konnte, gaben wir auf und ließen uns treiben.« (Apostelgeschichte 27,13-15)

Vom Sturm getrieben, näherte sich das Schiff der kleinen Insel Kauda. Unter ihrem Schutz bereiteten sich die Schiffsleute auf das Schlimmste vor. Das Rettungsboot, ihre einzige Zuflucht für den Fall, dass das Schiff untergehen sollte, hing noch im Schlepptau, konnte aber jeden Augenblick zertrümmert werden. Man musste es als Erstes auf Deck hieven. Dann wurden alle möglichen Vorkehrungen getroffen, die das Schiff stabiler und widerstandsfähiger gegen den Sturm machen sollten. Der geringe Schutz, den ihnen die kleine Insel bot, währte nicht lange, und bald waren sie wieder dem vollen Ungestüm des Sturmes ausgesetzt.

Der Sturm wütete die ganze Nacht hindurch. Trotz aller Vorkehrungen wurde das Schiff leck geschlagen, sodass »am nächsten Tag Ladung ins Meer« (Apostelgeschichte 27,18) geworfen werden musste. Wieder brach die Nacht herein, aber der Sturm ließ nicht nach. Mit gebrochenem Mast und zerfetzten Segeln wurde das Schiff durch den heftig wütenden Sturm hin und her gewor-

> *Die Seeleute richteten den Kurs ihrer Schiffe meist nach dem Stand der Sonne und der Sterne. Wenn diese nicht zu sehen waren oder wenn Sturm drohte, wagten sich die Schiffseigner nicht auf die offene See hinaus.*

Teil 6 | Gute Nachricht für alle

Die Reise des Apostels und seiner Begleiter nach Rom war abenteuerlich und gefährlich. Der Winter stand kurz bevor, die angenehme Reisezeit war vorbei. Nach vielen stürmischen Tagen erreichte ihr Schiff die Insel Kreta. Dort gab Paulus dem Hauptmann zu verstehen, dass es sehr riskant sei, jetzt noch weiterzufahren. Dieser aber glaubte den Schiffsherren mehr und so begann die Unglücksfahrt.

fen. Jeden Augenblick schien es, als müssten die ächzenden Planken auseinander brechen, während das Schiff unter der Wucht des Sturmes schlingerte und erbebte. Das Leck wurde zusehends größer. Unentwegt arbeiteten Reisende und Besatzung an den Pumpen. Keiner an Bord konnte sich auch nur einen Augenblick ausruhen. »Am dritten Tag«, so schreibt Lukas, »warfen sie mit eigenen Händen das Schiffsgerät hinaus. Da aber viele Tage weder Sonne noch Sterne schienen und ein gewaltiges Ungewitter uns bedrängte, war all unsre Hoffnung auf Rettung dahin.« (Apostelgeschichte 27,19.20)

... und Schiffbruch erlitten

Vierzehn Tage lang trieben sie auf dem Meer unter einem Himmel, an dem sich weder Sonne noch Sterne zeigten. Obwohl der Apostel selbst körperlich litt, hatte er für die dunkelste Stunde Worte der Hoffnung und eine hilfreiche Hand in jeder Notlage. Im Glauben fasste er den Arm des Allmächtigen, und sein Herz fand einen Anker in Gott. Er hatte keine Angst um sich selbst; er wusste, Gott würde ihn erhalten, um in Rom für die Wahrheit Christi ein Zeugnis abgeben zu können. Doch er empfand Mitleid mit den armen Menschen um ihn herum, die sündig, heruntergekommen und auf den Tod unvorbereitet waren. Als er Gott flehentlich bat, ihr Leben zu schonen, wurde ihm offenbart, dass sein Gebet Erhörung gefunden hatte.

Als der Sturm für eine kurze Zeit nachließ, nutzte Paulus die Gelegenheit, um an Deck zu kommen und seine Stimme zu erheben: »Liebe Männer, man hätte auf mich hören sollen und nicht von Kreta aufbrechen, dann wäre uns Leid und Schaden erspart geblieben. Doch nun ermahne ich euch: Seid unverzagt; denn keiner von euch wird umkommen, nur das Schiff. Denn diese Nacht trat zu mir der Engel des Gottes, dem ich gehöre und dem ich diene, und sprach: Fürchte dich nicht, Paulus, du musst vor den Kaiser gestellt werden; und siehe, Gott hat dir geschenkt alle, die mit dir fahren. Darum, liebe Männer, seid unverzagt; denn

Seereise und Schiffbruch

ich glaube Gott, es wird so geschehen, wie mir gesagt ist. Wir werden aber auf eine Insel auflaufen.« (Apostelgeschichte 27,21-26)

Bei diesen Worten kam neue Hoffnung auf. Die Passagiere und die Besatzung erwachten aus ihrer Mutlosigkeit. Noch immer gab es viel zu tun, und sie mussten alle verfügbaren Kräfte einsetzen, um den Untergang abzuwenden.

Es geschah nachts nach zwei langen Wochen, in denen sie ständig auf den dunklen, hoch aufragenden Wogen hin und her geworfen worden waren, da hörten die Seeleute tosende Brandung. Daher, schreibt Lukas, »wähnten die Schiffsleute um Mitternacht, sie kämen an ein Land. Und sie warfen das Senkblei aus und fanden es zwanzig Faden tief; und ein wenig weiter loteten sie abermals und fanden es fünfzehn Faden tief. Da fürchteten sie, wir würden auf Klippen geraten, und warfen hinten vom Schiff vier Anker aus und wünschten, dass es Tag würde.« (Apostelgeschichte 27,27-29)

Bei Tagesanbruch wurden die Umrisse der sturmumtosten Küste verschwommen sichtbar, doch war kein bekannter Orientierungspunkt zu sehen.

Die Aussichten erschienen so düster, dass die heidnischen Seeleute allen Mut verloren und »vom Schiff zu fliehen suchten«. Unter dem Vorwand, »sie wollten auch vorne die Anker herunterlassen,« hatten sie schon das Rettungsboot ins Wasser herabgelassen. Paulus aber durchschaute ihre niederträchtige Absicht und sprach zu dem Hauptmann und den Soldaten: »Wenn diese nicht auf dem Schiff bleiben, könnt ihr nicht gerettet werden. Da hieben die Soldaten die Taue ab und ließen das Beiboot ins Meer fallen.« (Apostelgeschichte 27,30-32)

Doch die gefährlichste Stunde stand ihnen noch bevor. Wiederum richtete Paulus ermutigende Worte an alle und bat Seeleute wie Reisende, etwas Speise zu sich zu nehmen. »Es ist heute der vierzehnte Tag, dass ihr wartet und ohne Nahrung geblieben seid und nichts zu euch genommen habt. Darum ermahne ich euch, etwas zu essen; denn das dient zu eurer Rettung; es wird keinem von euch ein Haar vom Haupt fallen.

Nachdem der Apostel Paulus viele Jahre auf Reisen gewesen war, um die Gute Nachricht von der Rettung der Welt zu verbreiten, musste er nun in hohem Alter noch die Strapazen eines Schiffbruchs erdulden. Aber der Herr war stets an seiner Seite und schenkte ihm Gesundheit und Zuversicht, sodass er seinen Dienst weiter ausführen konnte.

Karte von der letzten Reise des Paulus. Die Strecke zwischen Kreta und Syrakus ist unsicher. Die Insel »Melite« auf der das Schiff strandete war gemäß neueren Forschungen nicht »Malta«, südlich von Sizilien, sondern »Kephalonia« (früher »Melenia«), eine dalmatische Insel an der südkroatischen Küste.

Teil 6 | Gute Nachricht für alle

Antike Ankersteine und Amphoren im Hafen von Cäsarea.

Der Sturm war so gewaltig, dass die Seeleute um ihr Leben bangten und den gesamten geladenen Weizen und andere Gerätschaften über Bord warfen, um das Schiff zu erleichtern. Kurz vor dem Unglück erschien der Engel des Herrn nochmals dem Paulus und versicherte ihm, dass niemand sterben müsste, obwohl das Boot verloren gehen würde. Der Apostel ermunterte danach alle, guten Mutes zu sein.

Und als er das gesagt hatte, nahm er Brot, dankte Gott vor ihnen allen und brach's und fing an zu essen.« (Apostelgeschichte 27,33-35) Die erschöpfte und entmutigte Schar von 275 Männern, die ohne Paulus verzweifelt wäre, folgte seinem Beispiel und nahm auch Nahrung zu sich. »Nachdem sie satt geworden waren, erleichterten sie das Schiff und warfen das Getreide in das Meer.« (Apostelgeschichte 27,38)

Inzwischen war es ganz hell geworden, aber immer noch konnten sie nichts erkennen, was ihnen zur Orientierung hätte dienen können. »Eine Bucht aber wurden sie gewahr, die hatte ein flaches Ufer. Dahin wollten sie das Schiff treiben lassen, wenn es möglich wäre. Und sie hieben die Anker ab und ließen sie im Meer, banden die Steuerruder los und richteten das Segel nach dem Wind und hielten auf das Ufer zu. Und als sie auf eine Sandbank gerieten, ließen sie das Schiff auflaufen, und das Vorderschiff bohrte sich ein und saß fest, aber das Hinterschiff zerbrach unter der Gewalt der Wellen.« (Apostelgeschichte 27,39-41)

Bewahrung und Wunder

Paulus und den anderen Gefangenen drohte nun ein Schicksal, das schrecklicher war als Schiffbruch. Die Soldaten sahen, dass es ihnen unmöglich sein würde, ihre Gefangenen in Gewahrsam zu behalten, während ein jeder versuchte, das Land zu erreichen. Jeder würde genug mit seiner eigenen Rettung zu tun haben. Sollte aber ein Gefangener fehlen, würde das Leben derer, die für ihn verantwortlich waren, verwirkt sein. Deshalb wollten die Soldaten alle Gefangenen töten. Das römische Recht erlaubte solch eine grausame Vorgehensweise. Der Plan wäre auch sofort ausgeführt worden, wenn es da nicht den gegeben hätte, dem alle in gleicher Weise zu großem Dank verpflichtet waren. Der Hauptmann Julius wusste, dass Paulus an der Rettung aller an Bord maßgeblich beteiligt gewesen war. Außerdem war er überzeugt, dass der Herr mit Paulus war, und deshalb fürchtete er sich, ihm Schaden zuzufügen. Er »wehrte ihrem Vorhaben und ließ die, die schwimmen konnten, als Erste ins Meer springen und sich ans

Land retten, die andern aber einige auf Brettern, einige auf dem, was noch vom Schiff da war. Und so geschah es, dass sie alle gerettet ans Land kamen.« (Apostelgeschichte 27,43.44) Als die Namen aufgerufen wurden, fehlte auch nicht einer.

Die Schiffbrüchigen wurden von der vermeintlich unzivilisierten Bevölkerung von Melite freundlich empfangen. Sie »zündeten ein Feuer an«, schrieb Lukas, »und nahmen uns alle auf wegen des Regens, der über uns gekommen war, und wegen der Kälte.« (Apostelgeschichte 28,2) Paulus gehörte zu denen, die tatkräftig für das Wohlergehen der andern sorgten. Als er »einen Haufen Reisig zusammenraffte und aufs Feuer legte, fuhr wegen der Hitze eine Schlange heraus und biss sich an seiner Hand fest.« (Apostelgeschichte 28,3) Die Umstehenden waren entsetzt; und als sie an den Ketten erkannten, dass Paulus ein Gefangener war, sprachen sie zueinander: »Dieser Mensch muss ein Mörder sein, den die Göttin der Rache nicht leben lässt, obgleich er dem Meer entkommen ist.« (Apostelgeschichte 28,4) Paulus jedoch schleuderte das Tier ins Feuer, »und es widerfuhr ihm nichts Übles.« (Apostelgeschichte 28,5) Die Leute wussten, wie giftig dieses Tier war, und rechneten damit, dass er im nächsten Augenblick unter schrecklichen Krämpfen zusammenbrechen würde. »Als sie nun lange gewartet hatten und sahen, dass ihm nichts Schlimmes widerfuhr, änderten sie ihre Meinung und sprachen: Er ist ein Gott.« (Apostelgeschichte 28,6)

Während der drei Monate, die die Insassen des Schiffes auf Melite blieben, nützten Paulus und seine Mitarbeiter viele Gelegenheiten, das Evangelium zu verkündigen. Und der Herr wirkte auf außergewöhnliche Weise durch sie. Paulus zuliebe wurden alle Schiffbrüchigen sehr freundlich behandelt; alle ihre Bedürfnisse wurden gestillt, und als sie später Melite verließen, wurden sie mit allem großzügig versorgt, was für ihre Seereise nötig war. Die Ereignisse während ihres Aufenthaltes fasst Lukas in folgenden Worten kurz zusammen:

»In dieser Gegend hatte der angesehenste Mann der Insel, mit Namen Publius, Landgüter; der nahm uns auf und beherbergte uns drei Tage lang freundlich. Es geschah aber, dass der Vater des Publius am Fieber und an der Ruhr darnieder lag. Zu dem ging Paulus hinein und betete und legte die Hände auf ihn und machte ihn gesund. Als das geschehen war, kamen auch die andern Kranken der Insel herbei und ließen sich gesund machen. Und sie erwiesen uns große Ehre; und als wir abfuhren, gaben sie uns mit, was wir nötig hatten.« (Apostelgeschichte 28, 7-10)

Alle 276 Personen, die an Bord waren, überlebten den Schiffbruch. Aus eigener Kraft schwimmend oder auf Wrackteilen gelangte jeder an Land. Als alle gerettet waren, entzündeten die Schiffsleute ein Feuer, an dem sich die Schiffsbrüchigen trockneten und wärmten. Während Paulus mithalf, Holz zu sammeln, wurde er von einer giftigen Schlange gebissen. Zur Überraschung aller blieb er unversehrt.

Kapitel 43 In Rom

Apostelgeschichte 28,11-31; Brief an Philemon

Via Appia – die Straße, auf der Paulus nach Rom zog

Als die Christen in Rom hörten, dass Paulus bald in ihrer Stadt ankommen würde, eilten sie ihm entgegen. Viele kannten ihn persönlich noch nicht, hatten aber bereits durch seine Schriften von seiner Weisheit und seiner Hingabe an Gott erfahren. So sehr Paulus sich darauf gefreut hatte, nach Rom zu kommen, um dort das Evangelium zu verkünden, fragte er sich jetzt, wie ihm das, in Ketten gelegt, möglich sein würde.

Als die Schifffahrt wieder aufgenommen werden konnte, setzten der Hauptmann und seine Gefangenen ihre Seereise nach Rom fort. Ein Schiff aus Alexandria, das »das Zeichen der Zwillinge führte« (Apostelgeschichte 28,11) und auf seiner Fahrt nach Westen bei Melite überwintert hatte, nahm die Reisegruppe an Bord. Zwar wurde man verschiedentlich durch widrige Winde aufgehalten; dennoch konnte die Seereise sicher beendet werden. Das Schiff ging in dem schönen Hafen von Puteoli an der Küste Italiens vor Anker.

Dort lebten einige Christen, die den Apostel eindringlich baten, sieben Tage lang bei ihnen zu bleiben. Diese Vergünstigung wurde vom Hauptmann freundlich gewährt. Seitdem die Christen in Italien den Brief des Paulus an die Römer erhalten hatten, lebten sie in der freudigen Erwartung auf einen Besuch des Apostels. Sie hatten nicht erwartet, ihn als einen Gefangenen kommen zu sehen, doch seine Leiden ließen ihre Zuneigung zu ihm noch größer werden. Da die Entfernung von Puteoli nach Rom nur etwa 220 km betrug und die Hafenstadt in ständiger Verbindung mit der Hauptstadt stand, waren die Christen in Rom schon bald über die Ankunft des Paulus informiert. Einige von ihnen machten sich auf den Weg, um ihm entgegenzugehen und ihn willkommen zu heißen.

Zuspruch und neuer Mut

Am achten Tage nach der Ankunft machten sich der Hauptmann und seine Gefangenen auf den Weg nach Rom. Julius gestattete dem Apostel jede Gunst, die zu gewähren in seiner Macht lag; doch konnte er seinen Status als Gefangener nicht ändern noch ihn von der Kette befreien, die ihn an seine Wache band. Mit schwerem Herzen schritt Paulus seinem lang erwarteten Besuch in der Hauptstadt der Welt entgegen. Wie anders waren doch die Umstände als jene, die er sich erhofft hatte! Wie sollte er, in Fesseln und als Übeltäter gebrandmarkt, das Evangelium verkündigen? Seine Hoffnung, in Rom viele Menschen für die Wahrheit zu gewinnen, schien zum Scheitern verurteilt zu sein.

Schließlich erreichen die Reisenden Forum Appii, etwa 60 Kilometer von Rom entfernt. Während sie sich einen Weg durch die Menschenmassen auf der großen Verkehrsstraße bahnen, wird dem alten, grauhaarigen Mann, der mit einer Gruppe hartgesottener Verbrecher zusammengekettet ist, manch verächtlicher Blick zugeworfen. Er muss es sich gefallen lassen, Zielscheibe roher Scherze und spöttischer Bemerkungen zu sein.

Plötzlich aber ist ein Freudenschrei zu hören. Aus der Schar der Vorbeidrängenden bricht ein Mann hervor, fällt dem Gefangenen um den Hals und umarmt ihn unter Freudentränen, so wie ein Sohn seinen Vater begrüßt, der lange Zeit abwesend war. Solche Szenen wiederholen sich mehrmals, denn viele erkennen mit einem von liebevoller Erwartung geschärften Blick in dem angeketteten Gefangenen den Mann, der ihnen in Korinth, Philippi und Ephesus die Worte des Lebens verkündigt hatte.

In herzlicher Liebe scharen sich die warmherzigen Jünger um ihren Vater im Glauben, sodass der ganze Zug zum Stehen kommt. Zwar werden die Kriegsknechte wegen der Verzögerung ungeduldig; dennoch bringen sie es nicht übers Herz, diese freudigen Begegnungen zu unterbinden, haben doch auch sie ihren Gefangenen achten und schätzen gelernt. Die Gläubigen sehen in dem müden, von Leid zerfurchten Gesicht den Widerschein des Bildes Christi. Sie versichern Paulus, sie hätten ihn nicht vergessen, nicht aufgehört, ihn zu lieben und seien ihm dankbar für die freudige Hoffnung, die ihr Leben durchdringe und ihnen Frieden mit Gott verleihe. Im Überschwang ihrer Liebe hätten sie Paulus am liebsten auf ihren Schultern bis zur Hauptstadt getragen, wenn es ihnen gestattet worden wäre.

Als der Apostel seine Glaubensbrüder sah, »dankte er Gott und gewann Zuversicht.« (Apostelgeschichte 28,15) Wenige nur mögen ermessen, welche Bedeutung diesen Worten des Lukas zukommt. Inmitten der weinenden, mitfühlenden Gläubigen, die sich seiner Fesseln nicht schämten, pries der Apostel Gott mit lauter Stimme. Die Wolke der Traurigkeit, die sein Gemüt bedrückt hatte, war hinweggefegt. Wohl war sein Christenleben eine ununterbrochene Folge von Anfechtungen, Leid und Enttäuschungen gewesen, doch in dieser Stunde fühlte er sich für alles reichlich entschädigt. Mit festerem Schritt und freudigem Herzen setzte er seinen Weg fort. Er wollte weder über die Vergangenheit klagen noch sich vor der Zukunft fürchten. Gefängnis und Trübsal warteten auf ihn, das wusste er. Doch er wusste auch, dass durch ihn Menschen von einer viel schrecklicheren Knechtschaft befreit worden waren. Deshalb freute er sich seiner Leiden um Christi willen.

Frohe Botschaft für die Juden Roms

In Rom übergab der Hauptmann Julius seine Gefangenen an den Befehlshaber der kaiserlichen Wache. Der gute Bericht, den er über Paulus erstattete, sowie der Brief des Festus bewirkten, dass der Oberhauptmann Paulus Wohlwollen entgegenbrachte. Anstatt ihn ins Gefängnis legen zu lassen, erlaubte er ihm, in einem Mietshaus zu wohnen. Obwohl er weiterhin beständig an einen Kriegsknecht gekettet blieb, durfte er doch jederzeit seine Freunde empfangen und für den Fortgang der Sache Christi wirken.

Viele der Juden, die einige Jahre zuvor aus Rom verbannt worden waren, hatten die Erlaubnis erhalten, wieder zurückzukehren und lebten dort nun wieder in großer Zahl. Diese beschloss Paulus zuallererst über seine Person und über sein Wirken zu unterrichten, ehe seine Feinde Gelegenheit fänden, sie gegen ihn

Inmitten der weinenden, mitfühlenden Gläubigen, die sich seiner Fesseln nicht schämten, pries der Apostel Gott mit lauter Stimme. Die Wolke der Traurigkeit, die sein Gemüt bedrückt hatte, war hinweggefegt.

> *Paulus lehrte, dass wahrer Glaube eine reale, errettende Kraft sei, eine Wirkung, die ausschließlich von Gott ausgeht, eine persönliche Erfahrung von Gottes Macht, die den Menschen erneuert.*

aufzuwiegeln. So rief er drei Tage nach seiner Ankunft in Rom die leitenden Männer der Juden zusammen und berichtete ihnen schlicht und sachlich, weshalb er als Gefangener nach Rom gekommen war.

»Ihr Männer, liebe Brüder«, sagte er, »ich habe nichts getan gegen unser Volk und die Ordnungen der Väter und bin doch als Gefangener aus Jerusalem überantwortet in die Hände der Römer. Diese wollten mich losgeben, nachdem sie mich verhört hatten, weil nichts gegen mich vorlag, das den Tod verdient hätte. Da aber die Juden widersprachen, war ich genötigt, mich auf den Kaiser zu berufen, nicht als hätte ich mein Volk wegen etwas zu verklagen. Aus diesem Grund habe ich darum gebeten, dass ich euch sehen und zu euch sprechen könnte; denn um der Hoffnung Israels willen trage ich diese Ketten.« (Apostelgeschichte 28,17-20)

Er sagte nichts über die Misshandlungen, die er von den Juden erlitten hatte, auch nichts über ihre wiederholten Anschläge gegen sein Leben; seine Worte waren vielmehr umsichtig und freundlich. Ihm lag es fern, die Aufmerksamkeit auf sich zu lenken oder Mitgefühl zu erregen. Es ging ihm allein darum, die Wahrheit zu verteidigen und für die Ehre des Evangeliums einzustehen.

Seine Zuhörer erwiderten, dass weder durch öffentliche noch private Briefe irgendwelche Klagen gegen ihn eingegangen seien und dass ihn keiner der nach Rom gekommenen Juden irgendeines Verbrechens bezichtigt habe. Sie erwähnten aber auch, dass sie sehr gern den Grund für seinen Glauben an Christus erfahren wollten. »Denn von dieser Sekte«, so erklärten sie, »ist uns bekannt, dass ihr an allen Enden widersprochen wird.« (Apostelgeschichte 28,22)

Da sie es selbst wünschten, vereinbarte Paulus mit ihnen einen Tag, an dem er ihnen die Wahrheit des Evangeliums darlegen könnte. Zur vorgesehenen Zeit »kamen viele zu ihm in die Herberge. Da erklärte und bezeugte er ihnen das Reich Gottes und predigte ihnen von Jesus aus dem Gesetz des Mose und aus den Propheten vom frühen Morgen bis zum Abend.« (Apostelgeschichte 28,23) Er erzählte seine eigenen Erfahrungen und legte schlicht, aufrichtig und eindringlich Argumente aus dem Alten Testament vor.

Paulus wies darauf hin, dass wahrer Glaube nicht in Riten und Zeremonien, Lehrsätzen und Theorien bestehe. Wenn dies so wäre, könnte ihn der natürliche Mensch durch intensives Studium ergründen, so wie er das auch mit anderen irdischen Dingen tut. Paulus lehrte, dass wahrer Glaube eine reale, errettende Kraft sei, eine Wirkung, die ausschließlich von Gott ausgeht, eine persönliche Erfahrung von Gottes Macht, die den Menschen erneuert.

Er zeigte, dass bereits Mose die Israeliten im Voraus auf Christus hingewiesen habe als auf jenen Propheten, den sie hören sollten, und dass alle Propheten ihn bezeugt hätten als Gottes großartiges Heilmittel gegen die Sünde, als den Einen, der als Schuldloser die Sünden der Schuldigen tragen sollte.

Er tadelte sie nicht wegen ihrer Beachtung äußerer Formen und Zeremonien, wies aber darauf hin, dass sie, während sie zwar die rituellen Dienste mit großer Genauigkeit beibehielten, doch zugleich im Begriff seien, gerade den zu verwerfen, der das Zentrum des gesamten Zeremonialdienstes sei.

Paulus erklärte, er habe vor seiner Bekehrung Christus nicht persönlich kennen gelernt, sondern er habe sich – wie alle anderen – seine eigenen Vorstellungen von dem Wesen und Wirken des kommenden Messias gemacht. Weil Jesus von Nazareth diesen Vorstellungen nicht entsprach, habe er ihn als einen Betrüger verworfen. Nun aber sei sein Verständnis von Christus und Christi Sendung viel geistlicher und tiefer, weil er selbst eine Bekehrung erlebt habe. Der Apostel betonte, es gehe ihm nicht darum, Christus in seiner menschlichen Gestalt darzustellen. Wohl habe Herodes Christus leiblich sehen können, ebenso Hannas, Pilatus, die Priester und Obersten sowie die römischen Kriegsknechte, aber sie hätten ihn nicht mit den

Augen des Glaubens und nicht als den verherrlichten Erlöser gesehen. Christus im Glauben zu erfassen und eine geistliche Erkenntnis über ihn zu haben, sei viel erstrebenswerter als eine persönliche Bekanntschaft mit ihm während seines Erdenlebens. Die Gemeinschaft mit Christus, die Paulus jetzt so froh mache, sei inniger und dauerhafter als eine bloße irdische und menschliche Freundschaft.

Als Paulus von dem sprach, was er von Jesus von Nazareth als der Hoffnung Israels wusste, und als er bekundete, was er gesehen hatte, ließen sich alle überzeugen, die aufrichtig nach Wahrheit suchten. Auf einige zumindest machten seine Worte einen unauslöschlichen Eindruck. Andere jedoch weigerten sich hartnäckig, das klare Zeugnis der Schrift anzunehmen, obwohl es ihnen von einem gegeben wurde, der vom Heiligen Geist besonders erleuchtet war. Sie konnten seine Ausführungen nicht widerlegen, weigerten sich aber, dieselben Schlussfolgerungen wie er daraus zu ziehen.

Nach der Ankunft des Paulus in Rom verstrichen viele Monate, bevor die Jerusalemer Juden persönlich erschienen, um ihre Anklagen gegen den Gefangenen vorzubringen. Ihre Absichten waren bereits mehrmals durchkreuzt worden, und nun, da Paulus vor das höchste Gericht des Römischen Reiches gestellt werden sollte, wollten sie nicht das Risiko einer weiteren Niederlage eingehen. Lysias, Felix, Festus und Agrippa hatten alle ihren Glauben an seine Unschuld erklärt. Seine Feinde konnten nur dadurch auf Erfolg hoffen, dass sie versuchten, den Kaiser durch Intrigen zu ihren Gunsten zu beeinflussen. Ein Aufschub würde ihre Absichten fördern, da ihnen dies Zeit gewähren würde, ihre Pläne zu verbessern und auszuführen. Deshalb warteten sie eine Zeitlang, bevor sie ihre Anklagen gegen den Apostel persönlich vortrugen.

Nach Gottes Vorsehung diente dieser Aufschub jedoch zur Förderung des Evangeliums. Durch das Wohlwollen derer, die Paulus in ihrem Gewahrsam hatten, durfte er in einem geräumigen Hause wohnen, wo er ohne jede Behinderung mit seinen Freunden zusammenkommen konnte, um täglich denen, die es hören wollten, die Wahrheit auszulegen. So konnte er zwei Jahre hindurch seine Arbeit fortsetzen. Er »predigte das Reich Gottes und lehrte von dem Herrn Jesus Christus mit allem Freimut ungehindert.« (Apostelgeschichte 28,31)

Reste eines antiken Stadttors von Rom

Drei Tage nach seiner Ankunft in Rom rief Paulus die leitenden Männer der Juden zusammen, um ihnen die Gründe für seine Gefangenschaft zu erklären. Der Apostel beabsichtigte damit, dass sie zuallererst seine Version der Geschehnisse hören sollten, und er wollte vor ihnen Zeugnis von seinem Glauben an Christus ablegen. Die Juden, die nicht wussten, was Paulus widerfahren war, baten ihn um seine Meinung über die »Sekte« der Christen.

Paulus musste nicht wie andere Häftlinge beständig im Gefängnis bleiben, aber er war an einen Soldaten gekettet. Er genoss gewisse Freiheiten – er wohnte in einem Haus, empfing dort regen Besuch und predigte das Evangelium. Er schrieb auch Briefe an die Gemeinden, die er gegründet hatte. Er leitete sogar die Verkündigung des Evangeliums, indem er Mitstreiter in andere Länder sandte.

Ein Stab begnadeter Mitarbeiter

Während dieser Zeit wurden die Gemeinden, die Paulus in vielen Ländern ins Leben gerufen hatte, nicht vergessen. Im Bewusstsein der Gefahren, die den zum neuen Glauben Bekehrten drohten, suchte der Apostel so weit wie möglich auf ihre Bedürfnisse und Nöte durch Briefe einzugehen. Sie enthielten Mahnungen, Warnungen und praktische Unterweisungen. Und von Rom sandte er Gott geweihte Mitarbeiter aus, die nicht nur für diese Gemeinden wirken sollten, sondern auch in Gebieten, die er selbst noch nicht besucht hatte. Als verständige Hirten festigten sie das Werk, das Paulus so gut angefangen hatte. So blieb der Apostel mit ihnen in ständiger Verbindung und wurde über den Zustand der Gemeinden und die ihnen drohenden Gefahren unterrichtet. So war er in der Lage, eine weise Aufsicht über alle auszuüben.

Obwohl es so schien, als sei aktive Arbeit am Werk Gottes für Paulus nicht mehr möglich, übte er auf diese Weise einen noch weitreichenderen und nachhaltigeren Einfluss aus als wenn er, so wie in früheren Jahren, die Gemeinden hätte ungehindert besuchen können. Dass er ein »Gefangener in dem Herrn« war (vgl. Epheser 4,1), brachte ihn den Herzen seiner Glaubensgeschwister nur noch näher. Und seine Worte, die er ihnen als Gebundener um Christi willen schrieb, fanden größere Beachtung und Respekt als in jenen Tagen, als er noch persönlich bei ihnen war. Erst als Paulus ihnen genommen war, erkannten die Gläubigen, wie schwer die Lasten waren, die er um ihretwillen auf dem Herzen getragen hatte. Bisher hatten sie sich aller Verantwortlichkeit und aller Lasten großteils mit der Begründung entzogen, ihnen fehle seine Weisheit, sein Taktgefühl und seine unbezwingbare Tatkraft. Jetzt aber, da sie in ihrer Unerfahrenheit lernen mussten, was sie bisher von sich gewiesen hatten, schätzten sie seine Warnungen, Mahnungen, Ratschläge und Unterweisungen in einem Maße, wie sie sein persönliches Wirken vorher nie geschätzt hatten. Als sie von seinem Mut und Glauben während seiner langen Gefangenschaft erfuhren, wurden sie zu noch größerer Treue und zu noch größerem Eifer für die Sache Christi angespornt.

Zu den Gehilfen des Apostels Paulus in Rom gehörten viele seiner früheren Gefährten und Mitarbeiter. Lukas, »der Arzt, der Geliebte« (Kolosser 4,14), der ihn schon auf seiner Reise nach Jerusalem begleitet hatte, der während der zweijährigen Gefangenschaft in Cäsarea bei ihm gewesen war und der ihm auch während der gefahrvollen Reise nach Rom treu zur Seite gestanden hatte, war noch immer bei ihm. Auch Timotheus diente ihm zum Trost (vgl. Kolosser 1,1). Desgleichen stand Tychikus, »der liebe Bruder und treue Diener und Mitknecht in dem Herrn« (Kolosser 4,7), dem Apostel selbstlos bei. Ferner waren Demas und Markus bei ihm (vgl. Kolosser 4,10.14). Aristarch und Epaphras waren sogar seine Mitgefangenen (vgl. Kolosser 4,10.12; Philemon 23).

Markus hatte sich schon in jüngeren Jahren zum Glauben bekannt. Inzwischen hatte sich seine Erfahrung als Christ vertieft. Nachdem er sich eingehender mit dem Leben und Sterben Christi befasst hatte, hatte er ein klareres Verständnis für die Sendung des Erlösers gewonnen sowie für die damit verbundenen Mühen und Kämpfe. Als er in den Wundmalen der Hände und Füße Christi die Spuren seines Dienstes für die Menschheit las und erfasste, wie weit Selbstverleugnung zu gehen bereit ist, um die Verlorenen und Zugrundegehenden zu retten, war er bereit, dem Meister auf dem Pfad der Selbsthingabe zu folgen. Nun, da er dem gefangenen Paulus zur Seite stand, begriff er besser als je zuvor, dass es unendlichen Gewinn bedeutet, zu Christus zu gehören, unendlichen Verlust jedoch, die Welt zu gewinnen und dabei Schaden an seiner Seele zu nehmen, für deren Erlösung Christus sein Blut vergossen hat. Markus blieb auch angesichts harter Anfechtungen und Nöte weiterhin standhaft und war dem Apostel ein verständiger und geliebter Helfer.

Demas hingegen, der eine Zeitlang standhaft gewesen war, kehrte später der Sache Christi den Rücken. Darüber schrieb Paulus: »Demas hat mich verlassen und diese Welt lieb gewonnen.« (2. Timotheus 4,10) Für weltlichen Gewinn hatte Demas alles, was edel und erhaben war, dahingegeben. Was für ein kurzsichtiger Tauschhandel! Indem er lediglich weltlichen Reichtum und weltliche Ehre besaß, war Demas im Grunde ein armer Mensch, mochte er auch noch so vieles stolz sein Eigen nennen. Markus hingegen, der sich entschieden hatte, um Christi willen zu leiden, besaß ewigen Reichtum, denn im Himmel wurde er als Gottes Erbe und Miterbe Christi (vgl. Römer 8,17) eingeschrieben.

Nicht mehr Sklave, sondern Bruder

Einer von denen, die durch das Wirken des Paulus in Rom ihr Herz Gott übergaben, war Onesimus, ein heidnischer Sklave, der seinem Herrn Philemon, einem christlichen Gläubigen in Kolossä, Schaden zugefügt hatte und nach Rom entflohen war. In seiner Herzensgüte suchte Paulus zunächst die Armut und das Leid dieses unglücklichen Flüchtlings zu lindern, und dann bemühte er sich, sein verfinstertes Gemüt durch das Licht der Wahrheit zu erhellen. Onesimus schenkte dem Wort des Lebens Gehör, bekannte seine Sünden und bekehrte sich zum Glauben an Christus.

Durch seine Frömmigkeit und Aufrichtigkeit, durch seine freundliche Fürsorge für Paulus und durch seinen Eifer, das Evangelium zu fördern, erwarb sich Onesimus die Zuneigung des Apostels. Paulus entdeckte in ihm Wesenszüge, die erhoffen ließen, dass aus ihm ein nützlicher Helfer in der Missionsarbeit werden könnte. Er riet ihm, ohne Zögern zu Philemon zurückzukehren, ihn um Vergebung zu bitten und Pläne für die Zukunft zu schmieden. Der Apostel versprach ihm auch, für den Betrag aufzukommen, den er Philemon entwendet hatte. Da er gerade Tychikus mit Briefen zu verschiedenen Gemeinden in Kleinasien senden wollte, schickte er Onesimus mit ihm. Es war eine schwere Probe für den Sklaven, sich auf diese Weise selbst seinem Herrn zu stellen, den er geschädigt hatte. Doch da er wirklich bekehrt war, entzog er sich nicht seiner Pflicht.

Paulus machte Onesimus zum Überbringer eines Briefes an Philemon, in dem er sich mit dem ihm eigenen Takt und Wohlwollen für den reumütigen Sklaven einsetzte und den Wunsch äußerte, Onesimus möge ihm selbst künftig zum Dienst zur Verfügung stehen. Der Brief begann mit einem herzlichen Gruß an Philemon als einem Freund und Mitarbeiter:

»Gnade sei mit euch und Friede von Gott, unserm Vater, und dem Herrn Jesus Christus! Ich danke meinem Gott allezeit, wenn ich deiner gedenke in meinen Gebeten – denn ich höre von der Liebe und dem Glauben, die du hast an den Herrn Jesus und gegenüber allen Heiligen –, dass der Glaube, den wir miteinander haben, in dir kräftig werde in Erkenntnis all des Guten, das wir haben, in Christus.« (Philemon 3-6) Der Apostel erinnerte Philemon daran, dass er jeden guten Vorsatz und jede gute Charaktereigenschaft, die

> *Einer von denen, die durch das Wirken des Paulus in Rom ihr Herz Gott übergaben, war Onesimus, ein heidnischer Sklave, der seinem Herrn Philemon, einem christlichen Gläubigen in Kolossä, Schaden zugefügt hatte und nach Rom entflohen war.*

er besaß, der Gnade Christi verdanke und dass allein dies ihn von den verderbten und sündhaften Menschen unterscheide. Dieselbe Gnade könne selbst aus einem verkommenen Verbrecher ein Gotteskind und einen nützlichen Arbeiter am Evangelium machen.

Paulus hätte Philemon drängen können, an seine Christenpflicht zu denken, doch er wählte lieber die Sprache des Bittenden: »Ich, Paulus, als ein Mann von Alter und Autorität, dazu jetzt auch noch ein Gefangener für Jesus Christus, ich bitte dich für meinen Sohn, den ich hier im Gefängnis gezeugt, das heißt zum Glauben geführt habe: für Onesimus! Früher hattest du an ihm nur einen Nichtsnutz, aber jetzt kann er dir und mir von Nutzen sein.« (Philemon 9-11 GNB)

Der Apostel bat Philemon, da Onesimus sich bekehrt habe, den reumütigen Sklaven wie sein eigenes Kind anzunehmen. Er solle ihm solche Liebe erweisen, dass er gern bei seinem ehemaligen Herrn bliebe, er möge ihn annehmen, »nun nicht mehr als einen Sklaven, sondern als einen, der mehr ist als ein Sklave: ein geliebter Bruder.« (Philemon 16) Paulus brachte zum Ausdruck, dass er Onesimus gerne selbst behalten wollte, damit er ihm in seiner Gefangenschaft dienen könnte, so wie es Philemon sicher auch selbst gern getan hätte; allerdings wünschte er diese Dienste nur, wenn Philemon den Sklaven aus eigenem Antrieb freigäbe.

Der Apostel wusste sehr wohl, mit welcher Strenge die Herren damals ihre Sklaven behandelten, und er wusste auch, dass Philemon über das Verhalten seines Knechtes höchst ungehalten war. Deshalb bemühte er sich, sein Schreiben so abzufassen, dass die tiefsten und zartesten christlichen Empfindungen in ihm wachgerufen würden. Durch die Bekehrung war Onesimus ein Glaubensbruder geworden. Jede Strafe, die man diesem Neubekehrten zufügte, würde Paulus als ihm persönlich angetan betrachten.

Der Apostel erklärte sich aus freien Stücken bereit, für die Schuld des Onesimus aufzukommen, damit dem Schuldigen die Schande der Bestrafung erspart bliebe und er sich wieder der Vorrechte erfreuen dürfe, die er verwirkt hatte. »Wenn du mich nun«, so schrieb Paulus an Philemon, »für deinen Freund hältst, so nimm ihn auf wie mich selbst. Wenn er dir aber Schaden angetan hat oder etwas schuldig ist, das rechne mir an. Ich, Paulus, schreibe es mit eigener Hand: Ich will's bezahlen.« (Philemon 17-19)

Die Schuld wird bezahlt

Welch ein passendes Bild für die Liebe Christi zu einem reumütigen Sünder! Der Knecht, der seinen Herrn betrogen hatte, besaß nichts, womit er Entschädigung hätte leisten können. Der Sünder, der Gott jahrelang den Dienst verweigert hat, hat keine Möglichkeit, seine Schuld zu begleichen. Jesus stellt sich zwischen den Sünder und Gott und sagt: Ich will die Schuld bezahlen. Verschone den Sünder; ich will an seiner Stelle leiden.

Nachdem Paulus sich anerboten hatte, die Schuld des Onesimus zu begleichen, erinnerte er Philemon daran, wie sehr dieser selbst dem Apostel gegenüber verpflichtet sei. Er selbst stand ja in der Schuld des Apostels, da Gott Paulus zum Werkzeug seiner Bekehrung gemacht hatte. Dann appellierte er feinfühlig und ernsthaft an Philemon, so wie er durch seine Freigebigkeit die Heiligen erquickt habe, so möge er nun auch das Herz des Apostels erquicken und ihm diesen Grund zur Freude gewähren.

»Im Vertrauen auf deinen Gehorsam schreibe ich dir«, fügte er hinzu, »denn ich weiß, du wirst mehr tun, als ich sage.« (Philemon 21)

Der Brief des Apostels an Philemon zeigt den Einfluss des Evangeliums auf das Verhältnis zwischen Herr und Knecht. Die Sklaverei war im ganzen Römischen Reich eine anerkannte Einrichtung, und zu den meisten Gemeinden, in denen Paulus arbeitete, gehörten Herren und Sklaven. In den Städten, wo es oft viel mehr Sklaven als freie Bürger gab, hielt man extrem harte Gesetze für notwendig, um die Sklaven in der Gewalt ihrer Herren zu halten. Einem wohlhabenden Rö-

---

Paulus lehrte Grundsätze, die die Sklaverei an ihren Grundfesten trafen; und wo man diese Lehren verwirklichte, musste die ganze Gesellschaftsordnung erschüttert werden.

In Rom führte Paulus viele Menschen zum Christentum, darunter auch einige Sklaven. Der Apostel lehrte, dass Gott alle Menschen gleich liebt und dass ein Christ den, der für ihn arbeitet, gerecht und gütig behandeln soll. So erfuhren viele Sklaven von der wahren Freiheit in Christus.

mer gehörten mitunter Hunderte von Sklaven aus den verschiedensten Ständen, Völkern und Berufen. Da ein Herr volle Gewalt über Leib und Leben dieser Hilflosen besaß, konnte er ihnen willkürlich jede beliebige Art von Leid zufügen. Wenn es sich einer von ihnen als Vergeltung oder auch nur in Notwehr erlauben sollte, die Hand gegen seinen Besitzer zu erheben, konnte es sein, dass die ganze Familie des Missetäters in unmenschlicher Weise dafür zur Rechenschaft gezogen wurde. Schon geringe Versehen, Unfälle oder Unachtsamkeiten wurden oft unbarmherzig bestraft.

Es gab auch Herren, die menschlicher empfanden und ihre Sklaven nachsichtiger behandelten, doch die meisten Wohlhabenden und Reichen frönten uneingeschränkt ihren Lüsten, Leidenschaften und Begierden und erniedrigten ihre Sklaven zu bedauernswerten Opfern ihrer Launen und ihrer Tyrannei. Die ganze Gesellschaftsordnung befand sich auf dem Weg zu einem hoffnungslosen Niedergang.

Es war nicht die Aufgabe des Apostels, eigenmächtig oder plötzlich die bestehende gesellschaftliche Ordnung umzustürzen. Ein solcher Versuch hätte den Erfolg der Evangeliumsverkündigung in Frage gestellt. Er lehrte aber Grundsätze, die die Sklaverei an ihren Grundfesten trafen; und wo man diese Lehren verwirklichte, musste die ganze Gesellschaftsordnung erschüttert werden. »Wo aber der Geist des Herrn ist, da ist Freiheit« (2. Korinther 3,17), erklärte er. Durch seine Bekehrung wurde der Sklave ein Glied am Leib Christi. Als solches musste er wie ein Bruder geliebt und behandelt werden. Wie sein Herr war er Miterbe der Segnungen Gottes und der Gnadengaben des Evangeliums. Andererseits sollten die Sklaven ihren Pflichten nachkommen, »nicht mit Dienst allein vor Augen, um den Menschen zu gefallen, sondern als Knechte Christi, die den Willen Gottes tun von Herzen.« (Epheser 6,6)

Das Christentum bildet ein starkes einigendes Band zwischen dem Herrn und dem Sklaven, dem König und dem Untertan, dem Prediger des Evangeliums und dem tief gefallenen Sünder, der in Christus die Reinigung von der Sünde gefunden hat. Sie sind alle in demselben Blut gewaschen, von demselben Geist belebt und in Christus Jesus eins geworden.

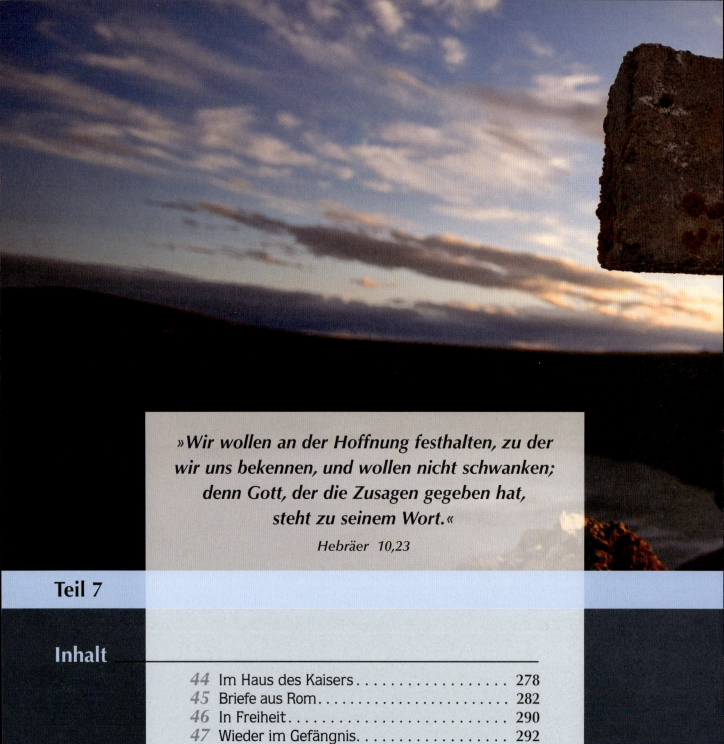

»Wir wollen an der Hoffnung festhalten, zu der wir uns bekennen, und wollen nicht schwanken; denn Gott, der die Zusagen gegeben hat, steht zu seinem Wort.«

Hebräer 10,23

Teil 7

Inhalt

- 44 Im Haus des Kaisers 278
- 45 Briefe aus Rom 282
- 46 In Freiheit 290
- 47 Wieder im Gefängnis 292
- 48 Paulus vor Nero 294
- 49 Der letzte Brief 298
- 50 Das Todesurteil 304

Treu bis zum Tod

Kapitel 44 Im Haus des Kaisers

Ruinen der Residenz der römischen Kaiser auf dem Palatin in Rom

Das Evangelium wird von den Schwachen, den Bescheidenen und den Leidenden meist leichter angenommen als von denen, die Macht, Geld und Gesundheit besitzen. Vieles aber spricht dafür, dass es Paulus selbst als Gefangenem gelang, zahlreiche einflussreiche Männer und Frauen, sogar aus dem Palast des Kaisers, zum christlichen Glauben zu führen.

Das Evangelium hat schon immer seine größten Erfolge unter der einfachen Bevölkerung erzielt. »Nicht viele Weise nach dem Fleisch, nicht viele Mächtige, nicht viele Angesehene sind berufen.« (1. Korinther 1,26) Es war nicht zu erwarten, dass Paulus – ein armer Gefangener ohne Freunde – in der Lage sein würde, die Aufmerksamkeit der wohlhabenden und hochgestellten Kreise der Bürger Roms zu gewinnen. Das lasterhafte Leben mit all seinen schillernden Verlockungen hielt sie als willige Gefangene beständig in Bann. Aber unter den abgearbeiteten, von Not geplagten und unterdrückten Opfern, ja selbst unter den ärmsten Sklaven, hörten viele erfreut den Worten des Paulus zu. Diese Menschen fanden im Glauben an Christus neue Hoffnung und einen inneren Frieden, der ihnen trotz aller Entbehrungen Trost gab.

Auf dem Höhepunkt der Verkündigung …

Obwohl das Werk des Apostels unter den einfachen und armen Menschen seinen Anfang nahm, gewann es doch immer weitreichenderen Einfluss, der schließlich sogar den Palast des Kaisers erreichte.

Rom war damals die Metropole der Welt. Die hochmütigen Cäsaren erließen Gesetze für fast jede Nation auf Erden. Kaiser und Höflinge wussten entweder nichts von dem demütigen Nazarener oder sie betrachteten ihn mit Feindseligkeit und Spott. Und doch fand das Evangelium in weniger als zwei Jahren den Weg aus der einfachen Unterkunft des Gefangenen in die kaiserlichen Paläste. Paulus war zwar wie ein Übeltäter gefesselt, aber »Gottes Wort ist nicht gebunden.« (2. Timotheus 2,9)

In früheren Jahren hatte der Apostel den Glauben an Christus mit siegreicher Vollmacht öffentlich verkündigt, und durch Zeichen und Wunder hatte er unmissverständlich dessen göttlichen Charakter bezeugt. Mit edler Festigkeit war er vor die Weisen Griechenlands getreten und hatte durch sein Wissen und seine Beredsamkeit die Einwände der stolzen Philosophie zum Schweigen gebracht. Mit ungebrochenem Mut hatte er vor Königen und Statthaltern von Gerechtigkeit, Enthaltsamkeit und von dem zukünftigen Gericht geredet, bis die hochmütigen Machthaber zitterten, als ob sie die Schrecken des Gerichtstages Gottes bereits vor sich sähen.

Solche Gelegenheiten wurden dem Apostel nun nicht mehr gewährt, da er in seiner Unterkunft in Hausarrest gehalten wurde und die Wahrheit nur denen verkündigen konnte, die ihn dort aufsuchten. Er hatte, anders als Mose und Aaron, keinen göttlichen Befehl, vor den charakterlosen Herrscher zu treten und im Namen des großen ICH BIN (siehe 2. Mose 3,14 ZÜ) seine Grausamkeit und Gewaltherrschaft zu rügen. Doch gerade als diesem bedeutendsten Verkündiger jedes Wirken in der Öffentlichkeit verwehrt war, wurde ein großer Sieg für das Evangelium errungen – sogar aus dem Haus des Kaisers wurden Glieder der Gemeinde hinzugefügt.

Nirgendwo sonst konnte es eine Umgebung geben, die dem Christentum so wesensfremd gewesen wäre wie die am Hof Roms. Nero schien die letzte Spur des Göttlichen, ja selbst des Menschlichen aus seiner Seele getilgt und den Stempel Satans angenommen zu haben. Seine Diener und Höflinge waren ihm im Allgemeinen charakterlich ähnlich – gewalttätig, verkommen und bestechlich. Hier, am Hof und im Palast Neros, schien es für das Christentum unmöglich zu sein, Fuß zu fassen.

Doch in diesem Fall – wie in so vielen anderen – hat sich die Aussage des Paulus als wahr erwiesen, dass die Waffen seines Kampfes »mächtig im Dienste Gottes« sind, um »Festungen zu zerstören.« (2. Korinther 10,4) Sogar im Haus Neros siegte das Kreuz. Menschen aus dem lasterhaften Gefolge eines noch lasterhafteren Herrschers bekehrten sich und wurden zu Kindern Gottes. Und diese Christen versteckten sich nicht, sie traten offen auf und schämten sich ihres Glaubens nicht.

Doch wodurch konnte das Christentum dort eindringen und festen Fuß fassen, wo es unmöglich schien, überhaupt Zutritt zu bekommen? Dass sich Menschen aus Neros Gefolge zum Glauben bekehrten, führt Paulus in seinem Brief an die Philipper auf die Tatsache seiner eigenen Gefangenschaft zurück. Weil er befürchtete, sie könnten annehmen, dass seine Leiden den Fortschritt des Evangeliums behindert hätten, versicherte er ihnen: »Ich lasse euch aber wissen, liebe Brüder: Wie es um mich steht, das ist nur mehr zur Förderung des Evangeliums geraten.« (Philipper 1,12)

... aber nicht nach menschlichen Plänen

Als die christlichen Gemeinden zum ersten Mal davon erfahren hatten, dass Paulus Rom besuchen sollte, hatten sie freudig einen außerordentlichen Triumph des Evangeliums in jener Stadt erwartet. Paulus hatte die Wahrheit in viele Länder getragen; er hatte sie in großen Städten verkündigt. Würde es diesem Vorkämpfer des Glaubens nicht auch gelingen, in der Hauptstadt der Welt Menschen für Christus zu gewinnen? Doch ihre Hoffnungen wurden zunichte gemacht, als sie erfuhren, dass Paulus als Gefangener nach Rom gekommen sei. Sie hatten zuversichtlich gehofft, miterleben zu können, wie das Evangelium, sobald es erst einmal in dieser großen Metropole Fuß gefasst hätte, sich zu allen Völkern hin ausbreiten und zu einer Vormacht auf Erden werden würde. Wie groß war daher ihre Enttäuschung! Nun, menschliche Erwartungen waren fehlgeschlagen, nicht jedoch Gottes Pläne.

Nicht durch die Predigten, sondern durch die Fesseln des Paulus wurde die Aufmerksamkeit des Hofes auf das Christentum gelenkt. Als Gefangener zerbrach er die Ketten, die so viele Menschen in der Sklaverei der Sünde gefangen hielten. Und das war noch nicht alles. Er erklärte: »Die meisten Brüder in dem Herrn haben durch meine Gefangenschaft Zuversicht gewonnen und sind umso kühner geworden, das Wort zu reden ohne Scheu.« (Philipper 1,14)

> *Nirgendwo sonst konnte es eine Umgebung geben, die dem Christentum so wesensfremd gewesen wäre wie die am Hof Roms. Nero schien die letzte Spur des Göttlichen, ja selbst des Menschlichen aus seiner Seele getilgt zu haben.*

Die Geduld und Freudigkeit des Paulus während seiner langen und ungerechten Haft, sein Mut und sein Glaube waren eine beständige Predigt. Seine Geisteshaltung, die so ganz anders war als die der Welt, bezeugte, dass eine höhere, überirdische Macht mit ihm war. Und durch sein Beispiel wurden Christen zu größerem Eifer für die Sache des Herrn angespornt, die in der Öffentlichkeit zu vertreten dem Apostel nun verwehrt war. So waren sogar die Fesseln des Paulus von großem Einfluss; denn als es schien, als wären seine Kraft und seine Wirksamkeit am Ende und als könnte er nun am allerwenigsten tun, gerade dann durfte er Garben für Christus von Feldern ernten, von denen er völlig abgeschnitten zu sein schien.

Noch vor dem Ende dieser zweijährigen Gefangenschaft konnte Paulus sagen: »Dass ich meine Fesseln für Christus trage, das ist im ganzen Prätorium und bei allen andern offenbar geworden.« (Philipper 1,13) Und unter denen, die den Philippern Grüße sandten, erwähnte er besonders »die aus dem Haus des Kaisers.« (Philipper 4,22)

So wie der Mut erringt auch die Geduld ihre Siege. Nicht nur durch zupackende Tatkraft, sondern auch durch geduldiges Ausharren in Anfechtungen können Menschen für Christus gewonnen werden. Der Christ, der bei schmerzlichem Verlust und Leiden Geduld und Zuversicht zeigt, der selbst dem Tod mit dem Frieden und der Ruhe eines standhaften Glaubens entgegensieht, kann für das Evangelium mehr bewirken, als er durch ein langes Leben treuer Arbeit hätte erzielen können. Wenn ein Diener Gottes mitten aus dem aktiven Dienst abberufen wird, dann kommt es zuweilen vor, dass die unergründliche Fügung, die unser kurzsichtiger Verstand beklagen würde, durch Gott dazu bestimmt ist, ein Werk zu vollbringen, das auf andere Weise nie getan worden wäre.

Keiner, der Christus folgen will, sollte meinen, wenn er nicht mehr in der Lage ist, öffentlich und aktiv für Gott und seine Wahrheit zu arbeiten, habe er keinen Dienst mehr zu leisten, keinen Lohn mehr zu erlangen. Wahre Zeugen für Christus werden nie zum »alten Eisen« geworfen. In Gesundheit und Krankheit, mitten im Leben oder angesichts des Todes, Gott gebraucht sie in jeder Lage. Wenn Botschafter Christi durch Satans Arglist verfolgt wurden, wenn ihre aktive Arbeit behindert wurde, wenn sie ins Gefängnis geworfen oder zum Schafott oder Scheiterhaufen geschleppt wurden, geschah es, damit die Wahrheit einen größeren Triumph erlangen sollte. Wenn diese Getreuen ihr Zeugnis mit ihrem Blut besiegelten, wurden Menschen, die bis dahin in Zweifel und Ungewissheit verharrten, vom Glauben an Christus überzeugt, und mutig bezogen sie von nun an Stellung für ihn. Aus der Asche der Märtyrer erwuchs eine reiche Ernte für Gott.

Der Eifer und die Treue des Paulus und seiner Mitarbeiter sowie auch der Glaube und Gehorsam jener neuen Christusgläubigen, die unter so abschreckenden Umständen lebten, stellen einen Tadel für die Trägheit und das mangelnde Vertrauen mancher Beauftragter Christi dar. Der Apostel und die ihm zur Seite stehenden Mitarbeiter hätten argumentieren können: Es ist doch vergeblich, Bedienstete Neros zur Buße und zum Glauben an Christus zu rufen. Sie sind doch starken Versuchungen unterworfen, von gewaltigen Hindernissen umgeben und erbitterter Gegnerschaft ausgesetzt. Selbst wenn sie von der Wahrheit überzeugt wären, wie könnten sie Gehorsam leisten? Doch so dachte Paulus nicht. Im Glauben legte er diesen Menschen das Evangelium vor, und unter den Zuhörern gab es einige, die sich entschlossen zu gehorchen, koste es, was es wolle. Trotz Hindernissen und Gefahren wollten sie das Licht annehmen und Gott vertrauen, dass er ihnen helfen werde, ihr Licht für andere leuchten zu lassen.

Es war nicht nur so, dass »aus dem Haus des Kaisers« Menschen für die Wahrheit gewonnen wurden; sie blieben auch nach ihrer Bekehrung an jenem Hof. Sie fühlten sich nicht frei, ihren Posten nur deshalb zu verlassen, weil ihre Umgebung ihnen nicht mehr zusagte. Dort hatte die Wahrheit sie gefunden, und dort blieben sie, wobei sie durch ihren veränderten Lebenswandel und Charakter Zeugen für die umwandelnde Kraft des neuen Glaubens wurden.

> *So wie der Mut, erringt auch die Geduld ihre Siege. Nicht nur durch zupackende Tatkraft, sondern auch durch geduldiges Ausharren in Anfechtungen können Menschen für Christus gewonnen werden.*

Verachtung und Spott – kein Grund zur Untätigkeit

Sind wir vielleicht versucht, unsere Lebensumstände dafür verantwortlich zu machen, dass wir es unterlassen, Zeugen für Christus zu sein? Bedenken wir doch die Situation der Jünger im Umkreis des Kaisers – die Sittenlosigkeit des Herrschers, die Lasterhaftigkeit des Hofes. Wir können uns schwerlich noch ungünstigere Umstände für das Leben von Christen vorstellen mit größeren Opfern und stärkerem Widerstand als damals für die Neubekehrten. Doch inmitten von Schwierigkeiten und Gefahren hielten sie an ihrer Treue fest. Angesichts von unüberwindlich erscheinenden Hindernissen mag ein Christ versuchen, sich vom Gehorsam gegenüber der Wahrheit, die in Jesus ist, entbinden zu lassen; doch es gibt hier keine Entschuldigung, die einer kritischen Untersuchung standhielte. Wäre dies möglich, würde Gott als ungerecht dastehen, weil er seine Kinder auf ihrem Glaubensweg in Umstände hineinführte, die sie nicht bewältigen können.

Wer sein Herz ganz darauf ausgerichtet hat, Gott zu dienen, wird auch Gelegenheit finden, für ihn Zeugnis abzulegen. Schwierigkeiten werden für den kein Hindernis sein können, der entschlossen ist, »zuerst nach dem Reich Gottes und nach seiner Gerechtigkeit« (Matthäus 6,33) zu trachten. In der Kraft, die der Gläubige durch das Gebet und durch das Forschen im Wort Gottes erlangt, wird er der Tugend nachstreben und dem Laster absagen. Im Blick auf Jesus, den »Anfänger und Vollender des Glaubens …, der so viel Widerspruch gegen sich von den Sündern erduldet hat« (Hebräer 12,2.3), wird auch der Gläubige willig der Verachtung und dem Spott trotzen. Gott, dessen Wort Wahrheit ist, hat für jede Lebenslage Hilfe und Gnade zugesagt. Seine ewigen Arme umfangen den Menschen, der sich hilfesuchend an ihn wendet. In seiner Fürsorge dürfen wir sicher ruhen und sagen: »Wenn ich mich fürchte, so hoffe ich auf dich.« (Psalm 56,4) Gott wird seine Verheißung an all denen wahrmachen, die ihr Vertrauen auf ihn setzen.

Älteste Darstellung einer Kreuzigung, ein in Stein geritztes Spottbild (um 200 n. Chr.), daneben eine Strichzeichnung davon, Palatin Museum Rom

Durch sein eigenes Beispiel hat der Erlöser gezeigt, dass seine Nachfolger »in der Welt« leben können, ohne »von der Welt« (Johannes 17,11.14) zu sein. Er ist nicht gekommen, um an ihren trügerischen Vergnügungen teilzunehmen, um sich von ihren Sitten beherrschen zu lassen und ihren Praktiken zu folgen, sondern um den Willen seines Vaters zu tun und »zu suchen und selig zu machen, was verloren ist.« (Lukas 19,10) Mit diesem Ziel vor Augen kann ein Christ unbeschadet in jedem Umfeld bestehen. Wie auch immer sein Rang oder seine Verhältnisse sein mögen, exklusiv oder einfach, er wird die Macht wahren Glaubens in treuer Pflichterfüllung bekunden.

Nicht da, wo keine Anfechtung ist, sondern inmitten von Anfechtungen entwickelt sich ein christlicher Charakter. Abgewiesen zu werden und Widerstand zu erleben, das führt den Nachfolger Christi zu größerer Wachsamkeit und ernsterem Gebet zu seinem mächtigen Helfer. Wenn wir harte Anfechtungen durch Gottes Gnade ertragen, üben wir uns in Geduld, in Wachsamkeit, in Festigkeit und entwickeln ein tiefes und bleibendes Vertrauen zu Gott. Es ist der Triumph des christlichen Glaubens, dass er seinen Anhängern die Fähigkeit schenkt, zu leiden und stark zu sein; sich zu fügen und dadurch zu siegen; den ganzen Tag getötet zu werden (vgl. Römer 8,36) und doch zu leben; das Kreuz zu tragen und so die Krone der Herrlichkeit (1. Petrus 5,4) zu empfangen.

Die ersten Christen wurden auf unterschiedliche Weise verspottet und verleumdet. Man zog auch ihren Glauben an Jesus ins Lächerliche. Das obige Spottbild zeigt einen Mann, der neben einem Kreuz steht. Am Kreuz hängt ein zweiter Mann – der Gott, den er verehrt – mit einem Eselskopf. Die Inschrift daneben lautet: »Alexamenos betet seinen Gott an.«

Kapitel 45

Briefe aus Rom

Aus den Briefen an die Epheser, Philipper und Kolosser

Während seines Aufenthaltes in der Welthauptstadt Rom predigte Paulus allen gesellschaftlichen Schichten von Christus. Trotzdem vernachlässigte er die von ihm gegründeten verstreuten Gemeinden nicht. Ihnen schrieb er wichtige Briefe, in denen er allgemeingültige Grundsätze vertrat, die bis heute Gültigkeit haben. Sie weisen den Weg zum ewigen Leben.

Bereits früh in seinem Glaubensleben als Christ hatte der Apostel Paulus besondere Gelegenheiten erhalten, Gottes Willen für die Nachfolger Jesu zu erkennen. Er wurde »entrückt bis in den dritten Himmel« (2. Korinther 12,2), ja, er wurde »entrückt in das Paradies und hörte unaussprechliche Worte, die kein Mensch sagen kann.« (2. Korinther 12,4) Er selber bezeugte, dass er viele »Erscheinungen und Offenbarungen des Herrn« (2. Korinther 12,1) empfangen habe. In seiner Erkenntnis der Grundsätze der Evangeliumswahrheit stand er daher keinem der »Überapostel« (2. Korinther 12,11) nach. Er hatte auch ein klares Verständnis von der Breite und Länge und Höhe und Tiefe der Liebe Christi, »die alle Erkenntnis übertrifft.« (Epheser 3,18.19)

Ermahnungen und Ratschläge

Paulus konnte nicht alles erzählen, was er in Visionen gesehen hatte, da es unter seinen Zuhörern solche gab, die seine Worte verdreht hätten. Was ihm aber offenbart worden war, befähigte ihn, als Apostel und weiser Lehrer zu wirken. Es prägte auch die Botschaften, die er in späteren Jahren den Gemeinden sandte. Die Eindrücke, die er in Visionen empfangen hatte, waren ihm stets gegenwärtig und befähigten ihn, das Wesen des christlichen Lebens treffend zu beschreiben. Durch Wort und Schrift sandte er der Gemeinde Gottes Botschaften, die ihr seither Hilfe und Stärke vermitteln. Die Gläubigen unserer Zeit werden durch diese Botschaften deutlich vor Gefahren gewarnt, die der Gemeinde drohen, und vor falschen Lehren, mit denen sie sich auseinandersetzen muss.

Der Apostel wünschte allen, denen er seine Ratschläge und Ermahnungen sandte, dass sie »nicht mehr unmündig seien« und sich nicht »von jedem Wind einer Lehre bewegen und umhertreiben lassen« (Epheser 4,14), sondern dass »alle hingelangen zur Einheit des Glaubens und der Erkenntnis des Sohnes Gottes, zum vollendeten Mann, zum vollen Maß der Fülle Christi.« (Epheser 4,13) Ernstlich bat er die Nachfolger Jesu, die unter den Heiden wohnten, nicht zu leben, »wie die Heiden leben in der Nichtigkeit ihres Sinnes. Ihr Verstand ist verfinstert, und sie sind entfremdet dem Leben, das aus Gott ist, durch die ... Verstockung ihres Herzens.« (Epheser 4,17.18) »So sehet nun wohl zu, wie ihr wandelt, nicht als Unweise, sondern als Weise, und kauft die Zeit aus.« (Epheser 5,15.16) Er ermutigte die Gläubigen, vorwärts zu schauen auf das Kommen Christi, der »die Gemeinde geliebt hat und hat sich selbst für sie dahingegeben ..., damit er sie vor sich stelle als eine Gemeinde, die herrlich sei und keinen Flecken oder Runzel oder etwas dergleichen habe, sondern die heilig und untadelig sei.« (Epheser 5,25.27)

Diese Botschaften wurden nicht aus menschlicher, sondern aus göttlicher Vollmacht niedergeschrieben. Sie enthalten Lehren, mit denen sich jeder vertraut machen sollte und die man nicht oft genug nutzbringend wiederholen kann. Sie umreißen, was praktischer, gelebter Glaube ist. Ihre Grundsätze sollten in jeder Gemeinde befolgt werden. Der Weg, der zum ewigen Leben führt, wird hier klar aufgezeigt.

Was Paulus in seinem Brief an die »Heiligen in Kolossä, die gläubigen Brüder in Christus« (Kolosser 1,2), während seiner Gefangenschaft in Rom schrieb, bringt seine Freude über ihre Beständigkeit im Glauben zum Ausdruck, von der Epaphras (Kolosser 1,7.8) ihm berichtet hatte. Er hat – so heißt es wörtlich – »uns auch berichtet ... von eurer Liebe im Geist. Darum«, so fährt Paulus fort, »lassen wir auch von dem Tag an, an dem wir's gehört haben, nicht ab, für euch zu beten und zu bitten, dass ihr erfüllt werdet mit der Erkenntnis seines Willens in aller geistlichen Weisheit und Einsicht, dass ihr des Herrn würdig lebt, ihm in allen Stücken gefällt und Frucht bringt in jedem guten Werk und wachst in der Erkenntnis Gottes und gestärkt werdet mit aller Kraft durch seine herrliche Macht zu aller Geduld und Langmut.« (Kolosser 1,8-11)

In diese Worte kleidete Paulus seine Wünsche für die Gläubigen in Kolossä. Welch hohes Ideal halten doch diese Worte dem Nachfolger Christi vor Augen! Sie zeigen die wunderbaren Möglichkeiten des christlichen Lebens auf und legen dar, dass es keine Begrenzung gibt für die Segnungen, die Gottes Kinder empfangen können. Ihre Gotteserkenntnis wächst ständig. Ihr Glaube wird stärker, ihre christliche Erfahrung wächst zu Höhen empor, bis Gott sie »durch seine herrliche Macht zu aller Geduld und Langmut ... tüchtig gemacht hat zu dem Erbteil der Heiligen im Licht.« (Kolosser 1,11.12)

Paulus pries Christus vor seinen Brüdern als den Einen, durch den Gott alle Dinge auf Erden geschaffen und durch den er unsere Erlösung bewirkt hatte. Die Hände, sagte er, mit denen Gott die Welten im Raum trage und in wunderbarer Ordnung und rastloser Tätigkeit das ganze Universum zusammenhalte, seien dieselben, die für uns ans Kreuz genagelt wurden. »In ihm«, so schrieb er, »ist alles geschaffen, was im Himmel und auf Erden ist, das Sichtbare und Unsichtbare, es seien Throne oder Herrschaften oder Mächte oder Gewalten; es ist alles durch ihn und zu ihm geschaffen. Und er ist vor allem, und es besteht alles in ihm.« (Kolosser 1,16.17) »Auch euch, die ihr einst fremd und feindlich gesinnt wart in bösen Werken, hat er nun versöhnt durch den Tod seines sterblichen Leibes, damit er euch heilig und untadelig und makellos vor sein Angesicht stelle.« (Kolosser 1,21.22)

Christus und die Schrift – sicherer Schutz vor Irrlehren

Der Sohn Gottes beugte sich zu den Menschen herab, um die Gefallenen aufzurichten. Dazu verließ er die sündlosen Welten in der Höhe – die neunundneun-

> *Die Gläubigen unserer Zeit werden durch die Botschaften, die Paulus der Gemeinde in Rom sandte, deutlich vor Gefahren gewarnt, die der Gemeinde drohen, und vor falschen Lehren, mit denen sie sich auseinandersetzen muss.*

> *Christus, um unserer Sünde willen gekreuzigt, von den Toten auferstanden und gen Himmel gefahren – das ist das Zentrum der Heilsbotschaft.*

zig, die ihn liebten – kam zur Erde und wurde »um unserer Missetat willen verwundet und um unserer Sünde willen zerschlagen.« (Jesaja 53,5) In allen Dingen wurde er seinen Brüdern gleich. Er wurde ein Mensch wie wir und erfuhr, was es heißt, hungrig, durstig und müde zu sein; er hielt sich durch Nahrung am Leben und stärkte sich durch Schlaf; er war ein Fremdling und Gast auf Erden. Er war »in der Welt«, aber nicht »von der Welt«, versucht und angefochten, wie Männer und Frauen auch heute versucht und angefochten werden, lebte dabei aber sündlos. Er war liebevoll, mitfühlend, wohlwollend, stets um andere besorgt – er zeigte uns den Charakter Gottes. »Das Wort ward Fleisch und wohnte unter uns … voller Gnade und Wahrheit.« (Johannes 1,14)

Die Gläubigen in Kolossä waren von den Praktiken und Einflüssen des Heidentums umgeben und standen dadurch in Gefahr, sich vom schlichten Evangelium abbringen zu lassen. Paulus warnte davor und wies sie auf Christus als das einzig sichere Vorbild hin. »Ich will euch nämlich wissen lassen«, schrieb er ihnen, »welchen Kampf ich um euch führe und um die in Laodizea und um alle, die mich nicht von Angesicht gesehen haben, damit ihre Herzen gestärkt und zusammengefügt werden in der Liebe und zu allem Reichtum an Gewissheit und Verständnis, zu erkennen das Geheimnis Gottes, das Christus ist, in welchem verborgen liegen alle Schätze der Weisheit und der Erkenntnis.

Ich sage das, damit euch niemand betrüge mit verführerischen Reden … Wie ihr nun den Herrn Christus Jesus angenommen habt, so lebt auch in ihm und seid in ihm verwurzelt und gegründet und fest im Glauben, wie ihr gelehrt worden seid, und seid reichlich dankbar. Seht zu, dass euch niemand einfange durch Philosophie und leeren Trug, gegründet auf die Lehre von Menschen und auf die Mächte der Welt und nicht auf Christus. Denn in ihm wohnt die ganze Fülle der Gottheit leibhaftig, und an dieser Fülle habt ihr teil in ihm, der das Haupt aller Mächte und Gewalten ist.« (Kolosser 2,1-4.6-10)

Christus hatte vorausgesagt, dass Verführer auftreten und durch ihren Einfluss die »Ungerechtigkeit überhandnehmen« und »die Liebe in vielen erkalten« wird. (Matthäus 24,12) Er hatte die Jünger gewarnt, dass von dieser Seite der Gemeinde größere Gefahren drohten als von der Verfolgung durch ihre Feinde. Immer wieder warnte Paulus die Gläubigen vor diesen Irrlehrern. Vor allem vor dieser Gefahr sollten sie sich hüten; denn durch die Aufnahme falscher Lehrer öffneten sie Irrtümern die Tür, sodass es dem Feind ermöglicht würde, das geistliche Unterscheidungsvermögen zu trüben und das Vertrauen derer zu erschüttern, die noch jung im Glauben an das Evangelium waren. Christus sei der Maßstab, nach dem sie jede Lehre prüfen müssten. Alles, was mit seinen Lehren nicht übereinstimmte, sollten sie zurückweisen. Christus, um unserer Sünde willen gekreuzigt, von den Toten auferstanden und gen Himmel gefahren – das ist das Zentrum der Heilsbotschaft, welches sie erkennen und lehren sollten.

Die Warnungen des Wortes Gottes in Bezug auf die Gefahren, denen die christliche Gemeinde ausgesetzt ist, gelten auch für uns heute. So wie in den Tagen der Apostel Menschen mit Hilfe von Traditionen und Philosophien versuchten, das Vertrauen in die Schrift zunichte zu machen, so geschieht Ähnliches auch heute. Durch populäre Ansichten wie »höhere Bibelkritik«, Entwicklungslehre, Esoterik, Theosophie und Pantheismus sucht der Feind der Gerechtigkeit, die Menschen auf verbotene Wege zu locken. Vielen erscheint die Bibel wie eine Öllampe ohne Öl, weil sie sich in ihren Gedanken auf einen spekulativen Glauben eingelassen haben, der zu Missverständnissen und Verwirrung führt. Die »höhere Bibelkritik« seziert den Text, bildet Hypothesen, setzt Bruchstücke neu zusammen und zerstört damit den Glauben an die Bibel als göttliche Offenbarung. So wird Gottes Wort seiner Kraft beraubt, das Leben von Menschen zu leiten, aufzurichten und geistlich anzuregen. Durch esoterisches Gedankengut wurden viele dazu verleitet zu glauben, dass der Wunsch das oberste Gesetz, dass Zügellosigkeit Freiheit und der Mensch nur sich selbst verantwortlich sei.

Der Nachfolger Jesu wird diesen »verführerischen Reden« (vgl. Kolosser 2,1-10) widerstehen, vor denen der Apostel die gläubigen Kolosser warnte. Er wird zwar auf esoterische Interpretationen der Bibel stoßen, darf sie aber auf keinen Fall übernehmen. Seine Stimme muss die ewigen Wahrheiten der Schrift andauernd bekräftigen. Er muss seinen Blick fest auf Christus richten und unbeirrt auf dem vorgezeichneten Weg voranschreiten. Von Vorstellungen, die nicht mit der Lehre Christi vereinbar sind, muss er sich trennen. Die Wahrheit Gottes muss Gegenstand seiner Betrachtungen und seines Nachsinnens sein. Er muss die Bibel als Stimme Gottes gelten lassen, die direkt zu ihm spricht. So wird er Weisheit finden, die von Gott kommt.

Die Gotteserkenntnis, wie sie in Christus offenbart worden ist, müssen alle Geheiligten in sich tragen. Diese Erkenntnis verändert den Charakter. Findet sie Eingang im Leben, stellt sie das Ebenbild Christi im Menschen wieder her. Gott lädt seine Kinder ein, sich diese Erkenntnis anzueignen. Ohne sie ist alles andere vergänglich und wertlos.

In jeder Generation und in jedem Land ist das wahre Fundament der Charakterbildung dasselbe: die Grundsätze, wie wir sie im Wort Gottes finden. Die einzig wahre und sichere Norm ist, das zu tun, was Gott sagt. »Die Befehle des Herrn sind richtig.« (Psalm 19,9) »Wer das tut, wird nimmermehr wanken.« (Psalm 15,5) Den Irrlehren ihrer Zeit traten die Apostel mit dem Wort Gottes entgegen, als sie sagten: »Einen andern Grund kann niemand legen außer dem, der gelegt ist.« (1. Korinther 3,11)

Ständig auf Christus schauen

Als sich die Gläubigen in Kolossä bekehrten und taufen ließen, gelobten sie, Anschauungen und Praktiken abzulegen, die bisher Teil ihres Lebens waren, und dem Treueversprechen Christus gegenüber nachzukommen. Paulus erinnerte sie in seinem Brief daran und bat sie inständig, nicht zu vergessen, dass sie, um diesem Gelöbnis nachzukommen, dem Bösen unablässig widerstehen müssten. Es ist nämlich allezeit bereit, die Herrschaft über sie zu erlangen. »Seid ihr nun mit Christus auferstanden, so sucht, was droben ist, wo Christus ist, sitzend zur Rechten Gottes. Trachtet nach dem, was droben ist, nicht nach dem, was auf Erden ist. Denn ihr seid gestorben, und euer Leben ist verborgen mit Christus in Gott.« (Kolosser 3,1-3)

»Darum: Ist jemand in Christus, so ist er eine neue Kreatur; das Alte ist vergangen, siehe, Neues ist geworden.« (2. Korinther 5,17) Durch Christi Kraft haben Männer und Frauen die Fesseln sündhafter Gewohnheiten gesprengt und der Selbstsucht abgesagt. Durch sie wurden Gotteslästerer ehrerbietig, Alkoholiker nüchtern und Lasterhafte rein. Menschen, die in ihrem Verhalten Satan ähnlich gewesen waren, wurden in das Ebenbild Gottes verwandelt. Solch eine Umwandlung ist das größte aller Wunder. Dass das Wort Gottes eine solche Veränderung bewirken kann, gehört zu den tiefsten Geheimnissen. Wir können es nicht verstehen; wir können nur glauben, was die Schrift darüber sagt: Es ist »Christus in euch, die Hoffnung der Herrlichkeit.« (Kolosser 1,27)

Wenn Herz und Verstand dem Geist Gottes unterstellt werden, stimmt der bekehrte Mensch ein neues Lied an, denn er hat erkannt, dass in seinem Leben die Verheißung Gottes erfüllt worden ist: Seine Übertretungen sind vergeben, und seine Sünde ist bedeckt (vgl. Psalm 32,1). Er hat vor Gott für die Übertretung des göttlichen Gesetzes Buße getan und vertraut auf Christus, der für die Rechtfertigung des Menschen gestorben ist. »Da wir nun gerecht geworden sind durch den Glauben, haben wir Frieden mit Gott durch unsern Herrn Jesus Christus.« (Römer 5,1)

Gerade weil er diese Erfahrungen gemacht hat, darf ein Christ nicht die Hände in den Schoß legen und sich mit dem zufrieden geben, was für ihn voll-

> *In jeder Generation und in jedem Land ist das wahre Fundament der Charakterbildung dasselbe: die Grundsätze, wie wir sie im Wort Gottes finden. Die einzig wahre und sichere Norm ist, das zu tun, was Gott sagt.*

TEIL 7 | GUTE NACHRICHT FÜR ALLE

Berberitze mit leuchtend roten Früchten

Paulus wusste, dass die von ihm gegründeten Gemeinden sich nun allein bewähren mussten. Er war aber voller Zuversicht, dass sie im Glauben gute Früchte bringen würden. An die Philipper schrieb er: »In allen meinen Gebeten denke ich an euch alle. Ich bin voll Freude darüber, dass ihr euch so eifrig für die Gute Nachricht einsetzt. Ich bin ganz sicher, Gott wird das gute Werk, das er bei euch angefangen hat, auch vollenden.« (Philipper 1,3-6)

bracht worden ist. Wer entschlossen ist, ins Reich Gottes einzugehen, wird erkennen, dass alle Kräfte und Leidenschaften der sündigen Natur, gefördert durch Satan und seine Helfershelfer, gegen ihn aufgeboten werden. Jeden Tag muss sich der Gläubige Gott aufs Neue weihen und gegen das Böse ankämpfen. Alte Gewohnheiten und ererbte Neigungen zum Bösen streiten in ihm um die Vorherrschaft. Davor muss er beständig auf der Hut sein und in der Macht Christi um den Sieg ringen.

»So tötet nun«, schrieb Paulus den Kolossern, »die Glieder, die auf Erden sind ... In dem allen seid auch ihr einst gewandelt, als ihr noch darin lebtet. Nun aber legt alles ab von euch: Zorn, Grimm, Bosheit, Lästerung, schandbare Worte aus eurem Munde ... So zieht nun an als die Auserwählten Gottes, als die Heiligen und Geliebten, herzliches Erbarmen, Freundlichkeit, Demut, Sanftmut, Geduld; und ertrage einer den andern und vergebt euch untereinander, wenn jemand Klage hat gegen den andern; wie der Herr euch vergeben hat, so vergebt auch ihr! Über alles aber zieht an die Liebe, die da ist das Band der Vollkommenheit. Und der Friede Christi, zu dem ihr auch berufen seid in einem Leibe, regiere in euren Herzen; und seid dankbar.« (Kolosser 3,5.7.8.12-15)

Der Brief an die Kolosser enthält höchst wertvolle Lehren für alle, die im Dienst Christi stehen. Es geht um die Beharrlichkeit bei der Verfolgung eines erhabenen Zieles, die im Leben eines jeden zu erkennen ist, der den Heiland richtig darstellt. Der Gläubige wendet sich von allem ab, was ihn hindert, auf dem Weg nach oben voranzuschreiten, oder was die Füße eines andern vom schmalen Pfad abbringen könnte. Sein Alltagsleben offenbart Barmherzigkeit, Freundlichkeit, Demut, Sanftmut, Geduld und die Liebe Christi.

Was uns Not tut, ist die Kraft, die uns zu einem höheren, reineren, edleren Leben befähigt. Wir denken zu viel an irdische Dinge und zu wenig an die himmlischen.

In seinem Bestreben, das ihm von Gott gesteckte Ziel zu erreichen, darf sich der Christ durch nichts entmutigen lassen. Allen Menschen gilt die Verheißung, durch Christi Gnade und Macht sittlich und geistlich vollkommen zu werden. Von Jesus kommt alle Macht, er ist die Quelle des Lebens. Er führt uns zu seinem Wort und reicht uns Blätter vom Baum des Lebens zur Heilung unserer sündenkranken Seele. Er führt uns zum Thron Gottes und legt uns ein Gebet in den Mund, das uns mit ihm selbst in enge Beziehung bringt. Um unsertwillen setzt er alle Macht des Himmels in Bewegung, und bei jedem Schritt spüren wir seine lebensspendende Kraft.

Dem Wachstum derer, die wünschen, »mit der Erkenntnis seines Willens in aller geistlichen Weisheit und Einsicht« (Kolosser 1,9) erfüllt zu werden, setzt Gott keine Grenzen. Durch Gebet, durch Wachsamkeit, sowie durch wachsende Erkenntnis und Einsicht sollen sie »mit aller Kraft durch seine herrliche Macht« (Kolosser 1,11) gestärkt werden. Dadurch werden sie vorbereitet, um für andere zu wirken. Der Erlöser will geläuterte und geheiligte Menschen zu seinen Helfern machen. Für diese große Gnade wollen wir dem danken, »der euch tüchtig gemacht hat zu dem Erbteil der Heiligen im Licht. Er hat uns errettet von der Macht der Finsternis und hat uns versetzt in das Reich seines lieben Sohnes.« (Kolosser 1,12.13)

Dank für Opferbereitschaft

Wie an die Kolosser, so schrieb Paulus als Gefangener in Rom auch einen Brief an die Philipper. Ihm selbst hatte die dortige Gemeinde durch die Hand des Epaphroditus, der von Paulus »mein Mitarbeiter und Mitstreiter … und euer Abgesandter und Helfer in meiner Not« (Philipper 2,25) genannt wird, Gaben gesandt. Während seines Aufenthalts in Rom war Epaphroditus »todkrank«, wie Paulus schrieb, »aber Gott hat sich über ihn erbarmt; nicht allein aber über ihn, sondern auch über mich, damit ich nicht eine Traurigkeit zu der anderen hätte.« (Philipper 2,27) Als die Gläubigen zu Philippi von der Krankheit des Epaphroditus hörten, wurden sie mit Sorge um ihn erfüllt. Daher beschloss er, zu ihnen zurückzukehren. Paulus schrieb dazu: »Er hatte nach euch allen Verlangen und war tief bekümmert, weil ihr gehört hattet, dass er krank geworden war. … Ich habe ihn nun umso eiliger gesandt, damit ihr ihn seht und wieder fröhlich werdet, und auch ich weniger Traurigkeit habe. So nehmt ihn nun auf in dem Herrn mit aller Freude und haltet solche Menschen in Ehren. Denn um des Werkes Christi willen ist er dem Tode so nahe gekommen, da er sein Leben nicht geschont hat, um mir zu dienen an eurer Statt.« (Philipper 2,26.28-30)

Durch Epaphroditus sandte Paulus den Gläubigen zu Philippi einen Brief, in dem er ihnen für die übermittelten Gaben dankte. Von allen Gemeinden hatte Philippi am meisten für die Bedürfnisse des Paulus gespendet. »Ihr in Philippi wisst ja selbst, dass am Beginn der Ausbreitung des Evangeliums, als ich von Makedonien aufbrach, keine Gemeinde mit mir Gemeinschaft hatte im Geben und Nehmen außer euch, ja, dass ihr mich auch in Thessalonich das eine oder andere Mal unterstützt habt. Nicht dass ich auf eure Gabe aus wäre, nein, ich suche den Ertrag, der euren Gewinn mehrt. Ich habe alles erhalten und habe nun mehr als genug. Ich bin mit allem versorgt, da ich von Epaphroditus eure Gabe erhalten habe, einen lieblichen Duft, ein willkommenes, Gott wohlgefälliges Opfer.« (Philipper 4,15-18 ZÜ)

»Gnade sei mit euch und Friede von Gott, unserem Vater, und dem Herrn Jesus Christus. Ich danke meinem Gott, sooft ich an euch denke, wenn immer ich für euch alle bitte und voll Freude für euch eintrete im Gebet: Ich danke dafür, dass ihr am Evangelium teilhabt, vom ersten Tag an bis heute, und ich bin dessen gewiss, dass er, der das gute Werk in euch angefangen hat, es bis zum Tag Christi Jesu auch vollendet haben wird. Es ist auch nichts als recht, dass ich so von euch allen denke. Denn ihr wohnt in meinem Herzen, und an der Gnade, die ich im Gefängnis und vor Gericht bei der Verteidigung und Bekräftigung des Evangeliums erfahren habe, habt ihr alle teil. Gott ist mein Zeuge: Ich sehne mich nach euch allen, so wie auch Christus Jesus herzlich nach euch verlangt. Und ich bete dafür, dass eure Liebe reicher und reicher werde an Erkenntnis und zu umfassender Einsicht gelangt, und dass ihr so zu prüfen vermögt, worauf es ankommt; dann werdet ihr rein sein und ohne Tadel am Tag Christi, erfüllt von der Frucht der Gerechtigkeit, die Jesus Christus wirkt, zur Ehre und zum Lob Gottes.« (Philipper 1,2-11 ZÜ)

Die Gnade Gottes stärkte Paulus in seiner Gefangenschaft und machte ihn fähig, sich inmitten von Trübsal zu freuen. Voller Glaube und Zuversicht schrieb er den Brüdern in Philippi, dass seine Gefangenschaft der Verbreitung des Evangeliums gedient habe. »Ihr sollt aber wissen, liebe Brüder und Schwestern, dass alles, was mir widerfahren ist, nur der Förderung des Evangeliums dient. So hat sich im ganzen Prätorium und weit darüber hinaus die Kunde verbreitet, dass ich um Christi willen in Fesseln liege, und die Mehrzahl der Brüder und Schwestern ist durch meine Gefangenschaft in ihrem

Die Gnade Gottes stärkte Paulus in seiner Gefangenschaft und machte ihn fähig, sich inmitten von Trübsal zu freuen.

Vertrauen zum Herrn gestärkt worden und wagt nun immer entschiedener, das Wort ohne Furcht weiterzusagen.« (Philipper 1,12-14 ZÜ)

Gott und Mensch zusammen

Aus der Erfahrung des Paulus können wir eine Lehre ziehen: Sie offenbart, wie Gott wirkt. Der Herr kann in Sieg verwandeln, was uns wie Misserfolg und Niederlage erscheint. Wir stehen in Gefahr, Gott zu vergessen und nur auf das Sichtbare zu schauen, statt mit dem Auge des Glaubens Unsichtbares zu erkennen. Bricht ein Unglück oder Missgeschick über uns herein, sind wir nur allzu schnell bereit, Gott zu beschuldigen, er vernachlässige uns oder sei grausam. Hält er es für angebracht, unsere Nützlichkeit in irgendeinem Bereich zu beschneiden, klagen wir darüber. Wir halten nicht inne, um zu bedenken, dass Gott vielleicht auf diese Weise zu unserem Besten wirken könnte. Wir müssen lernen, dass Zurechtweisung ein Teil seines erhabenen Planes ist und dass der Christ unter der Rute des Leidens zuweilen mehr für seinen Meister auszurichten vermag als im aktiven Einsatz.

Paulus wies die Philipper auf den beispielhaften Wandel Jesu Christi hin, denn er, »der in göttlicher Gestalt war, hielt es nicht für einen Raub, Gott gleich zu sein, sondern entäußerte sich selbst und nahm Knechtsgestalt an, ward den Menschen gleich und der Erscheinung nach als Mensch erkannt. Er erniedrigte sich selbst und ward gehorsam bis zum Tode, ja zum Tode am Kreuz.« (Philipper 2,6-8)

»Also, meine Lieben«, fuhr Paulus fort, » – wie ihr allezeit gehorsam gewesen seid, nicht allein in meiner Gegenwart, sondern jetzt noch viel mehr in meiner Abwesenheit, – schaffet, dass ihr selig werdet, mit Furcht und Zittern. Denn Gott ist's, der in euch wirkt beides, das Wollen und das Vollbringen, nach seinem Wohlgefallen. Tut alles ohne Murren und ohne Zweifel, damit ihr ohne Tadel und lauter seid, Gottes Kinder, ohne Makel mitten unter einem verdorbenen und verkehrten Geschlecht, unter dem ihr scheint als Lichter in der Welt, dadurch dass ihr festhaltet am Wort des Lebens, mir zum Ruhm an dem Tage Christi, so dass ich nicht vergeblich gelaufen bin noch vergeblich gearbeitet habe.« (Philipper 2,12-16)

Diese Worte sind jedem sich abmühenden Menschen zur Hilfe niedergeschrieben worden. Paulus hält das Banner der Vollkommenheit hoch, lässt uns aber wissen, wie diese Vollkommenheit erreicht werden kann. »Schaffet, dass ihr selig werdet«, ermahnt der Apostel, »denn Gott ist's, der in euch wirkt.«

Die Erlösung zu erlangen ist ein Werk der Partnerschaft und des gemeinsamen Handelns. Gott muss mit dem reuigen Sünder zusammenarbeiten können. Dies ist für die Charakterbildung unerlässlich. Der Mensch muss sich ernsthaft bemühen, Hindernisse zu überwinden, die auf dem Weg zur Vollkommenheit liegen. Um Erfolg zu haben, ist er aber ganz von Gott abhängig. Menschliche Anstrengungen allein reichen nicht. Ohne die Hilfe der göttlichen Kraft führen sie zu nichts. Gott wirkt, und der Mensch wirkt. Der Widerstand gegen die Versuchung muss vom Menschen her kommen, der sich seine Kraft bei Gott holt. Auf der einen Seite ist unendliche Weisheit, Mitleid und Macht, auf der anderen Schwäche, Sündhaftigkeit und völlige Hilflosigkeit.

Gott möchte, dass wir uns selbst beherrschen. Aber ohne unsere Zustimmung und Mitarbeit kann er uns nicht helfen. Der Heilige Geist wirkt durch die Kräfte und Fähigkeiten, die dem Menschen verliehen worden sind. Allein sind wir nicht imstande, unsere Absichten, Wünsche und Neigungen mit dem Willen Gottes in Einklang zu bringen. Wenn wir aber »bereit sind, uns willig machen zu lassen«, dann wird dies der Erlöser für uns vollbringen. »Wir zerstören damit Gedanken und alles Hohe, das sich erhebt gegen die Erkenntnis Gottes, und nehmen gefangen alles Denken in den Gehorsam gegen Christus.« (2. Korinther 10,5)

Wer einen starken und ausgeglichenen Charakter entwickeln, wer ein ausgeglichener Christ sein will, muss Christus alles geben und alles für ihn tun; denn der Erlöser akzeptiert keinen halbherzigen

---

Paulus wollte dem treu sein, der sich ihm vor den Toren von Damaskus offenbart hatte. Nichts konnte ihn von diesem Ziel abbringen.
Das Kreuz von Golgatha in den Mittelpunkt zu stellen – dieses einzigartige Anliegen prägte all seine Worte und Taten.

Dienst. Der Mensch muss täglich lernen, was völlige Übergabe bedeutet. Er muss im Wort Gottes lesen, seine Bedeutung verstehen lernen und seinen Anweisungen Folge leisten. Auf diesem Wege kann er das Niveau christlicher Vortrefflichkeit erreichen. Gott wirkt Tag für Tag mit ihm und vervollkommnet auf diese Weise seinen Charakter, der sich zur Zeit der letzten Prüfung bewähren soll. Und Tag für Tag zeigt der Gläubige vor Menschen und Engeln durch dieses großartige Experiment, was das Evangelium für gefallene Menschen tun kann.

»Ich schätze mich selbst noch nicht so ein, dass ich's ergriffen habe«, schrieb Paulus. »Eins aber sage ich: Ich vergesse, was dahinten ist, und strecke mich aus nach dem, was da vorne ist, und jage nach dem vorgesteckten Ziel, dem Siegespreis der himmlischen Berufung Gottes in Christus Jesus.« (Philipper 3,13.14)

Alte Handelsstraße in der westlichen Türkei

Den Siegespreis vor Augen

Paulus tat vieles. Von der Zeit an, da er seinem Herrn den Treueid geleistet hatte, war er ein unermüdlicher Diener Christi. Er reiste von Stadt zu Stadt, von Land zu Land, verkündigte das Wort vom Kreuz, gewann Menschen, die sich zum Evangelium bekehrten, und gründete Gemeinden. Ständig kümmerte er sich um sie und schrieb ihnen zur Unterweisung manchen Brief. Zeitweilig arbeitete er in seinem erlernten Handwerk und verdiente damit sein tägliches Brot. Doch bei all dieser Betriebsamkeit verlor er das große Ziel nie aus den Augen: dem Siegespreis seiner Berufung nachzujagen. Auf dieses Ziel richtete er stets seinen Blick. Er wollte dem treu sein, der sich ihm vor den Toren von Damaskus offenbart hatte. Nichts konnte ihn von diesem Ziel abbringen. Das Kreuz von Golgatha in den Mittelpunkt zu stellen – dieses einzigartige Anliegen prägte all seine Worte und Taten.

Das hohe Ziel, das Paulus bewog, trotz aller Nöte und Schwierigkeiten voranzudrängen, sollte jedem christlichen Mitarbeiter ein Ansporn sein, sich vollständig dem Dienst Gottes zu weihen. Weltliche Attraktionen haben das Ziel, seine Aufmerksamkeit vom Erlöser abzuwenden, aber er muss unbeirrt auf sein Ziel zustreben. Er wird der Welt, den Engeln und den Menschen zeigen, dass die Hoffnung, Gott von Angesicht zu Angesicht zu schauen, jede Anstrengung und jedes Opfer wert ist.

Obwohl er ein Gefangener war, ließ sich Paulus nicht entmutigen. Im Gegenteil, ein Ton des Triumphs klingt durch die Briefe, die er von Rom aus an die Gemeinden schrieb. »Freuet euch in dem Herrn allewege«, schrieb er an die Philipper, »und abermals sage ich: Freuet euch! ... Sorgt euch um nichts, sondern in allen Dingen lasst eure Bitten in Gebet und Flehen mit Danksagung vor Gott kundwerden! Und der Friede Gottes, der höher ist als alle Vernunft, bewahre eure Herzen und Sinne in Christus Jesus. Weiter, liebe Brüder: Was wahrhaftig ist, was ehrbar, was gerecht, was rein, was liebenswert, was einen guten Ruf hat, sei es eine Tugend, sei es ein Lob – darauf seid bedacht!« (Philipper 4,4.6-8)

»Mein Gott aber wird all eurem Mangel abhelfen nach seinem Reichtum in Herrlichkeit in Christus Jesus ... Die Gnade des Herrn Jesus Christus sei mit eurem Geist!« (Philipper 4,19.23)

Der Apostel Paulus wusste: Den Weg zur geistlichen Reife zu gehen, ist die wichtigste Aufgabe im Leben. Tag für Tag sollten wir wachsen, dies aber nicht aus eigener Kraft, sondern mit Gottes Hilfe. Um uns zu ermutigen, schrieb er: »Ich bilde mir nicht ein, Brüder, dass ich es schon geschafft habe. Aber ich halte geradewegs auf das Ziel zu.« (Philipper 3,13-14 GNB)

Kapitel 46 In Freiheit

Möwe im Flug

Paulus lebte bis zu seiner Gerichtsverhandlung in Rom in einem Haus, angekettet an einen Soldaten. Doch Gott wachte über seinen Diener. Als es zur Verhandlung kam und sich die Anklagen gegen ihn nicht beweisen ließen, musste Nero ihn freisprechen. Da wurden ihm die Fesseln abgenommen, und Paulus war wieder ein freier Mann.

Das Wirken des Apostels Paulus in Rom wurde reich gesegnet. Viele Menschen bekehrten sich, und die Christen wurden durch ihn im Glauben gestärkt und ermutigt. Gleichzeitig zogen sich jedoch düstere Wolken zusammen, die nicht nur seine eigene Sicherheit, sondern auch das Wohl der Gemeinde bedrohten. Bei seiner Ankunft in Rom war er dem Hauptmann der kaiserlichen Garde übergeben worden, einem gerechten und aufrichtigen Mann. Weil dieser eine gutmütige Natur besaß, konnte Paulus relativ frei der Verkündigung des Evangeliums nachgehen. Aber noch vor Ablauf der zweijährigen Gefangenschaft wurde dieser Mann von einem Beamten abgelöst, von dem Paulus keine besonderen Vergünstigungen erwarten konnte.

Freigesprochen

Die Juden unternahmen nun größere Anstrengungen als je zuvor, um Paulus zu schaden. Sie fanden dabei die aktive Unterstützung von einer lasterhaften Person, die Nero zu seiner zweiten Frau [Poppaea Sabina] gemacht hatte. Sie war zum Judentum übergetreten und machte nun ihren ganzen Einfluss geltend, um den Juden bei ihren mörderischen Plänen gegen diesen machtvollen Verkündiger des Evangeliums zu helfen.

Paulus konnte vom Kaiser, auf den er sich berufen hatte, kaum Gerechtigkeit erwarten. Nero war moralisch verkommener, charakterlich ruchloser und zu scheußlicheren Grausamkeiten fähig als jeder andere Herrscher vor ihm. Die Regierungsgewalt hätte keinem despotischeren Machthaber anvertraut werden können. Bereits in seinem ersten Regierungsjahr hatte er seinen jungen Stiefbruder, den rechtmäßigen Thronerben, vergiften lassen. Immer stärker und unaufhaltsamer war Nero im Strudel von Laster und Verbrechen versunken, bis er sogar seine eigene Mutter und später seine Gemahlin ermorden ließ. Es gab keine Gräueltat, die er nicht begangen, keine Abscheulichkeit, zu der er sich nicht erniedrigt hätte. In jedem rechtschaffenen Menschen weckte er nur Ekel und Verachtung.

Die Einzelheiten der Gräuel, die an seinem Hof begangen wurden, sind zu schrecklich und zu menschenunwürdig, als dass man sie schildern könnte. Seine grenzenlose Lasterhaftigkeit erregte sogar bei Leuten Ekel und Abscheu, die gezwungen waren, an seinen Verbrechen teilzunehmen. Diese waren in ständiger Angst, auf welche Ungeheuerlichkeiten er wohl als Nächstes kommen würde. Doch taten alle diese Verbrechen Neros der Loyalität seiner Untertanen keinen Abbruch. Er wurde als der uneingeschränkte Herrscher der gesamten zivilisierten Welt anerkannt. Darüber hinaus wurde er als Gott verehrt und angebetet.

Vom menschlichen Standpunkt aus gesehen war die Verurteilung des Apostels durch einen solchen Richter so gut wie sicher. Paulus war aber davon überzeugt, dass er nichts zu befürchten hatte, solange er Gott treu blieb. Christus, der in der Vergangenheit sein Beschützer gewesen war, würde ihn auch jetzt vor den Nachstellungen der Juden und vor der Macht des Kaisers bewahren können.

Und Gott beschützte seinen Diener tatsächlich. Beim Verhör ließen sich die Anschuldigungen gegen Paulus nicht erhärten. Entgegen allen Erwartungen geschah das Erstaunliche: Unter ausdrücklicher Bezugnahme auf die Gerechtigkeit, was in vollem Widerspruch zu seinem Charakter stand, sprach der Kaiser den Angeklagten frei. Dem Apostel wurden die Fesseln abgenommen; er war wieder ein freier Mann.

Erste Christenverfolgungen in Rom

Wäre der Prozess noch länger hinausgeschoben worden oder hätte man Paulus aus irgendeinem Grund bis zum folgenden Jahr in Rom festgehalten, wäre er zweifellos bei der Verfolgung umgekommen, die dann ausbrach. Während seiner Gefangenschaft hatten sich nämlich die Christen so sehr vermehrt, dass dies die Aufmerksamkeit und die Feindschaft der Behörden auf sich zog. Insbesondere die Tatsache, dass sich sogar Mitglieder seiner Dienerschaft zu Christus bekehrt hatten, machte den Kaiser wütend. Bald fand er auch einen Vorwand, um die Christen zu Opfern seiner erbarmungslosen Grausamkeit zu machen.

Zu jener Zeit erlebte Rom eine schreckliche Feuersbrunst, die fast die halbe Stadt in Schutt und Asche legte. Man munkelte, Nero selbst habe den Brand legen lassen. Um aber diesen Verdacht von sich abzulenken, gab er sich außergewöhnlich großzügig, indem er Obdachlosen und Notleidenden Hilfe gewährte. Dennoch beschuldigte man ihn auch weiterhin des Verbrechens. Das Volk war aufgewühlt und voller Entrüstung. Um sich reinzuwaschen und um die Stadt von einer Gruppe von Menschen zu säubern, die er fürchtete und hasste, schob Nero den Verdacht auf die Christen. Diese List führte zum Erfolg: Tausende von Christen – Männer, Frauen und Kinder – wurden auf grausame Weise umgebracht.

Paulus wurde vor dieser schrecklichen Verfolgung bewahrt, weil er Rom kurz nach seinem Freispruch verließ. Diese letzte Zeit in Freiheit nutzte Paulus zu fleißigem Wirken für die Gemeinden. Er bemühte sich darum, eine festere Einheit zwischen den griechischen Gemeinden und denen im Osten zu erreichen. Zudem wollte er das Herz der Gläubigen gegenüber falschen Lehren stärken, die in verschiedene Gemeinden eindrangen und den Glauben zu verderben drohten.

Die vielen Anfechtungen und Sorgen, die Paulus hatte erdulden müssen, hatten seine körperlichen Kräfte aufgezehrt. Altersbeschwerden machten ihm zu schaffen. Er spürte, dass sein Wirken nun dem Ende entgegenging. Je kürzer die Zeit wurde, desto intensiver setzte er sich ein. Sein Arbeitseifer schien keine Grenzen zu kennen. Zielbewusst, entschlussfreudig und stark im Glauben zog er in vielen Ländern von Gemeinde zu Gemeinde. Immer versuchte er mit allen in seiner Macht stehenden Mitteln, den Dienst der Gläubigen zu stärken. Sie sollten ja nicht müde werden, Menschen für Jesus zu gewinnen. Und selbst in so schweren Zeiten, wie sie gerade jetzt begannen, sollten sie standhaft am Evangelium festhalten und sich als treue Zeugen für Christus erweisen.

> *Paulus konnte vom Kaiser, auf den er sich berufen hatte, kaum Gerechtigkeit erwarten. Nero war moralisch verkommener, charakterlich ruchloser und zu scheußlicheren Grausamkeiten fähig als jeder andere Herrscher vor ihm.*

Kapitel 47 Wieder im Gefängnis

Gedenkstätte im Mamertinischen Kerker, dem Verließ in dem sowohl Petrus als auch Paulus der Überlieferung nach gefangen gehalten wurden. Das verkehrte Kreuz ist ein Hinweis auf die Todesart des Petrus – er soll mit dem Kopf nach unten gekreuzigt worden sein.

Als im Jahr 64 n. Chr. ein schreckliches Feuer große Teile der Stadt Rom verwüstete, machte Nero die Christen dafür verantwortlich. So wurden sie zu Geächteten, die verfolgt und vernichtet werden sollten. Die Paulus feindlich gesinnten Juden nutzten diese Welle des Hasses, um ihn erneut anzuklagen. Daraufhin wurde er wieder festgenommen und in einen finsteren Kerker geworfen.

Die Arbeit, die Paulus in den Gemeinden nach seiner Freilassung in Rom verrichtete, konnte seinen Feinden nicht verborgen bleiben. Seit Beginn der Verfolgung unter Nero waren die Christen überall im Reich eine geächtete Sekte. Nach einiger Zeit kamen die Juden, die das Christentum bekämpften, auf den Gedanken, Paulus der Brandstiftung Roms zu bezichtigen. Keiner von ihnen glaubte auch nur einen Augenblick an seine Schuld. Doch sie wussten genau: Wenn man dieser Anklage nur den geringsten Schimmer von Glaubwürdigkeit andichten könnte, wäre das Schicksal des Apostels endgültig besiegelt. Auf ihr Betreiben hin wurde Paulus ein zweites Mal festgenommen und auf schnellstem Weg ins Gefängnis geworfen, dem er nicht mehr entkommen sollte.

Auf dieser zweiten Reise nach Rom wurde Paulus von mehreren seiner früheren Gefährten begleitet. Auch andere wünschten sein Los mit ihm zu teilen, aber das lehnte er entschieden ab. Er wollte ihr Leben nicht auf diese Weise in Gefahr bringen. Diesmal waren seine Aussichten weit ungünstiger als zur Zeit seiner ersten Gefangenschaft. Die Verfolgung unter Nero hatte die Zahl der Christen in Rom stark reduziert. Tausende hatten wegen ihres Glaubens den Märtyrertod erlitten, viele hatten die Stadt verlassen. Wer sich von ihnen noch in Rom aufhielt, war entmutigt und eingeschüchtert.

Nach seiner Ankunft in Rom wurde Paulus gleich in einen düsteren Kerker geworfen. Dort sollte er den Rest seines Lebens verbringen. Angeklagt, eines der niederträchtigsten und schrecklichsten Verbrechen gegen Stadt und Volk begangen zu haben, überhäuften ihn alle mit Verachtung und Abscheu.

Wieder im Gefängnis

Die wenigen Freunde, die bisher an der Seite des Apostels ausgeharrt hatten, verließen ihn jetzt, einer nach dem andern. Einige ließen ihn regelrecht im Stich, andere schickte Paulus selbst mit Botschaften zu verschiedenen Gemeinden. Phygelus und Hermogenes gingen zuerst fort (vgl. 2. Timotheus 1,15). Dann hielt es auch Demas in diesen Schwierigkeiten und Gefahren, die sich zusammenbrauten, nicht mehr aus, und er verließ den Apostel (vgl. 2. Timotheus 4,10). Kreszens wurde von Paulus zu den Gemeinden in Galatien gesandt, Titus nach Dalmatien und Tychikus nach Ephesus (vgl. 2. Timotheus 4,10.12). In dieser Situation schrieb Paulus an Timotheus: »Lukas ist allein bei mir.« (2. Timotheus 4,11)

Zu keiner Zeit hatte der Apostel die Hilfe und Fürsorge seiner Brüder nötiger als jetzt. Er war nun vom Alter geschwächt, von Gebrechen geplagt und von seinen vielen Mühen und Erlebnissen gezeichnet. Und nun lag er verlassen in dem feuchten und dunklen Gewölbe eines römischen Kerkers. Da waren ihm die Dienste des Lukas, seines geliebten Schülers und treuen Freundes, ein großer Trost. Durch ihn war es Paulus möglich, mit seinen Brüdern und der Außenwelt in Kontakt zu bleiben.

In dieser schwierigen Zeit erfreuten den Apostel die häufigen Besuche des Onesiphorus. Dieser warmherzige Epheser tat alles Menschenmögliche, um dem Apostel den Aufenthalt im Kerker zu erleichtern. Um der Wahrheit des Evangeliums willen lag sein geliebter Lehrer in Ketten, während er selber sich frei bewegen konnte. Deshalb scheute er keine Mühe, das Los des Apostels erträglicher zu machen.

In seinem letzten Brief schrieb Paulus über diesen treuen Freund: »Der Herr gebe Barmherzigkeit dem Hause des Onesiphorus; denn er hat mich oft erquickt und hat sich meiner Ketten nicht geschämt, sondern als er in Rom war, suchte er mich eifrig und fand mich. Der Herr gebe ihm, dass er Barmherzigkeit finde bei dem Herrn an jenem Tage.« (2. Timotheus 1,16-18)

Das Verlangen nach Liebe und Mitgefühl hat Gott uns Menschen ins Herz gelegt. In der Stunde seines Todeskampfes in Gethsemane sehnte sich Christus nach dem Beistand seiner Jünger. Auch Paulus hatte das Bedürfnis nach Mitgefühl und Gemeinschaft mit lieben Menschen, obwohl er Leid und Not offensichtlich gut verkraften konnte. Der Besuch des Onesiphorus war für Paulus gerade in Zeiten der Einsamkeit und Verlassenheit ein Beweis echter Treue. Daher brachte er dem Apostel, der sein ganzes Leben in den Dienst anderer gestellt hatte, Freude und Trost.

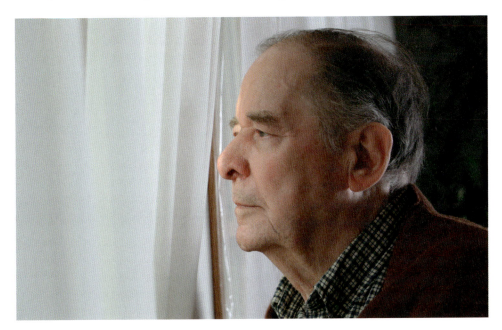

Gott hat in unserem Herzen den Wunsch verankert, andere Menschen zu lieben, aber auch selbst geliebt zu werden. Paulus sehnte sich in der Einsamkeit seines Kerkers danach, Freunde und Brüder bei sich zu haben, sie fehlten ihm. In einem Brief an Timotheus beklagte sich der große Kämpfer Gottes: »Als ich mich zum ersten Mal vor Gericht verteidigen musste, hat keiner zu mir gehalten. Alle haben mich im Stich gelassen.« (2. Timotheus 4,16)

Kapitel 48 Paulus vor Nero

Engelsburg in Rom, ursprünglich erbaut als Mausoleum für Kaiser Hadrian

Paulus hatte Gott alles hingegeben: seine Stellung, sein Geld, seine Zeit. Was ihm blieb, war nur noch sein Leben. Auch dies legte er nun ohne Bedenken auf den Altar Gottes. Paulus wusste, dass Nero in diesem zweiten Gerichtsverfahren gegen ihn unerbittlich sein würde. An seinen Schüler und Freund Timotheus schrieb er daher: »Für mich ist nun die Zeit gekommen, dass ich geopfert werde; mein Abschied ist nahe.« (2. Timotheus 4,6)

Als Paulus zur Gerichtsverhandlung vor Kaiser Nero geladen wurde, musste er mit ziemlicher Sicherheit mit seinem baldigen Tod rechnen. Die Schwere des Verbrechens, dessen man ihn beschuldigte, und die allgemeine Feindseligkeit den Christen gegenüber ließen nur wenig Hoffnung auf einen günstigen Ausgang des Prozesses zu.

Allein vor der Welt

Bei Griechen und Römern wurde üblicherweise jedem Angeklagten das Recht eingeräumt, einen Verteidiger zu berufen, der ihn vor Gericht vertrat. Durch geschickte Beweisführung und Redegewandtheit, aber auch mit Flehen, Bitten und Tränen konnte ein solcher Verteidiger oft ein Urteil zugunsten des Angeklagten herausholen. Falls dies nicht gelang, erreichte er oft wenigstens eine Strafmilderung. Als Paulus vor Nero geladen wurde, wagte es aber niemand, ihm als Berater beizustehen oder seine Verteidigung zu übernehmen. Es war auch kein Freund zur Stelle, der den Wortlaut der Anklage oder die Argumente hätte aufzeichnen können, die der Apostel zu seiner eigenen Verteidigung vorbrachte. Unter den Christen in Rom fand sich kein einziger, der Paulus in dieser schweren Stunde beistehen wollte.

Den einzig zuverlässigen Bericht über den Prozess hinterließ uns Paulus selbst in seinem zweiten Brief an Timotheus: »Bei meinem ersten Verhör stand mir niemand bei, sondern sie verließen mich alle. Es sei ihnen nicht zugerechnet. Der Herr aber stand mir bei und stärkte mich, damit durch mich die Botschaft ausgebreitet würde und alle

Heiden sie hörten, so wurde ich erlöst aus dem Rachen des Löwen.« (2. Timotheus 4,16.17)

Paulus vor Nero – was für ein starker Gegensatz! Der hochmütige Herrscher, vor dem der Gottesmann Rechenschaft über seinen Glauben ablegen musste, hatte den Höhepunkt seiner weltlichen Macht, seines Ansehens und seines Reichtums erreicht. Gleichzeitig war er aber auf der tiefsten Stufe in Bezug auf Verbrechen und Abscheulichkeit angelangt. An Macht und Größe war ihm keiner gleich. Niemand stellte seine Autorität in Frage, niemand widersetzte sich seinem Willen. Könige legten ihm ihre Kronen zu Füßen, mächtige Heere setzten sich auf seinen Befehl in Bewegung, und die Flaggen seiner Flotten verkündeten seine Siege. Sein Standbild war in den Gerichtssälen aufgestellt. Sowohl die Erlasse der Senatoren als auch die Urteile der Richter waren nichts anderes als das Echo seines Willens. Millionen befolgten gehorsamst seine Befehle. Der Name Nero versetzte die Welt in Angst und Schrecken. Sein Missfallen zu erregen, bedeutete den Verlust von Eigentum, Freiheit oder Leben. Sein finsterer Blick flößte mehr Furcht ein als die Pest.

Ohne Geld, ohne Freunde, auch ohne Ratgeber stand der alt gewordene Gefangene vor Nero. Die Gesichtszüge des Kaisers verrieten die beschämende Geschichte der brennenden Leidenschaften, die in ihm tobten. Das Gesicht des Angeklagten dagegen erzählte von einem Herzen voller Frieden mit Gott. Das Leben des Paulus war von Armut, Selbstverleugnung und Leiden geprägt gewesen. Seine Feinde hatten ihn mit ihren ständigen Vorwürfen, Beschimpfungen und Verleumdungen einschüchtern wollen. Trotzdem hatte er die Kreuzesfahne stets furchtlos hochgehalten. Er war wie sein Herr ein heimatloser Wanderer gewesen, und wie Jesus hatte er zum Segen der Menschheit gelebt. Wie konnte ein launenhafter, jähzorniger und zügelloser Tyrann wie Nero Wesen und Beweggründe dieses Gottesmannes verstehen, geschweige denn würdigen?

Der riesige Saal war von einer neugierigen und aufgewiegelten Menge gefüllt, die sich möglichst weit nach vorne schob und drängte, um ja alles zu sehen und zu hören, was da vor sich gehen sollte. Da war Hoch und Niedrig, Reich und Arm; da waren Gebildete wie Ungebildete, die Stolzen wie die Einfachen. Allen miteinander fehlte es an der wahren Erkenntnis über den Weg zum Leben und zur Erlösung.

Die Juden erhoben ihre alten Vorwürfe und beschuldigten Paulus des Aufruhrs und der Verbreitung von Irrlehren. Juden und Römer warfen ihm gleichermaßen vor, die Stadt in Brand gesteckt zu haben. Als man diese Anschuldigungen gegen ihn vorbrachte, bewahrte Paulus eine gelassene Ruhe. Richter und Anwesende schauten mit höchstem Erstaunen auf ihn. Sie hatten schon so mancher Gerichtsverhandlung beigewohnt und schon so manchen Verbrecher beobachtet. Nie zuvor hatten sie aber einen Menschen gesehen, der eine derart heilige Ruhe ausstrahlte wie dieser Angeklagte. Die scharfen Augen der Richter konnten normalerweise in den Gesichtszügen der Angeklagten Hinweise auf ein Schuldeingeständnis erkennen. Bei Paulus fanden sie aber nichts dergleichen. Als man ihm gestattete, selbst zu den Anklagepunkten Stellung zu nehmen, hörten ihm alle gespannt zu.

Verteidigung der Wahrheit

Einmal mehr hat Paulus die Gelegenheit, die Kreuzesfahne vor einer staunenden Menge hochzuhalten. Als er über diese Menge blickt – über Juden, Griechen, Römer und Besucher aus verschiedensten Ländern –, überkommt ihn das starke Verlangen, sie alle gerettet zu sehen. Da vergisst er die Anklage, die Umgebung, die drohenden Gefahren und das schreckliche Schicksal, das auf ihn zu warten scheint. Er sieht nur noch Jesus, den Hohenpriester, der vor Gott für diese sündigen Menschen eintritt. Es ist mehr als menschliche Beredsamkeit und Kraft, mit der Paulus nun die Wahrheiten des Evangeliums darlegt. Er weist seine Zuhörer auf das große Opfer hin, das Gott für

Die scharfen Augen der Richter konnten normalerweise in den Gesichtszügen der Angeklagten Hinweise auf ein Schuldeingeständnis erkennen. Bei Paulus fanden sie aber nichts dergleichen. Als man ihm gestattete, selbst zu den Anklagepunkten Stellung zu nehmen, hörten ihm alle gespannt zu.

die sündenbeladene Menschheit gebracht hat. Er führt aus, dass für die Erlösung des Menschen ein unendlich hoher Preis bezahlt worden ist. Gott hat alles dafür vorbereitet, damit der Mensch an seiner Herrschaft teilhaben kann. Er spricht davon, dass die Erde durch Engelsboten mit dem Himmel verbunden ist und alle Taten, die der Mensch begeht, ob gut oder böse, vor dem Auge des ewigen und gerechten Gottes und Richters offen liegen.

Dies ist das Plädoyer des Verteidigers der Wahrheit. Als Stellvertreter Gottes steht Paulus da, gläubig unter Ungläubigen und treu unter Treulosen. Seine Stimme klingt wie eine Stimme vom Himmel. In seinen Worten und in seinem Blick liegt keine Spur von Furcht oder Traurigkeit, auch kein Anzeichen von Entmutigung. Stark in dem Bewusstsein, unschuldig zu sein, und angetan mit der Waffenrüstung der Wahrheit (vgl. Epheser 6,11-20) erfüllt ihn nur die tiefe Freude, ein Gotteskind zu sein. Seine Worte klingen wie ein Siegesruf, der das Schlachtgetöse übertönt. Er erklärt, dass die Sache, der er sein Leben geweiht hat, die einzige Sache in der Welt ist, die niemals fehlschlagen kann. Auch wenn er umkommen werde, das Evangelium werde immer bestehen bleiben. Weil Gott lebt, wird auch seine Wahrheit triumphieren. Viele, die in diesem Augenblick auf Paulus schauten, »sahen sein Angesicht wie eines Engels Angesicht.« (Apostelgeschichte 6,15)

Nie zuvor hatten die Anwesenden Worte wie diese gehört. Sie schlugen Saiten an, die selbst in den Herzen der Abgebrühtesten unter ihnen in Schwingung gerieten. Klar und überzeugend deckte er sowohl Wahrheit als auch Irrtum auf. Ein helles Licht schien in die Herzen vieler, die später dankbar dessen Strahlen folgten. Die Wahrheiten, die damals formuliert wurden, waren dazu bestimmt, ganze Völker zu erschüttern und alle Zeiten zu überdauern. Sie sind den Menschen immer zum Segen, wenn auch die Lippen, die sie einst ausgesprochen haben, schon längst im Grabe eines Märtyrers schweigen.

Auch Nero hatte die Wahrheit so, wie sie bei dieser Gelegenheit ausgesprochen wurde, noch nie gehört. Noch nie war ihm die riesige Schuld seines Lebens so deut-

Auch wenn es Paulus schmerzte, dass bei der ersten Verteidigung seines Falles keiner seiner Freunde und Brüder an seiner Seite war, schrieb er: »Aber der Herr stand mir bei und gab mir Kraft ...« (2. Timotheus 4,17) – Auch heute gilt: Wenn wir uns allein fühlen, dürfen wir uns stets daran erinnern, dass unser bester Freund – Jesus Christus – uns niemals im Stich lässt.

lich offenbart worden. Das Licht des Himmels durchflutete sein sündenbeflecktes Gewissen. Er zitterte bei dem Gedanken, dass er, der Herrscher der Welt, einmal als Angeklagter vor einem Gericht stehen würde, bei dem er für seine Taten den gerechten Lohn empfangen sollte. Er fürchtete den Gott des Apostels und wagte nicht, Paulus zu verurteilen, da die Anklage nicht aufrecht erhalten werden konnte. Eine Art Ehrfurcht hielt seinen blutrünstigen Geist eine Zeitlang zurück.

Einen Augenblick lang tat sich dem schuldbeladenen und verhärteten Kaiser der Himmel auf, und dessen Frieden und Reinheit erschienen ihm begehrenswert. In diesem Augenblick richtete sich die gnadenvolle Einladung Gottes auch an ihn. Doch nur ganz flüchtig bewegte ihn der Gedanke an die Vergebung. Dann gab er den Befehl, Paulus in seinen Kerker zurückzuführen. Als sich die Tür zum Kerker hinter dem Boten Gottes schloss, schlug auch das Tor zur Umkehr für den römischen Kaiser für immer zu. Kein Strahl himmlischen Lichts drang je wieder in die Finsternis, die ihn umgab. Bald schon sollten die Strafgerichte Gottes über ihn hereinbrechen.

Ein Ende ohne Gott

Nicht lange danach brach Nero mit Schiffen zu seinem berüchtigten Feldzug nach Griechenland auf, wo er durch leichtfertiges, entwürdigendes und verachtenswertes Verhalten Schande über sich selbst und über sein Reich brachte. Nachdem er mit großem Pomp nach Rom zurückgekehrt war, gab er sich mit seinen Höflingen hemmungslosen Orgien hin. Inmitten eines solchen Gelages waren von der Straße Krawalle zu hören. Ein Bote, den man zur Erkundung ausgesandt hatte, überbrachte die schreckliche Nachricht, dass Galba an der Spitze eines Heeres schnell nach Rom vorrücke. In der Stadt sei schon ein Aufstand ausgebrochen. Eine aufgebrachte Volksmenge, die

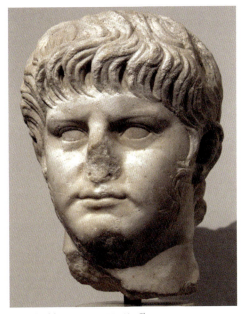

Marmorkopf des Kaisers Nero, 37 – 68 n.Chr.

Nero war ein tyrannischer und perverser Herrscher. Selbst ihm gab Gott die Gelegenheit, aus dem Mund des Apostels Paulus von Gottes Liebe und Vergebung zu hören. Er aber wies den Aufruf des Apostels zurück und schloss damit das Tor zu seiner Erlösung.

schon die Straßen fülle, bewege sich auf den Palast zu und drohe, den Kaiser und seine Getreuen umzubringen.

Im Gegensatz zu dem treuen Apostel Paulus konnte sich Nero in dieser verhängnisvollen Lage nicht auf einen mächtigen und barmherzigen Gott stützen. Aus Furcht vor Schmerzen und möglichen Folterungen, die er von der wütenden Menge zu erwarten hatte, dachte der verachtenswürdige Tyrann daran, seinem Leben selbst ein Ende zu bereiten. Doch im entscheidenden Augenblick fehlte ihm dazu der Mut. Von seinen Wachen und dem Hofstaat völlig verlassen, floh er wie ein Dieb aus der Stadt. Nur wenige Kilometer außerhalb suchte er Zuflucht auf einem Landsitz. Dies nützte ihm aber nichts mehr, denn sein Versteck wurde bald entdeckt. Als die Reiter, die ihn verfolgten, in die Nähe kamen, rief er einen Sklaven herbei, mit dessen Hilfe er sich eine tödliche Wunde beibrachte. So endete das Leben des Tyrannen Nero im Alter von nur zweiunddreißig Jahren.

Kapitel 49 Der letzte Brief

Der zweite Timotheusbrief

Ein Bote überbringt Paulus einen Brief.

Während er auf seine Verurteilung wartete, schrieb Paulus einen Brief an seinen Schüler Timotheus, in dem er ihm mitteilte: »Den guten Kampf habe ich gekämpft, den Lauf vollendet, den Glauben bewahrt.« (2. Timotheus 4,7 ZÜ) Damit wollte er sinngemäß sagen: Ich werde sterben, aber ich habe das Ziel erreicht, ohne meinen Glauben an Gott zu verlieren. Jetzt warte ich auf das ewige Leben, das mir der Herr an jenem Tag geben wird, an dem er wiederkommt.

Von der Gerichtshalle des Kaisers wurde Paulus in seine Zelle zurückgebracht. Es war ihm klar, dass er nur einen kurzen Aufschub für sich erreicht hatte. Er wusste, seine Feinde würden nicht eher ruhen, bis sie sein Todesurteil erreicht hätten. Er wusste aber auch, dass die Wahrheit für eine gewisse Zeit den Sieg errungen hatte. Dass er vor den vielen Menschen, die aufmerksam zuhörten, den gekreuzigten und auferstandenen Erlöser hatte verkündigen können, bedeutete bereits einen Sieg. An jenem Tag war ein Prozess in Gang gesetzt worden, der sich entwickeln und erstarken würde. Weder Nero noch alle Feinde Christi würden ihn jemals aufhalten oder ersticken können.

Sorge um Timotheus und um das Werk

Während Paulus Tag für Tag in seiner dunklen Zelle saß und wusste, dass bereits ein Wort oder auch nur ein Wink Neros genügten, um seinem Leben ein Ende zu setzen, war er mit seinen Gedanken oft bei Timotheus, und er beschloss, ihn zu sich kommen zu lassen. Ihm hatte Paulus aufgetragen, die Gemeinde in Ephesus zu betreuen. Deshalb hatte er ihn auch dort zurückgelassen, als er seine letzte Reise nach Rom antrat. Paulus und Timotheus waren einander durch eine außerordentlich tiefe und starke Zuneigung verbunden. Seit seiner Bekehrung hatte Timotheus die Arbeit und die Leiden des Paulus geteilt. Die Freundschaft der beiden war dadurch immer stärker und tiefer, ja untrennbar geworden. Schließlich war Timotheus dem ergrauten und mühegeplagten Apostel alles geworden, was ein Sohn seinem Vater, den er von ganzem Herzen liebt und verehrt, sein konnte. Daher ist es nur allzu verständlich, dass ihn Paulus in seiner Einsamkeit und Verlassenheit gerne wiedersehen wollte.

Unter den günstigsten Umständen hätte Timotheus mehrere Monate gebraucht, um von Kleinasien aus nach Rom zu gelangen. Paulus wusste aber, dass er nicht mehr lange zu leben hatte. Daher fürchtete er, Timotheus könnte zu spät eintreffen, um ihn noch lebend anzutreffen. Gerne wollte er dem jungen Mann, auf dem eine so große Verantwortung lag, noch wichtige Ratschläge und Anleitungen mit auf den Weg geben. So forderte er ihn dringend auf, möglichst schnell nach Rom zu kommen. Trotzdem ließ er gleichzeitig seinen letzten Willen niederschreiben; denn er befürchtete, mit Timotheus nicht mehr persönlich sprechen zu können. Paulus hing zu jeder Zeit mit liebevoller Fürsorge an seinem »Sohn im Glauben« (1. Timotheus 1,2) und an der Gemeinde, die ihm anvertraut war. Deshalb wollte er Timotheus ganz besonders ans Herz legen, seiner heiligen Verantwortung mit großer Treue und Hingabe nachzukommen.

Paulus begann seinen Brief mit dem Gruß: »An meinen lieben Sohn Timotheus: Gnade, Barmherzigkeit, Friede von Gott, dem Vater, und Christus Jesus, unserm Herrn! Ich danke Gott, dem ich diene von meinen Vorfahren her mit reinem Gewissen, wenn ich ohne Unterlass deiner gedenke in meinem Gebet, Tag und Nacht.« (2. Timotheus 1,2.3)

Dann erklärte der Apostel, wie wichtig es für Timotheus sei, im Glauben standfest zu bleiben. »Aus diesem Grund erinnere ich dich daran, dass du erweckest die Gabe Gottes, die in dir ist durch die Auflegung meiner Hände. Denn Gott hat uns nicht gegeben den Geist der Furcht, sondern der Kraft und der Liebe und der Besonnenheit. Darum schäme dich nicht des Zeugnisses von unserm Herrn noch meiner, der ich sein Gefangener bin, sondern leide mit mir für das Evangelium in der Kraft Gottes.« (2. Timotheus 1,6-8) Dann forderte ihn Paulus auf, nicht zu vergessen, dass er »mit einem heiligen Ruf« beauftragt worden sei, die Macht dessen zu verkünden, der »das Leben und ein unvergängliches Wesen ans Licht gebracht hat durch das Evangelium.« Von sich selbst erklärte er: »Für das ich eingesetzt bin als Prediger und Apostel und Lehrer. Aus diesem Grund leide ich dies alles; aber ich schäme mich dessen nicht; denn ich weiß, an wen ich glaube, und bin gewiss, er kann mir bewahren, was mir anvertraut ist, bis an jenen Tag.« (2. Timotheus 1,9-12)

Paulus hatte während seiner langen Jahre im Dienst für Christus zu keiner Zeit in seiner Treue geschwankt. Ob er nun vor gereizten Pharisäern, vor römischen Behörden, vor dem wütenden Pöbel in Lystra oder vor verurteilten Verbrechern im mazedonischen Kerker stand, ob er sich mit angsterfüllten Seeleuten in einem Schiffswrack abgeben oder sich allein vor Nero verantworten musste – er hatte sich der Sache, die er vertrat, nie geschämt. Das ganz große Ziel seines Christenlebens war immer, dem zu dienen, dessen Namen er einst so verachtet hatte. Kein Widerstand, keine Verfolgung hatten ihn von diesem Ziel abbringen können. Sein Glaube war gerade durch Schwierigkeiten gestärkt und durch Opfer geläutert worden, und dieser Glaube hatte ihn bisher aufrecht gehalten und ihm Kraft gegeben.

»So sei nun stark, mein Sohn«, fuhr Paulus fort, »durch die Gnade in Christus Jesus. Und was du von mir gehört hast vor vielen Zeugen, das befiehl treuen Menschen an, die tüchtig sind, auch andere zu lehren. Leide mit als ein guter Streiter Christi Jesu.« (2. Timotheus 2,1-3)

> *Das ganz große Ziel seines Christenlebens war immer, dem zu dienen, dessen Namen er einst so verachtet hatte. Kein Widerstand, keine Verfolgung hatten Paulus von diesem Ziel abbringen können.*

Das Wort Gottes, nicht Meinungen

Der wahre Prediger des Evangeliums scheut weder Mühe noch Verantwortung. Er kennt die Quelle, die keinen verdursten lässt, der ein aufrichtiges Verlangen nach Kraft von Gott hat. Aus ihr schöpft er die nötige Kraft, um Versuchungen entgegenzutreten und zu überwinden. Diese Kraft befähigt ihn auch, die Aufgaben zu erfüllen, die Gott ihm immer wieder aufträgt. Die Gnade, die er empfängt, fördert seine Fähigkeit, Gott und seinen Sohn Jesus Christus besser zu erkennen. Als treuer Bote des Evangeliums ist er von dem tiefen Wunsch erfüllt, seinem Herrn und Meister redlich und treu zu dienen. Und auf dem Weg der Nachfolge Christi wird er »stark ... durch die Gnade in Christus Jesus.« (2. Timotheus 2,1) Diese Gnade macht ihn zu einem treuen Zeugen dessen, was er gehört hat. Weder vernachlässigt noch verachtet er die Erkenntnis, die er von Gott erhalten hat. Als Beauftragter Christi gibt er sie an treue Menschen weiter, die ihrerseits wieder andere unterrichten.

In diesem seinem letzten Brief an Timotheus hielt Paulus seinem jüngeren Mitarbeiter das hohe Ziel vor Augen und wies auf die Pflichten hin, die einem Boten Christi aufgetragen sind. Er schrieb: »Setze alles daran, vor Gott dazustehen als einer, der sich bewährt hat, als ein Arbeiter, der sich nicht zu schämen braucht, sondern das Wort der Wahrheit unbeirrt ausrichtet ... Die Leidenschaften der Jugend aber fliehe! Jage vielmehr der Gerechtigkeit, dem Glauben, der Liebe und dem Frieden nach, gemeinsam mit allen, die den Herrn aus reinem Herzen anrufen. Die törichten und kindischen Auseinandersetzungen aber verbitte dir, du weißt ja, dass sie nur zu Streit führen. Ein Knecht des Herrn aber soll sich nicht streiten, sondern zu allen freundlich sein, ein geschickter Lehrer, der das Böse erträgt und in Sanftmut zurechtweist, die sich widersetzen. So führt Gott sie vielleicht noch zur Umkehr, dass sie zur Erkenntnis der Wahrheit kommen.« (2. Timotheus 2,15.22-25 ZÜ)

Der Apostel warnte Timotheus vor Irrlehrern, die versuchten, in die Gemeinden einzudringen. »Dies aber sollst du wissen: In den letzten Tagen werden schwere Zeiten anbrechen. Denn die Menschen werden selbstsüchtig, geldgierig und hochmütig sein, sich wichtig machen, Lästerreden führen, den Eltern den Gehorsam verweigern, sie werden undankbar, gottlos, herzlos und unversöhnlich sein ... ihr Auftreten scheint zwar fromm, doch die Kraft der Religion haben sie verleugnet. Von solchen Leuten wende dich ab!« (2. Timotheus 3,1-5 ZÜ)

»Böse Menschen aber«, fuhr er fort, »und Scharlatane werden Fortschritte machen – zum Schlechteren hin; sie verführen und werden verführt. Du aber bleibe bei dem, was du gelernt und voller Vertrauen angenommen hast. Du weißt ja, von wem du es gelernt hast und dass du von frühester Jugend an die heiligen Schriften kennst, die dir Einsicht zu geben vermögen in das, was dir Heil verschafft, durch den Glauben an Christus Jesus. Jede von Gott eingegebene Schrift ist auch nützlich zur Belehrung, zur Zurechtweisung, zur Besserung und zur Erziehung in der Gerechtigkeit. So wird der Mensch Gottes vollkommen sein, befähigt zu jedem guten Werk.« (2. Timotheus 3,13-17 ZÜ) Gott hat vielfältige Mittel und Wege bereitgestellt, damit wir den Kampf gegen das Böse in der Welt erfolgreich führen können. Die Bibel ist die »Waffenkammer«, in der wir uns für den Kampf ausrüsten können. Unsere Lenden müssen mit Wahrheit umgürtet sein. Die Gerechtigkeit muss wie ein Panzer unsere Brust schützen. Den »Schild des Glaubens« müssen wir in den Händen, den »Helm des Heils« auf unserem Haupt tragen, und mit dem »Schwert des Geistes« in der Hand, »welches ist das Wort Gottes«, können wir uns den Weg durch alle Hindernisse und hinterhältigen Fallen der Sünde bahnen. (vgl. Epheser 6,13-17)

Paulus wusste, dass der Gemeinde eine Zeit voll großer Gefahren bevorsteht. Insbesondere die Leiter der Gemeinden mussten da treu und sorgfältig ihrem Dienst nachkommen. Deshalb schrieb er an Timotheus: »So ermahne ich dich in-

---

Paulus hatte während seiner langen Jahre im Dienst für Christus nie in seiner Treue geschwankt. Ob er sich nun vor gereizten Pharisäern, vor römischen Behörden ... oder allein vor Nero verantworten musste – er hatte sich der Sache, die er vertrat, nie geschämt.

ständig vor Gott und Christus Jesus, der da kommen wird zu richten die Lebenden und die Toten, und bei seiner Erscheinung und seinem Reich: Predige das Wort, steh dazu, es sei zur Zeit oder zur Unzeit; weise zurecht, drohe, ermahne mit aller Geduld und Lehre.« (2. Timotheus 4,1.2)

Diese ernste Aufforderung an einen so eifrigen und treuen Mitarbeiter wie Timotheus macht deutlich, wie wichtig und verantwortungsvoll die Arbeit eines Predigers des Evangeliums ist. Paulus stellte Timotheus vor die Schranken des göttlichen Gerichts und gebot ihm, allein das Wort Gottes, nicht aber Meinungen, Bräuche oder Traditionen der Menschen zu predigen. Auch sollte Timotheus bereit sein, alle Gelegenheiten zu nutzen, um Gott zu bezeugen: vor großen Versammlungen oder in privaten Kreisen, unterwegs oder am Kaminfeuer, vor Freund oder Feind, ob in Sicherheit oder angesichts von Schwierigkeiten und Gefahren, trotz Spott und Schande.

Sünde und Sünder

Weil Paulus die milde und nachgiebige Art des Timotheus kannte, befürchtete er, sein junger Freund könnte sich dazu verleiten lassen, wichtige Aufgaben zu vernachlässigen. Deshalb ermahnte er ihn, die Sünde konsequent zu tadeln, und mit aller Schärfe jene zurechtzuweisen, die sich schwerer Vergehen schuldig gemacht haben. Doch müsse er dies »mit aller Geduld und Lehre« (2. Timotheus 4,2) tun. Er müsse die Geduld und die Liebe Christi offenbaren und seine Ermahnungen auf der Grundlage des göttlichen Wortes erklären und bekräftigen.

Sünde zu hassen und zu tadeln und gleichzeitig den Sünder zu lieben, ist ein schwieriges Unterfangen. Je ernster wir nach Heiligung unseres Herzens und unseres Lebenswandels streben, desto klarer erkennen wir die Sünde, und desto entschiedener missbilligen wir Abweichungen von den göttlichen Normen. Einerseits müssen wir uns vor übertriebener Härte gegenüber dem Sünder hüten; andererseits dürfen wir aber die Augen vor der ganzen Abscheulichkeit der Sünde

nicht verschließen. Wohl ist christliche Geduld und Liebe für den Irrenden angebracht, aber es besteht dabei die Gefahr, für sein falsches Verhalten eine zu große Toleranz aufzubringen. Das kann den Irrenden zu der Ansicht verleiten, er habe keinen Tadel verdient. Schließlich wird er den Tadel als ganz und gar unangebracht und ungerechtfertigt zurückweisen.

Seelsorger und Prediger des Evangeliums richten manchmal großen Schaden an. Aus Langmut und Nachsicht mit den Irrenden laufen sie Gefahr, deren Sünde zu tolerieren oder gar daran Teil zu haben. So kommt es, dass sie das entschuldigen oder beschönigen, was Gott verurteilt. Mit der Zeit werden sie so verblendet, dass sie sogar diejenigen loben, die sie im Auftrag Gottes tadeln sollten. Wer sein geistliches Urteilsvermögen durch eine zu große und daher sündige Nachsicht gegenüber denjenigen abstumpfen ließ, die Gott verurteilt, wird bald eine noch schwerere Sünde begehen. Er wird eines Tages sogar diejenigen mit Härte und Strenge behandeln, die nach Gottes Willen leben.

Aus Stolz auf menschliche Weisheit, weil sie sich dem Einfluss des Heiligen Geistes versperren oder auch aus Abneigung gegenüber den Wahrheiten der Bi-

Paulus sagte voraus: »Denn es wird eine Zeit kommen, da werden sie die wahre Lehre unerträglich finden ... Sie werden nicht mehr auf die Wahrheit hören, sondern sich fruchtlosen Spekulationen zuwenden.« (2. Timotheus 4,3-4 GNB) Leider sind heute viele Menschen Gottes Angeboten und Wünschen gegenüber gleichgültig. Würden sie jedoch die Bedeutung von Gottes Botschaften erkennen, gäbe es viele Veränderungen zum Guten.

> *Christus kam, um das Gesetz herrlich und groß zu machen. Er zeigte, dass es auf dem breiten Fundament der Liebe zu Gott und den Mitmenschen gegründet ist.*

bel sind viele geistlich verblendet. Sie behaupten zwar Christen zu sein, sie fühlen sich auch berufen, andere zu belehren, wenden sich aber von den Forderungen Gottes ab. Paulus schrieb an Timotheus: »Es wird eine Zeit kommen, da sie die heilsame Lehre nicht ertragen werden; sondern nach ihren eigenen Gelüsten werden sie sich selbst Lehrer aufladen, nach denen ihnen die Ohren jucken, und werden die Ohren von der Wahrheit abwenden und sich den Fabeln zukehren.« (2. Timotheus 4,3.4)

Der Apostel bezieht sich hier nicht auf Menschen, die sich offen als gottlos bezeichnen. Er hat solche im Auge, die sich zwar Christen nennen, sich aber von ihren Neigungen leiten lassen und dadurch zu Sklaven ihres eigenen Ichs werden. Sie schenken nur solchen Lehren Gehör, die ihre Sünden nicht tadeln oder ihre Genusssucht nicht verurteilen. Sie stoßen sich an den deutlichen Worten der treuen Diener Christi und suchen sich darum Lehrer, die ihnen schmeicheln und sie loben. Unter ihren Pastoren gibt es solche, die Menschenmeinungen statt das Wort Gottes verkündigen. Sie sind ihrer Berufung untreu geworden und führen Menschen in die Irre, die von ihnen geistliche Leitung erwarten.

Ein Leitfaden zum Heil …

In den Geboten seines heiligen Gesetzes hat uns Gott klare Richtlinien für unser Leben gegeben. Er hat auch deutlich gesagt, dass von diesem Gesetz bis zum Ende der Zeit kein Jota – das ist der kleinste Buchstabe des hebräischen Alphabets – und kein Zeichen verändert werden darf, und dass es für alle Menschen seine Gültigkeit behält. Christus kam, um das Gesetz herrlich und groß zu machen. Er zeigte, dass es auf dem breiten Fundament der Liebe zu Gott und den Mitmenschen gegründet ist und es zur Pflicht des Menschen gehört, diesen Geboten Folge zu leisten. In seinem eigenen Leben gab uns Christus ein Beispiel solchen Gehorsams gegenüber dem Gesetz Gottes. In der Bergpredigt zeigte er, dass die Forderungen des Gesetzes weit über die äußerlichen Handlungen hinausgehen und sogar die Gedanken und Absichten einschließen.

Gehorchen wir den Geboten Gottes, so können wir »dem ungöttlichen Wesen und den weltlichen Begierden« absagen und »besonnen, gerecht und fromm in dieser Welt leben.« (Titus 2,12) Aber der Feind aller Gerechtigkeit hat die Welt in seinen Bann geschlagen und die Menschen dazu verleitet, dem Gesetz ungehorsam zu sein. Wie Paulus vorausgesagt hat, sind viele von den leicht verständlichen, die Herzen ansprechenden Wahrheiten der Bibel abgewichen. Sie haben sich Lehrer ausgesucht, die ihnen Fabeln erzählen, die sie gern hören wollen. Unter der Predigerschaft sowie unter Gemeindegliedern treten viele das Gesetz Gottes mit Füßen. Dadurch wird der Schöpfer der Welt beleidigt, und Satan frohlockt über den Erfolg seiner Verführungskunst.

Mit der zunehmenden Missachtung von Gottes Gesetz wächst auch die Abneigung gegen den Glauben. Die Überheblichkeit der Menschen, Vergnügungssucht, Ungehorsam gegenüber den Eltern und Genusssucht nehmen zu. Nachdenkliche Menschen fragen sich besorgt: Was kann getan werden, um diese üble, alarmierende Fehlentwicklung zu korrigieren? Die Antwort gibt Paulus in seiner Ermahnung an Timotheus: »Predige das Wort.« In der Bibel finden wir die einzigen zuverlässigen Richtlinien für unser Handeln. Sie ist eine Niederschrift des göttlichen Willens, ein Ausdruck himmlischer Weisheit. Sie öffnet dem Menschen das Verständnis für die wichtigen Fragen des Lebens. Alle, die ihre Weisungen befolgen, finden in ihr eine irrtumsfreie Anleitung fürs Leben, die davor bewahrt, Zeit und Kräfte mit fehlgeleiteten Bemühungen zu vergeuden.

Gott hat uns seinen Willen kundgetan. Es ist daher eine Torheit, wenn der Mensch in Frage stellt, was aus dem Mund des Ewigen gekommen ist. Nachdem Gott in seiner Weisheit gesprochen hat, sollte es für den Menschen keine dunklen Fragen und Ungewissheiten mehr geben. Alles, was von ihm erwartet wird, ist seine offene und ernsthafte Zustimmung zu dem klar ausgesprochenen Willen Gottes. Gehorsam ist das höchste Gebot für seinen Verstand und sein Gewissen.

Paulus fuhr mit seinen Ermahnungen fort: »Du aber sei nüchtern in allen Dingen, leide willig, tu das Werk eines Predigers des Evangeliums, richte dein Amt redlich aus.« (2. Timotheus 4,5) Im Anblick des Todes wünschte sich Paulus sehnlichst, Timotheus würde seinen Platz einnehmen und die Gemeinden vor Fabeln und Irrlehren bewahren. Denn der Feind würde versuchen, sie auf verschiedenste Art und Weise von dem einfachen Evangelium abzubringen. Paulus ermahnte ihn, alle weltlichen Unternehmungen und Verbindungen zu meiden, die ihn daran hindern könnten, sich mit ganzem Herzen für Gottes Werk einzusetzen. Mit froher Gelassenheit sollte er Widerstand, Schande und Verfolgung ertragen, denen er sich wegen seiner Treue stets aussetzen würde. Seine Berufung zum Prediger des Evangeliums würde er dadurch unter Beweis stellen, dass er alle Möglichkeiten ausschöpfte, denen Gutes zu tun, für die Christus gestorben ist.

... für Gläubige mit Gottvertrauen

Das Leben des Paulus demonstrierte beispielhaft und praktisch die Wahrheiten, die er lehrte und in denen seine Kraft lag. Er war ständig von einem tiefen Pflichtbewusstsein erfüllt und stand während seines Dienstes immer in enger Verbindung mit Gott, der Quelle der Gerechtigkeit, der Gnade und der Wahrheit. Er klammerte sich an das Kreuz von Golgatha – das allein garantierte seinen Erfolg. Die Liebe Jesu war seine nie versiegende Motivationsquelle. Sie gab ihm die notwendige Kraft in der Auseinandersetzung mit seinem Ich und in seinen Kämpfen gegen das Böse. Diese Liebe war es, die ihn trotz der Unfreundlichkeit der Welt und des Widerstands seiner Feinde stets vorwärts drängte.

Auch in unserer gefahrvollen Zeit braucht die Gemeinde eine Vielzahl von Mitarbeitern, die sich so einsatzbereit wie Paulus zeigen, viele Erfahrungen mit Gott machen und von Eifer und Hingabe erfüllt sind. Geheiligte und opferwillige Menschen werden benötigt, die vor keiner Schwierigkeit zurückschrecken und keine Verantwortung scheuen; Männer, die tapfer und treu sind, in denen Christus als »Hoffnung der Herrlichkeit« (Kolosser 1,27) Gestalt angenommen hat und die mit Lippen, die von heiliger Glut berührt sind (vgl. Jesaja 6,6.7), das Wort Gottes verkündigen. Aus Mangel an solchen Menschen, liegt das Werk Gottes danieder, und unheilvolle Irrtümer verderben gleich einem tödlichen Gift die Moral und ersticken die Hoffnung vieler Menschen.

Wenn das Leben der treuen Bannerträger für die Wahrheit des Evangeliums zu Ende geht, wer wird dann ihren Platz einnehmen? Wollen unsere jungen Männer das heilige Vermächtnis aus den Händen ihrer Väter übernehmen? Sind sie bereit, die Lücken zu schließen, die durch den Tod der Getreuen entstanden sind? Werden sie dem Auftrag des Apostels Beachtung schenken und den Ruf zur Pflicht ernst nehmen, obwohl von allen Seiten Versuchungen zu Selbstsucht und Ehrgeiz an sie herantreten?

Paulus schloss seinen Brief mit persönlichen Botschaften an verschiedene Empfänger. Einmal mehr wiederholte er die dringende Bitte, Timotheus möge doch bald zu ihm kommen, möglichst noch vor Einbruch des Winters. Er schrieb von seiner Einsamkeit, die dadurch entstanden war, dass einige seiner Freunde ihn im Stich gelassen hatten und andere aus dringenden Gründen nicht bei ihm sein konnten. Damit Timotheus ja nicht zögere, aus Sorge, die Gemeinde zu Ephesus brauche dringend seine Unterstützung, schrieb Paulus, dass er Tychikus bereits abgesandt habe, um dort seinen Platz einzunehmen.

Paulus erwähnte noch das Verhör vor Nero, dass ihn seine Brüder allein gelassen hätten und dass ihm aber der gnädige Gott beigestanden sei. Zum Schluss empfahl er Timotheus dem Schutz des himmlischen Oberhirten an, der auch dann für seine Herde sorgt, wenn seine Unterhirten den Tod erleiden sollten.

> *Das Leben des Paulus demonstrierte beispielhaft und praktisch die Wahrheiten, die er lehrte und in denen seine Kraft lag. Er war ständig von einem tiefen Pflichtbewusstsein erfüllt.*

Kapitel 50 — Das Todesurteil

Auf das Todesurteil folgte wenig später die Enthauptung des Apostels. Sein Vorbild und seine Schriften sind uns jedoch erhalten geblieben. Sie geben uns Kraft, auf dem christlichen Weg auch bei Schwierigkeiten weiterzugehen. Auch wir dürfen am Ende unseres Lebens sagen, dass der Wettkampf beendet ist. Wer Jesu Rettungsangebot in diesem Leben annimmt, wird mit ihm in alle Ewigkeit zusammen sein.

Während des letzten Prozesstages war Nero von den Worten des Paulus so stark beeindruckt worden, dass er die Urteilsverkündigung vertagte. Der angeklagte Diener Gottes wurde weder freigesprochen noch verurteilt. Doch bald kam in Kaiser Nero neuer Hass gegen Paulus auf. Er war außer sich vor Wut, als er einsehen musste, dass es ihm nicht einmal an seinem Hof gelang, die Ausbreitung des Christentums zu verhindern. So beschloss er, Paulus hinrichten zu lassen, sobald er einen plausiblen Vorwand dafür fände. Wenig später erließ Nero ein Dekret, das Paulus zum Tod verurteilte. Weil er als römischer Bürger aber nicht gefoltert werden durfte, lautete der Urteilsspruch: Enthauptung.

Heilsgewissheit bis zuletzt

In einer Nacht- und Nebelaktion wurde Paulus zur Richtstätte geführt. Nur wenige Zuschauer durften zugegen sein. Seine Verfolger, vom Ausmaß seines Einflusses alarmiert, fürchteten nämlich, dass sich noch mehr Menschen zum Christentum bekehren würden, wenn sie bei der Enthauptung dabei sein könnten. Sogar die abgebrühten Soldaten, die Paulus begleiteten, staunten über seine Worte und sahen mit Verwunderung, wie er heiter, ja sogar freudig dem Tod entgegenging. Einige von denen, die sein Martyrium miterlebten, waren tief berührt. Die Bereitschaft des Apostels, seinen Mördern zu vergeben, und sein unerschütterliches Vertrauen zu Christus beeindruckten sie zutiefst. Diese Erfahrung wurde für sie zum »Duft, der … neues Leben gibt.« (vgl. 2. Korinther 2,16 Hfa) Mehrere nahmen den Erlöser an, von dem sie Paulus hatten sprechen hören. Es sollte nicht lange dauern, bis auch sie ihren Glauben mit ihrem Blut besiegelten.

Bis zu seiner letzten Stunde bezeugte das Leben des Apostels die Wahrheit seiner Worte, die er an die Korinther geschrieben hatte: »Denn der Gott, der gesagt hat: Aus der Finsternis soll Licht aufstrahlen, er ist es, der es hat aufstrahlen lassen in unseren Herzen, so dass die Erkenntnis aufleuchtet, die Erkenntnis der Herrlichkeit Gottes auf dem Angesicht Jesu Christi. Wir haben diesen Schatz aber in irdenen Gefäßen, damit die Überfülle der Kraft Gott gehört und nicht von uns stammt. In allem sind wir bedrängt, aber nicht in die Enge getrieben, ratlos, aber nicht verzweifelt, verfolgt, aber nicht verlassen, zu Boden geworfen, aber nicht am Boden zerstört. Allezeit tragen wir das Sterben Jesu an unserem Leib, damit auch das Leben Jesu an unserem Leib offenbar werde.« (2. Korinther 4,6-10 ZÜ) All seine Kraft und seine Fähigkeiten fand der Apostel nicht in sich selbst, sondern in der Gegenwart und in dem Wirken des Heiligen Geistes, der ihn ganz erfüllte und jeden seiner Gedanken dem Willen Christi unterstellte. Der Prophet sagt: »Wer festen Herzens ist, dem bewahrst du Frieden; denn er verlässt sich auf dich.« (Jesaja 26,3) Dieser himmlische Friede, der auf dem Gesicht des Paulus ruhte, gewann viele Menschen für das Evangelium.

Stets umgab Paulus eine himmlische Atmosphäre. Wer mit ihm in Berührung kam, konnte den Einfluss wahrnehmen, den er durch seine Gemeinschaft mit Christus ausübte. Es war für ihn selbstverständlich, dass er die Wahrheit, die er predigte, auch beispielhaft in sein tägliches Leben übertrug. Diese Übereinstimmung verlieh seiner Predigt die notwendige Überzeugungskraft. Hierin liegt die Macht der Wahrheit. Der natürliche, unbewusste Einfluss eines heiligen Lebens ist die überzeugendste Predigt zugunsten des Christentums. Selbst unwiderlegbare Argumente mögen manchmal nur Widerspruch hervorrufen. Aber einem beispielhaften, vom Glauben geprägten Lebenswandel wohnt eine Kraft inne, der man sich unmöglich völlig verschließen kann.

Der Apostel vergaß sein eigenes, ihm unmittelbar bevorstehendes Martyrium, wenn er voller Sorge an diejenigen dachte, die er nun zurücklassen musste und auf die Vorurteil, Hass und Verfolgung wartete. Die wenigen Christen, die ihn zur Richtstätte begleiteten, versuchte er zu trösten und zu ermutigen. Er erinnerte sie daran, was denen verheißen ist, die um der Gerechtigkeit willen verfolgt werden. Er versicherte ihnen, dass sich alles erfüllen werde, was der Herr seinen leidgeprüften und treuen Nachfolgern versprochen hatte. Sie könnten wohl für eine kurze Zeit durch verschiedenste Versuchungen in Bedrängnis und Not geraten, sie würden möglicherweise auch irdische Annehmlichkeiten entbehren müssen. Doch weil Gott ihnen seine Treue zugesichert habe, könnten sie daraus Mut und Kraft schöpfen und bekennen: »Ich weiß, an wen ich glaube, und bin gewiss, er kann mir bewahren, was mir anvertraut ist, bis an jenen Tag.« (2. Timotheus 1,12) Bald werde die Nacht der Prüfungen und der Leiden enden. Dann werde ein froher und friedvoller Morgen dämmern und ein vollkommener Tag anbrechen.

Nicht mit Unsicherheit oder Furcht, sondern in freudiger Hoffnung und sehnsüchtiger Erwartung blickte der Apostel in eine großartige Zukunft. Hier, an der Stätte seines Martyriums, sah er weder das Schwert des Scharfrichters noch die Erde, die so bald sein Blut aufnehmen sollte. Durch das sanfte Blau des Himmels schaute er an jenem Sommertag hinauf zum Thron des Ewigen.

Trost in der letzten Stunde

Dieser Glaubensmann sah wie einst Jakob in seinem Traum die Himmelsleiter, ein Sinnbild für Christus, der die Verbindung zwischen Himmel und Erde, zwischen dem vergänglichen Menschen und dem unvergänglichen Gott wiederhergestellt hat. Des Apostels Glaube wurde gestärkt, als er sich an die Patriarchen und Propheten erinnerte. Sie alle hatten ihr Vertrauen auf den einen Gott gesetzt, der auch

> *Der natürliche, unbewusste Einfluss eines heiligen Lebens ist die überzeugendste Predigt zugunsten des Christentums.*

Dieses mächtige steinerne Amphitheater entstand erst einige Jahrzehnte, nachdem Petrus und Paulus ihr Leben in Rom lassen mussten. Kaiser Vespasian ließ es erbauen. Wahrscheinlich finanzierte er den Bau sogar mit der Beute, die er nach dem jüdischen Krieg aus Jerusalem mitbrachte. Das Kolosseum diente als Ort für Gladiatorenkämpfe und Tierhetzen. Bei diesen Anlässen wurden häufig auch Exekutionen von Verurteilten durchgeführt. Historiker schätzen, dass an diesem Ort Tausende von Menschen und Tieren ihr Leben lassen mussten. Wahrscheinlich ist hier mehr Blut geflossen als an irgendeinem anderen Ort der Erde. Auch viele Christen starben in dieser Arena als Märtyrer, in der Gewissheit, dass selbst der Tod sie nicht von der Liebe Gottes trennen kann (vgl. Römer 8,39).

Kolosseum in Rom

seine Stütze und sein Trost war. Für ihn würde er nun sein Leben hingeben. Von diesen heiligen Männern, die durch die Jahrhunderte von ihrem Glauben an Gott Zeugnis abgelegt hatten, vernahm er nun die Zusicherung, dass Gott wahrhaftig ist. Er dachte in diesen Minuten auch an seine Mitapostel. Um die gute Nachricht von Jesus Christus zu verkünden, waren sie weder vor jüdischem Fanatismus noch vor heidnischem Aberglauben zurückgeschreckt, auch nicht vor Verachtung oder vor Verfolgung. Sie hatten ihr Leben gewagt, um das Licht des Kreuzes in den finstersten Winkeln des Unglaubens leuchten zu lassen. Nun hörte der Apostel, wie sie Jesus als Gottes Sohn und als Retter der Welt bekannten. Von Folterstätten und Scheiterhaufen, aus Kerkern, Gruben und Höhlen der Erde drang der Siegesruf der Märtyrer an sein Ohr. Er hörte ihr standhaftes Bekenntnis. Obwohl verlassen, verfolgt und gequält, haben sie trotz allem furchtlos und feierlich ihren Glauben bezeugt und gesagt: »Ich weiß, an wen ich glaube!« Sie alle, die um des Glaubens willen ihr Leben ließen, bekunden vor der Welt: Der Gott, auf den sie ihr ganzes Vertrauen gesetzt hatten, »kann ... vollständig und für immer ... retten.« (Hebräer 7,25 GNB)

Nicht zuletzt trug Paulus selbst das Zeugnis des Himmels in sich, dass er in den Augen seines Erlösers wertvoll und kostbar war. War er doch durch das Opfer Christi freigekauft, durch Jesu Blut von seinen Sünden reingewaschen und mit dem Kleid der Gerechtigkeit Jesu neu ausgestattet worden. Sein Leben war seither verborgen mit Christus in Gott (vgl. Kolosser 3,3). Er war fest davon überzeugt, dass der Überwinder des Todes auch das erhalten kann, was ihm Paulus anvertraut hatte: sich selbst! Im Glauben ergriff er nun die Verheißung seines Erlösers: »Ich werde ihn auferwecken am Jüngsten Tage.« (Johannes 6,40) Seine Gedanken und seine Hoffnung waren ganz auf die Wiederkunft seines Herrn gerichtet. Und ehe das Schwert des Scharfrichters fiel und die Schatten des Todes den Märtyrer umfingen, kam ihm ein letzter, wunderbarer Gedanke, der bei der großen Auferstehung auch sein erster sein wird: Ich werde dem

Herrn des Lebens begegnen. Er wird mich willkommen heißen und an der ewigen Freude der Erlösten teilhaben lassen.

Rund zwei Jahrtausende sind verstrichen, seit der betagte Paulus sein Blut als Zeuge für das Wort Gottes und für das Zeugnis Jesu vergossen hat. Keine treue Hand hat für die nachfolgenden Generationen die letzten Ereignisse im Leben dieses heiligen Mannes festgehalten. Aber durch die Handschriften des Neuen Testaments blieb uns sein letztes Zeugnis erhalten, das er kurz vor seinem Tod niederschrieb. Gleich einem hellen Posaunenton erschallt seine Stimme seither durch die Jahrhunderte. Tausende von Zeugen für Christus wurden von seinem Mut angesteckt. In Tausenden von leidgeprüften Herzen weckten seine letzten Worte ein Echo, in dem seine siegesgewisse Freude widerhallt: »Denn ich werde schon geopfert, und die Zeit meines Hinscheidens ist gekommen. Ich habe den guten Kampf gekämpft, ich habe den Lauf vollendet, ich habe Glauben gehalten; hinfort liegt für mich bereit die Krone der Gerechtigkeit, die mir der Herr, der gerechte Richter, an jenem Tag geben wird, nicht aber mir allein, sondern auch allen, die seine Erscheinung lieb haben.« (2. Timotheus 4,6-8)

Wer an Christus glaubt und in der Erwartung seiner Wiederkunft lebt, darf auch in der letzten Stunde seines Lebens hoffnungsvoll in die Zukunft blicken.

»Der HERR ist mein Fels und meine Burg und mein Erretter.«

2. Samuel 22,2

Teil 8

Inhalt

51 Ein treuer Hirte 310
52 Standhaft bis ans Ende................. 318
53 Johannes, der geliebte Jünger 324
54 Ein zuverlässiger Zeuge 328
55 Durch Gnade verwandelt................ 334
56 Verbannt auf Patmos 340
57 Die Offenbarung 346
58 Die triumphierende Gemeinde 354

Der Glaube siegt

Kapitel 51 Ein treuer Hirte

Der erste Petrusbrief

Petrus versprach, Jesus wenn nötig bis in den Tod zu begleiten. Aber als Jesus gefangen genommen wurde, fürchtete sich Petrus sehr und er verleugnete seinen Herrn drei Mal. – Nach der Auferstehung erhielt Petrus jedoch von Jesus den wichtigen Auftrag: »Leite meine Schafe!« So wurde er zu einem bedeutenden Apostel in der frühen Gemeinde.

In der Apostelgeschichte wird wenig vom späteren Wirken des Apostels Petrus erwähnt. Während der ersten ereignisreichen Jahre seines Dienstes, die auf die Ausgießung des Heiligen Geistes zu Pfingsten folgten, gehörte er zu denen, die unermüdlich unter den Juden arbeiteten und die zu den vorgeschriebenen jährlichen Festen nach Jerusalem kamen, um Gott anzubeten.

Als die Zahl der Gläubigen in Jerusalem und an anderen Orten durch die Tätigkeit der Apostel, die den Gekreuzigten verkündeten, wuchs, erwiesen sich die Fähigkeiten des Petrus für die frühe Christengemeinde von unschätzbarem Wert. Seine Predigten über Jesus von Nazareth zeigten eine breite Wirkung. Er trug eine doppelte Verantwortung: Er sprach mit Ungläubigen über den Messias und arbeitete mit großem Einsatz an ihrer Bekehrung. Gleichzeitig setzte er sich in besonderer Weise für die Gläubigen ein und stärkte sie in ihrem Glauben an Christus.

Voraussetzungen zum Dienst

Erst als Petrus dahin geführt worden war, sich nicht ständig in den Mittelpunkt zu drängen, sondern sich ganz auf die Macht Gottes zu verlassen, wurde er dazu berufen, als Unterhirte die Herde Christi zu weiden. Schon vor der Verleugnung hatte Christus zu Petrus gesagt: »Wenn du dereinst dich bekehrst, so stärke deine Brüder.« (Lukas 22,32) Diese Worte deuteten auf die breit gefächerte und wirkungsvolle Arbeit hin, die der Apostel in Zukunft für neue Gläubige leisten sollte. Für diese Aufgabe war Petrus durch seine eigene Erfahrung mit der Sünde, seinen dadurch empfundenen Schmerz und seine tiefe Reue vorbereitet worden. Erst als er seine eigene Schwäche erkannt hatte, konnte er verstehen, wie äußerst wichtig es für den Gläubigen ist, sich ganz auf Christus zu verlassen. Als der Sturm der Versuchung um ihn tobte, musste er einsehen, dass der Mensch nur dann sein Leben sicher führen kann, wenn er nicht mehr auf sich selbst baut, sondern sein Vertrauen allein auf den Erlöser setzt.

Als Christus zum letzten Mal mit seinen Jüngern am See Genezareth zusammentraf, wurde Petrus durch die dreimalige Frage »Hast du mich lieb?« (Johannes 21,15-17) geprüft und wieder in seine Stellung unter den Zwölfen eingesetzt. Dabei war ihm seine Aufgabe übertragen worden: Er sollte die Herde Christi weiden. Nun, bekehrt und neu von Jesus angenommen, sollte er sich nicht nur für die Erlösung von Menschen einsetzen, sondern auch den Gläubigen ein Hirte sein.

Für seinen Dienst an den Menschen stellte Christus dem Apostel nur eine einzige Bedingung: »Hast du mich lieb?« Dies ist die entscheidende Qualifikation. Petrus besaß noch viele andere Fähigkeiten, aber ohne die Liebe zu Christus konnte er kein treuer Hirte der Herde Gottes sein. Wissen, Güte, Redegewandtheit, Zielstrebigkeit – all dies ist für solch eine Aufgabe sehr wichtig. Wo aber die Liebe zu Christus im Herzen fehlt, ist der Dienst des Verkünders zum Scheitern verurteilt.

Die Liebe Christi ist keine sporadische Gefühlsregung, sondern ein lebendiger Grundsatz, der sich als bleibende Kraft im Herzen erweisen muss. Wenn Charakter und Lebensstil eines Hirten mit der Wahrheit, die er vertritt, übereinstimmen, dann drückt Gott diesem Wirken das Siegel seiner Anerkennung auf. Hirte und Herde bilden eine Einheit, verbunden in ihrer gemeinsamen Hoffnung auf Christus.

Die Art und Weise, wie Jesus mit Petrus umging, enthielt eine Lehre für ihn und die anderen Jünger. Obwohl Petrus seinen Herrn verleugnet hatte, geriet die Liebe Jesu zu ihm nie ins Wanken. Und wenn der Apostel mit der Verkündigung des Evangeliums beginnen würde, sollte auch er Sündern mit Geduld, Mitgefühl und vergebender Liebe begegnen. Im Bewusstsein seiner eigenen Schwächen und Fehler sollte er mit den Schafen und Lämmern, die seiner Fürsorge anvertraut waren, ebenso liebevoll und barmherzig umgehen, wie Christus ihn behandelt hatte.

Menschen, die noch unter der Macht des Bösen stehen, neigen im Umgang mit Strauchelnden und Irrenden oft zu Härte. Sie erkennen nicht, was in den Herzen anderer vorgeht. Sie kennen weder den Kampf noch den Schmerz, der in ihnen tobt. Sie müssen lernen, wie man in Liebe tadelt, wie man schneidet, um zu heilen, wie man warnt und doch Hoffnung gibt.

Während seines gesamten Dienstes hütete Petrus treu und zuverlässig die Herde, die seiner Fürsorge anvertraut war. Dadurch erwies er sich als würdig, den Auftrag zu erfüllen und die Verantwortung zu übernehmen, die Jesus ihm übertragen hatte. Stets rühmte er Jesus von Nazareth als die Hoffnung Israels und als den Erlöser der Menschheit. Sein eigenes Leben ordnete er völlig dem Willen seines Meisters unter. Mit allen Mitteln, die ihm zur Verfügung standen, versuchte er, die Gläubigen zur aktiven Mitarbeit heranzubilden. Seine vorbildliche Frömmigkeit und sein rastloses Schaffen begeisterte viele begabte junge Leute, sich ganz dem Dienst für Christus zur Verfügung zu stellen. Der Einfluss des Apostels als Erzieher und Leiter nahm mit der Zeit zu. Obwohl er seine Verpflichtung, besonders unter den Juden zu arbeiten, nie aus den Augen verlor, predigte er in zahlreichen Ländern vom gekreuzigten und auferstandenen Christus und stärkte viele im Glauben an das Evangelium.

Ermutigung und Ermahnung

In den späteren Jahren seines Missionsdienstes wurde Petrus vom Heiligen Geist inspiriert, den Gläubigen in »Pontus, Galatien, Kappadozien, der Provinz Asien und Bithynien« (1. Petrus 1,1) zu schreiben. Seine Briefe hatten das Ziel, die Gläubigen zu ermutigen und den Glauben derer zu stärken, die Prüfungen und Leiden ertragen mussten. Sie wollten

> *Im Bewusstsein seiner eigenen Schwächen und Fehler sollte Petrus mit den Schafen und Lämmern, die seiner Fürsorge anvertraut waren, ebenso liebevoll und barmherzig umgehen, wie Christus ihn behandelt hatte.*

> *Petrus erkannte, dass jeder Gläubige Phasen der Anfechtung und Prüfung durchmachen wird. Ein rechtes Verständnis der heiligen Schriften kann dem Angefochtenen helfen, sich Verheißungen in Erinnerung zu rufen, die ihm Trost spenden und seinen Glauben an den Allmächtigen stärken.*

jene zum praktischen Christenleben anspornen, die durch verschiedenste Versuchungen in der Gefahr standen, ihre Beziehung zu Gott zu verlieren. Diese Briefe tragen den Stempel eines Menschen, dem die Leiden Christi und der Trost, den er spendet, mehr als reichlich bekannt waren. Sie lassen eine Person erkennen, deren ganzes Wesen durch die Gnade verändert worden war und die unbeirrt an der Hoffnung auf das ewige Leben festhielt.

Gleich zu Beginn des ersten Briefes erwies der betagte Diener Gottes seinem Herrn Lob und Dank. »Gepriesen sei der Gott und Vater unseres Herrn Jesus Christus, der uns in seiner großen Barmherzigkeit neu geboren hat, so dass wir nun durch die Auferstehung Jesu Christi von den Toten eine lebendige Hoffnung und Aussicht auf ein unzerstörbares, unbeflecktes und unverderbliches Erbe haben, das im Himmel aufbewahrt ist für euch. Auf dieses Heil hin, das bereitliegt, um am Ende der Zeit offenbart zu werden, bewahrt euch Gottes Kraft durch den Glauben.« (1. Petrus 1,3-5 ZÜ)

Die Hoffnung auf ein sicheres Erbe auf der neuen Erde erfüllte die ersten Christen selbst in Zeiten schwerster Prüfung und Anfechtung mit Freude. Deshalb konnte Petrus ihnen schreiben: »Darüber jubelt ihr, mögt ihr jetzt auch eine kurze Zeit, wenn es so sein muss, durch mancherlei Anfechtungen in Trübsal versetzt sein; dadurch soll sich ja die Echtheit eures Glaubens bewahren und wertvoller erfunden werden als Gold, das vergänglich ist, aber durch Feuer in seiner Echtheit erprobt wird, und sich zum Lobe, zur Ehre und zur Verherrlichung bei der Offenbarung Jesu Christi erweisen. Ihn habt ihr lieb, obgleich ihr ihn nicht gesehen habt; an ihn glaubt ihr, obgleich ihr ihn jetzt nicht seht, und ihm jubelt ihr mit unaussprechlicher und verklärter Freude entgegen, weil ihr das Endziel eures Glaubens davontragt, nämlich die Errettung eurer Seelen.« (1. Petrus 1,6-9 Men.)

Diese Worte des Apostels wurden zur Belehrung der Gläubigen jeder Generation geschrieben. Sie sind jedoch von besonderer Bedeutung für die Menschen, die in der Zeit leben, wenn »nahe gekommen [ist] das Ende aller Dinge.« (1. Petrus 4,7) Seine Ermahnungen und Warnungen sowie seine Worte voller Glauben und Ermutigung nützen jedem, der seinen Glauben »bis zum Ende fest behalten« (Hebräer 3,14) will.

Der Apostel wies die Gläubigen darauf hin, wie wichtig es ist, seine Gedanken nicht zu verbotenen Dingen abschweifen zu lassen und seine Geisteskraft nicht mit banalen Themen zu vergeuden. Wer Satans Verführungskünsten nicht zum Opfer fallen will, muss die Einfallstore zu seinem Herzen gut bewachen und sich davor hüten, Dinge zu lesen, zu sehen oder zu hören, die unreine Gedanken hervorrufen. Unsere Gedanken dürfen nicht nach Belieben bei jedem Thema verweilen, das uns der Feind des Menschen gerne einflüstern möchte. Das Herz muss aufmerksam bewacht werden. Wenn nicht, wird das Böse von außen Böses im Inneren wecken, und der Mensch wird in Finsternis geraten. »Darum umgürtet die Hüften eurer Vernunft,« schrieb Petrus, »seid nüchtern und hofft ganz und gar auf die Gnade, die auf euch zukommt bei der Offenbarung Jesu Christi! Als Kinder des Gehorsams lasst euch nicht von den Begierden leiten, die euch früher, als ihr noch unwissend wart, beherrscht haben, sondern entspricht dem Heiligen, der euch berufen hat, und werdet selbst Heilige in eurem ganzen Lebenswandel; denn es steht geschrieben (3. Mose 19,2): Ihr sollt heilig sein, denn ich bin heilig.

… führt, solange ihr in der Fremde weilt, ein Leben in Gottesfurcht. Ihr wisst doch, dass ihr nicht mit Vergänglichem, mit Gold oder Silber, freigekauft wurdet aus einem Leben ohne Inhalt, wie es euch von den Vätern vorgelebt wurde, sondern mit dem teuren Blut eines makellosen, unbefleckten Lammes, mit dem Blut Christi. Ausersehen dazu war er vor Grundlegung der Welt, erschienen aber ist er am Ende der Zeiten, um euretwillen, die ihr durch ihn an Gott glaubt, der ihn von den Toten auferweckt und ihm die Herrlichkeit verliehen hat. So können sich euer Glaube und eure Hoffnung auf Gott richten.« (1. Petrus 1,13-21 ZÜ)

Wäre es möglich gewesen, mit Silber und Gold die Errettung der Menschen zu erkaufen, wie leicht hätte Gott, der Herr, sie dann vollbringen können, denn er hat gesagt: »Mein ist das Silber, und mein ist das Gold.« (Haggai 2,8) Doch einzig und allein mit dem kostbaren Blut des Sohnes Gottes konnte der Übertreter freigekauft werden. Dem Erlösungsplan liegt ein Opfer zugrunde. Der Apostel Paulus schrieb: »Ihr kennt die Gnade unseres Herrn Jesus Christus: obwohl er reich ist, wurde er doch arm um euretwillen, damit ihr durch seine Armut reich würdet.« (2. Korinther 8,9) Christus gab sich selbst für uns, um uns von aller Ungerechtigkeit zu erlösen. »Die Gabe Gottes aber ist das ewige Leben in Christus Jesus, unserm Herrn.« (Römer 6,23) Das ist der krönende Höhepunkt des Erlösungsplanes.

»Ihr habt die rettende Wahrheit im Gehorsam angenommen und dadurch euer Denken und Fühlen gereinigt, um eure Brüder und Schwestern aufrichtig lieben zu können. Hört also nicht auf«, fuhr Petrus fort, »einander aus reinem Herzen zu lieben!« (1. Petrus 1,22 GNB) Das Wort Gottes – die Wahrheit – ist das Mittel, durch das der Herr seinen Geist und seine Macht wirksam werden lässt. Wer diesem Wort gehorcht, bringt Frucht mit der geforderten Qualität hervor, nämlich »ungefärbte Bruderliebe«. Diese Liebe kommt von Gott. Sie weckt in uns hohe Motive und treibt uns zu selbstlosen Taten.

Wenn diese Wahrheit zum Grundsatz wird, der das gesamte Leben prägt, dann ist der Mensch »wiedergeboren nicht aus vergänglichem, sondern aus unvergänglichem Samen, nämlich aus dem lebendigen Wort Gottes, das da bleibt.« (1. Petrus 1,23) Zu dieser geistlichen Wiedergeburt kommt es, wenn man Christus als das Wort Gottes annimmt. Wem der Heilige Geist die göttlichen Wahrheiten ins Herz einprägt, in dem werden neue Gedanken wach, und Kräfte und Energien, die bisher ungenutzt in ihm schlummerten, werden geweckt, um mit Gott zusammenzuarbeiten.

Von der Wahrheit durchdrungen

Diese Erfahrung hatten Petrus und die anderen Jünger gemacht. Christus offenbarte der Welt die Wahrheit. Er säte den unvergänglichen Samen, das Wort Gottes, in die Herzen der Menschen. Doch viele dieser höchst wichtigen Lehren des großen Meisters wurden an Menschen gerichtet, die diese damals nicht verstanden. Als aber nach der Himmelfahrt Christi der Heilige Geist die Jünger an diese Lehren erinnerte, wurden ihre schläfrigen Sinne geweckt. Die Bedeutung dieser Worte ging ihnen plötzlich wie eine neue Offenbarung auf, und sie akzeptierten die reine, unverfälschte Wahrheit. Sie machten nun dieselbe wunderbare Erfahrung, die das Leben Jesu geprägt hatte. Das Wort Gottes sprach aus ihnen, seinen berufenen Mit-

Petrus-Statue in Kapernaum am See Genezareth

Nachdem Simon, der Fischer, zu Pfingsten die Kraft des Heiligen Geistes empfangen hatte, wurde aus ihm ein bevollmächtigter Apostel. Während des Pfingstfestes verkündigte er den aus allen Teilen der Welt in Jerusalem versammelten Juden den auferstandenen Christus. Seine Predigt war so überzeugend, dass sich an jenem Tag 3000 Menschen taufen ließen und der christlichen Gemeinde beitraten.

TEIL 8 | GUTE NACHRICHT FÜR ALLE

Obwohl der Apostel Petrus nur ein einfacher Fischer war, schrieb er zwei Briefe, in denen er die Gläubigen ermahnte, sich mit dem Wort Gottes auseinanderzusetzen. Denn »die Menschen sind vergänglich wie das Gras. Mit all ihrer Herrlichkeit ergeht es ihnen nicht anders als den Blumen auf der Wiese. Das Gras verdorrt, und die Blumen verwelken; aber das Wort des Herrn bleibt für immer in Kraft.« (1. Petrus 1,24–25)

arbeitern, und sie verkündeten die einmalige und erstaunliche Wahrheit: »Das Wort ward Fleisch und wohnte unter uns, und wir sahen seine Herrlichkeit, eine Herrlichkeit als des eingeborenen Sohnes vom Vater, voller Gnade und Wahrheit … Und von seiner Fülle haben wir alle genommen Gnade um Gnade.« (Johannes 1,14.16)

Die Apostel forderten die Gläubigen auf, die heiligen Schriften zu lesen. Wenn sie diese richtig verstehen würden, könnten sie sich auf die Ewigkeit vorbereiten. Petrus erkannte, dass jeder Gläubige Phasen der Anfechtung und Prüfung durchmachen wird, die es zu bestehen gilt. Es war ihm aber auch klar, dass ein rechtes Verständnis der heiligen Schriften dem Angefochtenen helfen kann, sich Verheißungen in Erinnerung zu rufen, die ihm Trost spenden und seinen Glauben an den Allmächtigen stärken.

»Alles Fleisch ist wie Gras«, erklärte Petrus (vgl. Jesaja 40,6-8), »und alle seine Herrlichkeit wie des Grases Blume. Das Gras ist verdorrt und die Blume abgefallen; aber des Herrn Wort bleibt in Ewigkeit. Das ist aber das Wort, welches unter euch verkündigt ist.« (1. Petrus 1,24.25) »So legt nun ab alle Bosheit und allen Betrug und Heuchelei und Neid und alle üble Nachrede und seid begierig nach der vernünftigen lauteren Milch wie die neugeborenen Kindlein, damit ihr durch sie zunehmt zu eurem Heil, da ihr ja geschmeckt habt, dass der Herr freundlich ist.« (1. Petrus 2,1-3)

Viele der Gläubigen, an die Petrus seine Briefe richtete, lebten mitten unter den Heiden, und es hing viel davon ab, dass sie ihrer hohen Berufung treu blieben. Darum erinnerte sie der Apostel eindringlich an die Vorzüge, die sie als Nachfolger Christi genossen: »Ihr aber«, schrieb er, »seid das auserwählte Geschlecht, die königliche Priesterschaft, das heilige Volk, das Volk des Eigentums, dass ihr verkündigen sollt die Wohltaten dessen, der euch berufen hat von der Finsternis zu seinem wunderbaren Licht; die ihr einst nicht ein Volk wart, nun aber Gottes Volk seid (vgl. Hosea 2,25), und einst nicht in Gnaden wart, nun aber in Gnaden seid. Liebe Brüder, ich ermahne euch als Fremdlinge und Pilger: Enthaltet euch von fleischlichen Begierden, die gegen die Seele streiten, und führt ein rechtschaffenes Leben unter den Heiden, damit die, die euch verleumden als Übeltäter, eure guten Werke sehen und Gott preisen am Tag der Heimsuchung.« (1. Petrus 2,9-12)

Der Wert des Charakters

Klar umriss der Apostel auch, wie sich der Gläubige dem Staat gegenüber verhalten soll: »Seid untertan aller menschlichen Ordnung um des Herrn willen, es sei dem König als dem Obersten oder den Statthaltern als denen, die von ihm gesandt sind zur Bestrafung der Übeltäter und zum Lob derer, die Gutes tun. Denn das ist der Wille Gottes, dass ihr mit guten Taten den unwissenden und törichten Menschen das Maul stopft – als die Freien, und nicht als hättet ihr die Freiheit zum Deckmantel der Bosheit, sondern als die Knechte Gottes. Ehrt jedermann, habt die Brüder lieb, fürchtet Gott, ehrt den König!« (1. Petrus 2,13-17)

Den Sklaven riet der Apostel, sich den Weisungen ihrer Herren zu fügen »in aller Furcht …, nicht allein den gütigen und freundlichen, sondern auch den wunderlichen. Denn das ist Gnade«, erklärte er, »wenn jemand vor Gott um des Gewissens willen das Übel erträgt und leidet das Unrecht. Denn was ist das für ein Ruhm, wenn ihr um schlechter Taten willen geschlagen werdet und es geduldig ertragt? Aber wenn ihr um guter Taten willen leidet und es ertragt, das ist Gnade bei Gott. Denn dazu seid ihr berufen, da auch Christus gelitten hat für euch und euch ein Vorbild hinterlassen, dass ihr sollt nachfolgen seinen Fußstapfen; er, der keine Sünde getan hat und in dessen Mund sich kein Betrug fand; der nicht widerschmähte, als er geschmäht wurde, nicht drohte, als er litt, er stellte es aber dem anheim, der gerecht richtet; der unsre Sünde selbst hinaufgetragen hat an seinem Leibe auf das Holz, damit wir, der Sünde abgestorben, der Gerechtigkeit leben. Durch seine Wunden seid ihr heil geworden. Denn ihr wart wie die irrenden Schafe; aber ihr seid nun bekehrt zu dem Hirten und Bischof eurer Seelen.« (1. Petrus 2,18-25)

Die gläubigen Frauen forderte der Apostel auf, sittsam zu leben, einfach in ihrer Kleidung und in ihrem Verhalten zu sein. »Euer Schmuck soll nicht äußerlich sein wie Haarflechten, goldene Ketten oder prächtige Kleider, sondern der verborgene Mensch des Herzens im unvergänglichen Schmuck des sanften und stillen Geistes: das ist köstlich vor Gott.« (1. Petrus 3,3.4)

Das gilt für die Gläubigen zu allen Zeiten. »An ihren Früchten sollt ihr sie erkennen.« (Matthäus 7,20) Der innere Schmuck eines sanftmütigen und stillen Geistes ist von unschätzbarem Wert. Im Leben des wahren Christen stimmt der äußere Schmuck mit dem inneren Frieden und der verborgenen Heiligkeit überein. »Will mir jemand nachfolgen«, so sagt Jesus, »der verleugne sich selbst und nehme sein Kreuz auf sich und folge mir.« (Matthäus 16,24) Selbstverleugnung und Opfer kennzeichnen das Leben des Christen. Dass auch der ästhetische Geschmack durch die Bekehrung verändert werden kann, zeigt sich an der Kleidung all jener, die auf dem Weg gehen, den der Herr für die Erlösten bereitet hat.

Es ist recht, Schönheit zu lieben und zu erstreben. Gott möchte aber, dass wir zuerst die Schönheit lieben und erstreben, die unvergänglich ist. Kein äußerer Schmuck kann sich in Bezug auf Wert und Schönheit mit dem »sanften und stillen Geist« und dem »weißen, reinen Leinen« messen (vgl. Offenbarung 19,14), die alle Gläubigen auszeichnen. Dieses Gewand macht sie schon hier auf Erden schön und liebenswert. Später ist es ihr Ausweis, der sie zum Eintritt in den Palast ihres Königs berechtigt. Denn er hat verheißen: »Die werden mit mir einhergehen in weißen Kleidern, denn sie sind's wert.« (Offenbarung 3,4)

Prüfung und Verantwortung

Mit prophetischem Blick schaute Petrus voraus in die gefahrvollen Zeiten, denen die Gemeinde Christi entgegenging. Deshalb ermahnte er die Gläubigen, trotz Anfechtungen und Leiden treu und standhaft zu bleiben: »Ihr Lieben, lasst euch durch die Hitze nicht befremden, die euch widerfährt zu eurer Versuchung.« (1. Petrus 4,12)

Prüfungen sind ein Teil der Erziehung in der Schule Jesu Christi. Dadurch sollen Gottes Kinder von den Schlacken dieser Welt gereinigt werden. Gerade weil Gott seine Kinder führt, kommen Prüfungen auf sie zu. Prüfungen und Hindernisse sind seine ausgewählten Erziehungsmethoden und von ihm festgelegte Voraussetzungen zum Erfolg. Gott, der die Herzen der Menschen erforscht, kennt ihre Schwächen besser als sie selbst. Er sieht in manchen Fähigkeiten, die der Förderung des Werks dienen können, wenn sie

Das Wort Gottes – die Wahrheit – ist das Mittel, durch das der Herr seinen Geist und seine Macht wirksam werden lässt.

in die richtigen Bahnen gelenkt werden. Durch seine Vorsehung lässt er diese Menschen in verschiedene Situationen und Umstände geraten, in denen sie ihre verborgenen Mängel erkennen können. Er gibt ihnen aber auch Gelegenheit, diese Schwächen zu überwinden und für den Dienst des Herrn tüchtig zu werden. Oftmals lässt er sogar zu, dass das Feuer der Anfechtung brennt, damit solche Menschen gereinigt werden.

Gottes Fürsorge für die Gläubigen hört nie auf. Er lässt nur solche Anfechtungen über sie kommen, die zu ihrem jetzigen und ewigen Wohlergehen notwendig sind. Er will seine Gemeinde reinigen, wie Christus seinerzeit den Tempel gereinigt hat. Alles, was er an Anfechtung und Prüfung über sein Volk kommen lässt, soll dazu dienen, dass es tiefere Frömmigkeit entwickelt. Auch soll es größere Kraft gewinnen, um den Sieg des Kreuzes weitertragen zu können.

Im Leben des Petrus gab es eine Zeit, in der er nicht bereit war, das Kreuz im Leben und Werk Christi zu akzeptieren. Als Jesus seine Jünger auf seine bevorstehenden Leiden und seinen Tod hinwies, rief Petrus aus: »Gott bewahre dich, Herr! Das widerfahre dir nur nicht!« (Matthäus 16,22) Selbstmitleid, das ihn von der Teilnahme an Christi Leiden zurückschrecken ließ, hatte Petrus zu dieser Auflehnung getrieben. Dies war eine bittere Lehre für ihn, eine Lektion, die er nur langsam und schwer lernte: dass der Weg Christi auf Erden durch Demütigungen und Todeskampf führen sollte. Aber in der Hitze des Feuerofens sollte er dies lernen. Nun, als die Last der Jahre und seines Wirkens seinen einst immer einsatzbereiten Körper beugte, schrieb er: »Ihr Lieben, lasst euch durch die Hitze nicht befremden, die euch widerfährt zu eurer Versuchung, als widerführe euch etwas Seltsames, sondern freut euch, dass ihr mit Christus leidet, damit ihr auch zur Zeit der Offenbarung seiner Herrlichkeit Freude und Wonne haben mögt.« (1. Petrus 4,12.13)

Die besondere Verantwortung der Hirten

Die Gemeindeältesten wies der Apostel auf ihre Verantwortung als Unterhirten der Herde Christi hin, als er schrieb: »Weidet die Herde Gottes, die euch anbefohlen ist; achtet auf sie, nicht gezwungen, sondern freiwillig, wie es Gott gefällt; nicht um schändlichen Gewinns willen, sondern von Herzensgrund; nicht als Herren über die Gemeinde, sondern als Vorbilder der Herde. So werdet ihr, wenn erscheinen wird der Erzhirte, die unvergängliche Krone der Herrlichkeit empfangen.« (1. Petrus 5,2-4)

Alle, die zu Hirten, d.h. Pastoren, berufen wurden, sollen über die Herde des Herrn mit großer Aufmerksamkeit und Sorgfalt wachen. Das soll aber keine Bewachung im Sinn eines Diktators sein, sondern es soll auf eine Art und Weise geschehen, die ermutigt, stärkt und aufbaut. Der Dienst eines Pastors umfasst mehr als das Predigen; er beinhaltet ernste, persönliche Kontakte. Die Gemeinde auf Erden besteht aus fehlerhaften Männern und Frauen. Geduldige und gewissenhafte Anstrengungen von Seiten des Pastors sind vonnöten, um sie anzuleiten und auszubilden. Schließlich sollen sie in dieser Welt ein annehmbares und nützliches Leben führen und in der Ewigkeit mit Ehre und Unsterblichkeit gekrönt werden. Es braucht Geistliche, treue Hirten, die Gottes Volk weder nach dem Munde reden, noch es hart anpacken. Statt dessen sollen sie der Gemeinde das Brot des Lebens reichen. Es braucht in diesem Dienst Menschen, die in ihrem täglichen Leben die umwandelnde Kraft des Heiligen Geistes spüren. Außerdem müssen sie den Menschen, für die sie arbeiten, eine starke und selbstlose Liebe entgegenbringen.

Die Arbeit eines Hirten im Dienst Jesu erfordert viel Takt. Seine Aufgabe ist es, Streitigkeiten, Bitterkeit, Neid und Eifersucht in der Gemeinde entgegenzutreten. Um vermitteln und schlichten zu können, muss er in der Gesinnung und im Geist Christi vorgehen. Da muss gewissenhaft gewarnt werden, Sünden müssen gerügt,

---

Prüfungen sind ein Teil der Erziehung in der Schule Jesu Christi. Dadurch sollen Gottes Kinder von den Schlacken dieser Welt gereinigt werden.

Unrecht wiedergutmacht werden. Dies kann nicht nur vom Podium oder von der Kanzel herab geschehen; dazu braucht es den persönlichen Einsatz am und für den Einzelnen. Dabei kann es vorkommen, dass sich das widerspenstige Herz eines Gemeindegliedes gegen das Evangelium auflehnt und der Diener Gottes kritisiert oder gar falsch beurteilt wird. Dann soll er an das Wort des Apostels denken: »Die Weisheit … von oben her ist zuerst lauter, dann friedfertig, gütig, lässt sich etwas sagen, ist reich an Barmherzigkeit und guten Früchten, unparteiisch, ohne Heuchelei. Die Frucht der Gerechtigkeit aber wird gesät in Frieden für die, die Frieden stiften.« (Jakobus 3,17.18)

Der Prediger des Evangeliums hat die Aufgabe, »ans Licht zu bringen, wie Gott seinen geheimen Ratschluss ausführt, der von Ewigkeit her verborgen war in ihm.« (Epheser 3,9) Wenn jemand diesen Dienst aufnimmt, aber sich nur den Teil aussucht, der am wenigsten Mühe und Opfer verursacht, wenn er sich nur mit dem Predigen begnügt und die seelsorgerische Arbeit andern überlässt, kann Gott an seiner Arbeit kein Wohlgefallen finden. Menschen, für die Christus gestorben ist, gehen verloren, weil es an gezielter, persönlicher Arbeit von Mensch zu Mensch mangelt. Wer in den Predigtdienst eintritt, aber den persönlichen Einsatz in der Seelsorge scheut, hat seine Berufung nicht verstanden.

Den wahren Hirten kennzeichnet eine selbstlose Gesinnung. Der wahre Hirte verliert sich selbst aus den Augen, damit er Gottes Werk vollbringen kann. Durch Predigen des Wortes und durch seine Besuche bei den Gemeindegliedern lernt er ihre Bedürfnisse, Sorgen und Anfechtungen kennen. Im Zusammenwirken mit Christus, dem großen Lastenträger, nimmt er Anteil an ihren Kümmernissen, spendet Trost in ihrer Not, stillt ihren geistlichen Hunger und gewinnt ihre Herzen für Gott. Bei solcher Arbeit wird er von Engeln Gottes begleitet. Er selbst gewinnt dabei ein tieferes Verständnis von der Wahrheit, die uns zur Seligkeit unterweisen kann.

Auf Treue gegründet

In Verbindung mit seinen Richtlinien für die Verantwortungsträger in der Gemeinde stellte der Apostel einige allgemeine Grundsätze auf, die von allen Gemeindegliedern befolgt werden sollten. So ermahnte er die Jüngeren in der Gemeinde, dem Beispiel der Gemeindeleiter in christlicher Demut zu folgen: »Desgleichen, ihr Jüngeren, ordnet euch den Ältesten unter. Alle aber miteinander haltet fest an der Demut; denn Gott widersteht den Hochmütigen, aber den Demütigen gibt er Gnade. So demütigt euch nun unter die gewaltige Hand Gottes, damit er euch erhöhe zu seiner Zeit. Alle eure Sorge werft auf ihn; denn er sorgt für euch. Seid nüchtern und wacht; denn euer Widersacher, der Teufel, geht umher wie ein brüllender Löwe und sucht, wen er verschlinge. Dem widersteht, fest im Glauben.« (1. Petrus 5,5-9)

Petrus schrieb dies zu einer Zeit, als die Gläubigen von einer besonderen Anfechtung heimgesucht wurden. Viele hatten bereits wegen ihres Glaubens an Christus Leid auf sich nehmen müssen. Bald sollte eine Zeit schrecklicher Verfolgung über die Gemeinde hereinbrechen. Nur wenige Jahre später würden viele von denen, die in der Gemeinde als Lehrer und Leiter gewirkt hatten, für das Evangelium ihr Leben lassen. Bald würden gräuliche Wölfe einfallen und die Herde nicht verschonen. Aber nichts von alledem sollte die entmutigen, die ihre Hoffnung ganz auf Christus setzten. Mit Worten der Ermutigung und der Aufmunterung lenkte Petrus die Gedanken der Gläubigen von den gegenwärtigen Prüfungen und kommenden Verfolgungen hin »zu einem unvergänglichen und unbefleckten und unverwelklichen Erbe.« (1. Petrus 1,4) Inständig betete er: »Der Gott aber aller Gnade, der euch berufen hat zu seiner ewigen Herrlichkeit in Christus, der wird euch, die ihr eine kleine Zeit leidet, vorbereiten, stärken, kräftigen, gründen.« (1. Petrus 5,10.11)

> *Mit Worten der Ermutigung und der Aufmunterung lenkte Petrus die Gedanken der Gläubigen von den gegenwärtigen Prüfungen und kommenden Verfolgungen hin »zu einem unvergänglichen und unbefleckten und unverwelklichen Erbe«*
>
> 1. Petrus 1,4

Kapitel 52 Standhaft bis ans Ende

Der zweite Petrusbrief

Seinen zweiten Brief schrieb Petrus, um den Glauben der Gemeinde und ihre Hoffnung auf die Wiederkunft Jesu zu stärken und die Christen vor Abweichungen von der reinen Lehre zu warnen. Er wusste: »Gott hat uns einen neuen Himmel und eine neue Erde versprochen.« (2. Petrus 3,13)

In seinem zweiten Brief erklärt Petrus jenen, die »denselben teuren Glauben« (2. Petrus 1,1) erlangt hatten wie er, den Plan Gottes zur Bildung eines christlichen Charakters. Er schreibt:

»Gnade sei mit euch und Friede in Fülle durch die Erkenntnis Gottes und Jesu, unseres Herrn. Alles, was für das Leben und die Frömmigkeit nötig ist, hat uns seine göttliche Kraft geschenkt durch die Erkenntnis dessen, der uns in seiner Herrlichkeit und Güte berufen hat. Dadurch hat er uns auch die kostbaren und überaus großen Verheißungen geschenkt, durch die ihr Anteil an der göttlichen Natur bekommen sollt, wenn ihr dem Verderben, das durch die Begierde in der Welt wirksam ist, entflohen seid. Und eben darum sollt ihr euch eifrig bemühen, in eurem Glauben Tugend zu zeigen, in der Tugend Einsicht, in der Einsicht Selbstbeherrschung, in der Selbstbeherrschung Beharrlichkeit, in der Beharrlichkeit Frömmigkeit, in der Frömmigkeit Menschenfreundlichkeit, in der Menschenfreundlichkeit Liebe. Denn das alles, was bei euch wirksam ist und sich mehrt, läßt euch weder untätig noch erfolglos sein, wenn es um die Erkenntnis unseres Herrn Jesus Christus geht.« (2. Petrus 1,2-8 ZÜ)

Diese Worte enthalten eine Fülle von Unterweisungen und lassen deutlich einen siegreichen Grundton erkennen. Der Apostel zeigt den Gläubigen die Stufenleiter des geistlichen Wachstums. Dabei bedeutet jede Sprosse eine Vertiefung der Gotteserkenntnis. Beim Besteigen dieser Leiter darf es für den Gläubigen keinen Stillstand geben. Glaube, Tugend, Erkenntnis, Mäßigkeit, Geduld, Frömmigkeit, brüderliche Liebe und die Liebe zu allen Menschen sind die Sprossen der Leiter. Wir werden gerettet, wenn wir Sprosse um Sprosse, Stufe um Stufe erklimmen, bis wir die Höhe des Ideals erreichen, das Christus uns vorgegeben hat. Denn Jesus ist »uns von Gott gemacht … zur Weisheit und zur Gerechtigkeit und zur Heiligung und zur Erlösung.« (1. Korinther 1,30)

Vollkommenheit durch Gotteserkenntnis

Gott hat sein Volk zu Tugend und Herrlichkeit berufen. Beide zeigen sich im Leben aller, die wirklich mit ihm verbunden sind. Da diese Gläubigen die himmlische Gabe empfangen haben, sollen sie nun dem Ziel der Vollkommenheit entgegengehen. Dabei werden sie »in der Kraft Gottes durch Glauben bewahrt.« (1. Petrus 1,5. Elb.) Es dient zu Gottes Ruhm und Ehre, dass er den Gläubigen seine Tugenden verleiht. Es freut ihn zu sehen, wenn Männer und Frauen das höchste Niveau erreichen. Wenn sie sich im Glauben auf die Kraft Christi verlassen, wenn sie sich auf seine untrüglichen Zusagen berufen und sie für sich persönlich in Anspruch nehmen, wenn sie mit einer unbeirrbaren Beharrlichkeit nach der Kraft des Heiligen Geistes verlangen, dann werden sie auch in Christus zur Vollkommenheit gebracht.

Hat jemand zum Glauben an das Evangelium gefunden, besteht der nächste Schritt darin, einen tugendhaften Charakter zu entwickeln. Auf diese Weise soll er sein Herz reinigen und seinen Geist für den Empfang weiterer Gotteserkenntnis vorbereiten. Denn Gotteserkenntnis ist die Grundlage wahrer Erziehung und Bildung, und auch jedes echten Dienstes für Gott. Sie ist der einzige wirkliche Schutzschild gegen alle Arten der Versuchung, und nur durch sie kann unser Charakter dem Wesen Gottes ähnlich werden. Durch die Erkenntnis Gottes und seines Sohnes Jesus Christus erhält der Gläubige »alles, was zum Leben und zur Frömmigkeit dient.« (2. Petrus 1,3) Keine gute Gabe wird dem vorenthalten, der sich aufrichtig danach sehnt, die Gerechtigkeit Gottes zu erlangen.

»Das ist aber das ewige Leben«, sagte Christus, »dass sie dich, der du allein wahrer Gott bist, und den du gesandt hast, Jesus Christus, erkennen.« (Johannes 17,3) Und der Prophet Jeremia erklärte: »Ein Weiser rühme sich nicht seiner Weisheit, ein Starker rühme sich nicht seiner Stärke, ein Reicher rühme sich nicht seines Reichtums. Sondern wer sich rühmen will, der rühme sich dessen, dass er klug sei und mich kenne, dass ich der Herr bin, der Barmherzigkeit, Recht und Gerechtigkeit übt auf Erden; denn solches gefällt mir, spricht der Herr.« (Jeremia 9,22.23) Unser Verstand kann sich kaum eine Vorstellung von der Breite, Tiefe und Höhe der geistlichen Errungenschaft eines Menschen machen, der diese Erkenntnis gewonnen hat.

In seinem Bestreben, innerhalb unserer menschlichen Begrenztheit einen vollkommenen christlichen Charakter zu erreichen, braucht keiner zu scheitern. Durch das Opfer Christi hat Gott es jedem Gläubigen ermöglicht, alles zu erhalten, was zu einem Gott wohlgefälligen Lebensstil nötig ist. Gott fordert uns auf, Vollkommenheit zu erreichen. Dazu stellt er uns das leuchtende Beispiel des Charakters Christi vor Augen. Während er als Mensch auf Erden lebte, ist er durch seinen beharrlichen Widerstand gegen das Böse zur Vollkommenheit gelangt. Auf diese Weise hat uns Jesus gezeigt, dass man durch enge Zusammenarbeit mit Gott einen vollkommenen Charakter entwickeln kann. Damit sichert uns Gott zu, dass auch wir einen vollständigen Sieg erringen können.

Jedem Gläubigen wird somit die wunderbare Möglichkeit angeboten, Christus darin ähnlich zu werden, allen Forderungen des Gesetzes zu gehorchen. Doch aus sich selbst ist der Mensch absolut unfähig, diesen Zustand zu erreichen. Die Heiligkeit aber, die er gemäß dem Wort Gottes haben muss, bevor er gerettet werden kann, ist die Frucht der göttlichen Gnade. Sie entfaltet sich, wenn der Mensch in Demut die Erziehungsmaßnahmen und den Einfluss des Heiligen Geistes akzeptiert. Nur der Weihrauch der Gerechtigkeit Christi kann unseren Gehorsam vollkommen machen; nur er macht unsere Taten vor Gott angenehm. Doch auch der Christ hat eine Rolle zu übernehmen: Er muss beharrlich daran arbeiten, seine Fehler zu überwinden. Ständig muss er Christus bit-

> *Der Apostel zeigt den Gläubigen die Stufenleiter des geistlichen Wachstums. Dabei bedeutet jede Sprosse eine Vertiefung der Gotteserkenntnis. Beim Besteigen dieser Leiter darf es für den Gläubigen keinen Stillstand geben. Glaube, Tugend, Erkenntnis, Mäßigkeit, Geduld, Frömmigkeit, brüderliche Liebe und die Liebe zu allen Menschen sind die Sprossen der Leiter.*

ten, das Durcheinander seines sündenkranken Wesens zu ordnen und zu heilen. In sich selbst hat der Mensch weder die Weisheit noch die Kraft zur Überwindung seiner Mängel und Schwächen. Diese Fähigkeiten besitzt nur der Herr, und er allein verleiht sie denen, die ihn demütig und reuevoll um Hilfe bitten.

Die Umwandlung eines ungeheilten Menschen zu einem geheiligten ist ein andauernder Prozess. Gott arbeitet Tag für Tag an der Heiligung des Menschen. Der Mensch seinerseits muss mit Gott zusammenwirken. Beharrlich muss er sich darum bemühen, gute Gewohnheiten einzuüben und seine Tugenden zu vermehren. Und während er so eine Tugend nach der anderen entwickelt, ist Gott bereit, diese Gaben zu multiplizieren. Jesus Christus ist immer bereit, die Gebete eines reumütigen Herzens zu erhören. So werden seine treuen Nachfolger mit Gnade und Frieden überhäuft. In ihrem Kampf gegen das Böse, das überall auf sie lauert, ist Gott stets gerne bereit, sie im notwendigen Maß zu segnen.

Heilung durch Standhaftigkeit

Es gibt Christen, die anfänglich im geistlichen Leben gute Fortschritte machen. Im Lauf der Zeit beginnen sie jedoch, ihr Vertrauen in ihre eigene Kraft zu setzen. Schon bald verlieren sie Jesus, den Anfänger und Vollender ihres Glaubens, aus den Augen. Das Ergebnis ist ein kompletter Fehlschlag – der Verlust all dessen, was sie schon erreicht hatten. Wirklich traurig ist die Lage derer, die auf ihrem Glaubensweg missmutig werden. Dadurch erlauben sie dem Feind, sie aller christlichen Tugenden zu berauben, die sich in ihrem Herzen und Leben entfaltet hatten. »Wer dies aber nicht hat«, erklärte der Apostel, »der ist blind und tappt im Dunkeln und hat vergessen, dass er rein geworden ist von seinen früheren Sünden.« (2. Petrus 1,9)

Der Apostel Petrus hatte eine reiche Erfahrung in geistlichen Dingen. Sein Vertrauen in Gottes Erlösermacht war mit den Jahren immer stärker geworden. Nun hatte er die zweifelsfreie Gewissheit, dass der nicht scheitern kann, der im Glauben voranschreitet und dabei Sprosse um Sprosse auf der Leiter des geistlichen Wachstums erklimmt, immer vorwärts und aufwärts, bis zur letzten Sprosse, die an die Pforten des Himmels reicht.

Schon viele Jahre lang hatte Petrus den Gläubigen nahegelegt, wie notwendig ein ständiges Wachstum in der Gnade und auch in der Erkenntnis der Wahrheit ist. Und jetzt, da er wusste, dass er um seines Glaubens willen bald den Märtyrertod erleiden würde, wies er die Gläubigen nochmals auf die großartigen Möglichkeiten und Vorzüge hin, die sich jeder Christ aneignen kann. In voller Glaubensgewissheit ermutigte der betagte Apostel seine Mitgläubigen, entschlossen und bestimmt am Ziel ihres christlichen Lebens festzuhalten. Er bat sie inständig: »Bemüht euch desto mehr, eure Berufung und Erwählung festzumachen. Denn wenn ihr dies tut, werdet ihr nicht straucheln, und so wird euch reichlich gewährt werden der Eingang in das ewige Reich unseres Herrn und Heilands Jesus Christus.« (2. Petrus 1,10.11) Eine wunderbare Zusicherung! Eine großartige Gewissheit! Eine herrliche Hoffnung hat

Als Petrus seinen zweiten Brief schrieb, ahnte er, dass er wegen seines Glaubens bald den Märtyrertod sterben würde. Er riet den Gläubigen: »Lebt mehr und mehr aus der Gnade unseres Herrn und Retters Jesus Christus und lernt ihn immer tiefer erkennen.« (2. Petrus 3,18) – Der Glaube des Christen gleicht einer gesunden Pflanze, die beständig wächst, wenn sie genügend Wasser und die notwendigen Nährstoffe erhält.

der Christ vor Augen, sofern er im Glauben vorangeht, den Höhen der christlichen Vollkommenheit entgegen.

»Darum«, fuhr der Apostel fort, »will ich's nicht lassen, euch allezeit daran zu erinnern, obwohl ihr's wisst und gestärkt seid in der Wahrheit, die unter euch ist. Ich halte es aber für richtig, solange ich in dieser Hütte bin, euch zu erwecken und zu erinnern; denn ich weiß, dass ich meine Hütte bald verlassen muss, wie es mir auch unser Herr Jesus Christus eröffnet hat. Ich will mich aber bemühen, dass ihr dies allezeit auch nach meinem Hinscheiden im Gedächtnis behalten könnt.« (2. Petrus 1,12-15)

Der Apostel war bestens geeignet, über die Pläne und Ziele zu sprechen, die Gott mit den Menschen hat. Während Christi Wirken auf Erden hatte er nämlich vieles über das Reich Gottes sehen und hören dürfen. »Wir sind nicht ausgeklügelten Fabeln gefolgt«, mahnte er die Gläubigen, »als wir euch kundgetan haben die Kraft und das Kommen unseres Herrn Jesus Christus; sondern wir haben seine Herrlichkeit selber gesehen. Denn er empfing von Gott, dem Vater, Ehre und Preis durch eine Stimme, die zu ihm kam von der großen Herrlichkeit: Dies ist mein lieber Sohn, an dem ich Wohlgefallen habe. Und diese Stimme haben wir gehört vom Himmel kommen, als wir mit ihm waren auf dem heiligen Berge.« (2. Petrus 1,16-18)

Führung durch das prophetische Wort

Dieser Beweis für die Zuverlässigkeit der christlichen Hoffnung war an sich schon überzeugend genug. Aber ein weiterer, noch überzeugenderer Beweis findet sich im Zeugnis der Prophetie. Sie kann den Glauben aller stärken und einen sicheren Halt und Anker bieten. »Eine umso festere Grundlage haben wir darum im prophetischen Wort, und ihr tut gut daran, darauf zu achten, wie auf ein Licht, das an einem dunklen Ort scheint, bis der Tag anbricht und der Morgenstern aufgeht in euren Herzen. Denn – das sollt ihr vor allem anderen wissen – keine Weissagung der Schrift verdankt sich menschlicher An-

Trockener Brunnenschacht, Beersheba, Israel.

schauung. Denn was an Weissagung einst ergangen ist, geht nicht auf den Willen eines Menschen zurück, vielmehr haben, getrieben vom Heiligen Geist, Menschen im Auftrag Gottes gesprochen.« (2. Petrus 1, 19-21 ZÜ)

Der Apostel wies einerseits deutlich auf das prophetische Wort hin, das uns in Zeiten der Gefahr ein sicherer Führer sein soll. Gleichzeitig aber warnte er vor der Fackel falscher Prophetie, die von falschen Lehrern, »die verderbliche Irrlehren einführen und den Herrn verleugnen« (2. Petrus 2,1), hochgehalten wird. Diese Irrlehrer würden unter den Christen aufkommen und von vielen Gläubigen als echt angesehen werden. Der Apostel vergleicht sie mit »Brunnen ohne Wasser und Wolken, vom Wirbelwind umhergetrieben, ihr Los ist die dunkelste Finsternis.« (2. Petrus 2,17) Es ist »mit ihnen am Ende ärger geworden als vorher«, versicherte er. »Denn es wäre besser für sie gewesen, dass sie den Weg der Gerechtigkeit nicht erkannt hätten, als dass

In Gottes Volk hat es stets falsche Lehrer und Propheten gegeben, die Jesu Worte mit fantasievollen Auslegungen umzudeuten versuchten. Auch heute gibt es solche. Diese Menschen, sagt Petrus, »sind wie Quellen, die kein Wasser geben, wie Wolken ohne Regen, die der Wind auseinander treibt. ... Sie reden hochtrabende, leere Worte.« (2. Petrus 2, 17–18)

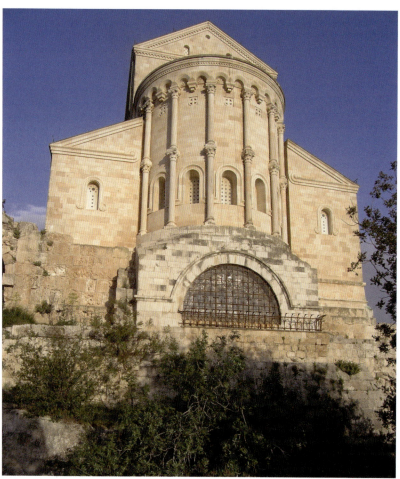
Kirche auf dem Berg der Verklärung in Israel

Petrus lernte an der Seite Jesu die frohe Botschaft kennen, und er durfte die Herrlichkeit Gottes auf dem Verklärungsberg sehen. Diese Erfahrungen fasste er in folgenden Worten zusammen: »Wir haben uns nicht auf geschickt erfundene Märchen gestützt, als wir euch das Kommen unseres Herrn Jesus Christus in Macht und Herrlichkeit bekannt machten. Wir haben mit eigenen Augen seine göttliche Hoheit gesehen.« (2. Petrus 1,16)

sie ihn kennen und sich abkehren von dem heiligen Gebot, das ihnen gegeben ist.« (2. Petrus 2,20.21)

Dann schaute er durch Jahrhunderte in die Zeit des Endes, und unter dem Einfluss des Heiligen Geistes beschrieb er die Zustände, die kurz vor der Wiederkunft Christi in der Welt herrschen werden: »Ihr sollt vor allem wissen, dass in den letzten Tagen Spötter kommen werden, die ihren Spott treiben, ihren eigenen Begierden nachgehen und sagen: Wo bleibt die Verheißung seines Kommens? Denn nachdem die Väter entschlafen sind, bleibt es alles, wie es von Anfang der Schöpfung gewesen ist.« (2. Petrus 3,3.4) Der Apostel Paulus ergänzt: »Wenn sie sagen werden: Es ist Friede, es hat keine Gefahr –, dann wird sie das Verderben schnell überfallen.« (1. Thessalonicher 5,3) Doch nicht alle werden sich von den Täuschungen Satans umgarnen lassen. Wenn das Ende alles Irdischen hereinbricht, werden treue Gläubige die Zeichen der Zeit erkennen können. Viele Christen, die es nur dem Namen nach sind, werden im täglichen Leben den Glauben durch ihre Werke verleugnen. Aber ein Rest wird bis zum Ende ausharren.

Petrus hielt die Hoffnung auf die Wiederkunft Christi in seinem Herzen lebendig, und er versicherte der Gemeinde, dass Jesus sein Versprechen ganz gewiss erfüllen werde. Er hatte nämlich zu seinen Jüngern gesagt: »Wenn ich hingehe, euch die Stätte zu bereiten, will ich wiederkommen und euch zu mir nehmen.« (Johannes 14,3) Für die vielgeprüften, treuen Gläubigen mag es so aussehen, als würde sich die Wiederkunft hinauszögern, aber der Apostel versicherte ihnen: »Der Herr zögert nicht, die Verheißung zu erfüllen, wie einige meinen, sondern ist geduldig mit euch; er will nicht, dass einige zugrunde gehen, sondern vielmehr, dass alle den Weg der Umkehr einschlagen. Der Tag des Herrn aber wird kommen wie ein Dieb; dann wird der Himmel verschwinden mit grossem Getöse, die Elemente des Alls werden sich in der Hitze auflösen, und die Erde, die Werke, die auf ihr vollbracht wurden, werden zutage kommen. Wenn sich nun dies alles derart auflöst, wie entschlossen müsst ihr dann euer Leben führen, heilig und fromm! Wartet auf den Tag Gottes und beschleunigt seine Ankunft – seinetwegen wird der Himmel sich auflösen im Feuer, und die Elemente des Alls schmelzen in der Hitze. Wir warten aber aufgrund seiner Verheißung auf einen neuen Himmel und eine neue Erde, in denen Gerechtigkeit wohnt.

Darum, meine Geliebten, setzt in solcher Erwartung alles daran, ohne Fehl und Makel vor ihm zu erscheinen, so dass ihr nichts befürchten müsst! Und seid euch bewusst, dass die Langmut unseres Herrn eure Rettung bedeutet; so hat es euch ja auch unser geliebter Bruder Paulus in der ihm geschenkten Weisheit geschrieben … Ihr, meine Geliebten, wisst dies alles nun im Voraus; gebt also acht, dass ihr vom Irrtum der Frevler nicht mitgerissen werdet und euren sicheren Halt verliert! Wachst vielmehr in der Gnade und Erkenntnis unseres Herrn und Retters Jesus Christus.« (2. Petrus 3,9-18 ZÜ)

Bereit zum Martyrium

Die Vorsehung Gottes erlaubte es Petrus, seinen Missionsdienst in Rom abzuschließen. Kaiser Nero hatte seine Gefangennahme ungefähr zur selben Zeit angeordnet, als er Paulus zum zweiten Mal verhaften ließ. So legten die beiden im Dienst für Gott ergrauten Apostel, die viele Jahre lang weit getrennt voneinander gearbeitet hatten, in Rom, der Metropole der damaligen Welt, ihr letztes Zeugnis für Christus ab. Ihr Blut sollte dort zu einem Samen für eine reiche Ernte von Gläubigen und Märtyrern werden.

Seit der Wiedereinsetzung als Apostel, die nach seiner Verleugnung Christi notwendig geworden war, hatte Petrus unbeirrt und unerschrocken jeder Gefahr ins Auge geblickt. Mit edlem Mut hatte er den gekreuzigten, auferstandenen und in den Himmel aufgenommenen Erlöser verkündet. Im Kerker erinnerte er sich nun an die Worte, die Jesus zu ihm gesagt hatte: »Wahrlich, wahrlich, ich sage dir: Als du jünger warst, gürtetest du dich selbst und gingst, wo du hin wolltest; wenn du aber alt wirst, wirst du deine Hände ausstrecken, und ein anderer wird dich gürten und führen, wo du nicht hin willst.« (Johannes 21,18) Jesus hatte damit seinem Jünger dessen genaue Todesart offenbart und ihm sogar das Ausbreiten seiner Hände am Kreuz vorausgesagt.

Als Jude und Ausländer wurde Petrus zur Geißelung und Kreuzigung verurteilt. In Erwartung seines furchtbaren Todes erinnerte sich der Apostel an seine schwere Sünde, als er Jesus in der Stunde des Verhörs verleugnet hatte. So wenig er damals bereit war, sich zum Kreuz zu bekennen, so groß war jetzt seine Genugtuung, sein Leben für das Evangelium hinzugeben. Dass er, der einst seinen Herrn verleugnet hatte, nun auf die gleiche Weise wie sein Meister sterben sollte, dies war für ihn eine zu große Ehre.

Petrus hatte seine Sünde aufrichtig bereut und von Christus Vergebung erhalten. Dies zeigt der Auftrag, den er von Jesus erhielt, die Schafe und Lämmer der Herde zu weiden. Sich selber konnte Petrus aber nie verzeihen. Nicht einmal der Gedanke an die letzten, schrecklichen Todesqualen vermochten die Bitterkeit seiner Trauer und seiner Reue zu lindern. Als letzte Gunst erbat er sich von seinen Henkern, mit dem Kopf nach unten ans Kreuz genagelt zu werden, was ihm gewährt wurde. Auf diese Weise verstarb der große Apostel Petrus.

Der Missionsdienst des Petrus fand in Rom sein Ende. Hier wurde er auf Befehl von Kaiser Nero gefangen genommen, gefoltert und auf eigenen Wunsch von seinen Henkern mit dem Kopf nach unten ans Kreuz genagelt. Er empfand es als eine zu große Ehre, auf die gleiche Weise wie sein Meister zu sterben.

Die Kreuzigung des Petrus; Gemälde von Michelangelo Caravaggio

Kapitel 53: Johannes, der geliebte Jünger

Grab des Johannes in den Ruinen der Johannesbasilika in Ephesus

Johannes war eine der großen Säulen der Urgemeinde. Die besondere Freundschaft zwischen ihm und Jesus und die Zuneigung, die dieser für ihn hegte, trug ihm die Bezeichnung »Lieblingsjünger« ein. Er war der jüngste Apostel und erreichte von allen das höchste Alter. Über viele Jahrzehnte verfolgte er das Wachstum der Gemeinden und warnte dort, wo der Glaubensabfall begann. Der Tradition nach wurde Johannes in Ephesus begraben.

Johannes wird unter den Aposteln hervorgehoben als der Jünger, »den Jesus lieb hatte.« (Johannes 21,20) Er genoss offenbar in besonderer Weise die Freundschaft Christi und erhielt von ihm viele Zeichen des Vertrauens und der Liebe. So war er einer von den Dreien, die Jesus zu Zeugen seiner Verherrlichung auf dem Verklärungsberg und seines Todeskampfes in Gethsemane werden ließ. Ihm übertrug der Herr in den letzten Stunden seines Leidens am Kreuz die Aufgabe, für seine Mutter zu sorgen.

Johannes erwiderte die freundschaftliche Zuneigung Jesu mit der ganzen Kraft einer begeisterten Hingabe. Er blieb so dicht bei Jesus, wie sich eine Weinrebe um ihren Stützpfahl rankt. Um seines Herrn willen trotzte er allen Gefahren und hielt sich sogar beim Prozess gegen Jesus in der Gerichtshalle auf. Danach war er bei der kleinen Schar unter dem Kreuz zu finden. Und als sich die Nachricht verbreitete, dass Christus auferstanden war, rannte er schnell zum Grab und überholte dabei selbst den ungestümen Petrus.

Die Verwandlung des Donnerssohnes

Die vertrauensvolle Liebe und die selbstlose Hingabe, die sich im Leben und Charakter des Johannes zeigten, bieten der christlichen Gemeinde Lehren von unschätzbarem Wert. Von Natur aus besaß Johannes keinen so liebenswürdigen Charakter, wie wir ihn aus seinem späteren Leben kennen. Er hatte erhebliche Charaktermängel. Er war nicht nur stolz, selbstbewusst und ehrsüchtig, sondern auch ungestüm und voller Groll bei erlittenem Unrecht. Er und sein Bruder wurden deshalb »Donnerssöhne« (Markus 3,17) genannt.

Der geliebte Jünger war aufbrausend und zornig, dazu rach- und kritiksüchtig. Aber hinter all diesen Charaktermängeln sah Jesus ein warmes, aufrichtiges und liebevolles Herz. Jesus tadelte seine Selbstsucht, enttäuschte seinen Ehrgeiz und stellte den Glauben des Johannes auf die Probe. Doch offenbarte er dem Jünger auch das, wonach dessen Herz sich sehnte: die Schönheit eines geheiligten Charakters und die umwandelnde Macht der Liebe.

Während Johannes mit Jesus zusammen war, traten die Mängel in seinem Charakter bei verschiedenen Gelegenheiten deutlich hervor. Einmal schickte Jesus Boten in ein Dorf in Samaria und bat die Einwohner, ihm und seinen Jüngern eine Unterkunft bereitzumachen. Als Jesus aber in die Nähe des Ortes kam, merkten sie, dass er nach Jerusalem weiterziehen wollte. Das erregte den Widerwillen der Samariter. Anstatt ihn zu einem Aufenthalt einzuladen, versagten sie ihm die Gastfreundschaft, die sie sonst jedem Fremden entgegenbrachten. Da Jesus seine Gegenwart niemandem aufdrängt, entging den Samaritern der Segen, den sie erhalten hätten, wenn sie Jesus als Gast willkommen geheißen hätten.

Die Jünger wussten, dass Christus den Wunsch hatte, die Samariter durch seine Gegenwart zu segnen. Die Kälte, Eifersucht und Respektlosigkeit der Samariter gegenüber Jesus überraschte und empörte sie. Jakobus und Johannes waren besonders verärgert. Eine so schlechte Behandlung ihres Meisters, den sie so sehr verehrten, war für sie ein riesengroßes Unrecht. Das musste umgehend bestraft werden. In ihrem Eifer fragten sie Jesus: »Herr, das brauchst du dir doch nicht gefallen zu lassen! Wenn du willst, lassen wir Feuer vom Himmel fallen wie damals Elia, damit sie alle verbrennen!« (Lukas 9,54 Hfa) Dabei wiesen sie auf die Vernichtung des samaritanischen Hauptmanns und seiner Soldaten hin, die seinerzeit ausgesandt worden waren, um den Propheten Elia festzunehmen (vgl. 2. Könige 1,9.10). Erstaunt stellten die Jünger fest, dass ihre Worte Jesus weh taten. Noch mehr überrascht waren sie, als sie seinen Tadel einstecken mussten: »Jesus aber wandte sich um und wies sie zurecht.« (Lukas 9,55)

Es gehört nicht zum Missionsauftrag Christi, Menschen zum Glauben an ihn zu zwingen. Nur Satan und Menschen, die von ihm beherrscht werden, wollen Gewissenszwang ausüben. Unter dem Vorwand, sich für Gerechtigkeit einzusetzen, fügen Menschen, die mit satanischen Engeln im Bund stehen, ihren Mitmenschen manchmal Leid zu. Dadurch wollen sie anderen ihre religiösen Anschauungen aufzwingen. Christus dagegen erweist sich immer als gnädig, er möchte die Menschen allein durch die Offenbarung seiner Liebe für sich gewinnen. Er duldet weder einen Rivalen in unseren Herzen, noch gibt er sich mit einem halbherzigen Glauben zufrieden. Er wünscht sich von uns, dass wir aus freien Stücken an ihn glauben und ihm dienen. Es kommt ihm darauf an, dass wir uns ihm freiwillig, unter dem sanften Werben seiner Liebe, übergeben. Menschen müssen von sich aus gewillt sein, ihr Herz der Liebe des Erlösers zu übergeben.

Karrieregelüste bleiben unbefriedigt

Bei einer anderen Gelegenheit traten Jakobus und Johannes durch ihre Mutter mit einer besonderen Bitte an Jesus heran. Sie forderte ihn dazu auf, ihren Söhnen in seinem Reich die höchsten Ehrenämter zu übertragen. Ungeachtet seiner wiederholten Aussagen über die Art seines Königreichs hegten diese jungen Nachfolger Jesu noch immer die Hoffnung auf einen Messias-König, der in Übereinstimmung mit ihren menschlichen Vorstellungen einen irdischen Thron besteigen und königliche Macht ausüben werde. Ihre Mutter, die einen Ehrenplatz für ihre Söhne in diesem Königreich begehrte, bat ihn: »Lass diese meine beiden Söhne sitzen in deinem Reich einen zu deiner Rechten und den andern zu deiner Linken.« (Matthäus 20,21)

Jesus erwiderte darauf: »Ihr wisst nicht, was ihr bittet. Könnt ihr den Kelch trinken, den ich trinke, oder euch taufen lassen mit der Taufe, mit der ich getauft werde?« (Markus 10,38) Sie erinnerten

> *Von Natur aus besaß Johannes keinen so liebenswürdigen Charakter, wie wir ihn aus seinem späteren Leben kennen. Er hatte erhebliche Charaktermängel. Er und sein Bruder wurden deshalb »Donnerssöhne« genannt.*

sich an seine geheimnisvollen Worte, die auf sein Leiden und Sterben hinwiesen. Trotzdem antworteten sie voller Zuversicht: »Ja, das können wir.« (Matthäus 20,22) Sie würden es als ihre größte Ehre ansehen, ihm ihre absolute Treue zu beweisen. Bei allem, was ihm zustoßen sollte, wollten sie an seiner Seite stehen.

»Ihr werdet zwar den Kelch trinken, den ich trinke, und getauft werden mit der Taufe, mit der ich getauft werde« (Markus 10,39), erklärte ihnen Jesus daraufhin, denn nicht ein Thron, sondern ein Kreuz erwartete ihn, mit zwei Übeltätern als Gefährten, einer zu seiner Rechten und einer zu seiner Linken. Jakobus und Johannes sollten wie ihr Meister durch Leiden gehen: Den einen sollte schon bald der Tod durch das Schwert ereilen, der andere sollte am längsten von allen Jüngern seinem Herrn in Schmach und Verfolgung dienen. Jesus fuhr fort: »Aber das Sitzen zu meiner Rechten und Linken zu geben, steht mir nicht zu. Das wird denen zuteil, für die es bestimmt ist von meinem Vater.« (Matthäus 20,23)

Jesus kannte die Gründe, die die Jünger zu dieser Bitte veranlasst hatten. Er tadelte deshalb ihren Stolz und Ehrgeiz mit den Worten: »Ihr wisst, dass die Herrscher ihre Völker niederhalten und die Mächtigen ihnen Gewalt antun. So soll es nicht sein unter euch; sondern wer unter euch groß sein will, der sei euer Diener; und wer unter euch der Erste sein will, der sei euer Knecht, so wie der Menschensohn nicht gekommen ist, dass er sich dienen lasse, sondern dass er diene und gebe sein Leben zu einer Erlösung für viele.« (Matthäus 20,25-28)

Im Reich Gottes werden ehrenvolle Stellungen nicht durch Begünstigung erlangt. Man kann sie weder verdienen, noch werden sie willkürlich verliehen, sie sind vielmehr die Frucht des Charakters. Krone und Thron sind Zeichen eines erreichten Zieles, Zeichen der Selbstüberwindung durch die Gnade unseres Herrn Jesus Christus.

Lange Zeit später, als Johannes ein Leidensgenosse mit Christus geworden war und ihn nun besser verstand, offenbarte ihm der Herr Jesus unter welchen Voraussetzungen man Teilhaber seines Reiches werden kann. »Wer überwindet«, sagte er, »dem will ich geben, mit mir auf meinem Thron zu sitzen, wie auch ich überwunden habe und mich gesetzt habe mit meinem Vater auf seinen Thron.« (Offenbarung 3,21) Wer Christus am nächsten steht, hat am meisten von seiner selbstaufopfernden Liebe in sich aufgenommen. Diese Liebe »prahlt nicht, sie bläht sich nicht auf, sie tut nichts Unschickliches, sie sucht nicht das Ihre, sie lässt sich nicht erbittern, sie rechnet das Böse nicht an.« (1. Korinther 13,5 ZÜ) Diese Liebe spornt den Jünger so an, wie sie auch unseren Herrn angespornt hat, nämlich restlos alles für andere einzusetzen. Um die Menschheit zu retten, war er bereit, zu leben, zu arbeiten und sich sogar bis in den Tod aufzuopfern.

Die Überwindung von Eifersucht

Bei einer anderen Begebenheit zu Beginn ihrer evangelistischen Tätigkeit trafen Jakobus und Johannes auf einen Mann, der kein anerkannter Nachfolger Christi war und trotzdem im Namen Jesu Teufel austrieb. Die Jünger untersagten ihm das und glaubten, sie hätten ein Recht dazu. Als sie die Begebenheit aber Christus berichteten, wies er sie zurecht und sagte: »Ihr sollt's ihm nicht verbieten. Denn niemand, der ein Wunder tut in meinem Namen, kann so bald übel von mir reden.« (Markus 9,39) Niemand, der auf irgendeine Art eine freundliche Einstellung zu Christus zeigt, darf zurückgewiesen werden. Die Jünger dürfen keine engstirnige, exklusive oder elitäre Haltung einnehmen. Sie müssen dasselbe weitreichende Mitgefühl aufbringen, das sie bei ihrem Meister kennen gelernt hatten. Jakobus und Johannes aber hatten gemeint, die Ehre ihres Herrn dadurch hochhalten zu müssen, dass sie diesem Mann entgegentraten. Nun aber ging ihnen allmählich auf, dass sie aus egoistischen Gründen eifersüchtig gewesen waren. Sie sahen ihren Irrtum ein und nahmen die Zurechtweisung an.

Jesus lehrte immer wieder, dass Sanftmut, Bescheidenheit und Liebe für das Wachstum in der Gnade und zur Tauglichkeit für das Werk Gottes wesentlich sind. Diese Hinweise waren für Johannes von

---

Jesus lehrte immer wieder, dass Sanftmut, Bescheidenheit und Liebe für das Wachstum in der Gnade und zur Tauglichkeit für das Werk Gottes wesentlich sind.

höchstem Wert. Er hütete diese Lehren wie einen Schatz und war ständig dabei, sein Leben mit dem göttlichen Vorbild in Übereinstimmung zu bringen. Er hatte allmählich erkannt, worin die Herrlichkeit Jesu wirklich besteht – nicht in weltlichem Ansehen und weltlicher Macht, auf die man ihn zu hoffen gelehrt hatte. Die Herrlichkeit Jesu ist »die göttliche Hoheit, die ihm der Vater gegeben hat, ihm, dem einzigen Sohn. Gottes ganze Güte und Treue ist uns in ihm begegnet.« (Johannes 1,14 GNB)

Christus ähnlicher werden

Die tiefe und innige Zuneigung des Johannes zu seinem Herrn und Meister war nicht die Ursache dafür, dass Christus ihm in freundschaftlicher Liebe zugetan war. Die Liebe des Johannes war das Echo der Liebe Jesu zu ihm. Johannes wünschte sich, wie Jesus zu werden. Unter dem umwandelnden Einfluss der Liebe Christi wurde er tatsächlich sanftmütig und bescheiden. Sein Ich war nun in Jesus verborgen. Mehr als alle seine Mitjünger lieferte sich Johannes der Macht dieses wunderbaren Lebens aus. Er bezeugte: »Das Leben ist erschienen, und wir haben gesehen … das Leben.« (1. Johannes 1,2) »Und von seiner Fülle haben wir alle genommen Gnade um Gnade.« (Johannes 1,16) Johannes kannte den Erlöser, weil er ihn in vielen praktischen, persönlichen Erlebnissen kennen gelernt hatte. Die Lehren seines Meisters waren ihm geradezu ins Herz eingegraben. Wenn er in seinen einfachen Worten von der Gnade Christi sprach, dann verlieh ihnen die Liebe Jesu, die sein ganzes Wesen durchdrang, Gewicht und Vollmacht.

Diese innige Liebe zu Christus weckte in ihm den starken Wunsch, ständig an der Seite seines Herrn zu sein. Jesus liebte alle seine zwölf Jünger, aber keiner war innerlich so aufgeschlossen wie Johannes. Er war jünger als die anderen, und mit kindlicher Treuherzigkeit und großem Vertrauen öffnete er Jesus sein Herz. So kam es zwischen ihm und Christus zu einer immer größer werdenden Übereinstimmung. Deshalb wurde Johannes dazu fähig, die tiefsinnigsten geistlichen Lehren Jesu an die Menschen weiterzugeben.

Jesus liebt alle, die den Vater recht darstellen, und Johannes konnte wie kein anderer Jünger von der Liebe des Vaters erzählen. Er gab an seine Mitmenschen weiter, was er in seinem Innern empfand. Dabei zeigten sich in seinen Charakterzügen die Eigenschaften Gottes. Die Herrlichkeit des Herrn fand Ausdruck in seinem Gesicht. Die Schönheit der Heiligung, die sein Inneres verwandelt hatte, liess sein Angesicht wie Christi Antlitz strahlen. In Anbetung und Liebe schaute er zu Jesus auf, bis er nur noch einen Wunsch hatte, Christus ähnlich zu sein, Gemeinschaft mit ihm zu pflegen und den Charakter seines Meisters widerzuspiegeln.

»Seht, welch eine Liebe hat uns der Vater erwiesen«, schrieb er, »dass wir Gottes Kinder heißen sollen … Meine Lieben, wir sind schon Gottes Kinder; es ist aber noch nicht offenbar geworden, was wir sein werden. Wir wissen aber: wenn es offenbar wird, werden wir ihm gleich sein; denn wir werden ihn sehen, wie er ist.« (1. Johannes 3,1.2)

Jesus entwickelte eine innige Liebe zu seinen zwölf Jüngern, aber keiner öffnete sich ihm gegenüber so wie Johannes. So kam es zwischen ihm und Christus zu einer immer größer werdenden Übereinstimmung. – Obwohl Jesus heute nicht persönlich unter uns weilt, liebt er auch jeden von uns. Wenn wir uns von ihm verwandeln lassen, werden die Mitmenschen bei uns eine Veränderung des Charakters bemerken. Die Liebe Christi wird sich in uns widerspiegeln.

Kapitel 54 Ein zuverlässiger Zeuge

Die Johannesbriefe

Jesus kam auf diese Erde, um die Menschheit zu retten. Er wollte der Welt aber auch Gottes wahres Wesen offenbaren, das sich am besten mit den Worten »Gott ist Liebe!« beschreiben lässt. Als Johannes in die Nachfolge Jesu trat, wurde er wegen seines ungestümen Charakters auch »Donnerssohn« genannt. Von seinem Meister lernte er, liebevoll und geduldig zu handeln. Diese Umwandlung in seinem Leben war ein Zeugnis der Macht Jesu.

Nach der Himmelfahrt Christi zeichnete sich Johannes als treuer und gewissenhafter Arbeiter im Dienst seines Meisters aus. Am Pfingsttag erlebte er mit den anderen Jüngern die Ausgießung des Heiligen Geistes, der auf sie kam. Mit frischem Eifer und neuer Kraft verkündete er fortan den Menschen das Wort des Lebens und lenkte so ihre Gedanken auf den unsichtbaren Gott. Er war ein machtvoller Prediger, voller Überzeugung und von tiefem Ernst. Mit auserlesenen Worten und wohlklingender Stimme berichtete er von den Predigten und Taten Jesu. Seine Art zu sprechen hinterließ bei seinen Zuhörern einen tiefen Eindruck. Die Schlichtheit seiner Worte, die erhabene Kraft der Wahrheiten, die er verkündete, und die Begeisterung, mit der er auftrat – das alles verschaffte ihm Zugang zu allen Gesellschaftsschichten.

Das Leben des Apostels stimmte mit seinen Worten überein. Die Liebe zu Christus, die in seinem Herzen glühte, befähigte ihn, sich unermüdlich für seine Mitmenschen einzusetzen, insbesondere für seine Schwestern und Brüder in der christlichen Gemeinde.

Das »neue« Gebot

Christus hatte seinen ersten Jüngern geboten, einander zu lieben, wie er sie geliebt hatte. Auf diese Weise sollten sie der Welt bezeugen, dass Christus – die Hoffnung der Herrlichkeit – in ihnen Gestalt gewann. »Ein neues Gebot gebe ich euch, dass ihr euch untereinander liebt, wie ich euch geliebt habe, damit auch ihr einander lieb habt.« (Johannes 13,34) Als Christus diese Worte sprach, konnten die Jünger sie nicht verstehen. Als sie aber Zeugen seiner Leiden, Kreuzigung, Auferstehung und Himmelfahrt geworden waren, als dann auch der Heilige

Geist zu Pfingsten über sie gekommen war, da gewannen sie eine klarere Vorstellung von der Liebe Gottes. Sie verstanden nun das Wesen der Liebe besser, die sie füreinander aufbringen sollten. Jetzt konnte Johannes seinen Mitjüngern sagen: »Daran haben wir die Liebe erkannt, dass er sein Leben für uns gelassen hat; und wir sollen auch das Leben für die Brüder lassen.« (1. Johannes 3,16)

Als die Jünger nach der Ausgießung des Heiligen Geistes die Nachricht von einem lebendigen Erlöser in die Welt hinaustrugen, war es ihr einziges Ziel, Menschen zu retten. Sie freuten sich darüber, mit den Gläubigen eine herzliche Gemeinschaft zu pflegen. Liebenswürdig, rücksichtsvoll, selbstlos und um der Wahrheit willen waren sie zu jedem Opfer bereit. Im täglichen Umgang miteinander offenbarten sie die Liebe, die ihnen Christus aufgetragen hatte. Mit selbstlosen Worten und Taten versuchten sie diese Liebe in den Herzen anderer zu entfachen.

Solch eine Liebe sollten die Gläubigen zu allen Zeiten hegen und pflegen. Nun galt es, in bereitwilligem Gehorsam gegenüber diesem neuen Gebot zu handeln. So eng sollten sie mit Christus verbunden bleiben, dass sie all seinen Forderungen nachkommen konnten. Durch ihr Leben sollten sie die Macht des Erlösers preisen, der sie durch seine Gerechtigkeit freigesprochen hatte.

Allmählich aber machte sich ein Wandel bemerkbar. Die Gläubigen begannen, bei anderen nach Mängeln zu suchen. Sie beschäftigten sich mit den Fehlern anderer und ließen unfreundlicher Kritik freien Lauf. Dadurch verloren sie ihren Erlöser und seine Liebe aus ihrem Blickfeld. Sie nahmen es genauer mit Formen und Zeremonien und legten größeres Gewicht auf die Theorie des Glaubens anstatt auf seine Umsetzung im praktischen Leben. In ihrem Eifer, andere zu verurteilen, übersahen sie ihre eigenen Fehler. Sie verloren die Bruderliebe, die Christus ihnen befohlen hatte, aus den Augen. Das Traurigste dabei aber war, dass sie sich ihres Verlustes nicht einmal bewusst waren. Sie bemerkten nicht, dass Glück und Freude aus ihrem Leben verschwanden. Weil sie die Liebe Gottes aus ihren Herzen verbannt hatten, konnte schnell eine geistliche Finsternis über sie kommen.

Als Johannes bemerkte, dass die Bruderliebe in der Gemeinde im Schwinden war, wies er die Gläubigen mit Nachdruck darauf hin, wie notwendig diese Liebe allezeit für sie sei. Seine Briefe an die Gemeinden sind mit solchen Gedanken erfüllt. »Ihr Lieben«, so heißt es da, »lasst uns einander lieben! Denn die Liebe ist aus Gott; und jeder, der liebt, ist aus Gott gezeugt, und er erkennt Gott. Wer nicht liebt, hat Gott nicht erkannt, denn Gott ist Liebe. Darin ist die Liebe Gottes unter uns erschienen, dass Gott seinen einzigen Sohn in die Welt gesandt hat, damit wir durch ihn leben. Darin besteht die Liebe: Nicht dass wir Gott geliebt hätten, sondern dass er uns geliebt und seinen Sohn gesandt hat als Sühne für unsere Sünden. Ihr Lieben, wenn Gott uns so geliebt hat, sind auch wir verpflichtet, einander zu lieben.« (1. Johannes 4,7-11 ZÜ)

Dann schreibt der Apostel über die besondere Art und Weise, in der diese Liebe unter den Gläubigen zum Ausdruck kommen sollte: »Und doch lege ich euch ein neues Gebot vor, etwas, das in ihm und unter euch gültig ist, denn die Finsternis weicht und das wahre Licht scheint schon. Wer sagt, er sei im Licht, und hasst seinen Bruder, ist noch immer in der Finsternis. Wer seinen Bruder liebt, bleibt im Licht, und in ihm ist nichts, was anstößig wäre. Wer aber seinen Bruder hasst, ist in der Finsternis und geht seinen Weg in der Finsternis, und er weiß nicht, wohin er geht, denn die Finsternis hat seine Augen blind gemacht.« (1. Johannes 2,8-11 ZÜ) »Denn das ist die Botschaft, die ihr von Anfang an gehört habt: dass wir einander lieben.« (1. Johannes 3,11 ZÜ) »Wer nicht liebt, bleibt im Tod. Jeder, der seinen Bruder hasst, ist ein Mörder; und ihr wisst, dass in einem Mörder das ewige Leben nicht bleibt. Daran haben wir die Liebe erkannt, dass er sein Leben für uns eingesetzt hat. Auch wir sind verpflichtet, das Leben einzusetzen für die Brüder.« (1. Johannes 3,14-16 ZÜ)

> *Christus hatte seinen ersten Jüngern geboten, einander zu lieben, wie er sie geliebt hatte. Auf diese Weise sollten sie der Welt bezeugen, dass Christus – die Hoffnung der Herrlichkeit – in ihnen Gestalt gewann.*

Liebe, die von oben kommt

Nicht die Feindschaft der Welt stellt die größte Gefahr für die Gemeinde Christi dar. Die Bosheit, die sich in den Herzen der Gläubigen breitmacht, fügt ihr den schwersten Schaden zu. Ganz gewiss wird dadurch das Werk Gottes am Fortschritt gehindert. Nichts schwächt das Glaubensleben mehr als Neid, Misstrauen, Kritiksucht oder üble Nachrede. Anderseits sind Harmonie und Einigkeit das beste Zeugnis dafür, dass Gott seinen Sohn in die Welt gesandt hat, wenn sie in einer Gemeinschaft von gläubigen Menschen mit ihren unterschiedlichsten Veranlagungen vorherrschen. Die Nachfolger Christi haben das große Vorrecht, dies vor der Welt zu bezeugen. Dazu aber müssen sie sich der Führung Christi unterstellen. Ihr Charakter muss mit dem seinen in Übereinstimmung gebracht werden, und ihr Wille muss seinem Willen entsprechen.

Christus hat gesagt: »Ein neues Gebot gebe ich euch, dass ihr euch untereinander liebt, wie ich euch geliebt habe.« (Johannes 13,34) Eine wunderbare Aussage! Wie dürftig wird sie aber in die Tat umgesetzt! Die Gemeinden Gottes lassen heutzutage die Bruderliebe in beklagenswerter Weise vermissen. Viele behaupten zwar, Jesus zu lieben, aber sie lieben sich nicht untereinander. Die Ungläubigen schauen genau hin, um festzustellen, ob der Glaube bekennender Christen auch einen heiligenden Einfluss auf ihr Alltagsleben ausübt. Sie entdecken schnell deren Charaktermängel und inkonsequentes Verhalten. Aber Christen sollen dem Feind keine Gelegenheit bieten, mit seinen Fingern auf sie zu zeigen und zu sagen: »Schaut nur, wie diese Menschen, die auf der Seite Christi stehen, einander hassen!« Christen sind Glieder einer einzigen Familie, sie sind alle Kinder desselben himmlischen Vaters. Sie haben alle die gleiche selige Hoffnung auf die Unsterblichkeit. Ein zartes, aber enges Band sollte sie miteinander verbinden.

Die göttliche Liebe appelliert in einer sehr einfühlsamen Weise an unser Herz, wenn wir für jemanden dasselbe herzliche Mitgefühl aufbringen sollen, das Christus ausgezeichnet hat. Nur wer seinen Mitgläubigen selbstlose Liebe entgegenbringt, liebt Gott wahrhaftig. Ein wah-

Jesus sagte zu seinen Jüngern: »Ich gebe euch jetzt ein neues Gebot, das Gebot der Liebe. Ihr sollt einander genauso lieben, wie ich euch geliebt habe. Daran werden alle erkennen, dass ihr meine Jünger seid.« (Johannes 13,34-35) Dieses Gebot zu befolgen ist in unserer heutigen Welt, in der Gewalt, Krieg und Hass die Liebe verdrängen, so dringlich wie nie zuvor!

rer Christ wird keinen Menschen ungewarnt und unbetreut in Gefahr und Not laufen lassen. Er hält sich nicht von den Irrenden fern, sodass diese noch tiefer ins Unglück stürzen und in Mutlosigkeit versinken oder gar auf dem Schlachtfeld Satans umkommen.

Wer die zärtliche und gewinnende Liebe Christi noch nie selbst erfahren hat, kann andere nicht zu der Quelle des Lebens führen. Seine Liebe wirkt in unseren Herzen als treibende Kraft. Sie veranlasst uns, überall auf Jesus hinzuweisen: in Gesprächen, durch eine Haltung voller Feingefühl und Mitempfinden oder durch einen aufbauenden Einfluss auf das Leben derer, mit denen wir zusammenkommen. Alle, die für Gott arbeiten und dabei Erfolg haben wollen, müssen Christus kennen. Um aber wirklich Christus zu kennen, müssen sie persönlich seine Liebe erfahren haben. Im Himmel wird die Brauchbarkeit eines Mitarbeiters Christi daran gemessen, ob er die Fähigkeit besitzt, so zu lieben, wie Christus geliebt hat, und ob er so arbeiten kann, wie dieser es getan hat.

»Lasst uns nicht lieben mit Worten noch mit der Zunge«, ermahnt der Apostel, »sondern mit der Tat und mit der Wahrheit.« (1. Johannes 3,18) Ein vollkommener christlicher Charakter ist dann erreicht, wenn der Gläubige ständig den inneren Drang verspürt, anderen zu helfen und ihnen zum Segen zu sein. Wenn solch eine Atmosphäre der Liebe den Gläubigen umgibt, macht ihn diese »zum Geruch des Lebens zum Leben« (vgl. 2. Korinther 2,16). Dann ist es Gott möglich, seinen Einsatz und sein Wirken zu segnen.

Uneingeschränkte Liebe zu Gott und selbstlose Liebe untereinander – das ist die beste Gabe, die uns unser himmlischer Vater schenken kann. Diese Liebe ist keine momentane Gefühlsregung, sondern eine göttliche Grundhaltung, eine ständig wirksame Kraft. Ein ungeheiligtes Herz kann sie weder erzeugen noch bewirken. Sie ist nur in dem Menschen zu finden, in dem Jesus regiert. »Lasst uns lieben, denn er hat uns zuerst geliebt.« (1. Johannes 4,19) Wenn das Herz durch die göttliche Gnade erneuert ist, bestimmt die Liebe Gottes als Leitmotiv alles Tun und Handeln. Diese Liebe verändert den Charakter, beherrscht die Triebe, zähmt die Leidenschaften und veredelt alle Anlagen und Neigungen. Wird diese Liebe geschätzt und gehegt, macht sie das eigene Leben hell und übt einen veredelnden Einfluss auf die Umwelt aus.

Liebe gibt Halt

Johannes bemühte sich, den Gläubigen verständlich zu machen, welch herrlicher Segen ihnen zuteil wird, wenn diese liebevolle Einstellung in ihrem Alltag zur Tat wird. Erfüllt diese erlösende Macht das menschliche Herz, dann überwacht sie alle anderen Motive. Auf diese Weise schützt sie die Gläubigen vor den verführerischen Einflüssen der Welt. Wenn diese Liebe ihre ganze Macht ausüben und sie zur bestimmenden Antriebskraft im Leben werden darf, dann hat das Vertrauen der Gläubigen zu Gott und in seine Führung die Vollkommenheit erreicht. Dann können sie in voller Glaubenszuversicht mit ihren Anliegen zu ihm kommen. Und sie dürfen wissen, dass sie von ihm alles, was für ihr diesseitiges sowie für ihr jenseitiges Wohl nötig ist, auch erhalten. »Darin ist die Liebe bei uns vollkommen, dass wir Zuversicht haben am Tag des Gerichts; denn wie er ist, so sind auch wir in dieser Welt. Furcht ist nicht in der Liebe, sondern die vollkommene Liebe treibt die Furcht aus.« (1. Johannes 4,17.18) »Und das ist die Zuversicht, die wir haben zu Gott: Wenn wir um etwas bitten nach seinem Willen, so hört er uns. Und wenn wir wissen, dass er uns hört …, so wissen wir, dass wir erhalten, was wir von ihm erbeten haben.« (1. Johannes 5,14.15)

»Und wenn jemand sündigt, so haben wir einen Fürsprecher bei dem Vater, Jesus Christus, der gerecht ist. Und er ist die Versöhnung für unsre Sünden, nicht allein aber für die unseren, sondern auch für die der ganzen Welt.« (1. Johannes 2,1.2) »Wenn wir aber unsre Sünden bekennen, so ist er treu und gerecht, dass er

> *Harmonie und Einigkeit sind das beste Zeugnis dafür, dass Gott seinen Sohn in die Welt gesandt hat. Die Nachfolger Christi haben das große Vorrecht, dies vor der Welt zu bezeugen.*

TEIL 8 | GUTE NACHRICHT FÜR ALLE

Dieses Papyrusfragment entstand in der Zeit zwischen 100 bis 125 n. Chr. Es wurde 1920 in Ägypten gefunden und ist der älteste Beleg für das Neue Testament. Der griechische Text enthält Abschnitte aus dem Johannesevangelium. (Kapitel 18) Die Verse sprechen von dem Prozess Jesu vor Pilatus und enthalten Fragmente der Aussage Jesu: »Ich bin dazu geboren und in die Welt gekommen, dass ich die Wahrheit bezeugen soll. Wer aus der Wahrheit ist, der hört meine Stimme.« (Johannes 18,37)

Papyrus P52, beidseitig beschrieben, aufbewahrt in der John Rylands Library, Manchester, England

uns die Sünden vergibt und reinigt uns von aller Ungerechtigkeit.« (1. Johannes 1,9) Die Bedingungen, um von Gott Gnade zu erhalten, sind einfach und einsichtig. Der Herr verlangt von uns keine bedrückenden Anstrengungen, damit uns vergeben wird. Wir brauchen keine langen und mühseligen Wallfahrten zu unternehmen oder schmerzhafte Bußübungen auszuführen, um uns vor dem Herrn des Himmels angenehm zu machen oder um für unsere Übertretungen zu sühnen. »Wer seine Sünde … bekennt und lässt, der wird Barmherzigkeit erlangen.« (Sprüche 28,13)

In den Höfen des himmlischen Königs bittet Christus für seine Gemeinde – er bittet für die, für deren Freikauf er mit seinem Blut den Preis bezahlt hat. Weder Jahrhunderte noch Jahrtausende können die Wirksamkeit seines Erlösungsopfers beeinträchtigen. »Weder Tod noch Leben …, weder Hohes noch Tiefes« kann uns scheiden »von der Liebe Gottes, die in Christus Jesus ist.« (Römer 8,38.39) Aber dies gilt nicht deshalb, weil wir ihn so sehr festhalten, sondern weil er uns festhält. Wenn unsere Erlösung von unseren eigenen Anstrengungen abhinge, könnten wir nicht aus unserer Misere gerettet werden. Sie hängt ganz von dem Einen ab, der hinter allen Verheißungen steht. Es sieht vielleicht so aus, als klammerten wir uns nur schwach an ihn, aber seine Liebe zu uns ist wie die Liebe eines älteren Bruders. Solange wir die Gemeinschaft mit ihm aufrechterhalten, kann uns niemand seiner Hand entreißen.

Liebe findet klare Worte

Als die Jahre vergingen und die Zahl der Gläubigen zunahm, wirkte Johannes mit umso stärkerer Treue und größerem Ernst für seine Schwestern und Brüder. Die Zeiten waren voller Gefahren für die Gemeinde. Allerorts zeigten sich satanische Täuschungen. Durch Entstellung und Lüge versuchten die Boten Satans Widerstand gegen die Lehren Christi zu wecken. Als Folge davon brachten Spaltungen und Irrlehren die Gemeinde in Gefahr. Einige, die sich zu Christus bekannten, behaupteten, seine Liebe habe sie vom Gehorsam gegenüber dem Gesetz Gottes befreit. Auf der anderen Seite lehrten viele, man müsse vor allem die jüdischen Bräuche und Zeremonien befolgen. Schon das Halten des Gesetzes ohne Glauben an das Blut Jesu reiche für die Erlösung aus. Wieder andere waren der Auffassung, Christus sei nur ein guter Mensch gewesen, und lehnten es ab, ihn als Gott zu verehren. Etliche gaben zwar vor, treu zur Sache Gottes zu stehen, waren aber Betrüger, denn in ihrem Alltag fragten sie nicht nach Christus und seinem Evangelium. Da sie selbst das Gesetz Gottes übertraten, brachten sie Irrlehren in die Gemeinde. So gerieten viele in den Irrgarten des Zweifels und der Täuschung.

Johannes war tief bekümmert, als er sah, wie sich diese Irrtümer wie ein tödliches Gift in die Gemeinde einschlichen. Er erkannte die Gefahren, denen die Gemeinde ausgesetzt war, und trat ihnen in kritischen Situationen schnell und entschieden entgegen. Insgesamt atmen die Briefe des Johannes den Geist der Liebe.

Es scheint, als habe er beim Schreiben seine Feder in Liebe getaucht. Hatte er es aber mit Menschen zu tun, die Gottes Gebote übertraten und gleichzeitig behaupteten, ohne Sünde zu leben, scheute er sich nicht, sie vor ihrer furchtbaren Täuschung zu warnen.

Einer Frau von gutem Ruf und großem Einfluss, die im Evangeliumswerk mitarbeitete, schrieb er: »Viele Verführer sind in die Welt ausgegangen, die nicht bekennen, dass Jesus Christus in das Fleisch gekommen ist. Das ist der Verführer und der Antichrist. Seht euch vor, dass ihr nicht verliert, was wir erarbeitet haben, sondern vollen Lohn empfangt. Wer darüber hinausgeht und bleibt nicht in der Lehre Christi, der hat Gott nicht; wer in dieser Lehre bleibt, der hat den Vater und den Sohn. Wenn jemand zu euch kommt und bringt diese Lehre nicht, so nehmt ihn nicht ins Haus und grüßt ihn auch nicht. Denn wer ihn grüßt, der hat teil an seinen bösen Werken.« (2. Johannes 7-11)

Wir sind berechtigt, die gleiche Haltung wie der Jünger, den Jesus lieb hatte, gegenüber Menschen einzunehmen, die behaupten, bei Christus zu bleiben, gleichzeitig aber das Gesetz Gottes übertreten. Wir haben in diesen letzten Tagen mit Übeln zu kämpfen, die denen ähnlich sind, die das Wohl der ersten Gemeinde bedrohten. Deshalb sollten die Aussagen des Apostels zu diesem Thema sehr ernst genommen werden. Ihr sollt euren Nächsten lieben, hört man allenthalben sagen, besonders von solchen, die behaupten, ein heiliges Leben zu führen. Wahre Nächstenliebe ist aber zu rein, um auch nur eine Sünde zuzudecken, die nicht bekannt wird. Wohl müssen wir jeden Menschen lieben, für den Christus gestorben ist; der Sünde dürfen wir aber keine Zugeständnisse machen. Wir dürfen uns nicht mit denen vereinen, die im Aufruhr leben, und dies dann als Nächstenliebe bezeichnen. Gott fordert sein Volk auch in dieser Zeit auf, für das Recht so unbeirrt einzustehen wie Johannes, als er dem Widerstand der verderblichen Irrlehrer entgegentrat.

Der Apostel lehrt, dass wir einerseits mit christlicher Höflichkeit vorgehen sollen, dass wir aber auch ermächtigt sind, Sündern mit klaren Worten entgegenzutreten. Eine solche Haltung steht nicht im Widerspruch zu wahrer Nächstenliebe. »Jeder, der die Sünde tut, tut auch die Gesetzlosigkeit, und die Sünde ist die Gesetzlosigkeit. Und ihr wisst, dass er offenbar worden ist, damit er die Sünden wegnehme; und Sünde ist nicht in ihm. Jeder, der in ihm bleibt, sündigt nicht; jeder, der sündigt, hat ihn nicht gesehen noch ihn erkannt.« (1. Johannes 3,4-6 Elb.)

Als Zeuge für Christus ließ sich Johannes nie in Wortgefechte oder in ermüdende Auseinandersetzungen ein. Er legte dar, was er wusste und was er gesehen und gehört hatte. Er war eng mit Christus verbunden gewesen, hatte seinen Lehren zugehört und durfte Augenzeuge seiner mächtigen Wunder sein. Nur wenige konnten die Einzigartigkeit des Charakters Christi so wahrnehmen wie Johannes. Für ihn war die Finsternis für immer gewichen, denn auf ihn schien das wahre Licht. Sein Zeugnis über das Leben und Sterben Jesu war klar und beeindruckend. Er sprach aus einem Herzen, das mit Liebe für Jesus bis über den Rand gefüllt war, und keine Macht konnte seine Worte zum Schweigen bringen.

Er bezeugte: »Was von Anfang an war, was wir gehört haben, was wir gesehen haben mit unsern Augen, was wir betrachtet haben und unsre Hände betastet haben, vom Wort des Lebens ..., was wir gesehen und gehört haben, das verkündigen wir auch euch, damit auch ihr mit uns Gemeinschaft habt; und unsere Gemeinschaft ist mit dem Vater und mit seinem Sohn Jesus Christus.« (1. Johannes 1,1.3)

So vermag jeder wahre Gläubige aus eigener Erfahrung der biblischen Aussage das Siegel aufzudrücken, »dass Gott wahrhaftig ist.« (Johannes 3,33) Auch er kann Zeugnis von dem ablegen, was er von der Kraft Jesu gesehen, gehört und erlebt hat.

> *Nur wenige konnten die Einzigartigkeit des Charakters Christi so wahrnehmen wie Johannes. Für ihn war die Finsternis für immer gewichen, denn auf ihn schien das wahre Licht. Sein Zeugnis über das Leben und Sterben Jesu war klar und beeindruckend.*

Kapitel 55 Durch Gnade verwandelt

Die eindrucksvolle Verwandlung der Menschen, die Jesus annehmen, ist nur mit dem Wirken des Heiligen Geistes zu erklären. Niemand kann seinen Charakter aus eigener Kraft heraus ändern, wir können uns jedoch dieses Ziel setzen und Gott dafür um Hilfe bitten. Die göttliche Liebe achtet die Freiheit des Menschen. – Johannes wurde an der Seite von Jesus neu geboren, Judas dagegen nicht, obwohl beide die gleichen Gelegenheiten und Chancen hatten.

Im Leben des Apostels Johannes wird beispielhaft deutlich, was unter wahrer Heilung zu verstehen ist. Während der jahrelangen engen Gemeinschaft mit Jesus war er von ihm oft ermahnt und gewarnt worden. All diese Zurechtweisungen hatte er sich zu Herzen genommen. Als ihm mehr und mehr der Charakter des Gottessohnes aufging, erkannte Johannes immer deutlicher seine eigenen Mängel. Diese Offenbarung des Wesens Jesu machte ihn tief betroffen. In scharfem Gegensatz zu seiner eigenen aufbrausenden Natur erlebte er täglich die Freundlichkeit und Nachsicht Jesu. Dazu hörte er ihn viel über Demut und Geduld sprechen. Tag für Tag fühlte er sich mehr zu Christus hingezogen, bis er aus Liebe zu seinem Herrn und Meister sein eigenes Ich aus den Augen verlor. Die Macht und Freundlichkeit, die Majestät und Bescheidenheit, dazu die Stärke und Geduld, die er täglich im Leben des Gottessohnes wahrnahm, erfüllten ihn mit großer Bewunderung. Johannes unterstellte seine nachtragende und ehrgeizige Natur der prägenden Kraft Christi. Und die göttliche Liebe vollbrachte in ihm die Umgestaltung seines Charakters.

Heilung ist Umwandlung des Charakters

In markantem Gegensatz zu der Heilung, die sich im Leben des Johannes vollzog, steht die Erfahrung seines Mitjüngers Judas. Wie sein Gefährte, behauptete auch Judas, ein Jünger Jesu zu sein. Er war aber mit dem frommen Schein zufrieden. Dabei war er nicht unempfänglich für die Schönheit des Charakters Christi. Wenn er den Worten Jesu zuhörte, wurde er immer wieder von ihnen überzeugt. Es fiel ihm aber nie ein, sich zu demütigen oder seine Sünden zu bekennen. Weil er sich dem göttlichen Einfluss widersetzte, entehrte er den Meister, den er doch angeblich liebte. Johannes kämpfte aufrichtig gegen seine Fehler und Schwächen. Judas hingegen handelte immer wieder gegen sein Gewissen und gab der Versuchung nach. Dadurch machte er sich mehr und mehr zum Sklaven seiner üblen Gewohnheiten. Das Praktizieren der Wahrheiten, wie Christus sie lehrte, widerstrebte seinen Wünschen und Zielen. Er wollte sich einfach nicht dafür entscheiden, seine Ideen und Ansichten aufzugeben und dafür Weisheit von Gott anzunehmen. Anstatt im Licht zu wandeln, blieb er lieber in der Finsternis. Er ließ sich von seinen üblen Begierden, seiner Habsucht, seinen Rachegefühlen und seinen düsteren und trotzigen Gedanken so weit leiten, bis Satan ihn völlig in seiner Gewalt hatte.

Johannes und Judas stehen stellvertretend für alle, die sich als Nachfolger Jesu bezeichnen. Beide Jünger lebten in enger Gemeinschaft mit Jesus und hatten die gleiche Gelegenheit, von ihrem göttlichen Vorbild zu lernen und ihm nachzufolgen. Weil sie Jesus so nahe standen, hatten beide das Vorrecht seine Lehren unmittelbar zu hören. Jeder von ihnen hatte schwere Charaktermängel; beiden aber bot Gott seine Gnade an, um eine Veränderung ihres Charakters zu bewirken. Doch während der eine demütig von Jesus lernte, zeigte sich beim anderen, dass er wohl das Wort Jesu hörte, sich aber nicht danach richtete. Der eine ließ täglich seine Selbstsucht absterben, überwand die Sünde und wurde so durch die Wahrheit geheiligt und in seinem Wesen verändert. Der andere widersetzte sich der umwandelnden Kraft der Gnade Gottes, gab sich lieber seinen egoistischen Wünschen hin und wurde immer mehr zum Sklaven Satans.

Eine Umwandlung des Charakters, wie wir sie im Leben des Johannes feststellen können, ist immer das Ergebnis einer engen Gemeinschaft mit Christus. Mag auch jemand noch so schwerwiegende Charaktermängel haben, wer sich für die Nachfolge Jesu entscheidet, der erlebt, wie die Kraft der göttlichen Gnade den Charakter verändert und ihn dem Wesen Christi angleicht. Wenn wir immer wieder wie in einem Spiegel den reinen und herrlichen Charakter Jesu Christi betrachten, »werden wir selbst in das Spiegelbild verwandelt und bekommen mehr und mehr Anteil an der göttlichen Herrlichkeit« (2. Korinther 3,18 GNB), bis wir dem ähnlich sind, den wir verehren und anbeten.

Johannes lehrte, dass es auf ein heiliges Leben ankommt. In seinen Briefen an die Gemeinde legte er allzeit gültige Verhaltensregeln fest. »Ein jeder, der solche Hoffnung auf ihn hat, der reinigt sich, wie auch jener rein ist.« (1. Johannes 3,3) »Wer sagt, dass er in ihm bleibt, der soll auch leben, wie er gelebt hat.« (1. Johannes 2,6) Er lehrte, dass ein Christ ein reines Herz haben und ein reines Leben führen muss. Niemals darf er sich mit einem bloßen Lippenbekenntnis zufrieden geben. Wie Gott in seiner Sphäre heilig ist, soll auch der Mensch in seinem Bereich heilig sein.

»Das ist der Wille Gottes, eure Heiligung« (1. Thessalonicher 4,3), schrieb der Apostel Paulus. Die Heiligung der Gemeinde ist Gottes Ziel. Darum geht es ihm bei allem, was er für sein Volk tut. Von Ewigkeit an hat er es dazu auserwählt, heilig zu sein. Er gab seinen Sohn für die Gemeinde, die nun sein Volk ist, in den Tod, damit sie durch Gehorsam gegenüber der ganzen Wahrheit des Evangeliums geheiligt werde. So will er sie von kleinlicher Selbstsucht befreien. Was Gott von den Nachfolgern Jesu verlangt, ist eine persönliche Entscheidung und eine bewusste Übergabe. Er kann von denen, die angeblich an ihn glauben, nur dann geehrt werden, wenn sie sich dem Charakter nach in sein Bild verwandeln lassen und dabei vom Heiligen Geist geleitet werden. Als Zeugen für Jesus können sie nun davon erzählen, was die göttliche Gnade an ihnen bewirkt hat.

Wahre Heiligung stellt sich ein, wenn die Liebe Gottes als Prinzip im Alltag des Gläubigen zum Tragen kommt. »Gott ist die Liebe; und wer in der Liebe bleibt, der bleibt in Gott und Gott in ihm.« (1. Johannes 4,16) Wenn Christus im Herzen eines Menschen wohnt, zeigt sich das in täglicher, praktischer Frömmigkeit. Sein Cha-

> *Eine Umwandlung des Charakters, wie wir sie im Leben des Johannes feststellen können, ist immer das Ergebnis einer engen Gemeinschaft mit Christus.*

Korbflechter bei der Arbeit

Ähnlich wie der Korbflechter bei seiner Arbeit eine Rute nach der anderen in die richtige Position bringt, verläuft auch das Werk der Heiligung. Es ist nicht das Ergebnis eines Augenblickes, einer Stunde oder eines Tages. Heiligung ist ein Prozess des ganzen Lebens. Sie kommt nicht durch hochfliegende Gefühle zustande. Vielmehr ist sie die Folge einer fortwährenden Trennung von der Sünde und eines beständigen Lebens für Christus.

rakter wird gereinigt, veredelt, verfeinert und verherrlicht. Die reine Lehre der Heiligen Schrift deckt sich mit täglich gelebten Werken der Gerechtigkeit, Gottes Gebote und die Praxis des Alltags stimmen überein.

Wer den Segen solcher Heiligung erlangen möchte, muss erst verstehen lernen, was Selbstaufopferung bedeutet. Das Kreuz Christi ist der zentrale Pfeiler, an dem »eine ewige und über alle Maßen gewichtige Herrlichkeit« (2. Korinther 4,17) hängt. »Will mir jemand nachfolgen«, sagt Jesus, »der verleugne sich selbst und nehme sein Kreuz auf sich und folge mir.« (Matthäus 16,24) Gerade die Liebe zu unseren Mitmenschen offenbart unsere Liebe zu Gott. Nur geduldiges Dienen bringt Seelenfrieden. Allein demütiger, fleißiger und treuer Einsatz fördert das Wohl der Gemeinde Jesu. Gott erhält und stärkt jeden, der sich bereitwillig das Leben Jesu zum Vorbild nimmt und ihm täglich nacheifert.

Heiligung, ein Lebensweg

Heiligung ist nicht das Ergebnis eines Augenblicks, einer Stunde oder eines Tages, sondern die Auswirkung eines ganzen Lebens. Sie kommt nicht durch hochfliegende Gefühle zustande. Vielmehr ist sie die Folge einer fortwährenden Trennung von der Sünde und eines beständigen Lebens für Christus. Schwache, sporadische Versuche können weder Unrecht in Recht verwandeln, noch eine Veränderung des Charakters bewirken. Nur durch andauerndes, beharrliches Bemühen, eiserne Disziplin und harten Kampf können wir Erfolg haben. Keiner weiß heute, wie schwer der Kampf morgen sein wird. Solange Satan seine Herrschaft über die Welt ausübt, müssen wir uns selbst verleugnen und unsere Sünden überwinden. Solange wir leben, gibt es keine Rast, bei der wir sagen können: So, nun habe ich es geschafft! Nein, unsere Heiligung ist die Folge eines lebenslangen Gehorsams.

Niemals haben die Apostel oder die Propheten behauptet, sündlos zu sein. Menschen, die Gott sehr nahe standen, Menschen, die eher ihr Leben hingaben, als absichtlich eine verbotene Handlung zu begehen, Menschen, die Gott mit großer Erkenntnis und Kraft gesegnet hat, haben sich stets zu ihrer sündhaften Natur bekannt. Sie haben ihr Vertrauen nicht in ihre sündige Natur gesetzt und sich auch nicht auf ihre eigene Gerechtigkeit berufen, sondern sich einzig und allein auf die Gerechtigkeit Christi verlassen.

Das trifft auf alle zu, die auf Jesus Christus blicken. Je näher wir Christus kommen und je klarer wir die Reinheit seines Charakters erkennen, desto klarer sehen wir die Sünde in ihrer ganzen Abscheulichkeit. Umso weniger meinen wir auch, unsere eigenen Qualitäten loben zu müssen. Wir haben dann aber ein ständiges Verlangen nach Gemeinschaft mit Gott. Nie wollen wir damit aufhören, ihm ernst und voller Reue unsere Sünden zu bekennen und unser Herz vor ihm zu demütigen. Mit jedem neuen Schritt in unserer christlichen Erfahrung vertieft sich unsere Reue. Und wir wissen, dass unsere Tauglichkeit für den Himmel ganz und allein auf Jesus Christus beruht. Dann bekennen wir mit dem Apostel: »Ich weiß, dass in mir, das heißt in meinem Fleisch, nichts Gutes wohnt.« (Römer 7,18) »Es sei aber fern von mir, mich zu rühmen als allein des Kreuzes unseres Herrn Jesus Christus, durch den mir die Welt gekreuzigt ist und ich der Welt.« (Galater 6,14)

Überlassen wir es den Engeln, die Geschichte der Kämpfe und Konflikte des Gottesvolkes festzuhalten. Mögen sie die Gebete aufzeichnen, die unter Tränen gesprochen wurden. Gott darf aber auf keinen Fall durch die Behauptung entehrt werden: Ich bin sündlos, ich bin heilig. Wahrhaft geheiligte Lippen werden derart vermessene Worte niemals von sich geben.

Der Apostel Paulus wurde »in den dritten Himmel entrückt« (vgl. 2. Korinther 12,2-4). Dort sah und hörte er Dinge, die er nicht beschreiben konnte. Trotzdem erklärte er in aller Bescheidenheit: »Nicht, dass ich's schon ergriffen habe oder schon vollkommen sei; ich jage ihm aber nach.« (Philipper 3,12) Sollen doch die Engel des Himmels über seinen guten Kampf des Glaubens und seine Siege berichten. Möge der Himmel an der standhaften Pilgerreise des Apostels, immer dem hohen Ziel entgegen, seine Freude haben. Die ewige Belohnung vor Augen, hielt er alle irdischen Werte für Unrat. Die Engel freuten sich jedes Mal, wenn er aus Anfechtungen als Sieger hervorging. Er aber rühmte sich keiner seiner Errungenschaften. Diese Einstellung des Apostels sollte das Markenzeichen eines jeden Christen sein, solange er auf seinem Glaubensweg um die »unvergängliche Krone« (1. Petrus 5,4) kämpft.

Wer sich schon für so besonders heilig hält, der möge doch einen Blick in den Spiegel des Gesetzes Gottes werfen. Wenn er die weitreichenden Forderungen dieses Gesetzes erkennt, wenn er merkt, dass es seine geheimsten Gedanken und Absichten aufdeckt und richtet, hört er schnell auf, sich mit seiner Sündlosigkeit zu brüsten. Ohne einen Unterschied zwischen sich und seinen Mitgläubigen zu machen, stellt Johannes fest: »Wenn wir sagen, wir haben keine Sünde, so verführen wir uns selbst, und die Wahrheit ist nicht in uns.« (1. Johannes 1,8) »Wenn wir sagen, wir haben nicht gesündigt, so machen wir ihn zum Lügner, und sein Wort ist nicht in uns.« (1. Johannes 1,10) »Wenn wir aber unsre Sünden bekennen, so ist er treu und gerecht, dass er uns die Sünden vergibt und reinigt uns von aller Ungerechtigkeit.« (1. Johannes 1,9)

Heiligung in Demut

Manche behaupten, schon den Zustand der Heiligkeit erreicht zu haben und ganz dem Herrn zu gehören. Sie beanspruchen sogar ein Recht auf Gottes Verheißungen. Und doch verweigern sie seinen Geboten den Gehorsam. Diese Gesetzesübertreter nehmen für sich alles in Anspruch, was nur den Kindern Gottes verheißen ist. Aber das ist reine Vermessenheit, denn Johannes schrieb, dass sich die wahre Liebe zu Gott im Gehorsam gegenüber allen seinen Geboten zeigt. Es genügt nicht, nur theoretisch an die Wahrheit zu glauben oder sich nur mit dem Mund zu Christus zu bekennen. Es reicht auch nicht aus zu glauben, dass Jesus Christus kein Betrüger ist und der Inhalt der Bibel nicht aus schlau ausgedachten Märchen oder Fabeln besteht. Johannes schrieb diesbezüglich: »Wer sagt: Ich kenne ihn, und hält seine Gebote nicht, der ist ein Lügner, und in dem ist die Wahrheit nicht. Wer aber sein Wort hält, in dem ist wahrlich die Liebe Gottes vollkommen. Daran erkennen wir, dass wir in ihm sind.« (1. Johannes 2,4.5) »Wer seine Gebote hält, der bleibt in Gott und Gott in ihm.« (1. Johannes 3,24)

Johannes lehrte nicht, dass wir die Erlösung durch unseren Gehorsam verdienen können. Wohl aber sagt er, dass Ge-

> *Niemals haben die Apostel oder die Propheten behauptet, sündlos zu sein. Sie haben ihr Vertrauen nicht in ihre sündige Natur gesetzt und sich auch nicht auf ihre eigene Gerechtigkeit berufen, sondern sich einzig und allein auf die Gerechtigkeit Christi verlassen.*

horsam die Frucht des Glaubens und der Liebe ist. »Ihr wisst«, sagte er, »dass er erschienen ist, damit er die Sünden wegnehme, und in ihm ist keine Sünde. Wer in ihm bleibt, der sündigt nicht; wer sündigt, der hat ihn nicht gesehen und nicht erkannt.« (1. Johannes 3,5.6) Wenn wir in Christus bleiben, wenn Gottes Liebe in uns wohnt, dann stimmen auch unsere Gefühle, Gedanken und Handlungen mit Gottes Willen überein. Ein geheiligtes Herz steht im Einklang mit den Vorschriften des göttlichen Gesetzes.

Viele geben sich große Mühe, Gottes Geboten nachzukommen. Sie erfahren aber wenig Frieden und zeigen wenig Freude. Dieser Mangel in ihrer geistlichen Erfahrung beruht darauf, dass sie ihren Glauben nur ungenügend einsetzen. Sie gehen, als befänden sie sich in einem salzigen Land, in einer verdorrten Einöde. Sie nehmen wenig in Anspruch, obwohl ihnen viel zur Verfügung steht, denn Gottes Verheißungen kennen keine Grenzen. Sie geben kein zutreffendes Bild von der Heiligung ab, die dann eintritt, wenn man der Wahrheit auch gehorcht. Der Herr sehnt sich nach glücklichen, friedfertigen und gehorsamen Söhnen und Töchtern. Diese Segnungen werden Menschen dadurch zuteil, dass sie in ihrem Alltag die Treue zu Christus einüben. Durch die Glaubenstreue kann jeder Charaktermangel ausgeglichen, jede Unreinheit beseitigt, jeder Fehler korrigiert und jede positive Anlage gefördert werden.

Das Gebet hat Gott für uns vorgesehen, um uns im Kampf gegen die Sünde den Sieg und bei der Entwicklung eines christlichen Charakters Gelingen zu schenken. Die himmlischen Kräfte, mit denen Gott ein vertrauensvolles Gebet beantwortet, vollbringen im Beter alles, was er auf dem Herzen hat. Wir dürfen um Sündenvergebung bitten, um den Heiligen Geist, für einen christlichen Charakter, für Weisheit und Kraft zur Förderung seines Werkes und für jede Gabe, die er uns zugesagt hat. Sein Versprechen lautet: »Alles, was ihr bittet im Gebet, wenn ihr glaubt, so werdet ihr's empfangen.« (Matthäus 21,22)

Als Mose bei Gott auf dem Berg Sinai war, sah er das Vorbild jenes wunderbaren Bauwerks, das der Wohnplatz der Herrlichkeit Gottes werden sollte. Auch wir sollen an einem verborgenen Ort der Anbetung und der Gemeinschaft, gleichsam auf dem Berg wie Mose, über Gottes herrliches Ideal und Ziel für die Menschheit nachdenken. Zu allen Zeiten hat Gott seine Pläne für sein Volk ausgeführt, indem er ihnen seine Gemeinschaft gewährte. Schritt für Schritt hat er ihnen dabei seine gnadenvollen Lehren offenbart. Gottes Art und Weise, seine Wahrheit mitzuteilen, kommt in den Worten zum Ausdruck: »Er wird hervorbrechen wie die schöne Morgenröte.« (Hosea 6,3) Wer sich dort hinbegibt, wo Gott ihn erleuchten kann, schreitet gewissermaßen vom Halbdunkel der Morgendämmerung bis ins gleißende Licht der Mittagssonne.

Wahre Heiligung bedeutet vollkommene Liebe, vollkommenen Gehorsam und völlige Übereinstimmung mit dem Willen Gottes. Durch unseren Gehorsam gegenüber der Wahrheit sollen wir geheiligt werden. Unser Gewissen muss von den toten Werken gereinigt werden, damit es dem lebendigen Gott dienen kann. Wir sind noch nicht vollkommen, aber wir haben die Gnade erhalten, uns aus unseren Verstrickungen in Egoismus und Selbstsucht zu lösen und uns auf den Weg zur Vollkommenheit zu begeben. Alle haben die Möglichkeit, grosse und erhabene Ziele zu erreichen.

Heiligung nach seinem Willen

Der Grund, warum so viele Menschen heute im geistlichen Leben keine größeren Fortschritte machen, liegt im Folgenden begründet: Sie geben genau das als den Willen Gottes aus, was sie sich vornehmen. Sie gehen ihren eigenen Wünschen nach und bilden sich dabei ein, mit Gottes Willen übereinzustimmen. Sie stehen nicht im Kampf mit ihrem Ich. Andere wiederum kämpfen eine Zeitlang erfolgreich gegen ihr selbstsüchtiges Verlangen nach Genuss und Bequemlichkeit. Sie sind ernsthaft bei der Sache und meinen es aufrichtig. Mit der Zeit sind sie es aber leid,

---

Johannes lehrte nicht, dass wir die Erlösung durch unseren Gehorsam verdienen sollen. Wohl aber sagt er, dass Gehorsam die Frucht des Glaubens und der Liebe ist.

sich andauernd anzustrengen, täglich der Selbstsucht abzusterben und endloser Unruhe ausgesetzt zu sein. Die Bequemlichkeit erscheint so verlockend, der Selbstsucht abzusterben dagegen abstoßend. So schließen sie ihre schläfrigen Augen und geben der Macht der Versuchung nach, statt ihr zu widerstehen.

Die Anordnungen des Wortes Gottes lassen keinen Raum für Kompromisse mit dem Bösen. Der Sohn Gottes ist in die Welt gekommen, um alle Menschen zu sich zu ziehen. Er kam nicht, um die Welt in den Schlaf zu wiegen, sondern um den Menschen den schmalen Weg zu weisen, den alle gehen müssen, wenn sie die Tore der Stadt Gottes erreichen wollen. Wer an ihn glaubt, muss ihm auf dem Weg folgen, den er vorausgegangen ist. Wie groß das Opfer an Bequemlichkeit und Egoismus auch sein mag, wie viel Arbeit, Mühe und Schmerz es auch kostet, den andauernden Kampf mit dem eigenen Ich gilt es zu bestehen.

Menschen machen ihrem Gott am meisten Ehre, wenn sie sich ihm weihen, damit er durch sie wirken kann. Die Zeit rast schnell auf die Ewigkeit zu. Wir dürfen Gott nicht vorenthalten, was ihm gehört. Wir sollten ihm Dinge nicht verweigern, die uns zwar kein Verdienst einbringen, wenn wir sie ihm geben, die wir ihm auf der anderen Seite aber nicht versagen dürfen, ohne uns selbst zugrunde zu richten. Er bittet um dein ganzes Herz. Gib es ihm, denn es gehört ihm ohnehin: Er hat es geschaffen, und er hat es erlöst! Er bittet dich um deine Verstandeskräfte. Gib sie ihm, sie sind sein Eigentum! Er bittet dich um dein Geld. Gib es ihm, es gehört ihm sowieso! »Ihr gehört nicht euch selbst, denn Gott hat einen hohen Preis für euch bezahlt.« (1. Korinther 6,20 NLB) Gott verlangt Anbetung und Verehrung von geheiligten Menschen, die täglich einen Glauben leben, »der durch die Liebe tätig ist.« (Galater 5,6) Auf diese Weise haben sie sich darauf vorbereitet, Christus zu dienen. Er hält uns die höchsten Ideale vor Augen, selbst die Vollkommenheit. Christus bittet uns, auf dieser Welt voll und ganz für ihn da zu sein, so wie er in der Gegenwart Gottes für uns da ist.

Kapernblüte

»Das ist der Wille Gottes, eure Heiligung.« (1. Thessalonicher 4,3) Ist das auch dein Wille? Deine Sünden mögen sich wie Berge vor dir auftürmen, doch wenn du dich von Herzen vor Gott demütigst, ihm deine Sünden bekennst und dich voll Vertrauen auf die Verdienste des gekreuzigten und auferstandenen Erlösers verlässt, wird er dir vergeben und dich von aller Ungerechtigkeit reinigen. Gott verlangt von dir völlige Übereinstimmung mit seinem Gesetz. Dieses Gesetz ist das Echo seiner Stimme, die zu dir sagt: Heiliger, immer noch heiliger! Sehne dich nach dem vollen Maß der Gnade Christi! Lass dein Herz erfüllt werden von dem intensiven Verlangen nach seiner Gerechtigkeit. Von ihr sagt die Bibel: »Der Gerechtigkeit Frucht wird Friede sein, und der Ertrag der Gerechtigkeit wird ewige Stille und Sicherheit sein.« (Jesaja 32,17)

Sehnt sich dein Herz nach Gott, dann wirst du immer mehr von dem unerforschlichen Reichtum seiner Gnade entdecken. Wenn du diesem Reichtum nachsinnst, wird er in deinen Besitz übergehen. Dann wirst du andern die Verdienste des Opfers Christi vor Augen führen. Du wirst von dem Schutz sprechen, den seine Gerechtigkeit uns Menschen bietet, von der Fülle seiner Weisheit und von seiner Macht, mit der er dich »unbefleckt und untadelig« (2. Petrus 3,14) dem Vater präsentiert.

Wir dürfen wissen, dass Gott uns die ganze Kraft des Himmels verheißen hat, damit wir rein werden. Niemand muss verloren gehen! Es reicht aus, von ganzem Herzen die Hilfe des Heiligen Geistes herbeizusehnen. Dann werden wir uns wie eine aufspringende Knospe mehr und mehr dem Licht zuwenden.

Kapitel 56 Verbannt auf Patmos

Der Apostel Johannes, Mosaikbild über dem Klostereingang von Patmos

Auch Johannes, der Jünger Jesu, der das höchste Alter erreichte, wurde wegen seines Glaubens schwer verfolgt und musste schreckliche Qualen erleiden. In Rom warf man ihn in einen Kessel mit siedendem Öl. Aber Gott bewahrte ihn vor jeglichen Verletzungen. Schließlich wurde er durch den Kaiser Domitian auf die Insel Patmos verbannt.

Inzwischen war mehr als ein halbes Jahrhundert seit der Gründung der christlichen Gemeinde vergangen. Während dieser Zeit sah sich die gute Nachricht von der Erlösung durch Jesus Christus ständigem Widerstand ausgesetzt. Schließlich war es ihren Feinden gelungen, in ihrem Kampf gegen die Christen die Macht des römischen Kaisers für sich zu gewinnen.

In der schrecklichen Verfolgung, die nun einsetzte, bemühte sich der Apostel Johannes sehr darum, die Gemeinden im Glauben zu stärken und zu festigen. Was er als Augenzeuge gesehen und gehört hatte und wovon er immer wieder berichtete, das konnten seine Gegner nicht widerlegen. Seine Berichte halfen auch den Nachfolgern Jesu, der bevorstehenden Trübsal mit Mut und auch standhaft zu begegnen. Wenn dennoch ihr Glaube und ihre Treue zu Jesus unter dem furchtbaren Druck, dem sie ausgesetzt waren, zu wanken drohten, rief ihnen der altbewährte Diener Jesu mit Autorität und Beredsamkeit die Botschaft vom gekreuzigten und auferstandenen Erlöser ins Gedächtnis. Sein Glaube war unerschütterlich, und von seinen Lippen war stets die gleiche frohmachende Botschaft zu vernehmen: »Was von Anfang an war, was wir gehört haben, was wir gesehen haben mit unsern Augen, was wir betrachtet haben und unsre Hände betastet haben, vom Wort des Lebens … Was wir gesehen und gehört haben, das verkündigen wir auch euch.« (1. Johannes 1,1-3)

Verhört und gequält

Johannes erreichte ein sehr hohes Alter. Er erlebte die Verwüstung Jerusalems und die Zerstörung des prächtigen Tempels. Er war nun der letzte noch lebende Jünger, der eine so enge Verbindung zu Jesus gehabt hatte. Deshalb übten seine Worte einen großen Einfluss aus, wenn er immer wieder davon sprach, dass Jesus wirklich der Messias und der Erlöser der Welt ist. Niemand konnte an seiner Aufrichtigkeit zweifeln, sodass durch seine Unterweisung viele ihren Unglauben ablegten.

Wegen seiner unerschütterlichen Treue zu Christus war Johannes bei der jüdischen Führungsschicht sehr verhasst. Ihnen wurde klar, dass all ihre Bemühungen gegen die Christen erfolglos sein würden, solange Johannes vor den Leuten von Jesus Zeugnis ablegen konnte. Um die Wunder und Lehren Jesu aus dem Gedächtnis der Leute zu streichen, musste zuerst die Stimme dieses so mutigen Zeugen zum Schweigen gebracht werden.

Johannes wurde demzufolge nach Rom geladen, um dort vor Gericht wegen seines Glaubens verhört zu werden. Vor den Vertretern des Staates wurden seine Lehren völlig verdreht. Falsche Zeugen beschuldigten ihn, aufrührerische Irrlehren zu verbreiten. Mit derartigen Anklagen hofften seine Feinde, das Todesurteil über ihn zu erwirken.

Johannes verteidigte sich selbst klar und überzeugend. Durch seine Bescheidenheit und Offenheit hatten seine Worte eine starke Wirkung. Die Zuhörer staunten über seine Weisheit und Redegewandtheit. Je überzeugender aber seine Worte klangen, umso tiefer hassten ihn seine Gegner. Kaiser Domitian raste vor Wut. Er hatte nichts in der Hand, um die Beweisführung dieses treuen Apostels Christi zu entkräften. Er hatte auch der Macht, die aus den Worten dieses Zeugen der Wahrheit sprach, nichts entgegenzusetzen. Trotzdem beschloss Kaiser Domitian, diese Stimme zum Schweigen zu bringen.

Johannes wurde in einen Kessel mit siedendem Öl geworfen; aber der Herr bewahrte das Leben seines treuen Dieners. Genauso hatte er einst das Leben der drei Hebräer in der Glut des feurigen Ofens bewahrt. Als die Worte ausgesprochen wurden: »So gehen alle zugrunde, die an den Betrüger Jesus Christus glauben«, antwortete Johannes: »Mein Herr ertrug geduldig alle Demütigungen und Qualen, die sich Satan und seine Engel nur erdenken konnten. Er gab sein Leben, um die Welt zu erlösen. Ich fühle mich geehrt, um seinetwillen leiden zu dürfen. Ich bin ein schwacher, sündiger Mensch. Christus dagegen war heilig, friedfertig und rein. Er beging keine Sünde, noch wurde je in seinem Mund Falschheit gefunden.«

Diese Worte verfehlten ihre Wirkung nicht, und Johannes wurde von denselben Männern aus dem Kessel gezogen, die ihn hineingeworfen hatten. Doch später bekam der Apostel die Hand der Verfolger aufs Neue schwer zu spüren. Auf Befehl des Kaisers wurde er auf die Insel Patmos verbannt »um des Wortes Gottes willen und des Zeugnisses von Jesus.« (Offenbarung 1,9) Dort, dachten seine Feinde, könnte er bestimmt keinen Einfluss mehr ausüben. Gewiss würde er dort endlich den Entbehrungen und Leiden erliegen.

Gefangen, aber gesegnet

Die öde und felsige Insel Patmos im Ägäischen Meer hatte die römische Regierung als Verbannungsort für Verbrecher bestimmt. Für den Diener Gottes wurde dieser düstere Aufenthaltsort jedoch ein Tor zum Himmel. Hier war er zwar vom geschäftigen Treiben des täglichen Lebens abgeschnitten, und er konnte auch nicht mehr wie früher tätig sein. Aber gerade hier pflegte er die enge Gemeinschaft mit Gott, mit Jesus Christus und den Engeln. Von ihnen erhielt er für alle kommenden Zeiten Unterweisungen für die Gemeinde. Ereignisse, die sich erst am Ende der Weltgeschichte zutragen sollten, wurden vor seinen Blicken entrollt. Dort schrieb er auch diese Visionen nieder. Wohl konnte er nicht mehr vor vielen Menschen von dem Einen sprechen, den er liebte und dem er diente; doch die Botschaften, die er an dieser öden Küste erhielt, sollten wie das helle Licht eines Leuchtturms hinaus in die Welt leuchten. Alle Völker auf Erden sollten erfahren, was Gott für feste Absichten und Pläne mit ihnen hat.

Inmitten der Klippen und Felsen von Patmos pflegte Johannes Gemeinschaft mit seinem Schöpfer. Oft dachte er über sein vergangenes Leben nach. Bei dem Gedan-

> *Aus den wilden, zerklüfteten Felsen, aus den Geheimnissen der großen Tiefe, aus dem herrlichen Firmament gewann Johannes wichtige Einsichten. Sie alle bezeugten Gottes Macht und Herrlichkeit.*

Teil 8 | Gute Nachricht für alle

Blick über die Insel Patmos

Patmos, eine trockene und felsige Insel im Ägäischen Meer, diente zur Kaiserzeit als Verbannungsort für Straftäter. Die Feinde von Johannes hofften, dass er auf dieser Insel nichts mehr für die Verbreitung des Christentums tun könnte. Aber Gott lässt seine Gerechtigkeit auch auf verschlungenen Wegen walten. Auf Patmos offenbarte er Johannes viele Dinge, die im letzten Buch der Bibel aufgezeichnet sind.

ken an die empfangenen Segnungen kam tiefer Friede über ihn. Er hatte als Christ gelebt und konnte zuversichtlich sagen: »Wir wissen, dass wir aus dem Tod in das Leben gekommen sind.« (1. Johannes 3,14) Aber nicht so der Kaiser, der ihn in die Verbannung geschickt hatte. Der konnte nur auf Schlachtfelder und Blutbäder zurückblicken, auf zerstörte Häuser, auf weinende Witwen und Waisen. Dies waren die Früchte seines ehrgeizigen Strebens nach Weltherrschaft.

In der Einsamkeit dieses Aufenthaltsortes hatte Johannes die Gelegenheit, mehr als je zuvor die Erscheinungsformen der Macht Gottes zu erforschen, wie sie im Buch der Natur sowie auf den Blättern der Heiligen Schrift verzeichnet sind. Für ihn war es eine Wonne, über das Schöpfungswerk nachzudenken und Gott, dessen Architekten, anzubeten. Früher hatte er sich an dem Anblick bewaldeter Hügel, grüner Täler und fruchtbarer Ebenen erfreut. Es hatte ihm regelrecht Vergnügen bereitet, in der Schönheit der Natur die Spuren der Weisheit und Allmacht Gottes zu entdecken. Nun war er von einer Landschaft umgeben, die manchem trist und langweilig vorgekommen wäre. Bei ihm war das aber nicht der Fall. Die Umgebung um ihn herum mochte zwar verlassen und öde aussehen, aber der blaue Himmel, der sich über ihm wölbte, war so klar und so schön wie über seinem geliebten Jerusalem. Aus den wilden, zerklüfteten Felsen, aus den Geheimnissen der großen Tiefe, aus dem herrlichen Firmament gewann er wichtige Einsichten. Sie alle bezeugten Gottes Macht und Herrlichkeit.

Rings um sich her sah der Apostel Spuren der Sintflut, die über die Erde hereingebrochen war, weil ihre damaligen Bewohner es gewagt hatten, Gottes Gesetz zu übertreten. Die Felsblöcke, die von der Gewalt des hervorbrechenden Wassers aus der großen Tiefe und aus dem Erdinnern emporgeschleudert worden waren, ließen in seiner Vorstellung die Schrecken lebendig werden, die der furchtbare Zorn Gottes hervorgerufen haben musste. In der Stimme der vielen Wasser vernahm der Prophet die Stimme des Schöpfers. »Deine Fluten rauschen daher, und eine Tiefe ruft die andere.« (Psalm 42,8) Wenn erbarmungslose Stürme das Meer aufpeitschten, erschien ihm dies wie der Zorn eines geschmähten Gottes. Wenn mächtige Wogen mit ihrer zerstörerischen Gewalt wie von unsichtbarer Hand in Grenzen gehalten wurden, zeigte es ihm, dass eine unendliche Kraft im Regiment saß. Im Gegensatz dazu wurden ihm die Nichtigkeit und Torheit jener Menschen klar, die sich ihrer angeblichen Weisheit und Stärke rühmen, obwohl sie nur Würmer aus Staub und Asche sind. Sie lehnen sich gegen den Herrscher des Universums auf, als ob Gott einer der Ihren wäre. Die Felsen erinnerten ihn an Jesus Christus, den Felsen seiner Stärke, in dessen Schutz er sich ohne Furcht geborgen fühlte. Auf dieser Felseninsel Patmos, dem Ort der Verbannung, stieg von dem Apostel das herzlichste Verlangen nach Gott zum Himmel empor, das ein Mensch haben kann. Hier sprach er seine innigsten Gebete.

Die Geschichte des Johannes macht deutlich, auf welche Weise Gott ältere Mitarbeiter in seinem Missionswerk einsetzen kann. Als Johannes auf die Insel Patmos verbannt wurde, dachten manche, sein Dienst für die Gemeinde sei nun zu Ende. Sie meinten, dass er wie ein altes, geknicktes Schilfrohr jederzeit ganz zusammenbrechen könne. Doch der Herr hielt es für richtig, ihn weiterhin als seinen Diener zu gebrauchen. Tatsächlich hörte Johannes auch in der Verbannung nicht auf, die Wahrheit weiterzugeben. Selbst hier, auf der Insel Patmos, machte er Menschen zu Freunden und zu Jüngern Jesu. Seine Botschaft war von großer Freude geprägt. Er verkündete den auferstandenen Christus, der im Himmel für sein Volk Fürbitte einlegt, bis er wiederkommt und die Seinen zu sich nimmt. Außerdem erhielt er nun, da er im Dienst für seinen Herrn alt geworden war, mehr direkte Botschaften von Gott als in seinem bisherigen Leben.

Beispiele des Glaubens

Herzliche Wertschätzung gebührt den Mitarbeitern, die ihr ganzes Leben im Werk Gottes gedient haben. In so manchen Stürmen und Anfechtungen haben sie sich als treu erwiesen. Wenn sie auch Schwächen haben, so besitzen sie doch Gaben und Fähigkeiten. Deshalb können sie noch immer einen Platz im Werk Gottes einnehmen. Sie mögen abgekämpft sein und nicht mehr in der Lage, schwere Lasten zu schultern. Diese Aufgaben können und sollen dann von jüngeren Kräften übernommen werden. Ein Rat aber, hinter dem eine lange Erfahrung steht, ist stets von höchstem Wert.

Vielleicht haben sie Fehler gemacht, aber daraus haben sie gelernt, Irrtümer und Gefahren zu meiden. Sind sie nicht gerade deshalb in der Lage, weisen Rat zu erteilen? Sie haben sich in Anfechtungen und Prüfungen bewährt, und obwohl sie etwas von ihrer Vitalität eingebüßt haben, stellt Gott sie nicht ins Abseits. Er verleiht ihnen besondere Würde und Weisheit.

Männer, die ihrem Meister in schweren Zeiten treu gedient und Armut ertragen haben, Männer, die treu geblieben sind, als nur wenige für die Wahrheit einstanden, verdienen Respekt und Hochachtung. Nach dem Willen des Herrn sollten jüngere Mitarbeiter durch den Umgang mit älteren, treuen Dienern des Evangeliums Weisheit und Stärke entwickeln und Reife erlangen. Die jüngeren Pastoren sollten erkennen, dass es für sie ein großer Gewinn ist, solche erfahrenen Männer in ihren Reihen zu haben. Diesen gebührt ein Ehrenplatz in den Beratungsgremien.

Mitarbeiter Christi, die sich vollzeitlich im Werk Gottes eingesetzt hatten, wird der Heilige Geist am Ende ihrer irdischen Laufbahn dazu veranlassen, anderen von ihren Erfahrungen und Erlebnissen im Werk Gottes zu berichten. Wie wunderbar Gott sein Volk geführt hat, wie er sie in seiner großen Güte vor Trübsal bewahrt hat, davon sollten alle hören, die neu zum Glauben an Christus gefunden haben. Gott will, dass die altgedienten und bewährten Pastoren sich

> *Johannes hörte auch in der Verbannung nicht auf, die Wahrheit weiterzugeben. Selbst hier, auf der Insel Patmos, machte er Menschen zu Freunden und zu Jüngern Jesu.*

dort, wo er sie hingeführt hat, einsetzen, damit Menschen nicht vom mächtigen Strom des Bösen in die Tiefe gerissen werden. Sie sollen ihre geistliche Waffenrüstung anbehalten, bis er sie zur Ruhe legt.

Die Erfahrungen, die der Apostel Johannes machte, als er verfolgt wurde, enthalten eine wunderbare Lehre, die alle Christen stärken und trösten kann. Gott verhindert die Anschläge feindseliger Menschen nicht, aber er sorgt dafür, dass sie denen zum Besten dienen, die trotz Kampf und Anfechtung ihrem Gott in Glauben und Treue verbunden bleiben. Oft müssen Prediger des Evangeliums ihren Dienst unter schwersten Verfolgungen, heftigstem Widerstand und übelsten Verleumdungen ausüben. In solchen Zeiten muss man sich bewusst machen, dass der Wert der Erfahrungen, im feurigen Ofen der Anfechtung und Trübsal gewonnen, die erlittene Pein bei weitem übertrifft. Auf diese Weise zieht Gott seine Kinder zu sich. So zeigt er ihnen ihre Schwäche und seine Stärke und lehrt sie, sich ganz auf ihn zu verlassen. Dadurch bereitet er sie darauf vor, in Notsituationen nicht zu verzagen, Vertrauensstellungen zu bekleiden und der hohen Aufgabe gerecht zu werden, für die er sie mit Kräften und Gaben ausgerüstet hat.

Zu allen Zeiten haben sich Gottes erwählte Zeugen um der Wahrheit willen der Schmach und der Verfolgung ausgesetzt. Josef wurde verleumdet und verfolgt, weil er Tugend und Rechtschaffenheit bewahrt hatte. David, der auserwählte Botschafter Gottes, wurde von seinen Feinden wie ein Raubtier gejagt. Daniel wurde in eine Löwengrube geworfen, weil er seinem Bund mit dem Himmel treu blieb. Hiob verlor seine irdischen Güter, und sein Körper wurde so sehr von Hautkrankheiten geplagt, dass sich seine Verwandten und Freunde vor ihm ekelten; dennoch bewahrte er seine Rechtschaffenheit. Jeremia ließ sich nicht davon abbringen, die Worte zu reden, die Gott ihm aufgetragen hatte. Seine Botschaft versetzte König und Fürsten dermaßen in Zorn, dass sie ihn in eine eklige Schlammgrube warfen. Stephanus wurde gesteinigt, weil er einen gekreuzigten Messias predigte. Paulus wurde ins Gefängnis geworfen, mit Knüppeln verprügelt, gesteinigt und letztendlich getötet, weil er ein treuer Zeuge Gottes war. Und Johannes wurde »um des Wortes Willen und des Zeugnisses von Jesus« (Offenbarung 3,9) auf die Insel Patmos verbannt.

Diese Beispiele menschlicher Standhaftigkeit sprechen für die Zuverlässigkeit der göttlichen Verheißungen, für die ständige Gegenwart Gottes und für seine gnädige Fürsorge. Sie beweisen, dass der Glaube die Kraft besitzt, den Mächten der Welt Widerstand leisten zu können. Wie sehr wir

In der Berufswelt ist jugendliche Kraft gefragt, Menschen in fortgeschrittenem Alter werden häufig abgeschoben. Die Jugend sollte aber den Rat, die Weisheit und die Erfahrung der Älteren nicht unterschätzen. Johannes ist ein gutes Beispiel dafür, wie der Herr einen Menschen noch in hohem Alter für einen besonderen Dienst erwählte.

auch in dunklen Stunden von Stürmen der Anfechtung geschüttelt werden, der Glaube gibt uns die Sicherheit, dass unser Vater das Steuer fest in Händen hält. Das Auge des Glaubens kann über zeitliche Dinge hinausschauen und den Wert des ewigen Reichtums richtig einschätzen.

Standhafter Glaube

Jesus stellt seinen Nachfolgern weder irdische Ehren und Reichtümer noch ein Leben ohne Probleme und Anfechtungen in Aussicht. Stattdessen fordert er sie auf, ihm auf seinem Pfad der Selbstverleugnung und der Demut zu folgen. Er selbst war gekommen, um die Welt zu erlösen, aber gerade ihm leisteten die vereinten Kräfte des Bösen größten Widerstand. In einer erbarmungslosen Verschwörung verbündeten sich böse Menschen und gefallene Engel gegen den Friedensfürsten. Mit jedem Wort und jeder Tat offenbarte er seine göttliche Barmherzigkeit. Weil er aber so völlig anders war als die Welt, erregte er ihre gnadenlose Feindschaft.

Das werden alle erfahren, die »fromm leben wollen in Christus Jesus.« (2. Timotheus 3,12) Wer vom Geist Christi erfüllt ist, muss mit übler Nachrede, Schmach und Verfolgung rechnen. Die Art der Verfolgung ändert sich im Laufe der Zeit, aber das Grundprinzip – die treibende Kraft, die dahinter steckt – ist immer dieselbe. Seit den Tagen Abels hat man allzu oft den Erwählten des Herrn das Leben genommen.

Zu allen Zeiten hat Satan Gottes Volk verfolgt. Er hat Gläubige foltern und töten lassen, aber im Sterben wurden sie zu Überwindern. Gerade da bezeugten sie die Macht Christi, der stärker ist als Satan. Böse Menschen mögen den Körper martern und gar töten, aber sie können dem Leben nichts anhaben, das mit Christus in Gott verborgen ist. Sie können wohl Menschen ins Gefängnis werfen, niemals aber deren Geist knebeln und fesseln.

Durch Anfechtung und Verfolgung offenbart sich die Herrlichkeit Gottes – sein Charakter – in seinen Auserwählten. Die Gläubigen, von der Welt gehasst und verfolgt, werden in der Schule Christi erzogen. Sie wandern auf schmalen Pfaden und werden im Feuerofen des Leids geläutert. Aber selbst in schweren Kämpfen bleiben sie Christus treu. Sie üben sich in Selbstverleugnung. Sie erleben bittere Enttäuschungen. Aber auf diese Weise lernen sie die schreckliche Grausamkeit der Sünde kennen und verabscheuen sie zutiefst. Da sie nun an den Leiden Christi teilhaben, können sie hinter dem Dunkel die himmlische Herrlichkeit erblicken und mit dem Apostel sagen: »Ich bin aber davon überzeugt, dass unsere jetzigen Leiden bedeutungslos sind im Vergleich zu der Herrlichkeit, die er uns später schenken wird.« (Römer 8,18 NLB)

Wir leben in einer gottfeindlichen Welt. Jeder, der dem Herrn treu sein will, muss gegen die Strömung schwimmen und auf schmalen Pfaden wandern. Die Helden im Glauben erlitten Verfolgung, Diskriminierung und Leid. Viele starben von der Gesellschaft verachtet, als Kriminelle verleumdet. Aber ihre Namen werden für immer auf der Ehrentafel in Gottes Reich zu lesen sein.

Kapitel 57 Die Offenbarung

Das Buch der Offenbarung

Ruinen in Laodicea

Als Johannes auf die Insel Patmos verbannt wurde, war die Situation der christlichen Gemeinden kritisch. Der Einfluss der Pioniere war verblasst, und der erste Eifer der Gläubigen ließ nach. Wichtige Wahrheiten gerieten in Vergessenheit. In dieser Zeit der Not empfing Johannes die Visionen der Apokalypse. Sie wurden zuerst an sieben Gemeinden in Kleinasien verschickt. Besonders der Gemeinde in Laodicea wurde eine grundlegende Korrektur empfohlen.

Ernst und Begeisterung erfüllten zu Lebzeiten der Apostel die Gläubigen. Sie wirkten so unermüdlich für ihren Herrn und Meister, dass die Botschaft vom Königreich Christi trotz heftigem Widerstand in relativ kurzer Zeit in allen Gebieten der bewohnten Erde zu hören war. Der Eifer, den die Nachfolger Jesu damals an den Tag legten, wurde unter dem Einfluss des Heiligen Geistes zur Ermutigung der Gläubigen aller Zeiten niedergeschrieben. Über die Gemeinde zu Ephesus, die Jesus Christus als Symbol für die gesamte Christenheit des apostolischen Zeitalters gebrauchte, sagt er selbst als »der treue und wahrhaftige Zeuge« (Offenbarung 3,14): »Ich kenne deine Werke und deine Mühsal und deine Geduld und weiß, dass du die Bösen nicht ertragen kannst; und du hast die geprüft, die sagen, sie seien Apostel, und sind's nicht, und hast sie als Lügner befunden, und hast Geduld und hast um meines Namens willen die Last getragen und bist nicht müde geworden.« (Offenbarung 2,2.3)

Das Erkalten der ersten Liebe

Anfangs war die geistliche Erfahrung der Gemeinde zu Ephesus von kindlicher Einfachheit und großem Eifer geprägt. Die Gläubigen wollten jedem Wort Gottes aufrichtig gehorchen, und ihr Leben offenbarte daher eine echte und tiefe Liebe zu Christus. Sie freuten sich, den Willen Gottes zu tun, weil Jesus ständig in ihren Herzen gegenwärtig war. Aufgrund ihrer tiefen Liebe zu ihrem Erlöser war es ihr höchstes Ziel, Menschen für ihn zu gewinnen. Sie dachten nicht im Entferntesten daran, den kostbaren Schatz der Gnade Christi für sich zu behalten. Sie waren sich der Bedeutung ihrer Berufung bewusst. Die Botschaft »Friede auf Erden bei den Menschen seines Wohlgefallens« (Lukas 2,14) war ihnen aufgetragen, und in ihnen brannte das Verlangen, diese gute Nachricht von der Erlösung durch Jesus Christus bis in die letzten Winkel der Erde zu verbreiten. Und die Welt merkte ihnen an, dass sie Jesus begegnet waren und er sie verändert hatte. Sündenbeladene, aber reumütige Menschen erhielten Vergebung. So gereinigt und geheiligt wurden sie durch den Sohn zu Partnern Gottes.

Die Gemeindeglieder waren ein Herz und eine Seele. Das zeigte sich auch in ihrem Handeln. Die Liebe zu Christus war die goldene Kette, die sie zusammenhielt. Ihre Erkenntnis des Herrn wurde immer tiefer und vollkommener, und ihr Leben offenbarte die Freude und den Frieden Christi. Sie besuchten notleidende Waisen und Witwen, um ihnen zu helfen, und hielten sich von der Welt fern, um sich von deren gottlosem Treiben nicht verführen zu lassen (vgl. Jakobus 1,27). Sie wussten, dass sie andernfalls selbst ihrem Bekenntnis zu Christus widersprochen und ihren Erlöser damit verleugnet hätten.

In jeder Stadt fasste die Botschaft von Jesus Christus Fuß. Menschen bekehrten sich, nahmen ihn als ihren Erlöser an und fühlten sich ihrerseits veranlasst, anderen von diesem neu gefundenen, kostbaren Schatz zu erzählen. Sie wollten nicht ruhen, bis das Licht, das sie erleuchtet hatte, auch auf andere schien. So erkannte eine Vielzahl von Menschen, worauf die Hoffnung der Christen beruht. Solche, die sich verrannt hatten, wurden persönlich angesprochen. Warmherzige, packende Appelle wurden an Ausgestoßene gerichtet und an Menschen, die vorgaben, die Wahrheit zu kennen, jedoch »mehr dem Vergnügen als Gott zugewandt« (2. Timotheus 3,4 EÜ) lebten.

Mit der Zeit ließ der Eifer der Gläubigen aber nach, und die Liebe zu Gott und zueinander nahm ab. Kälte breitete sich in der Gemeinde aus. Einige vergaßen, auf welch wunderbare Weise sie die Wahrheit empfangen hatten. Von den alten Bannerträgern verschied einer nach dem anderen und verließ seinen Posten. Einige jüngere Mitarbeiter aber wurden der schon oft gehörten Wahrheiten überdrüssig. Dabei hätten sie diesen Vorkämpfern eigentlich schon manche Last abnehmen sollen, um sich gut auf Führungsaufgaben vorbereiten zu können. In ihrem Verlangen nach etwas Neuem und Aufsehenerregendem versuchten sie, fremdes Gedankengut in die christliche Lehre einfließen zu lassen. Das erschien vielen zwar angenehmer, war aber mit den grundlegenden Aussagen des Evangeliums unvereinbar. In ihrem übersteigerten Selbstvertrauen und in ihrer geistlichen Blindheit begriffen sie nicht, dass diese falschen Auffassungen viele dazu veranlassen würden, die Erfahrungen der Vergangenheit in Frage zu stellen. Auf diese Weise käme es zu Durcheinander, Verwirrung und letztlich zu Unglaube.

Als diese Irrlehren mit Nachdruck verfochten wurden, entstanden Meinungsverschiedenheiten. Die Augen vieler Christen wurden dabei von Jesus, dem Begründer und Vollender ihres Glaubens, abgelenkt. Auseinandersetzungen über belanglose Lehrmeinungen und die Beschäftigung mit gefälligen Geschichten, die sich Menschen ausgedacht hatten, nahmen viel Zeit in Anspruch. Viel besser wäre es gewesen, man hätte sie für die Verkündigung des Evangeliums verwendet. Eine Vielzahl von Menschen hätte durch eine treue und zuverlässige Verkündigung der Wahrheit überzeugt und bekehrt werden können. Doch nun blieben sie ungewarnt. Die Frömmigkeit der Christen nahm zusehends ab. Satan schien die Vorherrschaft über die Nachfolger Christi zu gewinnen.

Ein Sabbaterlebnis

In dieser kritischen Phase der jungen Gemeinde wurde Johannes zur Verbannung verurteilt. Nie hätte die Gemeinde seine Stimme dringender gebraucht als gerade jetzt. Fast alle seiner früheren Mitapostel hatten bereits den Märtyrertod erlitten. Die Gläubigen, die noch übrig blieben, sahen sich heftigem Widerstand ausgesetzt. Allem Anschein nach war der Tag nicht mehr fern, an dem ihre Feinde über die Gemeinde Christi triumphieren würden.

Aber die Hand des Herrn wirkte unsichtbar im Verborgenen. Durch Gottes Vorsehung wurde Johannes an einen Ort gebracht, wo sich ihm Christus auf wunderbare Weise offenbaren konnte. Dort erhielt

Die Offenbarung wurde den Christen aller Zeiten zur Unterweisung und zum Trost gegeben.

Teil 8 | Gute Nachricht für alle

Die sieben Gemeinden in Kleinasien, an die der Apostel Johannes von Patmos aus schrieb.

1. Johanneskirche in Ephesus
2. Agora in Smyrna
3. Pergamon, oben auf dem Berg
4. Ruinen von Tyatira
5. Alte christliche Kirche in Sardes
6. Pfeiler einer Kirche in Philadelphia
7. Ruinen in Laodicea

Gott zeigte Johannes in eindrucksvollen Bildern und Symbolen zukünftige Ereignisse der Weltgeschichte. Obwohl er vieles nicht verstand, machte er gewissenhafte Aufzeichnungen, welche uns bis heute überliefert sind. Er wurde auch aufgefordert, an sieben Gemeinden in Kleinasien spezielle Briefe zu senden. Die Botschaften an diese Gemeinden können auf sieben Zeitabschnitte der Kirchengeschichte übertragen werden. Laodicea entspricht dann dem letzten Zeitabschnitt vor der Wiederkunft Christi.

er auch eine Offenbarung der göttlichen Wahrheit. So wollte Christus seine Gemeinde erleuchten und führen.

Bei der Verbannung des Johannes hatten die Feinde der Wahrheit gehofft, die Stimme des treuen Zeugen Gottes für immer zum Schweigen zu bringen. Aber auf Patmos erhielt der Apostel Botschaften, deren Einfluss die Gemeinde bis zum Ende der Zeit fortwährend stärken sollte. Die Männer, die Johannes in die Verbannung geschickt hatten, waren nach wie vor für ihre falsche Entscheidung verantwortlich. Dennoch dienten sie als Werkzeuge in der Hand Gottes, um die Pläne des Himmels auszuführen. Gerade ihr Bemühen, das Licht des Evangeliums auszulöschen, brachte der Wahrheit einen großen Vorteil.

Es war an einem Sabbattag, als der Herr der Herrlichkeit dem verbannten Apostel erschien. Johannes hielt den Sabbat auf Patmos ebenso heilig wie zu jener Zeit, als er in den Städten und Dörfern Judäas den Menschen die gute Nachricht von der Erlösung verkündet hatte. Er beanspruchte für sich persönlich die göttlichen Zusagen, die sich auf diesen Tag bezogen. Er schrieb: »Am Tag des Herrn nahm der Geist Gottes von mir Besitz. Ich hörte hinter mir eine laute Stimme, die wie eine Posaune klang.« (Offenbarung 1,10 GNB) »Die sprach: Ich bin das A und das O, der Erste und der Letzte! ... Und ich wandte mich um und wollte nach der Stimme sehen, die mit mir redete; und als ich mich umwandte, da sah ich sieben goldene Leuchter, und mitten unter den sieben Leuchtern Einen, der einem Sohn des Menschen glich.« (Offenbarung 1,11-13 Sch2)

Dieser geliebte Jünger genoss kostbare Vorzüge. Er hatte seinen Meister in Gethsemane gesehen, als das Gesicht Jesu im Todeskampf von Blutstropfen gezeichnet war. Er war Zeuge gewesen, als »seine Gestalt hässlicher war als die anderer Leute und sein Aussehen als das der Menschenkinder.« (Jesaja 52,14) Er hatte Jesus in den Händen der römischen Soldaten gesehen, mit einem alten Purpurmantel bekleidet und einer Dornenkrone auf seinem Haupt. Er hatte Jesus auf Golgatha am Kreuz hängen sehen, die Zielscheibe grausamen Spotts und gemeiner Schmähungen. Nun wurde es Johannes geschenkt, seinen Herrn erneut zu sehen. Wie ganz anders war aber jetzt seine Erscheinung! Er war kein Mann der Schmerzen mehr, war nicht mehr von Menschen verachtet und geschmäht. Jetzt war er in ein Gewand gekleidet, das in himmlischem Glanz leuchtete. »Sein Haupt aber und sein Haar war weiß wie weiße Wolle, wie der Schnee, und seine Augen wie eine Feuerflamme und seine Füße wie Golderz, das im Ofen glüht, und seine Stimme wie großes Wasserrauschen …, und sein Angesicht leuchtete, wie die Sonne scheint.« (Offenbarung 1,14-16) »Und er hatte sieben Sterne in seiner rechten Hand, und aus seinem Munde ging ein scharfes, zweischneidiges Schwert« (Offenbarung 1,16), ein Sinnbild der Macht seines Wortes. Patmos strahlte die Herrlichkeit des auferstandenen Herrn wider.

»Und als ich ihn sah«, schrieb Johannes, »fiel ich zu seinen Füßen wie tot; und er legte seine rechte Hand auf mich und sprach zu mir: Fürchte dich nicht!« (Offenbarung 1,17)

Johannes wurde gestärkt, damit er die Gegenwart seines verherrlichten Herrn ertragen konnte. Dann wurde vor seinen erstaunten Augen die Herrlichkeit des Himmels enthüllt, und er durfte den Thron Gottes schauen. Als er so über alle irdischen Konflikte und Kriege hinaus sah, erblickte er die weiß gekleidete Schar der Erlösten. Er hörte die Gesänge der Engel und die Siegeslieder derer, die überwunden hatten durch des Lammes Blut und das Wort ihres Zeugnisses. In der Offenbarung, die er nun erhielt, wurde ihm eine Szene nach der andern vor Augen geführt, die für die Erfahrung des Gottesvolkes von höchstem Interesse waren. Auf diese Weise wurde die Geschichte der Gemeinde Jesu bis zum Ende der Zeit vorausgesagt. In Bildern und Symbolen wurden Johannes Geschehnisse von äußerster Wichtigkeit vorgeführt. Dies alles sollte er schriftlich niederlegen, um sowohl dem Volk Gottes, das zu seiner Zeit lebte, wie auch der Gemeinde aller kommenden Zeitalter eine zutreffende Aufklärung über bevorstehende Gefahren und Kämpfe zukommen zu lassen.

Der Weg des Gottesvolks bis ans Ende der Zeit

Diese Offenbarung wurde den Christen aller Zeiten zur Unterweisung und zum Trost gegeben. Trotzdem haben Lehrer der Kirche behauptet, die Offenbarung sei ein versiegeltes Buch, dessen Geheimnisse nicht erklärt werden könnten. Aus diesem Grund haben sich viele von diesem prophetischen Buch abgewandt und sich geweigert, Zeit und Mühe für das Studium seiner Geheimnisse aufzubringen. Gott will aber nicht, dass sein Volk dieses Buch so vernachlässigt. Schließlich ist es »die Offenbarung Jesu Christi, die ihm Gott gegeben hat, seinen Knechten zu zeigen, was in Kürze geschehen soll … Selig ist«, erklärt der Herr, »der da liest und die da hören die Worte der Weissagung und behalten, was darin geschrieben ist; denn die Zeit ist nahe.« (Offenbarung 1,1.3) »Ich bezeuge allen, die da hören die Worte der Weissagung in diesem Buch: Wenn jemand etwas hinzufügt, so wird Gott ihm die Plagen zufügen, die in diesem Buch geschrieben stehen. Und wenn jemand etwas wegnimmt von den Worten des Buchs dieser Weissagung, so wird Gott ihm seinen Anteil wegnehmen am Baum des Lebens und an der heiligen Stadt, von denen in diesem Buch geschrieben steht. Es spricht, der dies bezeugt: Ja, ich komme bald.« (Offenbarung 22,18-20)

In der Offenbarung des Johannes werden die tiefen Geheimnisse Gottes enthüllt. Schon der Name dieser inspirierten Seiten – die Offenbarung – widerlegt die Behauptung, es handle sich um ein versiegeltes Buch. Eine Offenbarung ist etwas, das bekannt gegeben worden ist. Der Herr selbst enthüllte seinem Mitarbeiter die Geheimnisse, die dieses Buch enthält, und es ist seine Absicht, dass sie allen Menschen zum Studium zugänglich sind. Seine Wahrheiten sind genauso an die Menschen gerichtet, die in der letzten Zeit der Weltgeschichte leben, wie an die Zeitgenossen des Johannes. Einige der beschriebenen Ereignisse liegen in der Vergangenheit, andere finden gerade jetzt statt. Manche Szenen berichten vom Ende des großen Kampfes zwischen den Mächten der Finsternis und dem Fürsten des Himmels. Wieder andere offenbaren den Sieg und die Freude der Erlösten auf der neuen Erde.

Weil manche nicht jedes Symbol der Offenbarung deuten konnten, haben sie

> *In der Offenbarung des Johannes werden die tiefen Geheimnisse Gottes enthüllt. Es ist die Absicht des Herrn, dass sie allen Menschen zum Studium zugänglich sind.*

> *Wer bereit ist, die Wahrheit anzunehmen, wird auch die Fähigkeit erhalten, die Lehren dieses Buches zu verstehen. … In der Offenbarung treffen alle Bücher der Bibel zusammen und finden ihren krönenden Abschluss.*

gedacht, es sei völlig sinnlos, sich um das rechte Verständnis der in diesem Buch enthaltenen Wahrheit zu bemühen. Das aber ist nicht richtig. Gott, der Johannes diese Geheimnisse offengelegt hat, wird auch jedem, der sorgfältig nach der Wahrheit gräbt, einen Vorgeschmack auf den Himmel gewähren. Wer bereit ist, die Wahrheit anzunehmen, wird auch die Fähigkeit erhalten, die Lehren dieses Buches zu verstehen. Er wird den Segen empfangen, der allen verheißen ist, »die da hören die Worte der Weissagung und behalten, was darin geschrieben ist; denn die Zeit ist nahe.« (Offenbarung 1,3)

In der Offenbarung treffen alle Bücher der Bibel zusammen und finden ihren krönenden Abschluss. Dieses Buch stellt die Ergänzung zum Buch Daniel dar. Letzteres ist eine Prophezeiung, das andere eine Offenbarung. Das Buch, das einst versiegelt wurde, ist nicht die Offenbarung des Johannes, sondern der Teil des Buches Daniel, der sich auf die letzte Zeit bezieht. Dem Propheten hatte der Engel befohlen: »Und du, Daniel, verbirg diese Worte, und versiegle dies Buch bis auf die letzte Zeit.« (Daniel 12,4)

Ständige Fürsorge

Christus selber forderte den Apostel auf niederzuschreiben, was er ihm offenbaren wollte: »Was du siehst, das schreibe in ein Buch und sende es an die sieben Gemeinden: nach Ephesus und nach Smyrna und nach Pergamon und nach Thyatira und nach Sardes und nach Philadelphia und nach Laodizea.« (Offenbarung 1,11) »Ich bin … der Lebendige. Ich war tot, und siehe, ich bin lebendig von Ewigkeit zu Ewigkeit … Schreibe, was du gesehen hast … und was geschehen soll danach. Das Geheimnis der sieben Sterne, die du gesehen hast in meiner rechten Hand, und der sieben goldenen Leuchter ist dies: Die sieben Sterne sind Engel der sieben Gemeinden, und die sieben Leuchter sind sieben Gemeinden.« (Offenbarung 1,17-20)

Die Namen der sieben Gemeinden symbolisieren die Kirche in verschiedenen Abschnitten ihrer Geschichte. Die Zahl Sieben weist auf Vollständigkeit hin, d. h. sie ist ein Symbol dafür, dass diese Botschaften die Zeit bis zum Abschluss der Weltgeschichte umfassen. Die vorkommenden Symbole beschreiben ihrerseits den Zustand der Gemeinde in verschiedenen Perioden der Kirchengeschichte.

Von Christus sagt der Bericht, dass er sich inmitten der sieben goldenen Leuchter befindet. Dies drückt seine Beziehung zu den Gemeinden aus. Er steht in ständiger Verbindung mit seinem Volk. Er kennt dessen wahren Zustand, denn er verfolgt dessen Einstellung, Frömmigkeit und Hingabe. Obwohl er seit seiner Himmelfahrt Hoherpriester und Mittler im himmlischen Heiligtum ist, wird er hier doch dargestellt, wie er inmitten seiner Gemeinden auf Erden umhergeht. Mit unermüdlicher Wachsamkeit und unaufhörlicher Umsicht gibt er Acht, ob das Licht eines seiner Wächter noch glimmt oder ob es ganz ausgeht. Wären die Leuchter allein der Fürsorge von Menschen überlassen, so würden ihre flackernden Flammen immer schwächer werden und schließlich ganz erlöschen. Aber Christus ist der treue Wächter im Haus des Herrn, der wahre Hüter der Tempelhöfe. Seine ständige Fürsorge und bewahrende Gnade sind die Quelle des Lebens und des Lichts.

Gemäß der ersten Vision des Johannes hält Christus die sieben Sterne in seiner Hand. Dies gibt uns die Gewissheit, dass keine Gemeinde, die ihrem Auftrag entspricht, den Untergang befürchten muss. Kein Stern, der unter dem Schutz des Allmächtigen steht, kann nämlich der Hand Christi entrissen werden.

»Das sagt, der da hält die sieben Sterne in seiner Rechten.« (Offenbarung 2,1) Diese Worte sind an die Lehrer der Gemeinde gerichtet, denen Gott große Verantwortung übertragen hat. Die wohltuenden Einflüsse, die in der Gemeinde Gottes überall spürbar sein sollen, hängen weitgehend von den Pastoren ab. Es ist ihre Pflicht, die Liebe Christi weiterzugeben. Die Sterne des Himmels unterstehen seiner Herrschaft. Er lässt sie leuchten und lenkt sie auf ihrem Weg durch das All. Andernfalls würden sie aus ihrer Bahn fallen. Das Gleiche gilt für seine Diener: Sie sind nur Werkzeuge in seiner Hand. Was sie an Gutem vollbringen, geschieht durch Christi Macht. Durch sie soll sein Licht in die Welt leuchten. Ihre Leistungsfähigkeit beruht ganz und allein auf Jesus Christus. Wenn sie auf ihn schauen, wie er auf seinen Vater geschaut hat, werden sie in die Lage versetzt, sein Werk auszuführen. Solange sie sich ganz von Gott abhängig machen, rüstet er sie mit seiner Herrlichkeit aus, sodass sie in die Welt hinausstrahlen kann.

Am Glauben festhalten

Schon in der frühen Phase der Kirchengeschichte begann das Geheimnis der Bosheit, das der Apostel Paulus vorhergesagt hatte, sein unheilvolles Werk (vgl. 2. Thessalonicher 2,7). Als falsche Lehrer, vor denen Petrus die Gläubigen gewarnt hatte, ihre Irrlehren verbreiteten, wurden viele Gläubige verführt (vgl. 2. Petrus 2). Manche gerieten unter Anfechtungen ins Wanken und waren versucht, ihren Glauben aufzugeben. Als Johannes diese Offenbarung empfing, hatten schon viele ihre erste Liebe zur Wahrheit, zur guten Nachricht von der Erlösung durch Jesus Christus, verloren. In seiner Gnade ließ Gott es aber nicht zu, dass seine Gemeinde in diesem abgefallenen Zustand stehen blieb. In einer Botschaft, in der eine unendliche Wärme und Zuneigung zum Ausdruck kommt, offenbarte er den Gläubigen seine tiefe Liebe zu ihnen und seinen Wunsch, dass sie sich gewissenhaft auf die Ewigkeit vorbereiteten. Er ermahnte sie mit den Worten: »Denke nun daran, wovon du abgefallen bist, und tue Buße und tue die ersten Werke!« (Offenbarung 2,5)

Die Gemeinde wies Mängel auf und benötigte strengen Tadel und Züchtigung. Deshalb wurde Johannes angeregt, Botschaften voller Warnungen, Tadel und dringender Bitten aufzuzeichnen. Sie waren an Menschen gerichtet, die ihre Erlösung in Gefahr brachten, weil sie Grundwahrheiten des Evangeliums aus den Augen verloren hatten. Immer aber werden die Worte der Zurechtweisung, die Gott für notwendig hält, in herzlicher Liebe gesprochen, und sie enthalten für jeden reumütigen Gläubigen die Zusage seines Friedens. »Siehe«, spricht der Herr, »ich stehe vor der Tür und klopfe an. Wenn jemand meine Stimme hören wird und die Tür auftun, zu dem werde ich hineingehen und das Abendmahl mit ihm halten und er mit mir.« (Offenbarung 3,20)

Für alle, die inmitten ihrer Kämpfe am Glauben an Gott festhielten, erhielt der Apostel und Prophet Worte der Anerkennung und der Verheißung: »Ich kenne deine Werke. Siehe, ich habe vor dir eine Tür aufgetan, und niemand kann sie zuschließen; denn du hast eine kleine Kraft und hast mein Wort bewahrt und hast meinen Namen nicht verleugnet … Weil du mein Wort von der Geduld bewahrt hast, will auch ich dich bewahren vor der Stunde der Versuchung, die kommen wird über den ganzen Weltkreis, zu versuchen, die auf Erden wohnen.« (Offenbarung 3,8.10) Die Gläubigen wurden ermahnt: »Werde wach und stärke das andre, das sterben will … Siehe, ich komme bald; halte, was du hast, dass niemand deine Krone nehme!« (Offenbarung 3,2.11)

Durch Johannes, der sich selbst »Bruder und Mitgenosse an der Bedrängnis« (Offenbarung 1,9) nennen konnte, offenbarte Christus seiner Gemeinde die Leiden, die sie um seinetwillen erdulden musste. Der betagte Apostel durfte in der Verbannung einen Blick über zukünftige Jahrhunderte werfen. Geistliche Finsternis und Aberglauben dominierten die Menschen. Er sah Unzählige, ja Massen, die aufgrund ihrer Liebe zur Wahrheit den Märtyrertod erlitten. Er wusste, dass Christus seinen ersten Zeugen beigestanden hatte. Und er sah, dass er genauso wenig seine treuen Nachfolger in den Jahrhunderten der Verfolgung verlassen würde, die die Gläubigen bis zum Ende der Zeiten noch durchmachen mussten. »Fürchte dich nicht vor dem, was du leiden wirst!«, sprach der Herr. »Siehe, der Teufel wird einige von euch ins Gefängnis werfen, damit ihr versucht werdet, und ihr werdet in Bedrängnis sein … Sei getreu bis an den Tod, so will ich dir die Krone des Lebens geben.« (Offenbarung 2,10)

Johannes hörte auch die Verheißungen, die allen treuen Nachfolgern Jesu gelten, die gegen das Böse ankämpfen: »Wer überwindet, dem will ich zu essen geben

Gemäß der ersten Vision des Johannes hält Christus die sieben Sterne in seiner Hand. Dies gibt uns die Gewissheit, dass keine Gemeinde, die ihrem Auftrag entspricht, den Untergang befürchten muss.

Johannes erblickte den Erlöser im Symbol eines starken »Löwen aus dem Stamm Juda«. Dieser Löwe, der allen Feinden Gottes Schrecken einflößt, ist für die Gehorsamen und Gläubigen jedoch das »Lamm Gottes«. Mit seinem starken Arm vernichtet er die Aufrührer, die treuen Nachfolger aber schützt und rettet er.

von dem Baum des Lebens, der im Paradies Gottes ist.« (Offenbarung 2,7) »Wer überwindet, der soll mit weißen Kleidern angetan werden, und ich werde seinen Namen nicht austilgen aus dem Buch des Lebens, und ich will seinen Namen bekennen vor meinem Vater und vor seinen Engeln … Wer überwindet, dem will ich geben, mit mir auf meinem Thron zu sitzen, wie auch ich überwunden habe und mich gesetzt habe mit meinem Vater auf seinen Thron.« (Offenbarung 3,5.21)

Die kleine Schar der Überwinder …

Johannes sah, wie Gottes Eigenschaften wie Gnade, Mitempfinden und innige Liebe mit seiner Heiligkeit, Gerechtigkeit und Macht in Einklang stehen. Er sah, wie Sünder in ihm einen Vater fanden, vor dem sie sich wegen ihrer Sünden zuerst gefürchtet hatten. Als Johannes über den Höhepunkt, nämlich über das Ende des großen Kampfes, hinausschaute, sah er auf dem Berg Zion die Gläubigen, »die den Sieg behalten hatten …, die standen an dem gläsernen Meer und hatten Gottes Harfen und sangen das Lied des Mose … und das Lied des Lammes.« (Offenbarung 15,2.3)

Johannes erblickte den Erlöser, symbolisch dargestellt als »Löwe aus dem Stamm Juda«; er sah ihn aber auch als »ein Lamm«, das »wie geschlachtet« war. (Offenbarung 5,5.6) Diese Symbole bringen die Einheit zwischen Gottes Allmacht und seiner selbstaufopfernden Liebe zum Ausdruck. Der »Löwe aus Juda«, der allen Feinden Gottes Schrecken einflößt, ist für die Gehorsamen und Gläubigen das »Lamm Gottes«. Dieselbe Feuersäule, die den Übertretern des göttlichen Gesetzes Angst und Schrecken einjagt, ist für alle, die seine Gebote halten, ein Zeichen von Licht, Gnade und Befreiung. Der starke Arm, der die Aufrührer vernichten kann, ist ebenso stark, wenn es darum geht, seine treuen Nachfolger zu erretten. Wer immer Gott treu bleibt, wird gerettet. »Er wird seine Engel senden mit hellen Posaunen, und sie werden seine Auserwählten sammeln von den vier Winden, von einem Ende des Himmels bis zum andern.« (Matthäus 24,31)

Im Vergleich zu den Milliarden Menschen, die auf dieser Erde leben, wird Gottes Volk wie seit jeher nur eine kleine Herde bilden. Wenn die Gläubigen aber für die Wahrheit einstehen, wie sie in der Bibel, dem Wort Gottes, offenbart ist, wird Gott ihre Zuflucht sein. Sie sind dann unter dem breiten Schutzschild des Allmächtigen geborgen; denn Gott ist immer in der Überzahl. Wenn der Schall der letzten Posaune in das Reich des Todes dringt und die Gläubigen im Triumph aus ihren Gräbern hervorkommen, werden sie ausrufen: »Tod, wo ist dein Sieg? Tod, wo ist dein Stachel?« (1. Korinther 15,55) Wenn sie dann bei Gott stehen, bei Christus, bei den Engeln und den Erlösten aller Zeiten, werden die Kinder Gottes bei weitem in der Überzahl sein.

Die wahren Jünger Christi folgen ihrem Herrn auch in ihren schwersten Kämpfen. Sie üben sich dabei in Selbstverleugnung und müssen bittere Enttäuschungen ertragen, aber dadurch lernen sie die ganze Tiefe von Schuld und Leid kennen, die durch die Sünde verursacht werden. Das veranlasst sie, der Sünde regelrecht mit Abscheu zu begegnen. Da sie an den Leiden Christi teilhaben, werden sie auch Teilhaber seiner Herrlichkeit sein. In einer Vision, die ihm Gott geschenkt hat, schaute Johannes den endgültigen Sieg der Gemeinde der Übrigen, d. h. dem treuen Überrest von Gläubigen kurz vor der Wiederkunft Christi (vgl. Offenbarung 12,17). Dazu schreibt er: »Und ich sah, und es war wie ein gläsernes Meer, mit Feuer vermengt; und die den Sieg behalten hatten über das Tier …, die standen an dem gläsernen Meer und hatten Gottes Harfen und sangen das Lied des Mose, des Knechtes Gottes, und das Lied des Lammes: Groß und wunderbar sind deine Werke, Herr, allmächtiger Gott! Gerecht und wahrhaftig sind deine Wege, du König der Völker.« (Offenbarung 15,2.3)

… und ihr ewiger Lohn

»Und ich sah, und siehe, das Lamm stand auf dem Berg Zion und mit ihm Hundertvierundvierzigtausend, die hatten seinen Namen und den Namen seines Vaters geschrieben auf ihrer Stirn.« (Offenbarung 14,1) Sie hatten sich auf dieser Welt Gott geweiht. Sie hatten ihm mit Herz und Verstand gedient. Nun kann er seinen Namen auf ihre Stirn schreiben und sie damit als sein Eigentum bezeichnen. »Und sie werden regieren von Ewigkeit zu Ewigkeit.« (Offenbarung 22,5) Sie gehen nicht ein und aus, als müssten sie wie Bettler um einen Platz bitten. Sie gehören nämlich zu der besonderen Schar, der Christus zuruft: »Kommt her, ihr Gesegneten meines Vaters, ererbt das Reich, das euch bereitet ist von Anbeginn der Welt!« (Matthäus 25,34) Er heißt jeden von ihnen als sein Kind willkommen und sagt: »Geh hinein in die Freude deines Herrn.« (Matthäus 25,21) »Diese sind's …, die folgen dem Lamm nach, wohin es geht. Diese sind erkauft aus den Menschen als Erstlinge für Gott und das Lamm.« (Offenbarung 14,4) Der Prophet sieht sie in der Vision auf dem Berg Zion stehen. Sie sind zum heiligen Dienst bereit. Ihre Kleider sind aus weißem Leinen. Sie sind ein Symbol für die Gerechtigkeit der Erlösten. Doch alle, die dem Lamm im Himmel folgen wollen, müssen ihm schon hier auf Erden gefolgt sein. Und das nicht widerwillig und launisch, sondern in liebendem, vertrauensvollem und freiwilligem Gehorsam, wie eine Herde ihrem Hirten folgt.

»Und … die Stimme, die ich hörte, war wie von Harfenspielern, die auf ihren Harfen spielen. Und sie sangen ein neues Lied vor dem Thron …, und niemand konnte das Lied lernen außer den Hundertvierundvierzigtausend, die erkauft sind …, und in ihrem Mund wurde kein Falsch gefunden; sie sind untadelig.« (Offenbarung 14,2-5)

»Und ich sah die heilige Stadt, das neue Jerusalem, von Gott aus dem Himmel herabkommen, bereitet wie eine geschmückte Braut für ihren Mann …, die hatte die Herrlichkeit Gottes; ihr Licht war gleich dem alleredelsten Stein, einem Jaspis, klar wie Kristall; sie hatte eine große und hohe Mauer und hatte zwölf Tore und auf den Toren zwölf Engel und Namen darauf geschrieben, nämlich die Namen der zwölf Stämme der Israeliten … Und die zwölf Tore waren zwölf Perlen, ein jedes Tor war aus einer einzigen Perle, und der Marktplatz der Stadt war aus reinem Gold wie durchscheinendes Glas. Und ich sah keinen Tempel darin; denn der Herr, der allmächtige Gott, ist ihr Tempel, er und das Lamm.« (Offenbarung 21,2.11.12.21.22)

»In der Stadt wird es nichts mehr geben, was unter dem Fluch Gottes steht. Der Thron Gottes und des Lammes wird in der Stadt stehen. Alle, die dort sind, werden Gott als Priester dienen, sie werden ihn sehen, und sein Name wird auf ihrer Stirn stehen. Es wird keine Nacht mehr geben, und sie brauchen weder Lampen- noch Sonnenlicht. Gott, der Herr, wird über ihnen leuchten.« (Offenbarung 22,3-5)

»Er zeigte mir einen Strom lebendigen Wassers, klar wie Kristall, der ausgeht von dem Thron Gottes und des Lammes; mitten auf dem Platz und auf beiden Seiten des Stromes Bäume des Lebens, die tragen zwölfmal Früchte, jeden Monat bringen sie ihre Frucht, und die Blätter der Bäume dienen zur Heilung der Völker.« (Offenbarung 22,1.2) »Selig sind, die ihre Kleider waschen, dass sie teilhaben an dem Baum des Lebens und zu den Toren hineingehen in die Stadt.« (Offenbarung 22,14) »Und ich hörte eine große Stimme von dem Thron her, die sprach: Siehe da, die Hütte Gottes bei den Menschen! Er wird bei ihnen wohnen, und sie werden sein Volk sein, und er selbst, Gott mit ihnen, wird ihr Gott sein.« (Offenbarung 21,3)

> *Die wahren Jünger Christi folgen ihrem Herrn auch in ihren schwersten Kämpfen. … Da sie an den Leiden Christi teilhaben, werden sie auch Teilhaber seiner Herrlichkeit sein.*

Kapitel 58 Die triumphierende Gemeinde

Jesus Christus offenbarte seinem Jünger Johannes viele zukünftige Dinge. Davon sind manche Bilder Schrecken erregend. Immer wieder aber wird der Gemeinde der endgültige Sieg verheißen: »Vom Thron her hörte ich eine starke Stimme: Jetzt wohnt Gott bei den Menschen! Er wird bei ihnen bleiben, und sie werden sein Volk sein. ... Er wird alle ihre Tränen abwischen. Es wird keinen Tod mehr geben und keine Traurigkeit, keine Klage und keine Quälerei mehr.« (Offenbarung 21,3-4)

Rund 2000 Jahre sind vergangen, seit die Apostel zur Ruhe gelegt wurden, aber die Geschichte ihrer Kämpfe und Opfer, die sie um Christi willen auf sich nahmen, gehört noch immer zu den kostbarsten Schätzen der christlichen Gemeinde. Diese Geschichte wurde durch Eingebung des Heiligen Geistes aufgezeichnet, um die Nachfolger Christi in allen Zeiten zu größerem Eifer und zu größerer Ernsthaftigkeit für die Sache Jesu anzuspornen.

Mission aus der Kraft Gottes

Die Jünger erfüllten den Missionsauftrag Christi. Als diese Boten des Kreuzes die gute Nachricht in der Welt verkündeten, führte dies zu einer Offenbarung der Herrlichkeit Gottes, wie sie sterbliche Menschen noch nie zuvor erlebt hatten. Durch den Beistand des Heiligen Geistes vollbrachten die Apostel ein Werk, das die Welt erbeben ließ. In einer einzigen Generation wurde die frohe Botschaft in jedes Land getragen.

Die Ergebnisse, die diese berufenen Apostel Christi erzielten, waren großartig. Zu Beginn ihres Dienstes waren einige von ihnen ungebildete Leute. Sie stellten sich aber vorbehaltlos ihrem Meister zur Verfügung, und unter seiner mehrjährigen Leitung erhielten sie die notwendige Unterweisung für die große Aufgabe, die ihnen anvertraut wurde. Gnade und Wahrheit erfüllten ihre Herzen, läuterten ihre Motive und beherrschten ihr Tun. Ihr Leben war »verborgen mit Christus in Gott.« (Kolosser 3,3) Ihr Egoismus trat in den Hintergrund und versank in der Tiefe der unendlichen Liebe Gottes.

Die Jünger waren Männer, die ernstlich reden und beten konnten und wussten, wie sie bei dem Kraft erhalten konnten, der Israels Stärke war. Wie eng standen sie an der Seite Gottes, wie fest hatten sie ihre persönliche Ehre mit seinem Thron verknüpft! Jahwe war ihr Gott. Seine Ehre war auch ihre Ehre, seine Wahrheit auch ihre Wahrheit. Jeder Angriff auf die Heilsbotschaft war für sie wie ein tiefer Stich in ihre Seele, und mit aller verfügbaren Kraft kämpften sie für die Sache Christi. Sie konnten ihren Hörern das Wort des Lebens verkünden, denn sie waren zu Pfingsten vom Himmel mit dem Heiligen Geist gesalbt worden. Sie erwarteten viel, darum unternahmen sie auch viel. Christus hatte sich ihnen persönlich offenbart, und von ihm erwarteten sie Führung und Rat. Ihr Verständnis der Wahrheit und ihre Kraft, Widerstand zu ertragen, entsprachen ihrer Übereinstimmung mit dem Willen Gottes. Jesus Christus, die Weisheit und die Kraft Gottes, das war das Thema all ihrer Predigten. Sie verherrlichten seinen Namen, weil sie wussten, dass er der Einzige unter dem Himmel ist, durch den Menschen aus Sünde und Schuld gerettet werden können (vgl. Apostelgeschichte 4,12). Wenn sie die Vollkommenheit Christi, des auferstandenen Erlösers, verkündeten, bewegten ihre Worte die Herzen der Menschen. Viele Männer und Frauen konnten für die Heilsbotschaft von Jesus Christus gewonnen werden. Unzählige, die bisher seinen Namen verleumdet und seine Kraft verachtet hatten, nannten sich nun selbst Jünger des Gekreuzigten.

Die Apostel erfüllten ihren Auftrag nicht aus eigener Kraft, sondern in der Kraft des lebendigen Gottes. Ihre Arbeit war nicht leicht. Die ersten missionarischen Anstrengungen der christlichen Gemeinde waren mit Schwierigkeiten und bitterem Leid verbunden. Bei ihrem missionarischen Wirken hatten die Apostel ständig Entbehrungen, Verleumdung und Verfolgung zu ertragen. Sie klammerten sich aber nicht an ihr Leben, sondern freuten sich, dass sie berufen waren, für Christus zu leiden. Bei ihren Missionsunternehmungen war kein Raum für Unentschlossenheit, Wankelmut oder Ziellosigkeit. Sie waren bereit, sich zu verausgaben und selbst geopfert zu werden (vgl. 2. Korinther 12,15).

Das Wissen um die große Verantwortung, die auf ihnen ruhte, läuterte und bereicherte ihre Erfahrungen. Schließlich wurde die Gnade des Himmels in den Siegen sichtbar, die sie für Christus errangen. Mittels seiner Allmacht wirkte Gott durch seine Diener, um die Heilsbotschaft zum Triumph zu führen.

Die Gemeinde ist Gottes Tempel

Die Apostel bauten die Gemeinde Gottes auf den Grund, den Christus persönlich gelegt hatte (vgl. 1. Korinther 3,11). Die Heilige Schrift verwendet häufig das Bild von der Errichtung eines Tempels, um den Bau der Gemeinde zu veranschaulichen. So spricht Sacharja von einem »Spross«, der den Tempel des Herrn bauen soll (vgl. Sacharja 6,12). Er spricht sogar davon, dass die Heiden bei diesem Werk mithelfen werden: »Es werden kommen von ferne, die am Tempel des Herrn bauen werden.« (Sacharja 6,15) Auch Jesaja erklärt: »Fremde werden deine Mauern bauen.« (Jesaja 60,10)

Petrus sprach von der Errichtung dieses Tempels, als er schrieb: »Zu ihm kommt als zu dem lebendigen Stein, der von den Menschen verworfen, aber bei Gott auserwählt und kostbar ist. Und auch ihr als lebendige Steine erbaut euch zum geistlichen Hause und zur heiligen Priesterschaft, zu opfern geistliche Opfer, die Gott wohlgefällig sind durch Jesus Christus.« (1. Petrus 2,4.5)

In dem Steinbruch der jüdischen und der heidnischen Welt förderten die Apostel Steine, die sie auf diesem Fundament Schicht für Schicht aneinander reihten. In seinem Brief an die Gläubigen in Ephesus schrieb der Apostel Paulus: »So seid ihr nun nicht mehr Gäste und Fremdlinge, sondern Mitbürger der Heiligen und Gottes Hausgenossen, erbaut auf den Grund der Apostel und Propheten, da Jesus Christus der Eckstein ist, auf welchem der ganze Bau ineinandergefügt wächst zu einem heiligen Tempel in dem Herrn. Durch ihn werdet auch ihr miterbaut zu einer Wohnung Gottes im Geist.« (Epheser 2,19-22)

Und an die Korinther schrieb er: »Ich nach Gottes Gnade, die mir gegeben ist,

> *Die Jünger erfüllten den Missionsauftrag Christi. Als diese Boten des Kreuzes die gute Nachricht in der Welt verkündeten, führte dies zu einer Offenbarung der Herrlichkeit Gottes, wie sie sterbliche Menschen noch nie zuvor erlebt hatten.*

habe den Grund gelegt als ein weiser Baumeister; ein anderer baut darauf. Ein jeder aber sehe zu, wie er darauf baut. Einen andern Grund kann niemand legen als den, der gelegt ist, welcher ist Jesus Christus. Wenn aber jemand auf den Grund baut Gold, Silber, Edelsteine, Holz, Heu, Stroh, so wird das Werk eines jeden offenbar werden. Der Tag des Gerichts wird's klar machen; denn mit Feuer wird er sich offenbaren. Und von welcher Art eines jeden Werk ist, wird das Feuer erweisen.« (1. Korinther 3,10-13)

Die Apostel bauten auf ein sicheres Fundament, auf Christus, den ewigen Fels. Auf dieses Fundament schichteten sie die Steine auf, die sie aus dem Steinbruch der Welt geschlagen hatten. Dies geschah nicht ohne Hindernisse. Ihre Arbeit wurde durch den Widerstand der Feinde Christi enorm erschwert. Sie mussten sich gegen religiösen Fanatismus, Vorurteile und gegen den Hass derer behaupten, die auf einen falschen Grund bauten. Viele, die am Aufbau der Gemeinde Christi mitwirkten, können mit denen verglichen werden, die zur Zeit Nehemias die Stadtmauern um Jerusalem errichteten. Von ihnen heißt es: »Die da Lasten trugen, arbeiteten so: mit der einen Hand taten sie die Arbeit, und mit der andern hielten sie die Waffe.« (Nehemia 4,11)

Könige und Statthalter, Priester und andere religiöse Führer versuchten, den Tempel Gottes, an dem die Apostel bauten, zu zerstören. Aber trotz Gefangenschaft, Folter und Tod setzten treue Arbeiter das Werk fort. So wuchs der Bau prächtig und ebenmäßig heran. Manchmal wurde den Arbeitern durch den Nebel des Aberglaubens, der sich um sie herum bildete, fast die Sicht genommen. Dann wieder wurden sie von der Gewalt ihrer Widersacher beinahe überwältigt. Aber mit unbeugsamem Glauben und unerschütterlichem Mut setzten sie ihre Arbeit fort.

Von den Bauleuten an vorderster Front fiel aber einer nach dem anderen durch die Hand des Feindes: Stephanus wurde gesteinigt, Jakobus mit dem Schwert getötet. Paulus wurde enthauptet, Petrus gekreuzigt und Johannes in die Verbannung geschickt. Trotzdem wuchs die Gemeinde. Neue Arbeiter nahmen die Plätze derer ein, die für das Werk Jesu ihr Leben gelassen hatten, und Stein um Stein wurde dem Bau hinzugefügt. So wuchs allmählich der Tempel der Gemeinde Gottes in die Höhe.

Bauleute des Tempels

Jahrhunderte heftigster Verfolgung folgten der Gründung der christlichen Kirche. Es fehlte aber nie an Männern, denen die Weiterarbeit am Tempel Gottes wichtiger war als ihr eigenes Leben. Von ihnen steht geschrieben: »Andere haben Spott und Geißelung erlitten, dazu Fesseln und Gefängnis. Sie sind gesteinigt, zersägt, durchs Schwert getötet worden; sie sind umhergezogen in Schafpelzen und Ziegenfellen; sie haben Mangel, Bedrängnis, Misshandlung erduldet. Sie, deren die Welt nicht wert war, sind umhergeirrt in Wüsten, auf Bergen, in Höhlen und Erdlöchern.« (Hebräer 11,36-38)

Der Feind der Gerechtigkeit ließ nichts unversucht, um das Werk zum Stillstand zu bringen, das den Bauleuten des Herrn anvertraut war. Aber Gott hat »sich selbst nicht unbezeugt gelassen.« (Apostelgeschichte 14,17) Gott sandte Männer in sein Werk, die wortmächtig den Glauben verteidigten, der einst den Heiligen anvertraut worden war. Die Geschichte berichtet von der Tapferkeit und dem Heldenmut dieser Männer. Wie die Apostel wurden viele von ihnen getötet, aber mit dem Bau des Tempels ging es ständig weiter. Die Waldenser, John Wycliff, Hus und Hieronymus, Martin Luther und Zwingli, Cranmer, Latimer und Knox, die Hugenotten, John und Charles Wesley und eine Menge anderer bauten auf diesem Fundament mit Material, das in Ewigkeit Bestand hat. Auch in späteren Jahren wurde am Bau der Gemeinde Jesu weiter gearbeitet. Die einen trugen durch ihren Einsatz dazu bei, dass Gottes Wort in der Welt weite Verbreitung fand. Andere haben als Missionare in fremden Ländern gedient und dadurch der Verkündigung der letzten weltweiten Botschaft den Weg geebnet.

In all den Jahrhunderten, die seit den Tagen der Apostel verstrichen sind, hat die

> *Die Apostel bauten auf ein sicheres Fundament, auf Christus, den ewigen Fels. Auf dieses Fundament schichteten sie die Steine auf, die sie aus dem Steinbruch der Welt geschlagen hatten.*

Bautätigkeit an Gottes Tempel nie aufgehört. Wir können heute auf die vergangenen Jahrhunderte zurückblicken und die lebendigen Steine in seinen Mauern erkennen. Wie Lichtstrahlen durchbrechen sie die Finsternis des Irrtums und des Aberglaubens. Kostbaren Edelsteinen gleich werden sie in alle Ewigkeit in immer hellerem Licht glänzen und bezeugen, dass die Wahrheit Gottes eine große Macht besitzt. Der leuchtende Glanz dieser geschliffenen Steine macht den scharfen Gegensatz zwischen Licht und Finsternis deutlich, zwischen dem Gold der Wahrheit und der Schlacke des Irrtums.

Paulus, die anderen Apostel sowie alle Gläubigen, die seitdem gelebt haben, trugen ihren Teil zur Errichtung dieses Tempels bei. Doch noch ist der Bau nicht vollendet. Wir, die wir heute leben, haben noch ein Werk zu tun, einen Beitrag zu leisten. Wir müssen auf diesem Fundament mit Materialien bauen, die eine Feuerprobe bestehen können: Gold, Silber und Edelsteine, »die zur Verschönerung von Palästen geschaffen wurden.« (Psalm 144,12 NLB) An alle, die auf diese Weise an Gottes Bau mitwirken, richtet Paulus Worte der Ermutigung und der Ermahnung: »Wird jemandes Werk bleiben, das er darauf gebaut hat, so wird er Lohn empfangen. Wird aber jemandes Werk verbrennen, so wird er Schaden leiden; er selbst aber wird gerettet werden, doch so wie durchs Feuer hindurch.« (1. Korinther 3,14.15) Wer als Christ das Wort des Lebens zuverlässig und gewissenhaft weitergibt und Menschen auf den Weg der Heiligkeit und des Friedens führt, baut auf dem Fundament mit dauerhaftem Material. Im Reich Gottes wird er als ein weiser Baumeister geehrt werden.

Von den Aposteln steht geschrieben: »Sie aber gingen aus und predigten an allen Orten. Und der Herr wirkte mit ihnen und bekräftigte das Wort durch die mitfolgenden Zeichen.« (Markus 16,20) Wie Christus damals seine Jünger aussandte, so sendet er heute die Glieder seiner Gemeinde aus: Die gleiche Kraft, die den Aposteln gegeben war, steht auch ihnen zur Verfügung. Wenn sie Gott zu ihrer Stärke machen, wird er ihnen zur Seite stehen, und sie werden nicht vergeblich arbeiten. Sie sollen daran denken, dass der Herr dem Werk, an dem sie bauen, sein Siegel aufgedrückt hat. Er sprach zu Jeremia: »Sage nicht: Ich bin zu jung, sondern du sollst gehen, wohin ich dich sende, und predigen alles, was ich dir gebiete. Fürchte dich nicht vor ihnen; denn ich bin bei dir und will dich erretten … Und der Herr streckte seine Hand aus und rührte meinen Mund an und sprach zu mir: Siehe, ich lege meine Worte in deinen Mund.« (Jeremia 1,7-9) Er fordert auch uns auf, der Welt die Worte weiterzugeben, die er uns sagt. Dabei können wir die Erfahrung machen, dass seine heilige Hand auch unsere Lippen berührt.

Christus hat seiner Gemeinde einen heiligen Auftrag erteilt. Jedes Gemeindeglied sollte ein lebendiger Kanal sein, durch den Gott der Welt die Schätze seiner Gnade, d.h. den unermesslichen Reichtum Christi, zufließen lassen kann. Es ist der größte Wunsch Jesu Christi, dass seine Mitarbeiter durch ihr Leben der Welt seinen Geist und seinen Charakter bezeugen.

In der Offenbarung beschreibt Johannes das neue Jerusalem, in dem die Erlösten ewig mit Gott in einem wunderbaren Licht leben werden: »Der Thron Gottes und des Lammes wird in der Stadt stehen. … Es wird keine Nacht mehr geben, und sie brauchen weder Lampen- noch Sonnenlicht. Gott der Herr wird über ihnen leuchten, und sie werden für immer und ewig als Könige herrschen.« (Offenbarung 22,3.5 GNB)

Teil 8 | Gute Nachricht für alle

Getragen von dem Wunsch, sein Volk zu retten, sagte Jesus: »Wer durstig ist, dem gebe ich umsonst zu trinken. Ich gebe ihm Wasser aus der Quelle des Lebens. Alle, die durchhalten und den Sieg erringen, werden dies als Anteil von mir erhalten.« »Freude ohne Ende erwartet alle, die ihre Kleider reinwaschen. Sie empfangen das Recht, die Frucht vom Baum des Lebens zu essen und durch die Tore in die Stadt hineinzugehen.« (Offenbarung 21, 6.7; 22,14 GNB)

Nichts benötigt die Welt so sehr, wie eine Offenbarung der Liebe Christi, die von Menschen gelebt wird. Der ganze Himmel wartet auf Männer und Frauen, durch die Gott der Welt die Kraft des christlichen Glaubens offenbaren kann.

Die Gemeinde ist Gottes Organ, durch das er die Wahrheit bekannt machen möchte. Er hat sie bevollmächtigt, ein besonderes Werk zu vollbringen. Wenn sie ihm treu ist und allen seinen Geboten gehorcht, wird sie ständig mit Gottes Gnade in ihrer ganzen Herrlichkeit gesegnet sein. Wenn sie ihrer Verpflichtung treu bleibt und ihren Herrn, den Gott Israels, ehrt, kann ihr keine Macht der Welt widerstehen.

Ihre Begeisterung für Gott und seine Sache spornte die Apostel an, die gute Nachricht von Jesus Christus überall mit großer Kraft zu verbreiten. Sollte uns nicht die gleiche Begeisterung in Brand setzen? Sollten nicht auch wir mit gleicher Entschlossenheit die Botschaft von seiner erlösenden Liebe weitergeben, die sich in Jesus Christus, dem Gekreuzigten, in so einzigartiger Weise offenbart hat? Jeder Christ hat das Vorrecht, nicht nur auf die Wiederkunft Christi zu warten, sondern auch sein Kommen zu beschleunigen (vgl. 2. Petrus 3,12 Elb.).

Wenn die Gemeinde das Kleid der Gerechtigkeit Christi anzieht und alle Verbindungen zur Welt aufgibt, hat sie den Anbruch eines hellen und herrlichen Tages vor sich. Denn Gottes Verheißungen an sie gelten für alle Zeiten. Er wird sie für immer groß und herrlich machen, sodass sich viele Generationen über sie freuen werden. Trotz der Tatsache, dass viele die Wahrheit verachten und verwerfen, wird sie letztendlich siegen. Obwohl sich zweifellos ihre Ausbreitung gelegentlich verzögerte, konnte der Fortgang des Werks doch zu keiner Zeit verhindert werden. Stößt die Heilsbotschaft auf Widerstand, verleiht Gott ihr zusätzlich Kraft, damit sie eine größere Wirkung erzielen kann. Mit göttlicher Kraft ausgestattet, wird sie die stärksten Bollwerke durchbrechen und auch jedes andere Hindernis überwinden.

Bewohner der ewigen Stadt

Was gab dem Sohn Gottes während seines mühevollen und opferreichen Lebens das Durchhaltevermögen? Er sah die Früchte seines Ringens, und das befriedigte ihn. Im Blick auf die Ewigkeit sah er das Glück derer voraus, die durch seine tiefe Erniedrigung Vergebung und ewiges Leben empfangen. Sein Ohr vernahm die Jubelrufe der Erlösten, und er hörte, wie die Freigekauften das Lied des Moses und des Lammes sangen (vgl. Offenbarung 15,3).

Auch wir dürfen einen Blick in die Zukunft, auf die Glückseligkeit des Himmels werfen. Die Bibel enthält Visionen über die Herrlichkeit der neuen Erde. Sie führen uns Szenen vor Augen, die Gott selbst für uns vorgezeichnet hat und die für seine Gemeinde sehr kostbar sind. Im Glauben dürfen wir schon heute an der Schwelle zur ewigen Stadt stehen und Jesu herzlichen Willkommensgruß vernehmen. Er gilt denen, die bereits in diesem Leben mit Christus zusammenarbeiten und es als Ehre ansehen, seinetwegen zu leiden. Wenn es dann heißt: »Kommt her, ihr Gesegneten meines Vaters« (Matthäus 25,34), legen sie ihre Kronen zu den Füßen des Erlösers nieder und rufen: »Das Lamm, das geschlachtet ist, ist würdig, zu nehmen Kraft und Reichtum und Weisheit und Stärke und Ehre und Preis und Lob ... Dem, der auf dem Thron sitzt, und dem Lamm sei Lob und Ehre und Preis und Gewalt von Ewigkeit zu Ewigkeit!« (Offenbarung 5,12.13)

Dort begrüßen die Erlösten diejenigen, die sie einst zu Jesus geführt haben. Alle vereinen sich, um ihren Erlöser zu loben und zu preisen, der starb, damit Menschen ein Leben erhalten können, das mit dem Leben Gottes vergleichbar ist. Der Kampf ist endgültig vorüber. Trübsal und Streit sind für immer zu Ende. Siegeslieder erfüllen den Himmel, wenn die Erlösten in den Jubelgesang einstimmen: Würdig, würdig ist das Lamm, das geschlachtet war, aber nun wieder lebendig ist, der siegreiche Eroberer!

»Danach sah ich, und siehe, eine große Schar, die niemand zählen konnte, aus allen Nationen und Stämmen und Völkern und Sprachen; die standen vor dem Thron und vor dem Lamm, angetan mit weißen Kleidern und mit Palmzweigen in ihren Händen, und riefen mit großer Stimme: Das Heil ist bei dem, der auf dem Thron sitzt, unserm Gott, und dem Lamm!« (Offenbarung 7,9.10) »... Und er sprach zu mir: Diese sind's, die gekommen sind aus der großen Trübsal und haben ihre Kleider gewaschen und haben ihre Kleider hell gemacht im Blut des Lammes. Darum sind sie vor dem Thron Gottes und dienen ihm Tag und Nacht in seinem Tempel; und der auf dem Thron sitzt, wird über ihnen wohnen. Sie werden nicht mehr hungern noch dürsten; es wird auch nicht auf ihnen lasten die Sonne oder irgendeine Hitze; denn das Lamm mitten auf dem Thron wird sie weiden und leiten zu den Quellen des lebendigen Wassers, und Gott wird abwischen alle Tränen von ihren Augen.« (Offenbarung 7,14-17) »Und der Tod wird nicht mehr sein, noch Leid noch Geschrei noch Schmerz wird mehr sein; denn das Erste ist vergangen.« (Offenbarung 21,4)

> *Der Kampf ist endgültig vorüber. Trübsal und Streit sind für immer zu Ende. Siegeslieder erfüllen den Himmel, wenn die Erlösten in den Jubelgesang einstimmen: Würdig, würdig ist das Lamm, das geschlachtet war, aber nun wieder lebendig ist, der siegreiche Eroberer!*

Lektüre mit doppeltem Gewinn
Wir empfehlen den Lesern dieses Buches, dort wo beim Kapitelstart Bibelabschnitte angegeben sind, diese vor dem Lesen des Kapitels in der eigenen Bibel nachzulesen. Es war das erklärte Ziel der Verfasserin dieses Buches, mit ihren Texten die Freude am persönlichen Bibellesen zu wecken und das Gewinn bringend Studium der Heiligen Schrift zu beleben.

Anhang – Übersicht

363 Neutestamentliche Zeittafel
Diese Zeittafel setzt die Ereignisse der Apostelgeschichte in einen ungefähren geschichtlichen Rahmen. Sie berücksichtigt die Herrscher des Römischen Reiches, die Situation der Juden in Palästina und den biblischen Bericht in den Evangelien und der Apostelgeschichte.

364 Vertiefungsfragen
Zu jedem der 58 Kapitel dieses Buches finden sich hier Fragen und Anregungen zur Vertiefung des Gelesenen und zur praktischen Anwendung im täglichen Leben.

372 Liebevoll und leidenschaftlich Jesus bezeugen:
Ellen G. White – Leben und Werk (1827–1915)
Die Autorin dieses Buches hatte ein bewegtes, langes Leben. Sie wirkte nicht ausschließlich in Nordamerika sondern auch etliche Jahre in Europa und Australien. Dr. Daniel Heinz, Leiter des historischen Archivs der Hochschule Friedensau, gibt einen kurzen Abriss ihres Lebens und ihrer schriftstellerischen Tätigkeit.

376 Bibelregister
Dieses Register ist hilfreich, um herauszufinden, wo sich in diesem Buch Bezüge zu den verschiedenen Büchern der Heiligen Schrift finden.

379 Verwendete Bibelübersetzungen

380 Sachregister
Dieses Register ist eine Hilfe, um das Buch »Gute Nachricht für alle« themenbezogen zu durchsuchen.

394 Seitenvergleich mit dem englischen Original
Viele Leser kennen das englische Original von »Gute Nachricht für alle«. Diese vergleichende Liste hilft, zu englischen Textpassagen schnell die deutsche Übersetzung zu finden und umgekehrt.

397 Bildquellenverzeichnis

Neutestamentliche Zeittafel

Römisches Reich

31 v. –14 n. Chr.
  Kaiser Augustus (Lukas 2,1)

14 – 37 Kaiser Tiberius
  (Lukas 3,1)

37 – 41 Kaiser Caligula

41 – 54 Kaiser Claudius

49 Vertreibung der Juden
  aus Rom (Apostelgeschichte 18,2)

54–68 Kaiser Nero

64 Brand in Rom
  Christenverfolgungen

68 Galba, Otho, Vitellius
  Thronprätendanten
69 – 79 Kaiser Vespasian
79 – 81 Kaiser Titus
81 – 96 Kaiser Domitian
96 – 98 Kaiser Nerva
98 – 117 Kaiser Trajan

Palästina

37 – 4 v. Chr. Herodes der Große
  Seine drei Söhne:
4 v. – 6 n. Chr. Archelaus,
  Ethnarch von Judäa, Samaria
  und Idumäa
  (Matthäus 2,22)
4 v. – 39 n. Chr. Herodes Antipas, Tetrarch von
  Galiläa und Peräa (Markus 6,14–29)
4 v. – 34 n. Chr. Philippus,
  Tetrarch vom Ostjordanland (Lukas 3,1)
6 n. Chr. Absetzung des Archelaus
6 – 41 Judäa unter römischen Prokuratoren
6 – 15 Hoherpriester Hannas
18 – 37 Hoherpriester Kaiphas
26 – 36 Pontius Pilatus,
  Statthalter in Judäa (Lukas 3,1)
39 Absetzung des Herodes Antipas. Galiläa
  und Peräa fallen an Herodes Agrippa I.
41 Herodes Agrippa I.,
  König von ganz Palästina
44 Tod des Herodes Agrippa I. (Apostelgeschichte 12,20–23); Palästina unter
  römischen Prokuratoren
50 – 70 Herodes Agrippa II.,
  Ethnarch, Sohn des Herodes Agrippa I.,
  erhält vom Kaiser das kleine Königreich
  Chalkis, dazu das Recht der Aufsicht über
  den Jerusalemer Tempel
52 – ca. 60 Antonius Felix, Statthalter in Palästina (Apostelgeschichte 23,24.35; 24,1–27)
ca. 60 – 62 Porzius Festus, Nachfolger des Felix
  als Statthalter (Apostelgeschichte 24,27)
66 – 73 Jüdischer Krieg
66 Beginn des jüdischen Aufstandes
67 – 69 Kämpfe unter Vespasian in Galiläa,
  Peräa und Südjudäa
70 (August) Eroberung und Zerstörung Jerusalems und des Tempels durch Titus
73 Eroberung der Festung Masada, Christenverfolgungen
132 – 135 Bar-Kochba-Aufstand

Jesus – Urgemeinde – Apostel

ca. 7 v. Chr. unter Quirinius Schätzung in Syrien
  und Palästina (Lukas 2,1–7)
  Geburt Jesu (Matthäus 2,1)

ca. 27 n. Chr. Johannes der Täufer (Lukas 3,1);
  Jesus tritt an die Öffentlichkeit
ca. 31 Kreuzigung, Tod und Auferstehung Jesu
ca. 34 Steinigung des Stephanus
ca. 35 Bekehrung des Paulus (Apostelgeschichte 9,1–9)
ca. 38 Besuch des Paulus in Jerusalem; Flucht
  nach Tarsus (Apostelgeschichte 9,26–30)
43/44 Verfolgung der Gemeinde in Jerusalem
44 Hinrichtung des Jakobus, Sohn des
  Zebedäus (Apostelgeschichte 12,1.2)
45 – 47 Erste Missionsreise des Paulus
48/49 Apostelkonzil in Jerusalem
49 – 52 Zweite Missionsreise des
  Paulus nach Kleinasien und Europa:
  Sommer 51 – 52 in Korinth
53 (Frühjahr) – 58 (Frühjahr)
  Dritte Missionsreise des Paulus
  (Apostelgeschichte 18,23 – 21,17)
54 – 57 in Ephesus
57/58 in Korinth
58 Verhaftung des Paulus in Jerusalem
  (Apostelgeschichte 21,33 – 23,22)
58 – 60 Gefangenschaft in Cäsarea
61 – 63 Erste Gefangenschaft des Paulus in Rom
63 Freilassung des Paulus,
  neue Reise nach Kleinasien und
  Griechenland (?)
64 (?) Zweite Gefangenschaft des Paulus
  in Rom
zwischen 64 – 67 Märtyrertod von Paulus
  und Petrus
um 100 Tod des Johannes

Vertiefungsfragen

Diese Fragen regen dazu an, das Gelesene zu vertiefen und für das eigene Leben zu aktualisieren.
- Wir empfehlen bei Fragen, die auf Bibelabschnitte Bezug nehmen, die Textstellen in der eigenen Bibel aufzuschlagen und zu lesen.
- Die Fragen können allein, zu zweit oder auch in Gruppen behandelt werden.

Kapitel 1: Gottes Absicht mit seiner Gemeinde

1. Wozu existiert die christliche Gemeinde und was ist ihre Aufgabe in dieser Welt? Wie setzt deine Kirchengemeinde diesen Auftrag um? Welchen Stellenwert hat er in deinem Leben?
2. Was könnte dazu beitragen, dass deine Kirchengemeinde »ein Bethaus für alle Völker« (Jesaja 56,7) sein kann? Was könnte dem im Wege stehen? Womit wird deine Kirchengemeinde den Menschen in ihrem Einflussbereich konkret zum Segen?
3. Wo entdeckst du bei dir persönlich und in deiner Kirchengemeinde eine gesetzliche und formale Religion? Wo findest du lebendigen Glauben und Offenheit für Gottes Wirken?

Kapitel 2: Die Ausbildung der Zwölf

1. Was für Leute rief Jesus, um das Evangelium in dieser Welt zu verkündigen? Was war das Geheimnis ihres Erfolgs?
2. Warum bekehrten sich Tausende auf das Wort einfacher und durchschnittlich gebildeter Menschen hin? Was bedeutet das für dich?
3. In Johannes 17,6-19 findet sich das Fürbittegebet Jesu für seine Jünger. Stell dir vor, Jesus würde dieses Gebet für dich sprechen. Wozu fordert es dich heraus?

Kapitel 3: Der große Auftrag

1. Was erkannten die Jünger in den 40 Tagen, als Jesus nach seiner Auferstehung noch bei ihnen war, in Bezug auf ihren Auftrag und ihr Wirken?
2. In Matthäus 28,18 lesen wir, dass Jesus alle Gewalt im Himmel und auf Erden gegeben ist. Was bedeutet das? Welchen Gewinn bringt dir diese Gewissheit für dein christliches Leben und für dein Bemühen, anderen Menschen den Glauben nahe zu bringen?
3. Hast du schon einmal einen Menschen durch »bessere Argumente« in einem Streitgespräch für den Glauben gewonnen? Hast du erlebt, welche Wirkung ein persönliches Zeugnis hat, das einfach ein Bekenntnis zu Jesus ist und deutlich macht, weshalb du an ihn glaubst? Bei welchen Gelegenheiten gab dir der Heilige Geist im Gespräch mit einem Menschen das rechte Wort zur rechten Zeit?
4. Die Jünger sollten nicht warten, bis die Menschen zu ihnen kommen würden. Jesus lehrte sie, auf Menschen zuzugehen. Wo gibt es diesbezüglich in deinem Leben noch ungenutzte Möglichkeiten und Raum zur Entwicklung?

Kapitel 4: Pfingsten

1. Welche äußerlichen Zeichen wurden erkennbar, als die Jünger im Obergemach den Heiligen Geist empfingen? (Siehe Apostelgeschichte 2,1-6.) Was haben diese Zeichen bewirkt?
2. Warum wollten die Priester das Wirken des Heiligen Geistes nicht anerkennen?
3. Was taten die Jünger, bevor sie mit dem Geist erfüllt wurden? Vergleiche: Was kann mit der Kraft des Heiligen Geistes bewirkt werden? Was ist ohne den Geist möglich? Welche Angebote für das Wachstum im Glauben macht deine Kirchengemeinde?

Kapitel 5: Die Gabe des Geistes

1. Welche unmittelbaren Veränderungen traten ein, als die Jünger den Heiligen Geist empfingen? (Siehe Johannes 14,16.17.)
2. An der Zusage Jesu, seinen Nachfolgern den Heiligen Geist zu senden, hat sich bis heute nichts geändert. Weshalb kommt es vor, dass Christen kein geisterfülltes Glaubensleben führen und sich nicht an entsprechenden Diensten beteiligen?
3. Was bedeutet es, dass der Heilige Geist der Welt die Augen über die Sünde, über die Gerechtigkeit und über das Gericht öffnet? (Siehe Johannes 16,8.) Was sagt das über den Kernauftrag der christlichen Gemeinde aus? Welchen Stellenwert haben diese Themen für dich und dein Zeugnis?

Kapitel 6: An der Pforte des Tempels

1. Weshalb wunderten sich die Leute von Jerusalem, als Petrus und Johannes einen Gelähmten heilten? Wie erklärte Petrus die Heilung? (Siehe Apostelgeschichte 3,16.)
2. Die Priester und religiösen Führer staunten über den Freimut der Jünger, nachdem diese noch wenige Wochen zuvor bei Jesu Gefangennahme geflohen waren und sich versteckt hatten. (Siehe Apostelgeschichte 4,1-10.) Wodurch war die Veränderung zustande gekommen? Kann das auch mit dir geschehen?
3. Was würdest du tun, wenn die Regierung oder eine andere Autorität dir verböte, im Namen Jesu zu reden oder zu lehren?
4. In Apostelgeschichte 4,24-30 findet sich ein beeindruckendes Gebet der Jünger. Um welche drei Dinge baten sie? Inwieweit könnten diese Anliegen auch für dich gelten?

Kapitel 7: Von Herzen teilen

1. Wie kam es dazu, dass Hananias und Saphira nur vortäuschten, die Gemeinde mit ihrem ganzen Gut zu unterstützen? Weshalb ist Echtheit und Ehrlichkeit im Bereich von Gaben, Spenden und auch Zehnten wichtig? Weshalb ist Scheinheiligkeit und Heuchelei so gefährlich? Welche Folgen haben sie? Welche Atmosphäre entsteht, wenn Menschen großzügig zueinander sind und gerne teilen? Wie gerne gibst du Spenden und Gaben für Projekte, die anderen dienen?
2. Welche Zukunft haben Menschen, die ihr Leben auf Lügen bauen? (Siehe Offenbarung 21,27.) Weshalb ist Gottes Haltung dazu so kompromisslos? Was wäre geschehen, wenn die Heuchelei in der Urgemeinde nicht so unverzüglich aufgedeckt und bestraft worden wäre?
3. Welches Signal gab Gott den vielen Gläubigen in der jungen Gemeinde durch die rasche und harte Verurteilung von Hananias und Saphira? (Siehe Apostelgeschichte 5,11.) Welche Warnung ist das bis heute für uns? Wie weit pflegst du Offenheit, Ehrlichkeit und Transparenz?

Kapitel 8: Vor dem Hohen Rat

1. Vergleiche die Ausbildung der Jünger mit der Ausbildung der Sadduzäer und Pharisäer. Worin unterschieden sie sich?
2. Warum sperrten die Priester und Führer des Volkes die Apostel ein? (Siehe Apostelgeschichte 5,17-20.) Was wollten sie mit der Gefangennahme der Apostel erreichen?

3. Auch heute werden Menschen verfolgt, weil sie Jesus nachfolgen und ihn verkündigen. Welche Beispiele von Verfolgung in jüngster Zeit sind dir bekannt? Bitte bete für die Menschen in den betreffenden Gebieten und Ländern.

Kapitel 9: Die sieben Diakone

1. Weshalb kam es zu Spannungen und Streit zwischen den griechischen und jüdischen Christen? (Siehe Apostelgeschichte 6,1-4.)
2. Vergleiche den Bericht über die beiden Diakone Stephanus (Apostelgeschichte 7) und Philippus (Apostelgeschichte 8)! Was machte diese Männer zu so wirkungsvollen Mitarbeitern Gottes?
3. Welche Eigenschaften sind nach Titus 1,7-9 für geistliche Führer gefragt? Welche Qualitäten haben gute geistliche Leiter? Welche Bedeutung hat ihr Dienst für die Entwicklung und das Wachstum der Gemeinde?
4. Was können wir aus diesen Berichten in Bezug auf die sinnvolle Anpassung von Strukturen einer Kirchengemeinde lernen? Wie sollte das Verhältnis von Laien, Ältesten und Pastoren sein? Wie flexibel ist deine Kirchengemeinde, wenn es darum geht, seelsorgerliche und evangelistische Verbesserungen durchzuführen?

Kapitel 10: Der erste christliche Märtyrer

1. Was veranlasste die Priester und Führer des Volkes, Stephanus zum Tod zu verurteilen?
2. Weshalb zählte Stephanus Ereignisse aus der Geschichte des Volkes Gottes auf, um zu dem gegen ihn erhobenen Vorwurf Stellung zu nehmen? (Siehe Apostelgeschichte 7,54.57.58.) Wie wirkte diese Aufzählung von geschichtlichen Tatsachen auf seine Zuhörer?
3. Was gab Stephanus die innere Kraft, selbst seinen Mördern zu vergeben? (Siehe Apostelgeschichte 7,55-8,1.) Welche Auswirkung hatte sein Märtyrertod auf das Leben von Saulus?
4. Der Apostel Lukas berichtet, wie Stephanus die Wahrheit so überzeugend verteidigte, dass sich seine Gegner geschlagen geben mussten. Auf welche Quelle der Weisheit können wir uns verlassen, wenn wir herausgefordert werden, für Jesus Zeugnis abzulegen? (Siehe Lukas 21,14.15.)

Kapitel 11: Das Evangelium in Samaria

1. Durch die Verfolgung, die nach dem Tod des Stephanus einsetzte, wurde die Gemeinde nach Judäa, Samaria und in andere Gebiete zerstreut. Welche positiven Auswirkungen hatten diese schwierigen Umstände für die Gemeinde und die Menschen in diesen Gebieten?
2. Was können wir von Philippus für die wirksame Weitergabe der Guten Nachricht lernen? (Siehe Apostelgeschichte 8,4-8.) Was beeindruckt dich am Dienst des Philippus besonders?
3. Wie reagierst du, wenn du dazu aufgefordert wirst, für Christus ein Zeugnis zu geben? Wann und wie wird dir Gottes Auftrag bewusst, dies zu tun?
4. Was für Menschen hat Gott beauftragt, das Evangelium aktiv in die ganze Welt zu tragen? Was bedeutet das für dich persönlich?

Kapitel 12: Vom Verfolger zum Jünger

1. Welche Haltung hatte Saulus gegenüber den Christen und welche Mittel setzte er ein, um die Ausbreitung der Guten Nachricht zu verhindern? Mit welchem Einsatz tat er dies?
2. Was veränderte sich im Leben des Saulus, nachdem ihm Jesus auf der Straße nach Damaskus begegnet war?
3. Mit welchen Argumenten wehrte sich Hananias gemäß Apostelgeschichte 9,10-19 dagegen, Saul zu besuchen? Wie hättest du auf einen derartigen Auftrag reagiert? Welche Bedeutung hat es, dass Gott Menschen aus der Gemeinde beauftragt, seine Botschaft weiter zu geben?
4. Wie kam Hananias dazu, Saulus sofort mit »lieber Bruder« anzusprechen? (Siehe Apostelgeschichte 22,13.) Warum konnte Saulus so rasch getauft werden? Welche Voraussetzungen für die christliche Taufe sind biblisch wichtig?

Kapitel 13: Tage der Vorbereitung

1. Welche Bedeutung hatte für Paulus die Zeit der Vorbereitung in Ägypten für seinen späteren Verkündigungsdienst?
2. Der Berichterstatter deutet an, dass Paulus als Prediger des Evangeliums darum so erfolgreich war, weil er die heiligen Schriften sehr gut kannte. Wie steht es um deine Bibelkenntnis? Wie gut kannst du deinen Glauben aus der heiligen Schrift begründen?
3. Welchen Stellenwert haben für dich Zeiten der geistlichen Vorbereitung? Wie viel Zeit investierst du täglich oder wöchentlich in das Gebet und für das Bibellesen? Könnte es für dich gut sein, eine bestimmte Zeit deines Lebens intensiv in eine geistliche Ausbildung oder Schulung zu investieren? Welche Möglichkeiten dazu kennst du?
4. In Apostelgeschichte 22,17.18 wird berichtet, dass ein Engel Paulus dazu aufforderte, Jerusalem sofort zu verlassen. Wie reagierst du, wenn dir deutlich wird, dass Gott andere Pläne für dich hat, als du bisher angenommen hast? Hast du erlebt, dass ein solcher Gehorsam für dich und andere zum Segen wurde?

Kapitel 14: Ein Hauptmann sucht Gott

1. Was berichtet Apostelgeschichte 9,36-38 über das soziale Engagement der ersten Christen und über den Dienst von Tabita? Welche Bedeutung hatte das Wunder der Auferweckung dieser Frau? Welche Bedeutung hat dieses Wunder für dich heute? Welche Hilfe benötigen arme und benachteiligte Menschen heute?
2. Weshalb hatte Petrus Vorbehalte, mit Kornelius Verbindung aufzunehmen? Gibt es Menschengruppen, zu denen du keinen Kontakt haben möchtest?
3. Weshalb weigerte sich Petrus, unreine Tiere zu essen? (Siehe Apostelgeschichte 11,1-18.) Was wollte Gott Petrus mit dieser seltsamen Vision sagen?
4. Gibt es Menschen in deinem Umfeld oder Land, die nach deiner Wahrnehmung kein Interesse am Evangelium haben? Wie würdest du reagieren, wenn Gott dich zu ihnen senden würde? Würdest du hingehen?

Kapitel 15: Aus dem Gefängnis befreit

1. Was veranlasste König Herodes, Jakobus zu töten?
2. Warum betete die Gemeinde Tag und Nacht, als Petrus im Gefängnis saß? Welche Bedeutung hat es, so zu beten?
3. Mit welchen Maßnahmen sollte verhindert werden, dass Petrus aus dem Gefängnis fliehen konnte? Welche Bedeutung bekam dadurch die Befreiung des Petrus durch Gott?
4. Die Gemeinde betete zwar ernstlich für Petrus, glaubte aber Rhode nicht, als sie berichtete, Petrus stünde vor der Tür. Kommt es vor, dass du für etwas betest, innerlich aber noch gar nicht für das Eingreifen Gottes bereit bist oder damit rechnest, dass Gott dein Gebet erhört?

Kapitel 16: Das Evangelium in Antiochia

1. Unter denen, die nach Antiochia gekommen waren, um dort Jesus zu verkünden, befanden sich mehrere Ausländer. Welche Bedeutung hat das für die Mission der Gemeinde?
2. In Antiochia nannte man die Gläubigen zum ersten Mal Christen. Aus welchem Grund gab man ihnen diesen Namen? Was bedeutet das für uns heute?

3. Weshalb wurden Barnabas und Paulus die Hände aufgelegt? Welche Bedeutung hatte diese Handlung für die Betroffenen, für die Gemeinde und für die Evangeliumsverkündigung? Welche Bedeutung hat die Ordination bzw. Einsegnung heute?

4. Welche Auswirkungen hatte es, dass Petrus, Jakobus und Johannes in erster Linie unter der jüdischen Bevölkerung wirkten, während Paulus sich vor allem auf Heiden konzentrierte? Welche Bevölkerungsgruppen verdienen heute unsere besondere Aufmerksamkeit bei der Evangelisation? Welchen Sinn macht es, sich auf bestimmte Zielgruppen zu konzentrieren?

Kapitel 17: Boten des Evangeliums

1. In Apostelgeschichte 13,6-12 lesen wir von der vorübergehenden Erblindung des falschen Propheten Elymas. Damit wurde deutlich, dass Gottes Kraft stärker war als diejenige dieses Zauberers. Welches Signal gab dieses Wunder und was folgte daraus? Woher nahm Paulus die Kraft, diesen Mann öffentlich zu tadeln?

2. Markus hatte sich vorgenommen, aktiv an der Mission teilzunehmen. Doch er ließ sich durch einige schwierige Umstände entmutigen und gab auf. Wie reagierst du, wenn der Dienst für Christus anstrengend und schwierig wird? Wie gut kannst du durchhalten?

3. Markus erhielt eine neue Chance, für Gott zu wirken, indem ihn Barnabas auf eine Missionsreise mitnahm. Kennst du Menschen wie Barnabas, die trotz Schwächen das Gute in anderen sehen und ihnen ohne langes Überlegen eine neue Chance geben? Wie hat Markus sich danach entwickelt? Wie behandelst du Menschen, die in ihrem Dienst versagt haben?

4. In seinem Evangeliumsdienst unter Juden bezeugte Paulus Christus auf der Grundlage der alttestamentlichen Prophezeiungen. Unter den Heiden sprach er direkt über die Kreuzigung Jesu. Weshalb begegnete Paulus den Menschen unterschiedlich? Wie gut kannst du dich auf Menschen mit unterschiedlichem Hintergrund einstellen, wenn du mit ihnen über den Glauben sprichst? (Siehe 2. Korinther 9,19-22.)

Kapitel 18: Die Heiden hören die gute Nachricht

1. Von Ikonion aus gingen die Missionare nach Lystra und Derbe. Das waren heidnische Städte mit nur wenigen jüdischen Einwohnern. Bei diesen Zuhörern wählten die Apostel andere Themen als in den Synagogen der Juden, um ihnen das Evangelium nahe zu bringen. Welche Themen eignen sich heute als Anknüpfungspunkte, um Menschen in deiner Umgebung mit der Guten Nachricht in Verbindung zu bringen?

2. In Lystra griff man Paulus frontal an. Eine wilde Menschenmenge wurde gegen ihn aufgestachelt und dazu gebracht, ihn zu steinigen. Bist du bereit, Christus zu bezeugen, auch wenn dir dadurch möglicherweise Widerstand und Gewalt begegnet?

3. Was unternimmt deine Kirchengemeinde, um Menschen, die jung im Glauben sind, zu fördern und auszubilden? Wie gut werden neue Geschwister integriert? Wachsen sie im Glauben und werden sie dann auch selbst aktiv im Gemeindeleben? Welche Möglichkeiten siehst du, diesen Prozess in deiner Kirchengemeinde zu fördern?

Kapitel 19: Juden und Heiden

1. Einige Judenchristen hatten die Sorge, sie könnten ihr kulturelles Erbe verlieren, wenn die neuen Gläubigen die jüdischen Bräuche nicht mehr einhalten müssten. Wozu hätte es geführt, wenn in der Urgemeinde alle verpflichtet worden wären, die jüdischen Ordnungen zu halten, also das ganze Zeremonialgesetz und auch die Beschneidung?

2. Welche Empfehlungen für die Gläubigen aus dem Heidentum gab die Apostelversammlung in Jerusalem? (Siehe Apostelgeschichte 15,28.29.) Welche Auswirkungen hatte diese gemeinsame Entscheidung? (Siehe Apostelgeschichte 15,31; 16,4.5.)

3. Wo stehen heutige Christen in der Gefahr, neu bekehrten Menschen mit anderem kulturellen Hintergrund, unnötige Regeln aufzudrängen oder von ihnen zu viel auf einmal zu verlangen?

4. Wie wichtig ist es , in strittigen Fragen unter Gottes Führung eine gemeinsame Position zu suchen? Welchen Einfluss hat eine gemeinsame Stimme für das christliche Zeugnis in der Welt?

Kapitel 20: Das Kreuz wird erhöht

1. Weshalb empfahl Paulus Timotheus, sich vor der gemeinsamen Missionsreise beschneiden zu lassen? Was sagt das über die Einstellung von Paulus gegenüber den Menschen, die er mit dem Evangelium erreichen wollte? (Siehe 1. Korinther 9,19-23.) Welche Ausbildung erhielt Timotheus, um für die Missionsarbeit vorbereitet zu sein?

2. Was geschieht mit unserem Glauben, wenn wir uns nicht dafür einsetzten, das Evangelium für andere Menschen verständlich zu machen? Welche Bedeutung hat es für mich, dass Gott mich nicht nur erlöst hat, sondern meine Gaben und Fähigkeiten entwickeln möchte, damit ich selbst ein Mitarbeiter für sein Reich werde?

3. Welcher Stellenwert hat die Liebe von Jesus Christus, wenn ich mit Mitmenschen über den Glauben spreche? Wie kann ich heutigen Menschen die Bedeutung des Kreuzes aufschließen, ohne andere Kirchen oder Religionen dabei schlecht zu machen?

Kapitel 21: Das Evangelium erreicht Europa

1. Was ist für dich an der Geschäftsfrau Lydia beispielhaft? Was beeindruckt dich an ihrem Weg zum Glauben an Christus? (Siehe Apostelgeschichte 16,14.15.)

2. Welche Umstände führten dazu, dass Paulus und Silas in der Stadt Philippi ins Gefängnis kamen? Wie ist es zu erklären, dass sie trotz Folter und Fesseln im Gefängnis Loblieder singen konnten? (Siehe Apostelgeschichte 16,25.)

3. Wo erlebst Du, dass der Glaube an Christus dich stärkt und dich fähig macht schwierige Lebensumstände in positiver Grundhaltung auszuhalten?

4. Paulus und Silas verkündigten dem Gefängniswärter und seiner Familie das Evangelium. Unmittelbar danach ließen sie sich taufen. Warum war der Gefängniswärter und seine Familie für die Taufe bereit?

Kapitel 22: Thessalonich

1. Welche Messiasverheißungen aus dem Alten Testament, die Jesus Christus als den versprochenen Retter bezeugen, beeindrucken dich am meisten?

2. Nachdem Paulus ein paar Wochen lang in Thessalonich gepredigt hatte, kamen einige Juden zum Glauben an Christus, während andere ihm und seiner Botschaft widersprachen. Wie begründeten sie ihre Ablehnung? (Siehe Apostelgeschichte 17,2-10.) Wo begegnet dir Ablehnung, weil du Christus an die erste Stelle deines Lebens gesetzt hast?

3. Wie verhielt sich Paulus bei all diesen Widerständen und Verfolgungen? Wie reagierst du auf Ablehnung und Widerstand wegen deines Glaubens? Welche Auswirkung hat das auf deine Beziehung zu Gott?

Kapitel 23: Beröa und Athen

1. Wie unterschieden sich die Leute von Thessalonich von denen in Beröa? Wie verhielten sie sich, als sie Neues über Gott hörten? (Siehe Apostelgeschichte 17,10.11.)

2. Welche Einstellung zu religiösen Themen fand Paulus in Athen vor? Siehst du Paralle-

len zur heutigen westlichen Gesellschaft? (Siehe Apostelgeschichte 17,16-34.)
3. Paulus bewies großes Taktgefühl, als er den Athenern das Evangelium brachte. Was können wir von seiner Vorgehensweise lernen? Welche Bedeutung hat für dich Taktgefühl und die Berücksichtigung des religiösen und weltanschaulichen Hintergrundes von Menschen, mit denen du über den Glauben ins Gespräch kommst?
4. Wie wichtig war es für Paulus, auch die geistige Elite mit dem Evangelium zu erreichen? Wie erfolgreich war er in Athen? Welche Gründe können für gebildete Menschen ein Hindernis sein, zum Glauben an Christus zu kommen? Welche Anstrengungen können heute unternommen werden, um Intellektuelle für Christus zu gewinnen?

Kapitel 24: Korinth

1. Wie ging Paulus in der Stadt Korinth vor? Welches Thema hatte in seiner Verkündigung den ersten Platz? (Siehe 1. Korinther 2,2.4.) Weshalb ging er hier anders vor als in Athen? Welche Reaktionen erlebst du, wenn du Menschen erzählst, wie wertvoll dir Jesus Christus ist?
2. Was wollte Paulus mit dem »Ausschütteln seiner Kleider« gegenüber den Juden zum Ausdruck bringen? (Siehe Apostelgeschichte 18,5.6.) Wie gehst du damit um, wenn Menschen dem Evangelium hartnäckig Widerstand leisten und dich ablehnen? Wie gut kannst du damit umgehen?
3. Gallio war der Prokonsul von Achaja. Wie gebrauchte Gott ihn, um Paulus zu beschützen? Hast du erlebt, dass Regierungsbeamte oder andere Persönlichkeiten des öffentlichen Lebens sich dafür einsetzten, dass die Verkündigung des Evangeliums möglich wurde? Hast du die Hoffnung, dass Gott auch an ihnen wirkt und du unter Umständen von ihnen Unterstützung für die Evangeliumsarbeit erwarten kannst?

Kapitel 25: Die Briefe an die Thessalonicher

1. Weshalb müssen Christen nicht verzweifeln, wenn liebe Menschen sterben? Was gibt uns die Gewissheit, dass der Tod nicht das Letzte ist? (Siehe 1. Thessalonicher 4,13.14.)
2. An welches große Ereignis knüpft Paulus die Hoffnung auf ein Leben nach dem Tod? (Siehe 1. Thessalonicher 4,15-17.)
3. Worin unterscheidet sich die christliche Zukunftshoffnung von der Vorstellung einer unsterblichen Seele? Inwiefern ist es befreiend zu wissen, dass alle Toten bis zum Kommen Jesu schlafen und dass es keine unsterbliche Seele und keinen unsterblichen Geist gibt? Welche Vorstellungen über ein Leben nach dem Tod haben die Menschen, mit denen du Kontakt hast? Welche Bedeutung hat die christliche Auferstehungshoffnung für dein Leben?
4. Welche praktischen Konsequenzen hat es für dein Leben, um die Wiederkunft Jesu zu wissen und die feste Absicht Gottes zu kennen, dir dann gemeinsam mit allen Gläubigen das ewige Leben zu geben? (Siehe 1. Thessalonicher 5,1-10.) Was heisst es für dich, ein Kind des Tages und des Lichtes zu sein?

Kapitel 26: Apollos in Korinth

1. Weshalb kam es in der Gemeinde Korinth zu Parteilichkeit und Streit? (Siehe 1. Korinther 3,3.4.) Welche Folgen haben nach deiner Erfahrung Geltungsdrang und Eifersucht in einer christlichen Kirchengemeinde?
2. Weshalb sind manche Menschen lieber Einzelkämpfer als Teamplayer? Welche Vor- und Nachteile haben diese beiden Arbeitsweisen? Was ist in der kirchlichen Gemeindearbeit gefragt? Welche Grundhaltung ist nötig, um Streit und Zwietracht zu begraben und gemeinsam zu wirken? (Siehe 1. Korinther 3,4-7.)
3. Was kann die angeborene Wesensart eines Menschen reinigen und verändern? Wo erlebst du, dass der Glaube an Christus positive Veränderungen bei dir oder anderen bewirkt?

Kapitel 27: Ephesus

1. Was für eine Stadt war Ephesus? Wie schritt die Verkündigung des Evangeliums dort voran?
2. Lernfreude und Wachstum sind Merkmale des christlichen Glaubens. Weshalb bleiben gewisse Menschen in ihrer Entwicklung stehen? Was hilft dir, beständig zu wachsen? (Siehe Epheser 4,15.16.)
3. In Ephesus wirkte Gott durch die Apostel Aufsehen erregende Wunder (Siehe Apostelgeschichte 19,11.12.) Weshalb geschahen in dieser Stadt solche Machterweise? Welche Opposition erschwerte die Evangeliumsverkündigung?
4. Welche Anziehungskraft haben der Okkultismus und die Magie heute? Warum war es für alle, die Zauberei betrieben hatten, und nun an Jesus glaubten, so wichtig, ihre okkulten Bücher zu verbrennen? Gibt es in deinem Leben Dinge, von denen du dich radikal trennen solltest, um ganz frei für das Evangelium und den Einfluss Gottes zu sein?

Kapitel 28: Anstrengende und belastende Tage

1. Paulus wirkte zwei Jahre in Ephesus. (Siehe Apostelgeschichte 19,10.) Welcher Stellenwert hat demnach eine gründliche Unterweisung im Glauben? Wie viel Zeit investierst du in deine geistliche Weiterbildung?
2. Welche Gründe veranlassten Demetrius, das Volk gegen Paulus aufzuwiegeln? (Siehe Apostelgeschichte 19,23-27.) Hast du erlebt, dass die Entscheidung für die Nachfolge Jesu wirtschaftliche oder andere Nachteile mit sich brachte? Was kann uns motivieren, auch unter Belastungen bei Christus zu bleiben? Hast du in deinem Leben auch schon den besonderen Schutz Gottes durch einen Engel erfahren?
3. Woher nahm Paulus die Kraft, verschiedene Nachteile und große Schwierigkeiten geduldig zu ertragen und nach Entmutigungen wieder aufzustehen? (Siehe Philipper 4,12.13.)

Kapitel 29: Eine Warnungsbotschaft

1. Paulus hatte in Korinth rund eineinhalb Jahre fleißig gewirkt. Nach seiner Abreise traten ungünstige Bedingungen auf und einige Christen fielen in ihr altes Leben zurück. Stolz, Götzendienst und Sinnlichkeit nahmen zu. Mit welcher inneren Haltung schrieb er, Paulus, an diese Christen? (Siehe 1. Korinther 6,9-11 und 2. Korinther 2,3.4.)
2. Mit welchen konkreten Schwierigkeiten hatte die Gemeinde zu kämpfen? Weshalb ist es sinnvoll, Konflikte im Sinne Jesu immer im kleinstmöglichen Kreis zu klären? (Siehe Matthäus 18,15-18 und 1. Korinther 6,1-9.) Was geschieht, wenn wir die Schwächen und Fehler anderer durch »Klatsch und Tratsch« verbreiten? Wie fühlst du dich, wenn das andere mit dir tun?
3. Warum empfahl Paulus den Gemeindegliedern in Korinth, einen Mann auszuschließen, der sich sexuell unmoralisch verhielt? (Siehe 1. Korinther 5,1-7.) Welche positiven Folgen kann eine solch harte Maßnahme für den Betroffenen und die Gemeinde haben? Weshalb muss bei aller Konsequenz äußerst vorsichtig und feinfühlig vorgegangen werden?

Kapitel 30: Zum Wachsen berufen

1. Welche Bedeutung hatten sportliche Wettläufe zur Zeit des Apostels Paulus? Welche Ähnlichkeiten gibt es zwischen einem Wettläufer und einem Christen in der Nachfolge Jesu? Welche Unterschiede gibt es? (Siehe Hebräer 12,1.2 und 1. Korinther

9,24-27.) Welche Bedeutung hat für dich Selbstdisziplin und Zielstrebigkeit? Wo hast Du erlebt, dass Verzicht und Entbehrung zur Erreichung eines höheren Zieles positiv und lohnenswert waren?
2. Weshalb müssen wir auch als Christen konsequent gegen schlechte Gewohnheiten und Charaktereigenschaften kämpfen? Welche Folgen hat dieser Lebenskampf? Welche Bedeutung hat mein Lebenswandel für Menschen in meiner Umgebung? Was hat mein Lebensstil mit einem glaubwürdigen Zeugnis für Jesus zu tun?
3. In 1. Korinther 12 erklärt Paulus das Zusammenleben von Christen in einer Gemeinde am Beispiel des menschlichen Körpers? Welche Bedeutung hat es, dass alle Gläubigen von Gott Gaben erhalten haben? Welchen Sinn macht es, dass die Gaben unterschiedlich verteilt sind? Kämpfst du manchmal mit dem Gefühl, zu wenig wichtig zu sein oder denkst du ab und zu, dass du anderen überlegen bist und sie nicht nötig hast? Welche Folgen für das Zeugnis der Gemeinde hat es, wenn sie in Dienstbereitschaft und Liebe zusammenwirkt? (Siehe Johannes 13,35.)
4. Welche Bedeutung hatte die Tatsache der Auferstehung Jesu für die Christen in Korinth? (Siehe 1. Korinther 15.) Welcher Stellenwert hat die Auferstehung von Jesus in deinem Glaubensleben?

Kapitel 31: Die Ermahnung wird angenommen

1. Wie reagierte die Gemeinde in Korinth auf die Ermahnungen des Apostels? Hast du erlebt, dass es positive Folgen hat, wenn man Probleme liebevoll aber direkt und offen anspricht und kompromisslos für die Wahrheit und das Recht Position beziehst?
2. Mit welcher inneren Haltung konfrontierte Paulus seine Glaubensgeschwister mit unangenehmen Wahrheiten? (Siehe 2. Korinther 2,4.) Wo hast du erlebt, dass es sich lohnt, sensibel Kritik zu üben? Welche Folgen hat harte und lieblose Kritik? Wie reagierst Du auf Kritik? Welche Folgen hat es, wenn man Unrecht nicht anspricht?
3. Was motivierte Paulus zu predigen, zu leiden und Entbehrung zu erdulden? Was motiviert dich, für Jesus nötigenfalls Opfer zu bringen? Wo hast du erlebt, dass Liebe und Dienstbereitschaft andere Menschen für das Evangelium öffnet?

Kapitel 32: Eine freigebige Gemeinde

1. In welchen Eigenschaften können wir Gott ähnlicher werden, wenn wir den Zehnten (10% des Einkommens für die Verkündigung des Evangeliums) fröhlich geben? (Siehe 2. Korinther 9,6.7) Aus welchem Blickwinkel ist es ein Vorrecht, das Werk Gottes proportional zum Einkommen finanziell mitzutragen?
2. Welche Bedeutung hat die Zehntenordnung für den Geber, für die Kirche und für Menschen in Not? Welche Erfahrungen hast du mit dem Geben des Zehnten gemacht?
3. Was bedeutet in meinem Leben das Wort »geben ist seliger als nehmen« von Jesus? Wo habe ich das erlebt? (Siehe Apostelgeschichte 20,35 und Sprüche 11,24.) Was hat die Bereitschaft zu geben mit dem eigenen Glück zu tun? Welche Folgen hat finanzieller Egoismus? (Siehe Maleachi 3,8-10.)

Kapitel 33: Wirken unter Schwierigkeiten

1. Was motivierte Paulus, für die Gemeinden zu arbeiten, obwohl er das Recht dazu gehabt hätte, sich von den Gemeinden für seinen Dienst nicht bezahlen zu lassen? Welche Vorurteile konnte er damit entkräften?
2. Warum ist körperliche Arbeit wertvoll und wichtig? Welche Bedeutung hat es für das christliche Zeugnis, den eigenen Lebensunterhalt, wo immer möglich, selbst zu verdienen? (Siehe 1. Thessalonicher 4, 11.12.) Welche Position vertritt der christliche Glaube gegenüber Menschen, die aus Bequemlichkeit auf Kosten anderer leben? Wozu befähigt finanzielle Eigenständigkeit? (Siehe 2. Thessalonicher 3,10-13.)
3. Wie sollen nach Gottes Plan die finanziellen Bedürfnisse von vollamtlichen Evangeliumsarbeitern gedeckt werden? Welchen Stellenwert haben Projekte für die Verkündigung der Guten Nachricht im Finanzplan deiner Kirchengemeinde und welchen in deinem persönlichen Budget?

Kapitel 34: Volle Hingabe

1. Welche Beachtung findet das Dienen in der heutigen Gesellschaft? Welche Bedeutung hat es im Reich Gottes? (Siehe Matthäus 20,26-28.)
2. Paulus nahm oft junge Leute mit sich, um ihnen anhand seines Beispiels zu zeigen, wie man Menschen zum Segen werden kann. Wo siehst du bei dir Möglichkeiten, jüngeren Menschen auf dem Weg zum Evangeliumsdienst ein Beispiel zu geben und sie anzuleiten?
3. Was motivierte Paulus, ein so entbehrungsreiches Leben zu führen? Wieso fand er darin Sinn und Erfüllung? Kannst du dir vorstellen, mit einem großen Teil deiner Zeit oder sogar vollzeitlich für das Reich Gottes zu arbeiten? Wärest du bereit dazu, wenn Gott dich in die vollzeitliche Arbeit rufen würde?

Kapitel 35: Einsatz für die Juden

1. Weshalb schrieb Paulus einen Brief an die Christen in Rom? Welche wichtigen Themen erläuterte er im Römerbrief?
2. Paulus machte deutlich, dass die Juden von Gott nicht verworfen wurden, sondern weiterhin durch den Glauben an Christus volle Anwärter für das Reich Gottes sind. Wie empfindest du, wenn abschätzig über Juden gesprochen wird? Was unternimmst du für die Evangelisation unter den Juden?
3. Paulus stellte sich ganz bewusst auf unterschiedliche Menschengruppen ein, denen er Christus verkündigen wollte. (Siehe 1. Korinther 9,20.) Welchen Einsatz gilt es heute für Moslems, Hindus und Buddhisten zu leisten? Welchen für kirchenferne, atheistische und säkulare Menschen? Welchen Platz haben diese Menschengruppen in deinem Denken und in deinen Gebeten?

Kapitel 36: Abfall in Galatien

1. Welche falschen Lehren und Überlieferungen verdunkelten in der Gemeinde in Galatien das Evangelium von Jesus Christus? Welche Folgen hat es für den Glauben, wenn man annimmt, dass eigene Werke ganz oder teilweise zur Erlösung beitragen? (Siehe Galater 5,4.)
2. Welche Gefahr besteht für einen Christen, wenn Regeln und Zeremonien zur Hauptsache im Glauben werden? Wie wirkt sich das auf das Klima untereinander aus? Was war für Paulus der Kern des christlichen Glaubens? (Siehe Galater 2,16-20.)
3. Welche Gefahr entsteht für den Glauben, wenn Gottes Gebote verwässert werden? Wie finden wir die gesunde Mitte zwischen den Extremen der Gesetzlichkeit und der Gesetzlosigkeit? Aus welcher Motivation und Kraftquelle heraus lebt ein Christ in Harmonie mit den Geboten Gottes? (Siehe Galater 5,22-25.)

Kapitel 37: Die letzte Reise nach Jerusalem

1. Welche Gefahren sah Paulus nach seinem Abschied auf die Gemeinde Jesu zukommen? (Siehe Apostelgeschichte 20,29.30.) Welchen Vorteil hat es, zu wissen, dass selbst die Gemeinde Jesu nicht vor Irrlehrern und Machtmenschen verschont bleibt? Wo suchst du Orientierung, wenn unterschiedliche Ansichten über die Wahr-

heit des christlichen Glaubens vertreten werden?
2. Weshalb wollte Paulus zum Passahfest in Jerusalem sein? Was hatte er dort nach der Botschaft des Propheten Agabus aus Cäsarea zu erwarten? Wärest du nach Jerusalem gegangen, wenn du eine derartige Nachricht erhalten hättest? Wovon hättest du deine Entscheidung abhängig gemacht?

Kapitel 38: Paulus in Gefangenschaft

1. Unter den führenden Männern in Jerusalem gab es einige, die Paulus und seinem Wirken unter Nichtjuden kritisch gegenüber standen. Welche Vorbehalte hatten sie? (Siehe Apostelgeschichte 21,21.28.)
2. Welche Folgen hätte es für die Mission unter den Heiden gehabt, wenn von allen verlangt worden wäre, das gesamte jüdische Gesetz mit allen Zeremonialgesetzen und der Beschneidung zu befolgen? Wie empfindest du, wenn Menschen mit anderen Glaubenstraditionen leben, als du sie gewohnt bist? Wie wichtig ist Einheit im Werk Gottes?
3. Wenn Paulus über seinen Dienst als Apostel Rechenschaft ablegen musste, erzählte er mehrmals von seiner persönlichen Begegnung mit Christus vor Damaskus (Siehe Apostelgeschichte 22,3-21.) Welche Geschichte über das Wirken Gottes in deinem Leben kannst du erzählen? Kannst du über deinen Weg zum Glauben interessant und zur Ehre Gottes Bericht geben?

Kapitel 39: Das Verhör in Cäsarea

1. Welche Methode wandte der Anwalt Tertullus in seiner Anklage gegen Paulus an? Weshalb ließ Felix Paulus nicht frei, obwohl er wusste, dass Paulus unschuldig war?
2. Paulus sprach mutig und offen über Sünde und Schuld und er bezeugte die Vergebung durch Christus. Wie wirkte seine Rede auf Felix? Wie nutzte dieser seine Chance? (Siehe Apostelgeschichte 24,24-26.)
3. Felix hielt Paulus zwei Jahre lang im Gefängnis fest. Gegen eine Geldsumme hätte er Paulus wohl freigelassen. Wie reagierst du auf Korruptionsversuche? Stehst du zu deinem Glauben und zu deinen Überzeugungen, egal vor wem und unter welchen Umständen?

Kapitel 40: Die Berufung auf den Kaiser

1. Aus welchem Grund wollte Festus Paulus in Jerusalem vor ein Gericht stellen? (Siehe Apostelgeschichte 25,8-11.) Weshalb berief sich Paulus auf den Kaiser?
2. Paulus war in heidnischem Gewahrsam sicherer als in den Händen seines eigenen Volkes. Wann kann religiöser Eifer gefährlich werden? Kennst du Menschen(gruppen), die bereit sind, zur Erreichung ihrer religiösen Ziele die Prinzipien weltlicher Rechtsordnungen zu verletzen?
3. Wie reagierst du, wenn du um deines Glaubens willen Verachtung und Ablehnung erfährst? Bist du bereit, zu akzeptieren, dass auch dies zur Nachfolge Jesu gehört? Bist du andererseits bereit, deine Stimme gegen das Unrecht zu erheben und wo möglich das Recht mit anständigen und friedlichen Mitteln einzufordern?

Kapitel 41: Fast überzeugt

1. Paulus sprach König Agrippa offen und direkt auf den Glauben hin an und erzählte ihm von seiner Begegnung mit Jesus. Wann hast du in letzter Zeit einem Menschen, der Jesus nicht kennt, deine persönliche Glaubensgeschichte erzählt?
2. Welche Gedanken gingen Agrippa durch den Kopf, während Paulus zu ihm sprach? Zu welchem Punkt führte ihn Paulus mit seinem mutigen Zeugnis? (Siehe Apostelgeschichte 26,24-29.) Woran wird deutlich, dass es Paulus nicht egal war, wie sich Agrippa entschied?
3. Welche Bedeutung haben persönliche Entscheidungen im Glauben? Welche Entscheidungen triffst du, die Auswirkungen auf dein ewiges Schicksal haben? Zeigst du anderen Menschen unmissverständlich, dass du dich freust, wenn sie sich für die Nachfolge Jesu entscheiden?

Kapitel 42: Seereise und Schiffbruch

1. Wie kann man sich eine Seereise im ersten Jahrhundert vorstellen? Wer begleitete Paulus auf seiner Reise nach Rom?
2. Wie konnte Paulus die ganze Besatzung beruhigen, als ein großes Unwetter das Schiff bedrohte? (Siehe Apostelgeschichte 27,21-26.) Was offenbart das Gebet über Paulus und seinen Glauben? Welchen Platz hat das Gebet für Menschen in Not in deinem Glaubensleben?
3. Welche Auswirkungen hatten das Wunder mit der Bewahrung des Paulus vor dem Schlangengift und die Heilung der Kranken auf der Insel? (Siehe Apostelgeschichte 28,7-10.) Wie sehr interessiert dich das Wohlergehen der Menschen, mit denen du zusammenkommst? Traust du Gott zu, ihnen durch dich Gutes zu tun?

Kapitel 43: In Rom

1. Welche Bedeutung hatte es für Paulus, kurz vor Rom Glaubensgeschwistern zu begegnen? (Siehe Apostelgeschichte 28,14.15.) Wann hast du erlebt, dass dich in unbekanntem Gebiet Christen begrüßt und ermutigt haben? Welche Bedeutung hat es für dich, dass Christen auf der ganzen Welt »Geschwister« sind? Wie begegnest du Besuchern oder Touristen?
2. Was konnte Paulus während der ersten zwei Jahre seiner Gefangenschaft in Rom tun? (Siehe Apostelgeschichte 28,23.30.) Welchen Wert hatte das für die Gemeinden?
3. In Rom kam ein entlaufener Sklave namens Onesimus zu Paulus, und bekehrte sich zu Christus. Daraufhin sandte Paulus ihn mit einem Brief zurück zu seinem Herrn Philemon, der ebenfalls Christ war. Wie verändert der Glaube das Verhältnis von Sklaven und Herren? Welche Grundsätze in Bezug auf die Gleichheit aller Menschen finden sich im Philemonbrief? (Siehe Philemon.) Wo finden diese Prinzipien auch heute noch ungenügende Umsetzung?

Kapitel 44: Im Haus des Kaisers

1. Weshalb konnte Paulus auch als Gefangener für das Evangelium in Rom ein wirksamer Zeuge sein? (Siehe Philipper 1,13.) Welche Bedeutung hatte es für die Mission der Urgemeinde, dass Paulus im Zentrum des römischen Imperiums Christus verkündigen konnte?
2. Wie ist es möglich, dass ein Christ gerade dann ein mächtiger Zeuge für Jesus werden kann, wenn er durch bestimmte Lebensumstände wie z.B. Krankheit oder Behinderung nicht mehr in der Lage ist, sich frei zu bewegen? Wie reagierst du, wenn Krankheit oder andere Umstände deine Handlungsfreiheit einschränken? Wie können solche Situationen zu Gelegenheiten für ein Glaubenszeugnis werden?
3. Welche Vorteile kann es für den Glauben haben, abgewiesen und angefochten zu werden? Welche Grundeinstellung befähigt uns, auch unter ungünstigen Bedingungen im Glauben fest zu bleiben? (Siehe Matthäus 6,33.)

Kapitel 45: Briefe aus Rom

1. Aus der Gefangenschaft in Rom schrieb Paulus bedeutende Briefe an einige Gemeinden in Kleinasien (Epheserbrief, Kolosserbrief, Philipperbrief). Was sagt das über die Liebe von Paulus zu seinen Gemeinden aus?
2. Wie pflegst du die Beziehung zu Freunden, die fern von dir leben? Hast du auch schon ermutigende Briefe (oder E-Mails/SMS usw.) erhalten? Wie stark nutzt du die Möglichkeit, mit anderen schriftlich Kontakt zu

halten und sie dadurch im Glauben zu ermutigen?
3. In Philipper 4,4-7 ruft Paulus seine Glaubensgeschwister in Philippi dazu auf, fröhliche Menschen zu sein. Was gab ihm die Kraft zu einer solch positiven Grundhaltung, obwohl er selbst in Gefangenschaft war? Wo finden sich in den Paulusbriefen Ermutigungen für uns?

Kapitel 46: In Freiheit

1. Was für ein Mensch war Nero? Vergleiche seinen Charakter mit dem von Paulus.
2. Welche Katastrophe nutzte Nero als Vorwand, um tausende von Christen in Rom zu töten?
3. Wo befand sich Paulus zur Zeit der Christenverfolgung durch Nero? Wozu nutzte er diese Zeit? Für welche Ziele investierte er seine schwindenden Lebenskräfte?

Kapitel 47: Wieder im Gefängnis

1. Paulus musste in Rom unter dem Hass, den Nero gegen die Christen geschürt hatte, leiden. Seine Gefangenschaft wurde härter und einsamer. Welche Bedeutung hatten für ihn Besuche und Zeichen der Zuneigung von anderen Christen? (Siehe 2. Timotheus 1,16-18.)
2. Wann hast du erlebt, dass die Aufmerksamkeit und Anteilnahme von Glaubensgeschwistern in schwierigen Zeiten wohltuend war? Was war hilfreich?
3. Wo gibt es einsame Menschen in deinem Umfeld, denen du durch Besuche und andere Zeichen der Anteilnahme die Einsamkeit erleichtern kannst?

Kapitel 48: Paulus vor Nero

1. Unter welchen Bedingungen musste sich Paulus vor Nero verantworten? Wie nutzte er die Gelegenheit, um vor Nero und dem römischen Gerichtshof Jesus und sein Reich zu bezeugen? Was hat dich bei Paulus beeindruckt, als er sich vor Nero verantworten musste?
2. Unter welchen Umständen endete das Leben Neros? Worin unterschied sich sein Lebensende von demjenigen des Paulus?
3. Welchen Einfluss hat das Wissen um das Reich Gottes und die Vergänglichkeit auch der Großen dieser Welt auf die Gestaltung deines Lebens?

Kapitel 49: Der letzte Brief

1. Welche Beziehung hatte Paulus zu Timotheus? (Siehe 2. Timotheus 1,3-5.) Wozu ermutigt Paulus den jungen Mann, der in Ephesus als Verkündiger diente? Welche Bedeutung haben junge Menschen im Verkündigungsdienst? Welche Aufgaben erhalten junge Menschen in deiner Kirchengemeinde?
2. Welche Bedeutung gab Paulus der Heiligen Schrift für die Entwicklung eines starken Glaubens? (Siehe 2. Timotheus 3,13-17.) Weshalb muss sich jede christliche Gemeinde immer neu an Gottes Wort ausrichten?
3. Warum ist es wichtig, sowohl liebevoll als auch konsequent zu sein, die Sünder zu lieben aber die Sünde zu hassen? Hast du erlebt, dass jüngere Menschen dir ein Vorbild waren? Bist du bereit, auf Jüngere zu hören und dich womöglich von ihnen korrigieren zu lassen?

Kapitel 50: Das Todesurteil

1. »Das Blut der Märtyrer ist Same für neue Christen«, schrieb der Kirchenvater Tertullian (ca. 150 – 230 n. Chr.). Welchen Eindruck machte der letzte Gang von Paulus auf die Menschen, die bei seiner Hinrichtung zugegen waren? Welche Folgen hatte das für ihr Leben?
2. Weshalb konnte Paulus gefasst, ja und sogar freudig dem Tod entgegengehen? (Siehe 2. Timotheus 4,6-8; Philipper 1,21; 3,20.21.) Wie siehst du deinem eigenen Sterben entgegen? Was gibt dir die Zuversicht, die Krone des ewigen Lebens zu empfangen?
3. »Der natürliche, unbewusste Einfluss eines heiligen Lebens ist die überzeugendste Predigt zugunsten des Christentums.« (Seite 305) Wie stark ist die »Predigt« deines Lebens? Welche Christen ermutigen dich mit ihrem Leben? Wo wünschst du dir Veränderung und Wachstum?

Kapitel 51: Ein treuer Hirte

1. Petrus hatte Jesus drei Mal verleugnet. Christus vergab ihm dieses Versagen und beauftragte ihn mit einem verantwortungsvollen Dienst für die Gemeinde. Welche Bedeutung hat es für die Gemeindearbeit, dass ihre Leiter die Vergebung Jesu erfahren haben? Wovor kann dies bewahren? Wie verändert die Vergebung Jesu meinen Umgang mit fehlbaren Mitmenschen?
2. Welchen Stellenwert hat die Liebe zu Christus in der Gemeindearbeit? (Siehe Johannes 21,15-17.) Welche Auswirkungen hat es, wenn Gemeindeleiter Christus immer an die erste Stelle ihres Lebens setzen?
3. Weshalb ist es wichtig, dass Christen sich Rechenschaft ablegen, welchen Einflüssen sie sich aussetzen? (Siehe 1. Petrus 1,13-21.) Warum haben unsere Mitmenschen ein Anrecht darauf, in unserem Leben die Früchte des Glaubens zu sehen? (Siehe Matthäus 5,16; 7,20.) In welchem Verhältnis stehen für mich innere Werte zu äußerer Schönheit? (Siehe 1.Petrus 3,3.4.)

Kapitel 52: Standhaft bis ans Ende

1. Welche Vorteile hat es, im Glauben herausgefordert zu werden? Welche Glaubensentwicklung beschreibt Petrus für Christen? (Siehe 2. Petrus 1,5-8.) Wo stehst du in dieser Entwicklung? Was hilft dir, Wachstum nicht als eine mühsame Pflicht sondern als als eine freudige Herausforderung zu sehen?
2. Auf welcher Grundlage allein kann christliches Wachstum entstehen? (Siehe 1. Korinther 1,30.) Was tust du, wenn du von dir selbst enttäuscht bist? Was gibt dir neue Kraft? Welche Vorteile hat es, immer im Prozess des Wachstums zu bleiben? Wie viel Geduld hast du mit dir und mit anderen?
3. Warum macht Petrus unmissverständlich klar, dass die Predigt von Christus nicht auf Mythen und Märchen beruht? (Siehe 2. Petrus 1,16-18.) Welche Bedeutung hat das prophetische Wort für deinen Glauben? (Siehe 2. Petrus 1,19-21.) Wie stärken prophetische Aussagen deine Hoffnung auf die seit langem versprochene Wiederkunft Jesu? (Siehe 2. Petrus 3,9-18.)

Kapitel 53: Johannes, der geliebte Jünger

1. Welche Charakterschwächen hatte Johannes? Gegen welche kämpfst du?
2. Warum hätten Jakobus und Johannes gerne gesehen, dass Feuer vom Himmel ein Dorf in Samarien auslöschte? Wie reagierte Jesus auf diesen religiösen Eifer? (Siehe Lukas 9,54.55.) Wo wenden Menschen heute im Namen ihres Glaubens Gewalt an? Welche Folgen hat das? Welche Gefühle bewegen dich, wenn Menschen sich offen gegen Christus äußern? Weshalb darf es im christlichen Glauben keinen Zwang geben? Wo liegt die Überzeugungskraft des Evangeliums?
3. Geltungsdrang und Machtstreben finden sich auch unter den Jüngern Jesu. (Siehe Matthäus 20,20-28.) Was offenbart uns dieser Befund über das Wesen des Menschen? Welche alternative Haltung lehrt uns Jesus? Welche Auswirkungen hat seine Haltung auf das Miteinander von Menschen? Wie gut kannst du dienen und dich ein- und unterordnen?

Kapitel 54: Ein zuverlässiger Zeuge

1. Weshalb ist gelebte Liebe das kräftigste Argument für den christlichen Glauben? (Siehe Johannes 13,34.) Welche Bedeutung

Vertiefungsfragen

hat die Liebe, die du von anderen Christen empfangen hast, für deinen Glaubensweg? Wie liebevoll ist deine Kirchengemeinde?
2. Die Konzentration auf die Mängel und Schwächen anderer Menschen vergiftet das zwischenmenschliche Klima und lässt Christus in den Hintergrund treten. Wie ermutigte Johannes die Christen, ein Leben der tätigen Liebe zu führen? (Siehe 1. Johannes 4,7-11.) Welchen Beitrag kannst du leisten, damit in deiner Kirchengemeinde ein Geist der Liebe und des Vertrauens gedeiht? (Siehe Sprüche 17,9.)
3. Als die christliche Gemeinde wuchs, stieg auch die Gefahr der Verfälschung des Evangeliums. Wie können sich Christen vor Irrlehren schützen? (Siehe 2. Johannes 7-11.) Wie gut kennst du die Heilige Schrift? Welche Bedeutung hat es für dich, dass in den Schriften des Neuen Testamentes Augenzeugen von Jesus Christus zu Wort kommen? (Siehe 1. Johannes 1,1.3.)

Kapitel 55: Durch Gnade verwandelt

1. Der Jünger Johannes erlebte im Gegensatz zu Judas eine kontinuierliche und beachtliche Veränderung seines Charakters. Sein Wesen wurde mehr und mehr demjenigen von Jesus Christus ähnlich. Diesen Wachstumsprozess nennt die Bibel Heiligung. Wie wichtig ist sie für Gott? (Siehe 1. Thessalonicher 4,3.7; Hebräer 12,14.) Welche Bedeutung hat sie für dich?
2. Wie wachsen wir in der Heiligung? Was behindert die Heiligung? (Siehe 1. Johannes 4,16; 1. Korinther 1,30; Epheser 2,8-10.) Weshalb ist Heiligung ein Lebensprozess?
3. Gibt es irgendwelche Dinge oder Bereiche deines Lebens, die du Gott noch nicht vollständig übergeben hast? Was hindert dich daran, dein Leben Jesus ganz anzuvertrauen? Was bedeutet es für dich, dass Christus dein Fürsprecher ist? Wie sehr motiviert dich diese Gewissheit, anderen das Evangelium weiterzusagen?

Kapitel 56: Verbannt auf Patmos

1. Johannes wurde im fortgeschrittenen Alter auf die Mittelmeerinsel Patmos verbannt. Wie kam es dazu? (Siehe Offenbarung 1,9.) Weshalb konnte er diese Strapazen mit einer positiven Grundhaltung erdulden?
2. Weshalb hat Gott den alten Johannes nicht vor diesem schweren Gang bewahrt? Weshalb bringt die Nachfolge Jesu auch Ausgrenzung und Verfolgung? (Siehe 2. Timotheus 3,12.) Wo fand Johannes Trost und Kraft?
3. Als Senior empfing Johannes auf Patmos äußerst wichtige Botschaften von Gott für die Gemeinde. Welchen Stellenwert haben Senioren in deiner Kirchengemeinde? Welche Aufmerksamkeit schenkst du älteren Menschen? Was kannst du von ihnen lernen?

Kapitel 57: Die Offenbarung

1. Was sah Johannes in seiner ersten Vision? Was zeigt sie über das Interesse von Jesus am Ergehen seiner Gemeinden? (Siehe Offenbarung 1,12-20.) Weshalb benötigten die Gemeinden in Kleinasien von Jesus Mahnung und Ermutigung? Was bedeuten die Briefe an die sieben Gemeinden in Kleinasien für uns heute?
2. In der Offenbarung enthüllt Jesus den Weg der Gemeinde bis zum Ende der Welt. Wie empfindest du, wenn du realisierst, dass der christliche Weg bis zur Wiederkunft Jesu immer auch Ablehnung und Verfolgung beinhaltet? Welchen Wert hat für dich religiöse Freiheit? Wie nutzt du die Möglichkeiten der freien Meinungsäußerung zur Verkündigung des Evangeliums?
3. In Offenbarung 21 und 22 wird in bildreicher Sprache beschrieben, was auf die Erlösten im Himmel wartet. Was bedeuten dir diese großartigen Aussichten? Wonach sehnst du dich am meisten? Wie kannst du eine freudige Erwartung auf diese Zeit mit in deinen Alltag hinein nehmen?

Kapitel 58: Die triumphierende Gemeinde

1. Wie war es möglich, dass die Jünger Jesu die Gute Nachricht in einer einzigen Generation in alle Länder der damaligen Welt tragen konnten? Beobachtungen bis in unsere Zeit hinein haben belegt, dass die Gemeinde in Zeiten der Verfolgung stärker wuchs, als in Zeiten von Wohlstand und religiöser Freiheit. Woran mag dies liegen?
2. Die Gemeinde wird in der Bibel mit einem Tempel verglichen. Jeder Christ ist ein Stein in diesem kostbaren Haus, das auf dem Fundament von Jesus Christus erbaut ist. (Siehe Epheser 2,19-20.) Was bedeutet es dir, dass seit den Tagen Jesu unzählige Menschen – zum Teil unter härtesten Bedingungen – an diesem Haus gebaut haben? Was bedeutet es dir, heute, selbst ein Stein in diesem Tempel zu sein? Wie kannst du dazu beitragen, dass dieses Gebäude weiter gebaut wird? Woran wird heute noch sichtbar, dass Jesus Christus das Fundament ist?
3. Das Buch der Offenbarung endet mit atemberaubenden Bildern vom Neuen Jerusalem, wo Gott alle Tränen abwischen wird und Leid und Tod ein Ende haben werden, weil das Lamm, Jesus Christus, endgültig regiert. (Siehe Offenbarung 7,9.10.14-17.) Wie motivieren dich diese Verheißungen, im Glauben treu zu sein und die Gute Nachricht für alle Menschen in deinem Wirkungsfeld weiterzutragen?

Original:
© Ellen G. White Estate, USA
© der deutschsprachigen Ausgabe:
Advent-Verlag Lüneburg;
Übersetzung: Ingrid Mayer
© 2009 Überarbeitet für diese Ausgabe von Christian Alt und Frank Hasel

Liebevoll und leidenschaftlich Jesus bezeugen: Ellen G. White – Leben und Werk (1827–1915)

Im sonnigen Napa Valley, einem Tal im nördlichen Kalifornien, das von vielen Weinbergen durchzogen ist, befand sich Ellen G. Whites Altersruhesitz. Als sie 1915 in ihrem Haus starb, blieb sie ihren Nachbarn – zumeist geschäftige und wohlhabende Weinbauern, die viel arbeiteten und wenig Zeit hatten – als die kleine alte Dame mit dem weißen Haar in Erinnerung, die sich Zeit nahm und »immer so liebevoll von Jesus sprach.« Jesus und seine Erlösung für uns Menschen beschäftigten Ellen G. White ein Leben lang. 1896 schrieb sie: »Ich spreche so gern über Jesus und seine einzigartige Liebe … Komm doch zu ihm so wie du bist … dann wird er für dich alles sein, was du dir wünschst.« Als leidenschaftliche christliche Rednerin, Schriftstellerin, Reformerin und Visionärin hat sie Jesus Christus, den erniedrigten Erlöser am Kreuz und den in Herrlichkeit wiederkommenden Richter und König, immer wieder ins Zentrum ihrer Verkündigung gerückt. Ihm hat sie ihre besten und wichtigsten Werke gewidmet. Bis zu ihrem Tod erschienen aus ihrer Feder 26 Bücher und nahezu 5.000 Artikel und Beiträge in verschiedenen Zeitschriften. Ihr literarisches Erbe ist beeindruckend. Ellen G. White zählt heute zu den meist gelesenen Autorinnen der Welt. Schätzungen zufolge liegt sie in der Weltrangliste der meist übersetzten Autoren – je nach Zählweise – hinter W. I. Lenin auf Platz zwei. Ihre Bücher wurden in über 160 Sprachen übersetzt, allen voran ihr Klassiker »Der Weg zu Christus« (Steps to Christ), eines ihrer schönsten Bücher über die Nachfolge Jesu. Unberücksichtigt in der Zählung ist natürlich die Bibel, die insgesamt sowie auch in Teilen in wesentlich mehr Sprachen übersetzt worden ist.

Das literarische Schaffen Ellen G. Whites umfasst neben der christozentrischen Ausrichtung ein weites Spektrum an Themen über Glaube und Religion, Bibel, Prophetie und Weltgeschichte, Erziehung, Charakter und Bildung, Ehe und Familie, Gesundheit, Ernährung und Mäßigkeit bis hin zu Mission und Evangelisation. Allen Bereichen liegt ein pragmatisches, ganzheitliches Menschenbild zugrunde. Ihr leicht verständlicher Schreibstil ist erbaulich, didaktisch und erwecklich zugleich und lässt oft die Seelsorgerin, Mahnerin und Trösterin erkennen mit einem tiefen Einblick in die Seele des Menschen. In ihren Schriften verarbeitete sie auch viele Texte, die aus Büchern zeitgenössischer Autoren stammen, wenn sie passend und trefflich das zum Ausdruck brachten, was sie beschreiben wollte. Es ging ihr bei historischen Schilderungen nicht darum, eigene akademische Nachforschungen anzustellen. Sie verließ sich auf den Wissensstand ihrer Zeit. So mögen aus heutiger Sicht da und dort manche historische Angaben als unvollständig erscheinen. Das ändert jedoch nichts an der geistlichen Intention ihrer Darstellung.

In der nun vorliegenden neubearbeiteten monumentalen Reihe »Geschichte der Hoffnung« spürt Ellen G. White in faszinierender Weise dem göttlichen Heilsplan in der Weltgeschichte nach. Mit prophetischem Ernst greift sie darin das umfassende Thema auf, das zum bedeutungsvollsten in ihrer gesamten Verkündigung werden sollte. Sie beschreibt anschaulich die von Anbeginn an grundlegende, tragische Auseinandersetzung zwischen Licht und Finsternis, Gut und Böse, Gott und Satan. Ellen G. White sah darin einen geistlich-weltanschaulichen Konflikt von kosmischer Dimension, den »Großen Kampf« (Great Controversy, auch als Buchtitel), der sich in der Geschichte der Menschheit bis zur Wiederkunft Jesu verdichtet und keinen Lebensbereich unberührt lässt. Jeder von uns ist – ob er nun will oder nicht – in diesen existenziellen Kampf hineingestellt. Doch die Liebe und Gnade des Erlösers Jesu Christi, der sein Leben am Kreuz opferte, vermag dem Menschen jetzt schon Halt und Trost im Sturm der Zeit zu geben. Vollendet und gewonnen ist der »Große Kampf« für uns Menschen aber erst durch die Machtübernahme Jesu Christi bei seiner Wiederkunft, die Ellen G. White bald erwartete und auf die sie ihre ganze Hoffnung setzte. Dann wird für immer offenbar, dass »Gott Liebe ist«. Es darf nicht vergessen werden, dass dieser Kampf, so schrecklich er auch sein mag, letztlich eingebettet ist in Gottes souveräner Heilsgeschichte, die zu einem guten Ende führen wird.

Als Mitbegründerin der »Zweiten Adventbewegung« (von lateinisch »adventus« – Wiederkunft oder Ankunft Jesu) in Nordamerika, aus der später die weltweite Freikirche der Siebenten-Tags-Adventisten hervorgegangen ist, stellte für Ellen G. White die bevorstehende Wiederkunft Christi dieses »gute Ende« dar, die endgültige »Erfüllung der christlichen Hoffnung und Sehnsucht«. So besteht in ihren Augen die wichtigste Aufgabe der Adventisten darin, einer untergehenden Welt Hoffnung zu machen auf das kommende, ewige und bessere Reich Christi. Gott wird die Welt, die seine Schöpfung darstellt, nicht im Chaos versinken lassen, sondern einen neuen Kosmos schaffen. Für dieses »gute Ende«

Ellen G. White – Leben und Werk

lohnt es sich zu leben und alles einzusetzen. Aus dieser Gewissheit heraus konnte Ellen G. White am Ende ihres Lebens bezeugen: »Jesus sehen ... welch unaussprechliche Freude ... jene Hände segnend nach uns ausgestreckt zu sehen, die einst zu unserer Erlösung durchbohrt wurden. Was tut's, dass wir uns hier abmühen und leiden, wenn wir nur an der Auferstehung zum Leben teilhaben!« Endzeitliche Dringlichkeit, Glaubensgehorsam und Hoffnungsgewissheit prägten in besonderer Weise ihr religiöses Denken.

Berufung und Dienst

Ellen Gould Harmon (White) und ihre Zwillingsschwester Elisabeth wurden am 26. November 1827 auf einer Farm in der Nähe von Gorham (Maine, USA) geboren. Sie war eines von acht Kindern. Kurz nach ihrer Geburt zog der Vater nach Portland, wo er als Hutmacher sein Auskommen fand. Ellen war schon als Kind tiefreligiös und schloss sich 1842 der Methodistenkirche an. Besonderen Einfluss auf ihr religiöses Denken übte der Baptistenprediger William Miller (1782–1849) aus, der eine zunächst überkonfessionell-orientierte Erweckungsbewegung ins Leben gerufen hatte und aufgrund einer Fehldeutung biblischer Prophetie die Wiederkunft Christi im Herbst des Jahres 1844 erwartete. Die Enttäuschung war groß, besonders auch bei Ellen G. Harmon und ihrer Familie, als Jesus wider Erwarten nicht wieder gekommen war. Die »Erste Adventbewegung« um Miller zerbrach. An ihre Stelle traten mehrere Nachfolgebewegungen, unter denen die »Siebenten-Tags-Adventisten« (Zweite Adventbewegung) die größte Bedeutung erlangen sollten.

Die Adventisten hatten erkannt, dass sich Millers Deutung der biblischen Prophetie (Daniel 8,14) auf ein anderes Ereignis als die Wiederkunft Jesu bezog, nämlich auf einen Höhe- und Wendepunkt des heilsgeschichtlichen Wirkens Jesu als Fürsprecher im Himmel. Ausserdem gelangten sie zu der Überzeugung, dass sich für die Parusie (Wiederkunft Jesu) kein Termin berechnen ließe. Trotzdem hielten sie am baldigen Kommen Jesu fest. Wie der seit 1860 gewählte Name (»Seventh-day Adventist Church«) der Freikirche zum Ausdruck bringt, gehörte der Glaube an die baldige Wiederkunft Christi von Anfang an zur grundlegenden Kernbotschaft der Siebenten-Tags-Adventisten. Mit der biblischen Lehre vom »Sabbat« (»siebenter Tag«), dem von Gott im Dekalog gebotenen Ruhetag, setzten Adventisten ein Zeichen dafür, dass nur ein konsequent gelebtes und gehorsames Christentum vor Gott bestehen kann.

Ellen G. Harmon spielte von Anfang an eine entscheidende Rolle in der Entwicklung der neuen Bewegung. Schon im Dezember 1844 erlebte sie als 17-jährige eine göttliche Berufung, als sie die erste von vielen Visionen erlebte, die ihre Mitgläubigen und Weggefährten als geistliche Wegweisung »von oben« deuteten. Mit prophetischer Vollmacht zeigte sie einen Ausweg aus der Sackgasse, in die die enttäuschten Anhänger William Millers geraten waren. Im August 1846 heiratete Ellen den milleritischen Laienprediger und Volksschullehrer James White (1821–1881), dessen religiöser Eifer nur noch von seiner Armut übertroffen wurde. Zusammen mit dem Schiffskapitän Joseph Bates, ebenfalls ein ehemaliger Mitstreiter Millers und leidenschaftlicher Evangelist, begann das junge Ehepaar seinen Dienst der Verkündigung und Mission – mit äußerst geringen Mitteln, aber mit um so größerem persönlichen Einsatz und in der unerschütterlichen Gewissheit, eine besondere endzeitliche Botschaft in die Welt tragen zu müssen. Nach und nach schlossen sich der Gruppe weitere prägende Persönlichkeiten an wie John N. Andrews, Uriah Smith, Stephen N. Haskell, John N. Loughborough u. a. 1863 veranlassten sie die organisatorische Gründung der Freikirche. Ihnen allen, besonders aber der um Identität und Einheit ringenden Ellen G. White, ist es zu verdanken, dass aus einer kleinen Schar enttäuschter Milleriten eine weltweite dynamische protestantische Missionskirche mit über 16 Millionen Mitgliedern (Stand 2009) entstanden ist, deren missionarisches und sozial-karitatives Engagement Tausende von Bildungs-, Sozial- und Gesundheitseinrichtungen hervorgebracht hat und deren Credo »Unser Herr kommt!« heute in allen Teilen und Winkeln der Erde verkündet wird.

Dabei verlor Ellen G. White in den sieben Jahrzehnten ihres Wirkens das zentrale Anliegen – die persönliche christliche Nachfolge in der Auseinandersetzung zwischen Gott und Satan und in der Vorbereitung auf Jesu baldige Wiederkunft – nie aus den Augen, ganz gleich ob sie nun in Nordamerika, Europa oder Australien mithalf, Gemeinden, Verlagshäuser, Kliniken oder Schulen zu gründen und leitende Gemeindeführer mit Rat und Tat zu begleiten, oder ob sie in Briefen oder persönlichen Gesprächen zahlreiche Einzelpersonen betreute und sie für Jesus Christus zu gewinnen suchte. Immer lag ihr daran, Jesus zu verherrlichen und seinem Charakter nachzueifern, selbst wenn sie an ihre eigene Grenzen stieß oder Schwächen in ihrem Leben eingestehen musste: »Sage dir vielmehr: Jesus ist gestorben, damit ich lebe! Er liebt mich und will nicht, dass ich verlorengehe … verzage nicht, blicke auf ihn.« Um ihre ständig am Glauben zweifelnde Zwillingsschwester Elisabeth bemühte sich Ellen G. White ein Leben lang, allerdings nahezu erfolglos. 1891 schrieb sie ihr aus tiefstem Herzen: »Jedem, der mich fragt: ›Was muss ich tun, um gerettet zu werden?‹ antworte ich: Glaube an den Herrn Jesus Christus! Zweifle keinen Augenblick daran, dass er dich so retten möchte, wie du bist … Nimm Jesus beim Wort und klammere deine hilflose Seele an ihn.«

Weltmission und Wiederkunftshoffnung

Von 1855 bis 1881 lebte Ellen G. White mit kürzeren Unterbrechungen in Battle Creek, Michigan, dem frühen Zentrum der Adventisten. Die kalten Wintermonate nutzte sie für ihr literarisches Schaffen, in den Sommermonaten ging sie auf Reisen und besuchte »Camp Meetings«, manchmal bis zu 28 (!) in einem Sommer. 1876 sprach sie bei einer Zeltversammlung in Groveland, Massachusetts, zu 20.000 Besuchern. Ihr Ehemann James White, dem sie vier Kinder schenkte, bemühte sich um die organisatorische Festigung der jungen Kirche. Die vielen Aufgaben als Verlagsleiter, Autor, Prediger und Vorsteher der Generalkonferenz, dem kirchlichen Führungsgremium der Adventisten, zehrten an seiner Gesundheit – James White hatte seit 1865 fünf Schlaganfälle erlitten – und führten zu seinem frühen Tod im Jahr 1881. Noch sechzehn Jahre nach seinem Tod bekannte Ellen G. White: »Niemand kann ermessen, wie sehr er mir fehlt! Ich sehne mich nach seinem Rat und seinem Weitblick.«

Nach dem Tod ihres Mannes zog Ellen G. White an die Westküste des Kontinents und lebte abwechselnd, wenn sie nicht auf Reisen war, in Healdsburg und in Oakland, im nördlichen Kalifornien. Seit 1874 hatten die Siebenten-Tags-Adventisten ihren weltweiten Missionsauftrag in vollem Umfang erkannt und bereits in Europa Fuss gefasst. Ellen G. White besuchte die junge Mission in Europa (England, Schweiz, Norwegen, Frankreich, Deutschland, Italien) in den Jahren von 1885 bis 1887 und ermutigte die weit verstreut lebenden Glieder zu Einheit und treuer Nachfolge. Die Betonung des persönlichen Glaubens an Christus, das Bekenntnis zur Bibel als dem verbindlichen Wort Gottes und das Festhalten an der Hoffnung auf die baldige Wiederkunft Jesu standen im Mittelpunkt ihrer Predigten und Ansprachen. Die meiste Zeit hielt sie sich in Basel auf, wo die Adventisten ein Verlagshaus errichtet hatten. Begleitet wurde sie u. a. von Ludwig R. Conradi, der ihr als Übersetzer und Berater zur Seite stand. In dem Ort Tramelan, Schweiz, war bereits 1867 durch das selbständige Wirken Michael B. Czechowskis die erste adventistische Gemeinde außerhalb Nordamerikas entstanden. 1886 hielt Ellen G. White dort die Einweihungspredigt für die neu erbaute Kapelle. Für die jungen Gemeinden in Europa bedeutete ihr Besuch »in der Diaspora« besondere geistliche Stärkung und Trost. Ein weiterer langjähriger Übersee-Aufenthalt in Australien (1891–1900), der zur Gründung einer Missionsschule bei Sydney (»Avondale College«) führte, zeugt ebenfalls von ihrem weltumspannenden missionarischen Engagement.

So nachhaltig wie Verkündigung und Missionsreisen, wirkten sich auch ihre schriftstellerische Arbeit und ihr prophetisches Sendungsbewusstsein auf den Fortgang der Freikirche aus. Mit klarem christozentrischen Blick und dem Bewusstsein, dass alle echte prophetische Rede allein dem Wort Gottes dient, brachte sie sich immer wieder in theologische Auseinandersetzungen ein, die den Adventismus vor eine »Zerreißprobe« stellten. So auch im Jahr 1888 anlässlich der Generalkonferenzversammlung in Minneapolis, als sie den Teilnehmern zurief: »Wir wollen über Jesus Christus sprechen, über seine Liebe und Stärke, denn wir haben nichts Besseres, worüber wir sprechen könnten … Ich erkenne seinen unvergleichlichen Zauber.«

Die adventistischen Glaubensväter hatten anfänglich ihre erstrangige Aufgabe darin gesehen, von der Christenheit vergessene oder vernachlässigte Glaubenslehren

(Sabbatlehre oder baldige Parusie) zu verkünden. Sicherlich geschah dies zur Begründung der eigenen Existenz als Freikirche. Doch diese einseitige Verkündigung war – nach Aussage Ellen G. Whites – nicht nur »trocken wie die Hügel von Gilboa«, sondern drohte auch in gesetzliche Betriebsamkeit umzuschlagen. Die junge Gemeinde benötigte dringend ein neues, lebendiges Christusbild. Ellen G. White unterstützte daher von ganzem Herzen die jungen Prediger E. J. Waggoner und A. T. Jones, die während der Konferenz eine christozentrische Wende im Denken der Adventisten forderten, indem sie in ihren Ansprachen Kreuz und Rechtfertigung in die Mitte des Glaubens rückten. Sie selbst begann in den nun folgenden Jahren unter dem Eindruck der Erweckung von Minneapolis ihre bedeutendsten Werke über das Leben und Wirken Jesu zu schreiben. Die Konferenz führte auch zu mannigfachen missionarischen Impulsen, so dass sich die Zahl der Gemeindeglieder zwischen 1888 und 1901 verdreifachte.

Die Gewissheit der Liebe Gottes, seiner rettenden Gnade und seines baldigen Wiederkommens blieben das Fundament ihres gesamten Lebens und Wirkens. Dabei war ihr das Studium der Heiligen Schrift von größter Bedeutung: Wenn ich erfahren will, wer Jesus war und was er für mich als Erlöser getan hat, muss ich mich an das göttliche Wort der Bibel halten. Dort hat sich Jesus den Menschen offenbart. »Das Wort Gottes«, so schreibt sie an anderer Stelle, »ist ausreichend, um den dunkelsten Verstand zu erleuchten; es kann von allen verstanden werden, die den Wunsch haben, es zu verstehen …« Ihren prophetischen Anspruch stellte Ellen G. White immer unter das ewig gültige Wort Gottes, denn »Gottes Wort ist der untrügliche Maßstab.«

1909 im hohen Alter von 81 Jahren trat Ellen G. White zum letzten Mal an einer Generalkonferenzversammlung auf. Viele Vertreter der Weltkirche waren anwesend. Nachdem sie die letzte von elf Ansprachen und Predigten gehalten hatte und das Podium verlassen wollte, drehte sie sich plötzlich noch einmal um, hob die Bibel mit zittriger Hand empor und rief der Versammlung zu: »Brüder und Schwestern, ich empfehle euch dieses Buch!« Kein Wort über ihre zahlreichen Bücher, kein Verweis auf ihre Ratschläge und Mahnungen. »Ich empfehle euch dieses Buch!« – im Grunde wollte Ellen G. White doch sagen: Im Christentum geht es nicht so sehr um uns, als vielmehr um »Jesus für uns«. Am 9. Juli 1915 flüsterte sie auf dem Totenbett ihrem Sohn William zu: »Ich weiß, an wen ich geglaubt habe.«

Jesus verherrlichen und sein Wort über alles leuchten lassen, gilt als Vermächtnis ihres Lebens. Den Lesern ihrer Bücher bleibt zu wünschen, dass auch sie Jesus Christus als den Herrn ihres Lebens erkennen mögen. Denn Jesus allein schenkt Hoffnung, Geborgenheit und Trost. Die Herren dieser Welt gehen, unser Herr aber kommt!

Dr. Daniel Heinz

Bibelregister

Altes Testament

1. Mose
- 3,15 137
- 18,19 85
- 22,18 137
- 49,10 137

2. Mose
- 18,19-26 59
- 20,3 94

4. Mose
- 6 241

5. Mose
- 1,16.17 .... 59, 60
- 18,5 201
- 18,15 63
- 18,15.18 137
- 25,4 200

2. Könige
- 1,3.4 173

1. Chroniker
- 28,1.8-10 60

Nehemia
- 4,11 356
- 9,20 35

Hiob
- 22,21 81

Psalm
- 15,5 285
- 16,9.10 139
- 19,9 285
- 22,6-8.17.18 138
- 25,9 167
- 34,8 95
- 42,8 343
- 56,4 281
- 68,33-35 23
- 69,9.10.21 138
- 69,10.21 138
- 72,14 55
- 91,6 95
- 119,130 170
- 125,1.2 55
- 144,12 357

Sprüche
- 3,9.10 205
- 11,24 205
- 12,22 49
- 28,13 332

Prediger
- 9,5 173

Hohelied
- 6,10 58

Jesaja
- 5,3-7 13
- 10,22 225
- 11,1 137
- 11,2.3 .... 137, 138
- 26,3 305
- 29,22-24 225
- 32,2 256
- 32,17 339
- 32,20 205
- 41,10 55
- 42,1-4 138
- 42,6.7 11
- 43,10-12 11
- 49,8-16 11
- 50,6 138
- 52,14 348
- 53,1-8 139
- 53,5 .... 283, 284
- 53,7.9.10.12 .... 139, 140
- 55,3-5 137
- 56,7 10
- 58,4 245
- 60,10 355
- 61,1-3 138

Jeremia
- 1,7-9 357
- 2,21 13
- 9,22.23 319
- 23,5.6 137
- 33,17.18 137

Hesekiel
- 33,7-9 215
- 34,4 13
- 34,26.29-31 11
- 47,8-12 12

Daniel
- 12,4 350

Hosea
- 2,1.25 .... 108, 222, 314
- 6,3 338
- 10,1 13

Joel
- 2,23 36
- 3,1-5 29

Micha
- 4,14 138
- 5,1 137

Habakuk
- 2,4 225

Haggai
- 2,8 313

Sacharja
- 6,12.15 355
- 9,15.16 55
- 10,1 36
- 12,8 33
- 13,6 139

Maleachi
- 3,8.9 202
- 3,10 201

Neues Testament

Matthäus
- 5,11.12 109
- 5,45 214
- 6,33 281
- 7,20 315
- 7,23 250
- 9,38 36
- 10,34 54
- 16,22 316
- 16,24 .... 315, 336
- 17,8 42
- 18,15-18 183
- 18,20 115
- 20,6.7 73
- 20,21.22 325-326
- 20,23.25-28 326
- 20,26-28 214
- 21,22 338
- 21,42-44 42
- 21,43 108
- 23,38 91
- 24,12 284
- 24,14 73
- 24,31 352
- 25,21.34 353
- 25,34 .... 23, 359
- 27,17.24.25 30
- 27,42 18
- 28 18-23
- 28,18.19 169
- 28,19 .... 70, 108
- 28,19.20 .... 20, 169
- 28,20 43

Markus
- 3,13.14 15
- 3,17 324
- 4,30 12
- 8,36 217
- 9,3 23
- 9,39 326
- 9,43-45 188
- 10,39 326
- 12,43.44 204
- 13,9 52
- 16,15 108
- 16,20 357

Lukas
- 2,14 346
- 6,38 205
- 9,54.55 325
- 12,48 201
- 14,23 216
- 15,7 95

18,18 197	3 38-40	22,30 244
19,10 281	3,4-26 .... 39, 40	23,1-10 244
21,12.16 54	4,1-33 40-45	23,11-18 245
21,14.15 63	4,12 355	23,19-35 246
22,32 310	4,13.32 31	24 248-253
23,18-21 93	4,32 bis 5,11 46-49	24,2.3 248
23,31 18	4,32.34.35 46	24,5.6.12-21 249
24,21 18	4,33 33	24,22-24 250
24,27 136	4,36 104	24,25 252
24,45-48 19	5,12-42 50-55	24,27 253
24,49 21	6,1-7 56-61	25,1-12 254-256
24,51 .... 22, 23	6,5-15 62-63	25,1-5.16 254
24,53 26	6,15 76	25,6.7 255
	7 63-65	25,10-12 256
Johannes	7,55.56 76	25,13-27 258-259
1,12 225	8 68-73	25,13-15.19 258
1,14 .... 284, 327	8,4 75	25,16 254
1,14.16 314	9,1-18 74-79	25,22-27 259
1,16 327	9,15 99	26 259-261
1,29 34	9,19-30 80-83	26,2.3 259
3,3 228	9,32 bis 11,18 84-89	26,9-11 68
3,14 69	10,15 119	26,12 80
3,16 139	11,17 119	26,13-16 75
3,33 333	11,19-26 96-99	26,16-18 82
4,29.41 70	11,20 104	26,18 98
6,40 306	12,1-23 90-95	26,20-27 260
12,32 151	13,1-3 99-102	26,28-32 261
13,34 328	13,4-52 104-109	27 262-267
14,1-4 16	14,1-26 110-115	27,1.2 262
14,3 .... 23, 322	14,17 356	27,3-18 263
14,12 17	14,27 116	27,19-26 264-265
14,16.17 32	15,1-35 116-123	27,26-32 265
14,21 55	15,36-41 .... 124, 125	27,33-41 266
14,26 .... 34, 35	16,1-6 125-129	27,43.44 267
14,27 54	16,5 240	28,1-10 267
15,20.21 51	16,7-40 130-135	28,11-31 268-271
15,26 34	17,1-10 136-141	28,11 268
15,26.27 17	17,11-34 142-147	28,17-20.22.23 270
16,2.4 51	17,26.27 15	28,31 271
16,7.13 28	18,1-18 148-153	
16,8.13.14 34	18,2-4 208	**Römer**
16,12 163	18,18-28 162-167	1 bis 16 220-225
16,13 35	18,23 168	1,14 149
16,23.24 27	19,1-20 168-173	1,14.16.17 225
16,33 .... 17, 54, 55	19,21-41 174-176	1,21 12
17,3 319	20,1 177	2,11 225
17,10.11.20-23 17	20,4.7-11 233	3,2 225
17,11.14.21.23 58	20,4 bis 21,16 232-237	5,1 285
17,21.23 16	20,16.18-21 234	6,23 313
18,40 30	20,20.21.27 216	7,18 337
19,6 30	20,22-28 235	8,18 345
21,15-17 311	20,29-38 236	8,34 27
21,18 323	20,33-35 210	9 bis 11 220-225
21,20 324	20,35 204	9,1-5 221
	21,1.2.4.8 236	9,21-26 222
Apostelgeschichte	21,17 bis 28,35 238	9,27-26 224
1 18-23	21,10-14 237	10,20.21 221
1,5-8 21	21,17.18 238	11,1-5.11-16 222
1,8 71	21,19-25 240	11,17-36 223-224
1,10.11 23	21,26 241	12,10 165
2,1-39 26-31	21,28.30-36 242	12,11 209
2,1.2 27	21,37-40 243	16,25 99
2,3-5 28	22,1-3.21-29 243	
2,6-8.14-18.22-32 29	22,10 .... 77, 78	**1. Korinther**
2,36 101	22,13-16 82	1 bis 16 180-193
2,38.39.41 30	22,18-21 83	1,1.17.26-29 82
2,46 31	22,21 .... 99, 143	1,5-8.10.11 182

1,12.13 167	5,17 285	1,2-14 287-288
1,18.19.27.28 147	6,1 184	1,3-5.29.30 135
1,23 149	6,3-10 219	1,12.14 279
1,26 278	7,1 124	1,13 280
1,30 319	7,5.6 194	1,21 82
2,1.3.5 163	7,9-11 195	2,6-8.12-16 288
2,2.4.5 82	8,1-4 204-205	2,8 199
2,2.4 149	8,7.11.12 205	2,13 97
2,3.6-13 152	8,9. .... 46, 199, 203, 313	2,14-16 127
2,4.10-13 239	9,6.7 204	2,15-30 287
2,10.14 163	9,7-14 200	2,16 126
2,18.19 147	9,7 202	3,5.6 74
3,1.2 163	9,8-11 205	3,6 117
3,4-7 165	9,14 201	3,8-10 82
3,8.9 37	10,4 279	3,9 189
3,9.10 183	10,5 288	3,12 337
3,10-13 356	11,5 229	3,13.14 289
3,11 .... 285, 355	11,7-12 209	4,4.6-8 289
3,14.15 357	11,28 194	4,15-18 287
3,21-23 167	12,1.2.4.11 282	4,16 207
3,23 184	12,12-15 209	4,19.23 289
4,1-5 166		4,22 280
4,6.7.11-15 166	**Galater**	
5,6.7.13 183	1 bis 6 226-229	**Kolosser**
4,11.12 211	1,1 228	1 bis 4 283-287
4,13 177	1,3 226	1,9.11 286
5,9 181	1,3.4 128	1,12.13 287
6,1-9.19.20 184	1,6-8 227	1,28 127
6,9.10.19 185	1,17 .... 81, 82	1,25-29 218
9,6 206	1,18 83	2,1-4.6-10 284
9,7-14 200	1,21.23 97	2,7 108
9,24 188	2,13.14 122	2,9 10
9,25 187	2,20 152	3,1-3.27 285
9,26.27 189	3,1-5 227	3,3 354
10,6.7.12.13.31.32 190	3,2.26 128	3,5.7.8.12-15 286
12,4-12.28 59	3,16 137	3,11 .... 149, 233
12,13-21.14-27 191	4,12 128	4,7.14 272
13,1-3 191	5,16 226	4,10 262
13,4.5.6-8.13 192	5,22.23 229	4,11 106
13,5 326	6,14 .... 129, 337	
14,32.33 123		**1. Thessalonicher**
14,33 61	**Epheser**	1 bis 5 154-161
15,3.4.8 80	1,9 99	2,7.9 207
15,4-5 192	2,12.13.19 108	3,1 144
15,13-20.51-58 193	2,14 .... 15, 99	4,3 .... 335, 339
15,55 352	2,19.20 109	4,14 272
16,9 171	2,19-22 355	4,17 23
	3,5-11 99	5,3 .... 135, 322
2. Korinther	3,6 15	
1 bis 13 180-185	3,8 86	**2. Thessalonicher**
1,3-8 195	3,9 317	1 bis 3 154-161
2,12.13 194	3,10 10	3,8-12 207
2,14.16a 195	3,18.19 282	
2,16b 195, 196	3,19 185	**1. Timotheus**
2,4 181	4,13 .... 33, 170	1,2 .... 126, 299
3,1-3 196	4,13.14.17.18 283	4,15 212
3,5.6 197	5,11 173	5,18 201
3,17 275	5,15.16.25.27 283	6,10.11.17-19 218
3,18 .... 185, 335	6,6 275	6,15 108
4,1-7 197	6,10 184	
4,5.6 128	6,12 .... 20, 135	**2. Timotheus**
4,6-10 305	6,14 49	1 bis 3 298-303
4,8-10.11-16 198	6,15 296	1,1-12 299
4,10 152		1,12 .... 19, 305
4,11.12 211	**Philipper**	1,16-18 293
4,17 336	1 bis 4 287-289	2,1.15.22-25 300
4,17.18 .... 199, 216		2,4 217

378

2,9	278
3,1-5.13-17	300
3,4	347
3,12	345
4,1.2	301
4,3.4	302
4,5	303
4,6-8	307
4,10	273
4,11	293
4,14	176
4,16.17	294-295

Titus

1,7-9	60
2,6-8	219
2,11-14	126
2,12	302

Philemon

1	273-274

Hebräer

1,14	95
3,14	312
7,5	201
7,25	306
10,1	251
11,36-38	356
12,1.2	187
12,2.3	281
13,8	129

Jakobus

2,6.7	97
3,17.18	317

1. Petrus

1 bis 6	310-317
1,1	311
1,3-9.13-21	312-313
1,4	317
1,5	319
1,13	150
1,21.22.23	314
2,1-3.9-12	314

2,4.5	355
2,9	10
3,3.4.12	315
4,12.13	316
4,14.16	97
5,2-4	316
5,2.3	58
5,5	123
5,5-11	317

2. Petrus

1 bis 3	318-323
1,2-8	318
1,3	319
1,9-11	320
1,12-21	321
1,19	101
2,1.17	321
2,13-25	315
2,20.21	322
3,3.4	322
3,14	339
3,9-18	322-323

1. Johannes

1 bis 5	328-333
1,1-3	340
1,2	327
1,8-10	337
2,4.5	337
2,6	202, 335
2,20	27
3,1	199
3,1.2	327
3,3	335
3,5.6	338
3,14	342
3,24	337
4,10	28, 199
4,16	335

2. Johannes

1	328-333

3. Johannes

1	6

Offenbarung

1,1.3	349
1,3	350
1,9	341, 351
1,10-13	348
1,10-15.17	348
1,11.18-20	349, 350
1,14-17	349
2,1	350
2,2.3	346
2,5	351
2,7	352
2,9	185
2,10	351
3,2.8.10.11	351
3,4	315
3,5.21	352
3,9	344
3,14	346
3,20	351
3,21	326
5,5.6	352
5,12.13	359
7,9.10.14-17	359
13,8	141
14,1-5	353
15,2.3	352, 353
17,14	219
19,14	315
21,2.3.11.12.21.22	353
21,4	359
21,27	49
22,1-5.14	353
22,17	73
22,18-20	349

Verwendete Bibelübersetzungen

In diesem Buch wird aus folgenden Bibelübersetzungen zitiert:

Bibeltexte ohne Quellenangabe
Die Bibel nach der Übersetzung Martin Luthers in der revidierten Fassung von 1984, durchgesehene Ausgabe in neuer Rechtschreibung, 1999.

Bru. Die Bibel oder die ganze Heilige Schrift, übertragen von Hans Bruns, Brunnen Verlag, 1963.
Elb. Die Bibel, aus dem Grundtext übersetzt, Elberfelder Bibel, revidierte Fassung, R. Brockhaus Verlag, 1985.
EÜ Einheitsübersetzung der Heiligen Schrift, Verlag Katholisches Bibelwerk, 1980.
GNB Gute Nachricht Bibel, revidierte Fassung der »Bibel in heutigem Deutsch«, Deutsche Bibelgesellschaft, 2000.
Men. Bibelübersetzung von Hermann Menge, 1939.
Schl. Die Bibel, übersetzt von Franz Eugen Schlachter, Genfer Bibelgesellschaft, 2002.
ZÜ Zürcher Bibel, Genossenschaft Verlag der Zürcher Bibel beim Theologischen Verlag Zürich, 2007.

Sachregister

A

Aberglaube 171 ff
siehe auch Hellseher; Hexerei; Magie; Wahrsagerei; Zauberei
Abfall
in Galatien 227 ff
in Korinth 181 ff
unter Christen 301 f
vom Evangelium, prophezeit 160, 235 f
siehe auch Geheimnis der Bosheit; Irrlehre(n); Irrlehrer; Verlangen
Abraham
die Heiden als Kinder Abrahams 232
Achaja
Griechische Region an der Nordküste des Peloponnes 153
Adam 31
Agabus, Prophet; Paulus traf Agabus in Cäsarea 237
Agrippa II., Urenkel von Herodes dem Großen, Sohn von Agrippa I. 258 ff
siehe auch Herodes Agrippa I.
Ägypter, Josef als Bewahrer der Ägypter 12
Alexander, der Kupferschmied; Jude aus Ephesus; versuchte, den durch den Goldschmied Demetrius verursachten Aufruhr zu beschwichtigen 175 f
Altäre und Standbilder, Herstellung in Ephesus 174 f
Alter, Gott setzt Mitarbeiter ein, die schon ein gewisses Alter haben 343 ff
siehe auch Junge Menschen; Pioniere
Älteste in Jerusalem, ihre Einstellung gegenüber Paulus 238-242
Äneas, Mann, der acht Jahre gelähmt war, von Petrus geheilt 84
Anfechtung, um zu reinigen 316
siehe auch Prüfungen; Schwierigkeiten
Antiochia
in Pisidien: Paulus und Barnabas 106 ff
in Syrien: Paulus und Barnabas 96 ff
Apollos
in Korinth 162 ff
Jünger von Johannes dem Täufer 162
Unterweisung in den Wegen Jesu 162 f
Apostel
Ausbildung 14 ff
Befähigung durch den Heiligen Geist 32 f, 101, 354 f
Eindruck, den die Apostel in der Welt hinterlassen 17
siehe auch Ausbildung; Boten; Jünger; Mitarbeiter
Apostelamt, des Paulus 101, 228 f
Appii, Ort ca. 60 km südlich von Rom 265, 269
siehe auch Forum Appii
Aquila und Priszilla
in Ephesus 162
in Korinth 148
Verkündiger des Evangeliums 162 f, 211 f
siehe auch Zeltmacher
Arbeit
Segen durch Arbeit 210
Situation der Menschen mitberücksichtigen 227
Würde durch Arbeit 206 f, 210 ff
siehe auch selbstunterhaltende Arbeit
Arbeiter, *siehe* Mitarbeiter
Areopag, Hügel in Athen, westlich der Akropolis, Treffpunkt des obersten Gerichtshofes 144 f
Argumentieren 21 f, 31, 333
Aristarch, Mitarbeiter von Paulus, aus Thessalonich stammend 175, 232 f, 262, 272 f
Arme
Bekehrte Heiden unterstützen die Gläubigen in Jerusalem 238 f
Evangelisation unter den Armen ist erfolgreich 278
Wirken von Tabita unter den Armen 84
Artemis, *siehe* Diana
Arzt, Evangelisten in den Städten 98
siehe auch Lukas
Asche der Märtyrer wird zum Samen 280
Asien
Briefe von Petrus 311 f
Evangeliumsverkündung in Asien 168 ff
Provinz im Römischen Reich 168 ff
Assos, Seehafen in Mysien an der Nordwestküste von Kleinasien, im Ionischen Meer 233 f
Athen
Methoden von Paulus 144 f, 148 f
Paulus in Athen 143 ff
Äthiopier, Bekehrung des Äthiopiers durch Philippus 71 f
Attalia, Seehafen in Pamphylien, in der Nähe von Perge 115
Auferstehung
der Gerechten 23
die Lehre von der Auferstehung 139, 146, 155 ff, 192 ff, 260
Petrus predigt von der Auferstehung 40
Zeugen der Auferstehung Christi 39 f, 75
Auftrag
von David für Menschen mit Verantwortung 60
von David für Salomo 60
von Jesus für die Jünger 18 ff
von Paulus zu Timotheus 300 f
Ausbildung
der Jünger 14 ff, 22, 31, 42
des Johannes 324 ff
geistliche Ausbildung von Wettkämpfern des christlichen Laufes 186 ff
von Mitarbeitern 218
siehe auch Diakon; Dienen; Eifer; Evangeliumsauftrag; Hirte(n); Jünger; Leiter; Leitung; Mitarbeiter; Prediger; Wächter
Auseinandersetzungen, vermeiden 300, 333
Auspeitschung
von Paulus in Jerusalem (Folter) 53
von Paulus und Silas in Philippi 131
von Petrus in Rom (Kreuzigung) 323
Ausschluss des Paulus von Bürgerrecht und Arbeit 108 f
Aussendung von Paulus 271 ff

B

Baal-Peor, ein Gott, der auf dem Berg Peor in Moab verehrt wurde 190
Baal-Sebub, Gott der Philister von Ekron 173
Babylon, Daniel ein Segen für Babylon 12
Bannerträger, Gläubige als Bannerträger und Bewahrer der Wahrheit 303, 347
Barjesus, Jude, Zauberer und falscher Prophet 104 f
Barnabas
Einsegnung von Barnabas 99 ff
Einstellung des Barnabas zum Zeremonialgesetz 122
Hilfe für Paulus 83
in Antiochia 96 ff
in Ikonion, Lystra, Derbe 110 ff
erste Missionsreise von Barnabas 104
zweite Missionsreise von Barnabas 124 f
Bauleute, edelmütige Bauleute in allen Jahrhunderten 355 ff
Baum des Lebens 286, 349, 352 f, 358
siehe auch Erlösung; Ewiges Leben
Begleiter
von Paulus
auf letzter Reise nach Rom 292
auf erster Missionsreise 104 f
auf erster Reise nach Rom 262 f
auf zweiter Missionsreise 124 f, 130
in Antiochia 121
in Ephesus 162, 169, 174 f
in Korinth 148, 150 f
in Rom 272 f
Begleitung von Engeln
Forschen in der Bibel 142
Paulus 258 f
Predigtdienst 317
Begünstigung, um eine Stellung zu erlangen 166 f, 326
Beispiel, Einfluss 303, 305
Bekehrte
Ausbildung zur Evangeliumsverkündigung 69 f
Tätigkeiten für Neubekehrte 158
Versuchung durch Vergnügungen 174 ff, 190 f
Bekehrung
der Gläubigen in Korinth 151 ff
der Menge zu Pfingsten 30 f
der Ungläubigen in Athen 146 f
des Äthiopiers 70 ff
des Gefängniswärters in Philippi 133 f
durch unermüdliche Mission 219
Freude 285
im Hause des Neros 279 ff
in Cäsars Haus 278-281
Liebe, ein Beweis für die Echtheit 158 f
von Kornelius 84-89, 119
von Lydia 130 f
von Paulus 74-79, 140 f, 270 f
von Petrus 311
von Timotheus 114 f
siehe auch Charakter; Frömmigkeit; Gehorsam; Heiligung; Reinheit; Sieg; Überwinden; Umwandlung; Vollkommenheit; Wachstum; Wiedergeburt

Sachregister

Bekenntnis, der Jünger vor Pfingsten 27
Belohnung, für des Christen Kampf 186 ff
Berater
    Sicherheit 101
    Timotheus wurde ausgesucht 126
    siehe auch Rat; Ratgeber
Berenike, Schwester von Agrippa II. 258 ff
Berg Zion 352 f
Beröa, Paulus in Beröa 141 f
Beröaner, Freundlichkeit der Beröaner 142 f
Berufung
    der Jünger 14 f
    von Paulus und Barnabas 99 f, 104 f
    von Timotheus 124 f
Beschneidung
    Streit darüber 116-123
    von Timotheus 125 f
Besitz
    Absicherung des Besitzes 205
    Segen Gottes durch Besitz 48
Bestechungsgelder
    verhindern ein rechtskräftiges Urteil gegen Stephanus 64 f
    es wurde kein Bestechungsgeld bezahlt, um Paulus freizukaufen 252 f
Betrug
    in den letzten Tagen 49
    in der Urgemeinde 48 f
Bibel
    Durchforschen 142 f, 314
    Einfluss 125 f, 300f
    Gehorsam und die Bibel 302 f
    Grundlage in der Prophetie 321 f
    Jesu Dienst, ein Schlüssel für Schriften des Alten Testaments 140 f
    Präsentation in höheren Gesellschaftsschichten 147
    Ratgeber 258
    Vertrauen in die Bibel, zerstört durch höhere Bibelkritik 284 f
Bithynien, Römische Provinz seit 74 v. Chr., am westlichen Südrand des Schwarzen Meeres 311 f
Blindheit
    von Elymas, dem Zauberer 105
    von Saulus 75 ff
Blut als verbotenes Nahrungsmittel 117 ff
Boten des Evangeliums 104-109
    siehe auch Apostel; Jünger; Mitarbeiter
Brand, in Rom 291, 292 f, 295
Briefe
    an die Galater 226-229
    an die Kolosser 283-287
    an die Korinther 180-199
    an Philemon 273 ff
    an die Philipper 287 ff
    an die Römer 220-225
    an die Thessalonicher 154-161
    an Timotheus 298-303
    von Johannes an die Gemeinden 328-333
    von Paulus an die Gemeinden 271 f, 282 ff
    von Petrus an die Gemeinden 310-323
Bruderschaft der Menschen 145 f
Buchevangelisten in Städten 97 ff

C

Cäsarea (Palästina)
    Bekehrung von Kornelius 85 ff
    Heimat von Philippus dem Evangelisten 236 f
    Verhör von Paulus 248 ff
Charakter
    Entwicklung des Charakters 288 f, 318 ff
    Gottes Charakter, von Israel reflektiert 12
    Gottes Charakter, von seiner Gemeinde reflektiert 10 f
    Johannes' Charakter 324 ff
    unterschiedliche Charaktere der Jünger 15 f
Chloë, Familie, die Paulus informiert hatte, dass es unter den Christen in Korinth Meinungsverschiedenheiten gab 181 f
Christen
    Abfall unter ihnen 301 f
    beschuldigt der Brandstiftung in Rom 291
    erstmals in Antiochia »Christen« genannt 97
    hoher Standard 180 ff, 286 f, 312 ff
    Kraft, auch unter Verfolgung 55
    Lebensbrunnen für die Welt 12
    Mühen der ersten Christen 346 f
    Sklaverei und die Christen 274 f
    tatkräftige Missionare 72 f
    untereinander vor Gericht 183 ff
    Verbot der Christen unter Nero 292
    Zerstreuung der Christen von Jerusalem 68 ff
    Wachstum geistlich 286 f
    siehe auch Gläubige; Jünger; Mitarbeiter
Christenheit
    in Ephesus 172
    in Korinth 195 ff,
    Sieg über die Ungläubigen 146 f
    Triumph der Christenheit 280 f
    vereinender Einfluss 60 f
    siehe auch Christen; Gläubige; Jünger
Christus
    akzeptiert die Übrigen des Volkes Israel 221 ff
    Auferweckung des Lazarus 43
    Ausbildung von Johannes 324 ff
    Autorität von Christus 20
    bat selbst um Kraft 37
    Begeisterung über Christus
        von Paulus 283 f, 288 f, 295 ff
        von Petrus 51, 311 f
    Beispiel für Berufene 214 f
    Einstellung der Ungläubigen zu ihm 149 f
    Ermutigung durch Christus 17
    erscheint
        Jüngern nach der Auferstehung 18 f
        Johannes auf Patmos 347 ff
        Saulus von Tarsus 75 ff
    Fundament der Gemeinde 355 f
    Fürsprecher 331 f
    Geschenk 312 f
    gibt Liebe für unsere Seele 358 f
    Gründung der Gemeinde 41 f, 108 f, 355 f
    Gründung der jüdischen Gesellschaft 12 f, 78, 139 f
    Himmelfahrt 22 f, 27 f
    Hoffnung der Sünder 181 ff
    Lehrer 14 f, 31
    Priester und Opfer 23
    Schauen auf ihn 319 f
    Schöpfer 283
    in der Kraft seines Namens 19 f
    in den Gemeinden 350
    Kreuz, das Thema von Paulus' Predigten 128 f
    Lektionen 326 f
    Liebe für Johannes 324
    Liebe für unsere Seele 358 f
    Messias, der geweissagt wurde 259 f
    Mitgefühl 283 f
    nimmt Last auf, für die Jünger 15 f
    Opfer 20, 23, 283 f
    Prophezeiungen in Bezug auf ihn 18 f, 75 ff, 136 ff, 150, 225, 259 f, 270 f
    Quelle des Erfolges der Jünger 20
    Ratschlag an Petrus 310 f
    reißt die Trennwand nieder 15
    Thema von Paulus
        in Korinth 148 ff
        vor Agrippa 259 f
    sein Tod überraschte die Jünger 18 f
    Triumph der Gläubigen in Korinth 196 ff
    Unterredung mit Nikodemus 69
    Verschwörung der Priester 43
    Versöhnung in Christus 20, 127 f, 139, 199, 222, 331
    Wiederkunft 23, 73, 141, 157, 159 ff, 322 f
Cranmer, Thomas Cranmer, englischer Reformator 356 f

D

Damaskus
    Arbeit von Paulus in Damaskus 80 f
    Hananias besucht Paulus 77 ff
    Urgemeinde 75
    Vision des Paulus vor dem Tor von Damaskus 75 ff
Daniel
    in Babylon 12
    in der Löwengrube 344
    Prophetie und Offenbarungen von Daniel 350
Dankgebet, von Petrus 311 f
    siehe auch Freude; Freudigkeit; Loben/Preisen
David
    erteilt Fürsten einen Auftrag 59 f
    erteilt Salomo einen Auftrag 60
    gejagt von Saul 344
Demas, wankelmütiger Mitarbeiter von Paulus 272 f, 292 f
Demetrius, Goldschmied in Ephesus, zettelte einen Aufstand gegen die Christen an, da die Predigt von Paulus seinem Geschäft schadete 174-177
Demut, der Gläubigen 317, 325 f
Derbe, Stadt in Galatien 114 f, 124 f
Deutsche Fürsten, Protest 44
Diakone, Berufung der sieben Diakone 56-61
    siehe auch Ausbildung; Dienen; Evangeliumsauftrag; Hirte(n); Jünger; Mitarbeiter; Prediger; Wächter

Diana, römischer Name der Göttin Artemis, deren Tempel in Ephesus stand 171, 174-177

Dienen / Wirken
der Apostel, wunderbar 354 f
der Laien ist wichtig 70 f
Geist, der die ganze Gemeinde erfasst 73
gesegnetes, selbstloses Dienen 214-219
Junge Leute zum Dienen begeistern 311 f
kraftvolles Dienen 69 f
Paulus' Vorbereitung zu seinem Dienst 81 ff
Wirken von Johannes 328-333
siehe auch Ausbildung; Diakon; Evangeliumsauftrag; Hirte(n); Jünger; Leiter; Leitung; Mitarbeiter; Prediger; Wächter

Dienst
an Gläubigen 94 f
an Petrus 91 ff

Dionysius, Mitglied des Rates, der in Athen auf dem Areopag zusammentraf. Nach Paulus' Rede über die Auferstehung Jesu Christi war er einer, der sich bekehrte 146 f

Domitian, römischer Kaiser, der die Christen verfolgte 340 f

Drusilla, jüngste Tochter von Agrippa I., dritte Frau des römischen Statthalters Felix; Paulus vor Drusilla 249-253

E

Eckstein, *siehe* Stein
Eidbruch, von Hananias und Saphira 48 f
Eifer
der frühen Gemeinde 346 f
im Dienst 115, 280, 311
im Zeugnisgeben 358
schwindender Eifer 347
von Paulus am Ende seines Dienstes 291
siehe auch Ausbildung; Diakon; Dienen; Evangeliumsauftrag; Hirte(n); Jünger; Leiter; Leitung; Mitarbeiter

Einfluss
von Glaube und Eifer der ersten Apostel 115
von Paulus über Bekehrte 134

Einheit
und Harmonie unter den Gemeinden 190 f
ist notwendig für Erfolg 58
mit Christus 31, 43, 57 f, 60 f
unter den Jüngern 15 f, 21 f, 43, 56, 114 f
siehe auch Gemeinde

Einsegnung
offizielle Beauftragung zum Dienst 99 f, 212

Einzelkämpfer
sind Jünger Christi nicht mehr 31
fehlgeleitete Menschen 167

Ekron, nördlichste Philisterstadt 173
Elia, von Ungläubigen beschützt 246 f, 255 f
Elymas, der Zauberer 105
Endor, Stadt in Untergaliläa, südlich von Nazareth, heute Indur 173
Engel
befreit Petrus und Johannes 51 ff
erschien Kornelius 85 f, 87 f
erschien Petrus 86

Entmutigung
der Jünger 18
durch Versuchungen 216
von Markus 105 f
von Paulus in Korinth 151 f

Entwicklungslehre führt auf falsche Wege 284 f

Epaphras, Mitarbeiter von Paulus, aus Kolossä, mit Paulus in Rom im Gefängnis 272 f, 283

Epaphroditus, Christ aus Philippi, Mitarbeiter und Mitstreiter des inhaftierten Paulus 287 f

Ephesus
abnehmender Glaube 347 f
Arbeit von Paulus 168-177
die Rede des Stadtschreibers 176 f
Eifer der Urgemeinde 346 f
Prediger für die Gemeinde 303
Rede von Paulus an die Ältesten der Gemeinde 233-236
Zauberei 171 ff

Epikureer, griechische Philosophenschule, von Epikur gegründet. Die Lehre schließt den Glauben an ein Jenseits und die Auferstehung aus 144

Erdbeben, in Philippi 133 f
Erfolg, im Wettkampf des ewigen Lebens 186-190

Erkenntnis
allgemein 182 f
geistliches Wachstum durch Erweckung 36 f
gottgefällig 285, 310 f, 318 f
von Gott, wie sie verloren ging 12 f

Erlöste
die Erlösten auf dem Berg Zion 353
die Erlösten und ihr Triumph 348 ff
die Erlösten und ihre Freude 359
siehe auch Gläubige; Heilige

Erlösung
der treuen Gemeinde 352 f
durch Christus 331 f
Früchte von Glaube und Liebe 337 f
Zentrum der Heilsbotschaft 284
siehe auch Ewiges Leben; Baum des Lebens

Erlösungsplan, ihm liegt ein Opfer zugrunde 313
siehe auch Christus; Kreuz

Eutychus, Mann aus Troas, der während einer Predigt von Paulus aus dem Fenster fiel und wieder auferweckt wurde 233

Evangelium
Ausbildung der Mitarbeiter zur Verkündigung 218
Ausbreitung des Evangeliums 96
Boten des Evangeliums unter Ungläubigen 104-109
Diskussionen über unwichtige Themen nicht beachten 347
Einfluss des Evangeliums auf die Sklaverei 274 f
Einheit in Verschiedenheit 238-242
Falsches Evangelium in Galatien 226-229
Fortschreiten des Evangeliums trotz Verfolgung 69 f, 109, 131-134, 279
Jünger setzten sich für das Evangelium ein 354 f
Rasche Ausbreitung 30 f, 68 f, 213
Symbole und Handlungen, prophetische Vorschau 12 f
Triumph 355
Unterstützung ideell
im Haus des Kaisers 278
in Rom 271 f
Unterstützung materiell 46-49, 200-213
Verkündet von Menschen, nicht von Engeln 197 f
Verkündigung des Evangeliums in
Antiochia 96-101
Athen 143-147
Beröa 142 f
Damaskus 75
Derbe 111, 114 f, 124 f
Ephesus 168-177
Galatien 127 f
Ikonion 110 f, 114 f
Jerusalem 21 f, 28-31, 32 f, 39-43, 46, 50-55, 62 f, 242 f, 310, 340 f
Korinth 148-153
Lystra 111-115, 124 f
Philippi 130-135
Phönizien 96
Pisidien 106-109, 114 f, 124 f
Rom 220 f, 268-281
Salamis 104 f
Samaria 68-73
Syrien 96 f
Thessalonich 136-141
Zypern 104

Evangeliumsauftrag
von Jesus an seine Jünger 18-23
an Laien und an Apostel 69 f, 72 f
Erfüllung 354
weltweit 69 f

Ewiges Leben, Gewissheit 186-190, 320 f
siehe auch Baum des Lebens; Erlösung

F

Falschheit, Gottes Hass über Falschheit 47 ff
Fanatismus
in Bezug auf körperliche Arbeit 206 ff
unter den Thessalonichern 157 f

Fehlbarkeit
von Christen 33 f, 37
von Johannes 324-327, 334 f
von Paulus 189 f, 337
von Petrus 121 ff, 316

Feingefühl
mit Irrenden umzugehen 316 f
von Paulus 119 f, 147, 239 f, 242 f, 259 f, 273 ff, 287 f

Felix, Statthalter in Judäa
göttliche Gnade abgewiesen 253
Paulus vor Felix 254-261
persönliches Gespräch mit Paulus 249-253
Übernahme von Paulus 246 f
Ungnade 253
Wunsch von Bestechung 252 f

Festus, Statthalter in Judäa, Nachfolger von Felix

Sachregister

Empfehlung von Paulus 269
Paulus vor Festus 254-261
Finsternis
   die Arbeit des Heiligen Geistes 35 f
   Gottes Fürsorge 11 f, 356 f
   Verfolgung 55
Fluch, kein Fluch mehr 353
Formalismus, in Galatien 228
Forum Appii, Ort ca. 60 km südlich von Rom 265, 269
Frauen
   Bekehrung der Lydia 130;
   Dienst der Tabita 84 f
   Glaube der Mutter und der Großmutter von Timotheus 125
   Kleidung und Verhalten von Frauen 315
   Mutter von Markus 104
   unter den thessalonischen Gläubigen 141
   Wahrsagerin von Philippi 131
   siehe auch Priszilla; Witwe
Freiheit, im Evangelium 274 f
Freude
   im Himmel 337 f
   trotz Leid 131, 269, 287 ff
   über Geist der Nächstenliebe 205
   über Treue der Gläubigen 154 f, 194-199, 283, 287 ff
   von Paulus 131, 269, 289
   siehe auch Dankgebet; Freudigkeit; Loben/Preisen
Freudigkeit, Einfluss 279 ff
   siehe auch Freude
Frieden
   durch Gehorsam 337 f
   Geheimnis 55
   Vermächtnis für die Jünger 54 f
Frömmigkeit
   der Jünger 354 f
   in Korinth 184 f
   schwindende Frömmigkeit zur Zeit von Johannes 346 f
Frühregen
   als Symbol für die Saatzeit 36
   Ausgießung des Heiligen Geistes 36 f
   siehe auch Heiliger Geist; Spätregen
Führung, die direkte Führung Gottes suchen 239 f
Fundament, der Gemeinde ist Christus 42, 108 f, 355 f
   siehe auch Christus; Stein

G

Gaben (Geld)
   Evangeliumsverkündigung schreitet voran 48
   Freigebigkeit 200 ff
   Unterstützung der Evangeliumsverkündigung 200-213
   von Gläubigen aus Philippi 287 f
   von Heidenchristen an jüdische Geschwister 238 ff
Gajus
   aus Derbe, Reisegefährte von Paulus nach Mazedonien 232 f
   aus Mazedonien, wurde von einer Volksmenge ergriffen 175

Galatien
   Abfall vom Glauben 226-229
   Briefe gesandt von Petrus 311 f
   Entstehung von Gemeinden 168 f
   getadelt von Paulus 227
   Sendschreiben an die Gemeinden 226-229
   Verkündigung des Evangeliums 127 f
Galba, römischer Kaiser 68/69 n.Chr. 297
Gallio, Statthalter von Korinth 152 f
Gamaliel, bedeutender Pharisäer, Schriftgelehrter und Lehrer. Paulus war Schüler von Gamaliel 53 f
Gebet
   der Gemeinde betreffs des gefangenen Petrus' 91 ff
   für die Gegenwart des Heiligen Geistes 33 f, 37
   Gott erhört Gebete 320
   in Zeiten des Widerstandes gegen das Evangelium 141
   Kraft des Gebets 338
   Kraftquelle für Prediger 215 f
   Kraftquelle von Paulus 233
   um Licht 72
   Paulus und Silas im Kerker von Philippi 131 f
   Paulus betet mit den Ältesten aus Ephesus 235
   Paulus vor seiner Weiterreise 236
   siehe auch Gemeinschaft mit Gott
Gebetsleben, von Christen 190
Gedanken
   Kontrolle der Gedanken 312 f
   schlechte Gedanken und Absichten 302
Geduld
   bis an das Ende 318-321
   Siege durch Geduld 279 f
Gefahren
   geistliche Gefahren der Gläubigen 284 f
   in der Gemeinde zu Johannes' Zeiten 332 f
Gefangenschaft
   der Jünger 51
   von Paulus 238-247
      die endgültige G. 292 f
      führte zur Bekehrung mancher 279 f
   von Paulus und Silas in Philippi 131 ff
   von Petrus und Johannes 51 ff
Gefängniswärter in Philippi, Bekehrung 132 ff, 252 f
Gefühle
   unsicherer Führer 167
   mit Gottes Willen in Übereinstimmung bringen 338
   werden durch die Gnade Gottes verwandelt 78
Geheimnis der Bosheit 160 f, 351
   siehe auch Abfall; Irrlehre(n); Irrlehrer
Geheimnis, des göttlichen Ratschluss' 317
Gehorsam
   Belohnungen 189 f
   Ewiges Leben und der Gehorsam 319 f
   Früchte der Treue und Liebe 337 f
   Gott gegenüber nötig 43 ff, 53, 145 f
   Gottes Gebote und Gehorsam 302 f
Gelähmter
   Heilung an der Pforte des Tempels 38-45
   in Lystra 112

Gelübde
   der jüdischen Zeloten, Paulus zu töten 245
   der Nazarener 240 f
   Taufgelübde 180, 285
   Verbindlichkeit von Gelübden 48
   siehe auch Großzügigkeit; Opferbereitschaft; Zehnten
Gemeinde – Kirche
   Abfall, vorausgesagt 235 f
   Argwohn
      in der Urgemeinde 56 f
      wie er abgewendet wurde 61
   Aufgabe 57 f
   Auftrag für die Welt 10, 12
   besondere Prüfungen für die Gläubigen in Korinth 180-185
   Christus, das Fundament 42, 108 f, 355 f
   Eifer in früheren Zeiten 346 f
   Eifer der Urgemeinde 70, 72
   eigenmächtiges Handeln 122 f
   fehlerhaft, trotzdem von Gott geliebt 351
   Gaben von Früh- und Spätregen 36 f
   Gefahren
      damals 300 f
      in der Endzeit 332 f
   gefährliche Zeiten zu Johannes' Lebenszeit 332 f
   geistliches Wohlergehen, beeinflusst durch Hingabe 205
   Gemeindeämter, ihre Autorität 100 f
   Gemeindebau, im Wandel der Zeit 355 ff
   Glaube, bestärkt von Johannes 340 f
   Gliederwachstum zu Pfingsten 30 f
   Gottes Absicht 10 ff
   Gründung
      in Korinth 152 f
      in Ephesus 174
   in einem Zentrum missionarische Aktivitäten 116
   in Jerusalem, ein Vorbild für Organisation 58
   Johannes' prophetische Botschaft 350 ff
   Mitglieder stellen Gott dar 10 f
   Nationalitäten der Urgemeinde 56
   ordnungswidrige Elemente 121 f
   Organisation
      in Korinth 165
      in Lykaonien und Pisidien 114 f
      in Philippi 134 f
      in Thessalonich 157 f
      in Ephesus 298 f
   Ratschläge für Gläubige 194-199
   Schutz von Nikodemus 69 f
   Seelsorgerliche Betreuung 126 f
   Sieg 352
   Stärke im Dienst 69
   Treue der Gemeinde 357 f
   Triumph als Abschluss 354-359
   Trost in der Offenbarung 349-353
   Unterstützung finanziell 46, 48 f, 200-213
   Verantwortung
      aufgeteilte Verantwortung 56 f
      der Leitung 58 f, 316 f
      der Ältesten 316 f
   vereinende Kraft der Liebe 328-332
   Verfolgung der Gemeinde
      unter Nero 291, 292 f

unter Domitian 340 ff
Verführer in der Gemeinde 284 f
Vergleich
- mit einem Ackerfeld 165
- mit einem Bau 165
- mit einer Herde 310 f
- mit einem Leuchter 350
- mit einem menschlichen Körper 190 f

Vermittler der Kommunikation zwischen Menschen und Gott 78 f, 100 f
Vermittler für göttliche Gnade 357 f
versäumt, den Segen zu schätzen 247
Vollmacht der Gemeinde 79, 101 f, 120 f
Vorbereitung für die Verfolgung 317
wachsam für Zeichen des Endes 156 f
Wachstum durch weise Führung 56 f
was die Gemeinde braucht 303
weise Führung, ein Mittel zum Wachstum 56 f
Weisheit durch gemeinsame Überlegungen vieler 167

Gemeinden
- Besorgnis von Paulus wegen der Gemeinden 194 ff, 271 f
- Bestätigung und Entwicklung 124 f
- Paulus Bemühungen zu vereinen 291
- Treue, Freigebigkeit der Gläubigen 239 f
- siehe auch Gemeinde

Gemeindeordnung / Kirchenstruktur
- Abgesandte 117, 120 f
- allgemeine Sammlungen 238 ff
- Annerkennung der Autorität der Gemeinde durch Propheten 123
- Ausgewählte Menschen als Leiter und Berater unter den Gläubigen 166 f
- Berufung der Diakone 56 f
- Berufung von Diener 14, 99 ff
- Empfehlungsbrief der Gemeinde 162 f, 196
- Entscheidung der Ratsversammlung betreffs strittiger Themen 117-122
- finanzielle Unterstützung des Wirkens 56 f, 200-213
- Geist der Parteilichkeit betreffs der Leitung der Gemeinde 167
- Geist der Unabhängigkeit in der Gemeinde 167
- harmonische Arbeit in allen Bereichen, wie im menschlichen Körper 190 f
- Leitung 56 f, 101
- Notwendigkeit, um Rat zu fragen 101
- Organisation der Gemeinde in Jerusalem, ein Vorbild 58
- Organisation von Gemeinden 58 f, 114 f
- Paulus in Verbindung mit organisierter Gemeinde gebracht 79
- Übereinstimmung mit dem allgemeinen Konzil 239 f
- persönliche Unabhängigkeit 100 f
- persönliche Verantwortlichkeit 123, 238-242
- Treue der bekehrten Heiden zu organisierten Arbeit 238 ff
- unzulässige und unbegründete Macht 122 f, 238-242, 274 f
- Verantwortung der Gemeindebeamten 58, 157 f
- Verantwortung der Kirche in der Ratsversammlung 120 f
- Verantwortungsträger in der Gemeinde 100 f
- Verteilung der Verantwortlichkeit 56 ff
- Voraussetzung der Verantwortlichen 56-61, 114 f, 316 f
- Vorbereitung der Kandidaten für die Gemeinschaft 180 f
- Vorteile durch geschlossenes Handeln 60 f, 121 f, 126 f
- siehe auch Evangelium; Evangeliumsauftrag; Verkündigung des Evangeliums

Gemeinschaft mit Gott 81 f, 215 f
- dadurch den Heiligen Geist erhalten 37
- Johannes auf Patmos 341 ff
- siehe auch Gebet

Gerechtigkeit
- Grundsätze, führende Regeln in der Gemeinde Gottes 59 f
- römische Gerechtigkeit 254, 294
- unter Ungläubigen 246 f, 255 f

Gerichtsverhandlung
- des Johannes vor dem Sanhedrin 50 ff
- des Paulus
  - in Cäsarea 248 ff
  - vor Festus
  - vor Nero 290 f, 294-297
  - vor Domitian 340 f
- siehe auch Leidende Gläubige; Märtyrer; Prozesse; Verfolgung

Gesang von Paulus und Silas im Gefängnis 131 f
- siehe auch Lied

Geschlossene Türen des Widerstandes können wieder geöffnet werden 111

Gesellschaftsklassen
- keine Gesellschaftsklassen im Reich Gottes 15 f
- alle Gesellschaftsklassen erreichen 145 f

Gesetz Gottes 228
- Erfüllung der Bedingungen 139 f
- Hochhaltung von Paulus 234 f
- in den letzten Tagen 36
- Liebe als Fundament 302
- Wahrheit als Richtschnur 337
- weit reichende Ansprüche 250 f
- zunehmende Missachtung 302 f

Gesetzlichkeit, 13

Gesicht / Vision
- von Paulus 295 f
- von Stephanus 64 f, 76 f

Gewohnheiten behüten gegen das Böse 189 f, 285 f

Gläsernes Meer in der Offenbarung 353
Glaube, Entwicklung 143-147, 213, 318 f
Glaubensleiter und Wachstum 318 ff

Gläubige
- Achtung gegenüber dem Staat 314 f
- Ausbildung zur Mitarbeit 311 f
- bezeugen Gott durch viele Jahrhunderte 356 ff
- Befreiung endgültig 352 f
- Geistliche Entwicklung 162 ff, 282 f
- Gestärkt durch Petrus 310, 311 f
- in Korinth, Konflikte und Siege 180 ff
- inmitten Friede und Freude 337 ff
- Ratschläge 282 ff, 317
- sich gegeneinander im Gericht richten 183 ff
- Standhaftigkeit 351 f
- Treue der Gläubigen
  - in Thessalonich 154 ff
  - in nichtchristlicher Gesellschaft 314 f
- Triumph der Gläubigen 352 f
- Verwandlung von Jesus durch Liebe 198 f

Gleichnis von den bösen Weingärtnern 108

Gnade
- Bedingungen, um die Gnade zu erhalten 331 f
- Geschenk von Gott 351 f
- Offenbarung 324 f
- Veränderung durch Gnade 334-339
- vor Agrippa II. von Gnade gesprochen 258-261
- Wachstum in Gnade 318-321

Goldenes Kalb, mangelnde Ehrfurcht vor Gott 190

Götzendienst, verlockende Art 180 f
- siehe auch Heiden; Heidentum; Juden; Trennwand; Vorurteil;

Götzenopferfleisch, als Speise 117-122

Griechen und das Evangelium 146 f, 148 ff, 153, 224 f, 232 f, 295 f

Großzügigkeit
- Frucht der Bekehrung 46 f
- in der Urgemeinde 46 f
- von Nikodemus 69 f
- Unterstützung des Evangeliums 200-205
- siehe auch Gelübde; Opferbereitschaft; Zehnten

Guthafen, Hafen an der Südküste Kretas 263

H

Habsucht, 202
- gepflegt von Hananias und Saphira 47 f

Hananias
- Jünger in Damaskus 79
- Hananias und Saphira 46 ff

Handwerk
- Paulus als Handwerker (Zeltmacher) 206-213
- Unterstützung des Lebensunterhaltes 206, 213
- siehe auch Arbeit

Hannas, Hoherpriester 41

Hauptmann von Kapernaum 15
- siehe auch Kornelius; Julius

Haus
- Arbeit von Haus zu Haus 216 f, 219, 316 f
- des Kaisers 278-281
- von Paulus
  - in Korinth 151 f
  - in Ephesus 177

Heiden
- abnehmendes Vertrauen zu ihren Göttern 174 f
- Annahme des Evangeliums 232 f
- Arbeit von Paulus unter den Heiden in Ephesus 171 f
- Bekehrung der Heiden
  - in Thessalonich 154 f
  - in Athen 143-147

Sachregister

in Korinth 148-153
Beschützer
  von Elia 246 f, 255 f
  von Paulus 246 f, 255 f
Erben der Erlösung 86 ff
Freigebigkeit 238 ff
Gericht 254 ff
gewinnen durch Christusähnlichkeit 314 f
Kornelius, erste bedeutende Frucht unter den Heiden 86 ff
lebendige Steine in Gottes Tempel 355 ff
Methoden, um die Heiden zu erreichen 150 f
Paulus' Methode, die gläubigen Korinther und Heiden zu unterweisen 162-165
Paulus und Barnabas unter den Heiden 107 f, 110-115
Prophetie hinsichtlich der Heiden 108
Ruhm 143-147
Verwirrung betreffs des Zeremonialgesetzes 116-123
viele sehnen sich nach Erkenntnis 72
Vorurteil von Petrus gegenüber den Heiden beseitigt 86 ff
siehe auch Götzendienst; Heidentum; Juden; Trennwand; Vorurteil; Zeremonialgesetz

Heidentum
Bedeutung 190 f
Paulus begegnet dem Heidentum 144 ff
Sieg der Christen über das Heidentum 146 f
Sieg über Sünde 180-185
Verlockung 180 f, 284
siehe auch Heiden

Heilige, 183, 204, 274, 286
siehe auch Gläubige; Erlöste

Heiliger Geist
Ausgießung 26-31, 328
  verglichen mit dem Früh- und Spätregen 36 f
  auf Kornelius 88 f
  auf Jünger des Johannes 169 f
  Jünger damit ausgestattet, das zweite Mal 44
Einfluss 31
Ergebnis der Gabe 313 f
Freude über den Heiligen Geist 285 f
Früchte 158 f, 315, 318-321
Führer in der Ratsversammlung 118 ff
Gabe 32-37
Gaben in der Gemeinde
  Korinth 181 f
  Thessalonich 158 f
Gegenwart bei den Israeliten 35 f
Kraft des Heiligen Geistes 31-37, 286 f
  für den täglichen Bedarf 36 f
Macht, die erkennen lässt 77 f, 355
seine Natur, ein Geheimnis 34 f
Wirken des Heiligen Geistes 16 f, 31, 34 ff, 169 f
Wirkungen der Ausgießung 28 f
zur Zeit der Patriarchen 27, 35 f
siehe auch Frühregen; Tröster

Heiligkeit
Erlangung der Heiligkeit 319 ff

menschliche Natur der Kraft Christi unterstellen 334-339
praktische Frömmigkeit im täglichen Leben 158 f
Schönheit der Heiligkeit 324
wahre Heiligkeit 228, 300 ff, 312 f
siehe auch Heiligung; Reinheit; Tugend

Heiligung
allgemein 158, 184, 196, 205, 301, 327
falsche Heiligung 333
Heiligung des Johannes, ein Vorbild 334
Prinzipien der Heiligung 334 ff
wahre Heiligung 33 f, 37, 319 f
siehe auch Bekehrung; Charakter; Frömmigkeit; Gehorsam; Reinheit; Sieg; Überwinden; Umwandlung; Vollkommenheit; Wachstum

Heimat, Einfluss 125 f
Hellseher und Wahrsager 173
siehe auch Aberglaube; Hexerei; Magie; Wahrsagerei; Zauberei

Hermes
griechischer Gott. Als Paulus und Barnabas in Lystra missionierten, wurde Paulus wegen seiner Redegabe als Hermes verehrt 112

Hermogenes, ein Christ aus der Provinz Asien, der sich von Paulus abgewandt hatte 292 f

Herodes Agrippa I.
heimgesucht von einem Engel 94 f
Trotz gegen Gott 93
Verfolgung der Gemeinde 90-95
siehe auch Agrippa II.

Herz, verhärtet 40 f, 48 f
Heuchelei, Warnung dagegen 46-49
Hexerei und okkulte Methoden 130 f, 173
siehe auch Aberglaube; Hellseher; Magie; Wahrsagerei; Zauberei

Hieronymus von Prag, böhmischer Reformator 356 f

Himmel
Johannes' Vision 352 f
Triumph der Erlösten 348 f, 351 ff
Vision der Herrlichkeit 358 f
siehe auch Königreich Gottes

Himmelfahrt, siehe Christus
Hirte(n)
geistlich 235 f
Petrus Treue als ein Hirte 310-317
Selbstlosigkeit 105 f

Hochmut, des Verstandes 146
Hohe Gesellschaftsschichten
allgemein 88 f, 147, 278-281
Paulus Arbeit in hohen Gesellschaftsschichten in Athen 143-147

Hoher Rat
der Juden 14, 63, 244 ff, 255
  Nikodemus als Mitglied 69
  Paulus vor dem Hohen Rat 242
  Petrus und Johannes vor dem Hohen Rat 41 ff. 52 ff
  Saulus als Mitglied 65, 74
  Versuch, die Botschaft zu verhindern 41 ff, 52 ff, 241

Höhere Bibelkritik, als Teil des feindlichen Planes 284 f

Hugenotten, französische Protestanten, von der katholischen Kirche verfolgt 356 f
Hus, Jan (Johannes) tschechischer Reformator aus Böhmen 356 f

I

Ich, Kampf mit dem eigenen Ich 338 f
Ideale
Erziehung, ein lebenslanges Bestreben 335 ff, 339
hohe Ideale 180 f, 283, 286 f, 312 f
hohe Ideale im Wirken 300 ff
Ikonion, Arbeit von Paulus und Barnabas 110 f, 114 f
Inquisition, institutionalisierte Ketzerverfolgung der katholischen Kirche im Mittelalter bis weit in die Neuzeit hinein 55
Irrende
Einstellung der Christen gegenüber Irrenden 183 ff
wie man damit umgeht 310 f
Irrlehre(n)
in den Gemeinden 116 f, 291, 332 f, 347 f
bezüglich der Auferstehung Christi 192 f
Teil des feindlichen Planes 284 f
Verführungen in den letzten Tagen 332 f
Irrlehrer
in den Gemeinden 284, 300 ff, 317, 321 f, 332 f, 347 f
in Galatien 226-229
in Korinth 181,183
siehe auch Abfall; Geheimnis der Bosheit; Irrlehre(n); Verlangen nach Neuem
Israel
Belohnungen durch Gehorsam in Israel 189 f
Heiliger Geist gegenwärtig in Israel 35 f
Übrige nehmen Jesus Christus an 222-225

J

Jakobus (Bruder des Herrn)
Entscheidung, bezüglich Juden- und Heidenchristen 119 f
unter den Ältesten in Jerusalem 119 f, 238-242
Jakobus (Bruder von Johannes)
Arbeit auf den Feiern der Juden 101
Bitte für Ehrenamt in Jesus Himmelreich 325 f
Gefangenschaft 90 f
Märtyrertod 356
Jason, Einwohner von Thessalonich, der Paulus in sein Haus aufnahm und dafür vom Pöbel angegriffen wurde 141
Jeremia, Prophet des Alten Testaments 137, 344
Jerusalem
Anwesenheit an Festtagen 28
Arbeit von Christus in Jerusalem 21 f
erste allgemeine Ratsversammlung 117-122
Evangelium in Jerusalem 21 ff, 28-31, 44, 50 f
Gemeinde, ein Vorbild für Organisation 58

385

missionarisches Bemühen der Jünger 39 f, 101, 310
Paulus' erste Reise nach Jerusalem nach seiner Bekehrung 82 f
Paulus' letzte Reise nach Jerusalem 232-237
Standpunkt der Ältesten, im Gegensatz zu Paulus 238-242
viele Gläubige 21 f
Zerstreuung der Gläubigen 68 ff
siehe auch Neues Jerusalem

Jesaja, Prophet des Alten Testaments 137, 224 f

Jethro, Priester in Midian und Schwiegervater von Mose 58 f

Johannes der Geliebte 324-327
Arbeit für die Juden bei den Feiern 101
auf Patmos 340-345
durch Gnade verwandelt 334-339
Martyrium 341-356
mit Petrus 38-45, 50-55
vor dem hohen Rat 41 ff, 50-55
zuverlässiger Zeuge 328-333

Johannes der Täufer
hatte Jünger in Ephesus 168-171
Apollos, ein Jünger von ihm 162 f

Joppe, Vision von Petrus 84-87

Josef, Sohn von Jakob und Rahel
Einfluss in Ägypten 12
Verfolgung 344

Josef, von Arimathäa. Reicher Mann und Mitglied des Hohen Rates, Jünger Jesu 69

Josua, Nachfolger Moses als Führer von Israel 35 f

Judas
Galiläer 53 f
Jünger von Jesus, lehnte das Licht und die Weisheit Gottes ab 334 f
Prophet, Besuch in Antiochia 120

Juden
Ablehnung von Christus 222-225
Ankläger von Paulus
vor Felix 248 ff
vor Festus 254 ff
vor Nero 295
Annahme des Evangeliums, nur durch einen Rest der Juden 222-225
Annahme von Christus als Messias durch viele Juden 225
Arbeit für ihre Bekehrung durch die Apostel 101, 310
Bestechung, um Stephanus zu töten 64 f
Erlösung für die Juden 220-225
Erwartungen in Saulus von Tarsus 65, 74 f
griechische Juden 56
Haltung zum Zeremonialgesetz 116 f; Versuch, die Heiden damit zu belasten 116-123
Hass gegenüber Johannes 340 f
Hass gegenüber Paulus 241-246, 292
in Rom 269-272
in Thessalonich 136-141
lebendige Steine in Gottes Tempel 355 ff
Mühen des Paulus mit den Juden
in Ephesus 170 f
in Korinth 150 f
in Rom 269-272
in vielen Ländern 108 f, 221-225
Murren der griechischen Judenchristen 56 f
Paulus' Last ihretwegen 108 f, 221-225, 232, 237, 244 f
Paulus wendet sich von den Juden zu den Heiden 107 f, 150 f
Petrus' Wirken unter den Juden 39 f, 101, 310
Predigt von Paulus
auf Tempelstufen in Jerusalem 242 f
in Antiochia in Pisidien 107 f
in Korinth 148-151
in Rom 269 ff, 295 ff
in Thessalonich 136-141
Prophetie erwähnt Annahme von Christus 221-225
Schuld an der Kreuzigung von Christus 39, 53
Überraschung, Bekehrung des Saulus 80 f
Verkündigung der Unveränderlichkeit des Gesetzes 225
Versäumnis, Gottes Plan zu erfüllen 51
Verschiedene Sprachen der Juden 28
Verschwörung, um Paulus töten 232 f, 245 f, 255 f, 269 f
Vorurteil gegenüber dem Evangelium 240 f
Wanderer 224
Widerstand gegen das Evangelium 40
gegenüber Paulus 110 f, 114f, 151, 236 f, 290
in Beröa 142 f
in Ephesus 170 f
in Galatien 226-229
in Thessalonich 141
Widerstand gegen Paulus' Botschaft über Christus 81 f
Zerstreuung 28, 224
siehe auch Israel; Jüdisches Opferwesen; Trennung; Zeremonialgesetz

Jüdisches Opferwesen 139 f
Christus der Urheber 78 f
Unterstützung der Priester 200 f
siehe auch Zeremonialgesetz

Julius, der Hauptmann 262-269

Junge Menschen
Demut unter jungen Menschen 317
Frühe Frömmigkeit von jungen Menschen und das Ergebnis daraus 125 f
Handwerk erlernen 206
Heranbilden von jungen Menschen für den Dienst 125 f
selbstlose Mitarbeiter 210 f
Zusammenarbeit von jungen Menschen und älteren Mitarbeitern 343 f
siehe auch Alter; Pioniere

Jünger
allein gelassen werden, niemals 20, 23, 42 f
Arbeit der Jünger 16 f, 19-23, 27-34
Auftrag 18-23
Ausbildung 14-19, 22 f, 31, 42
Berufung 14 f
Einfluss 14 f, 16 f
Evangelium, gepredigt in Jerusalem 21 ff, 28-31, 39 f, 44, 50 f, 101, 310
Freude nach Himmelfahrt 26
Gefangenschaft in Jerusalem 51
Glaube an Christus, gefestigt 19
Komplotts gegenüber den Jüngern 51 f, 291
letzte Begegnung mit Christus 310 f
letztes Gespräch mit Christus 17
Mutlosigkeit der Jünger 18
persönliche Religiosität 354 f
Prophetie, verstanden nach der Auferstehung 18 f, 26 f, 31 f
religiöse Freiheit behalten 44 f
Sprache 28 f
Treue 52 f
überzeugende Kraft 31, 41 f, 355
Verbindung mit Christus 22 f, 43
Vertreter der Evangeliumsgemeinde 15
Vielfalt im Charakter 15 f
Vorbereitung für Pfingsten 26 f
warum Jesus den Jüngern nicht die Zukunft eröffnete 18
Widerstand ihrer Arbeit 20, 21 f, 43 f
Zeugen 19
siehe auch Apostel; Ausbildung; Boten; Christen; Dienen; Evangeliumsauftrag; Gläubige; Hirte(n); Leiter; Leitung; Mitarbeiter; Prediger; Wächter

Justus, aus Korinth 150 f

K

Kaiphas, Hoherpriester in Juda; Schwiegersohn und Nachfolger von Hannas 41

Kaiser
Bekehrungen im kaiserlichen Haus 278 ff
Paulus beruft sich auf den Kaiser 254 ff
siehe auch Domitian; Nero

Kaleb, einer der zwölf Kundschafter, die Moses nach Kanaan sandte 35

Kampf
christlicher Kampf 300 f
tägliche Hilfe des Heiligen Geistes im Kampf 36, 185
unaufhörlicher Kampf 180-185, 336 f
siehe auch Konflikt; Streit; Wettkampf

Kanaanäische Frau 15

Kappadozien, Region in Kleinasien (heutige Ost-Türkei). Der erste Brief von Petrus ist unter anderen an Christen in Kappadozien gerichtet 311 f

Kirche, siehe Gemeinde

Kleidung, Grundsätze beeinflussen lassen 315 f

Knox, John, Reformator in Schottland 356 f

Kolosser, Briefe 283-278

Kompromiss
unbedachte Vorschläge bringen gefährliche Kompromisse 240 f
von Petrus an Antiochia 121 ff

Konflikte, der Christen mit den bösen Mächten 180-193, 300
siehe auch Kampf; Streit; Wettkampf

Königreich Gottes
Freiheit, keine Gesellschaftsklassen 15 f
Wesensart 20 f
siehe auch Himmel

Konzil, in Jerusalem 117-122
siehe auch Evangeliumsauftrag

Sachregister

Korinth
  Antike Wettkämpfe 186
  Apollos in Korinth 162-167
  Gründung der Gemeinde 208 f
  Mühen von Paulus in Korinth 148-153, 220
  Selbstlosigkeit des Paulus in seinem Dienst in Korinth 207-210

Korinther
  Beachtete Nachricht an die Korinther 194-199
  Charaktereigenschaften 148 f, 151 f
  Entwicklung der Christen in Korinth 220
  Erster Brief an die Korinther 180-185
  Paulus Zartgefühl gegenüber den Korinthern 227
  zum Wachsen berufen 186-193
  zweiter Brief an die Korinther 194-199

Kornelius, Bekehrung 84-89, 118 f

Krankenschwestern, als Evangelisten in Städten 98 f

Kreszens, Mitarbeiter von Paulus, der ihn verließ und nach Galatien zog 292 f

Kreuz
  Bedeutung für heute 50 f, 128 f
  Erhöhung vor Heiden 124-129
  höchste Opferbereitschaft gelehrt 202
  umwandelnde Kraft 199
  von Paulus 149 ff, 289
  vor Nero 295 ff
  siehe auch Christus; Evangeliumsauftrag; Opfer

Kreuzigung
  von Christus 17
  von Petrus 323, 356
  siehe auch Auspeitschung

Krispus, Synagogenvorsteher in Korinth, wurde von Paulus getauft 151

Krone, für das ewige Leben 187 f, 351

Kultur, in der Welt der Ungläubigen 143-147

Kunstwerke, im Heidentum 143 f

L

Laien
  Aktivitäten in den Städten 98 f
  Evangeliumsauftrag 72 f
  in Antiochia, Aktivitäten 116
  siehe auch Gläubige; Jünger; Mitarbeiter

Lasterhaftigkeit, des Heidentums 143, 146, 148 f, 152 f, 171 ff
  siehe auch Reinheit, Sieg; Sünde

Latimer, englischer Reformator, starb 1555 als Märtyrer in Oxford 356 f

Lauf, das Christenleben als Lauf 186 ff

Lazarus, seine Auferweckung erregte den Widerstand der Priester gegen Jesus 43

Lehre, an der Lehre festhalten 161

Lehren, falsche, *siehe* Irrlehren

Lehrer, falsche, *siehe* Irrlehrer
  Kraft durch Verbundenheit mit Christus 183

Leidende Gläubige 190 f, 345
  Standhaftigkeit im Leiden 315 f, 318-323
  siehe auch Gerichtsverhandlung; Märtyrer; Prozesse; Verfolgung

Leiter
  Fähigkeiten 58-61, 300 f
  Laien zur Arbeit einteilen 72 f
  Hartherzigkeit 247
  Verantwortlichkeiten 58-61
  siehe auch Ausbildung; Diakon; Dienen; Eifer; Evangeliumsauftrag; Hirte(n); Leitung; Mitarbeiter; Prediger; Wächter

Leitung
  ausgestattet mit Gemeindeämtern 100 f
  der Apostel in der Urgemeinde 56 f
  göttliche Leitung 239-242
  von Israel durch Mose 58 ff
  siehe auch Ausbildung; Diakon; Evangeliumsauftrag; Hirte(n); Jünger; Leiter; Prediger; Wächter

Licht
  Ablehnung von Licht 164
  im Licht wandeln 246 f

Lichtträger
  Der Heilige Geist macht die Gläubigen zu Lichtträgern 35 f
  Paulus als Lichtträger unter den Heiden 144 f
  siehe auch Evangelium; Gläubige; Mitarbeiter

Liebe
  allgemein 191 ff, 312 f, 318-321, 328-332
  Einfluss der göttlichen Liebe 199, 326 f, 351 f
  erfüllte die Jünger 16 f
  Fähigkeit für den Dienst 310 f
  für Christus, verändernde Kraft 198 f
  Motivation durch Jesu Liebe 303
  selbstaufopfernde Liebe 335 f
  Verlust der ersten Liebe 347 f
  Veränderung durch Liebe 324 f, 335 f, 346 f

Lied, der Erlösten auf dem Berg Zion 352 f
  siehe auch Gesang

Loben/Preisen, für das Wunder der göttlichen Gnade 195 f
  siehe auch Dankgebet; Freude; Freudigkeit

Logik
  überzeugende Argumente 144 f
  schwächer als der Heilige Geist 21 f, 31

Lohn
  des christlichen Kampfes 186 ff
  für gewissenhafte Mitarbeiter 203

Lösung, bei Meinungsverschiedenheiten 61

Lukas, als Begleiter von Paulus 130, 232 f, 262-267, 272, 292 f
  siehe auch Arzt

Luther, Reformator in Deutschland 220, 356 f
  siehe auch Reformation

Lydda, Ort in Judäa, wo Petrus den Gelähmten heilte 84

Lydia, eine Purpurhändlerin aus Lydien, die sich durch die Predigt von Paulus bekehrte 130

Lysias, Claudius Lysias, Offizier der römischen Garnison in Jerusalem. Er ließ Paulus verhaften und führte ihn vor den Hohen Rat 242-246, 249 f

Lystra, Stadt in Lykaonien in der römischen Provinz Galatien 124 f
  Paulus und Barnabas als Götter angesehen 111-115
  Steinigung des Paulus 113 f

M

Magie, *siehe* Aberglaube; Hellseher; Hexerei; Wahrsagerei; Zauberei

Malta, *siehe* Karte 265 und Bemerkung zur Karte

Markus, Johannes Markus, Jude aus Jerusalem, ein Vetter von Barnabas
  Begleiter von Barnabas 124 f
  Begleiter von Paulus und Barnabas 104 ff
  Entmutigung und Rückkehr 105 f
  spätere Entwicklung 106, 272 f
  treuer Begleiter von Paulus 272 f

Märtyrer
  Einfluss 280
  erste Christen 62-68
  Triumph 359
  siehe auch Leidende Gläubige; Märtyrertod; Prozesse; Verfolgung

Märtyrertod
  triumphierend 344 f
  von Jakobus 90 f, 356
  von Johannes 356
  von Paulus 304-307
  von Petrus 323
  von Stephanus 62-65

Mäßigkeit, als eine der Sprossen in der Glaubensleiter 318-321

Mazedonien
  Besuch von Paulus 194 f, 232 f
  Gläubige in Mazedonien 154 f
  Ruf aus Mazedonien 130
  Verkündigung des Evangeliums 130-135

Mazedonier
  Unterstützer der Evangeliumsverkündigung 208 f
  siehe auch Mazedonien; Philipper; Philippi; Thessalonich

Meinungsverschiedenheiten
  in Antiochia 61
  unter Gläubigen wegen Rivalitäten 164-167

Melite, Insel auf der Paulus strandete 265 f

Mensch der Bosheit 160 f

Menschenfreundlichkeit, als Frucht wahren Glaubens 318 ff

Messias
  Erfüllung der Prophetie hinsichtlich des Messias' 75 f
  Prophetie hinsichtlich des Akzeptierens der Juden 221-225

Methoden
  der Arbeit 115
  in der Evangeliumsverkündigung 128 f
  Kritik an Paulus 238-241
  von Christus 217
  von Paulus, getragen von der Liebe zu den Menschen 147

Milet, südlichste der 12 Kolonien des ionischen Staatenbundes
  Treffen mit den Ältesten aus Ephesus 233-236

Missionare
  erste Christen 69-72
  erstes Wirken in Europa 130-133
  Gläubige in Thessalonich 154 f
  Gottes Mitarbeiter, offensiv 72 f, 219

387

Mitarbeiter
  alle Kräfte der Mitarbeiter für Jesus Christus eingesetzt 126
  ältere Mitarbeiter von Gott eingesetzt 343 f
  Bedarf an Mitarbeitern 303
  die das Evangelium der Oberschicht bringen 88
  finanzielle Schwierigkeiten von Mitarbeitern 206-213
  Geduld und Freundlichkeit von Mitarbeitern 280
  Gegenwart des Heiligen Geistes bei gottgeweihten Mitarbeitern 34-37
  gottgeweihte Mitarbeiter 214-219
  Kraft der göttlichen Liebe von Mitarbeitern 331
  mit verschiedenen Gaben in Eintracht 165 ff
  Niedergeschlagenheit von Mitarbeitern in Zeiten der Ratlosigkeit 193
  Satans Anstrengungen, zu entmutigen und zu verderben 247
  Wunsch von Mitarbeitern nach Mitgefühl und Beistand 293
  siehe auch Mitgefühl
  siehe auch Apostel; Boten; Diakon; Evangeliumsauftrag; Hirte(n); Lichtträger; Prediger; Wächter

Mitgefühl
  falsches Mitgefühl 301 f
  für Irrende 311
  Paulus' Sehnsucht nach Mitgefühl
      in Athen 143
      in Rom 294 f
  von Christus 283 f
  von Paulus für andere 151 f
  von Tabita 84

Mittel, Fortführung des Werkes 98, 213

Mose
  Führer von Israel 35 f, 58 ff
  ausgesuchte Berater von Mose 58 ff

N

Naaman, als Beispiel für »im Licht wandelnde« Menschen 246 f

Nachdenken
  von Johannes auf Patmos 341 ff
  von Paulus
      auf dem Weg von Troas nach Assos 233 f
      in Arabien 81 ff
      in der letzten Gefangenschaft 292 f, 298 f, 303
      nach dem Märtyrertod von Stephanus 74 f, 76 f, 83
      nach der Bekehrung in Damaskus 77 ff

Natur, als Lehrbuch 341 f

Nazareth, Stadt in Galiläa, in der Jesus seine Kindheit verbrachte 247

Nero, römischer Kaiser
  berüchtigte Führung 296 f
  Charakter von Nero 278 f, 290 f
  Erlösung angeboten 296 f
  Festnahme und Märtyrertod von Paulus 323
  Paulus vor Nero 294-297
  Tod des Nero 297

Neues Jerusalem 353

Nikodemus, Pharisäer und Mitglied des Hohen Rates, heimlicher Anhänger von Jesus 69 f

Notleidende, brauchen unsere Hilfe 210 ff

O

Oberste, jüdische Oberste, Widerstand gegen die Wahrheit 40, 43, 51, 53, 222 ff

Obrigkeit, Staat respektieren 44 f, 314 f

Offenbarung
  Buch, das offen ist 349 f
  Gegenstück vom Buch Daniel 350
  Johannes erhielt die Offenbarung 346-353

Offenbarungen, des Paulus 182 f

Onesimus
  Bekehrung des Onesimus 273
  Helfer von Paulus 273
  Überbringer des Briefes an Philemon 273 ff

Onesiphorus, Christ in Ephesus, der Paulus ermutigte 293

Opferbereitschaft
  Geist dafür 202, 204 f, 310 f
  siehe auch Gelübde; Großzügigkeit; Zehnten

Ordination, *siehe* Einsegnung

P

Pamphylien, antike Landschaft an der Südküste von Kleinasien, mit der Hauptstadt Perge 115

Pantheismus, eine Auffassung, die zwar nicht die Existenz Gottes, wohl aber die Personalität Gottes und seine Transzendenz leugnet 284 f
  siehe auch Stoiker

Paphos, Hafenstadt und römischer Regierungssitz im Südwesten von Zypern 104 f

Papsttum, Paulus' Auslegung des Buches Daniel und Warnung vor dem Geheimnis der Bosheit 160 f
  Lehrmeinung hinsichtlich Petrus 119 f

Patmos, Johannes im Exil 340-345

Patriarchen, Gegenwart des Heiligen Geistes 35 f
  verkörperten das alttestamentliche Israel 15

Paulus
  Abreise, erste Missionsreise 104
  Abreise nach Mazedonien 176 f
  Ankunft in Rom 268 ff
  Anweisungen hinsichtlich Unterstützung 200-213
  Apostelidienst 101
  Arbeit für sich selbst 206-213, 235 f,
  Arbeit in Antiochia 96-101, 108 f
  Arbeit in Damaskus 80 f, 82 f
  Arbeit in Korinth 148-153
  Arbeit in Rom 269-289
  Aufenthalt in Arabien 81 ff
  Auftrag für die Arbeit unter Ungläubigen 98-101
  befreit aus dem Gefängnis in Philippi 131 ff
  Befreiung von Nero 290 f
  Begabung und Erziehung 63, 74 f, 80 f, 152 f, 278
  begrüßt von Gläubigen auf dem Weg vor Forum Appii 267 f
  Bekehrung 80 f, 140, 149 f
  Berufung auf den Kaiser 255 f, 258, 269 f, 290 f
  beschuldigt der Brandstiftung Roms 292 f, 295
  Besuch in Jerusalem 162
  Besuch in Jerusalem, um Petrus kennenzulernen 82 f
  Brief an die Gemeinde in Galatien 226 ff
  Brief an die Gläubigen in Thessalonich 154-161
  Christus, das Lieblingsthema der Evangeliumsverkündigung 200-213, 259 f
  Dienst unter finanziellen Schwierigkeiten 213
  Diensteifer
      gegenüber Bekehrten 124, 126 ff, 189, 218 f
      für die Gemeinde 282 f
  Einstellung gegenüber Ämtern im geschäftlichen Bereich 217 f
  Einstellung zu der Wahrheit 227 f
  Erinnerung an Stephanus' Märtyrertod 83, 114, 131 f
  erschöpft von Anfechtungen und Sorgen 291
  Erstes Arbeitsfeld in Ephesus 162
  Festnahme im Tempel 242
  Flucht aus Damaskus 82 f
  Flucht aus Jerusalem 83
  Freilassung aus dem Gefängnis in Rom 290 f
  Freude über die Treue der Gläubigen 154 f, 194-199, 283, 287 ff
  freundlich aufgenommen von Barnabas 83
  Gefangener 238-247
  Gefangener in Cäsarea, unter Felix 246 f
  gerufen, um unter den Ungläubigen zu arbeiten 81 ff
  Haltung der Gläubigen in Jerusalem Paulus gegenüber 237, 238 ff
  hohe Ziele für Mitarbeiter 218 f
  in Thessalonich 136-141
  Kummer wegen der Juden 221-225
  letzte Arbeit unter den Gemeinden 290 f
  letzte Gefangennahme 292 f
  letzte Reise nach Jerusalem 232-237
  letzter Brief an Timotheus 298-303
  Märtyrertod 304-307, 356
  Methoden seiner Arbeit 162 ff, 183, 239 f
  Mut und Frieden 305 f
  Predigt unter den Heiden in Ikonion, Lystra und Derbe 110-115
  Prophet 234 f
  Qualen und Prüfungen 177, 197 ff, 210 ff
  Reise nach Rom und der Schiffbruch 262-267
  Reise von Ephesus nach Korinth 194-199, 220

Sachregister

Rühmen des Kreuzes in Korinth 148-151
schämt sich nicht des Evangeliums 299
Schiffbruch auf der Reise nach Rom 262-267
von Schlange gebissen 267
Selbstbeherrschung 189 f
Sorge um die Gläubigen in Korinth 194 f
Standfestigkeit 122 f
Steinigung in Lystra 113 ff
Treffen mit den Ältesten in Jerusalem 238-242
triumphierendes Zeugnis 305 ff
Verfolgung 344
Verhör in Cäsarea 248-253
von Freunden verlassen 293 ff, 303
Verteidigung vor den Juden in Rom 269 ff
Vision, Formen seines Lehrens 282 f
Vision in den letzten Stunden vor seinem Tod 305 f
Vision in Jerusalem 83
Vision in Troas 130
vor Agrippa und Berenike 258-261
Vorbereitung für seinen Dienst 80-83
vor Felix und Drusilla 249-253
vor Festus 254 ff
Vorgehen bei der Evangeliumsverkündigung für die Heiden 128 f
vor Nero 294-297
Zeremonialgesetz und Heiden 116-123
zum Tode verurteilt 304 f
Zurechtweisung an Elymas den Zauberer 104 ff
zweite Missionsreise 124 f

Perge, Hauptstadt von Pamphylien 105 f, 115

Petrus
Arbeit unter den Juden; bei jüdischen Festen 101, 310
aus dem Gefängnis befreit 51 f
Berufung auf Propheziehungen des Alten Testaments 136 f
Besuch in Lydda 84
Briefe 312-323
Charakter wurde verändert 41
Erfahrungen im Glaubensleben 310 f
Erfahrungen mit Kornelius 86 ff
Erweckung von Tabita zum Leben 84 f
Gefangenschaft und Befreiung unter Herodes Agrippa II. 90 ff
Glaube 320
Heilung des Gelähmten 39
Heilung von Äneas 84
Hirte, der treu ist 310-317
jüdische Bräuche und das Zeremonialgesetz 118 ff
Leiter in den frühchristlichen Gemeinden 167
»Liebst du mich?« 311
Märtyrertod in Rom 323, 356
Rede zu Pfingsten 29 ff
Umwandlung durch Schwierigkeiten
Verhaftung im Tempel 40
Verleugnung Jesu 41, 323
Vision von reinen und unreinen Tieren 86
vor dem Hohen Rat 41 ff
vor Gericht 41 ff
war nicht unfehlbar 122, 316
Wunder durch Petrus 51
wurde geschlagen 53 f
zweiter Brief 318-323

Pfingsten
Ausgießung des Heiligen Geistes 26-31
Folgen 32 f
Glaube gestärkt 26 f
Sprachen gesprochen 28 f
Vorbereitung 26 f
Wirkung, Ergebnis von Jesu Arbeit 27 f, 30 f
siehe auch Heiliger Geist; Predigt; Wunder

Pharisäer
eine der drei Hauptgruppen im Judentum zur Zeit Jesu 13, 40, 50 ff, 116, 244
Gegner des Evangeliums 51

Philemon, Brief 273 ff

Philipper
Brief 287 ff
unterstützen Paulus 287 f
siehe auch Mazedonien; Mazedonier; Philippi; Thessalonich

Philippi
Stadt in Mazedonien; 194
Freigebigkeit der Gemeinde 207
Paulus und Lukas in Philippi 233
Verkündigung des Evangeliums 130 ff
siehe auch Mazedonien; Mazedonier; Philipper; Thessalonich

Philippus, Evangelist
Gespräch mit dem Äthiopier 71 f
in Samarien 70 f
Paulus besucht Philippus 236

Philosophen, Reaktion auf die christliche Botschaft 144 ff

Philosophie
Grenzen der Philosophie 170
Paulus setzt sich auseinader 144, 149, 279
zerstört das Vertrauen in die Schrift 284

Phönizien
Ausbreitung des Evangeliums 96
Jesus und die Frau in Phönizien 15
Paulus besucht Sidon 263
Paulus in Tyrus 236

Phrygien, große gebirgige Region in Kleinasien, im Westteil der großen anatolischen Hochebene 128
Paulus stärkt die Gemeinde 168

Phygelus, ein Christ in Asien, der sich von Paulus abwandte, als dieser in Rom verhaftet wurde 293

Pioniere
Junge Menschen, bereit Bürden zu tragen 303
Sterben der Pioniere 303, 347
siehe auch Alter; Junge Menschen

Pisidien, Paulus und Barnabas in Pisidien 106ff

Pontus, Küstenstreifen im nördl. Kleinasien, an das Schwarze Meer grenzend 311

Predigen
Lebenswandel, vom Glauben geprägt 305
Macht durch Predigen 305
siehe auch Prediger

Prediger, geistlicher Diener
Anstrengungen, unterstützt in der Arbeit von Laien 97 ff
Anwendung der Wahrheit 227 f
Ausbildung 14-17, 124 ff
Berufung 14 f, 99 ff
Beweis der Treue 196 ff
Demut 234 ff
Eifer und Treue unter Predigern 280 f
Erfolg derer, die es ablehnen das eigene »Ich« zu verherrlichen 166 f
Fürsorglichkeit, für Bekehrte 124
geistlicher Sinn als Hinweis für treues Amt 196-199
geschäftliche Angelegenheiten 217 f
Hirte 235 f, 310-317
Johannes, der Geliebte, als Beispiel 328-333
junge Leute für Ämter ausbilden 218
Lohn der Arbeit 211 ff
Petrus als treuer Unterhirte 310-317
Rat an die Prediger 300 ff
Respekt zeigen gegenüber den Predigern 166 f
sich der persönlichen Arbeit für Seelen verpflichten 151 f, 177, 216 f, 316 f
Verantwortlichkeit als geistliche Führer 126 f
verglichen mit den Sternen 350 f
Vermischung der Gaben untereinander 164 f
von unnötigen Sorgen befreit 212 f
in Christi Auftrag handeln 79
Wahrheit, Eigenschaften 300-303
weltliche Verbindungen meiden 302 f
wohlwollende und freudige Unterstützung der Prediger 202-205
siehe auch Ausbildung; Diakon; Dienen; Eifer; Evangeliumsauftrag; Hirte(n); Leiter; Mitarbeiter; Wächter

Predigt
tägliche Führung 279 f
von Paulus am Areopag 144-147
von Paulus an die Ältesten in Ephesus 233-236
von Paulus an die Juden
in Thessalonich 136-141
in Korinth 149 ff
von Paulus in Antiochia in Pisidien 106 ff
von Paulus und Barnabas an die Heiden in Lystra 111 f
von Paulus vor Agrippa II. und Berenike 259 ff
von Paulus vor dem Hohen Rat 53 f
von Paulus vor den Juden in Rom 270 ff
von Paulus vor Felix und Drusilla 249-253
von Petrus im Tempel 39 f
von Petrus zu Pfingsten 29 ff

Priester
Unterstützung des Priesteramtes im Neuen Testament 200 f
stellten sich gegen die Jünger 29 f, 43

Priszilla
Evangeliumsarbeiterin 148, 162 f, 211
Zeltmacherin 208
siehe auch Aquila; Frauen

Propheten
Paulus – seine Einstellung gegenüber Gottes Wort und der Gemeinde 123

Prophetie
Gabe der Prophetie nicht verachten 159
Offenbarung, nicht versiegelt 349 f

Paulus, Petrus und Stephanus beriefen sich auf die Prophetie 136 f
prophetisches Wort, ein Führer 321
Prophezeiungen
Messianische Prophezeiungen 259 f, 270
öffneten das Verständnis der Jünger 19
Paulus gebrauchte sie bei der Verkündigung 150
Saulus wurden die Prophezeiungen des Alten Testamentes offenbart 76 ff
werden von einigen Juden verstanden werden 225
Protest, der deutschen Fürsten 44
Publius, Angesehener Bürger von Malta, der Paulus drei Tage lang beherbergte 267
Puteoli, Hafenstadt in der Bucht von Neapel an der Westküste Italiens
Christen in Puteoli 268
Prozesse, unter bekennenden Christen 183 ff
Prüfungen
allgemein 34, 65, 75, 117, 143, 147, 157, 161, 177, 181, 256, 289, 311 f, 317
Auswirkungen der Prüfungen auf die körperliche Kraft des Paulus 291
Christen werden vor Prüfungen nicht bewahrt 216, 281, 315, 325 f, 335 f, 352 f
derer, die den Heiligen Geist empfangen haben 33, 37
der ersten Jünger 355
Erfahrung durch Prüfungen 344
Lohn von Prüfungen 344, 352 f
Mitarbeiter unter ständigen Nöten 105 f, 281
Qualen bei Prüfungen 358 f
Standhaftigkeit unter Prüfungen 315 f, 318–323
von Arbeitern an Gottes Tempel 356
von Dienern des Evangeliums 198 f
von Gottes Zeugen 344 f, 356
von Mitarbeitern 247
von Paulus 177, 262–267, 269, 305
Zweck von Prüfungen 315 f, 343 f

R
Rat
an Gläubige, standhaft zu bleiben 351 f
an Gläubige in Korinth 180-185
an Prediger 300 ff
siehe auch Berater; Ratgeber
Ratgeber
erfahrene Arbeiter 342 ff
von Mose ausgesucht 59 f
Redegewandtheit
allgemein 310 f
der Apostel 27-31
von Apollos 162
von Johannes 328, 340 f
von Paulus 144 ff, 152 f
von Stephanus 62-65
Rechtfertigung durch den Glauben
dafür ist Christus gestorben 285
wer an Christus und sein Opfer glaubt ist gerechtigt 107, 128
durch den Glauben wird Christi Gerechtigkeit zugerechnet 82, 285

nicht aus dem Gesetz sondern durch Glauben an Christus 82
freigesprochen durch Christi Gerechtigkeit 329
heisst mit dem Gewand der Gerechtigkeit bekleidet zu sein 229, 306
erst die Gerechtigkeit Christi macht unseren Gehorsam vollkommen 319
im Römerbrief deutlich und nachdrücklich gelehrt 221
grossartige Wahrheit wie ein Leuchtfeuer 221
Saulus meinte durch gute Werke gerechtfertigt zu sein 71
Apostel und Propheten verliessen sich allein auf Christi Gerechtigkeit 336
Reformation / Reformatoren
Furchtlosigkeit der Reformatoren 44
Protest der deutschen Fürsten 44
Vorbereitung der Reformation 35
Bauleute an Gottes Tempel 356
siehe auch Cranmer; Hugenotten; Hus; Knox; Latimer; Luther; Waldenser; Wesley; Wycliff; Zwingli
Reformen, keine eigenmächtigen Reformen durchführen 275
Regierung, *siehe* Obrigkeit
Reichstag, zu Speyer 44
Reinheit
betreffs Christen aus dem Heidentum 118 ff
der Gedanken 312
Reinigung
Nasiräergelübde 240 ff
durch Prüfungen 315 f
Reisen
des Paulus nach Rom 262–268
Gefahren bei Reisen 262 ff
Religiöse Freiheit
Reformatoren kämpften dafür 44
Jünger hatten sie schon eingefordert 44
Festhalten an ihr ist wichtig 44 f
Rettung
von Johannes in Rom 341
von Paulus in Lystra 114
beim Schiffbruch 266 f
beim Biss einer giftigen Schlange 266 f
aus der Hand Neros 290 f
von Paulus und Silas in Philippi 131-134
von Petrus und Johannes aus dem Gefängnis 51 ff
von Petrus aus dem Gefängnis 90-95
Reue
der Gläubigen in Korinth 194 f
im Gegensatz zu Unbußfertigkeit 252
Juden wurde reichlich Gelegenheit zur Reue gegeben 40
von Petrus 323
Rhode, Dienstmagd Marias, der Mutter von Johannes Markus 93
Rituale, unter Juden 12 f, 50 f
Rom
Besuch von Paulus vorausgesagt 245
Brandlegung Roms 291 ff
Brief an die Römer 220 ff
Paulus' Martyrium 304 ff

Paulus wünscht die Römer zu besuchen 220 f
Petrus beendigt seinen Missionsdienst in Rom 323
Petrus' Martyrium in Rom 323
Petrus vor Gericht in Rom 341
Römische Staatsbürger 74, 134, 243, 428 ff

S
Saat
säen an allen Wassern 205
Wahrheit säen und begießen 163
Sabbat,
die Apostel predigten am Sabbat 106 f, 130, 141, 208
Johannes hielt den Sabbat auf Patmos 348
Sadduzäer, eine der drei Hauptgruppen im Judentum 40, 50 f, 244
Salamis, Stadt an der Südküste Zyperns 104
Samaria
Evangeliumsverkündigung in Samaria 68-73
keine Gastfreundschaft 325
Samariter
in Gesellschaft mit Jesus 15
wiesen Jesus ab 325
Samariterin, am Jakobsbrunnen 70
Saphira, *siehe* Hananias 47 ff
Sarepta, Hafen ca. 10 km südlich von Sidon, die Witwe von Sarepta 247, 256
Satan
allgemein 18, 48, 54 ff, 101, 105, 228, 325,
behindert das abschließende Werk an Gottes Tempel, der Gemeinde 356 f
benutzt Menschen 105, 131, 247
entmutigt und zerstört 247
frohlockt über seinen Erfolg 302
leistet verbissen Widerstand gegen die Mitarbeiter Gottes 256
stiftet Verwirrung und Aufruhr 135
verfolgt die Gläubigen 280, 345
wirkt unermüdlich 135
Saul (König), befragt das Orakel in Endor 173
Saulus
Märtyrertod von Stephanus 63 f, 75
Mitglied im Hohen Rat 65, 74
seine Bekehrung und sein neues Leben 74-83
Tod des Stephanus, ein bleibender Eindruck 63 ff
verfolgte die Christen 65, 74 ff
vor seiner Bekehrung 74 f
siehe auch Paulus
Schöpfer
Gemeinschaft mit Johannes auf Patmos 341 ff
Erhöhung, vor den Ungläubigen 111 f, 145 f, 283 f
Schwester und Bruder, einander lieben 328 ff
Schwierigkeiten
im Glaubensleben 17, 99, 106, 118, 144, 147, 160, 183, 197, 206 – 213, 216, 281, 291, 293, 299, 303, 355
siehe auch Anfechtung; Prüfungen
Seelsorge, geht bis zum Äußersten 219

Sachregister

Sekundus, Christ aus Thessalonich, der Paulus auf seiner letzten Reise nach Jerusalem begleitete 233
Selbstaufopferung
   im Glaubensleben 212 f, 303, 316, 335 f
   Lohn dafür 358 f
Selbstbeherrschung, unter Christen 186-190
Selbstdisziplin, junge Prediger und Mitarbeiter 210 f
Selbstlosigkeit, im Glaubensleben 70f, 115, 202 ff, 214, 218, 272, 313ff, 317, 324, 329ff
Selbstprüfung, von Saulus bei seiner Bekehrung 77
Selbstsucht
   Geist der Selbstsucht 202
   gottesfürchtiger Lebenswandel hilft Selbstsucht überwinden 181
   verbannt durch den Blick auf Christus 199
   verhärtete Herzen 48 f
Selbstübergabe, an Gott 128 f, 166 f, 180 f, 288 f
Selbstunterhaltende Arbeit
   generell 235 f
   von Paulus 206-213
Selbstverleugnung, der Christen 187 f, 199, 273, 204, 315, 335, 345, 352
Selbstversorgung, der Prediger sollte nie erzwungen werden 202 f
Sendung des Paulus 271 f
Sergius Paulus, römischer Statthalter von Zypern, Bekehrung 104 ff
Sichar, Stadt im Bergland von Ephraim; Jesus predigte in Sichar 15
Sidon, phönizische Stadt, ca. 40 km nördlich von Tyrus; Paulus' Besuch in der Gemeinde 262 f
Sieg
   der Bekehrten vom Heidentum
      im Hause des Nero 278–281
      in Ephesus 172 f
      in Korinth 194 f, 198 f
   der endgültige Sieg
      der Gemeinde 354-359
      von Paulus 305 ff
   der Grundsatz des Sieges 318 f
   der Wahrheit vor Nero 298 f
   des Christen 281, 352 f
   des Paulus über satanische Einflüsse 195 f
   die Sicherheit des Sieges 320
   durch Prüfungen und Verfolgung 344 f
   im Wettlauf des Christen 186-190
   im Zentrum des Heidentums für den Christusglauben 146 f
   trotz scheinbarer Niederlage 287 f
   über Anfechtungen 190
   Hilfen zum Sieg 288 f
   siehe auch Frömmigkeit; Gehorsam; Heiligung; Treue; Überwinden; Umwandlung; Vollkommenheit; Wachstum
Silas
   Besuch in Antiochia 120
   als Begleiter von Paulus 124 f, 136-141, 143, 150 f, 208 f
Silberschmiede in Ephesus 174-177
Skepsis bei den Zuhörern von Paulus 144, 147 ff, 321 f, 332
   siehe auch Unglaube

Sklaven – Sklaverei
   Beziehung der Sklaven zu ihren Herren 314 f
   Einstellung der Christen gegenüber der Sklaverei 273 ff
   menschenunwürdiger Umgang in der Sklaverei 274 f
   zugrunde liegende Prinzipien 273 f, 314 f
Smithfield, Verfolgung 55
Sokrates, griechischer Philosoph 144 f, 147
Soldaten, des Kreuzes 215 f
Sopater, Mitglied der christlichen Gemeinde in Beröa; begleitete Paulus nach Jerusalem 233
Sorge, für Neugetaufte 158 f
Sorgen, erdulden 291
Sosthenes, Vorsteher der Synagoge in Korinth 153
Spätregen
   kurz vor der Wiederkunft Jesu 36
   Symbol für Erntezeit 36 f
   siehe auch Frühregen; Heiliger Geist
Spiele, antike Wettkämpfe, mit dem Christenleben vergleichbar 186-190
Spiritismus 173, 284 f
Spötter, in den letzten Tagen 322
Sprachen, zu Pfingsten 28 f
St. Bartholomäus-Nacht (Massaker) 55
Städte
   Aktivitäten der Laien 35 f, 97 ff
   schwierige Orte für Evangelisationen 151 f
   Mühen der Gemeinde in Ephesus 346 f
   Mühen von Paulus in Ephesus 168-177
   Zentren zur Evangeliumsverkündigung 148-153
Standhaftigkeit, im Glauben 161, 299 f, 311 f, 315 f, 318-323, 344 f
Stein(e)
   Steine im Tempel der Gemeinde Gottes 355 f
   verworfener Stein 42
   siehe auch Christus; Fundament der Gemeinde
Stephanus
   Argumentation durch Prophezeiungen im Alten Testament 136 f
   Ausbildung 62 f
   Bestechung, um ihn zu beseitigen 64 f
   Diakon 56-63
   Märtyrertod 63 ff, 68, 356
   Saulus war beeindruckt von Stephanus' Märtyrertod 75 ff
Stoiker, griechische Philosophenschule 144
   siehe auch Pantheismus
Streit, unter Gläubigen 182
   siehe auch Kampf; Konflikte; Wettkampf
Strom, lebendigen Wassers 353
Stufenleiter
   von Jakob, zwischen Himmel und Erde 95
   von Petrus 318-321
Sucher, nach Wahrheit 84 ff
Sünde
   Befreiung von Sünde 184 f
   Ende der Sünde 353, 359
   Freude über die Vergebung 285 f
   keine Kompromisse 333, 338 f

   Sündhaftigkeit 300 ff, 333
   Überwindung durch Gnade 335 ff
   siehe auch Bekehrung; Charakter; Frömmigkeit; Gehorsam; Heiligung; Reinheit; Sieg; Treue; Überwinden; Umwandlung; Vollkommenheit; Wachstum; Wiedergeburt
Sünder
   Christus die Hoffnung der Sünder 181-185
   reuelose Sünder 40 f
Symbole, in der Offenbarung 349 f
Syrien
   Evangeliumsverkündigung 96
   Paulus und Silas in Syrien 124 f
   siehe auch Antiochia

T

Tabita, Christin aus Joppe 84 f
Taufe
   Taufversprechen 285
   Treueversprechen 285
   von Kornelius 88
Tempel (Gebäude)
   der Diana 171, 174-177
   Heilung des Gelähmten an der Tempelpforte 38-45
   in Jerusalem, Gefangennahme von Paulus 241 f
   Jünger preisen Gott im Tempel 26
   Petrus' Predigt
      zu Pfingsten 29 ff
      nach der Heilung eines Gelähmten 41 f
   Zerstörung des Tempels von Jerusalem 91, 224
Tempel (geistlich)
   Bau der Gemeinde in einem Tempel 355 ff
Tertullus, Anwalt der Anklage im Verfahren gegen Paulus vor Statthalter Felix in Cäsarea 248
Theosophie 284 f
Thessalonich
   Beispiel von Paulus, als ein Ernährer der Familie 206 ff
   Briefe an die Gemeinde 154-161
   Evangeliumsverkündigung 136-141
   siehe auch Mazedonien; Philippi
Timotheus
   Begleiter von Paulus 130, 143, 150 f, 194, 208 f, 232 f, 272 f
   Bekehrung und erste Eindrücke 114 f
   Beschneidung 125 f
   Paulus' letzter Brief an Timotheus 298-303
   Paulus' Wunsch nach Besuch von Timotheus 298 f
   Ruf als Evangeliumsverkündiger zu arbeiten 124 f
Titus, Dienst des Titus
   in Korinth 181
   in Mazedonien 194
   in Dalmatien 293
Tod
   Angst vor dem Tod 63 f, 323, 344

Lehre von Paulus bezüglich des Todes 155 ff
Trauer
Ende der Trauer 359
von Paulus über die Uneinsichtigkeit der Juden 221
über den Tod von geliebten Menschen 155 ff
Trennwand
zwischen Juden und Heiden 13, 15
siehe auch Götzendienst; Heiden; Heidentum; Juden; Vorurteil; Zeremonialgesetz
Treue
der Jünger 52 f
in Treue bezeugen 328-333
von Nikodemus 69 f
zu Gott 145 f, 358 f
Triebkraft, durch Liebe 328 f, 331 f
Triumph
endgültiger Triumph
der Gemeinde 354–359
der Wahrheit 280
des Paulus 289, 306 f
siehe auch Sieg
Troas
Arbeit des Paulus in Troas 194
Vision des Paulus in Troas 130
Trophimus, Mann aus Ephesus, der Paulus begleitete 177, 233, 242
Tröster, wurde gesandt 27 f
siehe auch Heiliger Geist
Tugend, als Frucht des Glaubens 250, 281, 289, 318 ff, 344
siehe auch Heiligkeit; Reinheit
Tychikus, ein Begleiter von Paulus 177, 233, 272 f, 293, 303
Tyrus, Stadt in Phönizien
Paulus in Tyrus 236
siehe auch Sidon

U

Überheblichkeit, des Verstandes 146
Überwinden
beständig auf Christus schauen 285 f
durch vollständige Übergabe 180 f
siehe auch Bekehrung; Charakter; Erkenntnis; Frömmigkeit; Gehorsam; Heiligkeit; Heiligung; Reinheit; Sieg; Sünde; Treue; Umwandlung; Vollkommenheit; Wachstum; Wiedergeburt
Überwinder
ein Überwinder sein dank Christus 326
der Lohn der Überwinder 351 f
Überwindung, durch Blick auf Christus 180-185
Überzeugung
der Priester und Obersten, von der Göttlichkeit Jesu 30 f
des Agrippa 261
des Gefängniswärters in Philippi 133
des Nero 296 f
Felix ließ sich nicht überzeugen 249-253
siehe auch Bekehrung; Paulus
Umgang, Einfluss 115, 125 f, 128, 134 f
siehe auch Umgebung

Umgebung
bei der Evangeliumsverkündigung 151 f, 171, 280 f
der gläubigen Kolosser 284
mit Ungläubigen 314 f
Umwandlung
des Herzens unter den Gläubigen in Korinth 194–199
durch die Kraft des Heiligen Geistes 32–37
durch Gehorsam 319 f
durch Gnade 164, 224, 311 f, 334–339
geistliche Umwandlung 285 f
von Johannes' Charakter 325-327
von Mitgliedern aus dem Haus des Cäsar 280 f
siehe auch Bekehrung; Charakter; Gehorsam; Heiligkeit; Heiligung; Herz; Reinheit; Sieg; Überwinden; Wiedergeburt
Unabhängigkeit, 100 f, 227 f
Unglaube
die Jünger bereuten ihren Unglauben 27
das Schwert des Geistes brach sich eine Bahn gegen den Unglauben 28
siehe auch Skepsis
Unmoral
im Hofstaat Neros 290 f
in Korinth 148-153, 180-185
in Rom 278 f
Unterstützung (finanzielle) 200 ff
Unterweisung
der Apostel 14-17
von Neubekehrten 115

V

Verantwortung, übernehmen 70 f, 213
Verbannung, von Johannes 341
Verderbnis, Moral, getarnt im Heidentum 143 f, 146 f
siehe auch Lasterhaftigkeit; Reinheit; Sünde
Verdienst,
menschlicher 13
Verdienst Jesu heilt und erlöst 39, 43, 78, 107, 199, 339
Verfolgung
Art bleibt unverändert 345
der Arbeiter von Gottes Tempel 356 f
der Christen 54 f
der ersten Christen 134 f
der ersten Jünger 355
erduldet von Paulus 177
in jedem Jahrhundert 344
in Jerusalem 46
unter Domitian 340 f
unter Nero 291
Verbreitung des Evangeliums als Ergebnis 69 f, 131-134
von Paulus und Silas in Philippi 131
von Petrus und Johannes 52 f
von Stephanus 62-65
vorausgesehen von Christus 16
Vorbereitung der Gemeinde auf die Verfolgung 317
siehe auch Gerichtsverhandlungen; Lei-

dende Gläubige; Märtyrer; Märtyrertod; Prozesse
Vergebung der Sünden in Christus
Angebot Gottes an alle Menschen 19
allen Heiden durch Paulus zugesprochen 82, 98
allein durch Christus gibt es Vergebung der Sünden 22, 39, 107, 285
das Blut Christi ist das einzige Mittel vor Gott 234
bringt Frieden mit Gott 141
Christus freut sich, wenn Menschen sie annehmen 359
eine herrliche Wahrheit 22
folgt der Taufe auf Christus 30
Freude über Vergebung durch Aufblick zum Kreuz 129
Gott verlangt dafür keine bedrückende Anstrengung 332
Gefängniswächter von Philippi bittet darum 133
Jesus hat die Macht dazu 19
Jesus schenkte sie Paulus 81
am Kreuz erkennen wir Gottes Vergebungsbereitschaf t 199
der Römerbrief hat Tausende zur Quelle der Vergebung geführt 221
Saulus sehnte sich danach 78, 81
Vertrauen in die Verdienste Christi sichert sie zu 107, 339
folgt dem Sündenbekenntnis und der Bitte darum 252, 338
Agrippa und Nero schlagen sie aus 261, 297
die Verleugnung Jesu wurde Petrus vergeben 323
durch sie werden Menschen zu Partnern Gottes 347
Vergebungsbereitschaft
erlebte Vergebung verpflichtet, anderen zu vergeben 286, 311
des Stephanus beeindruckte Saulus 76
Paulus kann seinen Mördern vergeben 304
von Paulus und Silas führt zur Bekehrung eines Gefängniswärters 252
Verheißung
für das Ewige Leben 318 ff
für den Heiligen Geist 32 ff
zum Überwinden 318 ff
Verklärung Jesu 42, 322, 324
Verlangen, nach Neuem, Aufsehenerregendem 347
Verschwörung
gegen die Jünger 52
zur Ermordung von Paulus 245 f, 254 f, 270
Versöhnung,
Voraussetzung erfüllt 20
siehe auch Bekehrung; Christus; Reinheit; Sieg; Vergebung
Versuchung – Versuchungen
durch das Umfeld 180-185, 280 f
für Mitarbeiter, ihre Arbeit für eine bessere, bezahlte Arbeit zu verlassen 212 f
in ungläubiger Umgebung 12 f, 180-185, 284
Meiden der Versuchung 312 f

Sachregister

von denen, die den Heiligen Geist empfangen haben 33 f, 37
zu spekulieren 217 f
Verteidigung
von Johannes vor Kaiser Domitian 340 f
von Paulus vor Gallio 153
von Petrus 41 ff, 52 ff, 89
von Stephanus 63 f
vor Agrippa 258-261
vor Felix 248 ff
vor Festus 255
vor Juden auf den Tempelstufen 242-245
vor Nero 290 f, 294-297
siehe auch Predigt
Vision / Visionen
des Johannes auf Patmos 342, 348 f, 352 f
des Paulus 282 f
beim Schiffbruch 263 f
im Gefängnis in Jerusalem 245
im Martyrium 305 f
in Jerusalem 83
in Troas 130
des Petrus über rein und unrein 86
des Saulus am Tor zu Damaskus 75 f
über die Herrlichkeit der neuen Erde 359
Volksmeute
bei Verfolgung Neros 297
gegen Paulus
im Tempelhof 241-244
in Ephesus 174-177
in Ikonion 111
in Korinth 152 f
in Lystra 113 ff
in Philippi 131
in Thessalonich 141
Scheitern der Volksmeute 232 f
Vollkommenheit
Erlangung der Vollkommenheit 335 f, 338 f
Maßstab 288
Paulus steuerte darauf zu 288 f
siehe auch Heiligkeit; Heiligung; Überwinden; Umwandlung; Wachstum
Vorbereitung auf den Glaubenskampf eines Christen 187 f
Vorrangstellung, gesucht von Jakobus und Johannes 325 f
Vorurteil, gegenüber Heiden 89

W

Wachsamkeit, bei Gläubigen 141, 157 f, 185, 215, 281, 286, 350
Wachstum
der Gläubigen in Korinth 148-153, 195 f
geistlich 282 ff
grenzenlos 286 f
von Johannes 324-327
siehe auch Heiligung; Sieg; Überwinden; Umwandlung; Vollkommenheit
Wächter, geistlicher Wächter 215 f, 235 f, 350
Waffenrüstung, der Christen 300
Wahrheit
großen Männern nahegebracht 147
Liebe für die Wahrheit 229
nach Wahrheit Suchende 72, 84-89
von Jesus Christus offenbart 313
Wahrsagerei, *siehe* Aberglaube; Hellseher; Hexerei; Magie; Zauberei
Waldenser, religiöse Gemeinschaft im Norden Italiens, Vorreiter der Reformation, von der katholischen Kirche verfolgt
Arbeit der Waldenser 356
Gegenwart des Heiligen Geistes unter den Waldensern 35
Weihe, das Leben Gott weihen 289
Weisheit
der Griechen kann nicht retten 142-147
menschliche 301 f
Werke, kein Seelenheil durch gute Werke 13
Wesley, John, englischer Kirchenstifter und Gründer der Erweckungsbewegung der Methodisten 356
Wettkampf, das christliche Leben ist ein Wettkampf 186-190
Widerstand
der Juden
in Korinth 152 f
gegen Lehrer des Evangeliums 110 f, 113 f, 240 f
gegen Paulus in Rom 290
Evangelium nimmt zu durch Widerstand 110 f, 114 f, 153, 279, 287 f, 343 f, 347 f
in Thessalonich 136-141
gegen die Arbeit der Jünger 20 ff, 43
gegen die Gemeinde 235 f
gegen Johannes 340 f
gegen Paulus in Ephesus 177
unermüdlicher Widerstand gegen das Evangelium 255 f
gegen den Bau von Gottes Tempel 356 f
siehe auch Heiden; Juden; Trennwand; Vorurteil; Zeremonialgesetz
Wiederkunft Jesu 73, 141, 322
Unterweisungen an die Thessalonicher 159 ff
Zeichen der Zeit 157
Witwe
Großzügigkeit der Witwe, alles zu geben 204
von Sarepta 247, 256
Wunder
Auferweckung
von Eutychus 233
von Lazarus 43
von Paulus 114
Befreiung
von Johannes in Rom 341
von Paulus und Barnabas in Lystra 113 f
von Paulus und Silas aus dem Kerker in Philippi 130-134
von Petrus und Johannes aus dem Gefängnis in Jerusalem 51 ff
begleiten die Arbeit der Jünger 51, 126 f
des Gelähmten an der Tempelpforte 38-45
in Lystra 112
in Melite 266 f
in Philippi 130-134
von Paulus in Ephesus 171 f
von Paulus und Barnabas 104 ff, 110, 112, 114 f
wunderbare Veränderung im Leben 33
von Johannes 334-339
von Paulus 74-79
zu Pfingsten 26-31
Wycliff, John, Reformator in England 207

Z

Zauberei
die Bücher verbrennen 172 f
siehe auch Aberglaube; Hellseher; Hexerei; Magie; Wahrsagerei
Zehnten, zur Unterstützung der Evangeliumsverkündigung 48 f, 200-205
siehe auch Gelübde; Großzügigkeit; Operbereitschaft
Zeichen der Zeit
vor der Wiederkunft Christi 321 f
verkündet von Paulus 214 f
Zeltmacher, Paulus 206-210
Zeremonialgesetz
Einstellung der ersten Christen zum Zeremonialgesetz 116 ff
Paulus gewann neue Einsicht zum Zeremonialgesetz 140 f
siehe auch Götzendienst; Heiden; Heidentum; Juden; Trennwand; Vorurteil; Widerstand
Zeuge, Johannes als treuer Zeuge 328–333, 340 f
Zeugen
Christen als Zeugen 11 f, 19, 43
für Christus in Jerusalem 68 ff
für Gott 333
in jedem Zeitalter 356 f
in Samaria 70 f
Verfolgung treuer Zeugen 344 f
Verfolgung von Zeugen 68 ff
siehe auch Gläubige; Christen; Jünger
Zeugnis geben
tägliches Zeugnis 37
in der Kraft des Heiligen Geistes 33
Paulus war ein Zeugnis bis zum Tod 306 f
Zeus, Barnabas wird mit Zeus verglichen 112
Zilizien, römische Provinz im Südosten von Kleinasien 124 f
Zusammenarbeit, mit Boten des Evangeliums 70 ff
Zusicherung, für das Ewige Leben 320 f
Zustand, der Toten 155 ff
Zuversicht
durch Liebe 269
in Einsamkeit und Not 143-147
von Paulus beim Schiffbruch 264 ff
von Petrus gegenüber der Gefahr 323
während des Widerstands 141, 177, 255 f
Zwingli, Huldrich (Ulrich) Zwingli, erster Reformator in der Schweiz 356
Zypern
Barnabas und Markus 124 f
Paulus und Barnabas in Zypern 104 ff
Verbreitung des Evangeliums 96 f

Seitenvergleich mit dem englischen Original
Deutsch – Englisch

Kapitel 1
10   9
11   9, 10, 11, 12
12   12, 13, 14
13   14, 15, 16

Kapitel 2
14   17, 18
15   18, 19, 20
16   20, 21, 22,
17   22, 23, 24

Kapitel 3
18   25, 26
19   26, 27, 28
20   28, 29, 30
21   30, 31
22   31, 32
23   32, 33, 34

Kapitel 4
26   35, 36
27   36, 37, 38
28   38, 39, 40
29   40, 41, 42
30   42, 43, 44
31   44, 45, 46

Kapitel 5
32   47, 48
33   48, 49, 50
34   50, 51, 52
35   52, 53
36   53, 54, 55
37   55, 56

Kapitel 6
38   57
39   57, 58, 59, 60
40   60, 61, 62
41   62, 63
42   63, 64
43   65, 66, 67
44   67, 68, 69
45   69

Kapitel 7
46   70, 71
47   71, 72, 73
48   73, 74, 75
49   75, 76

Kapitel 8
50   77
51   77, 78, 79, 80
52   80, 81

53   81, 82, 83
54   83, 84
55   84, 85, 86

Kapitel 9
56   87, 88
57   88, 89, 90
58   90, 91, 92
59   92, 93, 94
60   94, 95
61   95, 96

Kapitel 10
62   97
63   97, 98, 99, 100
64   100, 101
65   101, 102

Kapitel 11
68   103
69   104, 105
70   105, 106, 107
71   107, 108
72   108, 109, 110
73   110, 111

Kapitel 12
74   112
75   112, 113, 114, 115
76   115, 116, 117
77   117, 118, 119
78   119, 120
79   120, 121, 122

Kapitel 13
80   123, 124
81   124, 125, 126
82   126, 127, 128
83   128, 129, 130

Kapitel 14
84   131, 132
85   132, 133, 134
86   134, 135, 136
87   136, 137, 138
88   138, 139, 140
89   140, 141, 142

Kapitel 15
90   143, 144
91   144, 145, 146
92   146, 147, 148
93   148, 149, 150
94   151, 152
95   152, 153, 154

Kapitel 16
96   155, 156
97   156, 157, 158
98   158, 159
99   159, 160, 161
100   161, 162, 163
101   163, 164, 165

Kapitel 17
104   166, 167
105   167, 168, 169
106   169, 170, 171
107   171, 172, 173
108   173, 174, 175
109   175, 176

Kapitel 18
110   177, 178
111   178, 179, 180
112   180, 181, 182
113   182, 183
114   183, 184, 185
115   185, 186, 187

Kapitel 19
116   188, 189
117   189, 190, 191
118   191, 192, 193
119   193, 194
120   194, 195, 196
121   196, 197
122   197, 198, 199
123   199, 200

Kapitel 20
124   201, 202
125   202, 203, 204
126   204, 205, 206
127   206, 207
128   207, 208, 209
129   209, 210

Kapitel 21
130   211, 212
131   212, 213, 214
132   214, 215
133   215, 216, 217
134   217, 218, 219
135   219, 220

Kapitel 22
136   221
137   221, 222, 223, 224
138   224, 225, 226
139   226, 227
140   227, 228
141   228, 229, 230

Kapitel 23
142   231, 232
143   232, 233, 234
144   234, 235, 236
145   236, 237, 238
146   238, 239, 240
147   240, 241, 242

Kapitel 24
148   243, 244
149   244, 245, 246
150   246, 247, 248
151   248, 249, 250
152   250, 251, 252
153   252, 253, 254

Kapitel 25
154   255, 256
155   256, 257, 258
156   258, 259
157   259, 260, 261
158   261, 262, 263
159   263, 264
160   264, 265, 266
161   266, 267, 268

Kapitel 26
162   269, 270
163   270, 271, 272
164   272, 273, 274
165   274, 275, 276
166   276, 277, 278
167   278, 279, 280

Kapitel 27
168   281
169   281, 282, 283, 284
170   284, 285
171   285, 286, 287
172   287, 288
173   288, 289, 290

Kapitel 28
174   291, 292
175   292, 293, 294
176   294, 295
177   295, 296, 297

Kapitel 29
180   298, 299
181   299, 300, 301
182   301, 302
183   303, 304, 305
184   305, 306
185   306, 307, 308

Seitenvergleich mit dem englischen Original

Kapitel 30
186 309, 310
187 310, 311, 312
188 312, 313
189 313, 314, 315
190 315, 316, 317
191 317, 318
192 318, 319, 320
193 320, 321, 322

Kapitel 31
194 323, 324
195 324, 325, 326
196 326, 327, 328
197 328, 329, 330
198 330, 331, 332
199 332, 333, 334

Kapitel 32
200 335, 336
201 336, 337, 338
202 338, 339, 340
203 340, 341
204 342, 343
205 343, 344, 345

Kapitel 33
206 346, 347
207 347, 348, 349
208 349, 350
209 350, 351
210 352, 353, 354
211 354, 355
212 355, 356
213 356, 357, 358

Kapitel 34
214 359, 360
215 360, 361, 362
216 362, 363, 364
217 364, 365, 366
218 366, 367, 368, 369
219 369, 370, 371

Kapitel 35
220 372, 373
221 373, 374, 375
222 375, 376, 377
223 377, 378
224 378, 379, 380
225 380, 381, 382

Kapitel 36
226 383, 384
227 384, 385, 386
228 386, 387, 388
229 388

Kapitel 37
232 389, 390

233 390, 391, 392
234 392, 393
235 393, 394, 395
236 395, 396, 397
237 397, 398

Kapitel 38
238 399, 400
239 400, 401, 402
240 402, 403, 404
241 404. 405, 406
242 406, 407, 408
243 408, 409, 410
244 410, 411, 412
245 412, 413, 414
246 414, 415, 416
247 416, 417, 418

Kapitel 39
248 419, 420
249 421, 422
250 422, 423, 424
251 424, 425
252 425, 426
253 426, 427

Kapitel 40
254 428
255 429, 430
256 430, 431, 432

Kapitel 41
258 433, 434
259 434, 435, 436
260 436, 437
261 438

Kapitel 42
262 439, 440
263 440, 441, 442
264 442, 443
265 443, 444
266 444, 445
267 445, 446

Kapitel 43
268 447, 448
269 448, 449, 450
270 450, 451, 452
271 452, 453
272 453, 454, 455
273 455, 456, 457
274 457, 458, 459
275 459, 460

Kapitel 44
278 461, 462
279 462, 463, 464
280 464, 465, 466
281 466, 467, 468

Kapitel 45
282 469, 470
283 470, 471, 472
284 472, 473, 474
285 474, 475, 476
286 476, 477, 478
287 478, 479, 480
288 481, 482, 483
289 483, 484

Kapitel 46
290 485, 486
291 486, 487, 488

Kapitel 47
292 489, 490
293 490, 491

Kapitel 48
294 492, 493
295 493, 494, 495
296 495, 496
297 496, 497

Kapitel 49
298 498
299 498, 499, 500
300 501, 502, 503
301 503, 504
302 504, 505, 506
303 506, 507, 508

Kapitel 50
304 509, 510
305 510, 511, 512
306 512, 513
307 513

Kapitel 51
310 514, 515
311 515, 516, 517
312 517, 518, 519
313 519, 520
314 520, 521, 522
315 522, 523, 524
316 524, 525, 526
317 526, 527, 528

Kapitel 52
318 529, 530
319 530, 531, 532
320 532, 533
321 533, 534, 535
322 535, 536
323 537, 538

Kapitel 53
324 539, 540
325 540, 541, 542

326 542, 543, 544
327 544, 545

Kapitel 54
328 546, 547
329 547, 548, 549
330 549, 550
331 550, 551, 552
332 552, 553, 554
333 554, 555, 556

Kapitel 55
334 557, 558
335 558, 559, 560
336 560, 561
337 561, 562, 563
338 563, 564, 565
339 565, 566, 567

Kapitel 56
340 568, 569
341 569, 570, 571
342 571, 572
343 572, 573, 574
344 574, 575
345 575, 576, 577

Kapitel 57
346 578, 579
347 579, 580, 581
348 581, 582
349 582, 583, 584
350 584, 585, 586
351 587, 588, 589
352 589, 590
353 590, 591, 592

Kapitel 58
354 593, 594
355 594, 595, 596
356 596, 597, 598
357 598, 599, 600
358 600, 601
359 601, 602

Bildquellenverzeichnis

AbleStock
14, 21, 45, 46, 52, 55, 56, 62, 69, 92, 104, 121, 124, 172, 235, 251

ADRA-Schweiz
211

BananaStock
320, 330

Brand X Pictures
188, 200, 252, 301

Churchphoto.de
Müller, Ulrike, 275
Retzmanik, Paul, 290

Comstock
206, 209, 220, 260, 307

Comstockcomplete
35, 36, 49, 65, 73, 83, 87, 89, 110, 116, 119, 129, 133, 135, 140, 142, 158, 159, 161, 170, 173, 177

Fotolia.com
Krautberger, Gernot, 54
Pfluegel, Franz, 71
Jung, Christian, 72
scol22, 78
Pazekov, Semen, 90
Effner, Jürgen, 98
Gavert, Eric, 118
Stumpp, Tina, 122
Schäfer, Elvira, 165
Teufel, Thomas, 267
robymac, 361
Arcurs, Yuri, 398

Gott, Aimee
229

Greece Travel Agency
154

Jupiterimages
28, 58, 64, 146, 152, 212, 293, 304

Justinen Creative Group
Umschlag, 3, 262

Klenk, Gunther
10, 12, 20, 22, 37, 38, 41, 50, 60, 61, 70, 80, 84, 94, 96, 100, 109, 114, 123, 127, 130, 132, 134, 136, 139, 148, 156, 162, 168, 174, 176 EMS, 180, 182 AMB, 185 AMB, 186, 189 BM, 191, 192, 203, 214, 223, 224, 226, 228, 241, 244, 247, 248, 253, 254, 255, 257, 258, 261, 266, 268, 271, 272 VMR, 278, 281, 281, 286, 289, 292, 294, 297, 306, 310, 313, 314, 318, 321, 322, 324, 328, 334, 336, 339, 340, 345, 346, 348 (1-5,7), 352, 357
AMB - Altes Museum Berlin; BM - Britisches Museum London, EMS - Ephesus Museum Selcuk; VMR - Vatikanische Museen Rom

Klenk, Kis
24/25, 26

Liquidlibrary
184, 296

MEV-Verlag
Pick, Heinrich, 208
Karl, Thomas, 327

Nationales Tourismusbüro von Israel
77

Neumann, Monika
113

Photodisc
16

Photos.com
18, 194, 232, 238, 282, 358

Public Domain
332

Polka Dot
264, 344

Prachtbibel
hg. O. Delitsch, Leipzig nach 1862, Stich von P. Juslyne, 298

sdatour.com, Izmir
348 (6)

Stober, Henry
8-9, 66-67, 102-103, 178-179, 230-231, 276-277, 308-309

The York Project
Doré, Gustave, 42
Caravaggio, Michelangelo, 74, 323

Thinkstock
204, 237, 354

Unterberger, Reinhold
197

Vida Sana
32, 68, 106, 128, 137, 234, 265, 348, 398, 399

Winandy, Pierre
342